|第7版|

经济学基础

ESSENTIALS OF ECONOMICS 7E

〔美〕曼昆 著
N. Gregory Mankiw

梁小民 梁砾 译

北京大学出版社
PEKING UNIVERSITY PRESS

著作权合同登记号　图字:01-2017-1010

图书在版编目(CIP)数据

经济学基础:第7版/(美)N.格里高利·曼昆(N. Gregory Mankiw)著;梁小民,梁砾译. —北京:北京大学出版社,2017.3

ISBN 978-7-301-28147-5

Ⅰ.①经… Ⅱ.①N…②梁…③梁… Ⅲ.①经济学 Ⅳ.①F0

中国版本图书馆 CIP 数据核字(2017)第 040007 号

N. Gregory Mankiw

Essentials of Economics, seventh edition

Copyright © 2015, 2012 Cengage Learning.

Original edition published by Cengage Learning. All Rights Reserved.

本书原版由圣智学习出版公司出版。版权所有,盗印必究。

Peking University Press is authorized by Cengage Learning to publish and distribute exclusively this simplified Chinese edition. This edition is authorized for sale in the People's Republic of China only (excluding Hong Kong, Macao SARs and Taiwan). Unauthorized export of this edition is a violation of the Copyright Act. No part of this publication may be reproduced or distributed by any means, or stored in a database or retrieval system, without the prior written permission of the publisher.

本书中文简体字翻译版由圣智学习出版公司授权北京大学出版社独家出版发行。此版本仅限在中华人民共和国境内(不包括中国香港、澳门特别行政区及中国台湾地区)销售。未经授权的本书出口将被视为违反版权法的行为。未经出版者预先书面许可,不得以任何方式复制或发行本书的任何部分。

本书封面贴有 Cengage Learning 防伪标签,无标签者不得销售。

本书采用出版物版权追溯防伪凭证,读者可通过手机下载 APP 扫描封底二维码,或者登录互联网查询产品信息。

书　　　名	经济学基础(第7版) JINGJIXUE JICHU
著作责任者	〔美〕曼　昆　著　梁小民　梁　砾　译
责任编辑	王　晶
标准书号	ISBN 978-7-301-28147-5
出版发行	北京大学出版社
地　　　址	北京市海淀区成府路 205 号　100871
网　　　址	http://www.pup.cn
电子信箱	em@pup.cn　　　QQ:552063295
新浪微博	@北京大学出版社　@北京大学出版社经管图书
电　　　话	邮购部 62752015　发行部 62750672　编辑部 62752926
印　刷　者	北京大学印刷厂
经　销　者	新华书店
	787 毫米×1092 毫米　16 开本　31.75 印张　809 千字 2017 年 3 月第 1 版　2018 年 8 月第 4 次印刷
定　　　价	76.00 元

未经许可,不得以任何方式复制或抄袭本书之部分或全部内容。

版权所有,侵权必究

举报电话:010-62752024　电子信箱:fd@pup.pku.edu.cn

图书如有印装质量问题,请与出版部联系,电话:010-62756370

献给 *Catherine*, *Nicholas* 和 *Peter*,
作为我给下一代的另一种贡献

作 者 介 绍

图片来源:Jordi Cabre.

　　N.格里高利·曼昆(N. Gregory Mankiw)是哈佛大学的罗伯特·M.伯瑞(Robert M. Beren)讲座经济学教授。作为学生,他曾在普林斯顿大学和麻省理工学院学习经济学。作为教师,他讲授过宏观经济学、微观经济学、统计学和经济学原理。多年前他还在新泽西州的长滩岛当过一个夏天的帆船运动教练。

　　曼昆教授是一位高产的作者,也是一位学术与政治争论的经常参与者。他的著作发表在许多学术期刊上,例如《美国经济评论》《政治经济学杂志》和《经济学季刊》,以及更具普及性的报刊上,例如《纽约时报》和《华尔街日报》。他也是最畅销的中级经济学教科书《宏观经济学》(沃思出版公司出版)的作者。除了教学、研究和写作之外,曼昆教授还是美国国家经济研究局(NBER)的研究人员,国会预算办公室、波士顿和纽约联邦储备银行的顾问,以及美国教育考试服务中心(ETS)的经济学先修课程考试研发委员会成员。2003—2005年,他曾担任美国总统经济顾问委员会主席。

　　曼昆教授现在与妻子Deborah,三个孩子Catherine、Nicholas和Peter,以及宠物狗Tobin住在马萨诸塞州的威尔斯利。

Preface to Chinese Edition 中文版序

我写经济学教科书的最大乐趣之一是看到它们能在全世界范围内被广泛采用。我在出国访学碰到他国学生,或碰到访问哈佛大学的外国学生时,他们往往会告诉我,我为他们提供了经济学的入门读本,尽管有时是被翻译成各种我所不懂的语言。关于究竟有多少学生接触过我的教科书的报道是粗略的,但很明确的是,在成为一位教科书作者二十余年后,我在全球数以百万计学生的经济学教育中扮演了一个小小的角色。

正因为经济学的基础知识是如此基本,这种全球范围内的普遍使用才成为可能。经济学领域的伟大洞见,如亚当·斯密的"看不见的手"的概念、大卫·李嘉图的比较优势原理,以及约翰·梅纳德·凯恩斯的总需求理论,并不旨在仅适用于某个特定的时间和空间。相反,它们给机敏的学生提供了观察世界的新透镜和有助于设计更好的公共政策的新工具。当然,一个人透过该透镜看到了什么,以及他或她如何运用这些工具,将取决于特定的历史、政治和文化条件。经济学理论本身并不会给出所有问题的正确答案,但作为通才教育的一部分,它为找到诸多重大问题的正确答案提供了关键要素。

美国学生通常对了解中国经济的发展颇感兴趣,我相信许多中国学生也会关注美国经济。我向我的学生们指出,中国在过去几十年里的经济增长极为引人注目。考虑到中国庞大的人口规模,人类历史上很可能没有其他事件,能比这一快速增长时期使更多人口脱离贫困。对此,我们唯一正确而合适的反应无疑是掌声和赞许。

这种快速增长强化了中国作为世界经济主要参与者的角色。未来几年,将有许多经济议题需要中美两国领导人共同讨论,如全球气候变化、知识产权保护及国际贸易和金融规则。这些讨论应基于以下认识而展开:繁荣并非一个零和博弈,而是能以一种合作和共赢的精神共同实现。就我的教科书在经济学基础课程上推动了中美两国学生的教育而言,我希望自己能以某种微不足道的方式对两国的持续发展有所贡献。

N. 格里高利·曼昆
2015 年 4 月

Preface to the Student

前言：致学生

19世纪伟大的经济学家阿尔弗雷德·马歇尔（Alfred Marshall）在他的教科书《经济学原理》中这样写道："经济学是一门研究人类一般生活事务的学问。"虽然自从马歇尔那个时代以来，我们对经济了解得更多了，但经济学的这一定义在今天依然如同在1890年他的教科书第1版出版时一样正确。

作为一个21世纪初的学生，为什么你还应该学习经济学呢？原因有三个：

学习经济学的第一个原因是，它有助于你理解你所生活在其中的世界。有许多经济问题会激起你的好奇心。为什么在纽约市找公寓如此困难？为什么如果旅客周六停留一个晚上，航空公司对往返机票的收费就要低一些？为什么莱昂纳多·迪卡普里奥（Leonardo DiCaprio）出演电影得到的报酬如此之高？为什么许多非洲国家的生活水平如此低下？为什么一些国家通货膨胀率高，而另一些国家物价稳定？为什么在一些年份找工作容易，而在另一些年份困难？这些只是经济学课程可以帮助你回答的几个问题。

学习经济学的第二个原因是，它将使你更精明地参与经济。在你的日常生活中，你要做出许多经济决策。当你是学生时，你要决定在学校学习多少年。一旦你参加了工作，你要决定把多少收入用于支出，多少用于储蓄，以及如何将你的储蓄用于投资。也许有一天你要管理一家小企业或一个大公司，而且你要决定为你的产品制定多高的价格。本书各章提出的观点将使你从一个新角度去思考如何最好地做出这些决策。学习经济学本身不会使你富有，但它将提供一些有助于你努力致富的工具。

学习经济学的第三个原因是，它将使你更好地理解经济政策的潜力与局限性。经济问题总是市政府办公室、州政府大厦和白宫决策者所关心的。各种不同形式税收带来的负担是什么？与其他国家自由贸易的影响是什么？保护环境的最好方法是什么？政府的预算赤字如何影响经济？作为一个选民，你可以帮助政府在这些引导全社会资源配置的政策之间做出选择。对经济学的理解将有助于你履行这一职责。而且说不准，也许有一天你自己也会成为那些决策者中的一员。

因此，经济学原理可以运用到生活中的方方面面。无论以后你阅读报纸、管理企业还是坐在白宫椭圆形的办公室中，你都将会为学习过经济学而感到欣慰。

N.格里高利·曼昆
2013年12月

A Guided Tour　学习指南图

第1篇　导　言

第 1 章　经济学十大原理 —— 少数几个重要思想指导着经济学的研究。
第 2 章　像经济学家一样思考 —— 经济学家既可以作为科学家来观察世界，也可以作为决策者来观察世界。
第 3 章　相互依存性与贸易的好处 —— 比较优势理论解释了人们如何从经济上的相互依存性中获益。

第2篇　市场如何运行

第 4 章　供给与需求的市场力量
第 5 章　弹性及其应用 —— 经济如何协调独立的经济主体？通过供求的市场力量。
第 6 章　供给、需求与政府政策 —— 用供求的工具来考察各种政府政策的效应。

第3篇　市场和福利

第 7 章　消费者、生产者与市场效率
第 8 章　应用：赋税的代价 —— 为什么供求均衡对整个社会是合意的？消费者和生产者剩余的概念解释了市场的效率、赋税的代价，以及国际贸易的利益。
第 9 章　应用：国际贸易

第4篇　公共部门经济学

第 10 章　外部性
第 11 章　公共物品和公共资源 —— 市场结果并不总是有效率的，政府有时可以弥补市场失灵。

第5篇　企业行为与产业组织

第 12 章　生产成本
第 13 章　竞争市场上的企业 —— 企业理论阐明了竞争市场供给背后的决策。
第 14 章　垄断 —— 有市场势力的企业会使市场结果无效率。

第 6 篇　宏观经济学的数据

第 15 章　一国收入的衡量 ── 用于监测整体经济发展的生产总量和物价总水平。
第 16 章　生活费用的衡量

第 7 篇　长期中的真实经济

第 17 章　生产与增长
第 18 章　储蓄、投资和金融体系 ── 这几章描述了长期中决定关键真实变量的力量，这些变量包括 GDP 的增长、储蓄、投资、真实利率和失业。
第 19 章　金融学的基本工具
第 20 章　失业

第 8 篇　长期中的货币与物价

第 21 章　货币制度 ── 在决定物价水平、通货膨胀率和其他名义变量的长期行为时，货币制度至关重要。
第 22 章　货币增长与通货膨胀

第 9 篇　短期经济波动

第 23 章　总需求与总供给 ── 总需求与总供给模型解释了短期经济波动、货币政策和财政政策的短期效应，以及真实变量和名义变量之间的短期联系。
第 24 章　货币政策和财政政策对总需求的影响

目录

第1篇 导言

第1章 经济学十大原理 3
1.1 人们如何做出决策 3
- 1.1.1 原理一:人们面临权衡取舍 4
- 1.1.2 原理二:某种东西的成本是为了得到它所放弃的东西 5
- 1.1.3 原理三:理性人考虑边际量 5
- 1.1.4 原理四:人们会对激励做出反应 6
- 案例研究 汽油价格的激励效应 7

1.2 人们如何相互影响 8
- 1.2.1 原理五:贸易可以使每个人的状况都变得更好 8
- 1.2.2 原理六:市场通常是组织经济活动的一种好方法 9
- 参考资料 亚当·斯密与看不见的手 10
- 1.2.3 原理七:政府有时可以改善市场结果 10

1.3 整体经济如何运行 11
- 1.3.1 原理八:一国的生活水平取决于它生产物品与服务的能力 11
- 1.3.2 原理九:当政府发行了过多货币时,物价上升 12
- 1.3.3 原理十:社会面临通货膨胀与失业之间的短期权衡取舍 13
- 新闻摘录 为什么你应该学习经济学 13

1.4 结论 14
- 内容提要 15
- 关键概念 15
- 复习题 15
- 快速单选 16
- 问题与应用 16

第2章 像经济学家一样思考 18
2.1 作为科学家的经济学家 18
- 2.1.1 科学方法:观察、理论和进一步观察 19
- 2.1.2 假设的作用 19
- 2.1.3 经济模型 20
- 2.1.4 我们的第一个模型:循环流量图 20
- 2.1.5 我们的第二个模型:生产可能性边界 21
- 2.1.6 微观经济学与宏观经济学 24

2.2 作为政策顾问的经济学家 24
- 2.2.1 实证分析与规范分析 25
- 2.2.2 华盛顿的经济学家们 25
- 2.2.3 为什么经济学家的建议并不总是被采纳 26

2.3 经济学家意见分歧的原因 27
- 2.3.1 科学判断的不同 27
- 2.3.2 价值观的不同 27
- 2.3.3 感觉与现实 28
- 新闻摘录 现实的经济学家与虚拟现实 29

2.4 出发吧 30
- 内容提要 31
- 关键概念 31
- 复习题 31
- 快速单选 31
- 问题与应用 32
- 附录 绘图:简单的复习 34

第3章 相互依存性与贸易的好处 42
3.1 一个现代经济寓言 42
- 3.1.1 生产可能性 43
- 3.1.2 专业化与贸易 44

3.2 比较优势:专业化的动力 46
- 3.2.1 绝对优势 46
- 3.2.2 机会成本和比较优势 46
- 3.2.3 比较优势与贸易 47
- 3.2.4 贸易的价格 48
- 参考资料 亚当·斯密与大卫·李嘉图的思想遗产 48

3.3 比较优势的应用	49
3.3.1 Tom Brady 应该自己修剪草坪吗	49
新闻摘录　家庭经济学	50
3.3.2 美国应该与其他国家进行贸易吗	51
3.4 结论	52
内容提要	52
关键概念	53
复习题	53
快速单选	53
问题与应用	54

第2篇　市场如何运行

第4章　供给与需求的市场力量　59

4.1 市场与竞争	59
4.1.1 什么是市场	59
4.1.2 什么是竞争	60
4.2 需求	60
4.2.1 需求曲线:价格和需求量之间的关系	61
4.2.2 市场需求与个人需求	62
4.2.3 需求曲线的移动	62
案例研究　减少香烟需求量的两种方法	64
4.3 供给	65
4.3.1 供给曲线:价格与供给量之间的关系	65
4.3.2 市场供给与个人供给	67
4.3.3 供给曲线的移动	67
4.4 供给与需求的结合	69
4.4.1 均衡	69
4.4.2 分析均衡变动的三个步骤	70
新闻摘录　大灾之后的物价上升	74
4.5 结论:价格如何配置资源	75
内容提要	76
关键概念	77
复习题	77
快速单选	77

问题与应用	78

第5章　弹性及其应用　80

5.1 需求弹性	80
5.1.1 需求价格弹性及其决定因素	80
5.1.2 需求价格弹性的计算	81
5.1.3 中点法:一个计算变动百分比和弹性的更好方法	82
5.1.4 各种需求曲线	82
参考资料　现实世界中的几种弹性	83
5.1.5 总收益与需求价格弹性	84
5.1.6 沿着一条线性需求曲线的弹性和总收益	85
5.1.7 其他需求弹性	87
5.2 供给弹性	87
5.2.1 供给价格弹性及其决定因素	88
5.2.2 供给价格弹性的计算	88
5.2.3 各种供给曲线	88
5.3 供给、需求和弹性的三个应用	90
5.3.1 农业的好消息可能对农民来说是坏消息吗	90
5.3.2 为什么石油输出国组织不能保持石油的高价格	92
5.3.3 禁毒增加还是减少了与毒品相关的犯罪	93
5.4 结论	94
内容提要	95
关键概念	95
复习题	95
快速单选	96
问题与应用	96

第6章　供给、需求与政府政策　98

6.1 价格控制	98
6.1.1 价格上限如何影响市场结果	99
案例研究　加油站前的长队	100
案例研究　短期与长期中的租金控制	101
6.1.2 价格下限如何影响市场结果	102
案例研究　最低工资	103
新闻摘录　委内瑞拉与市场	104

6.1.3　对价格控制的评价　106
6.2　税收　106
　　6.2.1　向卖者征税如何影响市场结果　107
　　6.2.2　向买者征税如何影响市场结果　108
　　案例研究　国会能分配工薪税的负担吗　109
　　6.2.3　弹性与税收归宿　110
　　案例研究　谁支付奢侈品税　111
6.3　结论　112
内容提要　112
关键概念　113
复习题　113
快速单选　113
问题与应用　114

第3篇　市场和福利

第7章　消费者、生产者与市场效率　119

7.1　消费者剩余　119
　　7.1.1　支付意愿　119
　　7.1.2　用需求曲线衡量消费者剩余　120
　　7.1.3　价格降低如何增加消费者剩余　122
　　7.1.4　消费者剩余衡量什么　123
7.2　生产者剩余　124
　　7.2.1　成本与销售意愿　124
　　7.2.2　用供给曲线衡量生产者剩余　125
　　7.2.3　价格上升如何增加生产者剩余　126
7.3　市场效率　127
　　7.3.1　仁慈的社会计划者　127
　　7.3.2　市场均衡的评价　128
　　案例研究　人体器官市场是否应该存在　130
　　新闻摘录　看不见的手可以给你停车　131
7.4　结论：市场效率与市场失灵　132
内容提要　133
关键概念　133
复习题　133
快速单选　134
问题与应用　134

第8章　应用：赋税的代价　137

8.1　赋税的无谓损失　137
　　8.1.1　税收如何影响市场参与者　138
　　8.1.2　无谓损失与贸易的好处　140
8.2　决定无谓损失的因素　141
　　案例研究　关于无谓损失的争论　142
8.3　税收变动时的无谓损失和税收收入　143
　　案例研究　拉弗曲线和供给学派经济学　145
　　新闻摘录　税收争论　146
8.4　结论　148
内容提要　148
关键概念　149
复习题　149
快速单选　149
问题与应用　150

第9章　应用：国际贸易　152

9.1　决定贸易的因素　152
　　9.1.1　没有贸易时的均衡　152
　　9.1.2　世界价格和比较优势　153
9.2　贸易的赢家和输家　154
　　9.2.1　出口国的得失　154
　　9.2.2　进口国的得失　156
　　9.2.3　关税的影响　157
　　参考资料　进口配额：另一种限制贸易的方法　159
　　9.2.4　贸易政策的结论　159
　　9.2.5　国际贸易的其他好处　160
　　新闻摘录　对自由贸易的威胁　161
9.3　各种限制贸易的观点　162
　　9.3.1　工作岗位论　162
　　新闻摘录　自由贸易的赢家应该补偿输家吗　162
　　9.3.2　国家安全论　163
　　9.3.3　幼稚产业论　164
　　9.3.4　不公平竞争论　164
　　9.3.5　作为讨价还价筹码的保护论　165
　　新闻摘录　关于自由贸易的再思考　165
　　案例研究　贸易协定和世界贸易组织　166
9.4　结论　167

内容提要 168
关键概念 168
复习题 168
快速单选 169
问题与应用 169

第4篇 公共部门经济学

第10章 外部性 175
10.1 外部性和市场无效率 176
　10.1.1 福利经济学:回顾 176
　10.1.2 负外部性 177
　10.1.3 正外部性 178
　新闻摘录 乡村生活的外部性 179
　案例研究 技术溢出、产业政策与
　　　　　专利保护 180
10.2 针对外部性的公共政策 181
　10.2.1 命令与控制政策:管制 181
　10.2.2 以市场为基础的政策1:
　　　　矫正税与补贴 181
　案例研究 为什么对汽油征收的税
　　　　　如此之重 182
　10.2.3 以市场为基础的政策2:
　　　　可交易的污染许可证 183
　新闻摘录 应对气候变化,我们应该
　　　　　做什么 185
　10.2.4 对关于污染的经济分析的批评 186
10.3 外部性的私人解决方法 186
　10.3.1 私人解决方法的类型 187
　10.3.2 科斯定理 187
　10.3.3 为什么私人解决方法并不
　　　　总是有效 188
10.4 结论 189
内容提要 189
关键概念 190
复习题 190
快速单选 190

问题与应用 191

第11章 公共物品和公共资源 193
11.1 不同类型的物品 193
11.2 公共物品 195
　11.2.1 搭便车者问题 195
　11.2.2 一些重要的公共物品 196
　案例研究 灯塔是公共物品吗 197
　11.2.3 成本—收益分析的难题 197
　案例研究 一条生命值多少钱 198
11.3 公共资源 199
　11.3.1 公地悲剧 199
　11.3.2 一些重要的公共资源 200
　新闻摘录 收费公路案例 201
　案例研究 为什么奶牛没有绝种 203
11.4 结论:产权的重要性 203
内容提要 204
关键概念 204
复习题 204
快速单选 205
问题与应用 205

第5篇 企业行为与产业组织

第12章 生产成本 209
12.1 什么是成本 209
　12.1.1 总收益、总成本和利润 209
　12.1.2 作为机会成本的成本 210
　12.1.3 作为一种机会成本的资本成本 210
　12.1.4 经济利润与会计利润 211
12.2 生产与成本 212
　12.2.1 生产函数 212
　12.2.2 从生产函数到总成本曲线 213
12.3 成本的各种衡量指标 214
　12.3.1 固定成本与可变成本 215
　12.3.2 平均成本与边际成本 215
　12.3.3 成本曲线及其形状 216

	12.3.4	典型的成本曲线	218
12.4	短期成本与长期成本	219
	12.4.1	短期与长期平均总成本之间的关系	219
	12.4.2	规模经济与规模不经济	220
参考资料	针厂的经验		220
12.5	结论	221

内容提要 222
关键概念 222
复习题 222
快速单选 223
问题与应用 223

第13章 竞争市场上的企业 226

13.1 什么是竞争市场 226
 13.1.1 竞争的含义 226
 13.1.2 竞争企业的收益 227
13.2 利润最大化与竞争企业的供给曲线 228
 13.2.1 一个简单的利润最大化例子 228
 13.2.2 边际成本曲线和企业的供给决策 229
 13.2.3 企业的短期停止营业决策 231
 13.2.4 覆水难收与其他沉没成本 232
 案例研究 生意冷清的餐馆和淡季的小型高尔夫球场 233
 13.2.5 企业退出或进入一个市场的长期决策 233
 13.2.6 用竞争企业图形来衡量利润 234
13.3 竞争市场的供给曲线 235
 13.3.1 短期:有固定数量企业的市场供给 235
 13.3.2 长期:有进入与退出的市场供给 235
 13.3.3 如果竞争企业利润为零,为什么它们要留在市场上 237
 13.3.4 短期与长期内的需求移动 237
 13.3.5 为什么长期供给曲线可能向右上方倾斜 238
13.4 结论:在供给曲线背后 239
内容提要 240

关键概念 240
复习题 240
快速单选 240
问题与应用 241

第14章 垄断 244

14.1 为什么会产生垄断 245
 14.1.1 垄断资源 245
 14.1.2 政府创造的垄断 245
 14.1.3 自然垄断 246
14.2 垄断者如何做出生产与定价决策 247
 14.2.1 垄断与竞争 247
 14.2.2 垄断者的收益 248
 14.2.3 利润最大化 250
 参考资料 为什么垄断者没有供给曲线 251
 14.2.4 垄断者的利润 251
 案例研究 垄断药品与非专利药品 252
14.3 垄断的福利代价 253
 14.3.1 无谓损失 253
 14.3.2 垄断利润:是一种社会代价吗 255
14.4 价格歧视 255
 14.4.1 关于定价的一个寓言 256
 14.4.2 "定价寓言"的寓意 257
 14.4.3 对价格歧视的分析 257
 14.4.4 价格歧视的例子 258
 新闻摘录 高等教育中的价格歧视 259
14.5 针对垄断的公共政策 260
 14.5.1 用反托拉斯法增强竞争 260
 14.5.2 管制 261
 14.5.3 公有制 262
 14.5.4 不作为 262
14.6 结论:垄断的普遍性 263
内容提要 264
关键概念 264
复习题 264
快速单选 265
问题与应用 265

第6篇 宏观经济学的数据

第15章 一国收入的衡量 271
15.1 经济的收入与支出 272
15.2 国内生产总值的衡量 273
- 15.2.1 "……市场价值" 273
- 15.2.2 "……所有……" 273
- 15.2.3 "……最终……" 274
- 15.2.4 "……物品与服务……" 274
- 15.2.5 "……生产的……" 274
- 15.2.6 "……一个国家内……" 274
- 15.2.7 "在某一既定时期……" 274
- 参考资料 其他收入衡量指标 275

15.3 GDP 的组成部分 276
- 15.3.1 消费 276
- 15.3.2 投资 276
- 15.3.3 政府购买 277
- 15.3.4 净出口 277
- 案例研究 美国 GDP 的组成部分 277
- 新闻摘录 经济分析局改变了投资和 GDP 的定义 278

15.4 真实 GDP 与名义 GDP 279
- 15.4.1 一个数字例子 279
- 15.4.2 GDP 平减指数 281
- 案例研究 近年来的真实 GDP 282

15.5 GDP 是衡量经济福利的好指标吗 282
- 新闻摘录 地下经济 284
- 案例研究 GDP 与生活质量的国际差异 285
- 新闻摘录 衡量宏观经济福利 286

15.6 结论 288
内容提要 289
关键概念 289
复习题 289
快速单选 290
问题与应用 290

第16章 生活费用的衡量 292
16.1 消费物价指数 292
- 16.1.1 如何计算消费物价指数 293
- 参考资料 CPI 的篮子中有些什么 294
- 16.1.2 衡量生活费用中的问题 295
- 新闻摘录 在网络时代监控通货膨胀 296
- 16.1.3 GDP 平减指数与消费物价指数 298

16.2 根据通货膨胀的影响校正经济变量 300
- 16.2.1 不同时期的美元数字 300
- 参考资料 指数先生进入好莱坞 300
- 16.2.2 指数化 301
- 16.2.3 真实利率与名义利率 301
- 案例研究 美国经济中的利率 302

16.3 结论 303
内容提要 304
关键概念 304
复习题 304
快速单选 305
问题与应用 305

第7篇 长期中的真实经济

第17章 生产与增长 309
17.1 世界各国的经济增长 310
- 参考资料 你比最富的美国人还富吗 311

17.2 生产率:作用及决定因素 311
- 17.2.1 为什么生产率如此重要 312
- 参考资料 一张图片顶一千个统计数字 312
- 17.2.2 生产率是如何决定的 314
- 参考资料 生产函数 315
- 案例研究 自然资源是增长的限制吗 316

17.3 经济增长和公共政策 316
- 17.3.1 储蓄和投资 316
- 17.3.2 收益递减和追赶效应 317
- 17.3.3 来自国外的投资 318
- 17.3.4 教育 319
- 17.3.5 健康与营养 319
- 新闻摘录 食品援助计划有益还是有害 320
- 17.3.6 产权和政治稳定 321
- 17.3.7 自由贸易 321

17.3.8　研究与开发　　　　　　　322
　　17.3.9　人口增长　　　　　　　　322
　　新闻摘录　一个经济学家的回答　　324
17.4　结论:长期增长的重要性　　　　326
内容提要　　　　　　　　　　　　　　327
关键概念　　　　　　　　　　　　　　327
复习题　　　　　　　　　　　　　　　327
快速单选　　　　　　　　　　　　　　328
问题与应用　　　　　　　　　　　　　328

第18章　储蓄、投资和金融体系　　330
18.1　美国经济中的金融机构　　　　　330
　　18.1.1　金融市场　　　　　　　　331
　　参考资料　对股市观察者而言的
　　　　　　　关键数字　　　　　　　332
　　18.1.2　金融中介机构　　　　　　333
　　18.1.3　总结　　　　　　　　　　334
　　新闻摘录　大学生应该把自己作为
　　　　　　　资产销售吗　　　　　　334
18.2　国民收入账户中的储蓄与投资　　335
　　18.2.1　一些重要的恒等式　　　　336
　　18.2.2　储蓄与投资的含义　　　　337
18.3　可贷资金市场　　　　　　　　　337
　　18.3.1　可贷资金的供给与需求　　338
　　18.3.2　政策1:储蓄激励　　　　　339
　　18.3.3　政策2:投资激励　　　　　340
　　18.3.4　政策3:政府预算赤字与盈余　341
　　案例研究　美国政府债务史　　　　342
　　参考资料　金融危机　　　　　　　344
18.4　结论　　　　　　　　　　　　　345
内容提要　　　　　　　　　　　　　　345
关键概念　　　　　　　　　　　　　　345
复习题　　　　　　　　　　　　　　　346
快速单选　　　　　　　　　　　　　　346
问题与应用　　　　　　　　　　　　　346

第19章　金融学的基本工具　　　　　348
19.1　现值:衡量货币的时间价值　　　348
　　参考资料　复利计算的魔力与70规则　350
19.2　风险管理　　　　　　　　　　　351
　　19.2.1　风险厌恶　　　　　　　　351
　　19.2.2　保险市场　　　　　　　　352
　　19.2.3　企业特有风险的多元化　　352
　　19.2.4　风险与收益的权衡取舍　　353
19.3　资产评估　　　　　　　　　　　354
　　19.3.1　基本面分析　　　　　　　354
　　19.3.2　有效市场假说　　　　　　355
　　案例研究　随机游走与指数基金　　356
　　新闻摘录　有效市场假说过时了吗　357
　　19.3.3　市场非理性　　　　　　　358
19.4　结论　　　　　　　　　　　　　359
内容提要　　　　　　　　　　　　　　359
关键概念　　　　　　　　　　　　　　359
复习题　　　　　　　　　　　　　　　359
快速单选　　　　　　　　　　　　　　360
问题与应用　　　　　　　　　　　　　360

第20章　失业　　　　　　　　　　　362
20.1　失业的确认　　　　　　　　　　363
　　20.1.1　如何衡量失业　　　　　　363
　　案例研究　美国经济中男性与女性的
　　　　　　　劳动力参工率　　　　　365
　　20.1.2　失业率衡量了我们想要衡量
　　　　　　的内容吗　　　　　　　　366
　　20.1.3　失业者没有工作的时间有多长　367
　　20.1.4　为什么总有些人是失业者　368
　　参考资料　就业岗位数　　　　　　368
20.2　寻找工作　　　　　　　　　　　369
　　20.2.1　为什么一些摩擦性失业是
　　　　　　不可避免的　　　　　　　369
　　20.2.2　公共政策和寻找工作　　　369
　　20.2.3　失业保险　　　　　　　　370
　　新闻摘录　就业为什么下滑　　　　371
20.3　最低工资法　　　　　　　　　　373
　　参考资料　谁在领取最低工资　　　374
20.4　工会和集体谈判　　　　　　　　374
　　20.4.1　工会经济学　　　　　　　375
　　20.4.2　工会对经济是好还是坏　　375
20.5　效率工资理论　　　　　　　　　376
　　20.5.1　工人健康　　　　　　　　377

20.5.2 工人流动率 377
20.5.3 工人素质 377
20.5.4 工人努力程度 377
案例研究 亨利·福特及其极为慷慨的每天5美元工资 378
20.6 结论 379
内容提要 379
关键概念 379
复习题 380
快速单选 380
问题与应用 380

第8篇 长期中的货币与物价

第21章 货币制度 385
21.1 货币的含义 386
21.1.1 货币的职能 386
21.1.2 货币的种类 387
新闻摘录 为什么是黄金 387
21.1.3 美国经济中的货币 389
参考资料 为什么信用卡不是货币 390
案例研究 所有的通货都在哪里 390
21.2 联邦储备体系 391
21.2.1 美联储的结构 391
21.2.2 联邦公开市场委员会 391
21.3 银行与货币供给 392
21.3.1 百分之百准备金银行的简单情况 392
21.3.2 部分准备金银行的货币创造 393
21.3.3 货币乘数 394
21.3.4 银行资本、杠杆以及2008—2009年的金融危机 395
21.4 美联储控制货币的工具 397
21.4.1 美联储如何影响准备金量 397
21.4.2 美联储如何影响准备金率 398
21.4.3 控制货币供给中的问题 399
案例研究 银行挤兑和货币供给 399
新闻摘录 美联储工具箱上的伯南克 400
21.4.4 联邦基金利率 402
21.5 结论 403
内容提要 403
关键概念 404
复习题 404
快速单选 404
问题与应用 405

第22章 货币增长与通货膨胀 407
22.1 古典通货膨胀理论 408
22.1.1 物价水平与货币价值 408
22.1.2 货币供给、货币需求与货币均衡 409
22.1.3 货币注入的影响 410
22.1.4 调整过程简述 411
22.1.5 古典二分法和货币中性 411
22.1.6 货币流通速度与货币数量方程式 412
案例研究 四次超速通货膨胀期间的货币与物价 414
22.1.7 通货膨胀税 415
参考资料 津巴布韦的超速通货膨胀 415
22.1.8 费雪效应 416
22.2 通货膨胀的成本 417
22.2.1 购买力下降？通货膨胀的谬误 417
22.2.2 皮鞋成本 418
22.2.3 菜单成本 419
22.2.4 相对价格变动与资源配置不当 419
22.2.5 通货膨胀引起的税收扭曲 419
22.2.6 混乱与不方便 421
22.2.7 未预期到的通货膨胀的特殊成本：任意的财富再分配 421
22.2.8 通货膨胀不好，但通货紧缩可能更坏 422
案例研究 《欧兹国历险记》与银币自由铸造的争论 422
22.3 结论 423
内容提要 424
关键概念 424
复习题 424
快速单选 425
问题与应用 425

第9篇　短期经济波动

第23章　总需求与总供给　429
- 23.1 关于经济波动的三个关键事实　429
  - 23.1.1 事实1：经济波动是无规律的且不可预测的　430
  - 23.1.2 事实2：大多数宏观经济变量同时波动　431
  - 23.1.3 事实3：随着产量减少，失业增加　431
- 23.2 解释短期经济波动　431
  - 23.2.1 古典经济学的假设　431
  - 23.2.2 短期波动的现实性　432
  - 新闻摘录　经济衰退的社会影响　432
  - 23.2.3 总需求与总供给模型　434
- 23.3 总需求曲线　435
  - 23.3.1 为什么总需求曲线向右下方倾斜　435
  - 23.3.2 为什么总需求曲线会移动　437
- 23.4 总供给曲线　439
  - 23.4.1 为什么长期中总供给曲线是垂直的　439
  - 23.4.2 为什么长期总供给曲线会移动　440
  - 23.4.3 用总需求和总供给来描述长期增长与通货膨胀　441
  - 23.4.4 为什么短期中总供给曲线向右上方倾斜　442
  - 23.4.5 为什么短期总供给曲线会移动　444
- 23.5 经济波动的两个原因　446
  - 23.5.1 总需求移动的影响　446
  - 参考资料　再度审视货币中性　448
  - 案例研究　总需求两次重大的移动：大萧条与第二次世界大战　448
  - 案例研究　2008—2009年的衰退　450
  - 新闻摘录　我们学到了什么　451
  - 23.5.2 总供给移动的影响　453
  - 案例研究　石油与经济　455
  - 参考资料　总需求与总供给模型的来源　455
- 23.6 结论　456
- 内容提要　456
- 关键概念　457
- 复习题　457
- 快速单选　458
- 问题与应用　458

第24章　货币政策和财政政策对总需求的影响　460
- 24.1 货币政策如何影响总需求　460
  - 24.1.1 流动性偏好理论　461
  - 参考资料　长期利率与短期利率　463
  - 24.1.2 总需求曲线向右下方倾斜　464
  - 24.1.3 货币供给的变动　465
  - 24.1.4 美联储政策中利率目标的作用　465
  - 参考资料　利率降至零　466
  - 案例研究　为什么美联储注视着股市（而且股市也注视着美联储）　467
- 24.2 财政政策如何影响总需求　468
  - 24.2.1 政府购买的变动　468
  - 24.2.2 乘数效应　468
  - 24.2.3 支出乘数的公式　469
  - 24.2.4 乘数效应的其他应用　470
  - 24.2.5 挤出效应　470
  - 24.2.6 税收变动　471
  - 参考资料　财政政策如何影响总供给　472
- 24.3 运用政策来稳定经济　472
  - 24.3.1 支持积极稳定政策论　473
  - 案例研究　白宫的凯恩斯主义者　473
  - 新闻摘录　财政政策的乘数有多大　474
  - 24.3.2 反对积极稳定政策论　475
  - 24.3.3 自动稳定器　476
- 24.4 结论　477
- 内容提要　477
- 关键概念　478
- 复习题　478
- 快速单选　478
- 问题与应用　479

术语表　481

第1章 经济学十大原理

第2章 像经济学家一样思考

第3章 相互依存性与贸易的好处

第1篇 导 言

第1章
经济学十大原理

经济(economy)这个词来源于希腊语 oikonomos,它的意思是"管理一个家庭的人"。乍一看,这个来源似乎有点奇特。但事实上,家庭和经济有着许多相似之处。

一个家庭面临着许多决策。它必须决定各个家庭成员分别去做什么,以及每个家庭成员能得到什么回报:谁做晚饭?谁洗衣服?谁在晚餐时多得到一块甜点?谁来开车?简而言之,家庭必须考虑到每个成员的能力、努力和愿望,以在其各个成员中分配稀缺资源(时间、甜点、汽车行驶里程)。

和一个家庭一样,一个社会也面临着许多决策。社会必须找到某种方法决定将要做哪些工作以及谁来做这些工作。社会需要一些人种粮食,一些人做衣服,还有一些人开发电脑软件。一旦社会分配了人们(以及土地、建筑物和机器)去做各种工作,它就必然需要将他们生产的物品与服务进行分配。社会必须决定谁将吃鱼子酱而谁将吃土豆。它也必须决定谁将开法拉利跑车而谁将坐公共汽车。

由于资源是稀缺的,社会资源的管理就尤为重要。**稀缺性**(scarcity)是指社会拥有的资源是有限的,因此不能生产人们希望拥有的所有物品与服务。正如每个家庭成员都不可能得到他想要的每一件东西一样,社会上的每个人也不能达到他希望的最高生活水平。

经济学(economics)研究社会如何管理自己的稀缺资源。在大多数社会中,资源并不是由一个全权的独裁者来配置,而是通过千百万家庭和企业的共同选择来配置的。因此,经济学家研究人们如何做出决策:他们做多少工作、购买什么、储蓄多少,以及如何把储蓄用于投资。经济学家还研究人们如何相互影响。例如,经济学家考察一种物品的众多买者与卖者如何共同决定该物品的销售价格和销售量。最后,经济学家分析影响整个经济的力量和趋势,包括平均收入的增长、找不到工作的人占总人口的比例,以及价格上升的速度。

经济学的研究是多方面的,但可以用几个核心思想把这个领域统一起来。在本章中,我们将阐述经济学十大原理。即使你开始时不完全理解这些原理,或者它们并不能使你完全信服,也不必担心。在以后各章中,我们将更充分地揭示这些思想。这里介绍的十大原理只是为了让你了解经济学所研究内容的概况。你可以把这一章作为"即将到来的精彩的预演"。

1.1 人们如何做出决策

"经济是什么"这个问题并没有什么神秘之处。无论我们谈论的是洛杉矶经济、美国经济,还是全世界的经济,经济只不过是在生活中相互交易的人们所组成的群体而已。由于一个经济的行为反映了组成这个经济的个人的行为,所以我们的经济学学习就从个人做出决策的四个原理开始。

1.1.1 原理一:人们面临权衡取舍

你可能听到过这句老话:"天下没有免费的午餐。"抛开文法不谈,这句格言包含了相当多的真理。为了得到一件喜爱的东西,我们通常就不得不放弃另一件喜爱的东西。做出决策就是要求我们在一个目标与另一个目标之间进行权衡取舍。

考虑一个学生必须决定如何分配她的最宝贵的资源——时间。她可以把所有的时间用于学习经济学,可以把所有的时间用于学习心理学,或者把时间在这两个学科之间进行分配。对于她用于学习一门课的每一个小时,她都要放弃本来可用于学习另一门课的一小时。而且,对于她用于学习功课的每一个小时,她都要放弃本来可用于睡眠、骑车、看电视或做兼职工作以赚点零花钱的一小时。

我们还可以考虑一个家庭的父母决定如何使用他们的家庭收入。他们可以购买食物、衣物,或者全家度假。他们也可以为自己退休或孩子的大学教育储蓄一部分收入。当他们选择把额外的 1 美元用于上述用途中的一种时,他们在某种其他用途上就要少花 1 美元。

当人们组成社会时,他们面临各种不同的权衡取舍。经典的权衡取舍是在"大炮与黄油"之间。当一个社会的支出更多地用于保卫其海岸免受外国入侵的国防(大炮)时,用在提高国内生活水平的消费品(黄油)上的支出就少了。在现代社会里,同样重要的是在清洁的环境和高收入水平之间的权衡取舍。要求企业减少污染的法律增加了生产物品与服务的成本。由于成本高了,结果这些企业赚的利润少了,支付的工资低了,收取的价格高了,或者是这三种结果的某种结合。因此,尽管污染管制所带来的好处是更清洁的环境,以及由此带来的健康水平的提高,但其代价是企业所有者、工人和消费者的收入减少了。

社会面临的另一种权衡取舍是在效率与平等之间。**效率**(efficiency)是指社会能从其稀缺资源中得到最大的利益。**平等**(equality)是指将这些利益平均地分配给社会成员。换句话说,效率是指经济蛋糕的大小,而平等则是指如何分割这块蛋糕。

在设计政府政策的时候,这两个目标往往是不一致的。例如,我们来考虑目的在于实现平等地分配经济福利的政策。某些此类政策,如福利制度或失业保险,是要帮助那些最需要帮助的社会成员。另一些政策,如个人所得税,是要求经济上成功的人士对政府给予比其他人更多的支持。虽然这些政策实现了更大程度的平等,但它们降低了效率。当政府把富人的收入再分配给穷人时,就减少了对辛勤工作的奖励;结果是,人们工作少了,生产的物品与服务也少了。换句话说,当政府想要把经济蛋糕切为更为均等的小块时,这块蛋糕本身也变小了。

认识到人们面临权衡取舍本身并没有告诉我们人们将会或应该做出什么决策。一个学生不应该仅仅因为要增加用于学习经济学的时间而放弃心理学的学习。社会不应该仅仅因为环境管制降低了我们的物质生活水平而不再保护环境,也不应该仅仅因为帮助穷人扭曲了工作激励而弃之不顾。然而,人们只有了解他们面临的选择,才有可能做出良好的决策。因此,我们对经济学的学习要从认识生活中的权衡取舍开始。

1.1.2 原理二:某种东西的成本是为了得到它所放弃的东西

由于人们面临着权衡取舍,所以做决策就需要比较可供选择的行动方案的成本与收益。但在许多情况下,某种行动的成本并不是一目了然的。

考虑是否上大学的决策。主要的收益是丰富了知识且一生中拥有了更好的工作机会。但成本是什么呢?要回答这个问题,你会想把你用于学费、书籍、住宿和伙食的钱加总起来。但这种总和并不真正代表你上一年大学所放弃的东西。

这种计算存在两个问题。第一个问题是,它计算在内的某些成本并不是上大学的真正成本。即使你离开了学校,你也需要有睡觉的地方、要吃饭。只有在大学的住宿和伙食比其他地方贵时,贵的这一部分才是上大学的成本。第二个问题是,它忽略了上大学最大的成本——你的时间。当你把一年的时间用于听课、读书和写论文时,你就不能把这段时间用于工作。对大多数学生而言,为上学而不得不放弃的收入是他们受教育的最大单项成本。

一种东西的**机会成本**(opportunity cost)是为了得到这种东西所放弃的东西。当做出任何一项决策时,决策者应该认识到每一种可能的行动所带来的机会成本。实际上,决策者通常是知道这一点的。那些大学里的运动员如果退学转而从事职业运动,就能每年赚上几百万美元。他们深深认识到,他们上大学的机会成本极高。所以他们通常决定:不值得花费这种成本来获得上大学的收益。这一点儿也不奇怪。

1.1.3 原理三:理性人考虑边际量

经济学家通常假设,人是理性的。在可用的机会为既定的条件下,**理性人**(rational people)系统而有目的地尽最大努力去实现其目标。当你学习经济学时,你会遇到一些企业,为实现利润最大化,它们要决定雇用多少工人和制造并出售多少产品;你也会遇到一些人,他们要决定把多少时间用于工作,并用赚到的钱购买什么物品和服务,以便获得最大可能的满足。

理性人知道,生活中的许多决策很少是黑与白的选择,而往往是介于其间的灰色地带。当到了吃午饭的时间时,你面临的决策不是在完全不吃和大吃一顿之间的选择。更可能的是你将问自己"是否再多吃一勺土豆泥"。当考试临近时,你的决策不是在放弃考试和一天学习 24 个小时之间的选择,而是是否多花 1 小时时间复习功课而不是看电视。经济学家用**边际变动**(marginal change)这个术语来描述对现有行动计划的微小增量调整。记住,"边际"指"边缘",因此,边际变动是围绕你所做的事的边缘的调整。理性人通常通过比较边际收益(marginal benefit)与边际成本(marginal cost)来做决策。

"这次通话的边际收益大于边际成本吗?"
图片来源:ⓒ David Davis Photoproductions RF/Alamy.

例如,假设你正在考虑用手机给一个朋友打电话。你确定与朋友通话 10 分钟给你带来的收益估计为 7 美元左右。你手机的服务费是每月 40 美元的固定费用加上每分钟 0.5 美元的通话费用。你通常每月打电话 100 分钟,因此你每月的付费为 90 美元(每分钟 0.5 美元乘每月 100 分钟,加 40 美元的固定费用)。在这种情况下,你应该打电话吗?你可能会有如下推理:"由于我每月为打 100 分钟电话支付 90 美元,平均每分钟我的电话费是 0.9 美元。因此,10 分钟的电话费是 9 美元。由于成本 9 美元大于收益 7 美元，我将不打这个电话。"但是，这个结论是错误的。虽然 10 分钟电话的平均成本是 9 美元，但边际成本——如果你多打这一次电话，你付费的增加量——只是 5 美元。只有比较边际收益与边际成本，你才能做出正确的决策。由于边际收益 7 美元大于边际成本 5 美元，你应该打这个电话。这是人们先天就懂的原理：有不限时通话套餐（意味着边际上的分钟是免费的）的手机使用者会更长时间且更频繁地打电话。

企业决策时边际考虑也起作用。例如，考虑一个航空公司决定对等退票的乘客收取多高的价格。假设一架有 200 个座位的飞机横越美国飞行一次，航空公司的成本是 10 万美元。在这种情况下，每个座位的平均成本是 10 万美元/200，即 500 美元。人们很容易就此得出结论：航空公司的票价决不应该低于 500 美元。而事实上，一个理性的航空公司往往会通过考虑边际量而设法增加利润。设想一架飞机即将起飞时仍有 10 个空位，而在登机口等退票的乘客愿意支付 300 美元买一张票。航空公司应该把票卖给他吗？当然应该。如果飞机有空位，多增加一位乘客的成本是微不足道的。虽然每位乘客飞行的平均成本是 500 美元，但边际成本仅仅是这位额外的乘客将消费的一包花生米和一罐软饮料的成本而已。只要等退票的乘客所支付的钱大于边际成本，卖给他机票就是有利可图的。

边际决策还有助于解释另外一些令人困惑的经济现象。这里有一个经典问题：为什么水这么便宜，而钻石如此昂贵？人需要水来维持生存，而钻石并不是不可或缺的；但由于某种原因，人们愿意为钻石支付的钱要远远高于水。原因是一个人对任何一种物品的支付意愿都基于其增加一单位该物品所获得的边际收益。反过来，边际收益又取决于一个人已经拥有多少这种物品。水是不可缺少的，但增加一杯水的边际收益微不足道，因为水太多了。与此相反，并没有一个人需要用钻石来维持生存，但由于钻石稀少，人们认为额外增加一颗钻石的边际收益是很大的。

当且仅当一种行为的边际收益大于边际成本时，一个理性决策者才会采取这种行为。这个原理可以解释为什么手机使用者会打那么多的电话，为什么航空公司愿意以低于平均成本的价格卖票，以及为什么人们愿意为钻石支付比水高的价格。习惯于边际思考的逻辑可能需要一段时间，但学习经济学将给你许多练习的机会。

1.1.4 原理四：人们会对激励做出反应

激励（incentive）是引起一个人做出某种行为的某种东西（例如惩罚或奖励的预期）。由于理性人通过比较成本与收益做出决策，所以，他们会对激励做出反应。你将会知道，在经济学研究中，激励起着中心作用。一位经济学家甚至提出，整个经济学的内容可以简单地概括为："人们会对激励做出反应。其余内容都是对此的解释。"

在分析市场如何运行时，激励是至关重要的。例如，当苹果的价格上涨时，人们决定少吃苹果；同时，苹果园主决定雇用更多工人并多摘些苹果。换言之，市场上的高价格提供了买者少消费和卖者多生产的激励。正如我们将看到的，价格对消费者和生产者行为的影响对于市场经济如何配置稀缺资源是至关重要的。

政府决策者决不能忘记激励，因为许多政策改变了人们面临的成本或收益，从而也改变了人们的行为。例如，汽油税鼓励人们开小型的节油型汽车。欧洲开小型车的人比美国多，原因之一就是欧洲的汽油税比美国高。更高的汽油税还鼓励人们拼车或乘坐公共交通工具，并鼓励人们在离自己住所近的地方工作。汽油税越高，就会有越多的人驾驶混合动力汽车；如果汽油税足够高，人们就会开始驾驶电动汽车。

当决策者未能考虑到他们的政策如何影响激励时，这些政策通常会带来意想不到的结果。例如，考虑一下有关汽车安全的公共政策。今天所有的汽车都有安全带，但50年前并不是这样。20世纪60年代，拉尔夫·纳德（Ralph Nader）的著作《任何速度都不安全》（*Unsafe at Any Speed*）引起了公众对汽车安全性能的关注。国会的反应是通过立法要求将安全带作为新汽车的标准配置。

安全带的法律如何影响汽车安全呢？直接的影响是显而易见的：当一个人系上安全带后，发生车祸时存活的概率提高了。但是，其影响并不是仅此而已，因为这项法律还通过改变激励而影响了人们的行为。在这里，相关的行为是司机开车时的速度和谨慎程度。缓慢而谨慎地开车是有代价的，因为这要耗费司机的时间和精力。当决定开车的安全程度时，理性人会下意识地比较安全开车的边际收益和边际成本。当提高安全程度的收益高时，他们就会更缓慢、更谨慎地开车。例如，人们在道路有冰时会比在道路干净时更缓慢而谨慎地开车。

考虑安全带的法律如何改变一个司机的成本—收益计算。安全带降低了司机的车祸代价，因为它们降低了伤亡的概率。换言之，安全带减少了缓慢而谨慎地开车的收益。人们对安全带的反应和对道路状况改善的反应一样——更快速、更不谨慎地开车。这样，安全带法律最终导致的结果是车祸的次数增加了。开车安全程度的下降对行人有明显不利的影响，因为他们遭遇车祸的概率上升了，但却没有（像司机那样）获得增加的保护的收益。

乍一看，这种关于激励与安全带的讨论似乎是毫无根据的猜测。但是，在1975年的一项经典研究中，经济学家萨姆·佩兹曼（Sam Peltzman）认为汽车安全法实际上有许多这类影响。根据佩兹曼的证据，这些法律减少了每次车祸的死亡人数，但却增加了车祸的次数。他的结论是，净结果是司机死亡人数变动很小，而行人死亡人数增加了。

佩兹曼对汽车安全的分析是人们对激励做出反应的一般性原理的一个不同寻常而带有争议的例子。在分析任何一种政策时，我们不仅应该考虑它的直接影响，而且还应该考虑它通过激励产生的不太明显的间接影响。如果政策改变了激励，那就会使人们改变自己的行为。

案例研究
汽油价格的激励效应

从2005年到2008年，世界石油市场的石油价格飞涨，这是由于有限的供给与强劲的全球增长（尤其是中国的增长）所引起的需求剧增共同作用的结果。美国的汽油价格由每加仑2美元左右上升到4美元左右。同时，报纸充斥着人们对节约汽油的激励如何做出反应的故事——有些以明显的方式，有些以不太明显的方式。

这里给出了各种故事的实例：
- "随着汽油价格的飙升，顾客们拥向小排量车。"
- "随着汽油价格攀上新高，小型摩托车的销售也攀上新高。"
- "汽油价格推动自行车销售和修理业进入高潮。"
- "汽油价格让乘车者涌入公共交通。"
- "随着汽油价格上升，骆驼的需求上升了"：印度拉贾斯坦（Rajasthan）省的农民正在重新发现普通且实用的骆驼的价值。随着高耗油拖拉机成本猛增，骆驼又回来了。
- "航空公司饱受苦难，但波音和空客的订单膨胀"：对新型节油飞机的需求从未这么高。单通道、载重量大的新型空客A320和波音737飞机的需求最强劲，这种飞机的飞行成本比美国一些航空公司仍在使用的老式飞机低40%。

- "家庭购买行为根据高油价进行调整"：Demetrius Stroud 正在找新房子,他分析了大量数据后发现,随着油价的上升,搬到车站附近是最省钱的做法。
- "汽油价格上升使学生去上网络课程"：对于北安普敦社区学院的二年级学生 Christy LaBadie 来说,在汽油价格飙升至 4 美元以上时,从她家到宾州 Bethlehem 校园的 30 分钟路程现在成为一种财务负担。因此,这个学期她决定上网络课程,以省去来回奔波——以及钱。
- "在燃油价格上升时,Diddy 停止了私人飞机的飞行"：燃油价格限制了一位常飞人员——说唱大腕 Sean "Diddy" Combs——的出行方式。Combs 说,他现在只乘坐商业航班而不乘坐私人飞机,过去私人飞机在纽约和洛杉矶之间往返一次的费用是 20 万美元以上。"事实上我现在只乘坐商业航班,"Combs 在登机前,坐在头等舱座位上,对着摄像头亮出他的登机牌说,"油价太高了。"

这些进展许多在后来被证明是暂时的,从 2008 年开始并持续到 2009 年的经济衰退减少了世界石油需求,汽油价格也大幅度下降了。但 Combs 先生会不会回到他的私人飞机上还未可知。

即问即答 ● 描述一个你最近面临的重要的权衡取舍问题。 ● 举出一个既有货币性的机会成本又有非货币性的机会成本的行动的例子。 ● 描述一个你的父母为了努力影响你的行为而向你提供激励的例子。

1.2 人们如何相互影响

"每周只需5美元,便可让你免去割草的困扰,尽情地观赏棒球赛!"

图片来源：From The Wall Street Journal—Permission, Cartoon Features Syndicate.

前四个原理讨论了个人如何做出决策。在我们的人生旅途中,我们的许多决策不仅影响我们自己,而且还会影响其他人。以下三个原理是关于人们如何相互交易的。

1.2.1 原理五：贸易可以使每个人的状况都变得更好

也许你在新闻中听到过,在世界经济中中国人是我们的竞争对手。在某些方面这是正确的,因为美国企业和中国企业生产许多相同的产品。中国和美国企业在服装、玩具、太阳能电池板、汽车轮胎和许多其他物品市场上争夺同样的顾客。

但这种思考国家之间的竞争的想法很容易产生误导。美国和中国之间的贸易并不像体育比赛一样,一方赢而另一方输。实际上,事实正好相反：两国之间的贸易可以使两个国家的状况都变得更好。

为了说明原因,我们先考虑贸易如何影响你的家庭。当你的家庭的某个成员找工作时,她要与也在找工作的其他家庭的成员竞争。各个家庭在购物时也会相互竞争,因为每个家庭都想以最低的价格购买最好的东西。从某种意义上说,经济中每个家庭都在与所有其他家庭相竞争。

尽管有这种竞争,但把你的家庭与所有其他家庭隔绝开来并不会使你的家庭过得更好。

如果真的隔绝开来的话,你的家庭就必须自己种粮食、自己做衣服、自己盖房子。显然,你的家庭在与其他家庭的贸易中受益良多。贸易使每个人都可以专门从事自己最擅长的活动,无论它是耕种、做衣服还是盖房子。通过与其他人贸易,人们可以以较低的成本获得各种各样的物品与服务。

国家和家庭一样,也能从相互贸易中获益。贸易使各国可以专门从事自己最擅长的活动,并享有种类更多的物品与服务。中国人和法国人、埃及人、巴西人一样,在世界经济中既是我们的竞争对手,又是我们的伙伴。

1.2.2　原理六:市场通常是组织经济活动的一种好方法

20世纪80年代苏联和东欧的解体是20世纪世界上最重大的变化之一。中央计划经济国家运行的前提假设是,政府官员能够最佳地配置经济中的稀缺资源。这些中央计划者决定,生产什么物品与服务、生产多少,以及谁生产和消费这些物品与服务。支撑中央计划的理论是,只有政府才能以促进整个社会经济福利的方式组织经济活动。

大部分曾经是中央计划经济的国家已经放弃了这种制度,代之以发展市场经济。在**市场经济**(market economy)中,中央计划者的决策被千百万企业和家庭的决策所取代。企业决定雇用谁和生产什么。家庭决定为哪家企业工作,以及用自己的收入购买什么。这些企业和家庭在市场上相互交易,价格和利己引导着他们的决策。

乍一看,市场经济的成功是一个谜。毕竟,在市场经济中,没有一个人追求整个社会的经济福利。自由市场包括大量物品与服务的许多买者与卖者,而所有人都主要关心自己的福利。尽管市场中存在的是分散的决策和利己的决策者,但事实已经证明,市场经济在以一种促进总体经济福利的方式组织经济活动方面非常成功。

经济学家亚当·斯密(Adam Smith)在其1776年出版的著作《国民财富的性质和原因的研究》中提出了全部经济学中最著名的观察结果:家庭和企业在市场上相互交易,他们仿佛被一只"看不见的手"所指引,并导致了合意的市场结果。本书的目的之一就是要解释这只看不见的手如何施展它的魔力。

通过学经济学你会知道,价格就是看不见的手用来指引经济活动的工具。在任何一个市场上,当买者决定需求多少时,他们盯着价格;当卖者决定供给多少时,他们也盯着价格。作为买者与卖者决策的结果,市场价格既反映了一种物品的社会价值,也反映了生产该物品的社会成本。斯密的重要洞察是,价格会自发调整,指引这些单个买者和卖者达到某种结果,该结果在大多数情况下会实现整个社会福利的最大化。

斯密的观点有一个重要的推论:当政府阻止价格根据供求状况自发调整时,它就限制了看不见的手对组成经济的千百万家庭和企业的决策进行协调的能力。这个推论解释了为什么税收对资源配置有不利的影响:由于税收扭曲了价格,从而也扭曲了家庭和企业的决策。这个推论还解释了像租金控制这类直接控制价格的政策所引起的巨大危害。而且,这个推论解释了中央计划经济的失败。在中央计划经济国家,价格并不是在市场上决定的,而是由中央计划者规定的。这些计划者缺乏关于消费者爱好和生产者成本的必要信息,而在市场经济中这些信息都反映在价格上。中央计划者之所以失败,是因为他们在管理经济时把市场这只看不见的手绑起来了。

> **参考资料**
> ## 亚当·斯密与看不见的手

亚当·斯密
图片来源：Bettmann/Corbis.

这也许只是一种巧合：亚当·斯密的伟大著作《国民财富的性质和原因的研究》是在 1776 年出版的，而正好是在这一年，美国革命者签署了《独立宣言》。但是，这两部文献都有一个在当时很流行的观点——让人们各行其是，而不要让政府沉重的手来指导他们的行为，结果往往会最好。这种政治哲学为市场经济，从更一般的意义上来说则是为自由社会提供了理论基础。

为什么分散的市场经济运行得这么好？这是因为可以指望人们友爱而仁慈地相互对待吗？完全不是。在这本书中，亚当·斯密描述了市场经济中人们如何相互影响：

人类几乎随时随地都需要同胞的协助，要想仅仅依赖他人的恩惠，那是绝对不行的。他如果能够刺激他人的利己心，使其有利于他，并告诉其他人，给他做事是对他们自己有利的，那么他要达到目的就容易得多了。……请给我们我所要的东西吧，同时，你也可以获得你所要的东西：这句话是交易的通义。我们所需要的相互帮忙，大部分是依照这个方法取得的。

我们每天所需的食物和饮料，不是出自屠户、酿酒师或面包师的恩惠，而是出自他们利己的打算。我们不说唤起他们利他心的话，而说唤起他们利己心的话。我们不说自己有需要，而说对他们有利。社会上，除乞丐外，没有一个人愿意全然靠别人的恩惠过活。……

每一个人……既不打算促进公共的利益，也不知道自己是在何种程度上促进那种利益……他所盘算的也只是他自己的利益。在这种场合下，像在其他许多场合一样，他受着一只看不见的手的引导，去尽力达到一个并非他本意想要达到的目的。也并不因为不是出于本意，就对社会有害。他追求自己的利益，往往使他能比在真正出于本意的情况下更有效地促进社会的利益。

斯密是说，经济参与者受利己心所驱动，而市场上这只看不见的手指引这种利己心去促进总体的经济福利。

亚当·斯密的许多见解仍然是现代经济学的核心内容。我们在以后各章中的分析将更准确地表述斯密的结论，并更充分地分析市场这只看不见的手的优点与缺陷。

1.2.3 原理七：政府有时可以改善市场结果

如果市场这只看不见的手如此伟大，那么为什么我们还需要政府呢？学习经济学的目的之一是提高我们对政府政策的适当作用与范围的认识。

我们需要政府的原因之一是：只有在政府实施规则并维持对市场经济至关重要的制度时，看不见的手才能施展其魔力。最重要的是，市场经济需要实施**产权**（property rights）的制度，以便个人可以拥有和控制稀缺资源。如果一个农民预见到他的谷物会被偷走，他就不会种庄稼;除非确保顾客在离开前会付费,否则餐馆就不会提供服务;如果有太多的顾客通过非法复制来逃避付费,一家唱片公司就不会生产DVD。我们都依靠政府提供的警察和法庭来实施我们对自己生产出来的东西的权利——而看不见的手依靠我们实施自己权利的能力。

然而,我们需要政府的另一个原因是:虽然看不见的手是强有力的,但并不是无所不能的。政府干预经济并改变人们自己选择的资源配置的原因有两类:促进效率或促进平等。这就是说,大多数政策的目标要么是把经济蛋糕做大,要么是改变这个蛋糕的分割方式。

先来考虑效率目标。尽管看不见的手通常会使市场有效地配置资源,以使经济蛋糕最大化,但情况并不总是这样。经济学家用**市场失灵**(market failure)这个术语来指市场本身不能有效配置资源的情况。正如我们将会看到的,市场失灵的一个可能原因是**外部性**(externality),它是指一个人的行为对旁观者福利的影响。外部性的经典例子是污染。当一种产品的生产污染了空气并引起住在工厂附近人们的健康问题时,市场本身并不能将这种成本考虑在内。市场失灵的另一个可能原因是**市场势力**(market power),它是指单个人或公司(或某个小群体)不适当地影响市场价格的能力。例如,假设一个小镇里的每个人都需要水,但只有一口井,那么这口井的所有者就不会受到残酷竞争的限制,而正常情况下,看不见的手正是以这种竞争来约束个人的利己行为。在存在外部性或市场势力的情况下,设计良好的公共政策可以提高经济效率。

现在来考虑平等目标。即使看不见的手带来了有效率的产出,它也不能消除经济福利上巨大的不对称。市场经济根据人们生产其他人愿意购买的东西的能力来给予其报酬。世界上最优秀的篮球运动员赚的钱比世界上最优秀的棋手多,只是因为人们愿意为看篮球比赛付比看国际象棋比赛更多的钱。看不见的手并没有保证每个人都有充足的食物、体面的衣服和充分的医疗保健。根据某种政治哲学,这种不平等要求政府进行干预。实际上,许多公共政策,例如所得税和福利制度的目标就是要实现更平等的经济福利分配。

我们说政府有时可以改善市场结果并不意味着它总会这样。公共政策并不是天使制定的,而是由不完善的政治程序制定的。有时所设计的政策只是为了有利于政治上有权势的人;有时政策是由动机良好但信息不充分的领导人制定的。当你学了经济学以后,你就能更好地判断一项政府政策什么时候是正确的,因为它促进了效率或者平等,而什么时候是不正确的。

即问即答 • 为什么一个国家如果不把自己和其他国家隔离开来,其状况会变得更好?
• 为什么我们有市场?根据经济学家的观点,政府应当在市场中扮演怎样的角色?

1.3 整体经济如何运行

我们从讨论个人如何做出决策开始,然后考察人们如何相互影响,所有这些决策和相互影响共同组成了"经济"。最后三个原理涉及整体经济的运行。

1.3.1 原理八:一国的生活水平取决于它生产物品与服务的能力

世界各国生活水平的差别是惊人的。在2011年,美国的人均收入约为48 000美元。同一年,墨西哥的人均收入约为9 000美元,中国的人均收入约为5 000美元,而尼日利亚的人均收入只有 1 200 美元。毫不奇怪,这种平均收入的巨大差别反映在生活质量的各种衡量指标上。高收入国家的公民比低收入国家的公民拥有更多电视机、更多汽车、更好的营养、更好的医疗保健,以及更长的预期寿命。

随着时间的推移,生活水平的变化也是巨大的。在美国,从历史上看,收入每年增长 2% 左右(根据生活费用变动进行调整之后)。按这个增长率,人均收入每 35 年翻一番。在过去一个世纪中,美国的人均收入增长了 8 倍左右。

用什么来解释各国之间和不同时期生活水平的巨大差别呢?答案非常简单。几乎所有生活水平的差别都可以归因于各国**生产率**(productivity)的差别——每一单位劳动投入所生产的物品与服务数量的差别。在那些每单位时间工人能生产大量物品与服务的国家,大多数人享有高生活水平;在那些工人生产率低的国家,大多数人必须忍受贫困的生活。同样,一国生产率的增长率决定了它的平均收入的增长率。

生产率和生活水平之间的基本关系是简单的,但它的含义却是深远的。如果生产率是生活水平的首要决定因素,那么其他因素就应该是次要的。例如,有人想把 20 世纪美国工人生活水平的提高归功于工会或最低工资法,但对于美国工人来说,真正的英雄是他们不断提高的生产率。另一个例子是,一些评论家声称,20 世纪 70 年代和 80 年代美国收入增长放缓是由于与日本和其他国家日益激烈的竞争,但真正的敌人不是来自国外的竞争,而是美国生产率增长的放缓。

生产率与生活水平之间的关系对于公共政策也有深远的含义。在考虑任何一项政策如何影响生活水平时,关键问题是这项政策如何影响我们生产物品与服务的能力。为了提高生活水平,决策者需要通过让工人受到良好的教育、拥有生产物品与服务需要的工具以及获取最好的技术来提高生产率。

1.3.2 原理九:当政府发行了过多货币时,物价上升

"虽然你刚刚排队时这些东西是 68 美分,但现在是 74 美分了!"

图片来源:Tribune Media Services, Inc. All Rights Reserved. Reprinted with permission.

1921 年 1 月,德国一份日报的价格为 0.3 马克。不到两年之后,也就是 1922 年 11 月,一份同样的报纸的价格为 7 000 万马克。经济中所有其他价格都以类似的程度上涨。这个事件是历史上最令人震惊的**通货膨胀**(inflation)的例子,通货膨胀是指经济中物价总水平的上升。

虽然美国从未经历过类似于德国 20 世纪 20 年代的情况,但通货膨胀有时也成为一个经济问题。例如,70 年代期间,物价总水平翻了一番多,当时的杰拉尔德·福特(Gerald Ford)总统称通货膨胀是"公众的头号敌人"。与此相比,在 21 世纪前十年,通货膨胀率平均每年为 2.5%,按这种速度,物价翻一番需要几乎 30 年。由于高通货膨胀会让社会付出各种成本,所以世界各国的经济政策制定者都把保持低通货膨胀作为目标之一。

是什么引起了通货膨胀?在大多数严重或持续的通货膨胀情况下,罪魁祸首是货币量的增长。当一国政府发行了大量本国货币时,货币的价值就下降了。在 20 世纪 20 年代初的德国,当物价平均每月上升 3 倍时,货币量每月也增加了 3 倍。美国的情况虽然没有这么严重,但从美国的经济史中也可以得出类似的结论:70 年代的高通货膨胀与货币量的迅速增长是相关的,而近年来经历的低通货膨胀与货币量的缓慢增长也是相关的。

1.3.3 原理十:社会面临通货膨胀与失业之间的短期权衡取舍

虽然在长期中,物价水平上升主要是货币量增加的结果,但短期中,问题就变得更为复杂且更具争议性。大多数经济学家是这样描述货币注入的短期效应的:
- 经济中货币量增加刺激了社会的整体支出水平,从而增加了对物品与服务的需求。
- 随着时间的推移,需求的增加会引起企业提高物价,但同时,它也鼓励企业雇用更多的工人,并生产更多的物品与服务。
- 雇用更多的工人意味着更少的失业。

上述推理过程得出在整个经济范围内的一种最终的权衡取舍:通货膨胀与失业之间的短期权衡取舍。

尽管一些经济学家对这些观点仍然有疑问,但大多数经济学家承认,社会面临通货膨胀与失业之间的短期权衡取舍。这就意味着,在一两年的时期内,许多经济政策朝相反的方向推动通货膨胀与失业。无论通货膨胀和失业是从高水平开始(如80年代初的情况)、从低水平开始(如90年代后期的情况),还是从这两者之间的某个水平开始,决策者都面临这种权衡取舍。这种短期权衡取舍关系在分析经济周期中起着关键作用。**经济周期**(business cycle)是用生产的物品与服务量或雇用的人数来衡量的经济活动的无规律的、很大程度上无法预测的波动。

决策者在运用各种政策工具时可以利用通货膨胀和失业之间的这种短期权衡取舍关系。决策者可以通过改变政府支出量、税收量和发行的货币量来影响对物品和服务的总需求。需求的变动反过来又影响经济在短期中所经历的通货膨胀和失业的组合。由于这些经济政策工具具有如此大的潜在力量,因此,决策者应该如何运用这些工具来控制经济一直是一个备受争议的问题。

这种争议在奥巴马总统任期的最初几年又激化了。在2008年和2009年,美国和世界上其他许多国家的经济都经历了严重的衰退。由住房市场的不良拖欠引起的金融体系的问题扩散到经济的其他部分,从而引起了收入下降和失业激增。决策者的反应是以各种方式增加物品与服务的总需求。奥巴马总统采取的首要措施是包含减税和增加政府支出的一揽子刺激计划。同时,美国的中央银行美联储也增加了货币供给。这些政策的目标是减少失业。但是,一些人担心,随着时间的推移,这些政策也会引起过高的通货膨胀水平。

 列出并简要解释描述整体经济如何运行的三个原理。

新闻摘录
为什么你应该学习经济学

在这篇毕业典礼演讲的摘录中,达拉斯联邦储备银行前总裁阐述了学习经济学的充分理由。

是忧郁的科学吗?不!

Robert D. McTeer, Jr.

我认为,在职业生涯的升迁中,经济学训练的价值日益彰显。我想象不出对于公司CEO、国会议员或美国总统来说,什么专业比经济学更好。你已经学习了将使你终生受益的系统的、经过严格训练的思维方式。与此相反，那些经济学欠佳的人可能会困惑，经济如何能在由更少的人管理的情况下更好地运行。谁做计划？谁做决策？谁决定生产什么？

在我看来，亚当·斯密的看不见的手是你通过学习经济学所学到的最重要的事情。你了解到，我们每个人可以如何出于利己的目的而工作，并仍然会产生合意的社会结果。你也知道了，市场是如何协调杂乱无章的活动，以增进各国的财富。你明白了市场的魔力，以及过多干预市场的危险。你更好地理解了你最早在幼儿园时就学过的东西：不要杀鸡取卵……

经济学训练有助于你理解一些谬论和无意的结果。事实上，我倾向于把经济学定义为研究如何预测无意结果的一门学问……

在经济学文献中，看来没什么比通常所说的"破窗谬论"更切合当前的经济争论的了。当一项政府项目就其自身价值而言并不正确，但却能带来就业机会时，就想想破窗谬论：那些无事生非的青少年用砖块打碎面包店的窗户。人们跑过来并惋惜道："多可恶。"但你可能不知道，有人会提出"坏事变好事"的说法：现在面包师将不得不花钱来修理窗户，这就会增加修理工的收入，而修理工又将把增加的收入用于支出，这又增加了其他卖者的收入，以此类推。你知道，支出链将以乘数扩大，并带来更高的收入和就业。如果打破的窗户足够大，它很可能会带来一轮经济繁荣！……

大多数选民陷入了破窗谬论，但经济学专业的人不会。他们会说："嗨！等一等！"如果面包师没有把他的钱用于修窗户，他可能会把钱用于购买一套他一直攒钱想买的新衣服。那么，裁缝就会有可用于支出的新的收入，以此类推。破窗并没有引起新的净支出，而只是从别处转移了支出。破窗并没有创造新的活动，而只是创造了不同的活动。人们看到发生了的活动，但他们没有看到本来会发生的活动。

破窗谬论以许多形式反复出现。当创造或保持工作岗位成为主要目标时，我称它为"工作岗位计算谬论"。经济学专业人士了解一种非直观的事实，即真正的进步来自工作岗位的消灭。过去我们用90%的人来种植粮食，而现在只需要3%的人。但是，请允许我这样问，我们的状况因为农业工作岗位的减少而恶化了吗？那些本来会成为农民的人现在成了大学教授和电脑专家……

因此，我们要做的不是计算工作岗位的数量，而是要使每一个工作岗位发挥作用。当劳动市场上供求不一致时，我们偶尔也会遇到一些困境。但这是暂时的。不要成为卢德派分子，去毁坏机器；也不要成为一个保护主义者，企图在纽约城里种香蕉。

资料来源：*The Wall Street Journal*, Copyright © 2003 Dow Jones & Company, Inc.

1.4 结论

现在你对经济学研究什么已经有了一个初步的了解。在以后各章中，我们将提出许多关于人、市场与经济的具体见解。掌握这些见解需要付出一些努力，但并不是一项难以完成的任务。经济学这门学科建立在几个基本思想之上，这些思想可以应用于许多不同的情况。

在全书中我们将要经常提到本章所强调，并在表1-1中所概括的经济学十大原理。记住这些基本原理：即使最复杂的经济分析也是用这里所介绍的十大原理构建起来的。

表 1-1　经济学十大原理

人们如何做出决策	1. 人们面临权衡取舍
	2. 某种东西的成本是为了得到它所放弃的东西
	3. 理性人考虑边际量
	4. 人们会对激励做出反应
人们如何相互影响	5. 贸易可以使每个人的状况都变得更好
	6. 市场通常是组织经济活动的一种好方法
	7. 政府有时可以改善市场结果
整体经济如何运行	8. 一国的生活水平取决于它生产物品与服务的能力
	9. 当政府发行了过多货币时，物价上升
	10. 社会面临通货膨胀与失业之间的短期权衡取舍

内容提要

◎ 关于个人做出决策的基本结论是：人们面临不同目标之间的权衡取舍；任何一种行为的成本可以用其所放弃的机会来衡量；理性人通过比较边际成本与边际收益做出决策；人们根据他们所面临的激励改变自己的行为。

◎ 关于人们之间相互影响的基本结论是：贸易和相互依赖性可以是互利的；市场通常是协调人们之间经济活动的一种好方法；通过纠正市场失灵或者提高经济中的平等程度，政府可能改善市场结果。

◎ 关于整体经济的基本结论是：生产率是生活水平的最终根源；货币量的增长是通货膨胀的最终根源；社会面临通货膨胀与失业之间的短期权衡取舍。

关键概念

稀缺性　　　　　　边际变动　　　　　　市场势力
经济学　　　　　　激励　　　　　　　　生产率
效率　　　　　　　市场经济　　　　　　通货膨胀
平等　　　　　　　产权　　　　　　　　经济周期
机会成本　　　　　市场失灵
理性人　　　　　　外部性

复习题

1. 列举三个你在生活中面临的重大权衡取舍的例子。
2. 你会将哪些项目列为去迪斯尼乐园度假的机会成本？
3. 水是生活必需品。一杯水的边际收益是大还是小呢？
4. 为什么决策者应该考虑激励？
5. 为什么各国之间的贸易不像一场比赛一样有赢家和输家呢？
6. 市场中的看不见的手在做什么呢？
7. 解释市场失灵的两个主要原因，并各举一个例子。
8. 为什么生产率是重要的？
9. 什么是通货膨胀？什么引起了通货膨胀？
10. 短期中通货膨胀与失业如何相关？

快速单选

1. 经济学最好的定义是对_____的研究。
   a. 社会如何管理其稀缺资源
   b. 如何按最盈利的方式经营企业
   c. 如何预测通货膨胀、失业和股票价格
   d. 政府如何可以制止不受制约的利己所带来的危害

2. 你去看一场电影的机会成本是_____。
   a. 门票的价格
   b. 门票的价格加上你在电影院购买汽水和爆米花的费用
   c. 去看电影所需要的所有现金支出加上你的时间的价值
   d. 只要你享受了电影并认为使用的时间和金钱是值得的,就为零

3. 边际变动_____。
   a. 对公共政策并不重要
   b. 是对现有计划的微小增量改变
   c. 使结果无效率
   d. 并不影响激励

4. 亚当·斯密的看不见的手是指:
   a. 企业家以消费者的支出为代价而获取利润的不易察觉的隐蔽方法。
   b. 尽管市场参与者是利己的,但自由市场仍能达到合意结果的能力。
   c. 即使消费者没有意识到管制,但政府管制仍然可以有利于消费者的能力。
   d. 生产者或消费者在不受管制的市场上给无关旁观者带来成本的方式。

5. 政府可能为了_____而对市场经济进行干预。
   a. 保护产权
   b. 纠正外部性引起的市场失灵
   c. 达到更为平等的收入分配
   d. 以上全对

6. 如果一个国家有高且持久的通货膨胀,最有可能的解释是:
   a. 中央银行发行了超量货币。
   b. 工会为过高的工资讨价还价。
   c. 政府征收过高的税收。
   d. 企业运用自己的垄断势力实行过高的价格。

问题与应用

1. 描述下列每种情况下所面临的权衡取舍:
   a. 一个家庭决定是否购买一辆新车。
   b. 一个国会议员决定对国家公园支出多少。
   c. 一个公司总裁决定是否新开一家工厂。
   d. 一个教授决定用多少时间备课。
   e. 一个刚大学毕业的学生决定是否去读研究生。

2. 你正想决定是否去度假。度假的大部分成本(机票、住旅馆的费用、放弃的工资)都用美元来衡量,但度假的收益是心理上的。你将如何比较收益与成本呢?

3. 你正计划用星期六的时间去做兼职,但一个朋友请你去滑雪。去滑雪的真实成本是什么?现在假设你已计划星期六在图书馆学习,这种情况下去滑雪的成本是什么?请解释。

4. 你在水上篮球比赛中赢了100美元。你可以选择现在花掉它或者在利率为5%的银行账户中存一年。现在花掉100美元的机会成本是什么呢?

5. 你管理的公司在并发一种新产品过程中已经投资500万美元,但开发工作还没有完成。在最近的一次会议上,你的销售人员报告说,竞争性产品的进入使你们新产品的预期销售额减少300万美元。如果完成这项开发还要花费100万美元,你还应该继续进行这项开发吗?为了完成这项开发,你的最高花费应该是多少?

6. 社会保障制度为 65 岁以上的人提供收入。如果一个社会保障的领取者决定去工作并赚一些钱,他所领到的社会保障津贴通常会减少。
   a. 提供社会保障如何影响人们在工作时的储蓄激励?
   b. 收入提高时津贴减少的政策如何影响 65 岁以上的人的工作激励?

7. 一项 1996 年的法案修改了联邦政府的反贫困计划,对许多福利领取者做了只能领取两年津贴的限制。
   a. 这个变动如何影响对工作的激励?
   b. 这个变动如何反映了平等与效率之间的权衡取舍?

8. 解释下列每一项政府活动的动机是关注平等还是关注效率。在关注效率的情况下,讨论所涉及的市场失灵的类型。
   a. 对有线电视的价格进行管制。
   b. 向一些穷人提供可用来购买食物的消费券。
   c. 在公共场所禁止吸烟。
   d. 把标准石油公司(它曾拥有美国 90% 的炼油厂)分拆为几个较小的公司。
   e. 对收入较高的人实行较高的个人所得税税率。
   f. 制定禁止酒后开车的法律。

9. 从平等和效率的角度讨论下面每种说法。
   a. "应该保证社会上每个人得到尽可能最好的医疗。"
   b. "当工人被解雇时,应该使他们在找到一份新工作之前能一直领取失业津贴。"

10. 你的生活水平在哪些方面不同于你的父母或祖父母在你这个年龄时的生活水平?为什么会发生这些变化?

11. 假设美国人决定把他们更多的收入用于储蓄。如果银行把这笔钱借给企业,企业用这笔钱建设新工厂,这种高储蓄会如何加快生产率的提高呢?你认为谁会从更高的生产率中获益呢?社会会得到免费午餐吗?

12. 在美国独立战争期间,美国殖民地政府无法筹集到足够的税收来为战争融资。为了弥补这个差额,殖民地政府决定更多地印发货币。通过印发货币弥补支出有时被称为"通货膨胀税"。你认为当增发货币时,谁被"征税"了?为什么?

第 2 章
像经济学家一样思考

每个研究领域都有自己的语言和思考方式。数学家谈论公理、积分和向量空间。心理学家谈论自我、本我和认知失调。律师谈论案发现场、侵权行为和允诺禁止反言原则。

经济学家也没有什么不同。供给、需求、弹性、比较优势、消费者剩余和无谓损失——这些术语是经济学家语言的一部分。在以后各章中,你将遇到许多新术语,还会碰上一些经济学家以特定方式使用的熟悉的词汇。乍一看,这种新语言似乎有一种不必要的神秘。但是,正如你将了解到的,它的价值在于能够为你提供一种关于你所生活的世界的新的、有用的思考方式。

本书的目的就是帮助你学会经济学家的思考方式。正如你不可能在一夜之间成为一个数学家、心理学家或律师一样,学会像经济学家一样思考也需要一些时间。但本书通过把理论、案例研究和新闻中的经济学事例结合起来,将为你提供充分的发展和实践这种技能的机会。

在深入了解经济学的主要内容和细节之前,概观一下经济学家如何研究这个世界是很有用的。本章将讨论经济学的方法论。经济学家在处理所遇到的问题时有何独特之处?像经济学家一样思考是什么意思?

2.1 作为科学家的经济学家

"Michael,我是个社会科学家,这也意味着我无法解释电学或其他类似的事物,但如果你想了解的是'人',那你可找对人了。"
图片来源:ⓒ J. B. Handelsman/The New Yorker Collection/www.cartoonbank.com。

经济学家努力以科学家的客观性来探讨他们的主题。他们研究经济的方法与物理学家研究物质以及生物学家研究生命的方法在很大程度上一样:先提出理论,再收集数据,然后分析数据,以努力证明或否定他们的理论。

对初学者来说,经济学是一门科学的说法似乎有点不可思议。经济学家毕竟不用试管或望远镜进行研究工作。但是,科学的本质是科学方法——冷静地建立并检验有关世界如何运行的各种理论。这种研究方法适用于研究一国经济,就像适用于研究地心引力或生物进化一样。正如阿尔伯特·爱因斯坦(Albert Einstein)曾经指出的:"所有科学不过是日常思考的不断完善而已。"

虽然爱因斯坦的评论对诸如经济学的社会科学和诸如物理学的自然科学同样适用,但许多人并不习惯用科学家的眼光去观察社会。接下来我们将讨论经济学家运用科学的逻辑来考察经济如何运行的一些方法。

2.1.1 科学方法:观察、理论和进一步观察

据说17世纪著名科学家和数学家艾萨克·牛顿(Isaac Newton)有一天看到一个苹果从树上掉下来之后,好奇心油然而生。这一观察促使牛顿创立了万有引力理论,这个理论不仅能解释苹果为什么掉到地上,而且也适用于宇宙中的任意两个物体。其后对牛顿理论的检验表明,该理论在许多情况下适用(尽管正如爱因斯坦以后强调的,并不是在一切情况下都适用)。由于牛顿的理论成功地解释了人们所观察到的现象,所以现在全世界大学的本科物理课中仍讲授这一理论。

理论与观察之间的这种相互作用也发生在经济学领域中。一位经济学家若生活在价格正在迅速上升的国家中,就可能会受到这种观察的刺激而提出一种通货膨胀理论。这种理论可能会断言,当政府发行了过多货币时,高通货膨胀就发生了。为了检验这种理论,这位经济学家可以收集并分析许多不同国家价格和货币量的数据。如果货币量增长完全与价格上升的速度无关,这位经济学家就会开始怀疑自己的通货膨胀理论的正确性。如果全球数据的检验结果表明货币量增长与通货膨胀密切相关(事实的确如此),这位经济学家就会更加相信自己的理论。

虽然经济学家像其他科学家一样运用理论和观察,但他们面临着一种使其工作更具挑战性的障碍:在经济学研究中,进行实验往往是不可能的。研究万有引力的物理学家可以在他们的实验室里扔下许多物体,以得到检验他们理论的数据。与此相比,研究通货膨胀的经济学家绝不会被允许仅仅为了获得有用的数据而操控一国的货币政策。经济学家像天文学家、进化生物学家一样,通常不得不使用这个世界向他们提供的数据。

为了寻找实验室实验的替代品,经济学家十分关注历史所提供的自然实验。例如,当中东战争中断了原油运输时,全世界石油价格飞涨。对石油和石油产品的消费者来说,这个事件降低了他们的生活水平;对经济决策者来说,它提出了如何做出最佳应对的难题。但对经济科学家来说,它提供了研究一种重要的自然资源对世界经济影响的机会。因此,在本书中我们将研究许多历史事件。这些事件之所以具有研究价值,既是因为它们使我们能了解过去的经济,更重要的则是因为它们使我们能对当前的经济理论做出说明和评价。

2.1.2 假设的作用

如果你问一位物理学家,一块大理石从10层楼的楼顶落下来需要多长时间,他可能会通过假设这块大理石在真空中落下来回答这个问题。当然,这个假设是不现实的。事实上,楼房周围是空气,空气对下落的大理石产生摩擦力并使其下落速度变慢。但物理学家将指出,这种对大理石的摩擦力如此之小,以至于其影响可以忽略不计。因此,假设大理石在真空中下落能使问题简化,而对答案又没有实质性影响。

经济学家由于同样的原因而做出假设:假设可以使复杂的世界简单化,从而使解释这个世界变得更为容易。例如,为了研究国际贸易的影响,我们可以假设,世界只由两个国家组成,而且每个国家只生产两种产品。在现实中,有许多国家,而且每个国家都生产成千上万的不同类型的产品。但通过假设只有两个国家和两种产品,我们可以集中思考问题的实质。一旦我们理解了这种简化了的假想世界中的国际贸易,我们就可以更好地理解我们生活在其中

的、更复杂的现实世界中的国际贸易。

科学思考的艺术——无论在物理学、生物学还是经济学中——就是决定做出什么假设。例如,假设我们从楼顶扔下来的是沙滩球而不是大理石。我们的物理学家就会意识到,没有摩擦的假设在这种情况下是欠准确的:摩擦力对沙滩球的作用力要比对大理石的大得多。前面所提到的重力在真空中发生作用的假设对研究大理石的下落是适用的,但对研究沙滩球的下落并不适用。

同样,经济学家用不同的假设来回答不同的问题。假设我们想研究政府改变流通中的货币量会对经济产生怎样的影响。这一分析的一个重要内容是价格会做出什么反应。经济中的许多价格并不经常变动,如报摊上的杂志价格就好几年才会变动一次。了解这一事实后,当我们研究政策变动在长短不同时间中的影响时,就会做出不同的假设。为了研究这种政策的短期效应,我们可以假设价格变动并不大,我们甚至可以做出极端而人为的假设:所有价格都是完全固定的。但是,为了研究这种政策的长期效应,我们可以假设所有价格都是完全可变的。正如物理学家在研究大理石下落和沙滩球下落时用了不同的假设一样,经济学家在研究货币量变动的短期与长期效应时也用了不同的假设。

2.1.3 经济模型

高中生物教师用塑料人体模型来讲授基础解剖学。这些模型包括所有主要的器官——心脏、肝脏、肾脏等——这些模型使教师可以用一种简单的方式向学生说明,人体的这些重要器官是如何组合在一起的。由于这些塑料模型是程式化的,并略去了许多细节,没有人会把它们误认为是真人。尽管它缺乏真实性——实际上正是由于缺乏真实性——研究这些模型对了解人体如何运作是有帮助的。

经济学家也用模型来了解世界,但不是塑料模型,而通常是由图形和方程组成的模型。与生物教师的塑料模型一样,经济模型也忽略了许多细节,以便使我们了解真正重要的东西。正如生物教师的模型并不包括人体所有的肌肉和毛细血管一样,经济学家的模型也不包括经济的每一个特征。

当我们在本书中用模型来研究各种经济问题时,你会看到,所有模型都建立在一些假设之上。正如物理学家通过假设不存在摩擦来分析大理石下落一样,经济学家也利用假设撇开与所研究问题无关的许多经济细节。所有模型——物理学的、生物学的和经济学的——都为了加深我们对现实的理解而简化了现实。

2.1.4 我们的第一个模型:循环流量图

经济由从事许多活动——购买、销售、工作、雇佣、制造等——的千千万万人所组成。为了理解经济的运行方式,我们必须找到某种方法来简化我们对所有这些活动的思考。换句话说,我们需要一个模型从总体上来解释经济是如何组织起来的,并说明经济的参与者如何相互交易。

图 2-1 提出了一个直观的经济模型,这个模型称为**循环流量图**(circular-flow diagram)。在这个模型中,经济简单化为只由两类决策者——企业和家庭——所组成。企业用劳动、土地和资本(建筑物和机器)这些投入品来生产物品和服务。这些投入品被称为生产要素。家庭则拥有生产要素并消费企业生产的所有物品与服务。

图 2-1 循环流量图

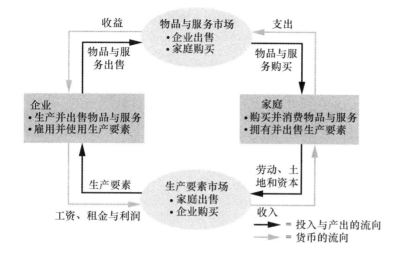

家庭和企业在两类市场上相互交易。在物品与服务市场上，家庭是买者，而企业是卖者，具体来说就是家庭购买企业生产的物品与服务。在生产要素市场上，家庭是卖者，而企业是买者，在这些市场上，家庭向企业提供用于生产物品与服务的投入。循环流量图提供了一种把家庭与企业之间发生的所有经济交易组织在一起的简单方法。

循环流量图的两个环形相互区别，但又相互关联。里面的环形代表投入与产出的流向。家庭在生产要素市场上把劳动、土地和资本出售给企业。然后企业用这些要素生产物品与服务，这些物品与服务又在物品与服务市场上出售给家庭。外面的环形代表相应的货币流动。家庭付钱从企业购买物品与服务。企业用一部分销售收入支付生产要素的报酬，如工人的工资。所剩下的是企业所有者的利润，而企业所有者本身也是家庭的成员。

现在我们通过跟踪在经济中流通的 1 美元钞票来看看循环流向。设想这 1 美元从家庭开始，比如说在你的钱包里。如果你想买一杯咖啡，你就可以拿这 1 美元到经济中的一个物品与服务市场，比如当地的星巴克咖啡店去买。你在那里把 1 美元花在了你最喜欢的咖啡上。当这 1 美元进入星巴克的收银机时，它就成为企业的收益。但是，这 1 美元并不会在星巴克停留很久，因为企业会用它在生产要素市场上购买投入品。星巴克可能会用这 1 美元向房东支付租金或为工人支付工资。无论在哪一种情况下，这 1 美元又成了某个家庭的收入，又一次回到了某个人的钱包中。此时，经济循环流量图中的故事又一次开始了。

图 2-1 中的循环流量图是一个简单的经济模型。它略去了在某些情况下会很重要的各种细节。例如，一个更为复杂、更为现实的循环流量模型应该包括政府和国际贸易的作用。（你付给星巴克的 1 美元可能会用于纳税或购买巴西农民的咖啡豆。）但这些细节对于理解经济的组织方式并不是至关重要的。由于其简化性，在考虑经济中各部分如何组合在一起时，记住这个循环流量图是很有用的。

2.1.5 我们的第二个模型：生产可能性边界

与循环流量图不同，大多数经济模型都是用数学工具来构建的。这里我们用一个最简单的经济数学模型——生产可能性边界，来阐明一些基本的经济学思想。

虽然现实经济生产成千上万种物品与服务，但我们可以设想一个只生产两种物品——汽车与电脑——的经济。汽车行业和电脑行业共同使用经济中的全部生产要素。**生产可能性边界**（production possibilities frontier）是一个图形，它表明在生产要素和生产技术既定时，一个经济所能生产的产品——在这个例子中是汽车和电脑——的数量的各种组合。

图2-2表示这个经济的生产可能性边界。如果这个经济把全部资源都用于汽车行业，该经济将生产1 000辆汽车而不生产电脑。如果它把全部资源都用于电脑行业，该经济将生产3 000台电脑而不生产汽车。生产可能性边界的两个端点代表这两种极端的可能性。

图2-2 生产可能性边界

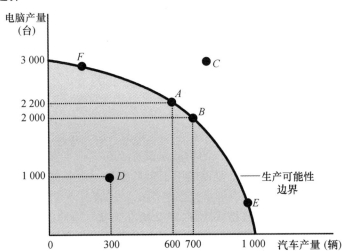

生产可能性边界表明该经济所能生产的产品——在这个例子中是汽车和电脑——的数量组合。该经济可以生产该边界上或以内的任何组合。在既定的经济资源条件下，该边界以外的各点都是无法实现的。生产可能性边界上各点的斜率代表用电脑来衡量的生产汽车的机会成本。机会成本随着这个经济生产两种产品的数量的变化而变化。

更为可能的情况是，这个经济把资源分配在两个行业中，生产汽车和电脑。例如，该经济可以生产600辆汽车和2 200台电脑，如图2-2中A点所示。或者，通过把一些生产要素从电脑行业转向汽车行业，该经济可以生产700辆汽车和2 000台电脑，如B点所示。

由于资源是稀缺的，因此并不是每一种想象的结果都是可行的。例如，无论在两个行业之间如何配置资源，这个经济也不可能生产出C点所代表的汽车和电脑量。在用于制造汽车和电脑的技术为既定时，这个经济并没有足够的生产要素来提供C点所对应的产量水平。一个经济可以用它拥有的资源在生产可能性边界上和以内的任何一点进行生产，但它不能在这条边界以外的任何一点进行生产。

如果一个经济从它可以获得的稀缺资源中获得了它能得到的全部东西，就称这种结果是有效率的。生产可能性边界上（而不是这条线之内）的各点代表了有效率的生产水平。当该经济在其上的某一点，比如说A点进行生产时，如果不减少一种物品的生产，就没有办法生产更多的另一种物品。D点代表一种无效率的结果。由于某种原因，也许是普遍失业，该经济的产量小于它从可以获得的资源中所能得到的最大可能产量：它只生产了300辆汽车和1 000台电脑。如果消除了无效率的来源，该经济就可以增加这两种物品的产量。例如，如果该经济从D点移动到A点，汽车的产量就从300辆增加到600辆，电脑的产量从1 000台增加到2 200台。

第1章中所讨论的经济学十大原理之一是人们面临权衡取舍。生产可能性边界表明了社会所面临的一种权衡取舍。一旦我们达到了该边界上有效率的一点，那么得到更多的一种物品的唯一方法就是减少另一种物品的生产。例如，当社会从A点移到B点时，社会多生产了100辆汽车,但代价是少生产了200台电脑。

这种权衡取舍关系有助于我们理解经济学十大原理中的另一个原理:某种东西的成本是为了得到它所放弃的东西。这被称为机会成本。生产可能性边界表明了用另一种物品来衡量的一种物品的机会成本。当社会从 A 点移动到 B 点时,它为了得到增加的100辆汽车而放弃了200台电脑。这就是说,在 A 点时,100辆汽车的机会成本是200台电脑。换言之,每辆汽车的机会成本是两台电脑。要注意的是,一辆汽车的机会成本等于生产可能性边界的斜率(如果你想不起什么是斜率,可以通过本章附录来复习一下)。

用电脑数量来衡量的汽车的机会成本在这个经济中并不是不变的,而是取决于该经济生产多少汽车和电脑。这反映在生产可能性边界的形状上。由于图2-2中的生产可能性边界凹向原点,所以,当该经济生产大量汽车和少量电脑时,例如在 E 点时,生产汽车的机会成本最高,此时生产可能性边界是陡峭的。当该经济生产少量汽车和大量电脑时,例如在 F 点时,生产可能性边界是平坦的,并且生产汽车的机会成本较低。

经济学家认为,生产可能性边界通常是这种凹向原点的形状。当该经济把其大部分资源用于生产电脑时,例如在 F 点时,最适于汽车生产的资源,如熟练的汽车工人,都被用于电脑行业。由于这些工人可能并不擅长生产电脑,多生产一辆汽车只会引起很小的电脑产量的减少。在 F 点,用电脑衡量的汽车的机会成本是较小的,而且生产可能性边界较为平坦。与此相反,当经济把其大部分资源用于生产汽车时,例如在 E 点时,最适于生产汽车的资源已经用于汽车行业。多生产一辆汽车就意味着要把一些最好的电脑技工从电脑行业中转移出来,并让他们成为汽车工人。结果,多生产一辆汽车就意味着电脑产量有相当大的减少。此时生产汽车的机会成本很高,而且生产可能性边界是陡峭的。

生产可能性边界表明在某一特定时期内生产不同物品之间的权衡取舍,但随着时间的推移,这种权衡取舍可以改变。例如,假设电脑行业的技术进步提高了每个工人每周可以生产的电脑数量。这种进步扩大了社会的一系列机会。对于任何一种既定的汽车产量,该经济现在都可以生产比以前更多的电脑。如果该经济并没有生产任何电脑,它仍然可以生产1 000辆汽车,因此,生产可能性边界的一个端点仍然是相同的。但如果该经济将一些资源用于电脑行业,它将用这些资源生产出更多的电脑,生产可能性边界向外移动了,如图2-3所示。

图2-3　生产可能性边界的移动

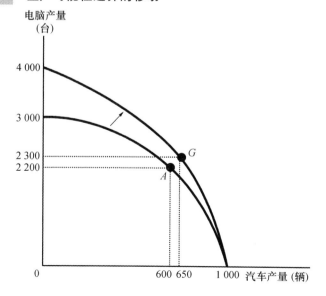

电脑行业的技术进步使经济在生产任何一个既定的汽车量时,都可以生产比以前更多的电脑。结果,生产可能性边界向外移动。如果该经济从 A 点移动到 G 点,那么汽车和电脑的产量就都增加了。

图 2-3 说明当经济增长时会发生的情况。社会可以使生产从原来的生产可能性边界上的一点移动到新的生产可能性边界上的一点。社会选择该边界上的哪一点取决于它对两种物品的偏好。在这个例子中,社会从 A 点移动到 G 点,享有了更多的电脑(2 300 台而不是 2 200 台)和更多的汽车(650 辆而不是 600 辆)。

生产可能性边界简化了复杂的经济,以便强调一些基本但极为重要的思想:稀缺性、效率、权衡取舍、机会成本和经济增长。当你学习经济学时,这些思想将以不同的形式反复出现。生产可能性边界为我们提供了一种思考这些问题的简单方法。

2.1.6 微观经济学与宏观经济学

许多学科在各种不同层次上进行研究。以生物学为例,分子生物学家研究构成生命体的化学合成物;细胞生物学家研究细胞,细胞由许多化学合成物构成,同时它本身也是构成活的生物体的基本单位;进化生物学家研究各种动物与植物,以及若干世纪以来物种如何逐步地进化。

经济学也在各种不同层次上进行研究。我们可以研究单个家庭与企业的决策。我们也可以研究某种物品与服务市场上家庭与企业之间的相互交易。我们还可以研究整体经济的运行,整体经济是所有这些市场上所有这些决策者活动的总和。

传统上,经济学被划分为两个大的分领域。**微观经济学**(microeconomics)研究家庭和企业如何做出决策,以及它们如何在特定市场上相互交易。**宏观经济学**(macroeconomics)研究整体经济现象。一个微观经济学家可能研究租金控制对纽约市住房的影响、外国竞争对美国汽车行业的影响,或者接受义务教育对工人收入的影响。一个宏观经济学家可能研究联邦政府借债的影响、经济中失业率随时间推移的变动,或者提高一国生活水平的不同政策。

微观经济学和宏观经济学是密切相关的。由于整体经济的变动产生于千百万个人的决策,所以,不考虑相关的微观经济决策而要去理解宏观经济的发展是不可能的。例如,宏观经济学家可能研究联邦个人所得税的减少对整个物品与服务生产的影响。但是为了分析这个问题,他必须考虑所得税减少会如何影响家庭把多少钱用于购买物品与服务的决策。

尽管微观经济学与宏观经济学之间存在固有的联系,但这两个领域仍然是不同的。由于它们强调不同的问题,且每个领域都有自己的一套模型,所以通常在不同的课程中讲授。

即问即答 • 从何种意义上说,经济学像一门科学? • 画出一条生产食物与衣服的社会的生产可能性边界。标出一个有效率点、一个无效率点和一个不可能实现的点。说明一场旱灾对此的影响。 • 定义微观经济学与宏观经济学。

2.2 作为政策顾问的经济学家

人们经常要求经济学家解释一些经济事件的原因。例如,为什么青少年的失业率高于年龄大一些的人的失业率? 有时,也要求经济学家提出改善经济结果的政策建议。例如,政府应该为改善青少年的经济福利做些什么? 当经济学家试图去解释世界时,他们是科学家;当经济学家试图去帮助改善世界时,他们是政策顾问。

2.2.1 实证分析与规范分析

为了弄清楚经济学家的这两种角色,我们来考察语言的使用。由于科学家和政策顾问有不同的目标,所以他们也以不同的方式使用语言。

例如,假设有两个人正在讨论最低工资法。下面是你可能听到的两种表述:

Polly:最低工资法引起了失业。

Norm:政府应该提高最低工资。

现在不管你是否同意这两种表述,应该注意的是,Polly 和 Norm 想要做的事情是不同的。Polly 的说法像一个科学家:她做出了一种关于世界如何运行的表述。Norm 的说法像一个政策顾问:他做出了他想如何改变世界的表述。

一般来说,关于世界的表述有两种类型。第一种类型的表述,例如 Polly 的表述,是实证的。**实证表述**(positive statements)是描述性的。它们做出关于世界是什么样子的表述。第二种类型的表述,例如 Norm 的表述,是规范的。**规范表述**(normative statements)是规定性的。它们做出关于世界应该是什么样子的表述。

实证表述和规范表述之间的关键区别是我们如何判断它们的正确性。从原则上说,我们可以通过检验证据而确认或否定实证表述。经济学家可以通过分析某一时期内最低工资变动和失业变动的数据来评价 Polly 的表述。与此相比,对规范表述的评价则既涉及事实也涉及价值观。仅仅靠数据不能判断 Norm 的表述。确定什么是好政策或什么是坏政策不仅仅是一个科学问题,它还涉及我们对伦理、宗教和政治哲学的看法。

实证表述与规范表述根本上是不同的,但在一个人的观念中它们通常相互关联。特别是,我们关于世界如何运行的实证观点将影响我们关于什么政策合意的规范观点。如果 Polly 关于最低工资法引起失业的说法正确的话,这可能会使她否定 Norm 关于政府应该提高最低工资的结论。但我们的规范结论并不能仅仅根据实证分析,还要涉及价值判断。

你在学习经济学时,要记住实证表述与规范表述的区别,因为这有助于你将精力集中在手头的任务上。经济学的许多内容是实证的:它仅仅在努力解释世界如何运行。但那些运用经济学的经济学家们通常有规范的目的:他们想知道如何改善经济。当你听到经济学家做出规范表述时,你就可以知道,他们此时已经是站在政策顾问的立场上,而不是站在科学家的立场上了。

2.2.2 华盛顿的经济学家们

哈里·杜鲁门(Harry Truman)总统曾经说过,他想找一个"独臂"经济学家。当他请他的经济学家提出建议时,他们总是回答:"一方面……另一方面……"

杜鲁门总统正确地认识到经济学家的建议并不总是直截了当的。这种倾向根源于第 1 章中的经济学十大原理之一:人们面临权衡取舍。经济学家认识到在大多数政策决策中都涉及权衡取舍。一项能提高效率的政策可能会以损害平等为代价。一项有利于子孙后代的政策可能会损害当前一代人的利益。一个认为所有政策决策都轻而易举的经济学家是不值得信任的经济学家。

"我们来交换一下吧！我来制定政策,你执行,而他负责解释。"

图片来源:ⓒ James Stevenson/The New Yorker Collection/www.cartoonbank.com.

杜鲁门并不是唯一一位看重经济学家建议的总统。自从1946年以来,美国总统一直得到经济顾问委员会的指导,该委员会由三位委员和数十位经济学家组成。该委员会的办公室就在离白宫只有几步之遥的地方,它的职责不外乎向总统提出建议,并撰写每年的《总统经济报告》,该报告讨论近期经济的发展,并提供该委员会对当前政策问题的分析。

总统还从许多政府行政部门的经济学家那里得到建议。预算和管理办公室的经济学家帮助形成支出计划和常规性政策。财政部的经济学家帮助设计税收政策。劳工部的经济学家分析工人和求职者的数据,以帮助制定劳动市场政策。司法部的经济学家帮助实施国家的反托拉斯法。

还有政府行政部门之外的经济学家。为了得到对政策建议的独立评价,国会往往听取由经济学家组成的国会预算办公室的建议。美联储这个制定国家货币政策的机构也雇用了数以百计的经济学家来分析美国和全世界的经济发展状况。

经济学家对政策的影响超出了他们作为顾问的作用:他们的研究和著作经常间接地影响政策。经济学家约翰·梅纳德·凯恩斯(John Maynard Keynes)提出了这种看法:

> 经济学家和政治哲学家的思想,无论正确与否,实际上都要比一般所想象的更有力量。事实上,这个世界就是由它们统治的。那些自认为能够免于受经济学家思想影响的实干家往往是某些已故经济学家的俘虏。那些当权狂人信奉的其实也不过是若干年前某些末流文人狂妄思想的零碎而已。

虽然这些文字写于1935年,但至今仍然正确。实际上,现在正影响公共政策的"末流文人"往往是凯恩斯本人。

2.2.3 为什么经济学家的建议并不总是被采纳

任何一个向总统或其他民选领导人提出建议的经济学家都知道,他的建议并不总是受到重视。这会使人困扰,但很容易理解。制定经济政策的过程在许多方面与经济学教科书上假设的理想化的决策过程完全不同。

在本书中,我们讨论经济政策时往往集中在一个问题上:什么是政府要追求的最好政策?我们的做法好像政策是由一个仁慈的国王决定的。一旦国王选定了正确的政策,将这个政策付诸实施就不会有什么困难。

在现实世界中,选定正确的政策仅仅是一个领导人工作的一部分,有时还是最容易的一部分。在总统听取了经济顾问关于什么政策最好的意见后,他还要听取其他顾问的相关意见。他的公关顾问会告诉他如何最好地向公众解释所提议的政策,而且他们会努力预料任何一种会带来更严峻挑战的误解。他的新闻顾问会告诉他新闻媒体将如何报道他的提议,以及哪些意见将最有可能出现在全国报刊的社论上。他的法律事务顾问会告诉他议会将如何评论这个提议,议会议员将提出哪些修正,以及议会通过总统提议而写进法律的可能性。他的政治顾问会告诉他哪些集团将组织起来支持或反对所提议的政策,这个提议将如何影响选举中他在不同集团中的形象,以及是否会影响他们对总统任何一种其他政策主张的支持。在听取并权衡了所有这些意见之后,总统才决定下一步如何实施。

在代议制民主政体中,制定经济政策是一件麻烦的事情——而且总统(和其他政治家)往往有充分的理由不采用经济学家建议的政策。经济学家在政策制定过程中起着重要的作用,但他们的建议也仅仅是一个复杂过程中的一种要素。

即问即答 • 举出与你的日常生活有关的一个实证表述的例子和一个规范表述的例子。
• 列举出经常依靠经济学家建议的三个政府部门。

2.3 经济学家意见分歧的原因

"如果让所有的经济学家围坐在一起,他们不会达成任何一个共识。"萧伯纳(George Bernard Shaw)对经济学家的嘲讽从这句话中可见一斑。经济学家作为一个集团经常因为向决策者提供的建议相互矛盾而受到批评。罗纳德·里根(Ronald Reagan)总统曾经开玩笑说,如果小追击(Trivial Pursuit)游戏是为经济学家设计的,那么,100个问题就会有3 000个答案。

为什么经济学家往往给决策者提供相互矛盾的建议呢?这里有两个基本原因:
• 经济学家可能对世界如何运行的不同实证理论的正确性看法不一致。
• 经济学家可能有不同的价值观,因此对政策应该努力实现的目标有不同的规范观点。

我们下面开始讨论这些原因。

2.3.1 科学判断的不同

几个世纪之前,天文学家为太阳系的中心是地球还是太阳而争论不休。后来,气象学家也争论过地球是否正在经历着"全球变暖",以及如果是这样的话,原因是什么。科学是为了认识我们周围世界而进行的持续研究。随着研究的深入,科学家对真理的认知会存在分歧,这不足为奇。

基于同样的原因,经济学家也经常会产生分歧。经济学是一门年轻的科学,仍然有许多问题需要探讨。经济学家有时意见不一致,是因为他们对不同理论的正确性或对衡量经济变量如何相关的重要参数的大小有不同的直觉。

例如,经济学家对于政府是应该根据家庭收入还是消费(支出)来征税的看法就不一致。支持把现行所得税改为消费税的人认为,这种变化会鼓励家庭更多地储蓄,因为它不对用于储蓄的收入征税。高储蓄使更多的资源用于资本积累,又会引起生产率和生活水平更快地增长。支持现行所得税制的人认为,家庭储蓄并不会对税法的改变做出太大反应。这两派经济学家对税制持有不同的规范观点,是因为他们关于储蓄对税收激励反应程度的实证观点不同。

2.3.2 价值观的不同

假设Peter和Paula都从镇上的水井中汲取等量的水。为了支付维修水井的费用,镇里向其所有居民征税。Peter收入为10万美元,征税1万美元,即他收入的10%。Paula收入为2万美元,征税4 000美元,即他收入的20%。

这种政策公正吗?如果不公正的话,谁支付的太多了,而谁支付的太少了?Paula的收入低是因为她是残疾人还是因为她决定投身演艺生涯,这一点重要吗?Peter的收入高是因为他继承了大量遗产还是因为他愿意长时间地从事枯燥的工作,这一点又重要吗?

这些是可能会引起人们争论的难题。如果镇里雇了两个专家来研究该镇为维修水井应该如何向居民征税的问题,而这两个专家又提出了不一致的建议,我们应该不会感到奇怪。

这个简单的例子说明了,为什么经济学家有时对公共政策的看法不同。正如我们在以前关于实证分析和规范分析的讨论中所知道的,不能只从科学的角度来判断政策。经济学家有时提出了不一致的建议,是因为他们有着不同的价值观。对经济科学的不断完善并不能告诉我们 Peter 和 Paula 两人中谁支付的税收太多了。

2.3.3 感觉与现实

由于科学判断的差别和价值观的不同,经济学家之间有一些分歧是不可避免的,但不应该夸大这种分歧。经济学家之间的共识程度远远超出了人们有时认为的那样。

表 2-1 包含了 20 个有关经济政策的主张。在对专业经济学家的调查中,这些主张得到了绝大多数被调查者的赞同。但是,其中大部分主张并没有在公众中得到类似的认同。

表中的第一个主张是关于租金控制的,这是一项规定房东对住房可以收取的最高房租的法律规定。几乎所有经济学家都认为,租金控制对住房的可得性和质量有不利影响,而且这是一种代价高昂的帮助最贫困社会成员的方法。但是,许多市政府不理会经济学家的建议,而对房东可以向其房客收取的租金规定了上限。

表 2-1　大多数经济学家赞同的主张

主张(以及持赞同意见经济学家所占的百分比)
1. 租金上限降低了可得到的住房的数量和质量。(93%)
2. 关税和进口配额通常降低了总体经济福利。(93%)
3. 弹性汇率和浮动汇率提供了一种有效的国际货币协定。(90%)
4. 财政政策(例如,减税和/或增加政府支出)对低于充分就业的经济有重要的刺激效应。(90%)
5. 美国不应该限制雇主将工作外包给其他国家。(90%)
6. 像美国这样的发达国家的经济增长会使福利水平更高。(88%)
7. 美国应该取消农业补贴。(85%)
8. 设计适当的财政政策可以提高长期资本形成率。(85%)
9. 地方政府和州政府应该取消对职业运动队的补贴。(85%)
10. 如果联邦预算要实现平衡,也应该是以经济周期为基础,而不是以年度为基础。(85%)
11. 如果现行的政策保持不变,在接下来的 50 年中社会保障基金与支出之间的缺口会持续扩大并超出承受能力。(85%)
12. 现金支付要比与现金等值的实物转移支付更多地提高接受者的福利水平。(84%)
13. 庞大的联邦预算赤字对经济有不利的影响。(83%)
14. 美国的收入再分配是政府的一项合法职能。(83%)
15. 通货膨胀主要是由于货币供给的过分增长而引起的。(83%)
16. 美国不应该禁止转基因作物。(82%)
17. 最低工资增加了年轻人和不熟练工人的失业。(79%)
18. 政府应按"负所得税"的思路重建福利制度。(79%)
19. 作为控制污染的方法,排污税和可交易的污染许可证要优于实行污染上限。(78%)
20. 在美国,政府对乙醇的补贴应该减少或取消。(78%)

资料来源:Richard M. Alston, J. R. Kearl, and Michael B. Vaughn, "Is There Consensus among Economists in the 1990s?" *American Economic Review* (May 1992): 203—209; Dan Fuller and Doris Geide-Stevenson, "Consensus among Economists Revisited," *Journal of Economics Education* (Fall 2003): 369—387; Robert Whaples, "Do Economists Agree on Anything? Yes!" *Economists' Voice* (November 2006): 1—6; Robert Whaples, "The Policy Views of American Economic Association Members: The Results of a New Survey," *Econ Journal Watch* (September 2009): 337—348.

表中的第二个主张涉及关税和进口配额,这是两种限制各国间贸易的政策。几乎所有经济学家都反对这种对自由贸易的限制,其原因我们将在本书中进行更充分的讨论。但是,这些年来总统和国会一直选择限制某些物品的进口。

既然专家一致反对,为什么租金控制和贸易限制这些政策还一直持续呢?这可能是因为政治过程是一种不可消除的障碍。但也可能是因为经济学家还无法使普通公众相信这些政策是不合意的。本书的目的之一就是使你理解经济学家对这些问题和其他问题的观点,也许还要说服你相信这是正确的观点。

即问即答 为什么总统的经济顾问们对一个政策问题会存在意见分歧?

新闻摘录
现实的经济学家与虚拟现实

对专业经济学家来说,网络游戏可能是下一个前沿。

网络游戏经济学
Brad Plumer

通货膨胀会让任何一个中央银行都头痛。但是,当一个好战的宇宙飞船攻击星际贸易港,引起银河系矿物价格飙升时,某种类型的经济学家知道该做什么。

Eyjólfur Guðmundsson 正是这种经济学家。他在冰岛 CCP 游戏公司工作,监督由大量玩家参与的大型多人在线游戏"星战前夜"的虚拟经济。在这个世界里,玩家兴建自己的宇宙飞船并穿越拥有 7 500 个星系的银河系。他们买卖天然矿物,从而创建了他们自己的不断波动的市场。他们进行商品投机,还形成了贸易联盟和银行。

这是一个正在蔓延的经济,有四十多万个玩家参与了这个虚拟市场——事实上,玩家的人数比冰岛的人口都多。通货膨胀、通货紧缩,甚至衰退都会发生。这就是为什么 Guðmundsson 在位于雷克雅未克的机构带领了 8 个分析家认真研读大量数据,以确保"星战前夜"的平稳运行。他的工作不亚于在美联储监督美国经济的本·伯南克(Ben Bernanke)。

Guðmundsson 说:"无论从哪个方面来看,这都相当于现实生活中的一个小国经济。这个世界没有什么是'虚拟'的。"

今天,许多大型多人在线网络游戏已经变得如此复杂,以至于网络游戏公司转而向经济学家寻求帮助。没有监督的网络游戏经济会变得很糟——当 2007 年禁赌条款使"第二生命"这个网上世界的一家虚拟银行破产时,仅仅一家银行就耗费了玩家在现实生活中价值 75 万美元的货币。

但是,凡事也有另一面。正当网络游戏设计者迫切需要经济建议时,许多学院派经济学家也急切地要研究网络游戏。虚拟世界首先可以让经济学家研究现实生活中很少出现的概念,例如完全准备金银行,一种在"星战前夜"突然兴起的替代现有银行体系的自由派体系。网游里的数据相当丰富。而且,在网络游戏中进行全面经济实验要容易得多——显而易见,这种实验是不能在真实的国家中进行的。

学院派经济学家认为,这种进行大规模实验的能力会带来经济学的变革。

希腊经济学家 Yanis Varoufakis 最近受雇于 Valve 网络游戏公司。他说:"经济理论已经到了死亡的边缘——最近一次真正的理论突破是在 20 世纪 60 年代。但这并不是因为我们不再明智了，而是我们遇到了艰难的障碍。未来取决于实验和模拟——网络游戏给了我们这样的一个机会。"

至少这还是一个梦想。现实总是更为复杂。网络公司往往担心，捣乱的经济学家想进行的实验令虚拟世界的乐趣大打折扣。而一些学院派则嘲笑说，从一个充满术士和星际飞船的世界能学到什么。网络游戏公司和经济学家可能需要互相学习，但他们首先得学会如何分享游戏操纵杆。

6月，Varoufakis在自己的博客上宣布，他已被广受欢迎的"战栗时空"的制造商Valve公司聘为内部经济学家。Varoufakis可不是什么只会算数的无名小卒。自从任教于雅典大学，他就因对希腊债务危机和欧元危机的犀利有效的分析而享有盛名了。

显而易见，这就是为什么Valve公司对他有兴趣。该公司掌管着Steam平台，这个平台上运营着诸多网络游戏，包括"军团要塞"。

Valve公司想把Steam平台上不同的网络游戏联系在一起，以便玩家能对虚拟物品进行交易。Valve公司的主管Gabe Newell在给Varoufakis的电子邮件中解释说："我们正在讨论（通过创造一种共同的货币）把两个虚拟环境的经济联系起来，同时我们必须面对棘手的国际收支问题。"

Newell认为，要解决这个问题，有谁能比处理过德国和希腊当年加入欧元区之后的困境的专家更合适呢？

至今为止，只有两家公司——CCP公司和Valve公司雇用了内部经济学家。不过有几位研究虚拟世界的学者表示，游戏设计者也咨询过他们。

康奈尔大学约翰逊管理学院研究虚拟世界的经济学家Robert Bloomfield说："如果你创建的游戏有10万用户，他们要买卖虚拟物品，那就需要一个经济学家帮助调整你的系统，以免其在快速运转中失去控制。"

资料来源：*The Washington Post*, September 28, 2012.

2.4　出发吧

本书的前两章向你介绍了经济学的思想与方法。现在我们可以正式开始学习了。下一章我们开始更详细地学习经济行为和经济政策的原理。

阅读本书时，你需要运用多方面的知识和技能。也许你会发现，记住伟大的经济学家约翰·梅纳德·凯恩斯的一些忠告是颇有裨益的：

> 经济学研究似乎并不需要任何极高的特殊天赋。与更高深的哲学或纯科学相比，经济学难道不是……一门极其容易的学科吗？它是一门容易的学科，但这个学科中很少有人能出类拔萃！对这个悖论的解释也许在于杰出的经济学家应该具有罕见的各种天赋的组合。在某种程度上，他应该是数学家、历史学家、政治家和哲学家。他必须了解符号并用文字将其表达出来。他必须根据一般性来深入思考特殊性，并在思绪奔放的同时触及抽象与具体。他必须根据过去、着眼未来而研究现在。他必须考虑到人性或人的制度的每一部分。他必须同时保持坚定而客观的情绪，要像艺术家一样超然而不流俗，但有时又要像政治家一样脚踏实地。

这无疑是一个高标准。但通过实践,你将会越来越习惯于像经济学家一样思考。

内容提要

◎ 经济学家们努力以科学家的客观态度来研究他们的学科。像所有科学家一样,他们做出了适当的假设并建立了简化的模型,以便理解我们周围的世界。两个简单的经济模型是循环流量图和生产可能性边界。

◎ 经济学可划分为两个分领域:微观经济学和宏观经济学。微观经济学家研究家庭和企业做出的决策以及家庭和企业在市场上的相互交易。宏观经济学家研究影响整体经济的力量和趋势。

◎ 实证表述是关于世界是什么的论断。规范表述是关于世界应该是什么的论断。当经济学家做出规范表述时,他们的行为更像是政策顾问而不是科学家。

◎ 经济学家们向决策者提出的建议之所以有时会相互矛盾,不是因为科学判断的差别,就是因为价值观的差别。在另一些时候,经济学家提供的建议是一致的,但由于政治过程施加的力量和约束,决策者可能选择不理会这些建议。

关键概念

循环流量图　　　　　　　　微观经济学　　　　　　　　　　实证表述
生产可能性边界　　　　　　宏观经济学　　　　　　　　　　规范表述

复习题

1. 为什么说经济学是一门科学?
2. 为什么经济学家要做出假设?
3. 经济模型应该准确地描述现实吗?
4. 说出你的家庭参与要素市场的一种方式,以及参与产品市场的一种方式。
5. 举出一种没有包括在简单的循环流量图中的经济关系。
6. 画出并解释一个生产牛奶与点心的经济的生产可能性边界。如果一场瘟疫使该经济中的一半奶牛死亡,这条生产可能性边界会发生怎样的变动?
7. 用生产可能性边界描述"效率"的思想。
8. 经济学分为哪两个分领域?解释这两个分领域各研究什么。
9. 实证表述与规范表述之间的差别是什么?各举出一个例子。
10. 为什么经济学家有时会向决策者提出相互矛盾的建议?

快速单选

1. 经济模型是_____。
   a. 复制经济运行的机械设备
   b. 对经济的详尽而真实的描述
   c. 经济某些方面的简单再现
   d. 预测经济未来的电脑程序

2. 循环流量图说明在生产要素市场上,_____。
   a. 家庭是卖者,企业是买者
   b. 家庭是买者,企业是卖者
   c. 家庭和企业都是买者
   d. 家庭和企业都是卖者

3. 生产可能性边界内的一点是_____的。
   a. 有效率,但不可能
   b. 可能,但无效率
   c. 既有效率又可能
   d. 既无效率又不可能
4. 一个经济生产热狗与汉堡包。如果一项热狗对健康非常有利的发现改变了消费者的偏好,它将_____。
   a. 扩大生产可能性边界
   b. 收缩生产可能性边界
   c. 使经济沿着生产可能性边界变动
   d. 使经济在生产可能性边界内变动
5. 以下所有话题都在微观经济学研究范围之内,除了_____。
   a. 香烟税对青少年吸烟行为的影响
   b. 微软的市场势力在软件定价中的作用
   c. 反贫困计划在减少无家可归者时的效率
   d. 政府预算赤字对经济增长的影响
6. 以下哪一种说法是实证的,而不是规范的?
   a. X 法将减少国民收入。
   b. X 法是一种好的立法。
   c. 国会应该通过 X 法。
   d. 总统应该否决 X 法。

问题与应用

1. 画一张循环流量图。指出模型中分别对应于下列活动的物品与服务流向和货币流向的部分。
   a. Selena 向店主支付 1 美元买了 1 夸脱牛奶。
   b. Stuart 在快餐店工作,每小时赚 4.5 美元。
   c. Shanna 花 30 美元理发。
   d. Salma 凭借她在 Acme Industrial 公司 10% 的股权赚到了 1 万美元。
2. 设想一个生产军用品和消费品的社会,我们把这些物品称为"大炮"和"黄油"。
   a. 画出大炮与黄油的生产可能性边界。用机会成本解释为什么这条边界的形状最有可能是向外凸出。
   b. 标出这个经济不可能实现的一点。再标出可以实现但无效率的一点。
   c. 设想这个社会有两个政党,称为鹰党(想拥有强大的军事力量)和鸽党(想拥有较弱的军事力量)。在生产可能性边界上标出鹰党可能选择的一点和鸽党可能选择的一点。
   d. 假想一个侵略性的邻国削减了军事力量。结果鹰党和鸽党都等量减少了自己原来希望生产的大炮数量。用黄油产量的增加来衡量,哪一个政党会得到更大的"和平红利"?并解释。
3. 第 1 章讨论的第一个经济学原理是人们面临权衡取舍。用生产可能性边界说明社会在两种"物品"——清洁的环境与工业产量之间的权衡取舍。你认为什么因素决定生产可能性边界的形状和位置?如果工程师开发出一种更少污染的新的发电方法,生产可能性边界会发生什么变化?
4. 一个经济由 Larry、Moe 和 Curly 这三个工人组成。每个工人每天工作 10 小时,并可以提供两种服务:割草和洗汽车。在 1 小时内,Larry 可以割一块草地或洗一辆汽车,Moe 可以割一块草地或洗两辆汽车,而 Curly 可以割两块草地或洗一辆汽车。
   a. 计算在以下情况(即我们所标的 A、B、C 和 D 时),各能提供多少每种服务:
      • 三个工人把他们所有的时间都用于割草。(A)
      • 三个工人把他们所有的时间都用于洗汽车。(B)
      • 三个工人都分别把一半时间用于两种活动。(C)
      • Larry 分别把一半时间用于两种活动,而 Moe 只洗汽车,Curly 只割草。(D)
   b. 画出这个经济的生产可能性边界。用你对 a 的回答来确定图形上的 A、B、C 和 D 点。
   c. 解释为什么生产可能性边界的形状是这样的。
   d. a 中有哪一种配置是无效率的吗?请解释。

5. 把下列话题分别归入微观经济学或宏观经济学：
   a. 家庭把多少收入用于储蓄的决策。
   b. 政府管制对汽车废气的影响。
   c. 高国民储蓄对经济增长的影响。
   d. 企业关于雇用多少工人的决策。
   e. 通货膨胀率和货币量变动之间的关系。
6. 把下列表述分别归入实证表述或规范表述，并解释。
   a. 社会面临着通货膨胀与失业之间的短期权衡取舍。
   b. 降低货币增长率将降低通货膨胀率。
   c. 美联储应该降低货币增长率。
   d. 社会应该要求福利领取者去找工作。
   e. 降低税率鼓励人们更多地工作和更多地储蓄。

附　录
绘图：简单的复习

经济学家研究的许多概念可以用数字来表示——香蕉的价格、香蕉的销售量和种植香蕉的成本等。这些经济变量通常是相互关联的。当香蕉价格上升时，人们买的香蕉少了。表述变量之间关系的一种方法是使用图形。

使用图形有两个目的：第一，当建立经济理论时，用方程或文字可能表述得不够清楚，而图形提供了一种直观地表述思想的方法；第二，当分析经济数据时，图形提供了一种发现和解释数据的变动模式的有效方法。无论我们是构建理论还是分析数据，图形都提供了一个可以根据大量树木辨认出森林的透镜。

用图形表示数字信息有多种方法，正如用文字来表述思想也有很多方法一样。一位好的作家会选择可以使其观点清晰、描述生动，或情节具有戏剧性的文字。一个有效率的经济学家会选择最适于表述其目的的图形类型。

在本附录中，我们讨论经济学家如何用图形来研究变量之间的数学关系。我们还要讨论运用图形方法时容易出现的一些错误。

单变量的图形

图 2A-1 表示了三种常见的图形：(a)幅中的饼形图表示美国的总收入的各种来源，包括雇员薪酬、公司利润等。每一块扇形代表每种来源在总收入中的份额。(b)幅中的柱形图比较了四个国家的收入。柱形的高度代表每个国家的平均收入。(c)幅的时间序列图描述了随着时间推移，美国经济部门生产率的提高。线的高度代表各年中每小时的产量。也许你已经在报纸和杂志上见过类似的图形。

两个变量的图形：坐标系

尽管图 2A-1 的三个图形在表明变量如何随时间推移或在个体之间变动上是有用的，但这种图形能告诉我们的内容毕竟有限，它们只能表示一个变量的信息。经济学家通常关注变量之间的关系。因此，他们需要能在一个图形上表示两个变量。坐标系使这种需要成为可能。

假设你想考察学习时间和平均绩点（GPA）之间的关系。你可以对你们班每个学生记录一对数字：每周用在学习上的小时数和平均绩点。可以把这些数字作为一种有序数对（ordered pair）放在括号中，并用图形上的一点来表示。例如，用有序数对（每周 25 小时，3.5GPA）来代表 Albert E.，而他的同班同学 Alfred E.用有序数对（每周 5 小时，2.0 GPA）来代表。

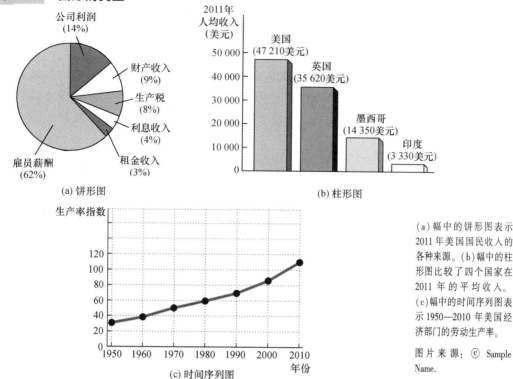

图 2A-1　图形的类型

(a) 幅中的饼形图表示 2011 年美国国民收入的各种来源。(b) 幅中的柱形图比较了四个国家在 2011 年的平均收入。(c) 幅中的时间序列图表示 1950—2010 年美国经济部门的劳动生产率。

图片来源：ⓒ Sample Name.

我们可以把这些有序数对画在一个二维坐标方格图上。每个有序数对的第一个数字称为 x 坐标，它告诉我们该点的横向位置；第二个数字称为 y 坐标，它告诉我们该点的纵向位置。x 坐标和 y 坐标为零的点称为原点。有序数对的两个坐标告诉我们该点相对于原点的位置：在原点右边的 x 个单位，并在原点上方的 y 个单位。

图 2A-2 标出了 Albert E.、Alfred E. 和他们同班同学的平均绩点与对应的学习时间。这种类型的图称为散点图，因为它描述了不连续的各点。在看这个图时，我们马上会注意到，越是向右的点（表示学习时间更多），位置越高（表示平均绩点越高）。由于学习时间与平均绩点一般是同方向变动的，因此我们说，这两个变量有一种正相关关系。与此相比，如果画出参加聚会的时间与学习成绩之间关系的图形，我们很可能发现，参加聚会时间多与成绩低相关。由于这些变量一般是反方向变动的，我们把这种情况称为负相关关系。在这两种情况下，坐标系都使我们可以轻而易举地看出两个变量之间的相关性。

图 2A-2　运用坐标系

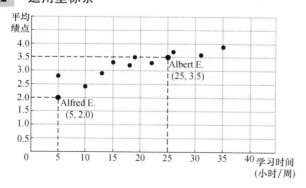

纵轴代表平均绩点，横轴代表学习时间。各点代表 Albert E.、Alfred E. 和他们的同班同学。从图中我们可以看出，学习时间更多的学生往往成绩更高。

坐标系中的曲线

那些学习时间多的学生往往取得更高的成绩,但其他因素也会影响一个学生的成绩。例如,事先准备是一个重要因素,其他因素如天赋、老师的关注程度,甚至早餐吃得好坏等都有影响。像图 2A-2 这样的散点图并不想把学习努力程度对成绩的影响与其他变量的影响分开。但是,经济学家通常更喜欢在其他条件不变的情况下,观察一个变量对另一个变量的影响。

为说明如何做到这一点,我们来看经济学中最重要的图形之一——需求曲线。需求曲线描绘出一种物品价格对消费者想购买的物品量的影响。但是,在说明需求曲线之前,先看一下表 2A-1,该表说明了 Emma 购买的小说数量取决于她的收入和小说的价格。当小说便宜时,Emma 就大量购买。随着小说的价格变得越来越昂贵,她就从图书馆借书而不是买书,或者选择去看电影而不是读小说。同样,在任何一种既定价格水平下,Emma 收入越高,买书越多。这就是说,当她的收入增加时,她把部分增加的收入用于买小说,部分用于买其他物品。

表 2A-1 Emma 购买的小说数量

该表说明在各种收入和价格水平下 Emma 购买的小说数量。在任何一种既定收入水平下,都可以用价格与需求量的数据画出 Emma 的小说需求曲线,如图 2A-3 和图 2A-4 所示。

价格(美元)	小说数量(本)		
	收入为 2 万美元时	收入为 3 万美元时	收入为 4 万美元时
10	2	5	8
9	6	9	12
8	10	13	16
7	14	17	20
6	18	21	24
5	22	25	28
	需求曲线 D_3	需求曲线 D_1	需求曲线 D_2

我们现在有三个变量——小说的价格、收入和购买的小说数量,这多于我们能用二维空间表示的数量。为了把表 2A-1 中的信息描绘成图形,我们需要使三个变量中的一个不变,并描述其他两个变量之间的关系。由于需求曲线代表价格和需求量之间的关系,所以我们使 Emma 的收入不变,并说明她所购买的小说数量如何随小说的价格变动而变动。

假设 Emma 的年收入为 3 万美元。如果我们用 x 轴表示 Emma 购买的小说数量,y 轴表示小说的价格,我们就可以用图形来表示表 2A-1 的中间一列。当把代表表中各项的点——(5 本小说,10 美元)、(9 本小说,9 美元)等——连接起来时,它们就成为一条直线。图 2A-3 中画出的这条直线被称为 Emma 的小说需求曲线;它告诉我们在任何一种既定价格下,Emma 买多少本小说。需求曲线向右下方倾斜,表示较高的价格减少了小说的需求量。由于小说的需求量与价格呈反方向变动,我们说这两个变量是负相关的(相反,当两个变量同方向变动时,把它们连接起来的曲线向右上方倾斜,我们说这两个变量是正相关的)。

图2A-3 需求曲线

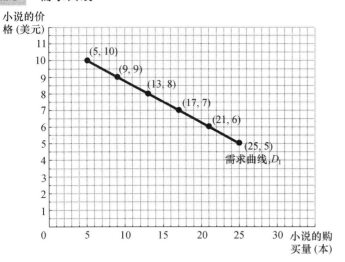

需求曲线 D_1 表明,当 Emma 的收入不变时,她购买小说的数量取决于小说的价格。由于价格与需求量是负相关的,所以需求曲线向右下方倾斜。

现在假设 Emma 的收入增加到每年 4 万美元。在任何一种既定价格水平下,Emma 购买的小说数量都比她在以前的收入水平时多了。正如我们之前用表 2A-1 中间一列的全部数据画出了 Emma 的小说需求曲线一样,现在我们可以用该表右边一列的全部数据画出一条新需求曲线。图 2A-4 中所画出的这条新需求曲线(D_2)与旧需求曲线(D_1)平行;新需求曲线是在右方画出的一条类似的线。因此我们说,当 Emma 收入增加时,她的小说需求曲线向右移动。同样,如果 Emma 的收入减少为每年 2 万美元,在任何一种既定价格水平下,她购买的小说数量都减少了,她的需求曲线向左移动(到 D_3)。

图2A-4 需求曲线的移动

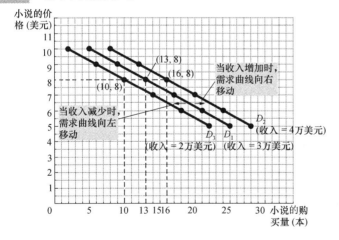

Emma 小说需求曲线的位置取决于她赚了多少钱。她赚的钱越多,在任何一种既定价格水平下买的小说就越多,她的需求曲线也就越靠右。曲线 D_1 代表 Emma 的收入为每年 3 万美元时的初始需求曲线。如果她的收入增加到每年 4 万美元,她的需求曲线就移动到 D_2。如果她的收入减少为每年 2 万美元,她的需求曲线就移动到 D_3。

在经济学中,区分沿着一条曲线的变动与曲线的移动是很重要的。正如我们从图 2A-3 中所能看到的,如果 Emma 的收入为每年 3 万美元,而小说价格为每本 8 美元,她每年将购买 13 本小说。如果小说的价格下降到 7 美元,Emma 每年购买的小说将增加到 17 本。但需求曲线仍在同一位置上。在同一种价格下,Emma 仍购买相同数量的小说,但随着价格下降,她购买小说的数量沿着该需求曲线从左向右变动。与此相比,如果小说的价格固定在 8 美元没变,但 Emma 的收入增加到 4 万美元,她每年购买的小说就会从 13 本增加到 16 本。由于 Emma 在同一种价格下买了更多本小说,正如图 2A-4 所示,她的需求曲线向外移动。

可以用一种简单的方法来判断什么时候必须移动曲线。当一个未用任何坐标轴表示的变量发生变动时，曲线就会移动。收入既不用该图的 x 轴表示，也不用 y 轴表示，所以，当 Emma 的收入变动时，她的需求曲线必须移动。除了小说价格这个唯一例外的变动之外，任何一种影响 Emma 购买习惯的其他变动，也同样会使她的需求曲线移动。例如，如果公共图书馆关闭了，Emma 必须购买她想阅读的所有书，那么，Emma 在每种价格下都会需要更多的书，她的需求曲线将向右移动。或者，如果电影票价下降，Emma 把更多的时间用于看电影，并减少了读书时间，那么，她在每种价格下需要的小说少了，她的需求曲线将向左移动。与此相比，当图形中某个坐标轴上的变量变动时，曲线并不移动。我们把这种变动称为沿着曲线的变动。

斜率

关于 Emma，我们想问的一个问题是，她的购买习惯对价格的反应有多大。我们来看图 2A-5 中画出的需求曲线。如果这条曲线非常陡峭，无论小说便宜还是昂贵，Emma 购买的小说的数量几乎相同。如果这条曲线相当平坦，Emma 购买的小说数量将对价格变动更加敏感。为了回答一个变量对另一个变量变动的反应有多大这个问题，我们可以使用斜率的概念。

一条直线的斜率是当我们沿着这条线变动时，纵轴变动距离与横轴变动距离的比率。通常可以用数学符号把这个定义写为：

$$\text{斜率} = \frac{\Delta y}{\Delta x}$$

其中，希腊字母 Δ（delta）代表一个变量的变动。换句话说，一条直线的斜率等于"上升量"（y 的变动）除以"向前量"（x 的变动）。对于一条平缓地向右上方倾斜的直线，斜率将是一个小的正数；对于一条陡峭地向右上方倾斜的直线，斜率将是一个大的正数；对于一条向右下方倾斜的直线，斜率则将是一个负数。水平线的斜率为零，因为在这种情况下，y 轴的变量是固定不变的；垂直线被定义为有无限斜率，因为 y 轴的变量可以取任何值，而 x 轴的变量固定不变。

Emma 的小说需求曲线的斜率是多少？首先，由于该曲线向右下方倾斜，我们知道，斜率将是负数。为了计算斜率的数值，我们必须在这条直线上选择两个点。当 Emma 的年收入为 3 万美元时，她在价格为 6 美元时购买 21 本小说，或在价格为 8 美元时购买 13 本小说。在使用斜率的公式时，我们关心的是两点之间的变动，换句话说，我们关心的是它们之间的差别；这就使我们知道，我们必须从一组变量中减去另一组变量，如下所示：

$$\text{斜率} = \frac{\Delta y}{\Delta x} = \frac{\text{第一个点的 } y \text{ 坐标} - \text{第二个点的 } y \text{ 坐标}}{\text{第一个点的 } x \text{ 坐标} - \text{第二个点的 } x \text{ 坐标}} = \frac{6-8}{21-13} = \frac{-2}{8} = \frac{-1}{4}$$

图 2A-5 用图形表明了如何进行这种计算。试着用另外两个不同的点来计算 Emma 需求曲线的斜率，你应该得出完全相同的结果，$-1/4$。直线的性质之一是同一条线上任何一点的斜率都相同。这一点对于其他类型的曲线并不适用，它们的某些部分比其他部分更为陡峭。

图 2A-5　计算一条直线的斜率

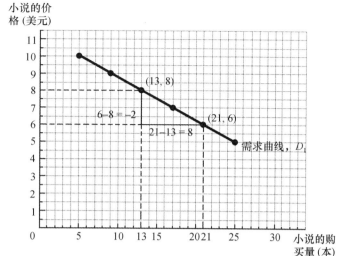

为了计算需求曲线的斜率,我们可以观察当从一点(21,6)移动到另一点(13,8)时 x 坐标和 y 坐标的变动。该直线的斜率是 y 坐标的变动量(-2)与 x 坐标的变动量($+8$)的比率,即等于 $-1/4$。

Emma 需求曲线的斜率告诉我们,她的购买量会对价格变动做出多大反应。斜率小(数值接近于零)意味着 Emma 的需求曲线较为平坦;在这种情况下,价格变动时,她购买的小说数量会有大幅度调整。斜率大(数值离零较远)意味着 Emma 的需求曲线较为陡峭;在这种情况下,价格变动时,她购买的小说数量只有很小的调整。

原因和结果

经济学家经常用图形来说明关于经济如何运行的观点。换句话说,他们用图形来说明一组事件如何引起了另一组事件的发生。用需求曲线这样的图形,不会混淆原因与结果。由于我们变动价格而使所有其他变量不变,我们就知道,小说价格的变动引起了 Emma 需求量的变动。但是,应该记住,我们的需求曲线来自一个假设的例子。当用现实世界的数据来画图时,要确定一种变量如何影响另一种变量往往是较为困难的。

第一个问题是,在研究两种变量之间的关系时要使其他条件不变是很困难的。如果不能使其他变量保持不变,我们可能会认为图形中的一个变量引起了另一个变量变动,而实际上这一变动是由在图上没有画出的第三个被忽略的变量所引起的。即使确定了所要观察的两个正确的变量,我们仍会遇到第二个问题——反向因果关系。换句话说,我们可能认为是 A 引起 B,而事实上却是 B 引起 A。忽略的变量和反向因果关系陷阱提醒我们,在用图形得出关于原因与结果的结论时要谨慎。

忽略的变量　为了说明忽略一个变量会如何导致一个容易使人误解的图形,我们来看一个例子。假设由于公众对许多人死于癌症这一问题的关注,政府委托大兄弟统计服务公司进行一项全面的研究。大兄弟公司仔细检查了在人们房间里找到的许多东西,以查明其中的哪一种东西与患癌症的风险相关。大兄弟公司在报告中指出,在两个变量之间存在密切的关系:家庭拥有的打火机数量和家庭成员得癌症的概率。图 2A-6 表示了这种关系。

图 2A-6 有一个被忽略的变量的图形

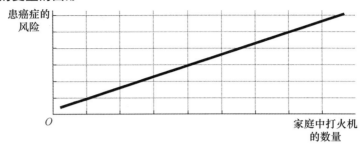

向右上方倾斜的曲线表明，家庭拥有的打火机越多，家庭成员越可能得癌症。但我们不应该得出拥有打火机引发癌症的结论，因为该图没有考虑到吸烟的数量。

面对这一结果，我们应该做些什么？大兄弟公司建议在政策上迅速做出反应。它建议政府通过对打火机征收销售税来限制人们持有打火机的数量。它还建议政府在打火机上加上警示性标语："大兄弟公司已经确认，打火机有害健康。"

在判断大兄弟公司分析的正确性时，一个首要的问题是：大兄弟公司在考虑一个变量时，是否令其他相关变量都保持不变？如果回答是否定的，这个结论就值得怀疑。对图 2A-6 的一个简单解释是，拥有打火机多的人往往吸烟也多，引发癌症的是吸烟而不是打火机。如果图 2A-6 没有使吸烟数量不变，它就没有告诉我们持有打火机的真正后果。

这个故事说明了一个重要的原理：当你看到一幅图被用于支持一种关于原因与结果的观点时，应当问一下，有没有一种被忽略的变量的变动能解释你观察到的结果，这一点是很重要的。

图片来源：Courtesy of Randall Munroe/XKCD.com.

反向因果关系 经济学家也会由于弄错了因果关系的方向而犯错误。为了说明这种可能性，假设美国无政府主义者联盟研究美国的犯罪情况，并做出图 2A-7，该图画出了大城市中每千人暴力犯罪案件数量与每千人警察人数之间的对应关系。无政府主义者注意到这条曲线向右上方倾斜，并认为由于警察增加而不是减少了城市暴力事件的数量，所以应该废除法律的实施。

图 2A-7 表示反向因果关系的图形

向右上方倾斜的曲线表明，警察集中程度越高的城市越危险。但这一图形并没有告诉我们，是警察引起了犯罪，还是犯罪猖獗的城市雇用了更多警察。

如果我们可以进行可控性实验,就可以避免反向因果关系的危险。为了进行这个实验,我们应该随机地设定不同城市的警察数量,然后考察警察和犯罪之间的相关性。但是,图 2A-7 并不是建立在这种实验的基础上。我们只看到,越是危险的城市警察越多。对这种情况的解释可能是,越危险的城市雇用的警察越多。换句话说,不是警察引起了犯罪,而是犯罪引来了警察。这个图形本身并不能使我们确定因果关系的方向。

考察哪一个变量先变动看起来是一种确定因果关系的简单方法。如果我们看到犯罪增加,然后是警力扩大,那么我们得出一个结论;如果我们看到警力扩大,然后犯罪增加,那么我们就得出另一个结论。但这种方法也有一个缺陷:人们通常并不是根据他们当前状况的变动来改变自己的行为,而是根据他们对未来状况预期的变动来改变自己的行为。例如,一个预期未来有一次大的犯罪高潮的城市现在就会更多地雇用警察。用婴儿与家用旅行车的例子可以更容易地说明这个问题。夫妇通常在预期到孩子出生时购买家用旅行车。家用旅行车的购买先于小孩的出生,但我们不会得出家用旅行车销售引起人口增长的结论!

还没有一套全面的规则可以说明什么时候从图形中得出因果关系结论是适当的。但只要记住打火机没有引起癌症(忽略的变量)和家用旅行车没有引起家庭人口增加(反向因果关系),你就会避免陷入许多荒谬的经济学争论之中。

第 3 章
相互依存性与贸易的好处

想想你日常生活中的典型一天。你早上起床,给自己倒了一杯用佛罗里达州产的橙子榨的果汁和用巴西产的咖啡豆煮的咖啡。早餐时,你从中国产的电视机上观看纽约播放的新闻节目。你穿上用佐治亚州生产的棉花作原料而在泰国工厂缝制的衣服。你开着用来自全世界十几个国家生产的部件组装的车去上学。然后你打开经济学教科书,这本书由一位住在麻省的作者所写,由俄亥俄州的一家公司出版,并印在用俄勒冈州生长的树制成的纸上。

你每天都在享用许多素不相识的人向你提供的物品与服务。这种相互依存之所以成为可能,是因为人们相互交易。那些为你提供物品与服务的人并不是出于仁慈而这样做的。也没有某个政府机构命令他们满足你的欲望。相反,人们向你和其他消费者提供他们生产的物品与服务,是因为他们也得到了某种回报。

在以后的各章中,我们将考察我们的经济如何协调千百万爱好与能力不同的人的活动。作为这种分析的一个出发点,这里我们将考察人们在经济上相互依存的原因。第 1 章所强调的经济学十大原理之一是贸易可以使每个人的状况都变得更好。在本章中我们要更详尽地研究这个原理。人们在相互交易的时候,究竟获得了什么好处?为什么人们选择了相互依存?

对上述问题的回答是理解现代全球经济的关键。在当今的大多数国家中,所消费的许多物品与服务都是从国外进口的,而且所生产的许多物品与服务也都出口给国外客户。本章的分析不仅解释了个人之间的相互依存性,而且也解释了国家之间的相互依存性。正如你将看到的,无论你是让当地理发师理发还是购买全球某个地方工人生产的 T 恤衫,贸易的好处都是相同的。

3.1 一个现代经济寓言

为了说明人们为什么选择在物品与服务上依靠其他人,以及这种选择如何改善了他们的生活,我们来看一个简单的经济。假设世界上只有两种物品——牛肉与土豆,而且世界上只有两个人——名叫 Rose 的牧牛人和名叫 Frank 的种土豆的农民,他们每个人都既爱吃牛肉,又爱吃土豆。

如果 Rose 只能生产牛肉,而 Frank 只能生产土豆,那么,贸易的好处是显而易见的。在一种情况下，Rose 和 Frank 可能选择"老死不相往来"。但在吃了几个月烤牛肉、煮牛肉、炸牛肉和烧牛肉之后，Rose 确信自给自足并不像想象的那样惬意。一直吃土豆泥、炸土豆、烤土豆和土豆片的 Frank 也可能同意 Rose 的看法。很明显，贸易使他们能享用更多的品种：每个人都可以吃上牛排配烤土豆或配有薯条的汉堡包。

虽然这个故事只是最简单明了地说明了每个人如何能从贸易中获益，但如果 Rose 和 Frank 都能生产对方生产的物品，只是成本相对较高，这种好处也是相似的。例如，假定 Rose 可以种土豆，但她的土地非常不适于种土豆。同样，假定 Frank 也能养牛，但他并不擅长养牛和生产牛肉。在这种情况下，很容易看出，Frank 和 Rose 都可以通过专门从事自己最擅长的活动并从相互交易中获益。

但是，当某个人在生产每一种物品上都较为擅长时，贸易的好处就不那么明显了。例如，假定 Rose 在养牛和种土豆上都优于 Frank。在这种情况下，Rose 应该选择自给自足吗？或者她还是有理由去和 Frank 进行交易？为了回答这个问题，我们需要更仔细地研究影响这种决策的因素。

3.1.1 生产可能性

假设 Frank 和 Rose 每人每天工作 8 小时，并可以把这个时间用于种土豆、养牛或两者的组合上。图 3-1（a）表明每个人生产 1 盎司每种物品所需要的时间。Frank 用 15 分钟生产 1 盎司土豆，用 60 分钟生产 1 盎司牛肉。Rose 在这两种活动中的生产率都更高，可以用 10 分钟生产 1 盎司土豆，用 20 分钟生产 1 盎司牛肉。表中的后两列表示，如果 Frank 和 Rose 每天工作 8 小时只生产一种物品，他们能生产的牛肉或土豆的数量。

图 3-1　生产可能性边界

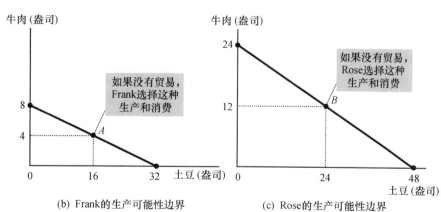

	生产 1 盎司所需要的时间（分钟）		8 个小时的产量（盎司）	
	牛肉	土豆	牛肉	土豆
Frank	60	15	8	32
Rose	20	10	24	48

（a）生产机会

（b）Frank 的生产可能性边界　　（c）Rose 的生产可能性边界

（a）幅表示农民 Frank 和牧牛人 Rose 所能得到的生产机会。（b）幅表示 Frank 能生产的牛肉和土豆的组合。（c）幅表示 Rose 能生产的牛肉和土豆的组合。两条生产可能性边界都是通过假设 Frank 和 Rose 每人每天工作 8 小时推导出来的。如果不存在贸易，则每个人的生产可能性边界也是他的消费可能性边界。

图 3-1（b）说明 Frank 能生产的牛肉和土豆的数量。如果 Frank 把他的全部 8 小时时间都用于生产土豆，他将生产 32 盎司土豆（用横轴表示）而没有牛肉。如果他把所有时间都用于

生产牛肉,他将生产8盎司牛肉(用纵轴表示)而没有土豆。如果 Frank 把他的时间平均分配在两种活动上,两项活动各用4个小时,他将生产16盎司土豆和4盎司牛肉。图 3-1(b)表示这三种可能的结果以及介于这三种情况之间的所有其他结果。

图 3-1(b)表示 Frank 的生产可能性边界。正如我们在第2章中所讨论的,生产可能性边界表示一个经济所能生产的产量的各种组合。它说明了第1章中的经济学十大原理之一:人们面临权衡取舍。在这里,Frank 也面临着生产牛肉与生产土豆之间的权衡取舍。

你也许还记得,第2章中的生产可能性边界是外凸的。在那种情况下,社会可以用一种物品换取另一种物品的比率取决于两种物品当前的产量。但是在这里,Frank 生产牛肉和土豆的技术(正如图 3-1 中所概括的)使他能以不变的比率在一种物品与另一种物品之间转换。当 Frank 少用1小时生产牛肉并多用1小时生产土豆时,他的牛肉产量将减少1盎司,土豆产量将增加4盎司——而且无论他之前已经生产了多少,情况都是如此。因此,生产可能性边界是一条直线。

图 3-1(c)表示 Rose 的生产可能性边界。如果 Rose 把全部8个小时都用于生产土豆,她将生产48盎司土豆而没有牛肉。如果她把全部8个小时都用于生产牛肉,她将生产24盎司牛肉而没有土豆。如果 Rose 把她的时间平均分配,每种活动用4个小时,她将生产24盎司土豆和12盎司牛肉。同样,生产可能性边界表明了所有可能的结果。

如果 Frank 和 Rose 选择自给自足,而不是相互贸易,那么,每个人消费的产品正是他所生产的。在这种情况下,生产可能性边界也是消费可能性边界。这就是说,没有贸易时,图 3-1 表示 Frank 和 Rose 每人可以生产并消费的牛肉和土豆的各种可能组合。

这些生产可能性边界曲线有助于说明 Frank 和 Rose 面临的权衡取舍,但并没有告诉我们 Frank 和 Rose 实际上将作何选择。为了确定他们的选择,我们需要知道 Frank 和 Rose 的爱好。我们假设,他们选择了图 3-1 中 A 点和 B 点所表示的组合:根据他们的生产机会和食物偏好,Frank 生产并消费16盎司土豆和4盎司牛肉,而 Rose 生产并消费24盎司土豆和12盎司牛肉。

3.1.2　专业化与贸易

在吃了几年 B 组合的土豆和牛肉之后,Rose 有了个主意,并告诉了 Frank:

Rose:Frank,我的朋友,我这里有一桩好买卖!我知道如何改善我们俩的生活。我认为你应该完全停止生产牛肉,而把你所有的时间都用于种土豆。根据我的计算,如果你一天用8个小时种土豆,你将生产32盎司土豆。如果你把这32盎司土豆中的15盎司给我,我将给你5盎司牛肉作为回报。最后,你每天将能吃到17盎司土豆和5盎司牛肉,而不是现在的16盎司土豆和4盎司牛肉。如果你按我的计划去做,你将得到更多的这两种食物。[为了说明自己的观点,Rose 向 Frank 展示了图 3-2(a)。]

Frank:(声音显得有些怀疑)听起来对我是桩好买卖,但我不明白为什么你会提出这个交易。如果这个交易对我这么有好处,它就不可能对你也有好处。

Rose:噢,可它对我也是有好处的!如果我每天用6小时养牛,2小时种土豆,我将生产18盎司牛肉和12盎司土豆。我给你5盎司牛肉来交换你的15盎司土豆以后,我将得到13盎司牛肉和27盎司土豆,而不是现在的12盎司牛肉和24盎司土豆。因此,我所消费的这两种食物也都将比现在多。[她指着图 3-2(b)。]

Frank：我不知道……这听起来太棒了，真令人难以置信。

Rose：实际上这并不像乍看起来那么复杂。我这里有一个简单的表概括了我向你提的建议。[Rose 递给 Frank 图 3-2(c) 的复印件。]

Frank：(停下来研究该表之后) 这些计算看来是正确的，但我总有点弄不明白。这一交易怎么能使我们两人都过得更好呢？

Rose：我们两人都可以获益是因为贸易使我们每个人都可以专门从事自己最擅长的工作。你将把更多的时间用于种土豆，更少的时间用于养牛。我将把更多的时间用于养牛，更少的时间用于种土豆。由于专业化和贸易，我们每个人都可以不用增加工作时间就消费更多的牛肉和更多的土豆。

图 3-2 贸易如何扩大了消费机会的集合

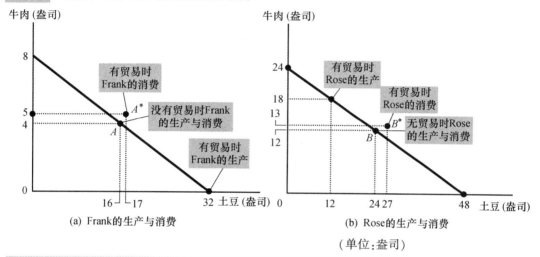

(c) 贸易的好处：总结

Rose 所建议的在农民 Frank 和牧牛人 Rose 之间的交易，给他们每一个人提供了一种无贸易时不可能有的牛肉和土豆的组合。在(a)幅中，Frank 得到的消费在 A^* 点，而不是 A 点；在(b)幅中，Rose 得到的消费在 B^* 点，而不是 B 点。贸易使每个人得以消费更多的牛肉和更多的土豆。

即问即答 画出鲁滨孙·克鲁索的生产可能性边界的例子。鲁滨孙是一个遇难船只的水手，他把他的时间用于采集椰子和捕鱼。如果他独自生活，该生产可能性边界是否限制了他对椰子和鱼的消费？如果他可以与岛上的当地人交易，他还会面临同样的限制吗？

第 3 章　相互依存性与贸易的好处　　45

3.2 比较优势:专业化的动力

Rose 对贸易所带来的好处的解释虽然正确,但也引出了一个疑惑:如果 Rose 在养牛和种土豆方面都更精通,Frank 怎么能专门从事他最擅长的工作呢? Frank 似乎做什么都不是最擅长的。为了解开这个疑惑,我们需要考察比较优势的原理。

作为建立这个原理的第一步,考虑下面的问题:在我们的例子中,谁能以较低的成本生产土豆? 是 Frank 还是 Rose? 有两种可能的答案,这两种答案包含着解决我们困惑的方法,它们是理解贸易所带来的好处的关键。

3.2.1 绝对优势

考察生产土豆的成本的一个方法是比较两个生产者所需要的投入。当比较一个人、一个企业或一个国家与另一个人、另一个企业或另一个国家的生产率时,经济学家用**绝对优势**(absolute advantage)这个术语。如果生产者生产一种物品所需要的投入较少,就可以说该生产者在生产这种物品上有绝对优势。

在我们的例子中,时间是唯一的投入,因此我们可以通过考察每种类型的生产所需要的时间来确定绝对优势。Rose 无论在生产土豆还是生产牛肉上都有绝对优势,因为她生产 1 单位这两种物品需要的时间都少于 Frank。Rose 生产 1 盎司牛肉只需要 20 分钟,而 Frank 需要 60 分钟。同样,Rose 生产 1 盎司土豆只需要 10 分钟,而 Frank 需要 15 分钟。根据这一信息,我们可以得出结论,如果我们用投入量来衡量成本,则 Rose 生产土豆的成本较低。

3.2.2 机会成本和比较优势

还可以用另一种方法考察生产土豆的成本。我们可以不比较所需要的投入,而比较机会成本。从第 1 章中我们知道,某种东西的**机会成本**(opportunity cost)是为了得到它而放弃的东西。在我们的例子中,我们假设 Frank 和 Rose 每人每天工作 8 小时。因此,用于生产土豆的时间就来自可用于生产牛肉的时间。当在两种物品之间重新配置时间时,Rose 和 Frank 放弃了一些单位的某种物品去生产另一种物品,从而就会发生沿着生产可能性边界的变动。机会成本衡量了每个生产者所面临的两种物品之间的权衡取舍。

我们先考虑 Rose 的机会成本。根据图 3-1(a),她生产 1 盎司土豆需要工作 10 分钟。当 Rose 把 10 分钟用于生产土豆时,她用于生产牛肉的时间就要减少 10 分钟。由于 Rose 生产 1 盎司牛肉需要 20 分钟,所以,工作 10 分钟将生产 1/2 盎司牛肉。这样,Rose 生产 1 盎司土豆的机会成本是 1/2 盎司牛肉。

现在来考虑 Frank 的机会成本。他生产 1 盎司土豆需要 15 分钟。由于他生产 1 盎司牛肉需要 60 分钟,所以,工作 15 分钟将生产 1/4 盎司牛肉。这样,Frank 生产 1 盎司土豆的机会成本是 1/4 盎司牛肉。

表 3-1 表示两个生产者生产牛肉和土豆的机会成本。需要注意的是,牛肉的机会成本是土豆的机会成本的倒数。由于 1 盎司土豆要花费 Rose 1/2 盎司的牛肉,所以,1 盎司牛肉要花费 Rose 2 盎司的土豆。同样,由于 1 盎司土豆要花费 Frank 1/4 盎司牛肉,所以,1 盎司牛肉

要花费 Frank 4 盎司土豆。

表 3-1 牛肉和土豆的机会成本

	1 盎司牛肉的机会成本	1 盎司土豆的机会成本
Frank	4 盎司土豆	1/4 盎司牛肉
Rose	2 盎司土豆	1/2 盎司牛肉

在描述两个生产者的机会成本时,经济学家用**比较优势**(comparative advantage)这个术语。如果一个生产者在生产 X 物品时放弃了较少的其他物品,即生产 X 物品的机会成本较小,我们就可以说,他在生产该物品上具有比较优势。在我们的例子中,Frank 生产土豆的机会成本低于 Rose:Frank 生产 1 盎司土豆的成本只是 1/4 盎司牛肉,而 Rose 生产 1 盎司土豆的机会成本是 1/2 盎司牛肉。相反,Rose 生产牛肉的机会成本低于 Frank:Rose 生产 1 盎司牛肉的机会成本是 2 盎司土豆,而 Frank 生产 1 盎司牛肉的机会成本是 4 盎司土豆。因此,Frank 在种植土豆上有比较优势,而 Rose 在生产牛肉上有比较优势。

尽管一个人有可能在两种物品的生产上都具有绝对优势(正如这个例子中的 Rose 那样),但一个人却不可能在两种物品的生产上都具有比较优势。因为一种物品的机会成本是另一种物品机会成本的倒数,如果一个人生产一种物品的机会成本较高,那么,他生产另一种物品的机会成本必然较低。比较优势反映了相对的机会成本。除非两个人有相同的机会成本,否则一个人就会在一种物品上具有比较优势,而另一个人将在另一种物品上具有比较优势。

3.2.3 比较优势与贸易

专业化和贸易的好处不是基于绝对优势,而是基于比较优势。当每个人专门生产自己有比较优势的物品时,经济的总产量就增加了,经济蛋糕的变大可用于改善每个人的状况。

在我们的例子中,Frank 用更多的时间种土豆,而 Rose 用更多的时间生产牛肉。结果土豆的总产量从 40 盎司增加到 44 盎司,牛肉的总产量从 16 盎司增加到 18 盎司。Frank 和 Rose 分享这种增加的产量的好处。

我们也可以看一下用各方付给对方的价格衡量的贸易的好处。由于 Frank 和 Rose 有不同的机会成本,所以他们双方都可以议价。这就是说,他们各自通过以低于自己生产某种物品的机会成本的价格得到该物品而从贸易中获益。

从 Frank 的角度考虑所提议的交易。Frank 用 15 盎司土豆换到了 5 盎司牛肉。换句话说,Frank 可以以 3 盎司土豆的价格购买 1 盎司牛肉。牛肉的这个价格低于 Frank 生产 1 盎司牛肉的机会成本,即 4 盎司土豆。因此,Frank 由于以一种有利的价格买到牛肉而从这一交易中获益。

现在从 Rose 的角度来考虑这一交易。Rose 购买 15 盎司土豆的价格是 5 盎司牛肉。这就是说,土豆的价格是 1/3 盎司牛肉。这一价格低于她生产土豆的机会成本,即 1/2 盎司牛肉。因此,Rose 由于以一种有利的价格买到土豆而从这一交易中获益。

现在牧牛人 Rose 和农民 Frank 故事的寓意应该清楚了:贸易可以使社会上每个人都获益,因为它使人们可以专门从事他们具有比较优势的活动。

3.2.4 贸易的价格

比较优势原理确定了专业化和贸易的好处,但它又带来了一些相关的问题:贸易的价格是由什么决定的?贸易的收益如何在贸易双方之间分配?对这些问题的准确回答超出了本章的范围,但我们可以说明一个一般规律:对从贸易中获益的双方而言,他们进行贸易的价格在两种机会成本之间。

在我们的例子中,Frank 和 Rose 同意按每盎司牛肉 3 盎司土豆的比例进行贸易。这一价格在 Rose 的机会成本(每盎司牛肉 2 盎司土豆)和 Frank 的机会成本(每盎司牛肉 4 盎司土豆)之间。使双方均能获益的价格并不一定非得在 2 和 4 的正中间,但它一定是在 2 和 4 之间的某个地方。

为了说明价格为什么必定在这个区间内,考虑如果不是这样会发生什么情况。如果牛肉的价格低于 2 盎司土豆,Frank 和 Rose 都想买牛肉,因为价格低于他们每个人的机会成本。同样,如果牛肉的价格高于 4 盎司土豆,他们双方都想卖出牛肉,因为价格高于他们的机会成本。但这是一个只有两个人的经济。他们不能都是牛肉的买方,也不能都是牛肉的卖方。必须有一个人充当交易的另一方。

相互有利的贸易只能在价格在 2 到 4 之间时进行。在这个价格范围内,Rose 想卖牛肉以购买土豆,而 Frank 想卖土豆以购买牛肉。每一方都可以以低于他的机会成本的价格购买一种物品。最后,他们双方都专门生产各自有比较优势的物品,结果,双方的状况都改善了。

即问即答 鲁滨孙·克鲁索每小时可以摘 10 个椰子或捕 1 条鱼。他的朋友"星期五"每小时可以摘 30 个椰子或捕两条鱼。克鲁索捕 1 条鱼的机会成本是多少?"星期五"的呢?谁在捕鱼方面有绝对优势?谁在捕鱼方面有比较优势?

参考资料
亚当·斯密与大卫·李嘉图的思想遗产

大卫·李嘉图
图片来源:© Bettmann/CORBIS.

经济学家很早就了解贸易的好处。下面是伟大的经济学家亚当·斯密所提出的观点:

如果购买一件东西所付出的代价比在家里生产所付出的代价小,就永远不要在家里生产,这是每一个精明的家长都知道的格言。裁缝不想制作他自己的鞋子,而向鞋匠购买。鞋匠不想缝制他自己的衣服,而雇裁缝缝制。农民不想缝衣,也不想制鞋,而宁愿雇用那些不同的工匠去做。他们都知道,为了他们自身的利益,应当把他们的全部精力集中使用到比邻人有优势的方面,而以其生产的部分物品或者说是以部分物品的价格,购买他们所需要的其他任何物品。

这段引文出自斯密 1776 年的著作《国民财富的性质和原因的研究》,这本书是贸易与经济上相互依存性分析的里程碑。

斯密的著作激励大卫·李嘉图——一位家资百万的股票经纪人成为一名经济学家。在其 1817 年的著作《政治经济学及赋税原理》中,李嘉图提出了我们现在所熟知的比较优势原理。他举了一个包含两种物品(葡萄酒与衣服)和两个国家(英国和葡萄牙)的例子。他说明了,两个国家都可以通过基于比较优势的贸易和专业化而获益。

李嘉图的理论是现代国际经济学的起点,但是,他对自由贸易的捍卫绝不仅限于学术层面。李嘉图将他的信仰贯彻到其作为英国议会议员的实际工作中,在议会中,他反对限制粮食进口的《谷物法》。

亚当·斯密和大卫·李嘉图关于贸易好处的结论经得起时间的考验。虽然经济学家在政策问题上通常存在分歧,但他们在支持自由贸易上是一致的。此外,自由贸易的核心论点在过去两个世纪以来并没有多少变化。从斯密和李嘉图时代以来,尽管经济学扩大了学科范围并改进了它的理论,但经济学家反对贸易限制的主要依据仍是比较优势原理。

3.3 比较优势的应用

比较优势原理解释了相互依存和贸易的好处。由于在现代世界中相互依存如此普遍,所以,比较优势原理有许多应用。这里有两个例子,一个很新奇有趣,而另一个则有着极为重要的现实意义。

3.3.1 Tom Brady 应该自己修剪草坪吗

Tom Brady 把大量时间用于在草地上跑来跑去。他是有史以来最天才的橄榄球运动员之一,他可以以大多数非职业运动员梦寐以求的速度和准确性射进球。极有可能的是,他在其他体力活动中也出类拔萃。例如,我们可以设想,Brady 可以比其他任何一个人都更快地修剪自己的草坪。但是仅仅由于他能迅速地修剪草坪,就意味着他应该这样做吗?

为了回答这个问题,我们可以使用机会成本和比较优势的概念。比如说 Brady 能用 2 个小时修剪完草坪。在这同样的 2 小时中,他能拍一部电视商业广告片,并赚到 2 万美元。与此相比,邻居的孩子 Forrest Gump 能用 4 个小时修剪完 Brady 家的草坪。在这同样的 4 个小时中,他可以在麦当劳店工作并赚到 40 美元。

在这个例子中,Brady 在修剪草坪上有绝对优势,因为他可以用更少的时间投入完成这项工作。但由于 Brady 修剪草坪的机会成本是 2 万美元,而 Forrest 的机会成本仅为 40 美元,因此 Forrest 在修剪草坪上有比较优势。

在这个例子中,贸易的好处是巨大的。Brady 不应该自己修剪草坪,而应该去拍商业广告片,并雇用 Forrest 修剪草坪。只要他支付给 Forrest 的钱多于 40 美元而少于 2 万美元,双方的状况就都会变得更好。

"他们把这个草坪修剪得不错。"

图片来源:ⓒ Cliff Welch/Icon SMI/Corbis.

新闻摘录
家庭经济学

一位经济学家认为,你不应该仅仅因为你比你的配偶更擅长洗碗,就总是负责洗碗。

你的家务分工分错了
Emily Oster

没有一个人喜欢做家务。在幸福调查中,分担家务和上下班通勤一样,是人们最不喜欢的活动。也许这就是为什么谁做什么家务的选择往往会引起家庭气氛紧张,甚至吵架。

如果每个人擅长做不同的事,安排家务就容易了。如果你的配偶善于购买日用品,而你善于洗衣服,那就简单了。但是事实并不总是——甚至不经常是这样。通常是某一方善于做所有的家务。(实话说,这个人往往是女方。)女主人在洗衣、购物、清扫、做饭上样样行。但这就意味着她应该什么都做吗?

在女儿出生前,我既做饭又洗碗。这没什么大不了的,也用不了我多少时间,而且老实说,我做这些活都比我丈夫强很多。他做饭只会做鸡蛋和辣椒牛肉豆,我让他洗碗的时候,经常发现,即使是只有一个锅和八个叉子,他也会用"满载"程序洗。

有了孩子以后,我们要做的家务更多了,而时间更少了。看来最好是重新分配一下家务。当然,我仍然更擅长做所有家务。但是,难道这意味着我应该什么都干?

图片来源:Illustration by Robert Neubecker.

我可以根据公平的原则:我们每人分担一半家务。我也可以采取女权主义者的立场:调查表明,女方往往在家务分配中吃亏。就家务占用时间而言,女方比男方多做44分钟(2小时11分钟对1小时27分钟)的家务。就家务分类来看,男方只在剪草坪和房屋外部维护这两方面比女方强。当然,我可以建议我丈夫多做一些家务来打破这种不平衡,借此还可以教育我女儿,我们每个人都可以保持自我,看看,爸爸妈妈是平等的,如果两人一起分担,做家务也是有乐趣的。我甚至还可以边在洗碗机旁边挥弄锅铲,边大声叹气,指望丈夫注意到,并主动提出由他来做家务。

对于我和我丈夫来说,幸好我是一名经济学家,因此,我有比暗中较劲更有效的办法。一些基本的经济学原理已经提供了答案。我们需要分担家务,原因很简单:让善于做饭和洗碗的一方从事所有做饭和洗碗并没有效率。这里用到的经济学原理是边际成本递增。一般来说,当人们疲劳时,事情会越变越糟。我在芝加哥大学教我的学生时,是用管理员工来解释这个原理的。假设你有一个好员工和一个不太好的员工,你会让那个好员工做所有的工作吗?

答案经常是"不会的"。为什么不呢?想一想,上午9点的时候,经过了一夜充分休息的那位不太好的员工的状态,比起凌晨2点时那位已经工作了17个小时的好员工,还是要好一些的。因此,你至少还是要把一些工作交给你那位不太好的员工。同样的原理可以运用于家庭。的确,你或你的配偶更善于干所有事。但任何一个人在凌晨4点洗衣服都可能会把红色毛巾和白色T恤混起来。分工是个好办法。怎么分工取决于人们的技能下降有多快。

为了使你家庭的效率实现"最优"(这是每一个经济学家的最终目标——也是你的最终目标),你应该使每个人最后所做的工作的效率相等。你的配偶洗碗、剪草坪、列出购物清单,你做饭、洗衣、购物、清扫、支付账单。这可能看来不平衡,但想一想,你看到你的配偶在列购物清单时就已经衣衫不整地坐在那里开始打盹了,他能把你们需要多少牛奶算出来就已经很不错。实际上他的这种状态和你付账单时的状态差不多,尽管付账单是你做的第五项家务。

如果这时你让你的配偶再去打扫卫生——即使这只是第四项家务——家里也会是一团糟,因为他做第三项家务时已经精疲力尽了,而你的状态仍然还不错。这种安排的结果很可能是有一方要多干一些活,但它绝不会让一个人包揽了一切家务。

一旦你决定要用这种方法来分配家务,你就要决定谁做什么。一种选择是随机指派家务,另一种选择是每个人做每件事的一部分。我在一个配偶生活建议网站上读到:你应该根据每个人的喜好排序来分配。这些方法中没有一种是完全正确的。(如果按个人喜好排序来分配的话,哪一个人会做清扫卫生间的活?)

为了决定谁做什么,我们需要更多的经济学知识,特别是比较优势原理。经济学家通常从贸易的角度谈这个原理。设想芬兰在制造鹿皮帽和滑雪靴上都比瑞典好。但芬兰在制造鹿皮帽上要好得多,而在制造滑雪靴上只比瑞典略强一点。当芬兰制造鹿皮帽而瑞典制造滑雪靴时,全世界的产量实现了最大化。

我们认为芬兰在制造这两种物品上都有绝对优势,但只在制造鹿皮帽上有比较优势。这个原理就是经济学家赞赏自由贸易的部分理由。当然,这是另外一个话题了(也许有另一位作者来写这个话题)。但这个原理也是在你家里如何"交易"家务的指导原则。你要指派每个人从事他具有比较优势的工作。这与你做每一件事都有绝对优势并没有关系。如果你在洗衣服上非常非常棒,而在清扫卫生间上只略好一点,你就应该让你的配偶去清扫卫生间。你告诉他,这样是有效率的!

在我们家,分配家务很容易。除了烧烤——我心甘情愿地承认,这是丈夫的领地——我做饭要好得多,而我洗碗只好那么一点点。因此,我丈夫就负责饭后清扫,尽管他操作洗碗机的工作要受到监督才行。好消息是,另一个我本来没有指望的经济学原理——干中学——很快起了作用。当人们从事一项工作时,他们就会不断提高工作技能。在我们重新分配家务的18个月以后,洗碗机看起来简直就是一件艺术品:碗碟都整整齐齐排在里面,程序显示"只洗上一层"。而我已经被禁止接近洗碗机了,因为显然,我很可能会"搞砸了"。

Oster 女士是芝加哥大学经济学教授。

资料来源:*Slate*,November 21, 2012. http://www.slate.com/articles/double_x/doublex/2012/11/dividing_the_chores_who_should_cook_and_who_should_clean.2.html.

3.3.2 美国应该与其他国家进行贸易吗

正如 Frank 和 Rose 的例子那样,个人可以从专业化和相互贸易中获益,不同国家的人们也可以这样。美国人喜欢的许多物品是外国生产的,而美国生产的许多物品也在国外销售。在国外生产而在国内销售的物品称为**进口品**(imports)。在国内生产而在国外销售的物品称为**出口品**(exports)。

为了说明各国如何能从贸易中获益,假设有两个国家——美国和日本,以及两种物品——食品和汽车。假设两国在生产汽车上效率一样高:美国工人和日本工人每人每月能生产 1 辆汽车。与此相比,由于美国的土地更多更好,它更善于生产食品:每个美国工人每月能生产 2 吨食品,而每个日本工人每月只能生产 1 吨食品。

比较优势原理说明,每种物品应该由生产这种物品机会成本较低的国家生产。由于美国生产 1 辆汽车的机会成本是 2 吨食品,但日本只是 1 吨食品,所以,日本在生产汽车上有比较优势。日本应该生产多于自己使用需要的汽车,并把一些汽车出口到美国。同样,由于日本生产 1 吨食品的机会成本是 1 辆汽车,而美国只是 0.5 辆汽车,所以,美国在生产食品上有比较优势。美国应该生产多于自己消费需要的食品,并把一些食品出口到日本。通过专业化和贸易,两国都可以有更多的食品和更多的汽车。

当然,在现实中各国之间贸易所涉及的问题比我们这个例子所说明的要复杂得多。其中最重要的问题是,每个国家都有许多具有不同利益的居民。即使国际贸易可以使国家作为一个整体的状况变好,但也会使一些人的状况变坏。当美国出口食品而进口汽车时,对美国农民和对美国汽车工人的影响是不同的。但是,与政治家和政治评论家有时所说的观点相反,国际贸易并不像战争,在战争中有些国家是胜利者,而其他国家是失败者。贸易使所有国家都可以实现更大的繁荣。

即问即答 假设一个技术高超的脑外科医生恰巧也是世界上打字最快的打字员。他应该自己打字还是雇一个秘书?解释原因。

3.4 结 论

你现在应该更充分地理解了生活在一个相互依存的经济中的好处。当美国人购买来自中国的袜子时,当缅因州的居民喝着来自佛罗里达州的橙汁时,以及当房东雇用邻居的小孩来修剪草坪时,同样的经济力量在发生作用。比较优势原理表明,贸易可以使每个人的状况都变得更好。

但是,在了解了相互依存为什么合意之后,你自然会问如何使之成为可能。自由社会如何协调经济中所涉及的所有人的各种不同活动呢?怎样才能确保物品与服务将从那些应该生产它们的人的手中流入那些应该消费它们的人的手中呢?在一个只有两个人,例如牧牛人 Rose 和农民 Frank 的世界中,答案是很简单的:这两个人可以直接讨价还价,并在他们之间配置资源。在有千百万人的现实世界中,答案就不是那么显而易见了。我们将在第 4 章中探讨这个问题,我们将看到自由社会如何通过供给与需求的市场力量来配置资源。

内容提要

◎ 每个人都消费本国和世界各国许多其他人所生产的物品与服务。相互依存和贸易之所以合意,是因为它可以使每个人都能享有更多数量和品种的物品与服务。

◎ 有两种方法可以用来比较两个人在生产一种物品时的能力。一个可以用较少投入生产该物品的人被称为在生产该物品上有绝对优势。生产该物品的机会成本较小的人被称为有比较优势。贸易的好处是基于比较优势,而不是绝对优势。

◎ 贸易可以使每个人的状况都变得更好,因为它使人们可以专门从事自己有比较优势的活动。

◎ 比较优势原理不仅适用于个人,还适用于国家。经济学家用比较优势原理支持各国间的自由贸易。

关键概念

绝对优势 比较优势 出口
机会成本 进口

复习题

1. 在什么情况下,生产可能性边界是直线,而不是外凸的?
2. 解释绝对优势和比较优势有什么不同。
3. 举例说明一个人在做某件事上有绝对优势,而另一个人有比较优势。
4. 对贸易来说,是绝对优势重要还是比较优势重要?以你对上一道题的答案为例来解释你的推理。
5. 如果双方根据比较优势进行贸易并且双方都从中获益,则贸易的价格应该在哪个范围内?
6. 为什么经济学家反对限制各国之间贸易的政策?

快速单选

1. 在1个小时内,David 可以洗 2 辆汽车或剪 1 块草坪,Ron 可以洗 3 辆汽车或剪 1 块草坪。谁在洗汽车上有绝对优势?谁在剪草坪上有绝对优势?
   a. David 在洗汽车上有绝对优势,Ron 在剪草坪上有绝对优势。
   b. Ron 在洗汽车上有绝对优势,David 在剪草坪上有绝对优势。
   c. David 的绝对优势在洗汽车上,而不在剪草坪上。
   d. Ron 的绝对优势在洗汽车上,而不在剪草坪上。

2. 同样,在1个小时内,David 可以洗 2 辆汽车或剪 1 块草坪,Ron 可以洗 3 辆汽车或剪 1 块草坪。谁在洗汽车上有比较优势?谁在剪草坪上有比较优势?
   a. David 在洗汽车上有比较优势,Ron 在剪草坪上有比较优势。
   b. Ron 在洗汽车上有比较优势,David 在剪草坪上有比较优势。
   c. David 的比较优势在洗汽车上,而不在剪草坪上。
   d. Ron 的比较优势在洗汽车上,而不在剪草坪上。

3. 两个人生产都有效率,并根据比较优势进行互利的贸易,则:
   a. 他们俩人的消费都能达到各自的生产可能性边界之外。
   b. 他们俩人的消费都在生产可能性边界之内。
   c. 一个人的消费在生产可能性边界之内,而另一个人的消费在生产可能性边界之外。
   d. 每个人的消费都在自己的生产可能性边界之上。

4. 一国通常会进口哪一种物品?
   a. 该国具有绝对优势的物品。
   b. 该国具有比较优势的物品。
   c. 其他国家具有绝对优势的物品。
   d. 其他国家具有比较优势的物品。

5. 假设在美国生产一架飞机要用 1 万小时劳动,生产一件衬衣要用 2 小时劳动。在中国,生产一架飞机要用 4 万小时劳动,生产一件衬衣要用 4 小时劳动。这两个国家将进行哪种贸易?
   a. 中国将出口飞机,美国将出口衬衣。
   b. 中国将出口衬衣,美国将出口飞机。
   c. 两国都出口衬衣。
   d. 在这种情况下贸易不会带来好处。

6. Mark 做一顿晚餐用 30 分钟,洗一件衣服用 20 分钟。他的室友做每一件事只要一半的时间。这两个室友应该如何分配工作?
   a. Mark 根据自己的比较优势,应该多做饭。
   b. Mark 根据自己的比较优势,应该多洗衣服。
   c. Mark 根据自己的绝对优势,应该多洗衣服。
   d. 在这种情况下贸易不会带来好处。

问题与应用

1. Maria 可以每小时读 20 页经济学著作,也可以每小时读 50 页社会学著作。她每天学习 5 小时。
   a. 画出 Maria 阅读经济学和社会学著作的生产可能性边界。
   b. Maria 阅读 100 页社会学著作的机会成本是多少?

2. 美国和日本工人每人每年都可以生产 4 辆汽车。一个美国工人每年可以生产 10 吨粮食,而一个日本工人每年可以生产 5 吨粮食。为了简化起见,假设每个国家有 1 亿工人。
   a. 为这种情况做出类似于图 3-1 的表格。
   b. 画出美国和日本经济的生产可能性边界。
   c. 对美国来说,生产一辆汽车的机会成本是多少?生产粮食呢?对日本来说,生产一辆汽车的机会成本是多少?生产粮食呢?把这些信息填入类似于表 3-1 的表中。
   d. 哪个国家在生产汽车上具有绝对优势?在生产粮食上呢?
   e. 哪个国家在生产汽车上具有比较优势?在生产粮食上呢?
   f. 没有贸易时,每个国家有一半工人生产汽车,一半工人生产粮食。每个国家能生产多少汽车和粮食呢?
   g. 从没有贸易的状况出发,举例说明贸易可以使每个国家的状况都变得更好。

3. Pat 和 Kris 是室友。他们把大部分时间用于学习(理所当然),但也留出一些时间做他们喜欢的事:做比萨饼和制作清凉饮料。Pat 制作 1 加仑清凉饮料需要 4 小时,做 1 块比萨饼需要 2 小时。Kris 制作 1 加仑清凉饮料需要 6 小时,做 1 块比萨饼需要 4 小时。
   a. 每个室友做 1 块比萨饼的机会成本是多少?谁在做比萨饼上有绝对优势?谁在做比萨饼上有比较优势?
   b. 如果 Pat 和 Kris 互相交换食物,谁将用比萨饼换取清凉饮料?
   c. 比萨饼的价格可以用清凉饮料的加仑数来表示。能使两个室友状况都更好的比萨饼交易的最高价格是多少?最低价格是多少?解释原因。

4. 假设加拿大有 1 000 万工人,而且每个工人每年可生产 2 辆汽车或 30 蒲式耳小麦。
   a. 加拿大生产 1 辆汽车的机会成本是多少?加拿大生产 1 蒲式耳小麦的机会成本是多少?解释这两种物品的机会成本之间的关系。
   b. 画出加拿大的生产可能性边界。如果加拿大选择消费 1 000 万辆汽车,没有贸易时它可以消费多少小麦?在生产可能性边界上标出这一点。
   c. 现在假设美国从加拿大购买 1 000 万辆汽车,每辆汽车交换 20 蒲式耳小麦。如果加拿大继续消费 1 000 万辆汽车,这种交易使加拿大可以消费多少小麦?在你的图上标出这一点。加拿大应该接受这笔交易吗?

5. 英格兰和苏格兰都生产烤饼和毛衣。假设一个英格兰工人每小时能生产 50 个烤饼或 1 件毛衣。假设一个苏格兰工人每小时能生产 40 个烤饼或 2 件毛衣。
   a. 在每种物品的生产上,哪个国家有绝对优势?哪个国家有比较优势?
   b. 如果英格兰和苏格兰决定进行贸易,苏格兰将用哪种商品与英格兰交易?解释原因。
   c. 如果一个苏格兰工人每小时只能生产 1 件毛衣,苏格兰仍然能从贸易中得到好处吗?英格兰仍然能从贸易中得到好处吗?解释原因。

6. 下表描述了 Baseballia 国两个城市的生产可能性：

	一个工人每小时生产的红袜子量	一个工人每小时生产的白袜子量
波士顿	3	3
芝加哥	2	1

   a. 没有贸易时，波士顿 1 双白袜子的价格（用红袜子表示）是多少？芝加哥 1 双白袜子的价格是多少？
   b. 在每种颜色的袜子的生产上，哪个城市有绝对优势？哪个城市有比较优势？
   c. 如果这两个城市相互交易，两个城市将分别出口哪种颜色的袜子？
   d. 可以进行交易的价格范围是多少？

7. 一个德国工人生产一辆汽车需要 400 小时，而生产一箱红酒需要 2 小时。一个法国工人生产一辆汽车需要 600 小时，而生产一箱红酒需要 x 小时。
   a. 要从可能的贸易中得到好处，x 的值应该是多少？解释原因。
   b. x 的值多大时德国会出口汽车，进口红酒？解释原因。

8. 假设一个美国工人每年能生产 100 件衬衣或 20 台电脑，而一个中国工人每年能生产 100 件衬衣或 10 台电脑。

   a. 画出这两个国家的生产可能性边界。假设没有贸易时，两个国家的工人各用一半时间生产两种物品。在你的图上标出这一点。
   b. 如果这两个国家进行贸易，哪个国家将出口衬衣？举出一个具体的数字的例子，并在你的图上标出。哪个国家将从贸易中获益？解释原因。
   c. 解释两国可能交易的电脑价格（用衬衣衡量）是多少。
   d. 假设中国的生产率赶上了美国，因此，一个中国工人每年可以生产 100 件衬衣或 20 台电脑。你预计这时的贸易形式会是什么样的？中国生产率的这种进步将如何影响两国居民的经济福利？

9. 下列表述正确还是错误？分别做出解释。
   a. "即使一国在生产所有物品上都有绝对优势，两国也能从贸易中得到好处。"
   b. "某些极有才能的人在做每一件事情上都有比较优势。"
   c. "如果某种贸易能给某个人带来好处，那么它就不会也给另一个人带来好处。"
   d. "如果某种贸易对一个人是好事，那么它对另一个人也总是好事。"
   e. "如果贸易能给某个国家带来好处，那么它也一定能给该国的每一个人都带来好处。"

第4章　供给与需求的市场力量

第5章　弹性及其应用

第6章　供给、需求与政府政策

第2篇　市场如何运行

第 4 章
供给与需求的市场力量

当寒流袭击佛罗里达时,全国超市的橙汁价格都上升了。每年夏天,当新英格兰地区天气变暖时,加勒比地区旅店房间的价格呈直线下降。当中东爆发战争时,美国的汽油价格上升,并且二手凯迪拉克轿车的价格下降。这些事件的共同之处是什么呢?它们都表明了供给与需求的作用。

供给与需求是经济学家最经常——而且有充分的理由使用的两个词。供给与需求是使市场经济运行的力量。它们决定了每种物品的产量及其出售的价格。如果你想知道任何一种事件或政策将如何影响经济,你就应该先考虑它将如何影响供给和需求。

本章将介绍供给与需求理论。该理论考虑买者与卖者的行为,以及他们相互之间的影响。该理论将说明市场经济中供给与需求如何决定价格,以及价格又如何配置经济中的稀缺资源。

4.1 市场与竞争

供给与需求这两个术语是指人们在竞争市场上相互交易时的行为。在讨论买者与卖者如何行事之前,让我们先更充分地考察一下市场和竞争这两个术语的含义。

4.1.1 什么是市场

市场(market)是由某种物品或服务的买者与卖者组成的一个群体。买者作为一个群体决定了一种产品的需求,而卖者作为一个群体决定了一种产品的供给。

市场有很多种形式。一些市场组织健全,如许多农产品市场。在这些市场上,买者与卖者在特定的时间与地点聚集在一起,市场上还有拍卖者帮助确定价格并安排销售。

更通常的情况是,市场并没有什么组织。例如,考虑一下某个镇上的冰淇淋市场。冰淇淋的买者并没有在任何一个时间聚集在一起;冰淇淋的卖者分散在不同的地方,并提供略有差别的产品;也没有报出冰淇淋价格的拍卖者。各个卖者标出冰淇淋的价格,而各个买者决定在每个店买多少冰淇淋。然而,这些冰淇淋的消费者和生产者是紧密联系的。冰淇淋买者都从各个冰淇淋卖者中进行选择,来满足其需求,而冰淇淋卖者都努力吸引同样这些冰淇淋买者,以便经营成功。尽管这个市场没有人去组织,但由冰淇淋买者和冰淇淋卖者组成的群体形成了一个市场。

4.1.2 什么是竞争

冰淇淋市场也和经济中的大多数市场一样,是高度竞争的。每个买者都知道有一些卖者可供选择,并且每个卖者也都认识到,他的产品与其他卖者提供的产品是相似的。因此,冰淇淋的价格和销售量并不是由任何一个买者或卖者决定的。确切地说,冰淇淋的价格和销售量是由所有买者和卖者通过在市场上相互交易而共同决定的。

经济学家用**竞争市场**(competitive market)这个术语来描述有许多买者与卖者并且每一个人对市场价格的影响都微乎其微的市场。每一个冰淇淋卖者对价格的控制都是有限的,因为其他卖者也提供类似的产品。卖者没有理由以低于现行价格的价格出售产品,而如果他以较高价格出售的话,买者就将到其他地方购买。同样,没有一个冰淇淋买者能影响冰淇淋的价格,因为每个买者的购买量都很少。

在本章中,我们假设市场是完全竞争的。为了达到这种竞争的最高形式,一个市场必须具备两个特征:(1) 可供销售的物品是完全相同的;(2) 买者和卖者人数众多,以至于没有任何一个买者或卖者可以影响市场价格。由于完全竞争市场上的买者与卖者必须接受市场决定的价格,所以,他们被称为价格接受者。在市场价格上,买者可以购买他们想购买的所有东西,而卖者可以出售他们想出售的所有东西。

在某些市场上完全竞争的假设完全适用。例如,在小麦市场上,有千百万出售小麦的农民和千百万使用小麦和小麦产品的消费者。由于没有一个买者或卖者能影响小麦价格,所以每个人都把价格视为既定的。

但是,并不是所有物品与服务都在完全竞争市场上出售。一些市场只有一个卖者,而且这个卖者决定价格。这样的卖者被称为垄断者。例如,你们本地的有线电视公司可能就是一个垄断者。你们镇上的居民也许只能从一家有线电视公司购买有线电视服务。还有一些市场介于完全竞争和垄断这两种极端形式之间。

尽管我们在世界上看到的市场类型是多种多样的,但完全竞争假设是一种很有用的简化,因此,我们的分析也自然从完全竞争市场开始。完全竞争市场是最容易分析的,因为每个市场参与者都会接受市场条件决定的价格。而且,由于大多数市场上都存在某种程度的竞争,所以,我们在研究完全竞争条件下的供给与需求时所得到的许多结论也适用于更复杂的市场。

即问即答 • 什么是市场? • 一个完全竞争的市场具有哪些特征?

4.2 需求

我们对市场的研究从考察买者的行为开始。为了将我们的思考集中,让我们考虑一种特定的物品——冰淇淋。

4.2.1 需求曲线：价格和需求量之间的关系

一种物品的**需求量**(quantity demanded)是买者愿意并且能够购买的该种物品的数量。正如我们将看到的，任何一种物品的需求量都是由很多因素决定的，但在我们对市场如何运行的分析中，有一种因素起着主要作用——物品的价格。如果每勺冰淇淋的价格上升到 20 美元，你就会少买一些冰淇淋。你可能会去买一些冷冻酸奶。如果每勺冰淇淋的价格下降到 0.2 美元，你就会多买一些。价格与需求量之间的这种关系对于经济中大部分物品来说都是存在的，而且，实际上这种关系非常普遍，因此经济学家称之为**需求定理**(law of demand)：在其他条件不变时，一种物品的价格上升，对该物品的需求量减少；一种物品的价格下降，对该物品的需求量增加。

图 4-1 中的表格表示在不同的价格水平下，Catherine 每个月买多少个冰淇淋蛋卷。如果是免费的，Catherine 吃 12 个冰淇淋蛋卷。当价格为 0.5 美元时，Catherine 买 10 个冰淇淋蛋卷。随着价格继续上升，她的需求量越来越少。当价格达到 3 美元时，Catherine 就一个冰淇淋蛋卷都不买了。这个表是一个**需求表**(demand schedule)，它表明在影响消费者想购买的数量的其他因素都保持不变的情况下，一种物品的价格与其需求量之间的关系。

图 4-1 Catherine 的需求表和需求曲线

冰淇淋蛋卷的价格(美元)	冰淇淋蛋卷的需求量(个)
0.00	12
0.50	10
1.00	8
1.50	6
2.00	4
2.50	2
3.00	0

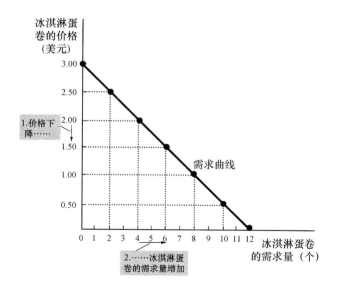

需求表是表示每种价格水平下的需求量的表。根据需求表画出的需求曲线表示一种物品的需求量如何随其价格变动而变动。由于价格下降，需求量增加，因此需求曲线向右下方倾斜。

图 4-1 中的图形用表中的数字说明需求定理。根据习惯,纵轴代表冰淇淋蛋卷的价格,而横轴代表对冰淇淋蛋卷的需求量。把价格与需求量联系在一起的曲线被称为**需求曲线**(demand curve)。需求曲线向右下方倾斜是因为在其他条件不变的情况下,更低的价格意味着更多的需求量。

4.2.2 市场需求与个人需求

图 4-1 中的需求曲线表示某个人对某种产品的需求。为了分析市场如何运行,我们需要确定市场需求,市场需求是所有个人对某种特定物品或服务的需求的总和。

图 4-2 中的表格是市场上的两个人——Catherine 和 Nicholas——的冰淇淋需求表。在任何一种价格水平下,Catherine 的需求表告诉我们她购买多少冰淇淋,而 Nicholas 的需求表告诉我们他购买多少冰淇淋。市场需求是在每一种价格水平下这两人的个人需求量的总和。

图 4-2 市场需求是个人需求之和

冰淇淋蛋卷的价格(美元)	Catherine 的需求量(个)	Nicholas 的需求量(个)	市场需求量(个)
0.00	12 +	7 =	19
0.50	10	6	16
1.00	8	5	13
1.50	6	4	10
2.00	4	3	7
2.50	2	2	4
3.00	0	1	1

一个市场的需求量是所有买者在每一价格水平下需求量的总和。因此,可以通过把个人需求曲线水平相加而得出市场需求曲线。在价格为 2 美元时,Catherine 的需求量是 4 个冰淇淋蛋卷,而 Nicholas 的需求量是 3 个冰淇淋蛋卷。在这一价格水平下,市场的需求量是 7 个冰淇淋蛋卷。

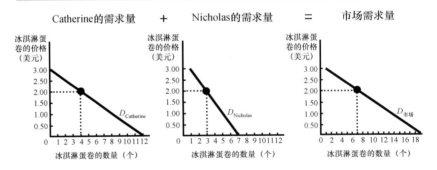

图 4-2 中的图形表示了对应于这些需求表的需求曲线。要注意的是,我们把个人需求曲线水平相加得出市场需求曲线。这就是说,为了得出任何一种价格水平下的总需求量,我们要把在个人需求曲线的横轴上标出的个人需求量相加。由于我们想要分析市场如何运行,所以我们最经常使用的将是市场需求曲线。市场需求曲线表示在所有影响消费者想购买的数量的其他因素保持不变时,一种物品的总需求量如何随该物品价格的变动而变动。

4.2.3 需求曲线的移动

由于市场需求曲线假设其他条件不变,但随着时间的推移,该曲线不一定是稳定的,如果某种因素改变了任何一种既定价格水平下的需求量,需求曲线就会移动。例如,假设美国医学会发现,那些经常吃冰淇淋的人更长寿,也更健康。这个发现将会增加对冰淇淋的需求。在任何一种既定价格水平下,买者现在想购买更多冰淇淋,于是冰淇淋的需求曲线就会移动。

图4-3说明了需求曲线的移动。使每一种价格水平下的需求量增加的任何变动(例如,我们假设的美国医学会的一项发现),都会使需求曲线向右移动,我们称之为需求增加。使每一种价格水平下的需求量减少的任何变动都会使需求曲线向左移动,我们称之为需求减少。

图4-3 需求曲线的移动

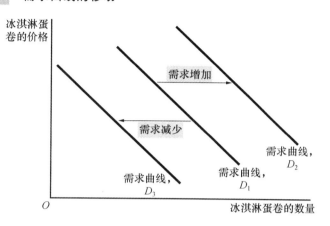

使任何既定价格水平下买者想购买的数量都增加的任何一种变动都会使需求曲线向右移动。使任何既定价格水平下买者想购买的数量都减少的任何一种变动都会使需求曲线向左移动。

有许多变量会使需求曲线移动。以下是一些最重要的变量。

收入 如果某个夏天你失业了,你对冰淇淋的需求会发生什么变化呢?很可能的情况是,需求会减少。收入降低意味着你的总支出减少,因此你不得不在某些物品上——也许是大多数物品上——少支出一些。当收入减少时,如果一种物品的需求量减少,这种物品就被称为**正常物品**(normal good)。

并不是所有物品都是正常物品。当收入减少时,如果一种物品的需求量增加,这种物品就被称为**低档物品**(inferior good)。低档物品的一个例子是坐公共汽车。随着你收入的减少,你不大可能买汽车或乘出租车,而更可能去坐公共汽车。

相关物品的价格 假设冷冻酸奶的价格下降。根据需求定理,你将多买冷冻酸奶。同时,你也许会少买冰淇淋。因为冰淇淋和冷冻酸奶都是冷而甜的奶油甜食,它们能满足相似的愿望。当一种物品价格下降引起对另一种物品的需求量减少时,这两种物品被称为**替代品**(substitutes)。替代品是那些经常相互替代使用的成对物品,例如热狗与汉堡包、毛衣与长袖衫、电影票和DVD租赁,等等。

现在假设奶昔价格下降。根据需求定理,你将买更多的奶昔。但在这种情况下,你也将买更多冰淇淋,因为冰淇淋和奶昔通常是一起吃的。当一种物品价格下降引起另一种物品的需求量增加时,这两种物品被称为**互补品**(complements)。互补品是那些经常同时使用的成对物品,例如汽油和汽车、电脑和软件、花生酱和果酱,等等。

爱好 决定你需求的最明显因素是你的爱好。如果你喜欢冰淇淋,你就会多买一些。经济学家通常并不试图解释人们的爱好,因为爱好基于超越了经济学范围的历史与心理因素。但是,经济学家要考察当爱好变动时会发生什么变化。

预期 你对未来的预期也会影响你现在对物品与服务的需求。例如,如果你预期下个月会赚到更多收入,你可能就会选择少储蓄,而用更多的当前收入去买冰淇淋。如果你预期明天冰淇淋的价格会下降,你就会不太愿意以今天的价格去买冰淇淋。

买者的数量 除了以上影响单个买者行为的因素以外,市场需求还取决于这些买者的数量。如果 Peter 作为冰淇淋的消费者加入 Catherine 和 Nicholas 的行列,则在每种价格水平下的市场需求量都会增加,从而市场需求就增加了。

总结 需求曲线表示在其他所有影响买者的变量保持不变的情况下,一种物品的价格变动时,该物品的需求量会发生什么变动。当这些变量中的一个变动时,需求曲线会发生移动。表 4-1 列出了影响消费者购买物品数量的变量。

表4-1 影响买者的变量

这个表列出了可以影响消费者选择购买多少某种物品的变量。要注意的是价格所起的特殊作用:价格变动表现为沿着需求曲线的变动,而其他任何一个变量的变动将使需求曲线移动。

变　量	这些变量的变动将
价格	表现为沿着需求曲线的变动
收入	使需求曲线移动
相关物品的价格	使需求曲线移动
爱好	使需求曲线移动
预期	使需求曲线移动
买者的数量	使需求曲线移动

如果你记住是需求曲线的移动还是沿着需求曲线的变动有困难,回想一下第 2 章附录中的结论是有帮助的:只有当除了用坐标轴表示的变量以外的其他相关变量变动时,曲线才会移动。由于价格用纵轴表示,所以,价格的变动表现为沿着需求曲线的变动。与此相反,收入、相关物品价格、爱好、预期和买者的数量不能用任何一条坐标轴表示,因此其中任何一种变量的变动都将使需求曲线移动。

案例研究
减少香烟需求量的两种方法

"什么是制止这种行为最好的方法?"
图片来源:Edyta Pawlo-wska/Shutter-stock.com。

公共政策制定者经常想减少人们吸烟的数量,因为吸烟对健康有不利的影响。可以使用两种政策方法来实现这一目标。

减少吸烟的一种方法是使香烟或其他烟草产品的需求曲线移动。公益广告、强制性的香烟盒上有害健康的警示以及禁止在电视上做香烟广告,都是旨在减少任何一种既定价格水平下香烟需求量的政策。如果奏效,这些政策就会使香烟的需求曲线向左移动,正如图 4-4(a) 所示。

此外,政策制定者可以试着提高香烟的价格。例如,如果政府对香烟制造商征税,烟草公司就会以提高价格的形式把这种税的大部分转嫁给消费者。较高的价格促使吸烟者减少他们的吸烟量。在这种情况下,吸烟量的减少就不表现为需求曲线的移动,而是表现为沿着同一条需求曲线变动到价格更高而数量较少的一点上,如图 4-4(b) 所示。

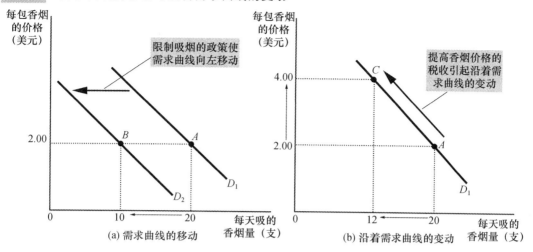

图 4-4 需求曲线的移动与沿着需求曲线的变动

如果香烟盒上的警示能说服吸烟者少吸烟,香烟的需求曲线就向左移动。在(a)幅中,需求曲线从 D_1 移动到 D_2。在每包香烟价格为 2 美元时,需求量从每天 20 支减少到 10 支,如图中从 A 点移动到 B 点所示。与此相比,如果税收提高了香烟价格,需求曲线没有移动,而是变动到需求曲线上的另一个点。在(b)幅中,当香烟价格从每包 2 美元上升到 4 美元时,需求量从每天 20 支减少为 12 支,如图中从 A 点移动到 C 点所示。

吸烟量对香烟价格变动的反应有多大?经济学家试图通过研究当香烟税变动时吸烟量所发生的变动来回答这个问题。他们发现,价格上升 10%,会使需求量减少 4%。他们还发现,年轻人对香烟价格特别敏感:价格上升 10%,会使青少年的吸烟量减少 12%。

一个相关的问题是,香烟的价格如何影响大麻这类非法毒品的需求。香烟税的反对者经常争论说,烟草与大麻是替代品,因此,香烟的高价格鼓励了大麻的使用。与此相反,许多毒品专家把烟草喻为"毒品之门",它诱使青年人尝试其他有害物质。大多数数据研究的结论与后一种观点是一致的:他们发现较低的香烟价格与更多地使用大麻是相关的。换句话说,烟草和大麻似乎是互补品,而不是替代品。

即问即答 ● 编出一个比萨饼月需求表的例子,并画出隐含的需求曲线。举出一个将使这条需求曲线移动的因素的例子,并简要解释你的推理。比萨饼价格的变动会使这条需求曲线移动吗?

4.3 供给

现在我们转向市场的另一方,考察卖者的行为。为了将我们的思考集中,我们仍然考虑冰淇淋市场。

4.3.1 供给曲线:价格与供给量之间的关系

一种物品或服务的**供给量**(quantity supplied)是卖者愿意并且能够出售的该种物品的数量。决定供给量的因素有许多,但在我们的分析中,价格仍然起着一种特殊作用。当冰淇淋价格较高时,出售冰淇淋是有利可图的,因此,供给量也较大。这样,冰淇淋卖者工作时间更长,购买许多台冰淇淋机,并雇用许多工人。相反,当冰淇淋价格较低时,出售冰淇淋的获利较少,因此卖者将供应较少的冰淇淋。当价格很低时,一些卖者甚至会选择停止营业,其供给量减少为零。价格与供给量之间的这种关系被称为**供给定理**(law of supply):在其他条件不变时,一种物品价格上升,该物品供给量增加;一种物品价格下降,该物品供给量也减少。

图4-5中的表格表明了市场上的一个冰淇淋卖者Ben在各种冰淇淋价格时的供给量。当价格低于1美元时,Ben根本不供给冰淇淋。随着价格上升,他供给的数量越来越多。这是**供给表**(supply schedule),它表示在影响某种物品的生产者想出售数量的其他因素都保持不变的情况下,该物品的价格和供给量之间的关系。

图4-5中的图形用表中的数字说明了供给定理。把价格与供给量联系在一起的曲线称为**供给曲线**(supply curve)。供给曲线向右上方倾斜,是因为在其他条件相同的情况下,价格越高意味着供给量越多。

图4-5 Ben的供给表与供给曲线

冰淇淋蛋卷的 价格(美元)	冰淇淋蛋卷的 供给量(个)
0.00	0
0.50	0
1.00	1
1.50	2
2.00	3
2.50	4
3.00	5

供给表是表示在每种价格水平下的供给量的表格。根据供给表画出的供给曲线表示一种物品的供给量如何随其价格的变动而变动。由于价格越高,供给量越多,所以,供给曲线向右上方倾斜。

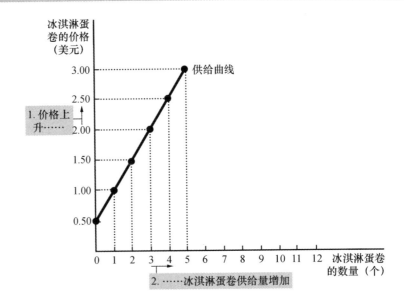

4.3.2 市场供给与个人供给

正如市场需求是所有买者需求的总和一样,市场供给也是所有卖者供给的总和。图4-6中的表格是市场上的两个冰淇淋生产者——Ben 和 Jerry——的供给表。在任何一种价格水平下,Ben 的供给表告诉我们 Ben 供给多少冰淇淋,而 Jerry 的供给表告诉我们 Jerry 供给多少冰淇淋。市场供给是这两人的个人供给的总和。

图4-6 市场供给是个人供给之和

冰淇淋蛋卷的价格(美元)	Ben(个)	Jerry(个)	市场(个)
0.00	0 +	0 =	0
0.50	0	0	0
1.00	1	0	1
1.50	2	2	4
2.00	3	4	7
2.50	4	6	10
3.00	5	8	13

市场供给量是在每种价格水平下所有卖者的供给量之和。因此,可以通过水平地相加个人供给曲线得出市场供给曲线。在价格为2美元时,Ben 供给3个冰淇淋蛋卷,而 Jerry 供给4个冰淇淋蛋卷。在这一价格水平下,市场供给量是7个冰淇淋蛋卷。

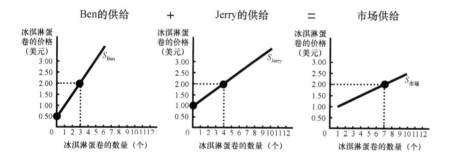

图4-6中的图形表示对应于供给表的供给曲线。和需求曲线一样,我们水平地加总个人供给曲线来得出市场供给曲线。这就是说,为了得出任何一种价格水平下的总供给量,我们把个人供给曲线横轴上标出的个人供给量相加。市场供给曲线表示,在影响某种物品的生产者想出售数量的其他因素都保持不变的条件下,该物品的总供给量如何随其价格的变动而变动。

4.3.3 供给曲线的移动

由于市场供给曲线假设其他条件不变,当这些因素中的一个因素变动时,该曲线将发生移动。例如,假设糖的价格下降了。糖是生产冰淇淋的一种投入品,所以,糖的价格下降使销售冰淇淋更有利可图。这就增加了冰淇淋的供给:在任何一种既定价格水平下,卖者现在愿意生产更多的冰淇淋。冰淇淋的供给曲线向右移动。

图4-7说明了供给曲线的移动。使每一种价格水平下的供给量都增加的任何一种变动(例如,糖的价格下降),都会使供给曲线向右移动,我们称之为供给增加。同样,使每一种价格水平下的供给量都减少的任何一种变动,都会使供给曲线向左移动,我们称之为供给减少。

图 4-7 供给曲线的移动

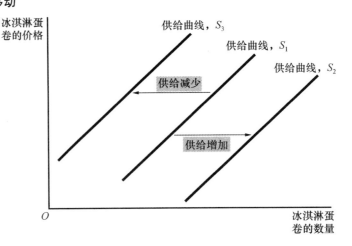

使任何既定价格水平下卖者愿意生产的数量都增加的任何一种变动,都会使供给曲线向右移动。使任何既定价格水平下卖者愿意生产的数量都减少的任何一种变动,都会使供给曲线向左移动。

有许多变量会使供给曲线移动,以下是一些最重要的变量。

投入品价格 为了生产冰淇淋,卖者使用各种投入品:奶油、糖、香料、冰淇淋机、生产冰淇淋的厂房,以及搅拌各种材料并操作机器的工人的劳动。当这些投入品中的一种或几种价格上升时,生产冰淇淋就变得不那么有利可图,企业供给的冰淇淋就会变少。如果投入品价格大幅度上升,企业可能会停止营业,根本不再供给冰淇淋。因此,一种物品的供给量与生产这种物品所用的投入品的价格负相关。

技术 把各种投入品变为冰淇淋的技术也是供给量的另一个决定因素。例如,机械化冰淇淋机的发明减少了生产冰淇淋所必需的劳动量。这一技术进步通过降低企业的生产成本而增加了冰淇淋的供给量。

预期 企业现在的冰淇淋供给量还取决于其对未来的预期。例如,如果预期未来冰淇淋的价格会上升,企业就会把现在生产的一些冰淇淋储存起来,而减少当前的市场供给。

卖者的数量 除了以上影响单个卖者行为的因素以外,市场供给还取决于这些卖者的数量。如果 Ben 或 Jerry 退出冰淇淋经营市场,市场供给将减少。

总结 供给曲线表示在其他所有影响卖者的变量保持不变的情况下,一种物品的价格变动时,该物品的供给量会发生什么变动。当这些变量中的一个变动时,供给曲线就会发生移动。表 4-2 列出了影响生产者出售物品数量的变量。

表 4-2 影响卖者的变量

该表列出了可以影响生产者选择出售多少某种物品的变量。要注意价格所起的特殊作用:价格变动表现为沿着供给曲线的变动,而其他任何一个变量的变动都将使供给曲线移动。

变量	这些变量的变动将
价格	表现为沿着供给曲线的变动
投入品价格	使供给曲线移动
技术	使供给曲线移动
预期	使供给曲线移动
卖者的数量	使供给曲线移动

再重复一次,为了记住是供给曲线的移动还是沿着供给曲线的变动,要记住,只有当不用坐标轴表示的相关变量发生变动时,曲线才会移动。价格用纵轴表示,因此价格的变动表现

为沿着供给曲线的变动。与此相反,由于投入品的价格、技术、预期和卖者的数量不用任何一条坐标轴表示,因此其中任何一个变量的变动都将使供给曲线移动。

即问即答 ● 编出一个比萨饼月供给表的例子,并画出隐含的供给曲线。举出一个将使这条供给曲线移动的因素的例子,并简要解释你的推理。比萨饼价格的变动会使这条供给曲线移动吗?

4.4 供给与需求的结合

在分别分析了供给和需求之后,现在我们把它们结合起来说明它们将如何决定市场上一种物品的价格和销售量。

4.4.1 均衡

图4-8中同时给出了市场供给曲线与市场需求曲线。可以注意到,供给曲线和需求曲线相交于一点,这一点被称为市场的**均衡**(equilibrium)。这两条曲线相交时的价格被称为**均衡价格**(equilibrium price),而相交时的数量被称为**均衡数量**(equilibrium quantity)。在这里,冰淇淋蛋卷的均衡价格为2美元,均衡数量是7个。

字典中,均衡这个词的定义是各种力量处于平衡的状态——这个定义也描述了市场均衡。在均衡价格时,买者愿意而且能够购买的物品量正好与卖者愿意而且能够出售的数量相平衡。均衡价格有时也被称为市场出清价格,因为在这一价格水平下,市场上的每一个人都得到了满足:买者买到了他想买的所有东西,而卖者卖出了他想卖的所有东西。

图4-8 供给与需求的均衡

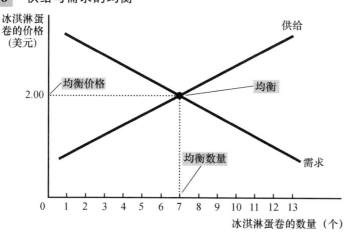

均衡出现在供给曲线与需求曲线相交的那一点。在均衡价格时,供给量等于需求量。在这里,均衡价格是2美元;在这一价格时,冰淇淋蛋卷的供给量是7个,需求量也是7个。

买者与卖者的行为自然而然地使市场向供给与需求的均衡变动。为了说明原因,我们来看一下当市场价格不等于均衡价格时会出现什么情况。

首先假设市场价格高于均衡价格,如图4-9(a)所示。在每个冰淇淋蛋卷的价格为2.5美元时,物品的供给量(10个冰淇淋蛋卷)超过了需求量(4个冰淇淋蛋卷)。此时存在物品的**过剩**(surplus):在现行价格下,供给者不能卖出他们想卖的所有物品。过剩有时也被称为超额供给的状态。当在冰淇淋市场上存在过剩时,冰淇淋卖者会发现,他们的冰箱装满了越来越多的他们想卖却卖不出去的冰淇淋。他们对过剩的反应是降低其价格。反过来,价格下降增加了需求量,并减少了供给量。这种变化表现为沿着供给和需求曲线的变动,而不是曲线的移动。价格会持续下降,直到市场达到均衡时为止。

假设现在市场价格低于均衡价格,如图4-9(b)所示。在这种情况下,每个冰淇淋蛋卷的价格是1.5美元,物品的需求量超过了供给量。此时存在物品的**短缺**(shortage):在现行价格下,需求者不能买到他们想买的所有物品。短缺有时也被称为超额需求的状态。当冰淇淋市场出现短缺时,买者不得不排长队等候购买现有的几个冰淇淋蛋卷。由于太多的买者抢购太少的物品,卖者可以抬高自己的价格而又不会降低销售量。价格上升引起需求量减少,供给量增加。这种变化又一次表现为沿着供给和需求曲线的变动,并推动市场走向均衡。

因此,无论起初价格是太高还是太低,许多买者与卖者的活动都会自发地使市场价格向均衡价格移动。一旦市场达到其均衡价格,所有买者和卖者都得到满足,也就不存在价格上升或下降的压力。不同市场上达到均衡的速度是不同的,这取决于价格调整的速度。在大多数自由市场上,由于价格最终要变动到其均衡水平,所以,过剩与短缺都只是暂时的。实际上,这种现象非常普遍,因此被称为**供求定理**(law of supply and demand):任何一种物品的价格都会自发调整,使该物品的供给与需求达到平衡。

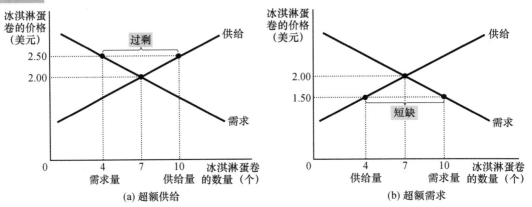

图4-9 非均衡的市场

在(a)幅中,存在过剩。由于2.5美元的市场价格高于均衡价格,供给量(10个冰淇淋蛋卷)超过了需求量(4个冰淇淋蛋卷)。供给者努力通过降低冰淇淋蛋卷的价格来增加销售量,这使价格向其均衡水平变动。在(b)幅中,存在短缺。由于1.5美元的市场价格低于均衡价格,需求量(10个冰淇淋蛋卷)超过了供给量(4个冰淇淋蛋卷)。由于有过多的买者想买过少的物品,供给者可以利用短缺提高价格。因此,在这两种情况下,价格调整都使市场向供给与需求的均衡变动。

4.4.2 分析均衡变动的三个步骤

到现在为止,我们已经明白了供给与需求如何共同决定市场均衡,市场均衡又决定了物品价格,以及买者所购买和卖者所生产的该物品数量。均衡价格和均衡数量取决于供给曲线和需求曲线的位置。当某些事件使其中一条曲线移动时,市场上的均衡就改变了,从而将在买者和卖者之间产生新的均衡价格和均衡数量。

当分析某个事件如何影响一个市场上的均衡时,我们按三个步骤进行:第一,我们确定该事件是使供给曲线移动还是使需求曲线移动,还是(在某些情况下)使两种曲线都移动。

第二,我们确定曲线是向右移动,还是向左移动。第三,我们用供求图来比较原来的均衡与新均衡,以说明这种移动如何影响均衡价格和均衡数量。表 4-3 概括了这三个步骤。为了说明如何使用这种方法,我们考虑可能影响冰淇淋市场的各种事件。

表 4-3　分析均衡变动的三个步骤

> 1. 确定该事件是使供给曲线移动还是使需求曲线移动(还是使两者都移动)。
> 2. 确定曲线移动的方向。
> 3. 用供求图说明这种移动如何改变均衡价格和均衡数量。

图片来源:NON SEQUITUR ⓒ Wiley Miller. Dist. By UNIVERSAL PRESS SYNDICATE. Reprinted with permission. All rights reserved.

举例:由于需求移动引起的市场均衡变动　假设某一年夏季,天气特别炎热。这种情况将如何影响冰淇淋市场呢?为了回答这个问题,我们遵循以上三个步骤进行。

(1) 天气炎热通过改变人们对冰淇淋的爱好而影响需求曲线。这就是说,天气改变了人们在任何一种既定价格水平下想购买的冰淇淋数量。供给曲线不变,因为天气并不直接影响销售冰淇淋的企业。

(2) 由于天气炎热使人们想吃更多的冰淇淋,所以,需求曲线向右移动。图 4-10 表示随着需求曲线从 D_1 移动到 D_2,需求增加了。这种移动表明,在每种价格水平下,冰淇淋的需求量都增加了。

图 4-10　需求增加如何影响均衡

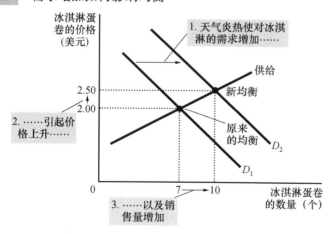

使任何一种既定价格水平下需求量增加的事件使需求曲线向右移动。均衡价格和均衡数量都上升了。在本例中,异常炎热的夏季使买者需要更多冰淇淋。需求曲线从 D_1 移动到 D_2,这就使均衡价格从 2 美元上升到 2.5 美元,而均衡数量从 7 个增加到 10 个。

(3) 在原有价格 2 美元时,现在有对冰淇淋的过剩需求,而且,这种短缺引起企业提高价格。如图4-10所示,需求增加使均衡价格由2美元上升到2.5美元,均衡数量由7个增加到10个。换句话说,天气炎热提高了冰淇淋的价格,增加了冰淇淋的销售量。

曲线的移动与沿着曲线的变动 我们注意到,当天气炎热使冰淇淋的需求增加,并使其价格上升时,尽管供给曲线仍然相同,但企业供给的冰淇淋数量增加了。在这种情况下,经济学家说,"供给量"增加,但"供给"不变。

供给指供给曲线的位置,而供给量指供给者希望出售的数量。在这个例子中,供给没有改变,因为天气炎热并没有改变在任何一种既定价格水平下企业的销售愿望,而是改变了在任何一种既定价格水平下消费者的购买愿望,从而使需求曲线向右移动。需求增加引起均衡价格上升。当价格上升时,供给量增加了。这种供给量的增加表现为沿着供给曲线的变动。

总结一下:供给曲线的移动被称为"供给变动",而需求曲线的移动被称为"需求变动"。沿着一条固定供给曲线的变动被称为"供给量的变动",而沿着一条固定需求曲线的变动被称为"需求量的变动"。

举例:由于供给移动引起的市场均衡变动 假设在另一个夏季,台风摧毁了部分甘蔗田,并使糖的价格上升。这一事件将如何影响冰淇淋市场呢?为了回答这个问题,我们还是遵循以上三个步骤进行。

(1) 作为投入品之一,糖的价格上升影响了冰淇淋供给曲线。它通过增加生产成本,减少了企业在任何一种既定价格水平下生产并销售的冰淇淋数量。需求曲线没变,因为投入品成本的增加并没有直接改变家庭希望购买的冰淇淋数量。

(2) 供给曲线向左移动,因为在任何一种价格水平下,企业愿意并能够出售的总量减少了。图4-11表明,随着供给曲线从S_1移动到S_2,供给减少了。

图 4-11 供给减少如何影响均衡

使任何一种既定价格水平下供给量减少的事件使供给曲线向左移动。均衡价格上升,而均衡数量减少。本例中,糖(投入)的价格上升使卖者供给的冰淇淋减少了。供给曲线从S_1移动到S_2,从而使均衡价格从2美元上升到2.5美元,使均衡数量从7个减少到4个。

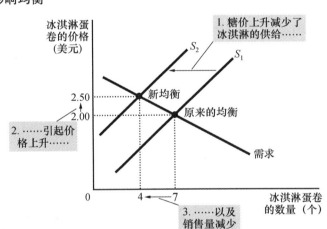

(3) 在2美元的原有价格水平上,存在对冰淇淋的超额需求,这种短缺促使企业提高冰淇淋的价格。如图4-11所示,供给曲线的移动使均衡价格从2美元上升到2.5美元,使均衡数量从7个减少到4个。由于糖价上升,冰淇淋的价格上升了,而销售量减少了。

举例:供给和需求都移动 现在假设天气炎热和台风发生在同一个夏季。为了分析两个事件的共同影响,我们仍遵循三个步骤进行。

(1) 我们确定,两条曲线都应该移动。天气炎热影响需求曲线,因为它改变了家庭在任何一种既定价格水平下想要购买的冰淇淋的数量。同时,当台风使糖价上升时,它改变了冰淇淋的供给曲线,因为它改变了企业在任何一种既定价格水平下想要出售的冰淇淋的数量。

(2)这两条曲线移动的方向与我们前面的分析中它们的移动方向相同:需求曲线向右移动,而供给曲线向左移动,如图4-12所示。

图4-12 供给和需求的移动

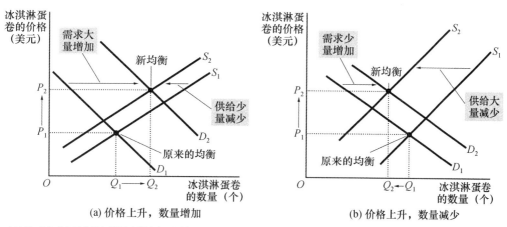

(a) 价格上升,数量增加　　　　(b) 价格上升,数量减少

在这里,我们考察需求增加的同时供给减少的情况。可能有两种结果。在(a)幅中,均衡价格从P_1上升为P_2,均衡数量从Q_1增加到Q_2。在(b)幅中,均衡价格也是从P_1上升为P_2,但均衡数量从Q_1下降为Q_2。

(3)如图4-12所示,根据需求和供给移动幅度的相对大小,可能会出现两种结果。在这两种情况下,均衡价格都上升了。在(a)幅中,需求大幅度增加,而供给减少很少,均衡数量增加了。与此相比,在(b)幅中,供给大幅度减少,而需求增加很少,均衡数量减少了。因此,这些事件肯定会提高冰淇淋的价格,但它们对冰淇淋销售量的影响是不确定的(也就是说,销售量朝哪个方向变动都是可能的)。

总结 我们刚刚看到了如何用供求曲线分析均衡变动的三个例子。只要一个事件移动了供给曲线或需求曲线,或同时移动了这两条曲线,你就可以用这些工具预测这个事件将如何改变均衡时的销售量和销售价格。表4-4表示这两条曲线移动的任意一种组合的预期结果。为了确保你懂得了如何运用供求工具,在这个表中挑出几项,确保你可以解释表中给出的预期结果。

表4-4 当供给或需求移动时,价格和数量会发生什么变动

	供给未变	供给增加	供给减少
需求未变	价格相同 数量相同	价格下降 数量增加	价格上升 数量减少
需求增加	价格上升 数量增加	价格不确定 数量增加	价格上升 数量不确定
需求减少	价格下降 数量减少	价格下降 数量不确定	价格不确定 数量减少

作为一种即问即答,确保你能用供求图解释该表中的至少几种情况。

即问即答 ● 用供求图分析,如果西红柿价格上升,比萨饼市场会发生什么变动。 ● 用供求图分析,如果汉堡包价格下降,比萨饼市场会发生什么变动。

新闻摘录
大灾之后的物价上升

当台风这样的灾难袭击一个地区时,由于需求增加或供给减少,许多商品都有价格上升的压力。政治家反对这种物价暴涨,但以下这篇文章认可了市场这种自然而然的反应。

哄抬物价是变相抢劫吗

John Carney

一罐可乐 4 美元,在 Brooklyn 市中心住一晚旅馆 500 美元,一对电池 6.99 美元。

这仅仅是我和我的朋友在 Sandy 台风前后个人亲历的几桩物价暴涨的例子。通常人们把这种情况称为哄抬物价,在突发事件期间这种情况会普遍出现。

你愿意为买一罐可乐花 4 美元吗?

图片来源:ⓒ The Power of Forever Photography/iStockphoto.com.

左右派政治家一致认为自然灾害时哄抬物价是一件可怕的、毫无任何好处的恶劣事件。纽约州总检察长 Eric Schneiderman 发表紧急声明:"反对在 Sandy 台风期间必需品与必需的服务价格膨胀。"新泽西州州长 Chris Christie 发表强制性警告说:"哄抬物价会导致高额罚款。"政府设立了热线让消费者举报哄抬物价的行为。

新泽西州的法律极为明确。在宣布本州有突发事件时,物价上升超过 10% 就被认为是过分的。去年热带风暴 Irene 期间,新泽西州一家加油站由于汽油涨价 16% 而支付了 5 万美元罚金。

纽约州的法律甚至更严厉。据总检察长 Schneiderman 所说:"任何必需品与必需的服务的价格上涨都被视为哄抬物价。"

这位纽约州总检察长在公告中说:"普通商业法禁止在自然灾害或其他干扰市场的突发事件期间,食品、水、煤气、发电机、电池和手电这些基本用品的价格以及交通这类服务的费用上涨。"

这些法律是根据完全传统的观点制定的。这种观点认为,企业利用灾害追求自己的利润是不道德的。企业所有者从自己邻居的苦难中赚钱看起来是不对的。商人由于灾难而赚到更多钱被看作通过涨价来不劳而获。

我在 Brooklyn 的一位邻居在谈到当地电器店电池的价格时说:"这是变相抢劫。"

不幸的是,道德掺和进经济学里对法律肯定是有害的。只有在需求的物品出现短缺的情况下,哄抬物价才会出现。如果没有短缺,正常的市场过程会阻止物价突然上升。对每罐百事可乐收取 4 美元的熟食店店主会发现,他正把顾客赶到下条街的店里去,因为人家每罐可乐只卖 1 美元。

但是,当每个人都担心停电而突然开始购买电池或瓶装水时,就发生了短缺。有时,由于需求的突然剧增,会有某种物品就是供应不足了。这样就引发了一个问题:我们如何决定哪一位顾客应该得到电池、杂货或者汽油?

我们可以抽彩。也许人们可以在杂货店拿到彩票。赢家能以正常价格购物。输家则会挨饿。或者更可能的情况是,输家被迫以更高的价格向中签者购买食品,因为没有人购买食品是为了以相同的价格卖出去。因此,哄抬物价的人只是从商人变成了中签的顾客。

我们可以有某种配给方案。根据家庭需求,每个人都可以配给一部分必需品。这是第二次世界大战期间美国采用的方法。问题是配给方案需要巨量计划——以及难以达到的知识水平。制定配给方案的官员必须准确地知道在既定的地区可以得到的每种物品的数量,以及有多少人需要它。如果台风这样的灾难降临到你所在的城市,要想得到上述信息,只能祝你好运了。

我们也可以简单地按先来先得的原则卖出物品。事实上这就是反哄抬物价法所鼓励的事情。结果是大家都知道的:人们囤积物品,商店的货架都空了。而且,你不得不怀疑:为什么比谁能先跑到收银台就比另一种价格体系更公正?速度看来不能很好地代表公正。

在极端需求情形下允许价格上涨限制了过度消费。人们会更仔细地考虑他们的购买,而不是购买成打的电池(或瓶装水、煤气),也许他们只会买一半的量。结果是在极端需求情形下会有更多顾客买得到物品。市场过程的结果实际上比反哄抬物价法更能实现较为平等的分配。

一旦我们理解了这一点,就很容易明白实际上商人并没有从灾难中获利。商人是通过对物价的管理来获利的,这种对于自己物价的管理实际上扩大了商品的分配范围,并限制了囤积居奇,从而产生了有益的社会效应。简言之,他们是由于提供了重要的公共服务而正当地获得了回报。

有反对意见认为,在价格自由浮动的价格体系里,哄抬物价合法化会让富人买得到一切物品,而穷人什么也没有。这种担心过重了。就大多数情况而言,灾难期间价格上升实际上并没有使最穷的人无法获得必需品与必需的服务。这只是让穷人的开支雪上加霜了。相对于一开始就进行价格管制来说,通过转移支付来减轻家庭赤字是更有效的解决方案。

与其打击哄抬物价,我们应该用在这次危机中的经验来启动现有的适得其反的法律的改革。下一次灾难袭来时,我们应该期待哄抬物价的情况更多些,但空货架更少些。

资料来源:Courtesy of CNBC.

4.5 结论:价格如何配置资源

本章分析了单个市场上的供给与需求。尽管我们的讨论集中在冰淇淋市场上,但所得出的结论也适用于大多数其他市场。只要你到商店去买东西,你就对该物品的需求做出了贡献。只要你找工作,你就对劳动服务的供给做出了贡献。由于供给与需求是如此普遍的经济现象,所以,供求模型是一种十分有用的分析工具。在以后各章中我们会经常使用这个模型。

第1章中讨论的经济学十大原理之一是,市场通常是一种组织经济活动的好方法。虽然要判断市场结果是好还是坏仍然为时过早,但在本章中,我们开始了解市场是如何运行的。在任何一种经济制度中,都不得不在各种竞争性的用途之间分配稀缺的资源。市场经济利用供给与需求的力量来实现这个目标。供给与需求共同决定了经济中许多不同物品与服务的价格,而价格又是引导资源配置的信号。

"2美元。" "……零75美分。"

图片来源：© Robert J. Day/The New Yorker Collection/www.cartoonbank.com.

例如，考虑一下海滩土地的配置。由于这种土地的数量有限，并不是每一个人都能享受到住在海边的奢华生活。谁会得到这种资源呢？答案是任何一个愿意而且能够支付这种价格的人。海滩土地的价格会不断调整，直到这种土地的需求量与供给量达到平衡。因此，在市场经济中，价格是配置稀缺资源的机制。

同样，价格决定了谁生产哪种物品，以及生产多少。例如，考虑一下农业的情况。由于我们生存需要食物，所以必须要有一些人从事农业。什么因素决定了谁是农民，谁不是农民呢？在一个自由的社会中，并没有一个做出这种决策并确保食物供给充足的政府计划机构。相反，把一部分人配置到农业中是基于千百万人的工作决策。这种分散的决策制度运行良好，因为这些决策是根据价格做出的。食物的价格和农民的工资（他们劳动的价格）会不断调整，从而确保有足够的人选择从事农业。

如果一个人从未见过运行中的市场经济，则上述整个思想看起来可能是荒谬的。经济是由许多从事各种相互依存活动的人组成的群体。用什么来避免分散决策陷入混乱呢？用什么来协调千百万有不同能力与欲望的人的行动呢？用什么来保证需要完成的事情实际上也得以完成呢？用一个词来回答，那就是价格。如果正如亚当·斯密的著名论断所说，有一只看不见的手引导着市场经济，那么，价格制度就是这只看不见的手用来指挥经济交响乐队的指挥棒。

内容提要

◎ 经济学家用供求模型来分析竞争市场。在竞争市场上，有许多买者和卖者，他们每个人对市场价格影响很小，甚至没有影响。

◎ 需求曲线表示价格如何决定一种物品的需求量。根据需求定理，随着一种物品价格下降，需求量增加。因此，需求曲线向右下方倾斜。

◎ 除了价格之外，决定消费者想购买多少物品的其他因素包括收入、替代品和互补品的价格、爱好、预期和买者的数量。如果这些因素中的一种改变了，需求曲线就会移动。

◎ 供给曲线表示价格如何决定一种物品的供给量。根据供给定理，随着一种物品价格上升，供给量增加。因此，供给曲线向右上方倾斜。

◎ 除了价格之外，决定生产者想出售多少物品的其他因素包括投入品价格、技术、预期和卖者的数量。如果这些因素中的一种改变了，供给曲线就会移动。

◎ 供给曲线与需求曲线的交点决定了市场均衡。当价格为均衡价格时，需求量等于供给量。

◎ 买者与卖者的行为会自然而然地使市场趋向于均衡。当市场价格高于均衡价格时，存在物品的过剩，引起市场价格下降。当市场价格低于均衡价格时，存在物品的短缺，引起市场价格上升。
◎ 为了分析某个事件如何影响一个市场，我们用供求图来考察该事件对均衡价格和均衡数量的影响。我们遵循三个步骤进行：第一，确定该事件是使供给曲线移动，还是使需求曲线移动（还是使两者都移动）；第二，确定曲线移动的方向；第三，比较新均衡与原来的均衡。
◎ 在市场经济中，价格是引导经济决策从而配置稀缺资源的信号。对于经济中的每一种物品来说，价格确保供给与需求达到平衡。均衡价格决定了买者选择购买多少这种物品，以及卖者选择生产多少这种物品。

关键概念

市场　　　　　　　低档物品　　　　　　均衡
竞争市场　　　　　替代品　　　　　　　均衡价格
需求量　　　　　　互补品　　　　　　　均衡数量
需求定理　　　　　供给量　　　　　　　过剩
需求表　　　　　　供给定理　　　　　　短缺
需求曲线　　　　　供给表　　　　　　　供求定理
正常物品　　　　　供给曲线

复习题

1. 什么是竞争市场？简单描述一种不是完全竞争的市场。
2. 什么是需求表和需求曲线？它们之间是什么关系？为什么需求曲线向右下方倾斜？
3. 消费者爱好的变化引起沿着需求曲线的变动，还是需求曲线的移动？价格的变化引起沿着需求曲线的变动，还是需求曲线的移动？
4. Popeye 的收入减少了，结果他买了更多的菠菜。菠菜是低档物品，还是正常物品？Popeye 的菠菜需求曲线会发生什么变化？
5. 什么是供给表和供给曲线？它们之间是什么关系？为什么供给曲线向右上方倾斜？
6. 生产者技术的变化引起沿着供给曲线的变动，还是供给曲线的移动？价格的变化引起沿着供给曲线的变动，还是供给曲线的移动？
7. 给市场均衡下定义。描述使市场向均衡变动的力量。
8. 啤酒与比萨饼是互补品，因为人们常常边吃比萨饼，边喝啤酒。当啤酒价格上升时，比萨饼市场的供给、需求、供给量、需求量以及价格会发生什么变动？
9. 描述市场经济中价格的作用。

快速单选

1. 以下哪一种变动不会使汉堡包的需求曲线移动？
    a. 热狗的价格。
    b. 汉堡包的价格。
    c. 汉堡包面包的价格。
    d. 汉堡包消费者的收入。

2. ＿＿＿＿增加将引起沿着既定需求曲线的变动，这种变动称为＿＿＿＿的变动。
    a. 供给，需求
    b. 供给，需求量
    c. 需求，供给
    d. 需求，供给量

3. 电影票和 DVD 是替代品。如果 DVD 的价格上升,电影票市场会发生什么变动?
   a. 供给曲线向左移动。
   b. 供给曲线向右移动。
   c. 需求曲线向左移动。
   d. 需求曲线向右移动。
4. 新的大油田的发现将使汽油的_____曲线移动,引起均衡价格_____。
   a. 供给,上升
   b. 供给,下降
   c. 需求,上升
   d. 需求,下降
5. 如果经济进入衰退而且收入下降,低档商品市场会发生什么变动?
   a. 价格和数量都提高。
   b. 价格和数量都下降。
   c. 价格提高,数量下降。
   d. 价格下降,数量提高。
6. 以下哪一种情况会引起果酱的均衡价格上升和均衡数量减少?
   a. 作为果酱互补品的花生酱的价格上升。
   b. 作为果酱替代品的棉花软糖的价格上升。
   c. 作为果酱投入品的葡萄的价格上升。
   d. 在果酱作为正常商品时,消费者的收入增加。

问题与应用

1. 用供求图分别解释以下表述:
   a. "当寒流袭击佛罗里达时,全国超市中的橙汁的价格上升。"
   b. "当每年夏天新英格兰地区天气变暖时,加勒比地区旅馆房间的价格直线下降。"
   c. "当中东爆发战争时,汽油价格上升,而二手凯迪拉克车的价格下降。"
2. "练习本需求增加提高了练习本的需求量,但没有提高练习本的供给量。"这句话是对还是错?解释原因。
3. 考虑家用旅行车市场。根据下面所列的事件,分别指出哪一种需求或供给的决定因素将受到影响。同时还要指出,需求或供给是增加了,还是减少了。然后画图说明该事件对家用旅行车价格和数量的影响。
   a. 人们决定多生孩子。
   b. 钢铁工人罢工,致使钢材价格上涨。
   c. 工程师开发出用于家用旅行车生产的新的自动化机器。
   d. 运动型多功能车价格上升。
   e. 股市崩溃减少了人们的财产。
4. 考虑 DVD、电视和电影院门票市场。
   a. 对每一对物品,确定它们是互补品还是替代品:
      - DVD 和电视
      - DVD 和电影票
      - 电视和电影票
   b. 假设技术进步降低了制造电视的成本。画一个图说明电视市场会发生什么变动。
   c. 再画两个图说明电视市场的变动如何影响 DVD 市场和电影票市场。
5. 过去 30 年间,技术进步降低了电脑芯片的成本。你认为这会对电脑市场产生怎样的影响?对电脑软件呢?对打字机呢?
6. 运用供求图,说明下列事件对运动衫市场的影响。
   a. 南卡罗来纳的飓风损害了棉花作物。
   b. 皮夹克价格下降。
   c. 所有大学都要求学生穿合适的服装做早操。
   d. 新织布机被发明出来。
7. 番茄酱是热狗的互补品(以及调味品)。如果热狗价格上升,番茄酱市场会发生什么变动?番茄市场呢?番茄汁市场呢?橙汁市场呢?
8. 比萨饼市场的需求与供给表如下:

价格(美元)	需求量(个)	供给量(个)
4	135	26
5	104	53
6	81	81
7	68	98
8	53	110
9	39	121

a. 画出需求曲线与供给曲线。该市场上的均衡价格和均衡数量是多少?
b. 如果该市场上实际价格高于均衡价格,什么会使市场趋向于均衡?
c. 如果该市场上实际价格低于均衡价格,什么会使市场趋向于均衡?

9. 考虑以下事件:科学家发现,多吃橙子可以降低患糖尿病的风险;同时农民用了新的肥料,提高了橙子的产量。说明并解释这些变化对橙子的均衡价格和均衡数量有什么影响。

10. 因为百吉圈与奶酪通常一起食用,所以它们是互补品。
    a. 我们观察到奶酪的均衡价格与百吉圈的均衡数量同时上升。什么因素会引起这种变动——是面粉价格下降,还是牛奶价格下降?说明并解释你的答案。
    b. 再假设奶酪的均衡价格上升了,但百吉圈的均衡数量减少了。什么因素会引起这种变动——是面粉价格上升,还是牛奶价格上升?说明并解释你的答案。

11. 假设你们大学里篮球票的价格是由市场力量决定的。现在,需求与供给表如下:

价格(美元)	需求量(张)	供给量(张)
4	10 000	8 000
8	8 000	8 000
12	6 000	8 000
16	4 000	8 000
20	2 000	8 000

a. 画出需求曲线和供给曲线。这条供给曲线有什么不寻常之处?为什么会是这样的?
b. 篮球票的均衡价格和均衡数量是多少?
c. 明年你们大学计划共招收5 000名学生。新增的学生的需求表如下:

价格(美元)	需求量(张)
4	4 000
8	3 000
12	2 000
16	1 000
20	0

现在把原来的需求表与新生的需求表加在一起,计算整个大学的新需求表。新的均衡价格和均衡数量是多少?

第 5 章
弹性及其应用

假设某个事件使美国的汽油价格上升。这个事件可能是扰乱世界石油供给的中东战争,也可能是大大增加世界石油需求的中国经济的繁荣,还可能是议会通过了新的燃油税。美国消费者会对价格上升做出什么反应呢?

对这个问题的大概回答是很简单的:消费者将少买汽油。这是我们在上一章学过的简单的需求定理。但你可能想知道一个精确的回答。汽油的消费量会减少多少呢?这个问题可以用被称为弹性的概念来回答,这个概念也是在本章中我们将要研究的。

弹性衡量买者与卖者对市场条件变化的反应程度。当研究一些事件和政策如何影响一个市场时,我们不仅要讨论影响的方向,而且要讨论影响的大小。正如我们将在本章中看到的,弹性可以应用于很多方面。

但在继续本章内容之前,你可能会对上述汽油问题的答案感到好奇。许多研究考察了消费者对汽油价格上升的反应,而且,他们通常发现,需求量在长期中对价格的反应大于在短期中。汽油价格上升 10%,会使汽油消费量在 1 年后减少约 2.5%,而在 5 年后减少约 6%。汽油需求量在长期中的减少量中,一半是因为人们开车少了,而另一半是因为他们转向节油型汽车。这两种反应都反映在需求曲线及其弹性上。

5.1 需求弹性

在第 4 章介绍需求时,我们注意到,当一种物品的价格降低,或买者的收入提高,或该物品替代品的价格提高,或该物品互补品的价格降低时,买者对该物品的需求通常会增加。我们对需求的讨论是定性的,而不是定量的。这就是说,我们之前只讨论了需求量变动的方向,而不是变动的大小。为了衡量消费者对这些变量变动的反应程度,经济学家使用**弹性**(elasticity)的概念。

5.1.1 需求价格弹性及其决定因素

需求定理表明,一种物品的价格下降将使其需求量增加。**需求价格弹性**(price elasticity of demand)衡量需求量对价格变动的反应程度。如果一种物品的需求量对价格变动的反应很大,就说这种物品的需求是富有弹性的。如果一种物品的需求量对价格变动的反应很小,就说这种物品的需求是缺乏弹性的。

任何一种物品的需求价格弹性都衡量当这种物品价格上升时,消费者减少购买该物品的意愿有多强。由于需求反映了形成消费者偏好的许多经济、社会与心理因素,所以没有一个决定需求曲线弹性的简单而普遍的规律。但是,根据经验,我们可以总结出某些决定需求价格弹性的经验法则。

相近替代品的可获得性 有相近替代品的物品的需求往往较富有弹性,因为消费者从这种物品转向其他物品较为容易。例如,黄油和人造黄油很容易互相替代。假设人造黄油的价格不变,黄油价格略有上升,就会使黄油销售量大幅度减少。与此相比,由于鸡蛋是一种没有相近替代品的食物,所以鸡蛋的需求弹性就小于黄油。鸡蛋价格的小幅度上升并不会引起鸡蛋销售量的大幅减少。

必需品与奢侈品 必需品的需求往往缺乏弹性,而奢侈品的需求往往富有弹性。当看病的价格上升时,尽管人们看病的次数也许会比平常少一些,但不会大幅度地减少。与此相比,当游艇价格上升时,游艇需求量会大幅度减少。原因是大多数人把看病作为必需品,而把游艇作为奢侈品。一种物品是必需品还是奢侈品并不取决于物品本身固有的性质,而取决于购买者的偏好。对于一个热衷于航海而不太关注自身健康的水手来说,游艇可能是需求缺乏弹性的必需品,而看病则是需求富有弹性的奢侈品。

市场的定义 任何一个市场上的需求弹性都取决于我们如何划定市场的边界。狭窄定义的市场的需求弹性往往大于宽泛定义的市场的需求弹性,因为狭窄定义的市场上的物品更容易找到相近的替代品。例如,食物是一个宽泛的类别,它的需求相当缺乏弹性,因为没有好的食物替代品。冰淇淋是一个较狭窄的类别,它的需求较富有弹性,因为很容易用其他甜点来替代冰淇淋。香草冰淇淋是一个非常狭窄的类别,它的需求非常富有弹性,因为其他口味的冰淇淋几乎可以完全替代香草冰淇淋。

时间范围 物品的需求往往在长期内更富有弹性。当汽油价格上升时,在最初的几个月中,汽油的需求量只是略有减少。但随着时间的推移,人们会购买更省油的汽车,或转而乘坐公共交通工具,或搬到离工作地点近的地方。在几年之内,汽油的需求量会更大幅度地减少。

5.1.2 需求价格弹性的计算

我们已经在一般意义上讨论了需求价格弹性,现在我们更精确地讨论如何衡量它。经济学家用需求量变动百分比除以价格变动百分比来计算需求价格弹性,即

$$需求价格弹性 = \frac{需求量变动百分比}{价格变动百分比}$$

例如,假定冰淇淋蛋卷的价格上升10%,这使你购买的冰淇淋量减少了20%。我们计算出你的需求价格弹性为:

$$需求价格弹性 = \frac{20\%}{10\%} = 2$$

在这个例子中,弹性是2,表明需求量变动的比例是价格变动比例的两倍。

由于一种物品的需求量与其价格负相关,所以,数量变动的百分比与价格变动的百分比的符号总是相反的。在这个例子中,价格变动的百分比是正的10%(表明上升),而需求量变

动的百分比是负的20%（表明减少）。由于这个原因，需求价格弹性有时为负数。在本书中我们遵循一般做法，去掉负号，把所有价格弹性表示为正数（数学上称之为绝对值）。按这个惯例处理后，需求价格弹性越大，意味着需求量对价格变动的反应越大。

5.1.3　中点法：一个计算变动百分比和弹性的更好方法

如果你想计算一条需求曲线上两点之间的需求价格弹性，你将很快发现一个令人头痛的问题：从 A 点到 B 点的弹性似乎不同于从 B 点到 A 点的弹性。例如，看一下这些数字：

A 点：价格 = 4 美元，数量 = 120

B 点：价格 = 6 美元，数量 = 80

从 A 点到 B 点，价格上升了50%，数量减少了33%，表明需求价格弹性是33/50，即0.66。与此相比，从 B 点到 A 点，价格下降了33%，而数量增加了50%，表明需求价格弹性是50/33，即1.5。产生这种差别是因为上述变动百分比是根据不同的基础计算的。

避免这个问题的一种方法是用中点法计算弹性。计算变动百分比的标准方法是用变动量除以原来的水平。与此相比，中点法是用变动量除以原先水平与最后水平的中点值（或平均值）来计算变动百分比。例如，4 美元到 6 美元的中点值是 5 美元。因此，根据中点法，从 4 美元到 6 美元是上升了40%，因为 $(6-4)/5 \times 100\% = 40\%$。类似地，从 6 美元变动到 4 美元是下降了40%。

因为无论变动的方向如何，中点法给出的答案都是相同的，所以，在计算两点之间的需求价格弹性时通常用这种方法。在我们的例子中，A 点与 B 点之间的中点是：

中点：价格 = 5 美元，数量 = 100

根据中点法，从 A 点到 B 点，价格上升了40%，而数量减少了40%。同样，从 B 点到 A 点，价格下降了40%，而数量增加了40%。在这两种变动方向上，需求价格弹性都等于1。

计算 (Q_1, P_1) 和 (Q_2, P_2) 两点间需求价格弹性的中点法可以用以下公式表示：

$$需求价格弹性 = \frac{(Q_2 - Q_1)/[(Q_2 + Q_1)/2]}{(P_2 - P_1)/[(P_2 + P_1)/2]}$$

上式中的分子是用中点法计算的数量变动百分比，分母是用中点法计算的价格变动百分比。只要计算弹性，你就应该使用这个公式。

但在本书中，我们很少进行这种计算。在大多数情况下，弹性所表示的含义——需求量对价格变动的反应程度——比如何计算弹性更重要。

5.1.4　各种需求曲线

经济学家根据需求弹性对需求曲线进行分类。当弹性大于1，即需求量变动的比例大于价格变动的比例时，需求是富有弹性的。当弹性小于1，即需求量变动的比例小于价格变动的比例时，需求是缺乏弹性的。当弹性正好等于1，即需求量与价格同比例变动时，我们说需求具有单位弹性。

由于需求价格弹性衡量需求量对价格的反应程度，所以，它与需求曲线的斜率密切相关。下面的经验法则是一个有用的指导：通过某一点的需求曲线越平坦，需求价格弹性就越大；通过某一点的需求曲线越陡峭，需求价格弹性就越小。

图 5-1 描述了五种情况。极端的情况是（a）幅所示的零弹性，需求完全无弹性，需求曲线

是一条垂直线。在这种情况下,无论价格如何变动,需求量总是相同的。随着弹性增大,需求曲线越来越平坦,如(b)、(c)和(d)幅所示。(e)幅所示的是另一个极端,即需求完全有弹性。当需求价格弹性接近无限大并且需求曲线变为水平时,就出现了这种情况,它表明价格的极小变动都会引起需求量的极大变动。

最后,如果你觉得记住陌生的术语富有弹性和缺乏弹性有困难,有一个记忆小窍门:图5-1(a)所示的缺乏弹性(Inelastic)的曲线,看起来很像字母I。这不是什么深刻的见解,但在你下一次考试时也许会对你有所帮助。

图 5-1 需求价格弹性

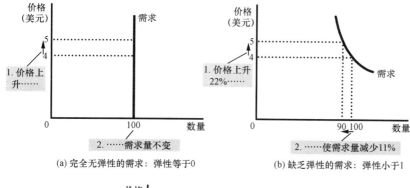

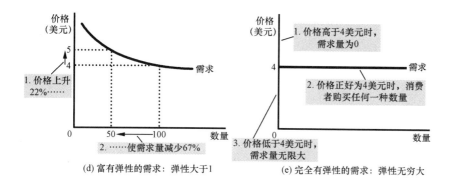

需求价格弹性决定了需求曲线是陡峭还是平坦。要注意的是,所有变动的百分比都是用中点法计算的。

参考资料
现实世界中的几种弹性

我们已经讲过了弹性的含义是什么,什么决定弹性,以及如何计算弹性。除了这些一般性的概念之外,你可能还想知道一个具体的数字。某一种物品的价格对需求量的影响究竟有多大?

为了回答这个问题,经济学家从市场结果中收集数据,并运用统计技术来估算需求价格弹性。下面是从各种研究中得出的某些物品的需求价格弹性:

鸡蛋	0.1
医疗	0.2
大米	0.5
住房	0.7
牛肉	1.6
餐馆用餐	2.3
苏格兰威士忌酒	4.4

思考一下这类数字是有趣的,而且它们在比较各种市场时也是有用的。

但是,你应该有保留地看待这些估算。一个原因是,用于得出这些数字的统计技术要求对世界做出一些假设,而这些假设实际上可能并不真实。(这些技术的细节超出了本书的范围,但如果你选一门计量经济学课程,你就会知道它们。)另一个原因是,需求价格弹性在一条需求曲线的各个点上并不是相同的,正如我们很快会在线性需求曲线的情况下看到的。由于这两个原因,如果不同的研究对同一种物品报告的需求价格弹性有所不同,你也不必感到吃惊。

5.1.5 总收益与需求价格弹性

当研究市场上供给或需求的变动时,我们经常想研究的一个变量是**总收益**(total revenue),即某种物品的买者支付从而卖者得到的量。在任何一个市场上,总收益是 $P \times Q$,即一种物品的价格乘以该物品的销售量。我们可以用图形来表示总收益,如图 5-2 所示。需求曲线下面方框的高是 P,宽是 Q。这个方框的面积 $P \times Q$ 等于这个市场的总收益。在图 5-2 中,$P = 4$ 美元,$Q = 100$,总收益是 4 美元 × 100,即 400 美元。

图 5-2 总收益

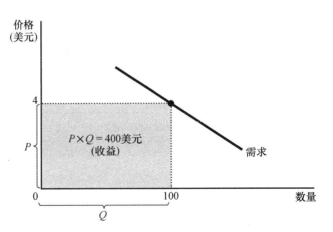

买者支付的从而卖者作为收益得到的总量等于需求曲线下面方框的面积,即 $P \times Q$。在这里,价格为 4 美元,需求量为 100,总收益是 400 美元。

总收益如何沿着需求曲线变动呢?答案取决于需求价格弹性。如果需求是缺乏弹性的,如图 5-3(a)所示,那么,价格上升将引起总收益增加。在这里,价格从 4 美元上升到 5 美元,引起需求量从100下降到90,因此,总收益从400美元增加到450美元。价格上升引起 $P \times Q$ 增加,是因为 Q 减少的比例小于 P 上升的比例。换言之,从以更高价格出售中获得的额外收益(图中用面积 A 代表)抵消了由于出售数量减少而引起的收益减少(用面积 B 代表)而有余。

如果需求富有弹性,我们得出相反的结论:价格上升引起总收益减少。例如,在图5-3(b)中,当价格从4美元上升到5美元时,需求量从100减少为70,因此,总收益从400美元减少为350美元。由于需求富有弹性,需求量减少得如此之多,以至于需求量的减少足以抵消价格的上升而有余。这就是说,价格上升引起 $P \times Q$ 减少,是因为 Q 减少的比例大于 P 上升的比例。在这种情况下,从以更高价格出售中得到的额外收益(面积 A)小于由于出售数量减少所引起的收益减少(面积 B)。

图 5-3 当价格变动时,总收益如何变动

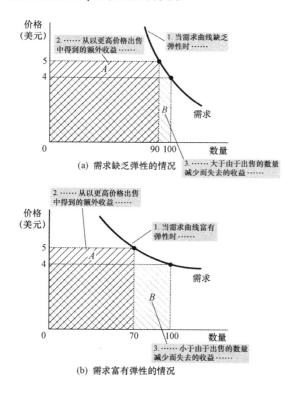

(a) 需求缺乏弹性的情况

(b) 需求富有弹性的情况

价格变动对总收益(价格和数量的乘积)的影响取决于需求价格弹性。在(a)幅中,需求曲线缺乏弹性。在这种情况下,价格上升引起的需求量减少的比例小于价格上升的比例,因此,总收益增加。在这里,价格从4美元上升为5美元,引起需求量从100减少为90,总收益从400美元增加到450美元。在(b)幅中,需求曲线富有弹性。在这种情况下,价格上升引起的需求量减少的比例大于价格上升的比例,因此,总收益减少。在这里,价格从4美元上升为5美元,引起需求量从100减少为70,总收益从400美元减少为350美元。

图5-3中的例子说明了一些一般规律:

- 当需求缺乏弹性(价格弹性小于1)时,价格和总收益同方向变动:如果价格上升,总收益增加。
- 当需求富有弹性(价格弹性大于1)时,价格和总收益反方向变动:如果价格上升,总收益减少。
- 如果需求是单位弹性的(价格弹性正好等于1),当价格变动时,总收益保持不变。

5.1.6 沿着一条线性需求曲线的弹性和总收益

我们来研究沿着一条线性需求曲线的弹性的变动,如图5-4所示。我们知道,直线的斜

率是不变的。斜率的定义是"向上量比向前量",在这里即价格变动("向上量")与数量变动("向前量")的比例。这种特殊的需求曲线的斜率不变是因为价格每上升1美元都会同样使需求量减少2个单位。

图5-4 一条线性需求曲线的弹性

一条线性需求曲线的斜率是不变的,但它的弹性并不是不变的。表中的需求表是用中点法来计算需求的价格弹性。在价格低而数量多的各点上,需求曲线是缺乏弹性的;在价格高而数量少的各点上,需求曲线是富有弹性的。

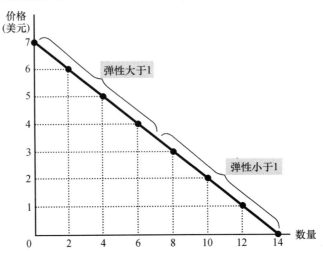

价格 (美元)	数量	总收益 (价格×数量) (美元)	价格变动 百分比 (%)	数量变动 百分比 (%)	弹性	弹性程度
7	0	0				
6	2	12	15	200	13.0	富有弹性
5	4	20	18	67	3.7	富有弹性
4	6	24	22	40	1.8	富有弹性
3	8	24	29	29	1.0	单位弹性
2	10	20	40	22	0.6	缺乏弹性
1	12	12	67	18	0.3	缺乏弹性
0	14	0	200	15	0.1	缺乏弹性

尽管线性需求曲线的斜率是不变的,但弹性并不是不变的。这是因为斜率是两个变量变动的比率,而弹性是两个变量变动百分比的比率。你可以通过观察图5-4中的表格看出这一点,该表是图中线性需求曲线的需求表。该表用中点法计算需求价格弹性。该表说明以下内容:在价格低而数量高的各点上,需求曲线是缺乏弹性的;在价格高而数量低的各点上,需求曲线是富有弹性的。

可以用数学上的百分比变动来解释这个事实。当价格低而消费者购买量多时,价格上升1美元而需求量减少2个单位,使得价格上升的百分比大,而需求量减少的百分比小,结果是弹性小。与此相反,当价格高而消费者购买量少时,价格同样上升1美元而需求量同样减少2个单位,使得价格上升的百分比小,而需求量减少的百分比大,从而引起弹性大。

表格还列出了需求曲线上每个点的总收益。这些数字说明了总收益和弹性之间的关系。例如,当价格是1美元时,需求缺乏弹性,价格上升到2美元会使总收益增加。当价格是5美元时,需求富有弹性,价格上升到6美元会使总收益减少。价格在3美元与4美元之间时,需求正好是单位弹性,在这两个价格时,总收益相同。

线性需求曲线的例子说明,在一条需求曲线上各点的需求价格弹性不一定是相同的。固定的弹性是可能的,但并不总是这样。

5.1.7 其他需求弹性

除了需求价格弹性之外,经济学家还用其他弹性来描述市场上买者的行为。

需求收入弹性 需求收入弹性(income elasticity of demand)衡量消费者收入变动时需求量如何变动。需求收入弹性用需求量变动的百分比除以收入变动的百分比来计算。即,

$$需求收入弹性 = \frac{需求量变动百分比}{收入变动百分比}$$

正如我们在第 4 章中所讨论的,大多数物品是正常物品:收入提高,需求量增加。由于需求量与收入同方向变动,所以正常物品的收入弹性为正数。少数物品(例如,乘公共汽车)是低档物品:收入提高,需求量减少。由于需求量与收入呈反方向变动,所以低档物品的收入弹性为负数。

即使在正常物品中,收入弹性的大小也差别很大。像食物和衣服这类必需品往往收入弹性较小,因为即使消费者的收入很低,他们也要购买一些这类物品。像鱼子酱和钻石这类奢侈品往往收入弹性很大,因为消费者觉得,如果收入太低,他们完全可以不消费这类物品。

需求的交叉价格弹性 需求的交叉价格弹性(cross-price elasticity of demand)衡量一种物品需求量对另外一种物品价格变动的反应程度。需求的交叉价格弹性用物品 1 的需求量变动百分比除以物品 2 的价格变动百分比来计算。即,

$$需求的交叉价格弹性 = \frac{物品 1 的需求量变动百分比}{物品 2 的价格变动百分比}$$

交叉价格弹性是正数还是负数取决于这两种物品是替代品还是互补品。正如我们在第 4 章中所讨论的,替代品是指通常可以互相替代使用的物品,例如汉堡包和热狗。热狗价格上升会使人们去买汉堡包来代替。由于热狗价格和汉堡包需求量呈同方向变动,所以,其交叉价格弹性是正数。相反,互补品是指通常要一起使用的物品,例如电脑和软件。在这种情况下,交叉价格弹性是负数,表明电脑价格上升会使软件的需求量减少。

即问即答 ● 给出需求价格弹性的定义。● 解释总收益和需求价格弹性之间的关系。

5.2 供给弹性

当我们在第 4 章中讨论供给的决定因素时,我们注意到,当一种物品价格上升时,该物品的卖者会增加供给量。为了把对供给量的说明从定性转向定量,我们要再次使用弹性的概念。

5.2.1 供给价格弹性及其决定因素

供给定理表明,价格上升将使供给量增加。**供给价格弹性**(price elasticity of supply)衡量供给量对价格变动的反应程度。如果供给量对价格变动的反应很大,就说这种物品的供给是富有弹性的;如果供给量对价格变动的反应很小,就说这种物品的供给是缺乏弹性的。

供给价格弹性取决于卖者改变他们所生产的物品量的灵活性。例如,海滩土地供给缺乏弹性,是因为生产出更多这类土地几乎是不可能的。与此相比,诸如书、汽车和电视这类制成品的供给富有弹性,是因为当价格上升时,生产这些物品的企业可以让工厂更长时间地运转。

在大多数市场上,决定供给价格弹性的一个关键因素是所考虑的时间长短。供给在长期中的弹性通常都大于短期。在短期中,企业不能轻易地改变它们工厂的规模来增加或减少一种物品的产量。因此,在短期中供给量对价格不是很敏感。与此相反,在长期中,企业可以开设新工厂或关闭旧工厂。此外,在长期中,新企业可以进入一个市场,旧企业也可以退出。因此,在长期中,供给量可以对价格变动做出相当大的反应。

5.2.2 供给价格弹性的计算

既然我们对于供给价格弹性已经有了一般性的了解,现在就让我们来更准确地说明它。经济学家用供给量变动百分比除以价格变动百分比来计算供给价格弹性。即,

$$供给价格弹性 = \frac{供给量变动百分比}{价格变动百分比}$$

例如,假设每加仑牛奶的价格从 2.85 美元上升到 3.15 美元,牧场主每月生产的牛奶量从 9 000 加仑增加到 11 000 加仑。使用中点法,我们计算的价格变动百分比如下:

$$价格变动百分比 = (3.15 - 2.85)/3.00 \times 100\% = 10\%$$

同样,我们计算的供给量变动百分比如下:

$$供给量变动百分比 = (11\,000 - 9\,000)/10\,000 \times 100\% = 20\%$$

在这种情况下,供给价格弹性是:

$$供给价格弹性 = \frac{20\%}{10\%} = 2$$

在这个例子中,弹性为 2 表明供给量变动的比例为价格变动比例的两倍。

5.2.3 各种供给曲线

由于供给价格弹性衡量供给量对价格的反应程度,所以它可以反映在供给曲线的形状上。图 5-5 描述了五种情况。一种极端情况为零弹性,如(a)幅所示,供给完全无弹性,供给曲线是一条垂直线。在这种情况下,无论价格如何变动,供给量总是相同的。随着弹性的增大,供给曲线越来越平坦,这表明供给量对价格变动的反应越来越大。在(e)幅所示的另一种极端情况下,供给完全有弹性。当供给价格弹性接近于无限大时就出现了这种情况,此时,供给曲线是水平的,这意味着价格极小的变动都会引起供给量极大的变动。

图 5-5　供给价格弹性

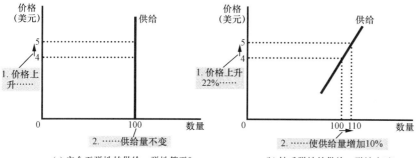

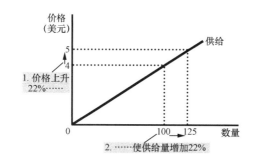

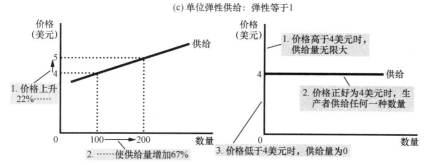

供给价格弹性决定了供给曲线是陡峭还是平坦。要注意的是,所有的变动百分比都是用中点法计算的。

在一些市场上,供给弹性并不是不变的,而是沿着供给曲线变动。图 5-6 表示一个行业的典型情况,在这个行业中,企业拥有的工厂的生产能力是有限的。在供给量水平很低时,供给弹性很高,表明企业会对价格变动做出相当大的反应。在这一范围内,企业存在未被利用的生产能力,例如全天或部分时间处于闲置状态的厂房和设备。价格的小幅上升使得企业利用这种闲置的生产能力是有利可图的。随着供给量的增加,企业逐渐接近其最大生产能力。一旦其生产能力得到完全利用,要想再增加产量就需要建立新工厂。要使企业能承受这种额外支出,价格就必须大幅度上升,因此,供给变得缺乏弹性。

图 5-6 给出了这种现象的一个用数字表示的例子。当价格从 3 美元上升到 4 美元时(根据中点法,上升了 29%),供给量从 100 增加到 200(增加了 67%)。由于供给量变动的比例大于价格变动的比例,供给曲线的弹性大于 1。与此相比,当价格从 12 美元上升为 15 美元时(上升了 22%),供给量从 500 增加到 525(增加了 5%)。在这种情况下,供给量变动的比例小于价格变动的比例,因此,供给曲线的弹性小于 1。

图 5-6 供给价格弹性会如何变动

由于企业的生产能力通常有一个最大值,所以,在供给量低时,供给弹性会非常高,而在供给量高时,供给弹性又会非常低。在图 5-6 中,价格从 3 美元上升到 4 美元时,供给量从 100 增加到 200。由于供给量增加了 67%(用中点法计算),大于价格上升的比例 29%,所以,在这个范围内,供给曲线是富有弹性的。与此相反,当价格从 12 美元上升为 15 美元时,供给量只从 500 增加到 525。由于供给量增加的比例 5% 小于价格上升的比例 22%,所以,在这个范围内,供给曲线是缺乏弹性的。

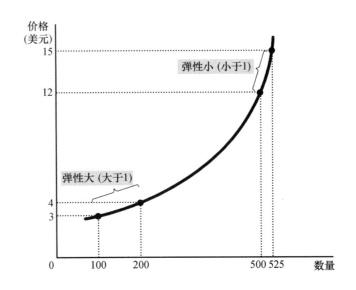

即问即答 • 说明供给价格弹性的定义。• 解释为什么在长期内的供给价格弹性与在短期内不同。

5.3 供给、需求和弹性的三个应用

农业的好消息可能对农民来说是坏消息吗?为什么石油输出国组织(the Organization of Petroleum Exporting Countries,OPEC)不能保持石油的高价格呢?禁毒增加还是减少了与毒品相关的犯罪?乍一看,这些问题似乎没有什么共同之处。但这三个问题都与市场相关,而所有市场都要服从于供给与需求的力量。在这里,我们用供给、需求和弹性这些通用的工具来回答这些看似复杂的问题。

5.3.1 农业的好消息可能对农民来说是坏消息吗

设想你是堪萨斯州一个种小麦的农民。由于你所有的收入都来自出售小麦,所以你下了很大工夫以尽可能提高你的土地的生产率。你关注天气和土壤状况,检查田地以预防病虫害,并学习最新的农业技术。你知道,你的小麦种得越多,收成之后也就卖得越多,从而你的收入和你的生活水平也就越高。

有一天,堪萨斯州立大学宣布了一项重大发现。该大学农学系的研究人员培育出一种新的小麦杂交品种,该品种可以使每英亩小麦的产量增加 20%。你对这条新闻应该有什么反应呢?这一发现会使你的状况比以前变好还是变坏呢?

回想一下第 4 章,我们回答这类问题用三个步骤。第一步,我们考察是供给曲线移动还是需求曲线移动。第二步,我们考虑曲线移动的方向。第三步,我们用供求图说明市场均衡

如何变动。

在这种情况下,新杂交品种的发现影响了供给曲线。由于新杂交品种提高了每英亩土地上所能生产的小麦量,所以,现在农民愿意在任何一种既定的价格水平下供给更多小麦。换句话说,供给曲线向右移动。需求曲线保持不变,因为消费者在任何一种既定价格水平下购买小麦产品的愿望并不受新杂交品种的影响。图5-7说明了这种变化的一个例子。当供给曲线从 S_1 移动到 S_2 时,小麦的销售量从100蒲式耳增加到110蒲式耳,而小麦的价格从3美元下降为2美元。

图 5-7 小麦市场上供给增加

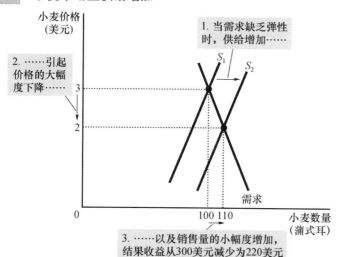

当农业技术进步使小麦供给从 S_1 增加到 S_2 时,小麦价格下降。由于小麦需求缺乏弹性,销售量从100蒲式耳增加到110蒲式耳的比例小于价格从3美元下降为2美元的比例。结果,农民的总收益从300美元(3美元×100)减少为220美元(2美元×110)。

新品种的发现使农民的状况变好了吗?要回答这个问题,首先要看农民得到的总收益发生了怎样的变动。农民的总收益是 $P \times Q$,即小麦价格乘以销售量。新品种的发现以两种相矛盾的方式影响农民。新杂交品种使农民生产了更多小麦(Q 增加了),但现在每蒲式耳小麦的售价下降了(P 下降了)。

总收益是增加还是减少取决于需求弹性。在现实中,像小麦这种基本食品的需求一般是缺乏弹性的,因为这些东西较为便宜,而且很少有好的替代品。当需求曲线缺乏弹性时,如图5-7所示,价格下降引起总收益减少。你可以从这个图中看到:小麦价格大幅度下降,而小麦销售量只是略有增加。总收益从300美元减少为220美元。因此,新杂交品种的发现减少了农民从销售农作物中所能得到的总收益。

人们一定会感到奇怪,如果这种新杂交品种的发现使农民的状况变差了,为什么他们还要采用这种新品种呢?对这个问题的回答涉及了竞争市场如何运行的中心。由于每个农民都是小麦市场上微不足道的一分子,他把小麦价格视为既定的。对小麦的任何一个既定价格来说,农民使用新品种以便生产并销售更多小麦会更好一些。但当所有农民都这样做时,小麦的供给增加了,价格下降了,而农民的状况也变坏了。

尽管这个例子乍看起来只是假设的,但实际上它有助于解释过去一个世纪以来美国经济的一个巨大变化。两百多年前,大部分美国人住在农村,对农业生产方法的了解是相当原始的,以至于我们大多数人不得不当农民,以生产足够的食物来养活全国的人口。但随着时间的推移,农业技术的进步增加了每个农民所能生产的食物量。由于食物的需求缺乏弹性,这种食物供给的增加引起了农业收益的减少,进而鼓励人们离开农业。

一些数字表明了这种历史变革的程度。在 1950 年,美国有 1 000 万人从事农业生产,占劳动力的 17%。如今,从事农业的人不到 300 万,只占劳动力的 2%。这种变化与农业生产率的巨大提高是一致的:尽管农民人数减少了 70%,但美国现在生产的农作物与牲畜却是 1950 年的两倍还多。

这种对农产品市场的分析也有助于解释似乎自相矛盾的公共政策:某些农业计划努力通过使农民不把他们的全部土地都种上农作物来帮助农民。这些计划的目的是要减少农产品的供给,从而提高价格。由于农产品的需求缺乏弹性,如果农民向市场供给的产品减少了,他们作为一个整体会得到更多的总收益。从自己的立场出发,没有一个农民愿意选择荒废自己的土地,因为每个农民都把市场价格视为既定的。但是,如果所有的农民都一起来这样做,他们每个人的状况就会变得更好一些。

图片来源:DOONESBURY ⓒ 1972 G. B. Trudeau. Reprinted with permission of UNIVERSAL PRESS SYNDICATE. All Rights Reserved.

当我们分析农业技术或农业政策的影响时,记住下面这点很重要:对农民有利的不一定对整个社会也有利。农业技术进步对农民而言可能是坏事,因为它使农民逐渐变得不必要,但对能以低价买到食物的消费者而言肯定是好事。同样,旨在减少农产品供给的政策可以增加农民的收入,但必然会以损害消费者的利益为代价。

5.3.2 为什么石油输出国组织不能保持石油的高价格

在过去的几十年间,对世界经济最具破坏性的许多事件都源于世界石油市场。在 20 世纪 70 年代,OPEC 的成员决定提高世界石油价格,以增加它们的收入。这些国家通过共同减少它们提供的石油产量而实现了这个目标。从 1973 年至 1974 年,石油价格(根据总体通货膨胀水平进行了调整)上涨了 50% 以上。几年之后,OPEC 又一次故伎重演。从 1979 年到 1981 年,石油价格几乎翻了一番。

但 OPEC 发现要维持高价格是很困难的。从 1982 年到 1985 年,石油价格一直以每年 10% 的速度稳步下降。不满与混乱很快蔓延到 OPEC 各国。1986 年,OPEC 成员国之间的合作完全破裂了,石油价格猛跌了 45%。1990 年,石油价格(根据总体通货膨胀水平进行了调整)又回到 1970 年时的水平,并在 20 世纪 90 年代的大部分时间内保持在这一水平。(在 21 世纪的前 10 年中,石油价格又一次大幅上升,但其主要推动力不是 OPEC 的供给限制,而是世界需求的增加,这种需求部分来自巨大且迅速增长的中国经济。2008—2009 年,随着世界经济陷入严重的衰退,石油价格出现了下降,之后随着世界经济开始复苏,又一次开始上升。)

20 世纪 70 年代和 80 年代 OPEC 的这个事件表明,供给与需求在短期与长期中的状况是不同的。在短期中,石油的供给和需求都是较为缺乏弹性的。供给缺乏弹性是因为已知的石油贮藏量和石油开采能力不能迅速改变,需求缺乏弹性是因为购买习惯不会立即对价格变动做出反应。因此,正如图 5-8(a)所示,短期供给曲线和需求曲线是陡峭的。当石油供给从 S_1 移动到 S_2 时,价格从 P_1 到 P_2 的上升幅度是很大的。

图 5-8 世界石油市场供给减少

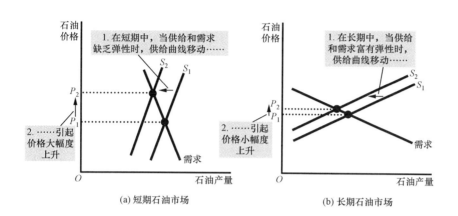

(a) 短期石油市场　　(b) 长期石油市场

当石油供给减少时,市场的反应取决于时间的长短。在短期中,供给和需求较为缺乏弹性,如(a)幅所示。因此,当供给曲线由 S_1 移动到 S_2 时,价格大幅度上升。与此相反,在长期中,供给与需求较富有弹性,如(b)幅所示。在这种情况下,供给曲线同样大小的移动(从 S_1 到 S_2)只引起价格的小幅度上升。

长期中的情况则非常不同。在长期中,OPEC 以外的石油生产者对高价格的反应是加强石油勘探并建立新的开采能力。消费者的反应是更为节俭,例如用新型节油型汽车代替老式耗油的汽车。因此,正如图 5-8(b)所示,长期供给曲线和需求曲线都更富有弹性。在长期中,供给曲线从 S_1 移动到 S_2 引起的价格的变动要小得多。

这种分析说明了为什么 OPEC 只在短期中成功地保持了石油的高价格。当 OPEC 各国一致同意减少它们的石油产量时,它们使供给曲线向左移动。尽管各个 OPEC 成员国销售的石油少了,但短期内价格上升如此之多,以至于 OPEC 的收入增加了。与此相反,在长期中,当供给和需求较为富有弹性时,供给同样幅度的减少(用供给曲线的水平移动来衡量)只引起价格的小幅度上升。因此,OPEC 共同减少供给在长期中无利可图。这个卡特尔明白了一点:在短期中提高油价比在长期中更容易。

5.3.3 禁毒增加还是减少了与毒品相关的犯罪

我们社会面临的一个长期问题是非法毒品的使用,比如海洛因、可卡因、摇头丸和冰毒。这些非法毒品的使用有一些不利影响。一是毒品依赖会毁坏吸毒者及其家庭的生活;二是吸毒上瘾的人往往进行抢劫或其他暴力犯罪,以得到吸毒所需要的钱。为了限制非法毒品的使用,美国政府每年花费几十亿美元来减少毒品的流入。现在我们用供给和需求工具来考察这种禁毒政策。

假设政府增加了打击毒品的联邦工作人员数量,非法毒品市场会发生什么变动呢?与通常的做法一样,我们分三个步骤回答这个问题。第一,考虑是供给曲线移动,还是需求曲线移动;第二,考虑曲线移动的方向;第三,说明这种移动如何影响均衡价格和均衡数量。

虽然禁毒的目的是减少毒品的使用,但它直接影响毒品的卖者而不是买者。当政府制止某些毒品进入国内并逮捕更多走私者时,这就增加了出售毒品的成本,从而减少了任何一种既定价格时的毒品供给量。对毒品的需求——买者在任何一种既定价格时想购买的数量——并没有变。正如图5-9(a)所示,禁毒使供给曲线从S_1左移到S_2,而需求曲线不变。毒品的均衡价格从P_1上升到P_2,均衡数量从Q_1减少为Q_2。均衡数量减少表明,禁毒确实减少了毒品的使用。

图 5-9 减少非法毒品使用的政策

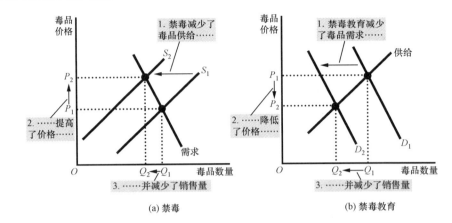

禁毒使毒品供给从S_1减少为S_2,如(a)幅表示。如果毒品需求是缺乏弹性的,那么,即使在吸毒量减少时,吸毒者所支付的总货币量也增加了。与此相比,禁毒教育使毒品需求从D_1减少为D_2,如(b)幅所示。由于价格和数量都减少了,吸毒者支付的总货币量也减少了。

(a) 禁毒　　　　(b) 禁毒教育

但是,与毒品相关的犯罪情况如何呢?为了回答这个问题,考虑吸毒者为购买毒品所支付的总货币量。由于受毒品价格上升影响而根除自己吸毒习惯的瘾君子很少,所以,很可能的情况是,毒品的需求缺乏弹性,正如图5-9所示。如果需求是缺乏弹性的,那么,价格上升就会使毒品市场的总收益增加。这就是说,由于禁毒引起的毒品价格提高的比例大于毒品使用减少的比例,所以增加了吸毒者为毒品支出的总货币量。那些已经以行窃来维持吸毒习惯的瘾君子为了更快地得到钱,会变本加厉地犯罪。因此,禁毒会增加与毒品相关的犯罪。

由于禁毒的这种负面影响,一些分析者提出了另一些解决毒品问题的方法。不是减少毒品的供给,而是通过实行禁毒教育政策,决策者可以努力减少对毒品的需求。成功禁毒教育的效应如图5-9(b)所示。需求曲线由D_1左移到D_2。结果,均衡数量从Q_1减少到Q_2,而均衡价格从P_1下降到P_2。总收益,即价格乘以数量,也减少了。因此,与禁毒相比,禁毒教育可以减少吸毒和与毒品相关的犯罪。

禁毒的支持者也许会争辩说,这项政策的长期效应与短期效应是不同的,因为需求弹性取决于时间的长短。在短期中,毒品需求也许是缺乏弹性的,因为高价格对已有的瘾君子没有实质性影响。但在长期中,毒品需求也许是较富有弹性的,因为高价格会限制年轻人尝试吸毒,从而随着时间的推移,会减少瘾君子的数量。在这种情况下,禁毒在短期中增加了与毒品相关的犯罪,而在长期中会减少这种犯罪。

即问即答 一场摧毁了一半农作物的旱灾对农民来说可能是一件好事吗?如果这样的旱灾对农民来说是好事,为什么在未发生旱灾的年头,农民不去摧毁自己的农作物?

5.4　结论

根据一句古谚的说法,只要学会说"供给与需求",甚至连一只鹦鹉都可以成为一个经济学家。这两章的学习应该已经使你相信,这种说法还是有一定道理的。供给与需求工具使你能分析影响经济的许多最重要的事件和政策。现在你正朝着成为一名经济学家(或者,至少是一只受过良好训练的鹦鹉)的方向前进。

内容提要

◎ 需求价格弹性衡量的是需求量对价格变动的反应程度。如果某种物品可以得到相近的替代品、是奢侈品而不是必需品、市场边界狭窄,或者买者有相当长的时间对价格变动做出反应,那么,这种物品就倾向于更富有弹性。

◎ 可以用需求量变动百分比除以价格变动百分比来计算需求价格弹性。如果需求量变动比例小于价格变动比例,那么弹性小于1,就可以说需求缺乏弹性。如果需求量变动比例大于价格变动比例,那么弹性大于1,就可以说需求富有弹性。

◎ 总收益,即对一种物品的总支付量,等于该物品的价格乘以销售量。对于缺乏弹性的需求曲线,其总收益与价格变动方向相同;对于富有弹性的需求曲线,其总收益与价格变动方向相反。

◎ 需求收入弹性衡量的是需求量对消费者收入变动的反应程度。需求的交叉价格弹性衡量一种物品需求量对另一种物品价格变动的反应程度。

◎ 供给价格弹性衡量的是供给量对价格变动的反应程度。这种弹性往往取决于所考虑的时间长短。在大多数市场上,供给在长期中比在短期中更富有弹性。

◎ 可以用供给量变动百分比除以价格变动百分比来计算供给价格弹性。如果供给量变动比例小于价格变动比例,那么弹性小于1,就可以说供给缺乏弹性。如果供给量变动比例大于价格变动比例,那么弹性大于1,就可以说供给富有弹性。

◎ 供求工具可以被运用于许多不同类型的市场。本章运用它们分析了小麦市场、石油市场和非法毒品市场。

关键概念

弹性
需求价格弹性
总收益
需求收入弹性
需求的交叉价格弹性
供给价格弹性

复习题

1. 给需求价格弹性和需求收入弹性下定义。
2. 列出并解释本章中所讨论的决定需求价格弹性的四个因素。
3. 如果弹性大于1,需求是富有弹性还是缺乏弹性?如果弹性等于零,需求是完全有弹性还是完全无弹性?
4. 在一个供求图上标明均衡价格、均衡数量和生产者得到的总收益。
5. 如果需求是富有弹性的,价格上升会如何改变总收益?解释原因。
6. 如果一种物品的需求收入弹性小于零,我们把这种物品称为什么?
7. 如何计算供给价格弹性?供给价格弹性衡量什么?
8. 如果一种物品可获取的量是固定的,而且再也不能多生产,供给的价格弹性是多少?
9. 一场风暴摧毁了豆作物的一半。当需求非常富有弹性还是非常缺乏弹性时,这个事件对农民的伤害更大?解释原因。

快速单选

1. 一种没有任何相近替代品的挽救生命的药物将具有_____。
   a. 很小的需求弹性
   b. 很大的需求弹性
   c. 很小的供给弹性
   d. 很大的供给弹性

2. 一种物品的价格从 8 美元上升到 12 美元，需求从 110 单位减少为 90 单位。用中点法计算的弹性是_____。
   a. 1/5　　b. 1/2　　c. 2　　d. 5

3. 向右下方倾斜的线性需求曲线是_____的。
   a. 缺乏弹性
   b. 单位弹性
   c. 富有弹性
   d. 在一些点缺乏弹性，在另一些点富有弹性

4. 在一个时期内，企业进入和退出一个市场的能力意味着在长期中，_____。
   a. 需求曲线富有弹性
   b. 需求曲线缺乏弹性
   c. 供给曲线富有弹性
   d. 供给曲线缺乏弹性

5. 如果一种物品的_____，该物品的供给增加将减少生产者得到的总收益。
   a. 需求曲线缺乏弹性
   b. 需求曲线富有弹性
   c. 供给曲线缺乏弹性
   d. 供给曲线富有弹性

6. 上个月咖啡的价格急剧上升，而销售量没变。5 个人中的每一个人都提出了一种解释：
   Tom：需求增加了，但供给完全无弹性。
   Dick：需求增加了，但需求完全无弹性。
   Harry：需求增加了，但供给同时减少。
   Larry：供给减少了，但需求是单位弹性。
   Mary：供给减少了，但需求是完全无弹性。
   谁可能是正确的？
   a. Tom、Dick 和 Harry
   b. Tom、Dick 和 Mary
   c. Tom、Harry 和 Mary
   d. Dick、Harry 和 Larry
   e. Dick、Harry 和 Mary

问题与应用

1. 在下列每一对物品中，你认为哪一种物品的需求更富有弹性？为什么？
   a. 指定教科书或神秘小说。
   b. 贝多芬音乐唱片或一般古典音乐唱片。
   c. 在未来 6 个月内乘坐地铁的人数或在未来 5 年内乘坐地铁的人数。
   d. 清凉饮料或水。

2. 假设公务乘客和度假乘客对从纽约到波士顿之间航班机票的需求如下：

价格（美元）	需求量（张）（公务乘客）	需求量（张）（度假乘客）
150	2 100	1 000
200	2 000	800
250	1 900	600
300	1 800	400

   a. 当票价从 200 美元上升到 250 美元时，公务乘客的需求价格弹性为多少？度假乘客的需求价格弹性为多少？（用中点法计算）
   b. 为什么度假乘客与公务乘客的需求价格弹性不同？

3. 假设取暖用油的需求价格弹性在短期中是 0.2，而在长期中是 0.7。
   a. 如果每加仑取暖用油的价格从 1.8 美元上升到 2.2 美元，短期中取暖用油的需求量会发生什么变动？长期中呢？（用中点法计算）
   b. 为什么这种弹性取决于时间长短？

4. 价格变动引起一种物品的需求量减少了 30%，而这种物品的总收益增加了 15%。这

种物品的需求曲线是富有弹性的还是缺乏弹性的？解释原因。

5. 咖啡和面包圈是互补品。两者的需求都缺乏弹性。一场飓风摧毁了一半咖啡豆。用图形回答以下问题，并做适当标记：
   a. 咖啡豆的价格会发生什么变化？
   b. 一杯咖啡的价格会发生什么变化？用于咖啡的总支出会发生什么变化？
   c. 面包圈的价格会发生什么变化？用于面包圈的总支出会发生什么变化？

6. 假设你的DVD需求表如下：

价格 （美元）	需求量（张） （收入＝ 10 000美元）	需求量（张） （收入＝ 12 000美元）
8	40	50
10	32	45
12	24	30
14	16	20
16	8	12

   a. 用中点法计算，在你的收入分别为10 000美元和12 000美元的情况下，当DVD的价格从8美元上升到10美元时，你的需求价格弹性。
   b. 分别计算在价格为12美元和16美元的情况下，当你的收入从10 000美元增加到12 000美元时，你的需求收入弹性。

7. Maria总是把她收入的1/3用于买衣服。
   a. 她对衣服的需求收入弹性是多少？
   b. 她对衣服的需求价格弹性是多少？
   c. 如果Maria的爱好变了，她决定只把收入的1/4用于买衣服，她的需求曲线会如何变化？她的需求收入弹性和需求价格弹性现在是多少？

8. 《纽约时报》(1996年2月17日)报道，在地铁票价上升之后乘客减少了："1995年12月，即价格从25美分上升到1.5美元的第一个月以后，乘客减少了近四百万人次，比上一年的12月减少了4.3%。"
   a. 用这些数据估算地铁乘客的需求价格弹性。
   b. 根据你的估算，当票价上升时，地铁当局的收益会有什么变化？
   c. 为什么你估算的弹性可能是不可靠的？

9. 两个司机——Walt和Jessie——分别开车到加油站。在看价格之前，Walt说："我想加10加仑汽油。"Jessie说："我想加10美元汽油。"每个司机的需求价格弹性是多少？

10. 考虑针对吸烟的公共政策。
    a. 研究表明，香烟的需求价格弹性大约是0.4。如果现在每盒香烟为2美元，政府想减少20%的吸烟量，应该将香烟价格提高多少？
    b. 如果政府永久性地提高香烟价格，这项政策对从现在起1年内吸烟量的影响更大，还是对从现在起5年内吸烟量的影响更大？
    c. 研究还发现，青少年的需求价格弹性大于成年人。为什么这可能是正确的？

11. 你是一位博物馆馆长。博物馆经营缺乏资金，因此，你决定增加收益。你应该提高还是降低门票的价格？解释原因。

12. 请解释下列情况为什么可能是正确的：全世界范围内的干旱会增加农民通过出售粮食得到的总收益，但如果只有堪萨斯州出现干旱，堪萨斯州农民得到的总收益就会减少。

第 6 章
供给、需求与政府政策

经济学家有两种作用。作为科学家,他们提出并检验解释我们周围世界的理论;作为政策顾问,他们用自己的理论来帮助世界变得更好。前两章的重点是描述经济学家作为科学家提出的理论。我们已经知道了供给和需求如何决定一种物品的价格与销售量。我们还知道了各种事件如何使供给与需求移动,从而改变均衡价格和均衡数量。而且,我们也提出了确定这些变动有多大的弹性概念。

我们将在本章中第一次考察政策。在这里,我们仅用供求工具来分析各种类型的政府政策。正如你将看到的,这种分析得出了一些令人惊讶的见解。政策往往会产生一些其设计者没有想到或没有预见到的影响。

我们从探讨直接控制价格的政策开始。例如,租金控制法规定了房东可以向房客收取的最高租金,最低工资法规定了企业应该向工人支付的最低工资。当决策者认为一种物品或服务的市场价格对买者或卖者不公平时,通常会实施价格控制。但正如我们将看到的,这些控制政策本身也会引起不公平。

在讨论价格控制以后,我们将接着考察税收的影响。决策者用税收为公共目标筹集资金并影响市场结果。虽然我们经济中税收的普遍性是显而易见的,但它们的影响却并不显而易见。例如,当政府对企业向其工人支付的工资征税时,是企业还是工人承担了税收负担?在我们运用供求这种有力的工具之前,答案是不完全明朗的。

6.1 价格控制

为了说明价格控制如何影响市场结果,我们再来看一下冰淇淋市场。正如我们在第 4 章中所看到的,如果在一个没有政府管制的竞争市场上出售冰淇淋,冰淇淋的价格将自发调整,使供求达到平衡:在均衡价格时,买者想买的冰淇淋的数量正好等于卖者想卖的冰淇淋的数量。为了使我们的分析更具体,假设均衡价格是每个冰淇淋蛋卷 3 美元。

并不是每个人都对这种自由市场调整过程的结果感到满意。比如说,美国冰淇淋消费者协会抱怨,3 美元的价格太高了,无法使每个人每天享用一个冰淇淋(该协会推荐的量)。同时,全国冰淇淋制造商组织也抱怨,3 美元的价格——"割颈式竞争"的结果——太低了,从而减少了其成员的收入。每个群体都在游说政府,以便通过一项借助于直接控制冰淇淋的价格来改变市场结果的法律。

由于任何一种物品的买者总希望价格更低,而卖者总希望价格更高,所以,这两个群体的利益会产生冲突。如果冰淇淋消费者在游说中成功了,政府就对冰淇淋销售设置法定最高价格,由于不允许价格上升到这个水平之上,法定最高价格被称为**价格上限**(price ceiling)。与此相反,如果冰淇淋制造商在游说中成功了,政府就对冰淇淋设置法定最低价格。由于不允许价格下降到这个水平之下,法定最低价格被称为**价格下限**(price floor)。现在我们依次来考察这些政策的影响。

6.1.1 价格上限如何影响市场结果

当政府受冰淇淋消费者抱怨的推动,对冰淇淋市场实行价格上限时,可能有两种结果。在图6-1(a)中,政府实行每个冰淇淋蛋卷4美元的价格上限。在这种情况下,由于使供求平衡的价格(3美元)低于上限,价格上限是非限制性的。市场力量自然而然地使经济向均衡变动,而且,价格上限对价格或销售量没有影响。

图6-1 有价格上限的市场

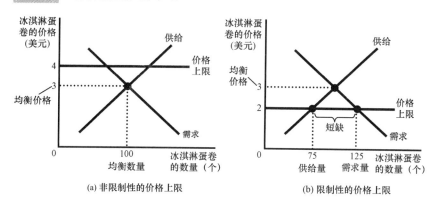

在(a)幅中,政府实行的价格上限为4美元。由于价格上限高于均衡价格3美元,所以,价格上限没有影响,市场可以达到供求均衡。在这种均衡时,供给量和需求量都是100个冰淇淋蛋卷。在(b)幅中,政府实行的价格上限为2美元。由于价格上限低于均衡价格3美元,市场价格等于2美元。在这一价格水平下,需求量是125个冰淇淋蛋卷,供给量只有75个,因此,存在50个冰淇淋蛋卷的短缺。

图6-1(b)表示的是另一种更为有趣的可能结果。在这种情况下,政府实行每个冰淇淋蛋卷2美元的价格上限。由于均衡价格3美元高于价格上限,所以,价格上限对市场有一种限制性约束。供求力量趋向于使价格向均衡变动,但当市场价格达到上限时,根据法律就不能再上升了。因此,市场价格等于价格上限。在这种价格时,冰淇淋蛋卷的需求量(图中的125个)超过了供给量(75个),因此,存在冰淇淋短缺:在这种价格时,有50个想以现行价格购买冰淇淋的人买不到。

当由于这种价格上限而出现冰淇淋短缺时,一些配给冰淇淋的机制自然就会出现。这种机制可能是排长队:那些愿意提前来到并排队等候的人得到一个冰淇淋,而另一些不愿意等候的人得不到。另一种方法是,卖者可以根据他们自己的个人偏好来配给冰淇淋,只卖给朋友、亲戚或同一种族或民族的成员。要注意的是,即使设置价格上限的动机是为了帮助冰淇淋买者,也并不是所有买者都能从这种政策中受益。一些买者尽管不得不排队等候,但他们确实以较低的价格买到了冰淇淋,而另一些买者根本买不到冰淇淋。

冰淇淋市场上的这个例子说明了一个一般性的结论:当政府对竞争市场实行限制性价格上

限时,就产生了物品的短缺,而且,卖者必须在大量潜在买者中配给稀缺物品。这种在价格上限政策下产生的配给机制很少是合意的。排长队是无效率的,因为这样做浪费了买者的时间。基于卖者偏好的歧视既无效率(因为该物品并不一定会卖给对它估价最高的买者),又可能是不公平的。与此相比,一个自由竞争市场中的配给机制既有效率又是客观的。当冰淇淋市场达到均衡时,任何一个想支付市场价格的人都可以得到一个冰淇淋蛋卷。自由市场用价格来配给物品。

案例研究
加油站前的长队

正如我们在第 5 章中讨论的,1973 年 OPEC 提高了世界石油市场的原油价格。由于原油是生产汽油的主要原料,较高的石油价格减少了汽油供给。加油站前的长队成为司空见惯的现象,而且,驾车人常常不得不为了买几加仑汽油而等待几个小时。

是什么导致了人们排队加油呢?大多数人将之归咎于 OPEC。的确,如果 OPEC 不提高原油价格,汽油的短缺就不会出现。但经济学家把它归咎于限制石油公司的汽油销售价格的政府管制。

图 6-2 描述了所出现的上述情况。正如(a)幅所示,在 OPEC 提高原油价格以前,汽油的均衡价格为 P_1,低于价格上限。因此,价格管制没有影响。但当原油价格上升时,情况变了。原油价格上升增加了生产汽油的成本,而这又减少了汽油的供给。正如(b)幅所示,供给曲线从 S_1 向左移动到 S_2。在一个没有管制的市场上,供给的这种移动将使汽油的均衡价格从 P_1 上升为 P_2,而且不会引起短缺。而价格上限使价格不能上升到均衡水平。在这一价格上限时,生产者愿意出售 Q_S,而消费者愿意购买 Q_D。因此,供给曲线的移动引起了管制价格水平下的严重短缺。

最终,对汽油实行价格管制的法律被取消了。这项法律的制定者终于明白了,他们要为美国人因排队等候买汽油而浪费的许多时间承担部分责任。现在,当原油价格变动时,汽油的价格可以自发调整,使供求达到均衡。

图 6-2 有价格上限的汽油市场

(a)幅表示价格上限没有限制作用时的汽油市场,因为均衡价格 P_1 低于价格上限。(b)幅表示,在原油(生产汽油的一种投入品)价格上升使供给曲线从 S_1 向左移动到 S_2 以后的汽油市场。在没有管制的市场上,价格将从 P_1 上升为 P_2。但是,价格上限阻止了其上升。在这一价格上限时,消费者愿意购买 Q_D,但汽油生产者只愿意出售 Q_S。需求量与供给量之间的差额 $Q_D - Q_S$,即汽油的短缺量。

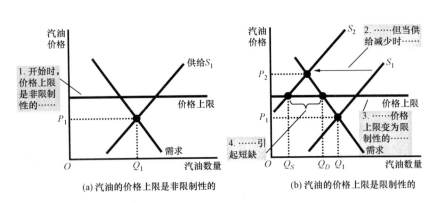

(a) 汽油的价格上限是非限制性的

(b) 汽油的价格上限是限制性的

案例研究
短期与长期中的租金控制

一个常见的价格上限例子是租金控制。在许多城市,地方政府都规定了房东能向房客收取的租金上限。这种政策的目的是帮助穷人更能租得起住房。经济学家经常批评租金控制,认为这是一种极无效率的帮助穷人提高生活水平的方法。一位经济学家称租金控制是"除了轰炸之外,毁灭一个城市的最好方法"。

租金控制的不利影响对一般人来说并不明显,因为这些影响要在许多年后才能显现出来。在短期中,房东出租的公寓数量是固定的,而且,他们不能随着市场状况的变动而迅速调整这个数量。此外,在短期中,在一个城市寻找住房的人的数量对租金也并不会非常敏感,因为人们调整自己的住房安排要花时间。因此,住房的短期供给与需求都相对缺乏弹性。

图 6-3(a) 表示租金控制对住房市场的短期影响。与任何一种限制性的价格上限一样,租金控制导致了短缺。但由于短期中供给与需求缺乏弹性,最初由租金控制引起的短缺并不大。短期中的主要影响是降低了租金。

长期的情况则完全不同,因为随着时间推移,租赁性住房的买者与卖者对市场状况的反应增大了。在供给一方,房东对低租金的反应是不建新公寓,也不修缮现有的公寓;在需求一方,低租金鼓励人们去找自己的公寓(而不是与父母同住,或与室友同住),而且也促使更多的人迁居到城市。因此,在长期中供给与需求都是较为富有弹性的。

图 6-3　短期与长期中的租金控制

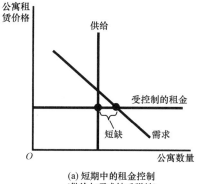
(a) 短期中的租金控制
(供给与需求缺乏弹性)

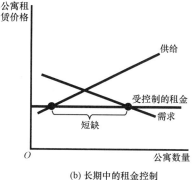
(b) 长期中的租金控制
(供给与需求富有弹性)

(a)幅表示租金控制的短期影响:由于公寓的供给与需求较为缺乏弹性,租金控制法实行的价格上限只引起了住房的少量短缺。(b)幅表示租金控制的长期影响:由于公寓的供给与需求较为富有弹性,租金控制引起了住房的大量短缺。

图 6-3(b) 说明了长期住房市场的情况。当租金控制把租金压低到均衡水平以下时,公寓的供给量大幅度减少,而公寓的需求量大幅度增加,结果使住房大量短缺。

在那些实行租金控制的城市里,房东采用各种机制来配给住房。一些房东让租房者排长队等待。另一些房东喜欢把房子租给没有孩子的房客。还有一些房东根据房客的种族实行歧视。有时,住房被分配给那些愿意暗中贿赂大楼管理者的人。实际上,这些贿赂使公寓的总价格(包括贿赂)接近于均衡价格。

为了充分了解租金控制的影响,我们必须回想一下第 1 章中的经济学十大原理之一:人们会对激励做出反应。在自由市场中,房东努力使自己的房子清洁而安全,因为令人满意的公寓可以租到较高的价格。与此相反,当租金控制引起短缺和排队等待时,没有什么激励能使房东对房客关心的问题做出反应。当人们排队等着住进来时,房东为什么要花钱维持和改善房屋状况呢？结果，虽然房客交的房租少了，但他们的住房质量也下降了。

决策者往往通过实施额外管制来对租金控制的后果做出反应。例如，制定相关法律，将住房中的种族歧视认定为非法，以及要求房东提供适于居住的最低条件。但是，这些法律实行起来很困难且代价高昂。与此相比，当取消租金控制，并由竞争的力量调节住房市场时，这类法律就都没有那么必要了。在一个自由市场上，住房价格会自发调整，从而消除那些引起不合意房东行为的短缺现象。

6.1.2 价格下限如何影响市场结果

为了考察另一种政府价格控制的影响，我们再次回到冰淇淋市场。现在设想政府被全国冰淇淋制造商组织的理由说服了，认为 3 美元的均衡价格太低。在这种情况下，政府将制定价格下限。价格下限和价格上限一样，也是政府为了使价格保持在与均衡价格不同的水平上而制定的。价格上限是为价格设置一个法定的最高值，而价格下限是为价格设置一个法定的最低值。

当政府对冰淇淋市场实行价格下限时，可能有两种结果。当均衡价格是 3 美元时，如果政府确定的价格下限是 2 美元，我们可以从图 6-4(a) 中得出结果。在这种情况下，由于均衡价格高于价格下限，价格下限没有限制作用。市场力量自然而然地使经济向均衡变动，价格下限没有影响。

图 6-4　有价格下限的市场

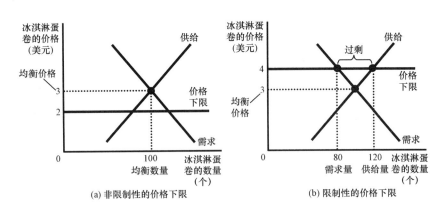

在 (a) 幅中，政府实施的价格下限为 2 美元。由于这种价格低于均衡价格 3 美元，价格下限没有影响。市场价格自发调整使供求达到平衡。在均衡时，冰淇淋蛋卷的供给量和需求量都为 100 个。在 (b) 幅中，政府实施的价格下限为 4 美元，它高于均衡价格 3 美元。因此，市场价格等于 4 美元。由于在这一价格水平下供给量为 120 个，而需求量只有 80 个，所以存在 40 个冰淇淋蛋卷的过剩。

图 6-4(b) 表示当政府实行每个冰淇淋蛋卷 4 美元的价格下限时出现的情况。在这种情况下，由于均衡价格 3 美元低于价格下限，价格下限对市场有限制性约束。供求力量使价格向均衡价格变动，但当市场价格达到价格下限时，就不能再下降了，此时的市场价格等于价格下限。在这种价格下限时，冰淇淋蛋卷的供给量（120 个）超过了需求量（80 个）。一些想以现行价格销售的人卖不出他们的冰淇淋。因此，限制性价格下限引起了过剩。

正如价格上限引起的短缺会导致不合意的配给机制一样，价格下限导致的过剩也会带来同样的后果。那些由于买者的个人偏好（也许是种族或家族之故）而受买者青睐的卖者能比其他卖者更容易地出售自己的产品。与此相比,在一个自由市场中,价格起到配给机制的作用,卖者可以以均衡价格卖掉他们想卖的所有东西。

案例研究
最低工资

价格下限的一个重要例子是最低工资。最低工资法规定了任何一个雇主要支付的最低劳动力价格。美国国会在《1938 年公平劳动标准法案》(Fair Labor Standards Act of 1938)中第一次制定了最低工资,以保证工人最低的适当生活水平。2012 年,根据联邦法律,最低工资是每小时 7.25 美元。(某些州规定的最低工资高于联邦规定的水平。)大多数欧洲国家也有最低工资法,所制定的最低工资有时还远远高于美国。例如,法国的平均收入比美国低 27%,但法国的最低工资是每小时 9.40 欧元,约合每小时 12 美元。

为了考察最低工资的影响,我们必须考虑劳动市场。图 6-5(a)表示的是自由劳动市场,它和所有市场一样服从于供求的力量。工人决定劳动的供给,而企业决定劳动的需求。如果政府不干预,工资将自发调整,使劳动的供求达到平衡。

图 6-5 最低工资如何影响劳动市场

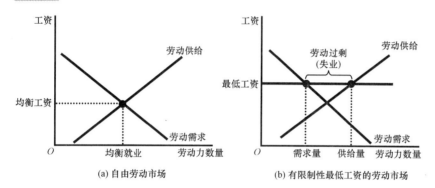

(a) 自由劳动市场　　(b) 有限制性最低工资的劳动市场

(a)幅表示工资自发调整,使劳动供给与劳动需求平衡的市场。(b)幅表示有限制性最低工资的影响。由于最低工资是价格下限,因此将引起过剩:劳动供给量大于需求量,结果是出现失业。

图 6-5(b)表示有最低工资的劳动市场。如果最低工资高于均衡水平,如图 6-5(b)中所示,劳动供给量大于需求量,结果是出现了失业。因此,最低工资增加了有工作的工人的收入,但减少了那些找不到工作的工人的收入。

为了充分理解最低工资,要记住,经济不是只包括一个劳动市场,而是包括由不同类型工人参与的许多劳动市场。最低工资的影响取决于工人的技能与经验。技能高而经验丰富的工人不受影响,因为他们的均衡工资大大高于最低工资。对于这些工人来说,最低工资是非限制性的。

最低工资对青少年劳动市场的影响最大。青少年的均衡工资往往较低,因为青少年属于技能最低而且经验最少的劳动力成员。此外,青少年为了得到在职培训的机会,往往愿意接受较低的工资。(实际上,有些青年人愿意以"实习"之名来工作并且不要任何报酬。但是,由于实习不支付工资,所以,最低工资不适用于实习。如果适用的话,这些实习岗位就不会存在了。)结果,最低工资对青少年的限制往往比对其他劳动力成员的限制更大。

许多经济学家研究了最低工资如何影响青少年劳动市场。这些研究者比较了多年来最低工资的变动与青少年就业的变动。虽然对于最低工资在多大程度上影响就业仍有一些争论,但有代表性的研究发现,最低工资每上升10%,就会使青少年就业减少1%—3%。在解释这种估算时,我们注意到,最低工资提高10%并没有使青少年的平均工资提高10%。法律变动并没有直接影响那些工资已大大高于最低工资的青少年,而且,最低工资法的实施也并不彻底。因此,所估算的就业1%—3%的减少是不小的。

除了改变劳动的需求量之外,最低工资还改变了劳动的供给量。由于最低工资增加了青少年可以赚到的工资,它也增加了找工作的青少年的人数。一些研究发现,较高的最低工资会影响哪些青少年被雇用。当最低工资提高以后,一些正在上高中的青少年会选择退学并参加工作。这些新退学的青少年代替了那些在他们之前就已退学就业的青少年,使后者成为失业者。

最低工资往往是一个备受争议的话题。在这一问题上,经济学家的观点可以分为势均力敌的两种。2006年的一项对拥有博士学位的经济学家的调查显示,47%的人赞同取消最低工资,14%的人赞同维持现状,而38%的人赞同提高最低工资。

最低工资的支持者认为这项政策是增加贫困工人收入的一种方法。他们正确地指出,那些赚取最低工资的工人只能勉强度日。例如,在2012年,当最低工资是每小时7.25美元时,一年中每周工作40小时、领取最低工资的两个成年人每年的总收入只有30 160美元,还不到美国中等家庭收入的2/3。许多最低工资的支持者承认,它有一些负面影响,包括失业,但他们认为这些影响并不大。综合考虑之后,他们的结论是,较高的最低工资可以使穷人的状况变好。

最低工资的反对者认为,这并不是解决贫困问题的最好方法。他们注意到,较高的最低工资引起了失业,鼓励了青少年退学,并使一些不熟练工人无法得到他们所需要的在职培训。此外,最低工资的反对者指出,最低工资是一种目标欠清晰的政策。并不是所有领取最低工资的工人都是竭力帮助自己家庭脱贫的家长。实际上,只有不到1/3的最低工资领取者生活在收入位于贫困线以下的家庭中。许多最低工资领取者是中产阶级家庭的青少年,他们是为了赚点零花钱而从事兼职工作。

新闻摘录
委内瑞拉与市场

这篇文章表明了当政治领导人企图以自己的意志代替市场价格时会发生什么。

在委内瑞拉食品短缺时,有人指责价格控制
William Neuman

委内瑞拉加拉加斯——早晨6:30,在商店开门前一个半小时,已经有二十多人在排队。他们耐心地等待着,但不是为了买到最新的iPhone手机,而是为了更基本的东西:日用品。

一位23岁的、有两个孩子的母亲Katherine Huga谈到自己的购物清单时说:"我什么都买,"她听天由命地耸耸肩膀,"只要他们有。"

在这个能源价格飞涨的时代,委内瑞拉是世界上生产石油最多的国家之一。但牛奶、肉和卫生纸这些基本用品的缺乏已是生活的长期问题,并往往把购买日用品变成一件不是百发百中而凭运气的事。

一些居民围绕像这种政府补贴商店的每周一次送货来安排日程。为了在存货卖完之前

买到一只冻鸡,或者两袋面粉,或者一瓶食用油,天还没亮他们就来排队了。

令人惊讶的是,短缺既影响了穷人,也影响了富人。在高档社区 La Castellana 附近一家超市最近一直有丰富的鸡和奶酪供应——甚至还有鹌鹑蛋——但没有一卷卫生纸,货架下层只剩下几包咖啡。

有一天当牛奶也没有了的时候,有人问在哪儿能买到牛奶,一位经理嘲讽地说:"在查维斯家。"

争论的中心是以查维斯总统为领导的社会主义精神的政府,为了使穷人能买得起食物和其他物品而实施了严格的价格管制。这些东西往往正是最难找到的产品。

55 岁的餐馆工人 Nery Reyes 在工人阶层社区 Santa Rosalía 的一家政府补贴商店的门外说:"委内瑞拉是一个富到没有这些必需品的国家。我为了买到一只鸡和一些大米在这里排了一天队。"

委内瑞拉长期以来是这个地区最繁荣的国家之一,有尖端的制造业,有充满活力的农业及强盛的商业,这使许多居民很难接受现在这种普遍的供给不足。但在繁荣之外,委内瑞拉的贫富差距极大,而这正是查维斯先生和他的部长们所说的他们正努力消除的问题。

他们抱怨不受限制的资本主义使国家经济处于不良状态,并认为在该国去年通货膨胀率上升至 27.6%,也就是世界最高水平之一的时候,必须进行管制以使价格得到控制。他们说,公司为了推动价格上升而不让产品进入市场,故意引起了短缺。这个月,政府要求降低果汁、牙膏、婴儿纸尿布以及十多种其他产品的价格。

查维斯先生最近说:"我不是让他们赔钱,只是要他们以一种理性的方式赚钱,他们不能掠夺人民。"

但是,许多经济学家认为这正是政府制造麻烦而不是解决问题的典型案例。经济学家认为,价格定得如此之低,以至于公司和生产者无法获得利润。因此,农民种的粮食少了,厂商削减了生产,而零售商也减少了存货。更有甚者,在一些出现整体性短缺的行业,比如说奶制品和咖啡业,政府已经没收了一些私人公司并由政府自己来经营,他们说这是出于国家利益。

1 月份,根据委内瑞拉中央银行编制的稀缺指数,在商店货架上找到基本物品的难度是自 2008 年以来最严重的。尽管该指标现在已有很大回落,但许多物品仍然难以买到。

一家定期跟踪稀缺程度的民意调查公司 Datanálisis 表示,其调查者在 3 月初的访问中发现,在 42% 的商店中找不到当地的一种主要产品——奶粉。液态奶就更难找到了。

根据 Datanálisis 的调查,上个月供给不足的其他产品包括牛肉、鸡肉、植物油和糖。该调查公司还指出,在政府补贴商店里,问题更为突出,而这种商店本来是为了向穷人提供可以买得起的食品而设置的……

美银美林研究委内瑞拉经济的经济学家 Francisco Rodríguez 说,政府可能通过新一轮的物价管制来获得一些政治加分,但是,他认为随着时间的推移,这会给经济带来麻烦。

Rodríguez 先生说,在中长期中这会是场灾难。

价格管制还意味着,从商店货架上消失的物品会以高得多的价格出现在黑市上,这会引起人们的愤怒。在政府的支持者看来,这是投机的证据;而其他人则认为,这是误导性政策的结果……

如果说有一种产品是委内瑞拉可以大量生产的,那就是咖啡。在 2009 年前,委内瑞拉一直是咖啡出口国,但在三年前产量大幅减少后,它开始大量进口咖啡。

农民和咖啡豆烘焙商说,问题很简单:零售价格管制使咖啡价格接近或低于农民种植和收获咖啡的成本。结果,许多人就不投资新的种植园或肥料,或者削减用于种植咖啡的土地量,而近年来许多地区的减产使情况变得更糟。

据代表中小咖啡豆烘焙商的某团体说,上个月,批发市场上国产咖啡已经无货可供——咖啡行业的领袖从未在一年当中这么早的时候就看到了供应耗尽的情形。该团体宣布它与政府达成协议,将通过购买进口咖啡豆来保障货架上有咖啡供应。

在价格管制下,其他农产品也出现了类似的问题,比如牛肉、牛奶和谷物的生产停滞以及进口增加。

30岁的Jenny Montero正在排队买鸡肉和其他主要食品,她回忆说,去年秋天她无法找到食用油,因此不得不从她喜欢的油炸食物转向汤和炖菜。

她推着婴儿车里14个月大的女儿,嘲讽地说了一句:"这对我是件好事,我轻了好几磅。"

资料来源:*New York Times*, April 20, 2012.

6.1.3 对价格控制的评价

第1章讨论的经济学十大原理之一是,市场通常是组织经济活动的一种好方法。这个原理解释了为什么经济学家总是反对价格上限和价格下限。在经济学家看来,价格并不是某些偶然过程的结果。他们认为,价格是隐藏在供给曲线和需求曲线背后的千百万企业和消费者决策的结果。价格有平衡供求从而协调经济活动的关键作用。当决策者通过法令确定价格时,他们就模糊了正常情况下指引社会资源配置的信号。

经济学十大原理的另一个是,政府有时可以改善市场结果。实际上,决策者进行价格控制是因为他们认为市场结果是不公平的。价格控制的目标往往是帮助穷人。例如,租金控制法的目的是使每一个人都住得起房子,而最低工资法的目的是帮助人们摆脱贫困。

但价格控制往往损害了那些它本想要帮助的人。租金控制可以保持低租金,但它无法鼓励房东修缮住房,并使找房变得困难。最低工资法会增加一些工人的收入,但也使其他工人成为失业者。

可以用除了控制价格以外的其他方法来帮助那些需要帮助的人。例如,政府可以通过给贫困家庭部分租金补贴来使他们租得起房子。与租金控制不同,这种租金补贴并不减少住房的供给量,从而也就不会引起住房短缺。同样,工资补贴既提高了贫穷工人的生活水平,又没有刺激企业少雇工人。工资补贴的一个例子是劳动收入税收减免,它是用来补贴低工资工人的一项政府计划。

虽然这些替代性政策往往比价格控制好,但也不是完美的。租金补贴和工资补贴要花费政府资金,因此要求更高的税收。正如我们在下一节要说明的,税收也有自己的成本。

即问即答 给价格上限和价格下限下定义,并各举出一个例子。什么引起了短缺?什么引起了过剩?为什么?

6.2 税收

所有政府——从华盛顿特区的联邦政府到小镇的地方政府——都用税收为公路、学校和国防这类公共项目筹资。由于税收是一种非常重要的政策工具,而且,由于税收在许多方面影响着我们的生活,所以,我们在全书中经常要研究税收这个话题。在这一节,我们的研究从税收如何影响经济开始。

为了设定一个分析的范围,设想一个地方政府决定举办一个年度冰淇淋节,节日期间将有游行、烟火以及本镇官员的讲话。为了筹到这项活动的经费,该镇决定对每个冰淇淋蛋卷的销售征收 0.5 美元的税收。当这项计划公布时,我们的两个游说集团立即采取行动。全国冰淇淋消费者协会声称,冰淇淋消费者无力支付,并认为,冰淇淋的卖者应该支付此项税收。全国冰淇淋制造商组织声称,它的成员在竞争市场上为生存而挣扎,并建议,冰淇淋的买者应该支付此项税收。市长希望双方达成妥协,建议买者支付一半税收,卖者支付一半税收。

为了分析这些建议,我们需要解决一个简单而敏感的问题:当政府对一种物品征税时,谁实际上承担了税收负担?是购买此物品的人,还是出售此物品的人?或者,如果买者与卖者分摊税收负担,什么因素决定如何分配税收负担?政府能像这位市长建议的一样,简单地通过立法来分配税收负担吗?还是要由更基本的市场力量来决定税收负担的分配?**税收归宿**(tax incidence)这个术语是指税收负担如何在组成市场的不同人之间分配。正如我们将看到的,通过运用供求工具,我们可以得到一些有关税收归宿的令人惊讶的结论。

6.2.1 向卖者征税如何影响市场结果

我们首先考虑向一种物品的卖者征税。假设当地政府通过了一项法律,要求冰淇淋的卖者每卖一个冰淇淋蛋卷向政府支付 0.5 美元的税收。这项法律将如何影响冰淇淋的买者和卖者呢?为了回答这个问题,我们可以遵循第 4 章中分析供给与需求时的三个步骤:(1) 确定该法律影响供给曲线,还是需求曲线;(2) 确定曲线移动的方向;(3) 考察这种移动如何影响均衡价格和数量。

第一步 在这种情况下,税收对冰淇淋的卖者产生了直接影响。由于并不向买者征税,在任何一种既定价格下,冰淇淋的需求量是相同的,所以,需求曲线不变。与此相反,对卖者征税使冰淇淋经营者在每一价格水平下的获利能力减少了,因此将使供给曲线移动。

第二步 由于对卖者征税提高了生产和销售冰淇淋的成本,因此,税收减少了每一种价格下的供给量。供给曲线向左移动(也可以说是向上移动)。

除了确定供给曲线移动的方向之外,我们还要准确地知道该曲线移动的幅度。在任何一种冰淇淋的市场价格下,卖者的有效价格——他们在纳税之后得到的量——要降低 0.5 美元。例如,如果一个冰淇淋蛋卷的市场价格正好是 2 美元,卖者得到的有效价格将是 1.5 美元。无论市场价格是多少,卖者就如同在比市场价格低 0.5 美元的价格水平上来确定冰淇淋的供给量。换言之,为了促使卖者供给任何一种既定的数量,现在市场价格必须高 0.5 美元,以便弥补税收的影响。因此,如图 6-6 所示,供给曲线从 S_1 向上移动到 S_2,移动幅度正好是税收量(0.5 美元)。

第三步 在确定了供给曲线如何移动之后,我们现在可以比较原来的均衡与新均衡。图 6-6 表明,冰淇淋蛋卷的均衡价格从 3 美元上升到 3.3 美元,而均衡数量从 100 个减少为 90 个。由于在新均衡下,卖者的销售量减少了,买者的购买量也减少了,因此税收缩小了冰淇淋市场的规模。

图 6-6 向卖者征税

当向卖者征收0.5美元的税收时,供给曲线向上移动0.5美元,从S_1移动到S_2。均衡数量从100个减少为90个。买者支付的价格从3美元上升为3.3美元。卖者得到的价格(纳税后)从3美元下降为2.8美元。即使是向卖者征税,买者与卖者也分摊了税收负担。

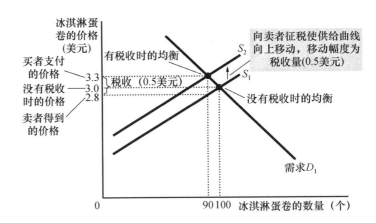

含义 现在我们回到税收归宿问题:谁支付了税收?虽然卖者向政府支付了全部税收,但买者与卖者分摊了税收负担。由于在引进了税收后,冰淇淋蛋卷的市场价格从3美元上涨为3.3美元,买者购买一个冰淇淋蛋卷的支出比没有税收时增加了0.3美元。因此,税收使买者的状况变坏了。卖者从买者那里得到了一个更高的价格(3.3美元),但交税后的有效价格从征税前的3美元下降为2.8美元(3.3美元 – 0.5美元 = 2.8美元)。因此,税收使卖者的状况也变坏了。

总之,这种分析得出了两个结论:

- 税收抑制了市场活动。当对一种物品征税时,该物品在新均衡时的销售量减少了。
- 买者与卖者分摊了税收负担。在新均衡时,买者为该物品支付的更多了,而卖者得到的更少了。

6.2.2 向买者征税如何影响市场结果

现在我们考虑向一种物品的买者征税。假设当地政府通过了一项法律,要求冰淇淋的买者为他们购买的每个冰淇淋蛋卷向政府支付0.5美元的税收。这项法律会产生什么影响呢?我们仍然用三个步骤来分析。

第一步 这项税收最初影响冰淇淋的需求。供给曲线并不受影响,因为在任何一种既定的冰淇淋价格下,卖者向市场提供冰淇淋的激励是相同的。与此相比,买者只要购买冰淇淋就不得不向政府支付税收(以及支付给卖者的价格)。因此,税收使冰淇淋的需求曲线移动。

第二步 我们再来确定曲线移动的方向。由于对买者征税使冰淇淋的吸引力变小了,在每一种价格下买者需要的冰淇淋量也减少了。结果,如图6-7所示,需求曲线向左移动(也可以说是向下移动)。

我们仍然可以准确地知道曲线移动的幅度。由于向买者征收0.5美元的税,所以,对买者的有效价格现在比市场价格高0.5美元(无论市场价格是多少)。例如,如果每个冰淇淋蛋卷的市场价格正好是2美元,对买者的有效价格就应该是2.5美元。由于买者关注的是包括税收在内的总成本,所以,他们如同是在比实际市场价格高出0.5美元的水平上确定对冰淇淋的需求量。换句话说,为了促使买者需要任何一种既定的数量,市场价格现在必须降低0.5美元,以弥补税收的影响。因此,如图6-7所示,税收使需求曲线从D_1向下移动到D_2,其移动幅度正好是税收量（0.5美元）。

图 6-7 向买者征税

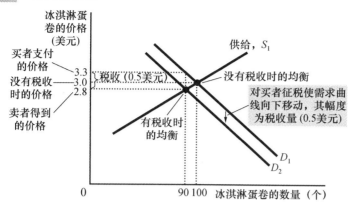

当向买者征收 0.5 美元税收时，需求曲线向下移动 0.5 美元，从 D_1 移动到 D_2。均衡数量从 100 个下降为 90 个。卖者得到的价格从 3 美元下降为 2.8 美元。买者支付的价格（包括税收）从 3 美元上升到 3.3 美元。尽管是向买者征税，但买者与卖者分摊了税收负担。

第三步 在确定了需求曲线如何移动之后，我们现在可以通过比较原来的均衡与新均衡，说明税收的影响。你可以在图 6-7 中看到，冰淇淋的均衡价格从 3 美元下降到 2.8 美元，而均衡数量从 100 个减少为 90 个。税收又一次缩小了冰淇淋市场的规模。而且，买者与卖者又一次分摊了税收负担。卖者出售产品的价格更低了，买者向卖者支付的市场价格也比以前更低了，但有效价格（含买者不得不支付的税收）从 3 美元上升到了 3.3 美元。

含义 如果比较图 6-6 和图 6-7，你将注意到一个令人惊讶的结论：对买者征税和对卖者征税是相同的。在这两种情况下，税收都在买者支付的价格和卖者得到的价格之间打入了一个楔子。无论税收是向买者征收还是向卖者征收，这一买者价格与卖者价格之间的楔子都是相同的。在这两种情况下，这个楔子都使供给曲线和需求曲线的相对位置移动。在新均衡时，买者和卖者分摊了税收负担。对买者征税和对卖者征税的唯一区别是谁来把钱交给政府。

如果我们设想政府在每家冰淇淋店的柜台上放一个碗来收取 0.5 美元的冰淇淋税，也许就容易理解这两种征税方式是等同的了。当政府向卖者征税时，要求卖者每卖一个冰淇淋蛋卷往碗里放 0.5 美元；当政府向买者征税时，要求买者每买一个冰淇淋蛋卷往碗里放 0.5 美元。无论这 0.5 美元是直接从买者的口袋进入碗内，还是先从买者的口袋进入卖者手中，再间接进入碗内，都无关紧要。无论向谁征税，一旦市场达到新均衡，都是买者与卖者分摊税收负担。

案例研究
国会能分配工薪税的负担吗

如果你曾收到过一张工薪支票，也许你会注意到你赚到的钱已经扣除了税收。这些税中有一种叫 FICA，全称是联邦保险税法案（Federal Insurance Contributions Act）。联邦政府用 FICA 税的收入来支付社会保障与医疗费用、对老年人的收入津贴和医疗计划费用。FICA 税是工薪税的一个例子，工薪税是向企业支付给工人的工资征收的一种税。在 2013 年，一个普通的工人总的 FICA 税占其收入的 15.3%。

你认为是谁在承受这种工薪税的负担？企业还是工人？当国会通过这项立法时，它试图规定税收负担的划分。根据这项法律,企业支付一半税收,工人支付一半税收。这就是说,一半税从企业收益中支付,而另一半税从工人工薪支票中扣除。出现在你工资单上的扣除量就是工人支付的部分。

但是,我们对税收归宿的分析表明,法律制定者并不能这样轻而易举地划分税收负担。为了说明这一点,我们可以把工薪税仅仅作为对物品征收的税来分析,在这里物品是劳动,而价格是工资。工薪税的关键特征是,它是打入企业支付的工资和工人得到的工资之间的一个楔子。图6-8表示了工薪税的结果。当征收工薪税时,工人得到的工资减少了,而企业支付的工资增加了。最后,工人和企业像立法所要求的那样分摊税收负担。但税收负担在工人和企业之间的这种划分与立法的划分无关:图6-8中税收负担的划分并不一定是一半对一半,而且,即使法律要求向工人征收全部税收或向企业征收全部税收,也会出现同样的结果。

图 6-8　工薪税

工薪税是打入工人得到的工资和企业支付的工资之间的一个楔子。比较有税收和没有税收时的工资,你会看到,工人和企业分摊了税收负担。这种税收负担在工人与企业之间的分配并不取决于政府是向工人征税,还是向企业征税,还是在两者之间平均分配税收。

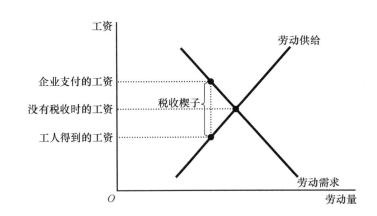

这个例子说明,公共争论中往往忽略了税收归宿这个最基本的结论。立法者可以决定税收是来自买者的口袋还是来自卖者的口袋,但他们不能用立法规定税收的真正负担。确切地说,税收归宿取决于供给和需求的力量。

6.2.3　弹性与税收归宿

当对一种物品征税时,该物品的买者与卖者分摊税收负担。但税收负担如何确切地划分呢?只有在极少数情况下是平均分摊的。为了说明税收负担如何划分,考虑图6-9中两个市场的税收影响。在这两种情况下,该图表示了最初的需求曲线、最初的供给曲线和打入买者支付的量与卖者得到的量之间的楔子。(在两幅图中都没有画出新的供给曲线或需求曲线。哪一条曲线移动取决于税收是向买者征收还是向卖者征收。正如我们已经说明的,这与税收归宿无关。)这两幅图的差别在于供给和需求的相对弹性。

图6-9(a)表示供给非常富有弹性而需求较为缺乏弹性的市场上的税收。这就是说,卖者对某种物品价格的变动非常敏感(因此,供给曲线较为平坦),而买者不是非常敏感(因此,需求曲线较为陡峭)。当对有这种弹性的市场征税时,卖者得到的价格并没有下降多少,因此,卖者只承担了一小部分负担。与此相比,买者支付的价格大幅度上升,表示买者承担了大部分税收负担。

图 6-9 税收负担如何分摊

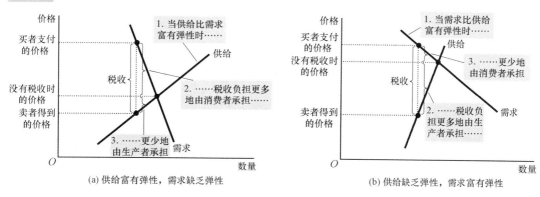

(a) 供给富有弹性,需求缺乏弹性
(b) 供给缺乏弹性,需求富有弹性

在(a)幅中,供给曲线富有弹性,而需求曲线缺乏弹性。在这种情况下,卖者得到的价格只有很少的下降,而买者支付的价格大幅度上升。因此,买者承担了大部分税收负担。在(b)幅中,供给曲线缺乏弹性,而需求曲线富有弹性。在这种情况下,卖者得到的价格大幅度下降,而买者支付的价格只有很少的上升。因此,卖者承担了大部分税收负担。

图 6-9(b)表示供给较为缺乏弹性而需求非常富有弹性的市场上的税收。在这种情况下,卖者对价格的变动不十分敏感(因此,供给曲线较为陡峭),而买者非常敏感(因此,需求曲线较为平坦)。该图表示,当对这种市场征税时,买者支付的价格并没有上升多少,而卖者得到的价格大幅度下降。因此,卖者承担了大部分税收负担。

图 6-9 的两幅图说明了一个关于税收负担划分的一般性结论:税收负担更多地落在缺乏弹性的市场一方身上。为什么这是正确的呢?在本质上,弹性衡量当条件变得不利时,买者或卖者离开市场的意愿。需求弹性小意味着买者对消费某种物品没有适当的替代品。供给弹性小意味着卖者对生产某种物品没有适当的替代品。当对这种物品征税时,适当替代品较少的市场一方不太愿意离开市场,从而必须承担更多的税收负担。

我们可以把这个逻辑运用于前一个案例研究中所讨论的工薪税。大多数劳动经济学家认为,劳动的供给远比劳动的需求缺乏弹性。这就意味着,是工人而不是企业承担了大部分工薪税的负担。换句话说,其税收负担的分配与立法者所期望的一半对一半相差甚远。

案例研究
谁支付奢侈品税

在 1990 年,国会通过了一项针对游艇、私人飞机、皮衣、珠宝和豪华轿车这类物品的新的奢侈品税。该税的目的是增加那些能轻而易举地承担税收负担的人的税收。由于只有富人能买得起这类奢侈品,所以,对奢侈品征税看来是向富人征税的一种合理方式。

但是,当供给与需求的力量发挥作用后,结果与国会所期望的非常不同。例如,考虑一下游艇市场。游艇的需求是极其富有弹性的。一个百万富翁很容易不买游艇,他可以用钱去买更大的房子,去欧洲度假,或者留给继承人一笔更大的遗产。与此相比,游艇的供给是较为缺乏弹性的,至少在短期中是如此。游艇工厂不能轻而易举地转向其他用途,而且,建造游艇的工人也不愿意由于市场状况改变而改行。

"如果游艇的价格再高一点,我们宁愿去打高尔夫球。"
图片来源:ⓒ Ariel Skelley/Blend Images/Corbis.

在这种情况下,通过我们的分析可以做出一个明确的预测。由于需求富有弹性而供给缺乏弹性,税收负担主要落在供给者身上。这就是说,对游艇征税的负担主要落在建造游艇的企业和工人身上,因为最后是他们的产品价格大幅度下降了。但是,工人并不是富人。因此,这一奢侈品税的税收负担更多地落在中产阶级身上,而不是富人身上。

在该奢侈品税付诸实施之后,关于其税收归宿的错误假设很快显现出来。奢侈品供给者使他们的国会议员代表意识到了他们所面临的经济困境,于是,国会在1993年废除了大部分奢侈品税。

即问即答 用一个供求分析图说明,对汽车购买者征收每辆1 000美元的税将如何影响汽车销售量和汽车价格。用另一个图说明,对汽车销售者征收每辆1 000美元的税将如何影响汽车销售量和汽车价格。在这两个图中说明汽车买者支付的价格的变化,以及汽车卖者得到的价格的变化。

6.3 结论

经济受两种规则体系支配:供求规律和政府制定的法规。在本章中我们开始说明这些规则如何相互作用。在经济中的各种市场上,价格控制政策和税收政策是很常见的,而且,这些政策的影响也经常成为媒体和决策者们争论的对象。即使只懂得一点经济学知识的人也可以大致了解并评价这些政策。

在以后几章中,我们将更详细地分析许多政府政策。我们将更充分地考察税收的影响,并考察比本章所讨论的要更广泛的政策。但本章的基本结论不会改变:当分析政府政策时,供给和需求是首要的、最有用的分析工具。

内容提要

◎ 价格上限是某种物品与服务的法定最高价格。租金控制是一个例子。如果价格上限低于均衡价格,则价格上限是限制性的,需求量大于供给量。由于所引起的短缺,卖者必须以某种方式在买者中配给物品或服务。

◎ 价格下限是某种物品或服务的法定最低价格。最低工资是一个例子。如果价格下限高于均衡价格,则价格下限是限制性的,供给量大于需求量。由于所引起的过剩,必然要以某种方式在卖者中配给买者的物品或服务需求。

◎ 当政府对一种物品征收税收时,该物品的均衡数量减少。也就是说,对某一市场征税缩小了该市场的规模。

◎ 对一种物品的征税是在买者支付的价格和卖者得到的价格之间打入的一个楔子。当市场向新均衡变动时,买者为该物品支付的价格高了,而卖者从该物品得到的价格低了。从这种意义上说,买者与卖者分摊了税收负担。税收归宿(也就是说,税收负担的分摊)并不取决于是向买者征税,还是向卖者征税。

◎ 税收归宿取决于供给和需求的价格弹性。税收负担更多地落在缺乏弹性的市场一方,因为市场的这一方较难通过改变购买量或销售量来对税收做出反应。

关键概念

价格上限　　　　　　价格下限　　　　　　税收归宿

复习题

1. 举出一个价格上限的例子和一个价格下限的例子。
2. 什么引起了一种物品的短缺？是价格上限还是价格下限？用图形证明你的答案。
3. 当不允许一种物品的价格使供给与需求达到平衡时，配置资源的机制是什么？
4. 解释为什么经济学家通常都反对价格控制。
5. 假设政府取消向一种物品的买者征税，而向这种物品的卖者征同样的税。税收政策的这种变动如何影响买者为这种物品向卖者支付的价格、买者所支付的(包括税在内的)货币量、卖者得到的(扣除税收的)货币量以及销售量？
6. 一种物品的税收如何影响买者支付的价格、卖者得到的价格以及销售量？
7. 什么决定了税收负担在买者和卖者之间的分配？为什么？

快速单选

1. 当政府设置限制性价格下限时，它会引起_____。
   a. 供给曲线向左移动
   b. 需求曲线向右移动
   c. 物品短缺
   d. 物品过剩
2. 在有限制性价格上限的市场上，价格上限上升会_____供给量，_____需求量，并减少_____。
   a. 增加，减少，过剩
   b. 减少，增加，过剩
   c. 增加，减少，短缺
   d. 减少，增加，短缺
3. 对一种物品向消费者征收每单位1美元的税收相当于_____。
   a. 向这种物品的生产者征收每单位1美元的税收
   b. 对这种物品的生产者支付每单位1美元的补贴
   c. 使该物品的每单位价格提高了1美元的价格下限
   d. 使该物品的每单位价格提高了1美元的价格上限
4. 以下哪一种情况会增加供给量，减少需求量，并提高消费者支付的价格？
   a. 实施限制性价格下限。
   b. 取消限制性价格下限。
   c. 把税收加在生产者一方。
   d. 取消对生产者征税。
5. 以下哪一种情况会增加供给量，增加需求量，并降低消费者支付的价格？
   a. 实施限制性价格下限。
   b. 取消限制性价格下限。
   c. 把税收加在生产者一方。
   d. 取消对生产者征税。
6. 在哪一种情况下，税收负担主要落在消费者身上？
   a. 向消费者收税。
   b. 向生产者收税。
   c. 供给缺乏弹性，需求富有弹性。
   d. 供给富有弹性，需求缺乏弹性。

问题与应用

1. 古典音乐的爱好者说服了国会实行每张门票 40 美元的价格上限。这种政策使听古典音乐会的人多了还是少了？解释原因。
2. 政府确信奶酪自由市场的价格太低了。
   a. 假设政府对奶酪市场实行限制性价格下限。用供求图说明，这种政策对奶酪价格和奶酪销售量的影响。此时是存在奶酪的短缺还是过剩？
   b. 奶酪生产者抱怨价格下限减少了他们的总收益。这种情况可能吗？解释原因。
   c. 针对奶酪生产者的抱怨，政府同意以价格下限购买全部过剩奶酪。与基本的价格下限政策相比，谁从这种新政策中获益？谁受损失？
3. 最近的研究发现，飞盘的需求与供给表如下：

每个飞盘的价格（美元）	需求量（百万个）	供给量（百万个）
11	1	15
10	2	12
9	4	9
8	6	6
7	8	3
6	10	1

   a. 飞盘的均衡价格和均衡数量是多少？
   b. 飞盘制造厂说服了政府，飞盘的生产增进了科学家对空气动力学的了解，因此对于国家安全是很重要的。关注此事的国会投票通过了实行比均衡价格高 2 美元的价格下限。新的市场价格是多少？可以卖出多少个飞盘？
   c. 愤怒的大学生在华盛顿游行并要求飞盘降价。更为关注此事的国会投票通过取消了价格下限，并将以前的价格下限降低 1 美元作为价格上限。新的市场价格是多少？可以卖出多少个飞盘？
4. 假设联邦政府要求喝啤酒者每购买一箱啤酒支付 2 美元税收（实际上，联邦政府和州政府都对啤酒征收某种税）。
   a. 画出没有税收时啤酒市场的供求图。说明消费者支付的价格、生产者得到的价格以及啤酒销售量。消费者支付的价格和生产者得到的价格之间的差额是多少？
   b. 现在画出有税收时啤酒市场的供求图。说明消费者支付的价格、生产者得到的价格以及啤酒销售量。消费者支付的价格和生产者得到的价格之间的差额是多少？啤酒的销售量是增加了还是减少了？
5. 一个参议员想增加税收收入并使工人的状况变好。一个工作人员建议增加由企业支付的工薪税，并将这些额外收入中的一部分用来减少工人支付的工薪税。这能实现这个参议员的目标吗？解释原因。
6. 如果政府对豪华轿车征收 500 美元的税，那么消费者所支付价格的上涨幅度是大于 500 美元，小于 500 美元，还是正好为 500 美元？解释原因。
7. 国会和总统决定，美国应该通过减少使用汽油以减轻空气污染。他们对所销售的每加仑汽油征收 0.5 美元的税收。
   a. 他们应该对生产者征税，还是对消费者征税？用供求图加以详细解释。
   b. 如果汽油的需求较富有弹性，这种税对减少汽油消费量更为有效，还是更为无效？用文字和图形做出解释。
   c. 这种税收使汽油消费者受益还是受损？为什么？
   d. 这种税使石油行业工人受益还是受损？为什么？
8. 本章中的案例研究讨论了联邦最低工资法。
   a. 假设最低工资高于低技能劳动市场上的均衡工资。在低技能劳动市场的供求图上，标明市场工资、受雇工人数量，以及失业工人数量。再标明对低技能工人的总工资支付。
   b. 现在假设劳工部长建议提高最低工资。这种提高对就业会有什么影响？就业变动取决于需求弹性还是供给弹性？还是同时取决于这两者？还是两者都不取决于？
   c. 这种最低工资的提高对失业会有什么影

响？失业变动取决于需求弹性还是供给弹性？还是同时取决于这两者？还是两者都不取决于？

d. 如果低技能劳动的需求是缺乏弹性的,所建议的提高最低工资会增加还是减少对低技能工人的工资支付总量？如果低技能劳动的需求是富有弹性的,你的答案会有什么改变？

9. 在 Fenway 公园,波士顿红袜队的主场,只有 39 000 个座位。因此,发售的门票也固定在这个数量。由于看到了增加收入的黄金机会,波士顿市对每张票征收由买票者支付的 5 美元的税收。波士顿的球迷很有市民风范,顺从地每张票交纳了 5 美元。画图说明上述税收的影响。税收负担落在谁身上——球队所有者、球迷,还是两者兼而有之？为什么？

10. 补贴与税收相反。在对冰淇淋蛋卷购买者征收 0.5 美元税收时,政府对购买的每个冰淇淋蛋卷收取 0.5 美元;而对冰淇淋蛋卷购买者补贴 0.5 美元时,政府对购买的每个冰淇淋蛋卷支付 0.5 美元。

a. 说明每个冰淇淋蛋卷 0.5 美元的补贴对冰淇淋蛋卷的需求曲线、消费者支付的有效价格、卖者得到的有效价格和销售量的影响。

b. 消费者会从这种政策中受益还是受损？生产者是受益还是受损？政府是受益还是受损？

第7章　消费者、生产者与市场效率

第8章　应用：赋税的代价

第9章　应用：国际贸易

第3篇　市场和福利

第7章
消费者、生产者与市场效率

当消费者到商店购买感恩节晚餐上用的火鸡时,他们可能会对火鸡的高价格感到失望。同时,当农民把饲养的火鸡送到市场时,他们希望火鸡的价格能再高一些。这些观点并不使人感到惊讶:买者总想少付些钱,而卖者总想多卖些钱。但是,从整个社会的角度看,存在一种火鸡的"正确价格"吗?

在前面各章中,我们说明了在市场经济中,供给与需求的力量如何决定了物品与服务的价格和销售量。但是,到现在为止,我们只是描述了市场配置稀缺资源的方式,而没有直接说明这些市场配置是不是令人满意的问题。换句话说,我们的分析是实证的(是什么),而不是规范的(应该是什么)。我们知道,火鸡的价格会自发调整,以保证火鸡的供给量等于需求量。但是,在这种均衡状态,火鸡的生产量与消费量是太少、太多,还是正好呢?

在本章中,我们要讨论**福利经济学**(welfare economics)这个主题,即研究资源配置如何影响经济福利的一门学问。我们从考察买者和卖者从参与市场中得到的利益开始。然后我们考虑社会如何可以使这种利益尽可能达到最大。这种分析得出了一个影响深远的结论:市场上的供求均衡可以最大化买者和卖者得到的总利益。

也许你还记得第1章中经济学十大原理之一是,市场通常是组织经济活动的一种好方法。福利经济学的研究更充分地阐释了这个原理。它还将回答火鸡的正确价格这个问题:从某种意义上说,使火鸡供求平衡的价格是最好的价格,因为它使火鸡消费者和火鸡生产者的总福利最大化。没有任何火鸡的消费者或生产者的行动是为了实现这个目标,但他们在市场价格指导之下的共同行动使其达成了福利最大化的结果,就像有一只看不见的手指引一样。

7.1 消费者剩余

我们从观察参与市场的买者得到的利益开始我们的福利经济学研究。

7.1.1 支付意愿

假设你有一张崭新的猫王的首张专辑。因为你不是一个猫王迷,你决定把这张专辑卖出。卖出的一种方法是举行一场拍卖会。

四个猫王迷出现在你的拍卖会上:John、Paul、George 和 Ringo。他们每个人都想拥有这张专辑,但每个人愿意为此支付的价格都有限。表 7-1 列出了这四个可能的买者中每个人愿意支付的最高价格。每一个买者愿意支付的最高价格称为**支付意愿**(willingness to pay),它衡量买者对物品的评价。每个买者都希望以低于自己支付意愿的价格买到这张专辑,并拒绝以高于其支付意愿的价格买这张专辑,而且,对以正好等于自己支付意愿的价格买这张专辑持无所谓的态度:如果价格正好等于他对这张专辑的评价,则他无论买这张专辑还是把钱留下都同样满意。

表 7-1　四个可能买者的支付意愿

买者	支付意愿(美元)
John	100
Paul	80
George	70
Ringo	50

为了卖出你的专辑,你从一个低价格,比如 10 美元,开始叫价。由于四个买者愿意支付的价格要比这高得多,价格上升得很快。当 John 报出 80 美元(或略高一点)的出价时,叫价停止了。在这一点上,Paul、George 和 Ringo 退出了叫价,因为他们不愿意叫出任何比 80 美元高的价格。John 付给你 80 美元,并得到了这张专辑。要注意的是,这张专辑属于了对该专辑评价最高的买者。

John 从购买猫王的这张专辑中得到了什么利益呢?在某种意义上说,John 做了一笔划算的交易:他愿意为这张专辑支付 100 美元,但实际只为此支付了 80 美元。我们说,John 得到了 20 美元的消费者剩余。**消费者剩余**(consumer surplus)是买者愿意为一种物品支付的量减去其为此实际支付的量。

消费者剩余衡量买者从参与市场中得到的利益。在这个例子中,John 从参与拍卖中得到了 20 美元的利益,因为他为一件他评价为 100 美元的物品只支付了 80 美元。Paul、George 和 Ringo 没有从参与拍卖中得到消费者剩余,因为他们没有得到专辑,也没有花一分钱。

现在考虑一个略有点不同的例子。假设你有两张相同的猫王专辑要卖,你又向这四个可能的买者拍卖它们。为了简单起见,我们假设,这两张专辑都以相同的价格卖出,而且,没有一个买者想买一张以上的专辑。因此,价格上升到两个买者放弃为止。

在这种情况下,当 John 和 Paul 报出 70 美元(或略高一点)的出价时,叫价停止了。在这种价格时,John 和 Paul 愿意各买一张专辑,而 George 和 Ringo 不愿意出更高的价格。John 和 Paul 各自得到的消费者剩余等于各自的支付意愿减支付价格。John 的消费者剩余是 30 美元,而 Paul 是 10 美元。现在 John 的消费者剩余比在前一种情况下要高,因为他得到了同样的专辑,但为此付的钱少了。市场上的总消费者剩余是 40 美元。

7.1.2　用需求曲线衡量消费者剩余

消费者剩余与某种物品的需求曲线密切相关。为了说明它们如何相关,我们继续用上面的例子,并考察这张稀有的猫王专辑的需求曲线。

我们首先根据四个可能买者的支付意愿做出这张专辑的需求表。图7-1中的表格是与表7-1相对应的需求表。如果价格在100美元以上，市场需求量是0，因为没有一个买者愿意出这么多的钱。如果价格在80—100美元之间，需求量是1，因为只有John愿意出这么高的价格。如果价格在70—80美元之间，需求量是2，因为John和Paul都愿意出这个价格。我们还可以继续这样分析其他价格。用这种方法，就可以根据四个可能买者的支付意愿推导出需求表。

图7-1中的图形表示与这个需求表相对应的需求曲线。要注意需求曲线的高度与买者支付意愿之间的关系。在任何一种数量时，需求曲线给出的价格表示边际买者的支付意愿。边际买者是指如果价格再提高一点就首先离开市场的买者。例如，在4张专辑这一数量时，需求曲线上对应的高度为50美元，这是Ringo（边际买者）愿意为一张专辑支付的价格。在3张专辑这一数量时，需求曲线上对应的高度是70美元，这是George（现在的边际买者）愿意支付的价格。

图7-1 需求表和需求曲线

价格（美元）	买者	需求量（张）
100以上	无	0
80—100	John	1
70—80	John, Paul	2
50—70	John, Paul, George	3
50或以下	John, Paul, George, Ringo	4

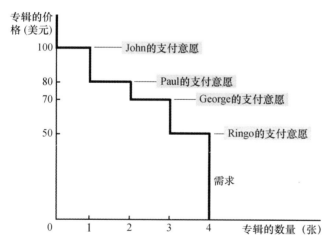

图中的表格表示表7-1中崭新的猫王的首张专辑的买者的需求表，图形表示相对应的需求曲线。要注意的是，需求曲线的高度反映了买者的支付意愿。

由于需求曲线反映了买者的支付意愿，我们还可以用它衡量消费者剩余。图7-2用需求曲线计算我们两个例子中的消费者剩余。在(a)幅中，价格是80美元（或略高一点），而需求量是1。注意80美元的价格以上和需求曲线以下的面积等于20美元。这个量正好是我们计算的当只卖出一张专辑时的消费者剩余。

图 7-2 用需求曲线衡量消费者剩余

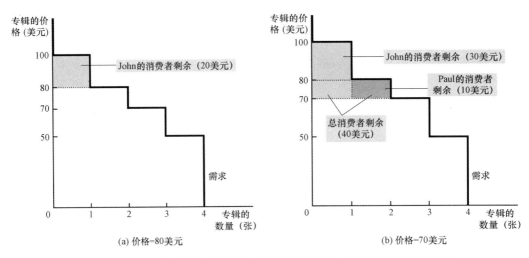

在(a)幅中,物品价格是 80 美元,消费者剩余是 20 美元。在(b)幅中,物品价格是 70 美元,消费者剩余是 40 美元。

图 7-2(b)表示当价格是 70 美元(或略高一点)时的消费者剩余。在这种情况下,价格以上和需求曲线以下的面积等于两个矩形的总面积:在这一价格时,John 的消费者剩余为 30 美元,Paul 的为 10 美元。总面积等于 40 美元。这个量又是我们之前计算的消费者剩余。

从这个例子得出的结论对所有需求曲线都是成立的:需求曲线以下和价格以上的面积衡量一个市场上的消费者剩余。这之所以正确,是因为需求曲线的高度衡量买者对物品的评价,即买者对此物品的支付意愿。这种支付意愿与市场价格之间的差额是每个买者的消费者剩余。因此,需求曲线以下和价格以上的总面积是某种物品或服务市场上所有买者的消费者剩余的总和。

7.1.3 价格降低如何增加消费者剩余

由于买者总想为他们买的物品少支付一些,因此价格降低使某种物品买者的状况变好。但买者的福利会由于价格降低而增加多少呢?我们可以用消费者剩余的概念来准确地回答这个问题。

图 7-3 表示一条典型的需求曲线。你也许注意到了,这条曲线逐渐地向右下方倾斜而不是像前两个图中那样是阶梯式的。在一个有许多买者的市场上,每个买者退出引起的阶梯如此之小,以至于它们实际上形成了一条平滑的曲线。尽管这条曲线与上节所描述的需求曲线的形状不同,但我们刚刚提出的思想仍是适用的:消费者剩余是价格以上和需求曲线以下的面积。(a)幅中,在价格为 P_1 时,消费者剩余是三角形 ABC 的面积。

现在假设如图 7-3(b)所示,价格从 P_1 下降到 P_2,消费者剩余现在等于三角形 ADF 的面积。由于价格降低引起的消费者剩余的增加是 BCFD 的面积。

图 7-3 价格如何影响消费者剩余

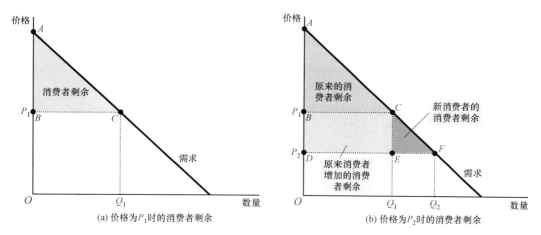

(a) 价格为 P_1 时的消费者剩余

(b) 价格为 P_2 时的消费者剩余

在(a)幅中,价格为 P_1,需求量为 Q_1,消费者剩余等于三角形 ABC 的面积。当价格从 P_1 下降到 P_2 时,正如(b)幅所示,需求量从 Q_1 增加到 Q_2,消费者剩余增加到三角形 ADF 的面积。消费者剩余的增加(BCFD 的面积)部分是因为原来的消费者现在支付的少了(BCED 的面积),部分是因为价格降低时新消费者进入了市场(CEF 的面积)。

消费者剩余的这种增加由两部分组成。第一,那些原来以较高价格 P_1 购买 Q_1 量物品的买者由于现在支付的少了而状况变好。原有买者的消费者剩余增量是他们减少的支付量,它等于矩形 BCED 的面积。第二,一些新的买者进入市场,因为他们愿意以降低后的价格购买该物品。结果,市场需求量从 Q_1 增加到 Q_2。这些新进入者的消费者剩余是三角形 CEF 的面积。

7.1.4 消费者剩余衡量什么

我们提出消费者剩余概念的目的是对市场结果的合意性做出规范性判断。既然你已经知道了什么是消费者剩余,接下来我们再来看看,它是不是经济福利的一个好的衡量指标。

设想你是一个决策者,正努力设计一种好的经济制度。你会关心消费者剩余的量吗?消费者剩余,即买者愿意为一种物品支付的量减去他们实际支付的量,衡量了买者从一种物品中得到的自己感觉到的利益。因此,如果决策者想尊重买者的偏好,那么消费者剩余不失为经济福利的一种好的衡量标准。

在某些情况下,决策者可能选择不关心消费者剩余,因为他们不尊重某些驱动买者行为的偏好。例如,吸毒者愿意支付高价格获得海洛因。但我们并不认为,吸毒者可以从低价购买海洛因中得到巨大利益(尽管吸毒者可能会这样认为)。从社会的角度看,这种情况下的支付意愿并不是买者利益的好的衡量指标,消费者剩余也不是经济福利的好的衡量指标,因为吸毒者并没有关心自己的最佳利益。

但是,在大多数市场上,消费者剩余确实反映了经济福利。经济学家通常假设,买者做决策时是理性的。在机会既定的情况下,理性人会尽最大努力实现其目标。经济学家通常还假设,人们的偏好应该得到尊重。在这种情况下,消费者是他们从自己购买的物品中得到了多少利益的最佳裁判。

即问即答 画出火鸡的需求曲线。在你画的图中,标出一种火鸡的价格并说明该价格下的消费者剩余。用文字解释这种消费者剩余衡量的内容。

7.2 生产者剩余

现在我们转向市场的另一方,来看看卖者从参与市场中得到的利益。正如你将看到的,我们对卖者福利的分析与我们对买者福利的分析是相似的。

7.2.1 成本与销售意愿

现在设想你是一个房屋所有者,想给你的房子刷漆。你找到了四个油漆服务的卖者:Mary、Frida、Georgia 和 Grandma。如果价格合适,每个油漆工都愿意为你工作。你决定让这四个油漆工竞价,并把这项工作拍卖给愿意以最低价格做这项工作的油漆工。

如果得到的价格超过了从事这项工作的成本,那么每个油漆工都愿意接受这项工作。在这里,**成本**(cost)这个术语应该解释为油漆工的机会成本:它包括油漆工的直接支出(油漆、刷子等)和油漆工对她们自己时间的评价。表 7-2 表示每个油漆工的成本。由于一个油漆工的成本是她愿意接受这份工作的最低价格,所以成本衡量她出售其服务的意愿,每个油漆工都渴望以高于其成本的价格出售其服务,拒绝以低于其成本的价格出售其服务,而对在价格正好等于其成本时出售其服务持无所谓的态度:无论是得到这份工作还是把她的时间和精力用于另一个目的,她都同样满意。

表 7-2　四个可能的卖者的成本

卖者	成本(美元)
Mary	900
Frida	800
Georgia	600
Grandma	500

当你用竞价选出油漆工时,价格开始时可能很高,但由于油漆工的竞争,价格会很快下降。一旦 Grandma 报出了 600 美元的价格(或者略低一点),她就是唯一留下来的竞价者。Grandma 很高兴在这种价位从事这项工作,因为她的成本仅仅是 500 美元。Mary、Frida 和 Georgia 不愿意以低于 600 美元的价格从事这项工作。要注意的是,工作给予了能以最低成本从事这项工作的油漆工。

Grandma 从这项工作中得到了什么利益呢? 由于她愿意以 500 美元从事这项工作,但得到了 600 美元的价格,我们说她得到了 100 美元的生产者剩余。**生产者剩余**(producer surplus)是卖者得到的量减去其生产成本。生产者剩余衡量卖者从参与市场中得到的利益。

现在我们考虑一个略有点不同的例子。假设你有两间房子需要油漆。你又向四个油漆工拍卖这份工作。为了简单起见,我们假设没有一个油漆工能油漆两间房子,而且你将对油漆每间房子支付同样的价格。因此,价格要一直下降到两个油漆工离开为止。

在这种情况下,当 Georgia 和 Grandma 都愿意以 800 美元(或略低一点)的价格从事这项工作时,竞价就停止了。在这一价格时,Georgia 和 Grandma 愿意从事这项工作,而 Mary 和

Frida 不愿报出更低的价格。在价格为 800 美元时,Grandma 得到了 300 美元的生产者剩余,而 Georgia 得到了 200 美元的生产者剩余。市场上的总生产者剩余是 500 美元。

7.2.2　用供给曲线衡量生产者剩余

正如消费者剩余与需求曲线密切相关一样,生产者剩余也与供给曲线密切相关。为了说明它们如何密切相关,我们继续沿用前面的例子。

我们首先根据四个油漆工的成本做出油漆服务的供给表。图 7-4 中的表格是与表 7-2 中的成本相对应的供给表。如果价格低于 500 美元,四个油漆工中没有一个愿意从事这项工作,因此,供给量是 0;如果价格在 500—600 美元之间,只有 Grandma 愿意从事这项工作,因此供给量是 1;如果价格在 600—800 美元之间,Grandma 和 Georgia 愿意从事这项工作,因此供给量是 2;以此类推。因此,可以根据四个油漆工的成本推导出供给表。

图 7-4　供给表和供给曲线

价格(美元)	卖者	供给量(间)
900 或以上	Mary,Frida,Georgia,Grandma	4
800—900	Frida,Georgia,Grandma	3
600—800	Georgia,Grandma	2
500—600	Grandma	1
500 以下	无	0

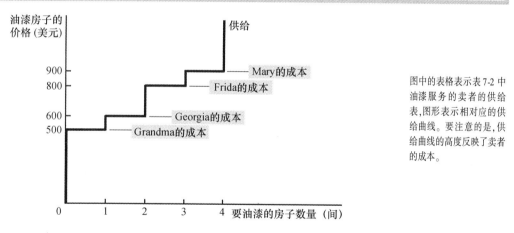

图中的表格表示表 7-2 中油漆服务的卖者的供给表,图形表示相对应的供给曲线。要注意的是,供给曲线的高度反映了卖者的成本。

图 7-4 中的图形表示对应于这个供给表的供给曲线。要注意的是,供给曲线的高度与卖者的成本相关。在任何一种数量时,供给曲线给出的价格表示边际卖者的成本,边际卖者是如果价格再降低一点就首先离开市场的卖者。例如,在房子数量为 4 时,供给曲线的高度是 900 美元,即 Mary(边际卖者)提供其油漆服务的成本。在房子数量为 3 时,供给曲线的高度是 800 美元,即 Frida(现在的边际卖者)提供其油漆服务的成本。

由于供给曲线反映了卖者的成本,我们可以用它来衡量生产者剩余。图 7-5 用供给曲线来计算上述两个例子中的生产者剩余。在(a)幅中,我们假设价格是 600 美元(或略低一点)。在这种情况下,供给量是 1。要注意的是,价格以下和供给曲线以上的面积等于 100 美元。这个数量正好是我们之前计算的 Grandma 的生产者剩余。

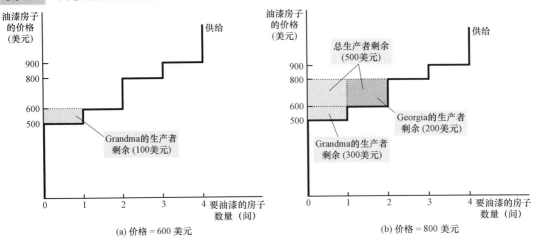

图 7-5 用供给曲线衡量生产者剩余

(a) 价格 = 600 美元

(b) 价格 = 800 美元

在(a)幅中,物品的价格是 600 美元,生产者剩余是 100 美元。在(b)幅中,物品的价格是 800 美元,生产者剩余是 500 美元。

图 7-5(b)表示价格为 800 美元(或略低一点)时的生产者剩余。在这种情况下,价格以下和供给曲线以上的面积等于两个矩形的总面积。这个面积等于 500 美元,即我们前面计算的当有两间房子需要油漆时,Georgia 和 Grandma 的生产者剩余。

从这个例子中得到的结论适用于所有供给曲线:价格以下和供给曲线以上的面积衡量一个市场上的生产者剩余。这里的逻辑是很直观的:供给曲线的高度衡量卖者的成本,而价格和生产成本之间的差额是每个卖者的生产者剩余。因此,价格以下和供给曲线以上的总面积是所有卖者的生产者剩余的总和。

7.2.3 价格上升如何增加生产者剩余

当听到卖者总想使他们的物品卖个好价钱时,你不会感到奇怪。但是价格上升会使卖者的福利增加多少呢?生产者剩余的概念为这个问题提供了一个准确的答案。

图 7-6 表示一条在有许多卖者的市场上出现的典型的向右上方倾斜的供给曲线。尽管这条供给曲线在形状上与前面图中的梯形供给曲线不同,但我们可以用同样的方法衡量生产者剩余:生产者剩余是价格以下和供给曲线以上的面积。在(a)幅中,价格是 P_1,生产者剩余是三角形 ABC 的面积。

(b)幅表示当价格从 P_1 上升为 P_2 时出现的变动。现在的生产者剩余等于三角形 ADF 的面积。生产者剩余的增加包括两部分:第一,在较低价格 P_1 时就已经出售 Q_1 单位物品的卖者,由于现在卖到了更高的价格而状况变好。原有卖者的生产者剩余的增加等于矩形 BCED 的面积。第二,一些新卖者进入市场,因为他们愿意以较高价格生产物品,这就使供给量从 Q_1 增加到 Q_2。这些新进入者的生产者剩余是三角形 CEF 的面积。

正如这种分析所表明的,我们用与之前用消费者剩余衡量买者福利大体相同的方法,用生产者剩余来衡量卖者的福利。由于这两种经济福利的衡量如此相似,所以,同时使用它们是很自然的。而且,实际上这也正是我们在下一节要做的事。

图 7-6 价格如何影响生产者剩余

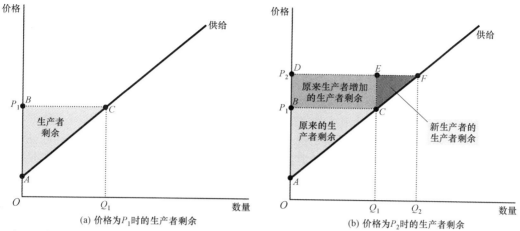

在(a)幅中,价格是 P_1,供给量是 Q_1,生产者剩余等于三角形 ABC 的面积。当价格从 P_1 上升为 P_2 时,如(b)幅所示,供给量从 Q_1 增加到 Q_2,生产者剩余增加到三角形 ADF 的面积。生产者剩余的增加(BCFD 的面积)部分是因为原来的生产者现在得到的生产者剩余多了(BCED 的面积),部分是因为在价格较高时新生产者进入了市场(CEF 的面积)。

即问即答 画出火鸡的供给曲线。在你的图中标出一种火鸡的价格并说明该价格下的生产者剩余。用文字解释这种生产者剩余衡量的内容。

7.3 市场效率

消费者剩余和生产者剩余是经济学家用来研究市场中买者与卖者福利的基本工具。这些工具有助于我们解决一个基本的经济问题:由自由市场决定的资源配置是合意的吗?

7.3.1 仁慈的社会计划者

为了评价市场结果,我们在分析中引入一个假设的新角色,称为仁慈的社会计划者。仁慈的社会计划者是无所不知、无所不能、意愿良好的独裁者。这个计划者想使社会上每个人的经济福利最大化。这个计划者应该怎么做呢?她是应该放任买者与卖者自然而然地根据自己的利益达到均衡呢,还是应该通过以某种方式改变市场结果来增加经济福利呢?

为了回答这个问题,计划者首先必须决定如何衡量社会的经济福利。一种可能的衡量指标是消费者剩余和生产者剩余的总和,我们称之为总剩余。消费者剩余是买者从参与市场活动中得到的利益,而生产者剩余是卖者从参与市场活动中得到的利益。因此,把总剩余作为社会经济福利的衡量指标是自然而然的。

为了更好地理解经济福利的这一衡量指标,我们回忆一下如何衡量消费者剩余与生产者剩余。我们把消费者剩余定义为:

消费者剩余 = 买者的评价 − 买者支付的量

同样,我们把生产者剩余定义为:

生产者剩余 = 卖者得到的量 − 卖者的成本

当我们把消费者剩余和生产者剩余相加时,得出:

$$总剩余 = (买者的评价 - 买者支付的量) + (卖者得到的量 - 卖者的成本)$$

买者支付的量等于卖者得到的量,因此,这个公式中中间的两项相互抵消。因此,我们可以把总剩余写为:

$$总剩余 = 买者的评价 - 卖者的成本$$

市场的总剩余是用买者支付意愿衡量的买者对物品的总评价减去卖者提供这些物品的总成本。

如果资源配置使总剩余最大化,我们可以说,这种配置是有**效率**(efficiency)的。如果一种配置是无效率的,那么,买者和卖者之间交易的一些潜在的利益就还没有实现。例如,如果一种物品不是由成本最低的卖者生产的,配置就是无效率的。在这种情况下,将生产从高成本生产者转给低成本生产者就会降低卖者的总成本并增加总剩余。同样,如果一种物品不是由对这种物品评价最高的买者消费,配置也是无效率的。在这种情况下,将该物品的消费从评价低的买者转给评价高的买者就会增加总剩余。

除了效率之外,社会计划者还应该关心**平等**(equality)——即市场上的各个买者与卖者是否有相似的经济福利水平。在本质上,从市场贸易中获得的利益就像一块要在市场参与者间分配的蛋糕。效率问题涉及的是蛋糕是否尽可能地做大了。平等问题涉及的是如何把这块蛋糕切成小块,以及如何在社会成员中进行分配。在本章中,我们的分析集中在作为社会计划者目标之一的效率上。但要记住,真正的决策者往往也关心平等。

7.3.2 市场均衡的评价

图 7-7 表示当市场供求达到均衡时的消费者剩余与生产者剩余。回想一下,消费者剩余等于价格以上和需求曲线以下的面积,而生产者剩余等于价格以下和供给曲线以上的面积。因此,供给曲线和需求曲线到均衡点之间的总面积代表该市场的总剩余。

图7-7 市场均衡时的消费者剩余与生产者剩余

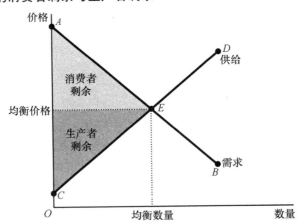

总剩余——消费者剩余和生产者剩余的总和——是供给曲线和需求曲线到均衡数量之间的面积。

这种均衡的资源配置是否有效率?也就是说,它是否使总剩余实现了最大化?为了回答这些问题,我们回想一下,当市场均衡时,价格决定了参与市场的买者与卖者。那些对物品的评价高于价格(由需求曲线上的 *AE* 段表示)的买者选择购买物品;那些对物品的评价低于价格(由需求曲线上的 *EB* 段表示)的买者选择不购买物品。同样,那些成本低于价格(由供给曲线上的 *CE* 段表示)的卖者选择生产并销售物品;那些成本高于价格(由供给曲线上的 *ED* 段表示)的卖者选择不生产和销售物品。

这些观察可以得出以下两个关于市场结果的观点：

（1）自由市场把物品的供给分配给对这些物品评价最高的买者，这种评价用买者的支付意愿来衡量。

（2）自由市场将物品的需求分配给能够以最低成本生产这些物品的卖者。

因此，在生产量与销售量达到市场均衡时，社会计划者不能通过改善买者之间的消费配置或卖者之间的生产配置来增加经济福利。

但是，社会计划者可以通过增加或减少物品量来增加总的经济福利吗？回答是否定的，正如关于市场结果的第三种观点所述：

（3）自由市场生产出使消费者剩余和生产者剩余的总和最大化的物品量。

图7-8说明了为什么这是正确的。为了解释这个图，要记住，需求曲线反映了买者的评价，而供给曲线反映了卖者的成本。在低于均衡水平的任何一种产量，例如在 Q_1，边际买者的评价大于边际卖者的成本。因此，增加产量和消费量会增加总剩余。这种情况要一直持续到产量达到均衡水平时为止。同样，在高于均衡水平的任何一种产量，例如在 Q_2，边际买者的评价小于边际卖者的成本。在这种情况下，减少产量会增加总剩余，而且，这种情况要一直持续到产量下降到均衡水平时为止。为了使总剩余最大化，社会计划者应该选择供给曲线与需求曲线相交时的产量。

图7-8 均衡数量的效率

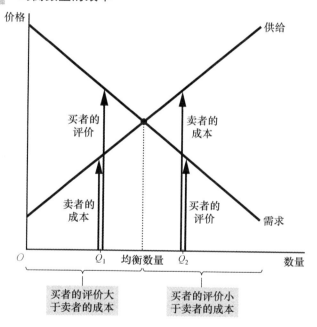

在产量小于均衡数量时，例如 Q_1，买者的评价大于卖者的成本。在产量大于均衡数量时，例如 Q_2，卖者的成本大于买者的评价。因此，市场均衡使生产者剩余和消费者剩余之和达到了最大化。

总之，这三个关于市场结果的观点告诉我们，市场结果使消费者剩余与生产者剩余之和达到了最大化。换句话说，均衡的结果是资源的有效配置。因此，仁慈的社会计划者可以让市场自己得出她想要的结果。这种完全放任的政策可以用法语"laissez faire"来表述，这句话可以解释为"让人们自由行事吧"。

社会是幸运的，因为计划者不必加以干预。尽管想象有一个无所不知、无所不能、意愿良好的独裁者怎样去做是一个有用的做法，但我们面临的问题是：这些特征很难具备。很少有独裁者能那样仁慈。而且，即使找到了某个具备这种品德的人，她也可能缺乏关键信息。

假设我们的社会计划者努力靠自己而不是依靠市场力量去选择有效的资源配置。为了这样做，她需要知道市场上每个特定物品对每个潜在消费者的价值和每个潜在生产者的成本。而且，她不仅需要有关这个市场的这种信息，而且还需要经济中成千上万个市场中每一个市场的这种信息。这个任务实际上是不可能完成的，这就解释了为什么中央计划经济不能良好地运行。

但是，一旦计划者有了一个伙伴——亚当·斯密所说的市场上看不见的手，事情就变得轻而易举了。这只看不见的手考虑到了有关买者与卖者的所有信息，引导市场上每一个人达到按经济效率标准判断的最好结果。这的确是一种非凡的能力。这也正是为什么经济学家通常宣称自由市场是组织经济活动的最好方法。

案例研究
人体器官市场是否应该存在

几年前，《波士顿环球报》(*Boston Globe*)的头版刊登了一篇题为《一位母亲的爱帮助挽救了两条生命》的文章。这篇文章讲述了关于 Susan Stephens 的故事，这位妇女的儿子需要进行肾移植手术。当医生得知这位母亲的肾并不适合时，他提出了一个新奇的解决方法：如果 Stephens 把她的一个肾捐给一位陌生人，她的儿子就可以排到等待肾的队伍的最前面。这位母亲接受了这个交易，很快，两位患者都换上了他们所需要的肾。

医生建议的别出心裁和母亲行为的高尚是毫无疑义的。但是，这个故事引出了许多有趣的问题。如果母亲可以用一个肾换另一个肾，那么，医院是否应该允许她用一个肾去换取她在其他情况下无法承受的、昂贵的、试验性的癌症治疗呢？是否应该允许她用自己的肾换取她儿子免费上医学院的机会呢？她能否出卖自己的肾，以便用现金把她的旧雪佛兰车换成一辆新雷克萨斯车呢？

就公共政策而言，我们的社会将人们出售自己器官的行为认定为是非法的。从本质上说，在人体器官市场上，政府实行零价格上限。正如任何一种限制性价格上限一样，其结果是该物品出现短缺。该案例中的交易并不在其禁止范围之内，因为没有现金转手。

许多经济学家认为，允许人体器官自由市场的存在会产生巨大的利益。人生来就有两个肾，但他们通常只需要一个。与此同时，少数人所患的疾病使得他们连一个功能正常的肾都没有。尽管这桩贸易有明显的好处，但现在的状况是悲惨的：病人换一个肾通常要等好几年，而且，每年有成千上万人由于找不到匹配的肾源而死去。如果允许这些需要肾的人向那些有两个健康肾的人买一个，价格就会使供求达到平衡。卖者口袋里的钱多了，生活状况可以变好。买者有了挽救自己生命所需要的器官，状况也会变好。肾的短缺就会消失。

这种市场将带来资源的有效配置，但这种计划的批评者担心公平问题。他们认为，人体器官市场将以损害穷人利益为代价而使富人受益，因为器官会配置给那些最愿意购买而又买得起的人。然而，现行制度的公平性也是值得质疑的。现在，我们中的大多数人带着一个我们并不真正需要的多余器官走来走去，而我们的一些同胞却因为得不到需要的器官而生命垂危。这又公平吗？

新闻摘录
看不见的手可以给你停车

在许多城市，在街上找一个可用的停车位看来很像中彩票。但是，如果当地政府更多地依靠价格体系，它们就可以使这种稀缺资源达到更有效的配置。

天价计时器创造了停车位
Michael Cooper　　Jo Craven McGinty

旧金山——在大街上发疯地寻找停车位不仅是对司机的折磨，也是对城市的考验。在某些地段，交通量的 1/3 是司机在转来转去寻找停车位。这种令人厌倦的传统浪费了时间，污染了空气，而当绝望的司机平行停上两排车时，甚至加剧了道路的拥堵。

但是，旧金山正在用一种野心勃勃的实验来缩短找车位的时间，这个实验的目的是要确保在每一个有计时器的地区至少总可以找到一个空停车位。这个项目用了新技术和供求规律，提高了城市最拥堵地区的停车价格，并降低了空闲地区的停车价格。新的价格仍然在逐渐形成中——最昂贵的停车位已经涨到每小时 4.5 美元，但可以达到 6 美元——初步的数据表明，价格的变化在某些地区产生了积极效应。

我们已经可以在 Embarcadero 附近的 Drumm 大街中心区和 Ferry Building 受欢迎的餐馆附近看出这种变化。去年夏天在这里要找一个停车位几乎是不可能的。但在旧金山逐渐把停车价格从每小时 3.5 美元提高到 4.5 美元之后，街边嵌入的高科技传感器显示，找停车位比以前容易了点儿——Victor Chew 是一家商用洗碗机公司的销售人员，他开一辆镀银的丰田皇冠，经常在这个地区停车，这一天居然找到了一个不错的停车位。

新的旧金山市的电子停车计时器有助于平衡供求。
图片来源：ⓒ SiliconValley-Stock/Alamy.

48 岁的 Chew 说："现在可以找到更多停车位了。我不用走半英里路了。"

旧金山一直在努力改善城市和城市内部车辆之间的紧张关系——一个世纪以来，城里的高速公路建了又拆，道路扩了又缩，停车位有时增，有时减，所有这一切就是为了让市中心不至于拥堵到进不去的程度。而上述停车实验便是一种最新的重要尝试。

旧金山这个项目也受到了美国其他城市的密切关注。借助于联邦政府的拨款，旧金山在其 26 800 个计时停车位中大约 1/4 的停车位上安装了停车感应器和新计时器，可以追踪停车的时间和地点。去年夏初，旧金山开始每两个月调整一次其价格——可以选择每小时上调 25 美分或降低 50 美分——希望在每一个街区最少留下一个空车位。旧金山还降低了政府管理的车库和停车区位的价格，以引导汽车离开街道停车……

该项目是对加州大学洛杉矶分校城市规划教授 Donald Shoup 理论的一次最大检验。Shoup 教授 2005 年的著作《免费停车成本高昂》(*The High Cost of Free Parking*) 使他成为城市规划者崇拜的偶像——Facebook 上的 Shoupistas 小组有一千多个成员。他说："我的基本思路是，如果我们用正确的价格来引导路边停车，我们就会得到大量的好处。所谓正确价格，是指在每个街区都可以保有一两个空的停车位的情况下，城市可以收取的最低价格。"

但没人喜欢涨价。在 Shoup 的书中有一章引用了电视剧《宋飞正传》(*Seinfeld*) 里 George

Costanza 的话:"我爸不付费停车,我妈、我哥也不付,没人付停车费。这就像去嫖娼。如果我自己本来就可以免费得到的东西,我为什么要交钱?"有些旧金山社区最近否决了在现在停车免费的街道上安装计时器的提议。而在大多数好地段的价格上升也使人们担心,这会使穷人更难到这些好地段去。

在 Drumm 大街停车的一些人们就是这么想的。在价格上升之后,这里正午时的占位率从 98% 下降到 86%。55 岁的发型师 Edward Saldate 为在这里停车差不多 4 小时付费近 17 美元,他称这是"一笔巨额敲诈"。

69 岁的会计师 Tom Randlett 说,他很高兴第一次能在这里找到一个车位,但也承认"这个方案就社会平等层面而言是复杂的"。

市政官员们提醒大家,停车费是有涨有落的。Shoup 教授也说,这个方案有利于许多穷人,包括许多并没有汽车的旧金山人,因为所有停车费收入都用于公共交通,而且,任何交通量的减少都会使许多人依靠的公共汽车更快捷。他设想会有一天,司机不再把找到一个好停车位归结为运气或因果报应。

他说:"人们会认为这是理所当然的,就像你去商店时理应买到新鲜的香蕉和苹果一样。"

资料来源:*The New York Times*,March 15 ⓒ 2012 *The New York Times*.

即问即答 画出火鸡的供给曲线和需求曲线。标出均衡状态下的生产者剩余和消费者剩余。解释为什么生产更多的火鸡会使总剩余减少。

7.4 结论:市场效率与市场失灵

本章介绍了福利经济学的基本工具——消费者剩余与生产者剩余——并用这些工具来评价自由市场的效率。我们说明了,供求的力量可以有效地配置资源。这就是说,即使市场的每个买者与卖者只关心他自己的福利,他们也会共同在一只看不见的手的指引下,达到使买者与卖者总利益最大化的均衡。

现在是提出一些警告的时候了。为了得出市场有效率的结论,我们做出了一些关于市场如何运行的假设。当这些假设不成立时,关于市场均衡有效率的结论可能就不再正确了。在结束本章时,我们简单地考虑这些假设中最重要的两个假设。

第一,我们的分析假设,市场是完全竞争的。但在现实世界中,竞争有时远非完全竞争。在一些市场上,某个单个买者或卖者(或一小群买者或卖者)可以控制市场价格。这种影响价格的能力被称为市场势力。市场势力可以使市场无效率,因为它会使价格和数量背离供求均衡。

第二,我们的分析假设,市场结果只影响参与市场的买者和卖者。但在现实世界中,买者和卖者的决策有时会影响那些根本不参与市场的人。污染是市场结果影响市场参与者以外的人的一个典型例子。例如,农药的使用不仅影响生产农药的制造商和使用农药的农民,而且还影响呼吸被农药污染的空气或饮用被农药污染的水的许多其他人。市场的这种副作用被称为外部性,它使市场福利不仅仅取决于买者的评价和卖者的成本。由于买者与卖者在决定消费量和生产量时并没有考虑这种副作用,所以,从整个社会的角度看,市场均衡可能是无效率的。

市场势力和外部性是一种被称为市场失灵的普遍现象的例子,市场失灵是指一些不受管制的市场不能有效地配置资源。当出现市场失灵时,公共政策有可能纠正这些问题并提高经济效率。微观经济学家花费许多精力去研究什么时候会发生市场失灵,以及哪种政策能最有效地纠正市场失灵。在继续学习经济学的过程中,你将会看到,本章所提出的福利经济学的工具在研究上述问题时是很适用的。

尽管存在市场失灵的可能性,但市场中看不见的手仍然是极其重要的。我们在本章中做出的假设在许多市场中是成立的,从而市场有效率的结论是直接适用的。此外,我们可以运用我们关于福利经济学和市场效率的分析来说明各种政府政策的影响。在接下来的两章中,我们将运用刚刚提出的工具来研究两个重要的政策问题——赋税和国际贸易的福利效应。

内容提要

◎ 消费者剩余等于买者对一种物品的支付意愿减去其实际为此所支付的量,它衡量买者从参与市场中得到的利益。可以通过找出需求曲线以下和价格以上的面积,来计算消费者剩余。

◎ 生产者剩余等于卖者出售其物品得到的量减去其生产成本,它衡量卖者从参与市场中得到的利益。可以通过找出价格以下和供给曲线以上的面积,来计算生产者剩余。

◎ 使消费者剩余和生产者剩余的总和最大化的资源配置被称为是有效率的。决策者通常关心经济结果的效率及平等。

◎ 供给与需求的均衡使消费者剩余与生产者剩余的总和达到最大化。这就是说,市场中看不见的手指引着买者与卖者有效地配置资源。

◎ 在存在市场势力或外部性等市场失灵的情况下,市场不能有效地配置资源。

关键概念

福利经济学　　　　　　　　成本　　　　　　　　效率
支付意愿　　　　　　　　　生产者剩余　　　　　平等
消费者剩余

复习题

1. 解释买者的支付意愿、消费者剩余和需求曲线如何相关。
2. 解释卖者的成本、生产者剩余和供给曲线如何相关。
3. 在供求图中,标出市场均衡时的生产者剩余和消费者剩余。
4. 什么是效率?它是经济决策者的唯一目标吗?
5. 说出两种类型的市场失灵。解释为什么每一种都可能使市场结果无效率。

快速单选

1. Jen 对她的时间的评价为每小时 60 美元。她用 2 小时为 Colleen 按摩。Colleen 愿意为按摩支付 300 美元,但他们通过谈判把价格定为 200 美元。在这个交易中,_____。
   a. 消费者剩余比生产者剩余多 20 美元
   b. 消费者剩余比生产者剩余多 40 美元
   c. 生产者剩余比消费者剩余多 20 美元
   d. 生产者剩余比消费者剩余多 40 美元

2. 点心的需求曲线是向右下方倾斜的。当点心的价格是 2 美元时,需求量是 100。如果价格上升到 3 美元,消费者剩余会发生什么变动?
   a. 减少小于 100 美元。
   b. 减少多于 100 美元。
   c. 增加小于 100 美元。
   d. 增加多于 100 美元。

3. John 当大学教师每学期的收入为 300 美元。当大学把支付给教师的价格提高到 400 美元时,Emily 也进入市场并开始当教师。由于这种价格上升,生产者剩余增加了多少?
   a. 少于 100 美元。
   b. 在 100 美元到 200 美元之间。
   c. 在 200 美元到 300 美元之间。
   d. 多于 300 美元。

4. 有效的资源配置使_____最大化。
   a. 消费者剩余
   b. 生产者剩余
   c. 消费者剩余加生产者剩余
   d. 消费者剩余减生产者剩余

5. 当市场均衡时,买者是支付愿望_____的人,而卖者是成本_____的人。
   a. 最高,最高   b. 最高,最低
   c. 最低,最高   d. 最低,最低

6. 生产大于供求均衡的产量是无效率的,因为边际买者的支付意愿是_____。
   a. 负数
   b. 零
   c. 正数但小于边际卖者的成本
   d. 正数并大于边际卖者的成本

问题与应用

1. Melissa 用 120 美元购买了一个 iPhone,并得到了 80 美元的消费者剩余。
   a. 她的支付意愿是多少?
   b. 如果她在降价销售时买了售价为 90 美元的 iPhone,她的消费者剩余会是多少?
   c. 如果 iPhone 的价格是 250 美元,她的消费者剩余会是多少?

2. 加利福尼亚早来的寒流使柠檬变酸。柠檬市场上的消费者剩余会有什么变动?柠檬水市场上的消费者剩余会有什么变动?用图形说明你的答案。

3. 假设对法国面包的需求增加。在法国面包市场上,生产者剩余会发生什么变动?在面粉市场上,生产者剩余会发生什么变动?用图形说明你的答案。

4. 这是一个大热天,Bert 口干舌燥。下面是他对一瓶水的评价:

对第一瓶水的评价	7 美元
对第二瓶水的评价	5 美元
对第三瓶水的评价	3 美元
对第四瓶水的评价	1 美元

   a. 根据以上信息推导出 Bert 的需求表。画出他对瓶装水的需求曲线。
   b. 如果一瓶水的价格是 4 美元,Bert 会买多少瓶水?Bert 从他的购买中得到了多少消费者剩余?在你的图形中标出 Bert 的消费者剩余。
   c. 如果价格下降到 2 美元,需求量会有何变化?Bert 的消费者剩余会有何变化?用你的图形说明这些变化。

5. Ernie 有一台抽水机。由于抽大量的水比抽少量的水困难,随着抽的水越来越多,生产一瓶水的成本增加。下面是他生产每瓶水的成本:

第一瓶水的成本	1 美元
第二瓶水的成本	3 美元
第三瓶水的成本	5 美元
第四瓶水的成本	7 美元

    a. 根据以上信息推导出 Ernie 的供给表。画出他的瓶装水的供给曲线。

    b. 如果一瓶水的价格是 4 美元, Ernie 会生产并销售多少瓶水？Ernie 从这种销售中得到了多少生产者剩余？在你的图形中标出 Ernie 的生产者剩余。

    c. 如果价格上升为 6 美元, 供给量会有何变化？Ernie 的生产者剩余会有何变化？在你的图形中标出这些变化。

6. 考虑一个由问题 4 中的 Bert 作为买者、问题 5 中的 Ernie 作为卖者组成的市场。

    a. 用 Ernie 的供给表和 Bert 的需求表找出价格为 2 美元、4 美元和 6 美元时的供给量和需求量。这些价格中哪一种能使供求达到均衡？

    b. 在这种均衡时, 消费者剩余、生产者剩余和总剩余各是多少？

    c. 如果 Ernie 少生产并且 Bert 少消费一瓶水, 总剩余会发生什么变动？

    d. 如果 Ernie 多生产并且 Bert 多消费一瓶水, 总剩余会发生什么变动？

7. 在过去十年间, 生产平板电视的成本降低了。让我们考虑这一事实的某些含义。

    a. 用供求图说明生产成本下降对平板电视的价格和销售量的影响。

    b. 用你的图形说明消费者剩余和生产者剩余发生了什么变化。

    c. 假定平板电视的供给是非常富有弹性的。谁从生产成本下降中获益最大？是平板电视的消费者还是生产者？

8. 有四位消费者愿意为理发支付下列价格：

Gloria	7 美元
Jay	2 美元
Claire	8 美元
Phil	5 美元

有四家理发店, 其成本如下：

A 企业	3 美元
B 企业	6 美元
C 企业	4 美元
D 企业	2 美元

每家店只能为一个人理发。从效率来看, 应该有多少次理发？哪些店应该理发？哪些消费者应该理发？最大可能的总剩余是多少？

9. 过去几十年经济中最大的变化之一是技术进步使生产电脑的成本降低了。

    a. 画出供求图说明电脑市场上价格、数量、消费者剩余和生产者剩余发生了什么变动。

    b. 四十年前学生在写文章时一般用打字机, 今天他们都用电脑。电脑和打字机是互补品还是替代品？用供求图说明打字机市场上的价格、数量、消费者剩余和生产者剩余发生了什么变动。电脑技术进步对打字机生产者而言是好事还是坏事？

    c. 电脑和软件是互补品还是替代品？用供求图说明软件市场上的价格、数量、消费者剩余和生产者剩余发生了什么变动。电脑技术进步对软件生产者而言是好事还是坏事？

    d. 上述分析有助于解释为什么软件生产者比尔·盖茨是世界上最富有的人之一吗？

10. 你的朋友正在考虑两家手机服务提供商。A 提供商每月收取固定服务费 120 美元, 无论打多少次电话都是如此。B 提供商不收取固定服务费, 而是每打 1 分钟电话收费 1 美元。你的朋友对每月打电话时间的需求由方程 $Q^D = 150 - 50P$ 给出, 其中 P 是每分钟电话的价格。

    a. 对每个提供商, 你的朋友多打 1 分钟电话的费用是多少？

    b. 根据你对 a 的回答, 你的朋友用每个提供商的服务会打多少分钟电话？

    c. 她每个月给每个提供商付费多少？

    d. 她从每个提供商得到的消费者剩余是多少？（提示：画出需求曲线, 并回忆一下三角形面积的公式。）

    e. 你会推荐你的朋友选择哪一个提供商？为什么？

11. 考虑医疗保险如何影响所进行的医疗服务量。假设一般的就医治疗成本为 100 美元, 但一个有医疗保险的人只需自付 20 美元, 他的保险公司支付剩下的 80 美元。（保险公司将通过保险费来收回这 80 美元, 但一个人所支付的保险费不取决于他接受了多少治疗。)

a. 画出医疗市场上的需求曲线(在你的图形中,横轴应该代表治疗的次数)。标出如果治疗价格为 100 美元,治疗的需求量。
b. 在你的图上标出如果消费者每次治疗只支付 20 美元,治疗的需求量。如果每次治疗的社会成本的确是 100 美元,而且,如果个人有如上所述的医疗保险,这一治疗数量能使总剩余最大化吗?解释原因。
c. 经济学家经常指责医疗保险制度导致人们滥用医疗。根据你的分析,说明为什么医疗的使用被认为是"滥用"。
d. 哪种政策可以防止这种滥用?

第8章
应用：赋税的代价

税收往往是激烈的政治争论的起源。1776年，美国殖民地人们对英国税收的愤怒引发了美国独立战争。两百多年以后，美国各政党仍在争论着税制的适当规模与形式。但没有一个人否认，一定程度的赋税是必要的。正如小奥立弗·温德尔·霍姆斯（Oliver Wendell Holmes Jr.）曾经说过的："税收是我们为文明社会所付出的代价。"

由于赋税对现代经济有重大影响，随着我们掌握的工具的增多，我们在全书中会多次回到这个主题。我们在第6章中开始研究税收。在那一章，我们说明了一种物品的税收如何影响它的价格和销售量，以及供给和需求的力量如何在买者与卖者之间分摊税收负担。在本章中，我们要扩展这种分析，并考察税收如何影响福利，即如何影响市场参与者的经济福利。换言之，我们要弄清楚文明社会的代价有多高。

乍看起来，税收对福利的影响似乎是显而易见的。政府征税是为了筹集收入，而这种收入必然出自某人的口袋。正如我们在第6章中所说明的，当对一种物品征税时，买者和卖者的状况都会变坏：税收提高了买者支付的价格，并降低了卖者得到的价格。但为了更充分地理解税收如何影响经济福利，我们必须比较买者和卖者减少的福利和政府所增加的收入量。消费者剩余和生产者剩余工具使我们可以进行这种比较。我们的分析将表明，税收给买者和卖者带来的成本超过了政府所筹集到的收入。

8.1 赋税的无谓损失

我们从回忆第6章中的一个出人意料的结论开始：一种物品的税收无论是向买者征收还是向卖者征收，其结果都是相同的。当向买者征税时，需求曲线向下移动，移动量为税收的大小；当向卖者征税时，供给曲线向上移动，移动量为税收的大小。在这两种情况下，当征收税收时，买者支付的价格都上升，而卖者得到的价格都下降。最终，供求弹性决定了税收负担如何在生产者和消费者之间分配。无论向谁征税，这种分配都是相同的。

图8-1显示了以上这些影响。为了简化我们的讨论，尽管供给曲线和需求曲线中必然有一条曲线移动，但图上并没有表示出任何一条曲线的移动。哪一条曲线移动取决于是向卖者征税（供给曲线移动），还是向买者征税（需求曲线移动）。在本章中，我们可以通过不纠缠于

说明移动而使讨论一般化并简化图形。就我们的目的而言,关键的结论是,税收在买者支付的价格和卖者得到的价格之间打入了一个楔子。由于这种税收楔子,销售量低于没有税收时应该达到的水平。换句话说,对一种物品征税使这种物品的市场规模缩小。对于这些来自第6章的结论,读者应该很熟悉了。

图 8-1　税收效应

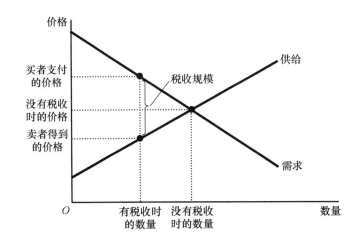

对一种物品征税是在买者支付的价格和卖者得到的价格之间打入了一个楔子。该物品的销售量下降。

8.1.1　税收如何影响市场参与者

"你知道吗?根据一州选民的人数来决定赋税的主意,在我看来也不怎么样。"

图片来源:ⓒ J. B. Handelsman/The New Yorker Collection/www.cartoonbank.com.

我们用福利经济学的工具来衡量对一种物品征税的得与失。为此,我们必须考虑税收如何影响买者、卖者和政府。市场上买者得到的利益用消费者剩余——买者愿意为某物品支付的量减去他们实际支付的量——来衡量。市场上卖者得到的利益用生产者剩余——卖者从某种物品得到的量减去其成本——来衡量。这些正是我们在第 7 章中所用的经济福利的衡量指标。

那么,税收又如何影响利益第三方——政府呢?如果 T 是税收规模,Q 是物品销售量,那么,政府得到的总税收收入就是 $T \times Q$。政府可以用这一税收收入提供服务,例如道路、警察和公共教育,或用于帮助需要帮助的人。因此,为了分析税收如何影响经济福利,我们用政府税收收入来衡量从税收中得到的公共利益。但是,应该记住,这种利益实际上并不归政府所有,而是归那些得到这种收入的人所有。

图 8-2 描述了用供给曲线和需求曲线之间矩形的面积表示的政府税收收入。这个矩形的高是税收规模 T,而矩形的宽是销售的物品数量 Q。由于矩形的面积是高乘以宽,所以,这个矩形的面积是 $T \times Q$,它等于税收收入。

图 8-2 税收收入

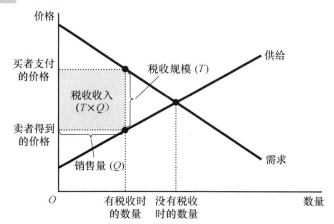

政府得到的税收收入等于 $T \times Q$，即税收规模 T 乘以销售量 Q。因此，税收收入等于供给曲线和需求曲线之间矩形的面积。

没有税收时的福利　为了说明税收如何影响福利，我们从考虑政府征税之前的福利开始。图 8-3 表示供求图，并用字母 A—F 标出了几个关键的面积。

没有税收时，可以在供给曲线和需求曲线相交处找出均衡价格和均衡数量。价格是 P_1，销售量是 Q_1。由于需求曲线反映了买者的支付意愿，所以，消费者剩余是需求曲线和价格之间的面积，即 $A+B+C$。同样，由于供给曲线反映了卖者的成本，所以，生产者剩余是供给曲线和价格之间的面积，即 $D+E+F$。在这种情况下，由于没有税收，税收收入等于零。

图 8-3 税收如何影响福利

	没有税收时	有税收时	变动
消费者剩余	$A+B+C$	A	$-(B+C)$
生产者剩余	$D+E+F$	F	$-(D+E)$
税收收入	无	$B+D$	$+(B+D)$
总剩余	$A+B+C+D+E+F$	$A+B+D+F$	$-(C+E)$

面积 $C+E$ 表示总剩余的减少，并代表税收的无谓损失。

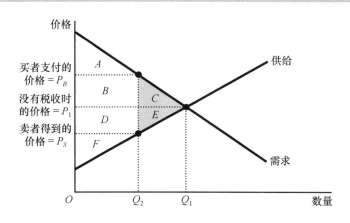

对一种物品征税减少了消费者剩余（面积 $B+C$）和生产者剩余（面积 $D+E$）。由于生产者剩余和消费者剩余的减少大于税收收入（面积 $B+D$），所以，税收引起了无谓损失（面积 $C+E$）。

总剩余，即消费者剩余和生产者剩余之和，等于面积 $A+B+C+D+E+F$。换句话说，正如我们在第 7 章中所说明的，总剩余是供给曲线与需求曲线到均衡数量之间的面积。图 8-3

中表格的第一列概括了这些结论。

有税收时的福利 现在考虑征税之后的福利。买者支付的价格从 P_1 上升到 P_B，因此，消费者剩余现在只等于面积 A（需求曲线以下和买者价格以上的面积）。卖者得到的价格从 P_1 下降到 P_S，因此，生产者剩余现在只等于面积 F（供给曲线以上和卖者价格以下的面积）。销售量从 Q_1 减少为 Q_2，而政府得到的税收收入等于面积 B + D。

为了计算有税收时的总剩余，我们把消费者剩余、生产者剩余和税收收入相加。因此，我们得到总剩余是面积 A + B + D + F。图 8-3 中表格的第二列概括了这些结论。

福利的变动 现在我们可以通过比较征税前后的福利来说明税收的影响。图 8-3 中表格的第三列表明了这些变化。税收使消费者剩余减少了面积 B + C，使生产者剩余减少了面积 D + E。税收收入增加了面积 B + D。毫不奇怪，税收使买者和卖者的状况变坏了，而使政府的状况变好了。

总福利的变动包括消费者剩余的变动（是负的）、生产者剩余的变动（也是负的）和税收收入的变动（是正的）。当我们把这三块相加后会发现，市场总剩余减少了面积 C + E。因此，买者和卖者因税收遭受的损失大于政府筹集到的收入。当税收（或某种其他政策）扭曲了市场结果时所引起的总剩余减少被称为**无谓损失**（deadweight loss）。无谓损失的大小用面积 C + E 来衡量。

为了理解税收引起无谓损失的原因，回忆一下第 1 章中的经济学十大原理之一：人们会对激励做出反应。在第 7 章中我们说明了，市场通常可以有效地配置稀缺资源。这就是说，供求均衡使市场上买者和卖者的总剩余最大化。但是，当税收提高了买者的价格而降低了卖者的价格时，它对买者的激励是比没有税收时少消费，而对卖者的激励是比没有税收时少生产。当买者和卖者对这些激励做出反应时，市场规模缩小到其最优水平之下（如图所示，从 Q_1 移动到 Q_2）。因此，由于税收扭曲了激励，就引起了市场配置资源时的无效率。

8.1.2 无谓损失与贸易的好处

为了对税收引起无谓损失的原因有一些直观认识，考虑一个例子。设想 Joe 为 Jane 打扫房间，每周得到 100 美元。Joe 的时间的机会成本是 80 美元，Jane 对打扫房间的评价是 120 美元。因此，Joe 和 Jane 两人从他们的交易中各得到了 20 美元的利益。总剩余 40 美元衡量这一特定交易带来的好处。

现在假设政府对打扫房间服务的提供者征收 50 美元的税。现在没有一种价格能使他们两人在纳税之后状况变得更好。Jane 愿意支付的最高价格是 120 美元，但这时 Joe 在纳税之后只剩下 70 美元，小于他 80 美元的机会成本。相反，如果 Joe 得到他的机会成本 80 美元，Jane 就必须支付 130 美元，这大于她对打扫房间的评价 120 美元。结果，Jane 和 Joe 取消了他们的安排。Joe 没有收入了，而 Jane 生活在肮脏的房间里。

税收使 Joe 和 Jane 的状况一共变坏了 40 美元，因为他们每人失去了 20 美元的剩余量。但注意，政府也没有从 Joe 和 Jane 那里得到税收收入，因为他们决定取消他们的安排。40 美元是纯粹的无谓损失：它是未被政府收入的增加所抵消的市场上买者和卖者的损失。在这个例子中，我们可以看出无谓损失的最终来源：税收引起无谓损失是因为它使买者和卖者不能实现某些贸易的好处。

供给曲线和需求曲线之间的三角形面积（图 8-3 中的面积 C + E）衡量了这种无谓损失的大小。通过回忆需求曲线反映消费者对物品的评价和供给曲线反映生产者的成本，可以用

图 8-4 更容易地说明这一结论。当税收使买者价格上升到 P_B,卖者价格下降到 P_S 时,边际买者和边际卖者离开市场,因此,销售量从 Q_1 减少到 Q_2。但正如图 8-4 所示,这些买者对物品的评价仍大于卖者的成本。在 Q_1 和 Q_2 之间任何一种数量时,情况都和我们所举的 Joe 和 Jane 的例子相同。贸易的好处——买者评价与卖者成本之间的差额——小于税收。因此,一旦征税,这些贸易就无法进行。无谓损失就是由于税收阻止了这些互利的贸易而引起的剩余损失。

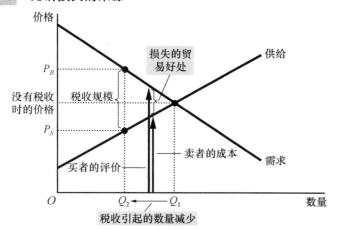

图 8-4 无谓损失的来源

当政府对一种物品征税时,销售量从 Q_1 减少为 Q_2。在 Q_1 和 Q_2 之间的每一销售量上,买者和卖者之间一些潜在的贸易好处都没有得到实现。这些贸易好处的损失就引起了无谓损失。

即问即答 画出甜点的供给曲线与需求曲线。如果政府对甜点征税,说明买者支付的价格、卖者得到的价格以及销售量的变动。用你的图说明税收的无谓损失,并解释无谓损失的含义。

8.2 决定无谓损失的因素

什么因素决定税收的无谓损失的大小?答案是供给和需求的价格弹性,价格弹性衡量供给量和需求量对价格变动的反应。

我们先来考虑供给弹性如何影响无谓损失的大小。在图 8-5 上面的两幅图中,需求曲线和税收规模是相同的。这两幅图唯一的差别是供给曲线的弹性。在(a)幅中,供给曲线比较缺乏弹性:供给量对价格变动只有很小的反应。在(b)幅中,供给曲线比较富有弹性:供给量对价格变动的反应很大。要注意的是无谓损失,即供给曲线和需求曲线之间的三角形面积,在供给曲线比较富有弹性时较大。

同样,图 8-5 下面的两幅图表示需求弹性如何影响无谓损失的大小。在这里,供给曲线和税收规模保持不变。在(c)幅中,需求曲线比较缺乏弹性,税收的无谓损失较小。在(d)幅中,需求曲线比较富有弹性,税收的无谓损失较大。

图 8-5 税收扭曲与弹性

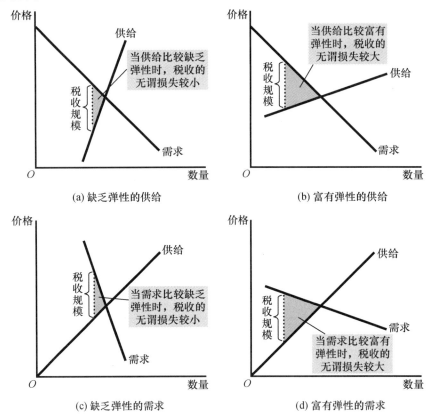

在(a)幅和(b)幅中,需求曲线和税收规模相同,但供给的价格弹性不同。要注意的是,供给曲线越富有弹性,税收的无谓损失越大。在(c)幅和(d)幅中,供给曲线和税收规模相同,但需求的价格弹性不同。要注意的是,需求曲线越富有弹性,税收的无谓损失越大。

从这个图中所得出的结论很容易解释。税收造成无谓损失,是因为它使买者和卖者改变了自己的行为。税收提高了买者支付的价格,因此他们的消费减少了;同时,税收降低了卖者得到的价格,因此他们的生产减少了。由于行为的这些变动,市场规模缩小到最优水平之下。买者和卖者对价格变动的反应程度越大,均衡数量缩小越多。因此,供给和需求的弹性越大,税收的无谓损失也就越大。

案例研究
关于无谓损失的争论

供给、需求、弹性和无谓损失等所有这些经济学理论足以使你头昏脑涨。但是,信不信由你,这些思想触及了深层次政治问题的中心:政府的规模应该有多大?争论集中于这些概念的原因是,税收的无谓损失越大,政府实施一项计划的成本就越高。如果赋税引起极大的无谓损失,那么,这些损失就强烈支持低税无为的小政府。但是,如果税收只带来微不足道的无谓损失,那么,政府计划的成本就比其他情况下要小。

赋税的无谓损失究竟有多大?经济学家对这个问题的回答并不一致。为了说明这种分歧的本质,考虑美国经济中最重要的税收——劳动税。社会保障税、医疗保障税以及(在很大程度上来讲)联邦所得税,都是劳动税。许多州政府也对劳动收入征税。劳动税是打入企业支付的工资和工人得到的工资之间的一个楔子。对于一个普通工人来说,如果把各种形式的劳动税加在一起,劳动收入的边际税率——对最后1美元收入所征收的税收——约为40%。

尽管劳动税的规模容易确定,但这种税的无谓损失并不是显而易见的。对于这40%的劳动税的无谓损失是大还是小,经济学家们的看法并不一致。产生这种分歧的原因在于他们对劳动供给弹性的看法不同。

那些认为劳动税并没有严重扭曲市场结果的经济学家认为,劳动供给是相当缺乏弹性的。他们说,无论工资如何,大多数人都会从事全职工作。如果是这样的话,劳动供给曲线几乎是垂直的,劳动税引起的无谓损失很小。

"你对劳动供给弹性的看法是什么?"

图片来源: McNamee/Getty Images.

那些认为劳动税引起严重扭曲的经济学家认为,劳动供给是较为富有弹性的。在承认某些工人群体的劳动供给不会随劳动税变动而反应很大的同时,他们认为许多其他群体对激励的反应较大。下面是一些例子:

- 许多工人可以调整他们工作的时间,例如加班工作。工资越高,他们选择工作的时间越长。
- 一些家庭有第二个赚钱人——往往是有孩子的已婚女性——他们要根据情况决定是在家里从事不拿报酬的家务劳动,还是在市场上从事有报酬的劳动。当决定是否参加工作时,这些第二个赚钱人要比较在家里的利益(包括节省下来的孩子的看护费用)和他们能赚到的工资。
- 许多老年人可以选择什么时候退休,而且,他们的决策也部分地取决于工资。一旦他们退休了,工资将决定他们从事兼职工作的激励。
- 一些人考虑从事非法经济活动,例如毒品贸易,或从事可以逃税的暗中支付工资的工作。经济学家把这种情况称为地下经济。当决定在地下经济中工作还是合法地工作时,这些潜在的违法者要比较他们违法赚到的收入和合法所赚到的工资。

在上述每一种情况下,劳动供给量都对工资(劳动价格)做出了反应。因此,当劳动收入要纳税时,这些工人的决策就被扭曲了。劳动税鼓励工人减少工作时间、第二个赚钱人留在家里、老年人早退休以及一些无耻之徒从事地下经济活动。

关于劳动税的扭曲效应的这两种观点今天仍然存在。实际上,当你看到两个政党候选人争论政府是应该提供更多的服务还是应该降低税收负担时,要记住这种分歧部分是源于他们在劳动供给弹性和赋税无谓损失上的不同观点。

即问即答 啤酒的需求比牛奶的需求更富有弹性。啤酒税的无谓损失大,还是牛奶税的无谓损失大?为什么?

8.3 税收变动时的无谓损失和税收收入

税收很少长期保持不变。地方、州和联邦政府的决策者总是在考虑提高一种税或降低另一种税。这里,我们要考察当税收规模变动时,无谓损失和税收收入会发生什么变动。

图8-6表示在市场供给曲线和需求曲线保持不变的情况下,小额税、中额税和大额税的影响。无谓损失——当税收使市场规模缩小到最优水平以下时引起的总剩余减少——等于供给曲线和需求曲线之间的三角形面积。在(a)幅中的小额税时,无谓损失(即三角形的面积)相当小。但在(b)幅和(c)幅中,随着税收规模的增大,无谓损失变得越来越大。

实际上,税收的无谓损失的增加要快于税收规模的扩大。这是因为无谓损失是一个三角形的面积,而三角形的面积取决于三角形底和高的乘积。例如,如果税收规模翻一番,三角形

第8章 应用:赋税的代价 143

图 8-6 无谓损失和税收收入如何随税收规模而变动

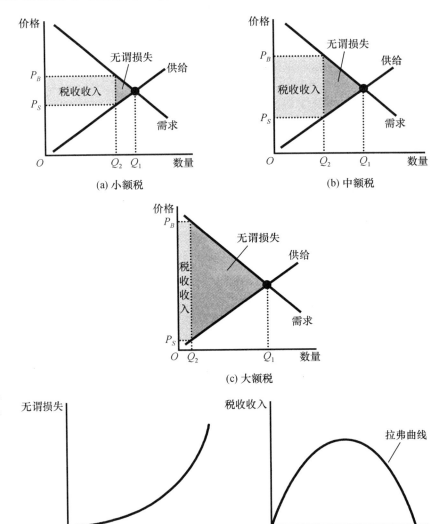

无谓损失是税收引起的总剩余减少。税收收入是税收与物品销售量的乘积。在(a)幅中,小额税有少量无谓损失,并增加了少量收入。在(b)幅中,中额税有较大无谓损失,并增加了较多收入。在(c)幅中,大额税有非常大的无谓损失,由于它大大缩减了市场规模,所以只增加了少量收入。(d)幅和(e)幅总结了这些结论。(d)幅表示,税收规模越大,无谓损失越大。(e)幅表示,税收收入先增加,然后减少。这种关系有时被称为拉弗曲线。

的底和高各翻一番,这样,无谓损失就增加为原来的 4 倍。如果我们使税收增加为原来的 3 倍,三角形的底和高也增加为原来的 3 倍,这样,无谓损失就增加为原来的 9 倍。

政府税收收入是税收规模乘以物品销售量。正如图 8-6 的前三幅所示,税收收入等于供给曲线和需求曲线之间的矩形面积。在(a)幅中的小额税时,税收收入很少。当税收规模从(a)幅所示增大到(b)幅所示时,税收收入增加了。但当税收规模再从(b)幅所示增大到(c)幅所示时,税收收入又减少了,这是因为税收的大幅度提高极大地缩小了市场规模。当税收极高时,税收收入将缩减为零,因为人们会完全停止买卖物品。

图 8-6 中的最后两幅总结了这些结论。在(d)幅中,我们看到,随着税收规模的扩大,无谓损失迅速增加。与此相比,(e)幅表示随着税收规模的扩大,税收收入先是随着税收规模增大而增加,但随着税收规模进一步增大,市场收缩也非常大,以至于税收收入开始减少。

案例研究
拉弗曲线和供给学派经济学

1974年的一天,经济学家阿瑟·拉弗(Arthur Laffer)和一些著名记者与政治家在华盛顿的一家餐馆用餐。他拿来一块餐巾并在上面画了一个图来说明税率如何影响税收收入。这个图看起来很像图8-6中的(e)幅,接着拉弗提出,美国已处于这条曲线向下倾斜的一边上。他认为,税率如此之高,以至于降低税率实际上反而会增加税收收入。

大多数经济学家怀疑拉弗的建议。就经济理论而言,降低税率可以增加税收收入的想法可能是正确的,但值得怀疑的是在实践中是否真的如此。还没有什么证据可以证明拉弗的观点,即美国的税率实际上已经达到了这种极端的水平。

但是,拉弗曲线(它因此而闻名)激发了罗纳德·里根的想象力。里根政府的第一任预算局局长David Stockman讲了这样一个故事:

> (里根)曾亲自经历过拉弗曲线所描述的情况。他总是说:"第二次世界大战期间我拍电影赚过大钱。"在那时,战时附加所得税高达90%。"你只能拍四部电影就达到最高税率那一档了。"他继续说,"因此,我们都拍完四部电影就停止工作,并到乡下度假。"高税率使人们更少地工作。低税率使人们更多地工作。他的经历证明了拉弗曲线。

当里根1980年竞选总统时,他把减税作为其施政纲领的一部分。里根认为,税收如此之高,以至于不鼓励人们努力工作。他认为,减税将给人们适当的工作激励,这种激励又会提高经济福利,或许甚至可以增加税收收入。由于降低税率是要鼓励人们增加他们供给的劳动数量,所以,拉弗和里根的观点就以**供给学派经济学**而闻名。

经济学家一直在争论拉弗的观点。许多经济学家认为,之后的历史否定了拉弗关于低税率可以增加税收收入的猜想。但是,由于历史可以有不同的解释,另一些经济学家认为,20世纪80年代的事件更支持供给学派。为了准确地评价拉弗的假说,我们需要在里根没有减税的前提下重演一遍历史,来看一下税收收入是高了还是低了。不幸的是,这个实验是不可能的。

在这个问题上,一些经济学家采取了中间立场。他们认为,虽然税率的全面降低通常会减少税收收入,但一些纳税人有时可能发现自己处于拉弗曲线不利的一边。在其他条件不变时,如果对面临最高税率的纳税人实施减税,减税可能增加税收收入。此外,当考虑税率比美国高得多的国家时,拉弗的观点也许更有说服力。例如,20世纪80年代初,瑞典一般工人面临的边际税率约为80%。这样高的税率确实严重不利于工作激励。研究表明,瑞典如果降低其税率,的确可以增加税收收入。

经济学家对这些问题看法不一致,部分是因为他们对相关弹性大小的看法不一致。在任何一个市场上,供给和需求越富有弹性,该市场上税收对人们行为的扭曲就越大,而且,减税将增加税收收入的可能性越大。但是,经济学家对以下一般性结论是没有争议的:仅仅盯住税率并不能计算出税收变动会使政府收入增加或减少多少,后者还取决于税收变动如何影响人们的行为。

即问即答 如果政府将汽油税翻番,你能肯定汽油税的收入将增加吗?你能肯定汽油税的无谓损失将增加吗?解释原因。

新闻摘录
税收争论

在2012年,奥巴马总统连任竞选期间及以后,突出的政策争论是关于要不要增税,特别是要不要对高收入纳税人增税。在以下的两篇文章中,著名经济学家提出了正反两种观点。

高税率不会使经济增长放慢
Peter Diamond　　Emmanuel Saez

美国收入最高的1%的人群的税前收入所占比例已经翻了一番还多,从20世纪70年代的不到10%增加到2010年的将近20%。与此同时,对最高收入人群的联邦所得税的平均税率大大下降了。在巨额当前赤字和计划赤字的情况下,应该对收入最高的1%的人群加税吗?由于美国收入的集中程度如此之高,所以,潜在的税收收入是巨大的。

但是,最高收入的1%的人群的应纳税收入对增税的反应会不会是大大下降,以至于税收收入增加不多,甚至下降呢?换言之,我们是否已经接近或超过著名的拉弗曲线的顶点,也就是使税收收入最大化的税率了呢?

拉弗曲线用于说明应纳税收入"弹性"的概念——即应纳税收入将随着税率变动而变动。最高收入的人群当然会把应纳税收入分配在不同的年度,以求适用更低税率,例如,改变慈善捐赠和获取资本利得的时间。还有些人会把应纳税收入转变为资本利得,并以其他方法避免高税收。但是,现有的研究并没有表明实际情况发生了很大变动。

根据我们对当前税率及弹性的分析,使税收收入最大化的最高联邦边际所得税税率应该是或接近于50%—70%(考虑到个人还要缴纳更多的州和地方税)。因此,我们得出结论:在将最高收入人群的税率提高到最低50%(第一任里根政府时期的水平),最高70%(20世纪70年代的水平)之前,税收很可能是会增加的。为了减少避税的机会,资本利得和股利的税率应该随基本税率的提高而提高。堵塞法律漏洞和提高执行力度会进一步限制避税和逃税。

但是,提高最高收入人群的税率会大大降低经济增长速度吗?战后美国对最高收入人群的税率一直伴随着高经济增长——而不是低增长。实际上,根据美国商务部经济分析局的分析,在最高收入人群的税率相对较低的1980年到2010年间,(根据人口增长进行调整过的)人均GDP平均每年增长1.68%,而在最高收入人群的税率高达70%或更高水平的1950年到1980年间,人均GDP平均每年增长2.23%。

国际数据也没有对低增长来自对最高收入人群的高税率的观点提供支持。20世纪70年代以来,OECD成员国家的经济增长和最高收入人群减税之间并不存在明显的关系。

例如,从1970年到2010年,美国和英国人均真实GDP平均每年增长1.8%和2.03%,在这一时期,这两个国家都大幅度地降低了最高收入人群的税率。同一时期,法国和意大利人均真实GDP平均每年增长1.72%和1.89%,而在这一时期,这两个国家都保持了最高收入人群的高税率。尽管这不能说明对最高收入人群的高税率实际上促进了增长,但总量数据中也没有充分的证据支持高税率使增长放慢的观点。

如果我们无法确定税收收入的去向,也就无法评价增加税收收入对经济增长的最终影响。如果部分税收收入用于减少联邦赤字,就会有更多储蓄进入资本投资,这就促进了增长。事实是,那些支付高税率的人群即使减少了储蓄也不能完全抵消这种增长效应,因为他们的高税额中的一部分可能是来自消费的减少。

如果一部分增加的税收收入被用于有高回报的公共投资,例如,教育、基础设施和研究,那么,它会进一步促进增长。近几十年来被忽略了的公共投资表明,其回报可能是相当高的。

当人们为良好投资机会筹资的能力受到限制时,就会产生很大的效率损失。调查表明,货款困难是新创建公司面临的普遍问题。教育水平的提高要受父母财务状况的影响,而提高教育水平所带来的收入增加是很高的。低收入者进行投资筹资要比高收入者难得多。当比尔·盖茨富起来的时候,微软为投资筹资已经不会有什么问题了。因此,提高已经富起来的人群的税率不太可能会像提高即将富起来的人群的税率一样对增长造成损害。

就其本身而言,适当提高最高收入人群的税负并不能解决我们难以持续的长期财政赤字问题。但没有什么理由不用增税这个工具来为处理财政问题做出些贡献。

Diamond 先生是麻省理工学院(MIT)的荣誉教授,诺贝尔经济学奖得主。Saez 先生是加州大学伯克利分校的经济学教授。

资料来源:*The Wall Street Journal*, April 23 ⓒ 2012 *The Wall Street Journal*.

税收比你认为的要多得多
Edward C. Prescott　　Lee E. Ohanian

奥巴马总统认为,当选就相当于批准了他可以提高高收入人群的税收。白宫表示,在已经接近所谓的财政悬崖时,在这个问题上,总统没有妥协的余地。

但是税率其实已经很高了——远高于通常人们所认为的水平——而且,提高税收会进一步抑制经济,特别是会影响美国人的工作时数。

考虑到对收入和消费支出的所有税收——包括联邦、州和地方所得税,社会保障和医疗的工薪税,消费税,以及州和地方销售税——Edward Prescott 认为,美国的平均边际有效税率是 40% 左右(*Quarterly Review of the Federal Reserve Bank of Minneapolis*, 2004)。这就意味着,如果工人从增加的产出中平均挣到 100 美元,他其实只能增加 60 美元消费。

其他学者的研究[包括 Lee Ohanian、Andrea Raffo、Richard Rogerson,《货币经济学季刊》(*Journal of Monetary Economics*),2008;Edward Prescott,《美国经济评论》(*American Economic Review*),2002]表明,进一步提高税率会大大减少美国的经济活动,而且暗示,增税能增加的税收收入非常有限。

更高的税率——无论是对劳动收入还是对消费征收——减少了对于人们工作的激励,因为高税收使得消费相对于其他活动,比如休闲,更为昂贵了。尤其是当税收以私人消费的替代品的方式回到家庭,比如公立教育、警察和消防、食品券以及医疗,无论是通过政府转移支付还是实物转移,都会压抑为市场生产物品的激励。

20 世纪 50 年代,当欧洲税率低时,许多西欧人,包括法国人和德国人,人均工作时数多于美国人。随着时间推移,在许多西欧国家,影响收入和消费的税率大幅度提高。据估算,近几十年来一些欧洲国家的工作时数减少了将近 30%——从 20 世纪 50 年代的每人每年平均 1 400 小时左右下降到现在的 1 000 小时,高税率是重要原因。

荷兰 20 世纪 80 年代后期以来工作时数的增加也与税率变动有很大关系,它是随着降低边际所得税税率的法规而出现的。

日本的所得税与消费税的税率与美国几乎相同,2007 年(进入衰退之前的最后一个年份)日本工人的工作时数为 1 363 小时——和美国的平均工作时数 1 336 小时基本相同。

所有这些都对美国有重大意义。加州刚刚颁布了提高所得税和销售税的法令。加州最高的所得税税率将是 13.3%,而在某些领域最高的销售税税率会上升到 10% 之高。如果把这些州税与最高的联邦税率 44% 相加,再加上联邦消费税,加州最高收入人群的边际税率可达60%左右——与法国、德国和意大利同样高。

高劳动所得税和消费税还对企业家精神和冒险精神有影响。推动美国经济增长的关键因素是微软的比尔·盖茨、苹果的史蒂夫·乔布斯、联邦快递的弗雷德·史密斯和其他人的杰出贡献。他们承担巨大的风险来实施新的想法,直接和间接地创造了新经济部门和成千上万的新工作岗位。

欧洲的企业家精神要低得多,这表明高税率和设计不佳的规制限制了新企业的诞生。《经济学人》(The Economist)报道,在1976年到2007年间,只有一家欧洲大陆的企业表现突出,即挪威的再生能源公司(Renewable Energy Corporation),它可以与微软、苹果和其他美国大公司相媲美,也被列入《金融时报》世界500强名单……

现在经济面临两个严重的风险:压抑工作时数的更高边际税率的风险,以及继续实行诸如《Dodd-Frank 金融改革法案》、各种援助方案和补贴某些行业与技术所带来的风险,这些都会通过保护低效率生产者和限制资源流入生产率最高的使用者而压抑生产率增长。

如果这两种风险变为现实,美国经济将面临比2013年的衰退更严重的问题。它将面临相对生活水平持久而不断的下降。

经济增长需要新思想与新企业,这就需要一个庞大的、有才能的年轻工人群体,他们愿意承担创办企业的巨大风险。这就需要消除创造新经济活动路上的障碍——并提高成功的税后收益。

Prescott 先生是亚利桑那州立大学教授,诺贝尔经济学奖得主。Ohanian 先生是加州大学洛杉矶分校的经济学教授。

资料来源:*The Wall Street Journal*, Copyright © 2012 Dow Jones & Company, Inc.

8.4 结论

在本章中,我们运用前一章提出的工具来加深对税收的理解。第1章中讨论的经济学十大原理之一是,市场通常是组织经济活动的一种好方法。在第7章中,我们运用生产者剩余和消费者剩余的概念更为精确地阐释了该原理。这里我们说明了,当政府对一种物品的买者或卖者征税时,社会就损失了某些市场效率的好处。税收给市场参与者带来损失,不仅是因为税收将资源从市场参与者手中转到政府手中,还因为税收改变了激励,并扭曲了市场结果。

这里和第6章提供的分析会为你理解税收的经济影响打下一个良好的基础,但事情并未到此结束。微观经济学家研究如何最好地设计税制,包括如何达到平等与效率之间的适当平衡。宏观经济学家研究税收如何影响整个经济,以及决策者可以如何运用税制来稳定经济活动,并实现更快的经济增长。因此,随着你继续学习经济学,税赋这个主题还会再次出现。

内容提要

◎ 一种物品的税收使该物品买者与卖者的福利减少了,而且,消费者剩余和生产者剩余的减少常常超过了政府筹集到的收入。总剩余——消费者剩余、生产者剩余和税收收入之和——的减少被称为税收的无谓损失。
◎ 税收带来无谓损失是因为它使买者少消费，使卖者少生产，而且，这种行为变动使市场规模缩小到使总剩余最大化的水平之下。由于供给弹性和需求弹性衡量市场参与者对市场状况变动的反应程度，所以，弹性越大意味着无谓损失越大。
◎ 税收增加越多，它对激励的扭曲越大，无谓损失也就越大。但由于税收减小了市场规模，税收收入不会一直增加。税收收入起初随着税收规模的扩大而增加，但如果税收规模达到足够大，税收收入就会开始下降。

关键概念

无谓损失

复习题

1. 当对一种物品征税时，消费者剩余和生产者剩余会发生怎样的变动？税收收入与消费者剩余和生产者剩余相比较如何？解释原因。
2. 画出对某种物品征收销售税的供求图。在图上注明无谓损失，标明税收收入。
3. 供给弹性与需求弹性如何影响税收的无谓损失？为什么会有这种影响？
4. 为什么专家们对劳动税无谓损失大小的看法不一致？
5. 当税收增加时，无谓损失和税收收入会发生怎样的变动？

快速单选

1. 在哪一种情况下对一种物品征税会产生无谓损失？
   a. 消费者剩余和生产者剩余的减少大于税收收入。
   b. 税收收入大于消费者剩余和生产者剩余的减少。
   c. 消费者剩余的减少大于生产者剩余的减少。
   d. 生产者剩余的减少大于消费者剩余的减少。
2. Jane 每周付给 Chuck 50 美元的剪草坪费。当政府对 Chuck 的剪草坪收入征收 10 美元的税时，他把价格提高到 60 美元。在这一较高价格时，Jane 仍然雇用他。生产者剩余、消费者剩余和无谓损失的变化是多少？
   a. 0 美元,0 美元,10 美元
   b. 0 美元,−10 美元,0 美元
   c. 10 美元,−10 美元,10 美元
   d. 10 美元,−10 美元,0 美元
3. 鸡蛋的供给曲线是线性的，且向右上方倾斜；需求曲线是线性的，且向右下方倾斜。如果鸡蛋税从 2 美分增加到 3 美分，税收的无谓损失将_____。
   a. 增加 50% 以下，甚至有可能减少
   b. 正好增加 50%
   c. 增加 50% 以上
   d. 答案取决于供给和需求哪个更富有弹性
4. 花生酱有向右上方倾斜的供给曲线和向右下方倾斜的需求曲线。如果税收从每磅 10 美分增加到 15 美分，政府的税收收入会_____。
   a. 增加 50% 以下，甚至有可能减少
   b. 正好增加 50%
   c. 增加 50% 以上
   d. 答案取决于供给和需求哪个更富有弹性

5. 拉弗曲线说明,在某些情况下,政府可以对一种物品减税,并增加_____。
   a. 无谓损失
   b. 政府税收收入
   c. 均衡数量
   d. 消费者支付的价格

6. 如果决策者想通过对一种物品征税来增加收入而又减少无谓损失,那么他就应该找到一种需求弹性_____而供给弹性_____的物品。
   a. 小,小   b. 小,大
   c. 大,小   d. 大,大

问题与应用

1. 比萨饼市场的特征是需求曲线向右下方倾斜,供给曲线向右上方倾斜。
   a. 画出竞争市场的均衡图。标出价格、数量、消费者剩余和生产者剩余。存在无谓损失吗?解释原因。
   b. 假设政府令每个比萨饼店每卖出一个比萨饼缴纳 1 美元税。说明这种税对比萨饼市场的影响,确定并标出消费者剩余、生产者剩余、政府收入及无谓损失。每块面积与税前相比有何变动?
   c. 如果取消税收,比萨饼的买者和卖者的状况会变好,但政府会失去税收收入。假设消费者和生产者自愿把他们的部分收入交给政府。各方(包括政府)的状况能比有税收时更好吗?用你的图上所标出的面积做出解释。

2. 评价以下两句话。你同意吗?为什么?
   a. "一种没有无谓损失的税收不能为政府筹集任何收入。"
   b. "不能为政府筹集收入的税收不会有任何无谓损失。"

3. 考虑橡皮筋市场。
   a. 如果这个市场供给非常富有弹性,而需求非常缺乏弹性,橡皮筋的税收负担将如何在消费者和生产者之间分摊?运用消费者剩余和生产者剩余工具来回答。
   b. 如果这个市场供给非常缺乏弹性,而需求非常富有弹性,橡皮筋的税收负担将如何在消费者和生产者之间分摊?把你的答案和 a 的答案进行对比。

4. 假设政府征收燃油税。
   a. 这种税的无谓损失是在征税后第一年大,还是第五年大?解释原因。
   b. 从这种税中得到的收入是在征税后第一年多,还是第五年多?解释原因。

5. 有一天上完经济学课以后,你的朋友建议说:对食物征税是筹集收入的一个好方法,因为食物的需求是相当缺乏弹性的。从什么意义上说,对食物征税是筹集税收收入的"好"方法?从什么意义上说,它并不是筹集税收收入的"好"方法?

6. 前纽约州参议员 Daniel Patrick Moynihan 曾经提出一个法案,该法案要对某种空心子弹征收 10 000% 的税。
   a. 你认为这种税能筹集到大量税收收入吗?为什么?
   b. 即使这种税不能筹集到税收收入,Moynihan 参议员为什么还要提议征收这种税呢?

7. 政府对购买袜子征税。
   a. 说明这种税对袜子市场的均衡价格和均衡数量的影响。确定在征税前后的以下面积:消费者总支出、生产者总收益和政府税收收入。
   b. 生产者得到的价格上升了还是下降了?你能判断出生产者的总收益增加了还是减少了吗?解释原因。
   c. 消费者支付的价格上升了还是下降了?你能判断出消费者的总支出增加了还是减少了吗?详细解释。(提示:考虑弹性。)如果消费者总支出减少了,消费者剩余增加了吗?解释原因。

8. 本章分析了对物品征税的福利影响。现在考虑相反的政策。假定政府补贴一种物品:每销售 1 单位该物品,政府向买者支付 2 美元。该补贴如何影响消费者剩余、生产者剩余、税收收入和总剩余?补贴会引起无谓损失吗?解释原因。

9. 小镇的旅馆房间价格为每天每间 100 美元，一般每天租出去 1 000 个房间。

   a. 为了筹集收入，市长决定对旅馆每个租出去的房间收取 10 美元的税。在征税之后，旅馆房间的价格上升到 108 美元，租出去的房间减少为 900 个。计算这种税为小镇筹集到多少收入，以及税收的无谓损失。（提示：三角形的面积是 1/2 × 底 × 高。）

   b. 市长现在把税收翻一番，即增加到 20 美元。价格上升到 116 美元，租出去的房间减少为 800 个。计算税收增加后的税收收入和无谓损失。它们是等于、大于，还是小于原来的两倍？解释原因。

10. 假设某个市场可由以下供给和需求方程来描述：

$$Q^S = 2P$$
$$Q^D = 300 - P$$

   a. 求解均衡价格和均衡数量。

   b. 假设对买者征收税收 T，因此，新的需求方程式是：

$$Q^D = 300 - (P + T)$$

   求解新的均衡。卖者得到的价格、买者支付的价格和销售量会发生什么变动？

   c. 税收收入是 $T \times Q$。用你对问题 b 的答案求解作为 T 的函数的税收收入。画出 T 在 0—300 之间时这种关系的图形。

   d. 税收的无谓损失是供给曲线和需求曲线之间三角形的面积。回忆一下，三角形的面积是 1/2 × 底 × 高，以此求解作为 T 的函数的无谓损失。画出 T 在 0—300 之间时这种关系的图形。（提示：从侧面看，无谓损失三角形的底是 T，高是有税收时的销售量与无税收时的销售量之差。）

   e. 现在政府对每单位该物品征收 200 美元的税。这是一种好政策吗？为什么？你能提出更好的政策吗？

第 9 章
应用：国际贸易

如果你查看你身上穿的衣服的标签，你也许会发现，你的一些衣服是别的国家生产的。一个世纪前，纺织业和服装业是美国经济的主要部门，但现在情况已经改变了。美国的许多企业发现，由于面临可以以低成本生产高质量物品的外国竞争者，要通过生产并销售纺织品和服装来获得利润已经越来越困难了。因此，它们解雇了工人，并关闭了工厂。今天，美国人消费的大部分纺织品和服装都是从国外进口的。

纺织业的故事提出了一个有关经济政策的重要问题：国际贸易如何影响经济福利？在各国间的自由贸易中谁受益？谁受损？如何比较收益和损失？

第 3 章运用比较优势原理介绍了关于国际贸易的研究。根据这一原理，各国都可以从相互贸易中获益，因为贸易使每个国家都可以专门从事自己最擅长的活动。但第 3 章的分析是不完全的，它没有解释在国际市场上如何实现这种贸易的好处，或者这些好处如何在各个经济参与者之间进行分配。

现在我们转向对国际贸易的研究并解决这些问题。在前几章中，我们提出了许多分析市场如何运行的工具：供给、需求、均衡、消费者剩余和生产者剩余等。我们可以用这些工具来更多地了解国际贸易如何影响经济福利。

9.1 决定贸易的因素

我们来看纺织品市场。纺织品市场很适于用来考察国际贸易的得失：世界上许多国家都生产纺织品，而且，纺织品的国际贸易量也很大。此外，纺织品市场是决策者经常考虑（而且有时实施）贸易限制，以便保护国内生产者免受外国竞争的一个市场。我们这里考察一个假想的 Isoland 国的纺织品市场。

9.1.1 没有贸易时的均衡

我们首先假设，Isoland 国的纺织品市场是与世界其他地方相隔离的。根据政府法令，Isoland 国不允许任何一个人进口或出口纺织品，而且，违背该法令的惩罚非常严厉，以至于没有一个人敢违法去这样做。

因为没有国际贸易,所以 Isoland 国的纺织品市场由 Isoland 国的买者和卖者组成。如图 9-1 所示,国内价格会自发调整,使国内卖者的供给量与国内买者的需求量达到平衡。图中显示了在没有国际贸易的均衡时的消费者剩余和生产者剩余。消费者剩余和生产者剩余之和衡量买者和卖者从参与纺织品市场中得到的总利益。

图 9-1 没有国际贸易时的均衡

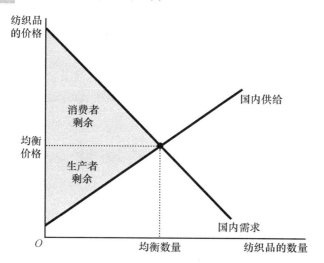

当一个经济不能在世界市场上进行贸易时,价格会自发调整,使国内供给与需求达到平衡。这个图表示在假想的 Isoland 国纺织品市场上,在没有国际贸易的均衡时的消费者剩余和生产者剩余。

现在假设在一次政局变动中,Isoland 国选出了一位新总统。新总统在参选时以"变革"为竞选纲领,并向选民承诺会大胆提出新思想。他的第一个行动是组织了一个经济学家小组来评估 Isoland 国的贸易政策,并要求这些经济学家就以下三个问题呈出报告:

- 如果政府允许 Isoland 国进口和出口纺织品,国内纺织品市场的纺织品价格和纺织品销售量会发生什么变动?
- 谁将从纺织品的自由贸易中获益?谁将遭受损失?好处会大于损失吗?
- 应该把关税(对纺织品进口征税)作为新贸易政策的一部分吗?

在复习了他们最喜爱的教科书(当然,是这一本)中的供给与需求的相关知识之后,Isoland 国的经济学家小组开始进行分析。

9.1.2 世界价格和比较优势

经济学家要解决的第一个问题是:Isoland 国会成为一个纺织品进口国还是纺织品出口国?换句话说,如果允许自由贸易,Isoland 国最后会在世界市场上买纺织品还是卖纺织品?

为了回答这个问题,经济学家对现在 Isoland 国的纺织品价格和其他国家的纺织品价格进行了比较。我们把世界市场上通行的价格称为**世界价格**(world price)。如果纺织品的世界价格高于国内价格,那么,一旦允许贸易,Isoland 国就会成为一个纺织品出口国。Isoland 国的纺织品生产者渴望得到国外可以得到的高价格,并开始向其他国家的买者出售他们的纺织品。相反,如果纺织品的世界价格低于国内价格,那么,Isoland 国就将成为一个纺织品进口国。由于外国卖者提供了更好的价格,Isoland 国的纺织品消费者将很快开始购买其他国家的纺织品。

从本质上说,比较贸易之前的世界价格和国内价格可以说明,Isoland 国在生产纺织品方面有没有比较优势。国内价格反映纺织品的机会成本：它告诉我们，Isoland 国为了得到一单位纺织品必须放弃多少其他东西。如果国内价格低，即 Isoland 国生产纺织品的成本低，这表明相对于世界上其他国家而言，Isoland 国在生产纺织品上具有比较优势。如果国内价格高，即 Isoland 国生产纺织品的成本高，这表明外国在生产纺织品上具有比较优势。

正如我们在第 3 章中说明的，各国之间的贸易最终要建立在比较优势的基础之上。这就是说，贸易之所以是互惠的，是因为它使各国可以专门从事自己最擅长的活动。通过比较贸易之前的世界价格和国内价格，我们可以确定 Isoland 国比世界其他国家更擅长还是更不擅长生产纺织品。

即问即答 Autarka 国不允许国际贸易。在 Autarka 国，你可以用 3 盎司黄金买一件羊毛套装。同时，你在邻国可以用 2 盎司黄金买一件同样的羊毛套装。如果 Autarka 国打算允许自由贸易，它将进口还是出口羊毛套装？为什么？

9.2 贸易的赢家和输家

为了分析自由贸易的福利影响，Isoland 国的经济学家假设，与世界其他国家相比，Isoland 国是一个小型经济。这一小型经济假设意味着 Isoland 国的行为对世界市场的影响微不足道。具体来说就是，Isoland 国贸易政策的任何变化都不会影响纺织品的世界价格。可以说 Isoland 人在世界经济中是价格接受者。这就是说，他们把纺织品的世界价格作为既定的。Isoland 可以通过以这种价格出售纺织品而成为纺织品的出口国，也可以通过以这种价格购买纺织品而成为纺织品的进口国。

小型经济假设并不是分析从世界贸易中受益或受损时所必需的。但 Isoland 国的经济学家从经验（以及阅读本书第 2 章）中知道，做出简单化假设是构建一个有用的经济模型的关键部分。Isoland 国是小型经济的假设大大简化了分析，而且，在更为复杂的大型经济的情况下，其基本结论并不会改变。

9.2.1 出口国的得失

图 9-2 表示当贸易前国内均衡价格低于世界价格时 Isoland 国的纺织品市场。一旦允许自由贸易，国内价格上升到等于世界价格。没有一个纺织品卖者会接受低于世界价格的价格，没有一个买者会支付高于世界价格的价格。

在国内价格上升到等于世界价格之后，国内的供给量就不等于国内的需求量了。供给曲线表示 Isoland 国的卖者供给的纺织品量。需求曲线表示 Isoland 国的买者需要的纺织品量。由于国内供给量大于国内需求量，Isoland 国向其他国家出售纺织品。这样，Isoland 国就成为一个纺织品出口者。

虽然国内供给量与国内需求量不同，但纺织品市场仍然是均衡的，因为现在有其他的市场参与者——世界其他国家。可以认为世界价格时的水平线代表世界其他国家的纺织品需求。这条需求曲线是完全富有弹性的，因为 Isoland 国作为一个小型经济，可以以世界价格销售它想销售的任何数量的纺织品。

图 9-2 一个出口国的国际贸易

	贸易前	贸易后	变动
消费者剩余	$A+B$	A	$-B$
生产者剩余	C	$B+C+D$	$+(B+D)$
总剩余	$A+B+C$	$A+B+C+D$	$+D$

面积 D 表示总剩余的增加,并代表贸易的收益。

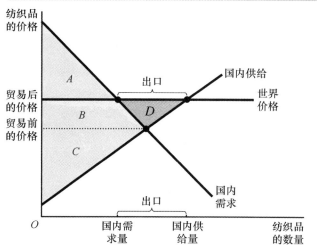

一旦允许贸易,国内价格就上升到等于世界价格的水平。供给曲线表示国内生产的纺织品量,需求曲线表示国内消费的纺织品量。Isoland 国的出口等于世界价格时国内供给量与国内需求量之间的差额。卖者的状况变好了(生产者剩余从 C 增加到 $B+C+D$),而买者的状况变坏了(消费者剩余从 $A+B$ 减少为 A)。总剩余的增加量等于面积 D,表明贸易增加了整个国家的经济福利。

现在考虑开放贸易的得失。显而易见,并不是每一个人都受益。贸易迫使国内价格上升到世界价格。国内纺织品生产者的状况变好了,因为他们现在可以以更高的价格出售纺织品,但国内纺织品消费者的状况变糟了,因为他们现在不得不以较高的价格购买纺织品。

为了衡量这种得失,我们来看一下消费者剩余和生产者剩余的变动。在允许贸易前,纺织品价格自发调整,使国内供给与国内需求达到平衡。消费者剩余,即需求曲线和贸易前价格之间的面积是 $A+B$。生产者剩余为供给曲线和贸易前价格之间的面积 C。贸易前总剩余,即消费者剩余与生产者剩余之和,是面积 $A+B+C$。

在允许贸易以后,国内价格上升到世界价格。消费者剩余减少为面积 A(需求曲线和世界价格之间的面积),生产者剩余增加为面积 $B+C+D$(供给曲线和世界价格之间的面积),因此,有贸易时的总剩余是面积 $A+B+C+D$。

这些福利计算说明了在一个出口国中,谁从贸易中受益,谁从贸易中受损。卖者受益,因为生产者剩余增加了面积 $B+D$;买者受损,因为消费者剩余减少了面积 B。因为卖者的收益大于买者的损失,差额是面积 D,所以,Isoland 国的总剩余增加了。

上述对出口国的分析得出了以下两个结论:

- 当一国允许贸易并成为一种物品的出口者时,国内该物品生产者的状况变好了,而国内该物品消费者的状况变坏了。
- 从赢家收益超过了输家损失的意义上说,贸易使一国的经济福利增加了。

9.2.2 进口国的得失

现在假设贸易前国内价格高于世界价格。同样,一旦允许贸易,国内价格就必然等于世界价格。如图9-3所示,国内供给量小于国内需求量。国内需求量与国内供给量之间的差额要通过向其他国家购买来填补,从而Isoland国成为一个纺织品进口者。

图9-3 一个进口国的国际贸易

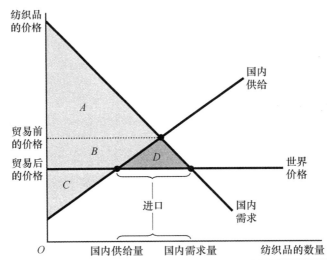

一旦允许贸易,国内价格就下降到等于世界价格的水平。供给曲线表示国内产量,而需求曲线表示国内消费量。进口等于世界价格时国内需求量与国内供给量的差额。买者的状况变好(消费者剩余从 A 增加到 $A+B+D$),而卖者的状况变坏(生产者剩余从 $B+C$ 减少到 C)。总剩余增加了面积 D,表明贸易提高了该国家作为一个整体的经济福利。

在这种情况下,世界价格时的水平线代表世界其他国家的供给。这条供给曲线完全有弹性,因为 Isoland 国是一个小型经济,因此,可以以世界价格买到它想买的任何数量的纺织品。

现在考虑贸易的得失。同样,并非每一个人都受益。当贸易迫使国内价格下降时,国内消费者的状况变好了(他们现在能以较低的价格买到纺织品),而国内生产者的状况变坏了(他们现在不得不以较低的价格出售纺织品)。消费者剩余和生产者剩余的变动衡量得失的大小。贸易前,消费者剩余是面积 A,生产者剩余是面积 $B+C$,而总剩余是面积 $A+B+C$;允许贸易以后,消费者剩余是面积 $A+B+D$,生产者剩余是面积 C,而总剩余是面积 $A+B+C+D$。

这些福利计算说明了在一个进口国中,谁从贸易中受益,谁从贸易中受损。买者受益是因为消费者剩余增加了面积 $B+D$。卖者受损是因为生产者剩余减少了面积 B。买者的收益超过了卖者的损失,总剩余增加了面积 D。

上述对进口国的分析得出了两个与出口国情况相类似的结论：

- 当一国允许贸易并成为一种物品的进口者时，国内该物品消费者的状况变好了，而国内该物品生产者的状况变坏了。
- 从赢家收益超过了输家损失的意义上说，贸易使一国的经济福利增加了。

在完成了对贸易的分析之后，我们可以更好地理解第 1 章中的经济学十大原理之一：贸易可以使每个人的状况都变得更好。如果 Isoland 国允许它的纺织品市场参与到国际贸易中，无论最后 Isoland 国是出口还是进口纺织品，这种变动都会产生赢家和输家。但是，在这两种情况下，赢家的收益都大于输家的损失，因此，赢家可以对输家进行补偿，补偿之后赢家的状况仍然是比以前更好。从这种意义上说，贸易可以使每个人的状况都变得更好。但贸易将使每个人的状况都变得更好吗？也许并不一定。在现实中，对国际贸易中输家的补偿是很少的。没有这种补偿，一个经济向世界开放就是一种扩大经济蛋糕规模的政策，但也许会使一些经济参与者得到的蛋糕变小了。

现在我们可以知道，为什么关于贸易政策的争论如此激烈。每当一种政策创造了赢家和输家时，政治斗争就登上了舞台。一些国家有时不能享受到贸易的好处，是因为自由贸易的输家在政治上比赢家更有组织。输家可能团结起来，为实行关税或进口配额等贸易限制而利用政治影响力进行游说。

9.2.3 关税的影响

Isoland 国的经济学家接下来考虑**关税**（tariff）——对进口物品征收的一种税——的影响。经济学家很快认识到，如果 Isoland 国成为一个纺织品出口国，对纺织品征收关税没有影响。如果 Isoland 国没有人对进口纺织品感兴趣，对纺织品进口征收关税也无关紧要。只有在 Isoland 国成为一个纺织品进口国时，关税才是重要的。经济学家把注意力集中在这种情况上，比较了有关税时和没有关税时的福利。

图 9-4 表示 Isoland 国的纺织品市场。在自由贸易下，国内价格等于世界价格。关税使进口纺织品的价格提高到世界价格之上，其增加量等于关税。那些与进口纺织品供给者竞争的国内纺织品供给者现在能以世界价格加关税量出售他们的纺织品。因此，纺织品——进口纺织品和国内纺织品——的价格上升了，上升幅度等于关税量，从而更接近于没有贸易时的均衡价格。

国内买者与卖者的行为受到价格变动的影响。由于关税提高了纺织品价格，它使国内需求量从 Q_1^D 减少为 Q_2^D，使国内供给量从 Q_1^S 增加到 Q_2^S。因此，关税减少了进口量，并使国内市场向没有贸易时的均衡移动。

现在考虑关税的得失。由于关税提高了国内价格，国内卖者的状况变好了，而国内买者的状况变坏了。此外，政府筹集到了收入。为了衡量这些得失，我们观察消费者剩余、生产者剩余和政府收入的变动。图 9-4 中的表格总结了这些变动。

图 9-4 关税的影响

	关税前	关税后	变动
消费者剩余	$A+B+C+D+E+F$	$A+B$	$-(C+D+E+F)$
生产者剩余	G	$C+G$	$+C$
政府收入	无	E	$+E$
总剩余	$A+B+C+D+E+F+G$	$A+B+C+E+G$	$-(D+F)$

面积 $D+F$ 表示总剩余的减少,并代表关税的无谓损失。

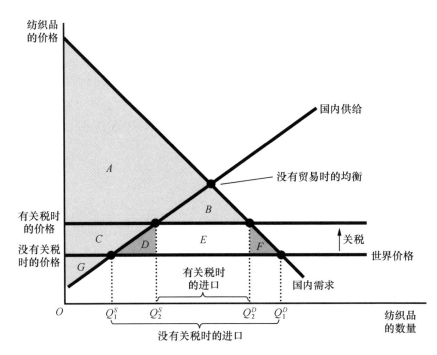

关税减少了进口量,并使市场向没有贸易时的均衡移动。总剩余的减少量等于面积 $D+F$。这两个三角形代表关税的无谓损失。

在征收关税之前,国内价格等于世界价格。消费者剩余,即需求曲线与世界价格之间的面积,是面积 $A+B+C+D+E+F$。生产者剩余,即供给曲线与世界价格之间的面积,是面积 G。政府收入等于零。总剩余,即消费者剩余、生产者剩余和政府收入之和,是面积 $A+B+C+D+E+F+G$。

一旦政府征收关税,国内价格上升到世界价格之上,其高出量就是关税。现在消费者剩余是面积 $A+B$。生产者剩余是面积 $C+G$。政府收入等于有关税后的进口量乘以关税规模,是面积 E。因此,有关税时的总剩余是面积 $A+B+C+E+G$。

为了确定关税的总福利影响,我们把消费者剩余的变动(为负)、生产者剩余的变动(为正)和政府收入的变动(为正)相加。我们发现市场总剩余减少了面积 $D+F$。这种总剩余的减少称为关税的无谓损失。

关税会引起无谓损失,是因为关税是一种税。与大部分税收一样,它扭曲了激励,并使稀缺资源配置背离了最优水平。在这种情况下,我们可以确定两种效应:首先,当关税使国内纺织品价格高于世界价格时,它就鼓励国内生产者把产量从 Q_1^S 增加到 Q_2^S。尽管生产这些增加的纺织品的成本大于按世界价格购买这些纺织品的成本,但关税使得国内生产者生产这些纺织品还是有利可图的。其次,当关税提高了国内纺织品消费者不得不支付的价格时,它就鼓励这些消费者把纺织品的消费量从 Q_1^D 减少到 Q_2^D。尽管国内消费者对这些增加的纺织品的评价高于世界价格,但关税也导致了他们减少购买。面积 D 代表纺织品过度生产的无谓损失,而面积 F 代表纺织品消费不足的无谓损失。关税的总无谓损失是这两个三角形的面积之和。

> **参考资料**
> **进口配额:另一种限制贸易的方法**
>
> 　　除了关税之外,有时各国限制国际贸易的另一种方法是对进口某种物品的数量实行限制。在本书中,我们对这种政策不做出分析,仅仅是给出结论:进口配额和关税很相似。无论关税还是进口配额都减少了进口品的数量,提高了该物品的国内价格,减少了国内消费者的福利,增加了国内生产者的福利,并引起无谓损失。
> 　　这两种类型的贸易限制之间的唯一差别是:关税增加了政府的收入,而进口配额为那些得到进口许可证的人创造了剩余。进口许可证持有者的利润是国内价格(他出售进口物品的价格)和世界价格(他购买这些物品的价格)之间的差额。
> 　　如果政府对进口许可证收费,关税和进口配额就更相似了。假定政府确定的许可证费等于国内价格与世界价格之间的差额。在这种情况下,许可证持有者的所有利润都要以许可证费的形式交给政府,进口配额的作用与关税完全相同。在这两种政策下的消费者剩余、生产者剩余以及政府收入完全相等。
> 　　但是,实际上,用进口配额限制贸易的国家很少通过出售进口许可证来这样做。例如,美国政府有时施加压力让日本"自愿"限制日本汽车在美国的销售。在这种情况下,日本政府把进口许可证分配给日本企业,从而这些许可证所带来的剩余就归这些企业所有。从美国经济福利的角度说,这种进口配额比对进口汽车征收关税更糟。关税和进口配额都提高了价格,限制了贸易,并引起无谓损失,但关税至少能给美国政府带来收入,而不是给外国生产者带来利润。

9.2.4　贸易政策的结论

　　Isoland 国经济学家小组现在可以给新总统写一封信:

亲爱的总统阁下:
　　您向我们提出了有关开放贸易的三个问题。在经过大量艰苦的研究工作后,我们得出了答案。
　　问题:如果政府允许本国进口和出口纺织品,国内纺织品市场的纺织品价格和纺织品销售量会发生什么变动?
　　回答:一旦允许贸易,Isoland 国的纺织品价格将被推动到等于全世界通行价格的水平。
　　如果现在世界价格高于 Isoland 国的价格,我们的价格将上升。较高的价格会减少 Isoland 人的纺织品消费量,并增加 Isoland 人的纺织品生产量。因此,Isoland 国将成为一个纺织品出口者。之所以会出现这种情况,是因为此时的 Isoland 国在生产纺织品上有比较优势。
　　相反,如果现在世界价格低于 Isoland 国的价格,我们的价格将下降。较低的价格会增加

Isoland 人的纺织品消费量,并减少 Isoland 人的纺织品生产量。因此,Isoland 国将成为一个纺织品进口者。之所以会出现这种情况,是因为此时的其他国家在生产纺织品上有比较优势。

问题:谁将从纺织品的自由贸易中获益?谁将受损?好处会大于损失吗?

回答:答案取决于允许贸易后价格是上升还是下降。如果价格上升,则纺织品生产者受益,纺织品消费者受损;如果价格下降,则纺织品消费者受益,纺织品生产者受损。在这两种情况下,收益都超过了损失,因此自由贸易会增加 Isoland 人的总福利。

问题:应该把关税作为新贸易政策的一部分吗?

回答:只有当 Isoland 国成为纺织进口国时,关税才有影响。在这种情况下,关税使经济接近于没有贸易时的均衡,而且,它与大多数税收一样,也会产生无谓损失。虽然关税改善了国内生产者的福利,并增加了政府收入,但这些收益不足以弥补消费者的福利损失。从经济效率的角度看,最好的政策是允许无关税的贸易。

我们希望以上答案对您制定新政策会有所帮助。

您忠实的仆人
Isoland 国经济学家小组

9.2.5 国际贸易的其他好处

Isoland 国经济学家小组的结论基于标准的国际贸易分析。他们的分析使用了经济学教科书中最基本的工具:供给、需求、生产者剩余和消费者剩余。它表明,当一国开放贸易时,有赢家也有输家,但赢家的收益大于输家的损失。

但是,支持自由贸易的理由还不止这些,因为除了标准分析所强调的好处之外,贸易还会带来其他一些经济好处。这里简要地列出其中一些:

- 增加了物品的多样性:不同国家生产的物品并不完全相同。例如,德国的啤酒与美国的啤酒并不完全相同。自由贸易使所有国家的消费者都拥有了更多的选择。
- 通过规模经济降低了成本:一些物品只有大量生产时,才能以低成本生产,这种现象被称为规模经济。如果一个小国的企业只在很小的国内市场上销售产品,它就不能充分利用规模经济。自由贸易使企业可以进入更大的世界市场,并使企业可以更充分地实现规模经济。
- 增加了竞争:一个避开了外国竞争者的公司更可能拥有市场势力,这又使其能把价格提高到竞争性水平之上。这是一种市场失灵。开放贸易促进了竞争,并使看不见的手有了施展其魔力的更好机会。
- 加强了思想交流:技术进步在世界范围内的转移通常被认为是与含有这些技术进步的物品的国际贸易相关的。例如,对一个贫穷的农业国家来说,了解电脑革命的最好方法是从国外购买一些电脑,而不是努力在国内生产电脑。

因此,自由的国际贸易增加了可供消费者消费的物品的多样性,使企业可以利用规模经济,使市场更具竞争性,并有助于技术扩散。如果 Isoland 国的经济学家把这些影响也考虑进去,那么他们给总统的建议就会更有力。

即问即答 画出 Autarka 国羊毛套装的供给曲线与需求曲线。当允许贸易时,一件羊毛套装的价格从 3 盎司黄金下降为 2 盎司黄金。在你画的图中,标明消费者剩余的变动、生产者剩余的变动和总剩余的变动。羊毛套装进口关税将如何改变上述结果?

新闻摘录
对自由贸易的威胁

在2012年,随着美国和世界许多其他国家正慢慢地从严重衰退中复苏,贸易限制又被许多决策者当作不可抗拒的临时措施。

保护主义幻觉的回归
Douglas A. Irwin

20世纪30年代大萧条冲击时,许多国家都实行高关税、进口配额和外汇管制,错误地希望这些政策有助于复苏他们的经济。结果适得其反,这些政策导致了世界贸易的崩溃。今天保护主义的威胁又一次逼近全世界。

为了支撑比索,阿根廷采取的外汇配给政策严重限制了其在进口商品上的支出,引起了外国报复。巴西削减了来自阿根廷和墨西哥的汽车进口。一拨新的反倾销浪潮为贸易设置了更多的障碍。

出口限制也打断了贸易流:印度尼西亚和镍矿、中国和稀土矿、坦桑尼亚和玉米。而且,微妙的产品管制正大行其道地阻拦进口贸易。俄罗斯最近借口健康和安全的原因禁止从欧盟进口活动物,这引起了布鲁塞尔的强烈反对。

除了这些公开的手段外,还有一些令人担忧的草案正在出台。欧盟正在考虑在公共采购上模仿美国的购买美国国货的立法,倡导购买"欧洲货",甚至有可能比起美国有过之而无不及。购买国货的法律使国内供给商在政府合同中享有优先权,限制了贸易并提高了纳税人为政府服务所支付的价格。印度正在考虑干预信息与通信技术设备的购买偏好,不仅要求政府单位,还包括了私人公司。

世界贸易组织(WTO)总干事Pascal Lamy说,这些限制或潜在限制贸易的种种手段"现在值得严重关注"。欧盟贸易委员Karel De Gucht也表示了担心,他称之为"过去八个月以来贸易限制性措施的突然上升"。

最近在墨西哥Los Cabos的高峰论坛上,G20的领导人声明,他们"密切关注全世界保护主义案例的增加",并重申他们"坚定的立场"是避免实施新的贸易限制。他们发誓要"反对任何可能会出现的新的保护主义措施,包括新的出口限制,以及违反WTO规则的刺激出口的方式"。

说说容易。由瑞士St. Gallen大学的Simon Evenett管理的一项监控服务"全球贸易警示"(Global Trade Alert)指出,G20国家本身要对保护主义的蔓延负最大责任。许多贸易手段就是G20成员利用WTO规则的漏洞实施的。

不幸的是,奥巴马总统也没有在努力保持世界市场贸易开放上起到领导作用。由于担心触犯工会和其他国内选民,奥巴马当局长期拖延把与韩国、哥伦比亚和巴拿马的自由贸易协定送交国会批准。这届政府几乎完全被动,任凭世界贸易政策随意改变,而不是努力使已失去活力的WTO贸易谈判多哈回合恢复生机。

国会也没做什么有益的事。共和党和民主党的参议员在上个月联合起来要求维持对糖业进口的限制,战胜了新罕布什尔州参议员Jeanne Shaheen(D., N.H.)的一个修正案,该修正案要求逐渐取消这些限制。保持国内糖价两倍于世界水平是以牺牲消费者和纳税人的利益为代价来帮助少数甘蔗和甜菜种植户,而且会引起用糖行业,比如糖果和甜食制造业的工作岗位损失。

任何严重的倒向保护主义的倒退都是经济政策的重大失败。经验表明,一旦实施了保护主义,要取消就极为困难,因为既得利益者会尽全力维系保护条款。保护主义还会滋生外国的报复,这就使清除障碍加倍困难。现在已经没有时间抱有危险的幻觉了。

Irwin 先生是达特茅斯学院的经济学教授,《贸易政策的灾难:20 世纪 30 年代的教训》(*Trade Policy Disaster: Lessons from the 1930s*, MIT 出版社,2012 年)的作者。

资料来源:*The Wall Street Journal*, Copyright © 2012 Dow Jones & Company, Inc.

9.3 各种限制贸易的观点

经济学家小组的信开始说服 Isoland 国的新总统考虑允许纺织品贸易。他注意到,国内价格现在比世界价格高。因此,自由贸易将引起纺织品价格下降,并损害国内纺织品生产者的利益。在实施新政策之前,他请 Isoland 国的纺织品公司评论经济学家的建议。

毫不奇怪,纺织品公司反对纺织品自由贸易。他们认为,政府应该保护国内纺织品行业免受国外竞争。我们看一下他们可能用来支持自己立场的一些观点,并考虑经济学家小组会对此做出什么反应。

"你作为一个工作者喜欢保护主义吗?作为一名消费者呢?"

图片来源:BERRY'S WORLD reprinted by permission of United Feature Syndicate, Inc.

9.3.1 工作岗位论

自由贸易的反对者经常争辩说,与其他国家进行贸易消灭了国内的一些工作岗位。在我们的例子中,纺织品的自由贸易将引起纺织品价格下降,这就使 Isoland 国的纺织品产量减少,从而减少了 Isoland 国纺织品行业的就业。一些 Isoland 国的纺织品工人将会失业。

但自由贸易在消灭了一些工作岗位的同时,也创造了一些工作岗位。当 Isoland 人从其他国家购买纺织品时,这些国家得到了可以用来购买 Isoland 国其他物品的资源。Isoland 国的工人可以从纺织品行业流动到 Isoland 国有比较优势的行业。虽然这种转变在短期中可能会给一些工人带来困难,但它使 Isoland 国的人们作为一个整体可以享有更高的生活水平。

贸易的反对者通常对贸易创造了工作岗位持怀疑态度。他们会反驳说,每一件东西都可以在国外更便宜地进行生产。他们会争辩说,在自由贸易之下,Isoland 人在任何一个行业中就业都可能是不利的。但正如第 3 章所解释的,贸易的好处是基于比较优势,而不是绝对优势。即使一国在生产每一种物品上都比另一国有优势,两个国家也仍然能从相互贸易中获益。每个国家的工人最终都会在该国有比较优势的行业中找到工作岗位。

新闻摘录
自由贸易的赢家应该补偿输家吗

政治家和评论员们经常说,政府应该帮助那些由于国际贸易而状况变坏的工人,例如为他们的再培训付费。在这篇评论文章中,一位经济学家做出了相反的判断。

当你进行自由贸易时,你期望什么

Steven E. Landsburg

所有经济学家都知道,当美国人的一些工作岗位被外包到海外时,美国人作为一个整体是净赢家。我们得到低价格物品的利益足以补偿我们因工资降低而失去的利益。换言之,赢家完全可以承担得起对输家的补偿。这就意味着他们应该这样做吗?这就会引起在道义上命令由纳税人对再培训计划进行补贴吗?

嗯……不。即便你刚刚失去工作,谴责使你从出生以来就处于生存水平以上的现象从根本上来说是有些粗鲁的。如果这个世界由于让你忍受贸易的负面影响而对你有所亏欠,那么你是否也因享受了贸易的正面影响而亏欠了这个世界呢?

我怀疑地球上还有什么人没有从与邻居自由贸易的机会中获益。设想一下,如果你必须自己种粮食,自己做衣服,而且要依靠你祖母的家庭疗法来治病,你的生活会变成什么样子。认识一个有经验的医师可能会减少你对祖母的家庭疗法的需求,但是——尤其是在你祖母这个年龄——有一个医生对她来说还是要好很多。

有些人认为,把一个新的贸易机会或自由贸易协定的道德影响剔除是说得通的。的确,我们有不少公民的利益因这些协定而受损,但除了这种情况,至少在有限的意义上,在一个贸易繁荣的世界中,他们的状况已经变好了。我们欠这些公民什么呢?

思考这个问题的一种方法是问问在类似的情况下你道义上的直觉是什么。假设你在当地药店买了许多年洗发水之后,发现可以在网上以更少的钱订购同样的洗发水,你有责任补偿你的药店老板吗?如果你搬到了更便宜的公寓,你应该补偿你的房东吗?当你在麦当劳吃饭时,你应该补偿旁边一家餐馆的老板吗?公共政策的设计不应提倡那些我们在日常生活中会拒绝的道德直觉。

那么,被取代的工人与被取代的药店老板或被取代的房东在道义上有什么不同呢?你可能会争辩说,药店老板和房东一直以来就面临激烈的竞争,因此对未来的状况有所了解,而几十年的关税和配额使制造业工人预期会受到一点保护。这种预期促使他们去培养某些技能,而现在把他们从保护伞之下拉出来是不公正的。

同样,这种观点与我们的日常直觉并不一致。几十年来,校园恶霸一直是个有利可图的行当。在全美国,这些恶霸也形成了他们自己的技能,以便更好地获利。如果我们强化了校园规则,使得恶霸无利可图,难道我们应该补偿这些恶霸吗?

恶霸和保护主义有许多共同之处。他们都用暴力(直接地或借助于法律的力量)使某人以你非自愿的损失为代价而致富。如果你被迫向美国人支付每小时20美元来购买本可以以每小时5美元从墨西哥人那里买来的物品,那么你就被敲诈了。当最终一项自由贸易协定允许你购买墨西哥人的东西时,你应该为你的自由而感到高兴。

Landsburg先生是罗彻斯特大学经济学教授。

资料来源:*New York Times*, January 16, 2008.

9.3.2 国家安全论

当一个行业受到来自其他国家的竞争威胁时,自由贸易的反对者往往会争辩说,该行业对国家安全是至关重要的。例如，如果 Isoland 国正在考虑实行钢铁的自由贸易，国内钢铁公司就会指出，钢铁是用于生产枪炮和坦克的。自由贸易将使 Isoland 国变得依靠外国来供给钢铁。如果以后爆发了战争，外国的供给中断了，Isoland 国可能就无法生产足够的钢铁和武器来保卫自己。

经济学家承认，出于对国家安全的合理考虑，保护关键行业可能是合理的。但他们担心，这种观点会很快被那些渴望以损害消费者利益为代价而牟利的生产者所利用。

当国家安全论的观点是由行业代表而不是国防机构提出时，就应该谨慎看待。为了得到免受外国竞争的保护，公司有夸大自己在国防中作用的激励。一国将军的观点可能就会非常不同。实际上，当军事部门是一个行业产品的消费者时，它就可以从进口中获益。例如，更为便宜的钢铁可以使 Isoland 国以低成本增加武器储备。

9.3.3 幼稚产业论

新兴产业有时认为，应实行暂时性贸易限制，以有助于该产业的成长。这种观点认为，在经过一段时间的保护期以后，这些产业成熟了，也就能与外国企业竞争了。

同样，老产业有时也认为，它们需要暂时性保护，以有助于它们对新情况做出调整。例如，2002 年，布什总统对进口钢铁征收暂时性关税。他说："我确定，进口严重影响了我们的产业——一个重要产业。"持续了 20 个月的关税提供了"暂时的缓和，以便该产业可以实现自我重组"。

经济学家经常对这些要求持怀疑态度，主要是因为幼稚产业论在实践中难以实施。为了成功地实施保护，政府要确定哪个产业实施这种保护后最终是有利可图的，并确定建立这些产业的利益是否大于实施保护给消费者带来的成本。但"挑选赢家"是极为困难的。要通过政治程序来挑选就更为困难，这种做法往往是保护了那些政治力量强大的产业。而且，一旦一个政治力量强大的产业得到免除外国竞争的保护，这种"暂时性"政策就很难取消。

此外，许多经济学家从理论上怀疑幼稚产业论。例如，假设一个产业是新兴的，不能在与外国竞争对手的竞争中获利，但有理由相信，该产业在长期中是有利可图的。在这种情况下，这些企业的所有者应该愿意为了实现最终的利润而承受暂时的亏损。保护并不是一个幼稚产业成长所必需的。历史表明，即使没有避免竞争的保护，初创的企业虽然往往会经历暂时的亏损，但在长期中会取得成功。

9.3.4 不公平竞争论

一种常见的观点是，只有各国都按同样的规则行事，自由贸易才是合意的。如果不同国家的企业服从于不同的法律和管制，那么，(该观点认为)让企业在国际市场上进行竞争就是不公平的。例如，假设 Neighborland 国政府通过给予纺织品公司大幅度减税来补贴其纺织品行业，Isoland 国的纺织品行业就会认为，自己应该得到免受这种外国竞争的保护，因为 Neighborland 国不是在进行公平竞争。

实际上，从另一个国家以有补贴的价格购买纺织品会损害 Isoland 国吗？的确，Isoland 国的纺织品生产者要蒙受损失，但 Isoland 国的纺织品消费者能从这种低价格中获益。在这种情况下的自由贸易并没有什么不同：消费者从低价购买中得到的好处会大于生产者的损失。Neighborland 国对其纺织品业的补贴可能是一个糟糕的政策，但承担税负的是 Neighborland 国的纳税人。Isoland 国可以从以受补贴的价格购买纺织品的机会中获益。也许 Isoland 国应该感谢 Neighborland 国,而不是反对其补贴行为。

9.3.5 作为讨价还价筹码的保护论

另一种支持贸易限制的观点涉及讨价还价的策略。许多决策者声称支持自由贸易,但同时认为,当与自己的贸易伙伴讨价还价时,贸易限制可能还是有用的。他们声称,贸易限制威胁有助于消除外国政府业已实施的贸易限制。例如,Isoland 国可以威胁说,除非 Neighborland 国取消它的小麦关税,否则就要对纺织品征收关税。如果 Neighborland 国对这种威胁的反应是取消了其关税,其结果可能是更为自由的贸易。

这种讨价还价策略的问题是,威胁可能不起作用。如果威胁没起作用,该国就会面临在两种坏的可能性之间的选择。它可以实施其威胁并实行贸易限制,这就会减少它自己的经济福利;或者它也可以收回自己的威胁,这又会使它在国际事务中失去威信。面对这种选择,该国也许会希望,要是一开始就不做出这种威胁就好了。

■ 新闻摘录
关于自由贸易的再思考

一些经济学家担心贸易对收入分配的影响。即使自由贸易提高了效率,它也可能会降低平等。

贸易的麻烦
Paul Krugman

美国长期以来从第三世界进口石油和其他原材料,而通常主要从加拿大、欧洲各国和日本这些富国进口制成品。

但是,最近我们跨过了这条重要的分界线:现在我们从第三世界进口的制成品数量大于从其他发达国家所进口的数量。这就是说,我们现在大部分工业品贸易都是与比我们穷得多的国家进行的,这些国家工人的工资也低很多。

对于世界经济的整体——特别是穷国——而言,高工资国家与低工资国家日益增长的贸易是一件很好的事情。其中最重要的,是它给了落后国家提升收入水平的最大希望。

但是对美国工人来说,事情就远远不是正面的了。实际上,很难避开这样一个结论:美国与第三世界国家日益增长的贸易降低了美国许多工人,而且也许是大多数工人的工资。而这一现实使贸易在政治上遇到了很大的困难。

我们先来谈谈经济学。

高工资国家之间的贸易使所有相关国家,或者说几乎所有相关国家都是赢家。20 世纪 60 年代的一项自由贸易合约使美国和加拿大汽车工业的一体化成为可能,两个国家的汽车行业都大规模地集中生产较小范围的产品。结果是两国都广泛地分享了生产率和工资提高的好处。

与此相反,经济发展水平极为不同的国家之间的贸易却会产生大量输家和赢家。

尽管一些高技术工作外包到印度已成为头条新闻,但反过来,美国受教育程度高的工人也从贸易带来的更高工资和更多工作机会中受益。例如,ThinkPad 笔记本电脑现在是由一家中国公司——联想生产的,但联想的大量研发工作都是在北卡罗来纳州进行的。

但是受过较少正规教育的工人会发现,自己的工作岗位被转移到了海外,或者发现,随着大量因外国竞争而失去工作岗位的素质相近的其他工人涌入他们的行业来寻找替代的就业机会,自己的工资由于连带效应而下降了。但沃尔玛的低价格却并不足以补偿他们的损失。

所有这些都是教科书中的国际经济学:与人们有时认为的不同,经济理论是说自由贸易通常能使一国更富,但它并没有说自由贸易通常对每一个人都是好的。当第三世界出口对美国工资的影响在20世纪90年代首次成为一个问题时,许多经济学家——包括我自己在内——都对相关数据进行了研究,并得出结论:它对美国工资的负面效应是不太大的。

现在的麻烦是,这些负面效应不再像过去那样温和,因为来自第三世界的制成品进口增长迅猛——从1990年的仅仅占GDP的2.5%上升到2006年的6%。

而且,最大的进口增长来自那些工资很低的国家。最初的出口制成品的"新兴工业化经济体"——韩国、中国台湾地区、中国香港地区和新加坡——支付的工资是美国1990年水平的25%左右。但是,从那以后,我们进口的来源转向了工资仅为美国11%水平的墨西哥,以及工资仅为美国3%或4%水平的中国大陆。

这里有一些情况需要说明。例如,中国制造的许多物品中包含了在日本和其他高工资国家生产的部件。但是,毫无疑问的是,全球化给美国工资带来的压力上升了。

那么,我是在为贸易保护主义辩护吗?不。那些认为全球化处处时时都是坏事的人是错误的。相反,使世界市场保持相对开放的状态对于给亿万人们以希望是至关重要的。

但是,我认为应该结束指手画脚,结束那些对经济学的无知和向特殊利益集团献媚的谴责,这些谴责往往是对那些怀疑自由贸易协定利益的政治家的评论性回应。

经常有人说,贸易限制只能使少数人受益,而受损的是绝大多数人。就对糖实行进口配额这类措施而言,事实的确如此。但是,当涉及制成品时,也许会出现相反的情况,至少是存在争议的。能从与第三世界经济贸易日益增长中明显获益的受教育程度高的工人是少数人,远远少于那些可能受损的人。

我说过,我不是一个贸易保护主义者。出于世界整体利益的考虑,我希望在面对贸易带来的问题时,我们的反应不是停止贸易,而是做一些强化社会安全网等诸如此类的事情。但是那些担忧贸易的人们也有他们的道理,在某种程度上值得我们尊重。

克鲁格曼先生是普林斯顿大学的经济学教授,还是2008年诺贝尔经济学奖得主。

资料来源:*New York Times*, December 28, 2007.

案例研究
贸易协定和世界贸易组织

一国可以用两种方法来实现自由贸易。它可以用单边的方法取消自己的贸易限制,这是英国在19世纪采取的方法,也是近年来智利和韩国所采取的方法。或者,一国也可以采取多边的方法,在其他国家减少贸易限制时自己也这样做。换句话说,它可以与自己的各个贸易伙伴谈判,以便在全世界减少贸易限制。

多边方法的一个重要例子是北美自由贸易协定(NAFTA),1993年签署的这一协定降低了美国、墨西哥和加拿大之间的贸易壁垒。另一个例子是关贸总协定(GATT),它是世界上许多国家为了促进自由贸易而进行的一系列连续的谈判。第二次世界大战后,为了应对20世纪30年代大萧条期间实施的高关税,美国协助建立了GATT。许多经济学家相信,这些高关税加剧了那一时期全世界范围内的经济困难。GATT 成功地把成员国之间的平均关税从第二次世界大战后的 40% 左右降低到现在的 5% 左右。

由 GATT 确立的规则现在由一个叫作世界贸易组织（WTO）的国际机构加以实施。WTO 于 1995 年成立，总部设在瑞士日内瓦。到 2009 年，已有 153 个国家加入了该组织，占到世界贸易总量的 97% 以上。WTO 的职能是制定贸易协定，组织谈判论坛，并处理成员国之间的争端。

自由贸易的多边方法有什么优缺点呢？一个优点是，多边方法可能会比单边方法带来更自由的贸易，因为它不仅可以减少本国的贸易限制，还可以减少国外的贸易限制。但是，如果国际谈判失败了，结果也会比采用单边方法时更多地限制贸易。

此外，多边方法可能有一种政治优势。在大多数市场中，生产者比消费者人数少但组织更紧密，因此，也具有更大的政治影响力。例如，Isoland 国降低纺织品关税，如果就其本身来考虑，可能在政治上有困难。纺织品公司会反对自由贸易，而那些受益的纺织品使用者人数如此之多，以至于要将他们组织起来支持自由贸易是相当困难的。但假设 Neighborland 国承诺，在 Isoland 国降低纺织品关税的同时，将降低本国的小麦关税。在这种情况下，Isoland 国那些同样在政治上有影响力的种植小麦的农民就会支持该协议。因此，在单边方法不可能赢得政治上的支持时，自由贸易的多边方法有时可以。

即问即答 Autarka 国的纺织行业主张禁止羊毛套装进口。描述它的游说者可能提出的五种观点。对其中每一种观点做出回应。

9.4 结论

经济学家和公众对自由贸易的看法往往不一致。在 2008 年，《洛杉矶时报》向美国公众做了一项问卷调查："总体而言，你认为自由的国际贸易对经济是有利还是有害，还是它并没有以某种方式对经济产生影响？"只有 26% 的被调查者认为自由国际贸易有利，而 50% 的被调查者认为有害（其他人认为没有什么差别或者不确定）。与此相比，大多数经济学家支持自由的国际贸易。他们认为自由贸易是一种有效配置生产的方法，并提高了两国的生活水平。

经济学家认为，美国就是证明了自由贸易好处的持续进行的实验。美国在历史上一直允许各州之间进行无限制的贸易，国家作为一个整体也从贸易所带来的专业化中受益。佛罗里达州种橙子，阿拉斯加州产石油，加利福尼亚州酿造红酒，等等。如果美国人只能消费本州生产的物品与服务，他们就不会享受到今天的高生活水平。同样，世界也能从各国之间的自由贸易中受益。

为了更好地理解经济学家关于贸易的观点，让我们继续我们的故事。假设 Isoland 国的总统在知道了这项最近的问卷调查结果以后，忽视了经济学家小组的建议，并决定不允许纺织品的自由贸易。该国保持在没有国际贸易时的均衡。

有一天，某位 Isoland 国发明家发现了一种以极低成本生产纺织品的新方法。但是，生产过程是非常神秘的，而且发明家坚持保密。奇怪的是，发明家并不需要棉花或羊毛这类传统的投入品，他所需要的唯一实物投入是小麦。而且更奇怪的是，用小麦生产纺织品根本不需要任何劳动投入。

发明家被誉为天才。因为每个人都要购买衣服,纺织品成本的降低使所有 Isoland 人享受到更高的生活水平。工厂关门后,那些原先的纺织业工人有些度日艰难,但最终他们在其他行业找到了工作。一些人成为农民,去种植发明家用来变成纺织品的小麦。另一些人进入由于 Isoland 人生活水平提高而出现的一些新行业。每一个人都理解,过时行业中工人的向外转移是技术进步和经济增长中不可避免的一部分。

几年以后,一位报纸记者决定调查这个神秘的新的纺织品生产过程。他偷偷地潜入发明家的工厂,终于了解到这位发明家是一个骗子。他根本没有生产纺织品,只是把小麦走私到国外并从其他国家进口纺织品。发明家所发现的唯一事情是国际贸易所带来的好处。

当真相最终被披露时,政府关闭了发明家的工厂。纺织品价格上升了,工人重新回到纺织品厂的工作岗位。Isoland 国的生活水平退回到以前的水平。发明家被投入狱中并遭到大家嘲笑。毕竟,他不是发明家,而只是一位经济学家。

内容提要

◎ 通过比较没有国际贸易时的国内价格和世界价格,可以确定自由贸易的影响。国内价格低表明,该国在生产这种物品上有比较优势,而且将成为出口者。国内价格高表明,世界其他国家在生产这种物品上有比较优势,而且该国将成为进口者。

◎ 当一国允许贸易并成为一种物品的出口者时,该物品生产者的状况变好了,而该物品消费者的状况变坏了。当一国允许贸易并成为一种物品的进口者时,该物品消费者的状况变好了,而该物品生产者的状况变坏了。在这两种情况下,贸易的好处都大于损失。

◎ 关税——对进口物品征收的一种税——使市场向没有贸易时的均衡移动,因此,减少了贸易的好处。虽然国内生产者的状况变好了,而且政府筹集了收入,但消费者的损失大于这些好处。

◎ 有各种限制贸易的观点:保护工作岗位、保卫国家安全、帮助幼稚产业、防止不公平竞争以及对外国的贸易限制做出反应。尽管这些观点在某些情况下有些道理,但经济学家相信,自由贸易通常是一种更好的政策。

关键概念

世界价格　　　　　　　关税

复习题

1. 一国在没有国际贸易时的国内价格向我们传达了关于该国比较优势的哪些信息?
2. 一国什么时候成为一种物品的出口者?什么时候成为进口者?
3. 画出一个进口国的供求图。在允许贸易之前,消费者剩余和生产者剩余是多少?有自由贸易时,消费者剩余和生产者剩余是多少?总剩余有什么变化?
4. 描述什么是关税以及关税的经济影响。

5. 列出经常用来支持贸易限制的五种观点。经济学家如何对这些观点做出回应？

6. 实现自由贸易的单边方法和多边方法之间的区别是什么？各举一个例子。

快速单选

1. 如果一个不允许钢铁进行国际贸易的国家的国内价格低于世界价格，那么：
   a. 该国在生产钢铁中有比较优势，如果开放贸易会成为钢铁出口国。
   b. 该国在生产钢铁中有比较优势，如果开放贸易会成为钢铁进口国。
   c. 该国在生产钢铁中没有比较优势，如果开放贸易会成为钢铁出口国。
   d. 该国在生产钢铁中没有比较优势，如果开放贸易会成为钢铁进口国。

2. 当 Ectenia 国在咖啡豆方面对世界开放贸易时，国内咖啡豆的价格下降。以下哪一个选项说明了这种情况？
   a. 国内咖啡产量增加，而且 Ectenia 变成了咖啡进口国。
   b. 国内咖啡产量增加，而且 Ectenia 变成了咖啡出口国。
   c. 国内咖啡产量减少，而且 Ectenia 变成了咖啡进口国。
   d. 国内咖啡产量减少，而且 Ectenia 变成了咖啡出口国。

3. 当一国开放一种产品的贸易并成为一个进口国时，将带来哪种结果？
   a. 生产者剩余减少，但消费者剩余和总剩余都增加。
   b. 生产者剩余减少，消费者剩余增加，而进口对总剩余的影响不确定。
   c. 生产者剩余和总剩余都增加，但消费者剩余减少。
   d. 生产者剩余、消费者剩余和总剩余都增加。

4. 如果进口一种产品的国家征收关税，这就会增加_____。
   a. 国内需求量   b. 国内供给量
   c. 从国外的进口量 d. 以上全部

5. 以下哪一种贸易政策将有利于生产者，损害消费者，并增加一国贸易量？
   a. 增加对进口国征收的关税。
   b. 减少对进口国征收的关税。
   c. 当世界价格高于国内价格时，开始允许贸易。
   d. 当世界价格低于国内价格时，开始允许贸易。

6. 征收关税和在进口配额时发放许可证的主要差别是关税增加了_____。
   a. 消费者剩余   b. 生产者剩余
   c. 国际贸易   d. 政府收入

问题与应用

1. 没有贸易时，世界红酒的价格低于加拿大的现行价格。
   a. 假设加拿大的红酒进口只是世界红酒总产量的一小部分，画出自由贸易下加拿大红酒市场的图形。在一个适当的表中，列出消费者剩余、生产者剩余和总剩余。
   b. 现在假设墨西哥湾流的异常移动使欧洲的夏天气候异常寒冷，破坏了大部分的葡萄收成。这种冲击对世界红酒价格有什么影响？用你在问题 a 中的图和表说明对加拿大的消费者剩余、生产者剩余和总剩余的影响。谁是赢家？谁是输家？加拿大作为一个整体，状况变好了还是变坏了？

2. 假设国会对进口汽车征收关税，以保护美国汽车工业免受外国竞争。假设美国在世界汽车市场上是一个价格接受者，用图形说明：进口量的变化、美国消费者的损失、美国制造商的收益、政府收入以及关税带来的无谓损失。消费者的损失可以分为三部分：转移给国内生产者的收益、转移给政府的收入及无谓损失。用你的图形确定这三个部分。

3. 当中国的纺织业扩张时，世界供给的增加降低了纺织品的世界价格。

   a. 画出一个适当的图来分析这种价格变动如何影响一个像美国这样的纺织品进口国的消费者剩余、生产者剩余和总剩余。

   b. 现在画出一个适当的图来说明这种价格变动如何影响像多米尼加共和国这样的纺织品出口国的消费者剩余、生产者剩余和总剩余。

   c. 比较你对 a 和 b 的答案。相同之处是什么？不同之处是什么？哪一个国家应担心中国纺织品行业的扩张？哪一个国家应欢迎这种情况？解释原因。

4. 考虑本章中支持限制贸易的观点。

   a. 假设你是一个木材业的游说者，该行业因低价格的国外竞争而受损。你认为五种限制贸易的观点中，哪两个或三个能最有效地说服普通议员？解释你的理由。

   b. 现在假设你是一个聪敏的经济学专业学生（希望这不是一个难以实现的假设）。虽然所有支持限制贸易的观点都有缺点，但请选择两个或三个看来对你最具经济学意义的观点。对于其中每种支持限制贸易的观点，给出支持它或反对它的经济学原理。

5. Textilia 国不允许服装进口。在没有贸易的均衡时，一件 T 恤衫的价格为 20 美元，均衡数量为 300 万件。有一天该国总统在度假时读了亚当·斯密的《国富论》，他决定向世界开放 Textilia 国的市场。T 恤衫的市场价格下降到世界价格 16 美元。Textilia 国消费的 T 恤衫增加到 400 万件，而生产的 T 恤衫减少到 100 万件。

   a. 用一个图描述以上情况。你的图上应该标明所有数字。

   b. 计算开放贸易引起的消费者剩余、生产者剩余和总剩余的变动。（提示：三角形的面积是 1/2 × 底 × 高。）

6. 中国是一个粮食（如小麦、玉米和大米）的生产大国。在 2008 年，中国政府由于担心粮食出口提高了国内消费者的食品价格，所以对粮食出口征税。

   a. 画出说明一个出口国的粮食市场的图形。把这个图作为回答以下问题的出发点。

   b. 出口税对国内粮食价格有什么影响？

   c. 它如何影响国内消费者的福利、国内生产者的福利及政府收入？

   d. 用消费者剩余、生产者剩余和税收收入的总和来衡量，中国的总福利会发生什么变化？

7. 考虑一个从外国进口某种物品的国家。说出以下各种说法是对还是错。解释你的答案。

   a. "需求弹性越大，从贸易中获益越多。"

   b. "如果需求完全无弹性，就不能从贸易中获益。"

   c. "如果需求完全无弹性，消费者就不能从贸易中获益。"

8. Kawmin 是一个生产并消费软糖的小国。软糖的世界价格是每袋 1 美元，Kawmin 国内软糖的供给与需求是由以下方程式决定的：

   需求：$Q^D = 8 - P$

   供给：$Q^S = P$

   其中，P 是每袋软糖的价格，Q 是软糖的袋数。

   a. 画出一个当 Kawmin 国不允许贸易时表示该国状况的图形，并标注清楚。计算以下项目（记住三角形的面积是 1/2 × 底 × 高）：均衡价格与均衡数量、消费者剩余、生产者剩余和总剩余。

   b. 然后 Kawmin 国开放贸易市场。画出另一个表示软糖市场新状况的图形。计算均衡价格、消费量和生产量、进口量、消费者剩余、生产者剩余和总剩余。

   c. 此后，Kawmin 国统治者对软糖生产者的抗议做出回应，对进口软糖征收每袋 1 美元的关税。用图形表示这种关税的影响。计算均衡价格、消费量和生产量、进口量、消费者剩余、生产者剩余、政府收入和总剩余。

   d. 开放贸易的好处是什么？用关税限制贸易的无谓损失是什么？用数据回答。

9. 在否决了纺织品关税（进口税）提案之后，Isoland 国总统现在考虑对纺织品消费（既包括进口的纺织品，也包括国内生产的纺织品）征收同样数额的税。

   a. 用图 9-4 确定在纺织品消费税下，Isoland

国纺织品的消费量和生产量。
b. 对纺织品消费税设计一个与图 9-4 中表格相似的表格。
c. 哪一种税——消费税还是关税——使政府筹集的收入更多？哪一种税的无谓损失少？解释原因。

10. 假设美国是一个电视进口国，而且没有贸易限制。美国消费者一年购买 100 万台电视，其中 40 万台是国内生产的，60 万台是进口的。
    a. 假设日本电视制造商的技术进步使世界电视价格下降了 100 美元。画图说明这种变化如何影响美国消费者和美国生产者的福利，以及如何影响美国的总剩余。
    b. 价格下降后，消费者购买 120 万台电视，其中 20 万台是国内生产的，而 100 万台是进口的。计算价格下降引起的消费者剩余、生产者剩余和总剩余的变动。
    c. 如果政府的反应是对进口电视征收 100 美元关税，这会产生什么影响？计算筹集的收入和无谓损失。从美国福利的角度看，这是一个好政策吗？谁可能会支持这项政策？
    d. 假设价格下降并不是由于技术进步，而是由于日本政府向该行业进行了每台电视 100 美元的补贴。这会影响你的分析吗？

11. 考虑一个出口钢铁的小国。假设该国"支持贸易"的政府决定通过对每吨销往国外的钢铁支付一定量货币来补贴钢铁出口。这种出口补贴如何影响国内钢铁价格、钢铁产量、钢铁消费量以及钢铁出口量？它如何影响消费者剩余、生产者剩余、政府收入和总剩余？从经济效率的角度看，这是一项好政策吗？（提示：对出口补贴的分析类似于对关税的分析。）

第10章 外部性

第11章 公共物品和公共资源

第4篇　公共部门经济学

第10章
外部性

制造并销售纸张的企业在制造过程中也产生了副产品,化学上称为二恶英。科学家相信,一旦二恶英进入环境,就会增加人们患癌症、生出畸形儿以及出现其他健康问题的危险。

生产并排放二恶英对社会是不是一个问题呢?在第4章到第9章中,我们考察了市场如何用供求的力量配置稀缺资源,并说明了供求均衡一般是一种有效率的资源配置。用亚当·斯密的著名比喻,就是市场中看不见的手引导着市场上利己的买者和卖者,使社会从市场上得到的总利益最大化。这种见解是第1章中的经济学十大原理之一——市场通常是一种组织经济活动的好方法的基础。我们是否可以由此得出结论:看不见的手可以阻止造纸企业排放过多二恶英呢?

市场的确可以把很多事做好,但并不能做好每一件事。在本章中,我们开始研究经济学十大原理中的另一个原理:政府行为有时可以改善市场结果。我们考察为什么市场有时不能有效地配置资源,政府政策如何潜在地改善市场配置,以及哪种政策有可能最好地发挥作用。

本章中所考察的市场失灵属于被称为外部性的一般范畴之内。当一个人从事一种影响旁观者福利并对这种影响既不付报酬又不得报酬的活动时,就产生了**外部性**(externality)。如果对旁观者的影响是不利的,就称为负外部性;如果这种影响是有利的,就称为正外部性。在存在外部性时,社会对市场结果的关注扩大到参与市场的买者与卖者的福利之外,以包括那些间接受影响的旁观者的福利。由于买者与卖者在决定其需求量或供给量时忽略了他们行为的外部效应,因此在存在外部性时,市场均衡并不是有效的。这就是说,均衡并没有实现整个社会总利益的最大化。例如,把二恶英排放到环境中就是一种负外部性。利己的造纸企业不会考虑他们在生产过程中引起的全部污染成本,而纸张的消费者也不会考虑他们的购买决策所引起的全部污染成本。因此,除非政府进行阻止或限制,否则企业就会大量排放污染物。

正如试图解决市场失灵的政策有很多种一样,外部性也多种多样。下面是一些例子:

- 汽车尾气有负外部性,因为它产生了其他人不得不呼吸的烟雾。由于这种外部性,司机往往造成过多污染。联邦政府努力通过规定汽车的尾气排放标准来解决这个问题。联邦政府还对汽油征税来减少人们开车的次数。

- 修复历史建筑物具有正外部性,因为那些在这种建筑物附近散步或骑车的人可以欣赏到这些建筑物的美丽,并感受到这些建筑物带来的历史沧桑感。建筑物的所有者得不到修复这些建筑物的全部利益,因此,他们往往很快就遗弃了这些古老的建筑物。许多地方政府对这个问题的反应是对拆毁历史建筑物实行管制,并向修复这些建筑物的所有者提供税收减免。

- 狂吠的狗引起负外部性,因为邻居会受到噪声干扰。狗的主人并不承担噪声的全部成本,因此很少采取防止自己的狗狂吠的预防措施。地方政府通过宣布"干扰平静"为非法来解决这个问题。
- 新技术研究带来正外部性,因为它创造了其他人可以运用的知识。由于发明者并不能占有其发明的全部利益,所以往往倾向于投入很少的资源来从事研究。联邦政府通过专利制度部分地解决了这个问题,专利制度赋予发明者在一定时期内对其发明的专有使用权。

在以上每种情况中,都有一些决策者没有考虑到自己行为的外部效应。政府的反应是努力影响这种行为,以保护旁观者的利益。

10.1 外部性和市场无效率

在这一节,我们用第7章中提出的福利经济学工具来考察外部性如何影响经济福利。这种分析正是要说明,为什么外部性会引起市场资源配置的无效率。在本章的后面,我们还要考察私人和公共政策制定者用来解决这种市场失灵的各种方法。

10.1.1 福利经济学:回顾

我们从复习第7章中福利经济学的一些关键结论开始。为了使分析更具体,我们考虑一个特定的市场——铝市场。图10-1表示铝市场的供给曲线与需求曲线。

正如你在第7章中所了解的,供给曲线与需求曲线包含了有关成本与利益的重要信息。铝的需求曲线反映了铝对消费者的价值,这种价值用他们愿意支付的价格来衡量。在任何一种既定数量时,需求曲线的高度表示边际买者的支付意愿。换句话说,它表示所购买的最后一单位铝对消费者的价值。同样,供给曲线反映了生产铝的成本。在任何一种既定数量时,供给曲线的高度表示边际卖者的成本。换句话说,它表示出售最后一单位铝对生产者的成本。

图 10-1 铝市场

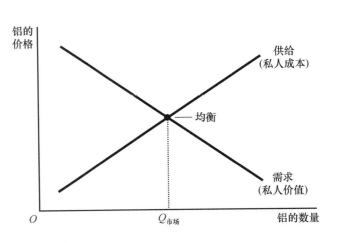

需求曲线反映对买者的价值,而供给曲线反映卖者的成本。均衡数量,即 $Q_{市场}$,使买者总价值减卖者总成本最大化。因此,在没有外部性时,市场均衡是有效率的。

在没有政府干预时,铝的价格会自发调整,使铝的供求达到平衡。如图10-1的$Q_{市场}$所示的市场均衡时的生产量和消费量,在使生产者剩余和消费者剩余之和最大化的意义上说是有效率的。这就是说,市场以一种使购买和使用铝的消费者的总价值减生产并销售铝的生产者的总成本最大化的方式来配置资源。

10.1.2 负外部性

现在我们假设铝工厂排放污染物:每生产一吨铝就有一定量烟尘进入大气。由于这种烟尘可能损害那些呼吸空气的人的健康,因此它产生了负外部性。这种外部性如何影响市场结果的效率呢?

由于这种外部性,生产铝对于社会的成本大于对于铝生产者的成本。每生产一单位铝,社会成本都包括铝生产者的私人成本加上受到污染的不利影响的旁观者的成本。图10-2表示生产铝的社会成本。社会成本曲线在供给曲线之上,因为它考虑到了生产铝给社会所带来的外部成本。这两条曲线的差别反映了排放污染物的成本。

图 10-2 污染与社会最优

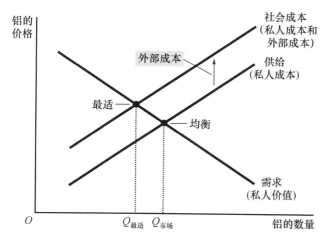

在存在负外部性的情况下,例如污染时,物品的社会成本大于其私人成本。因此,最优量$Q_{最优}$小于均衡数量$Q_{市场}$。

应该生产多少铝呢?为了回答这个问题,我们又要来考虑一个仁慈的社会计划者将会做什么。该计划者力图使该市场产生的总剩余——铝对消费者的价值减去生产铝的成本——最大化。但该计划者知道,生产铝的成本还包括污染的外部成本。

该计划者将选择需求曲线与社会成本曲线相交时的铝的生产水平。从整个社会的角度来看,这个交点决定了铝的最优数量。低于这一水平时,铝对消费者的价值(用需求曲线的高来衡量)大于生产它的社会成本(用社会成本曲线的高来衡量)。计划者不会使产量高于这一水平,因为生产额外铝的社会成本大于其对消费者的价值。

注意,铝的均衡数量($Q_{市场}$)大于社会的最优量($Q_{最优}$)。出现这种无效率是因为市场均衡仅仅反映了生产的私人成本。在市场均衡时,边际消费者对铝的评价小于生产它的社会成本。这就是说,在$Q_{市场}$时,需求曲

"我只能这样讲,如果制造业的龙头老大必然也是污染的龙头老大的话,那就坦然接受这个事实吧!"

图片来源:ⓒ J. B. Handelsman/The New Yorker Collection/www.cartoonbank.com。

线位于社会成本曲线之下。因此,若将铝的生产量和消费量降低到均衡水平之下,就会增加社会的总经济福利。

该社会计划者如何达到这种最优结果呢?一种方法是对铝生产者销售的每吨铝征税。税收使铝的供给曲线向上移动,移动量为税收规模。如果税收准确地反映了排入大气的烟尘的外部成本,新的供给曲线就与社会成本曲线相重合。在达到新的市场均衡时,铝生产者将生产社会最优量的铝。

这种税的运用被称为**外部性内在化**(internalizing the externality),因为它激励市场买者与卖者考虑其行为的外部影响。实际上,铝生产者在决定供给多少铝时会考虑到污染的成本,因为现在税收使其要支付这些外部成本。而且,由于市场价格反映了对生产者征收的税收,铝的消费者也有少消费铝的激励。这项政策根据的是经济学十大原理之一:人们会对激励做出反应。在本章的后面,我们将更详细地考察决策者如何解决外部性。

10.1.3 正外部性

虽然一些活动给第三方带来了成本,但也有一些活动给第三方带来了利益。例如,考虑教育的情况。在相当大程度上,教育的利益是私人的:教育的消费者成为生产率高的工人,从而以高工资的形式获得大部分利益。但是,除了这些私人利益之外,教育也产生了正外部性。一种外部性是,受教育更多的人成为更理智的选民,这对每个人来说就意味着更好的政府;另一种外部性是,受教育更多的人意味着更低的犯罪率;还有一种外部性是,受教育更多的人可以促进技术进步的开发与扩散,这给每个人带来更高的生产率和更高的工资。由于这三种正外部性,人们可能更喜欢受过良好教育的邻居。

对正外部性的分析类似于对负外部性的分析。如图10-3所示,需求曲线并不反映一种物品的社会价值。由于社会价值大于私人价值,因此社会价值曲线在需求曲线之上。在社会价值曲线和供给曲线相交之处得出了最优量。因此,社会最优量大于私人市场决定的数量。

图10-3　教育与社会最优

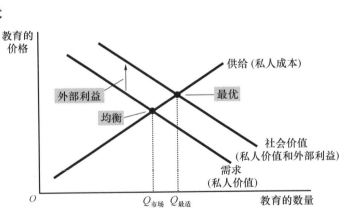

在存在正外部性时,物品的社会价值大于其私人价值。因此,最优量$Q_{最优}$大于均衡数量$Q_{市场}$。

同样,政府也可以通过使市场参与者把外部性内在化来纠正市场失灵。在存在正外部性的情况下,政府的适当反应正好与负外部性的情况相反。为了使市场均衡向社会最优移动,需要对正外部性进行补贴。实际上,这正是政府所遵循的政策:通过公立学校和政府助学金来大量补贴教育。

总之,负外部性使市场生产的数量大于社会合意的数量,正外部性使市场生产的数量小于社会合意的数量。为了解决这个问题，政府可以通过对有负外部性的物品征税和给予有正外部性的物品补贴来使外部性内在化。

新闻摘录
乡村生活的外部性

一位经济学家说，城市化受到了错误的指责。

老雷斯错了：摩天大楼是绿色环保的
Edward L. Glaeser

在 Seuss 博士的环保主义寓言"老雷斯的故事"（The Lorax）里，有位新晋的纺织大亨文斯勒（Once-ler），砍倒了真心树（Truffula）用于纺织"Thneeds"。

文斯勒不顾对环境敏感的老雷斯的反对，建成了对环境具有掠夺性破坏的巨大工业城，理由是他"必须做得更大"。结果，文斯勒有点做过了头，他砍完了最后一棵真心树，断了自己的财源。受到这种惩罚后，Seuss 博士的工业大亨变得绿色环保起来，力劝一位年轻听众用最后一粒真心树树种种出了一片新的森林。

这个故事讲的一些教训是对的。从纯粹的利润最大化的角度看，文斯勒相当笨，他杀了能下金蛋的鹅。任何一个管理咨询顾问都会告诉他，应该更明智地增长。这个故事所传递的一个环保主义方面的信息是，竭泽而渔会让事情变糟，这也是对的。

图片来源：Handout/MCT/Newscom.

但是，这个故事不幸的一面是，城市化被视为败笔。森林是美好的，工厂是丑恶的。这个故事不仅贬低了 19 世纪纺织城镇的大规模服装生产带来的显著利益，还发出了完全错误的关于环境的信息。与这个故事隐含的信息相反，城市生活是绿色环保的，而森林里的日子是黯淡无光的。

文斯勒通过建造一座又一座大楼证明了自己是真正的环保主义者。

加州大学洛杉矶分校的环境经济学家 Matthew Kahn 和我考察了美国的大都市地区，并计算出在不同地区一个新家的碳排放量。我们估算了有固定规模和收入的家庭自驾车与乘坐公共交通工具所预期的能源使用量。我们还加上了家用电器和取暖所引起的碳排放量……

我们发现，在几乎所有大都市地区，生活在市中心的居民的碳排放量都比郊区居民要少。纽约和旧金山的家庭平均碳排放量每年要少两吨多，因为他们开车少。在纳什维尔，城乡之间由于开车产生的碳排放量相差 3 吨多。毕竟，城市的突出特点是密度大。密度大意味着人们需要的交通距离短，这一点清楚地反映在数据中。

虽然每位乘客乘坐公共交通工具所使用的能源肯定要大大低于自驾出行，但即使不用改乘公共汽车或火车，碳排放量的大幅减少也是可能的。高密度的郊区依然主要依靠汽车出行，但所引起的交通量仍远远低于居住分散的地方。这个事实给了渴望减少碳排放量的绿色环保主义者以某些希望，因为让美国人开车的车程短一点比让其放弃汽车要容易多了。

但汽车排放量只占纽约居民和郊区居民之间碳排放量差额的 1/3。纽约城里和郊区用电产生的排放量差额还有 2 吨左右。家庭取暖的排放量差额几乎是 3 吨。所有这些加在一起，我们估算出曼哈顿市区和 Westchester 县的居民之间的碳放量差额为 7 吨。生活在钢筋水泥中实际上更绿色环保，生活在森林中则不行。

由此得出的政策主张就是环保主义者应该为更多更高的摩天大楼喝彩。纽约市每一座新的起重机都意味着更少的低密度的开发。环境保护的典范应该是旧金山市中心的公寓,而不是马林县的牧场。

当然,许多环保主义者还是更喜欢亨利·大卫·梭罗(Henry David Thoreau)那样独居森林的生活。不过他们应该偶尔会想到,梭罗曾在做饭时烧掉了300英亩的树林。很少有波士顿商人曾经做出如此伤害环境的事,这表明,如果你想善待环境,你就应该远离自然而居住在城市。

Glaeser先生是哈佛大学经济学教授。

资料来源:*New York Times*,March 10,2009.

案例研究
技术溢出、产业政策与专利保护

正外部性的一种潜在、重要的类型是技术溢出——一个企业的研究和生产努力对其他企业接触技术进步的影响。例如,考虑工业机器人市场。机器人处于迅速变革的技术前沿。只要一个企业制造了机器人,就有可能发现新的、更好的设计。这种新的设计不仅有利于这个企业,而且有利于整个社会,因为这种设计将进入社会的技术知识宝库。这就是说,新的设计对经济中其他生产者有正外部性。

在这种情况下,政府可以通过补贴机器人生产而把外部性内在化。如果政府就企业所生产的每一个机器人向企业支付补贴,供给曲线将向下移动,移动量就是补贴量,这种移动将使机器人的均衡数量增加。为了确保市场均衡量等于社会最优量,这种补贴应该等于技术溢出效应的价值。

技术溢出效应有多大?技术溢出效应对公共政策意味着什么呢?这是一个很重要的问题,因为技术进步是生活水平不断提高的关键所在。但这也是经济学家经常争论的一个难题。

一些经济学家认为,技术溢出效应是普遍存在的,政府应该鼓励那些产生最大溢出效应的行业。例如,这些经济学家认为,如果生产计算机芯片比生产土豆片有更大的溢出效应,那么,相对于土豆片的生产而言,政府应该更鼓励计算机芯片的生产。美国税法通过对研发支出提供特别税收减免,进行有限的鼓励。另一些国家则通过对具有巨大技术溢出效应的特定行业提供补贴,进行更多的鼓励。政府旨在促进技术进步行业的干预有时称为**产业政策**。

另一些经济学家则对产业政策持怀疑态度。即使技术溢出效应是普遍存在的,产业政策的成功也要求政府能衡量不同市场溢出效应的大小。而这种衡量是极为困难的。此外,如果不能准确地衡量,政治制度的结果可能最终是那些最有政治影响力的行业得到了补贴,而不是那些产生了最大正外部性的行业。

对待技术溢出的另一种方法是专利保护。专利法通过赋予发明者在一定时期内对其发明的专有使用权而保护发明者的权利。当一个企业实现了技术突破时,它可以为这种技术申请专利,并自己占有大部分经济利益。专利通过赋予企业对其发明的**产权**来使外部性内在化。如果其他企业想使用这种新技术,它必须得到发明企业的允许并向该企业支付专利使用费。因此,专利制度对于企业从事推动技术进步的研究和其他活动提供了更多的激励。

即问即答 • 举出一个负外部性和一个正外部性的例子。解释为什么当存在这些外部性时市场结果是无效率的。

10.2 针对外部性的公共政策

我们已经讨论了为什么外部性导致了资源配置的无效率，但对于如何解决这种无效率只是简要提及。实际上，无论是公共决策者还是私人，都可以以各种方法对外部性做出反应。所有这些方法都是为了使资源配置更接近于社会最优状态。

这一节考虑政府的解决方法。通常情况下，政府可以通过两种方式做出反应：命令与控制政策直接对行为进行管制；以市场为基础的政策提供激励，以促使私人决策者自己来解决问题。

10.2.1 命令与控制政策：管制

政府可以通过规定或禁止某些行为来解决外部性。例如，把有毒的化学物质倒入供水系统是一种犯罪行为。在这种情况下，社会的外部成本远远大于排污者的利益。因此，政府制定了完全禁止这种行为的命令与控制政策。

但是，在污染的大多数情况下，事情并不是这么简单。尽管一些环境保护主义者确定了目标，但要禁止所有有污染的活动是不可能的。例如，实际上各种形式的运输工具，甚至马，都会带来一些不合意的污染副产品，然而，要让政府禁止使用所有运输工具肯定是不明智的。因此，社会不是要完全消除污染，而是要权衡成本与利益，以便决定允许哪种污染以及允许多少污染。在美国，环境保护署（EPA）就是一个提出并实施旨在保护环境的管制的政府机构。

环境管制可以采取多种形式。有时 EPA 规定工厂可以排放的最高污染水平，有时 EPA 要求企业采用某项减少排污的技术。无论在哪种情况下，为了制定出良好的规则，政府管制者都需要了解有关某些特定行业以及这些行业可以采用的各种技术的详细信息，但政府管制者要得到这些信息往往是困难的。

10.2.2 以市场为基础的政策1：矫正税与补贴

对于外部性，政府也可以不采取管制行为，而通过以市场为基础的政策向私人提供符合社会效率的激励。例如，正如我们前面知道的，政府可以通过对有负外部性的活动征税以及对有正外部性的活动提供补贴来使外部性内在化。用于纠正负外部性影响的税收被称为**矫正税**（corrective taxes）。这种税也被称为**庇古税**（Pigovian taxes），它是以最早主张采用这种税收的经济学家阿瑟·庇古（Arthur Pigou，1877—1959）的名字命名的。一种理想的矫正税应该等于有负外部性的活动引起的外部成本，而理想的矫正补贴应该等于有正外部性的活动引起的外部利益。

作为解决污染的方法，经济学家对矫正税的偏爱通常大于管制，因为税收可以以较低的社会成本减少污染。为了说明其原因，让我们考虑一个例子。

假设有造纸厂和钢铁厂这两家工厂，每年各自向河中倾倒

阿瑟·庇古

图片来源：Mary Evans Picture Library/Alamy.

500吨黏稠状的废物。EPA决定减少污染量,它考虑了两种解决方法:
- 管制:EPA可以让每个工厂把年排污量减少为300吨。
- 矫正税:EPA可以对每个工厂排出的每吨废物征收5万美元的税收。

管制规定了污染水平,税收则向工厂所有者提供了一种减少污染的经济激励。你认为哪一种解决方法更好呢?

大多数经济学家倾向于税收。为了解释这种偏好,他们首先会指出,在减少污染总水平上,税收和管制同样有效。EPA可以通过把税收确定在适当的水平上,来达到它想达到的任何污染水平。税收越高,减少的污染也越多。如果税收足够高,工厂将全部关门,污染减少为零。

虽然管制和矫正税都可以减少污染,但税收在实现这个目标上更有效率。管制要求每个工厂都等量减少污染。但是,等量减少并不一定是净化河水的成本最低的方法。可能的情况是,造纸厂减少污染的成本比钢铁厂低。如果是这样的话,造纸厂对税收的反应将是大幅度减少污染,以便少交税,而钢铁厂的反应则是小幅减少污染,多交税。

本质上,矫正税规定了污染权的价格。正如市场把物品分配给那些对物品评价最高的买者一样,矫正税把污染权分配给那些减少污染成本最高的工厂。无论EPA选择的污染水平是多少,它都可以通过税收以最低的总成本达到这个目标。

经济学家还认为,矫正税对环境更有利。在命令与控制的管制政策下,一旦工厂的排污量减少到了300吨,就没有理由再减少排污。与此相反,税收激励工厂去开发更环保的技术,因为更环保的技术可以减少工厂不得不支付的税收量。

矫正税与大多数其他税不同。正如我们在第8章中讨论的,大多数税扭曲了激励,并使资源配置背离社会最优水平。经济福利的减少——消费者剩余和生产者剩余的减少——大于政府收入的增加,引起了无谓损失。与此相反,当存在外部性问题时,社会也关注那些受到影响的旁观者的福利。矫正税改变了激励,使其考虑到外部性的存在,从而使资源配置向社会最优水平移动。因此,矫正税既增加了政府的收入,又提高了经济效率。

案例研究
为什么对汽油征收的税如此之重

在许多国家,汽油是经济中税负最重的物品。汽油税可以被看作一种旨在消除与开车相关的三种负外部性的矫正税。

- 拥堵:如果你曾滞留在一辆汽车接一辆汽车的公路上,你也许会希望路上的车少一些。汽油税通过鼓励人们乘坐公共交通工具,更经常地共乘一辆车,并住得离工作地点近一些来减少拥堵。
- 车祸:一旦一个人买了一辆大型车或运动型多功能车,他也许使自己较为安全了,但却使周围的人处于危险中。根据美国国家公路交通安全管理局的说法,一个开普通车的人如果被一辆运动型多功能车撞了,死亡的可能性是被一辆普通车撞的五倍。汽油税是在人们的大型耗油型车给其他人带来危险时使驾驶这种车的人进行支付的一种间接方式,从而使他们在选择购买什么汽车时考虑到这种危险。
- 污染:汽车带来了烟雾。而且,汽油之类的矿物燃料的燃烧普遍被认为会引起全球变暖。对于其危险性有多大,专家们的看法并不一致,但毫无疑问,汽油税通过减少汽油的使用而降低了这种危险。

图片来源：ⓒ 2005 John Trever, *Albuquerque Journal*. Reprinted by permission.

因此，汽油税并不像大多数税收那样引起无谓损失，而是实际上使经济运行得更好。汽油税意味着更少的交通拥堵、更安全的道路和更清洁的环境。

汽油税应该为多高呢？许多欧洲国家征收的汽油税比美国高得多。许多观察者也认为，美国应该对汽油征收更重的税。《经济文献杂志》(*Journal of Economic Literature*) 发表的一项2007年的研究总结了各种与开车相关的外部性大小的研究。它得出的结论是，2005年，对每加仑汽油的最优矫正税是2.28美元；根据通货膨胀调整之后，在2012年这相当于每加仑矫正税2.70美元。与此相比，2012年美国的实际矫正税是每加仑汽油50美分。

这种税收可以用于降低那些扭曲激励并引起无谓损失的税收，比如所得税。此外，一些要求汽车制造商生产节油型汽车的繁杂的政府管制可能是不必要的。然而，这种观点从来没有在政治上受到过欢迎。

10.2.3　以市场为基础的政策2：可交易的污染许可证

回到我们造纸厂和钢铁厂的例子。我们假设，尽管经济学家提出了建议，EPA仍决定实行管制，并要求每个工厂把排污量减少到每年300吨。在管制实施而且两个工厂都予以遵守之后的某一天，两个企业来到EPA提出了一个建议：钢铁厂想增加100吨排污量；而如果钢铁厂付给造纸厂500万美元，造纸厂就同意减少等量的排污量。EPA应该允许两个工厂进行这一交易吗？

从经济效率的观点看，允许这一交易是一种好政策。这一交易必然会使这两个工厂所有者的状况都变好，因为他们是自愿达成交易的。而且，这种交易没有任何外部影响，因为污染总量仍然是相同的。因此，通过允许造纸厂把自己的污染权出售给钢铁厂可以提高社会福利。

同样的逻辑也适用于任何一种污染权从一个企业到另一个企业的自愿转移。如果EPA允许进行这些交易，实际上它就创造了一种新的稀缺资源：污染许可证。交易这种许可证的市场将最终形成，而且，这种市场将为供求力量所支配。看不见的手将保证这种新市场有效地配置污染权。这就是说，根据支付意愿判断，许可证最终会在那些对它评价最高的企业手中。反过来,企业的支付意愿又取决于它减少污染的成本:一个企业减少污染的成本越高,对许可证的支付意愿就越高。

允许污染许可证市场存在的一个优点是,从经济效率的角度看,污染许可证在企业之间的初始配置是无关紧要的。那些能以低成本减少污染的企业将出售它们得到的许可证,而那些只能以高成本减少污染的企业将购买它们需要的许可证。只要存在一个污染权的自由市场,无论最初的配置如何,最后的配置都将是有效率的。

虽然用污染许可证减少污染看起来可能与用矫正税十分不同,但这两种政策有许多共同之处。在这两种情况下,企业都要为污染付费。在使用矫正税时,污染企业必须向政府交税;在使用污染许可证时,污染企业必须为购买许可证进行支付。(即使自己拥有许可证的企业也必须为污染进行支付:污染的机会成本是它们在公开市场上卖出其许可证所能得到的收入。)矫正税和污染许可证都是通过使企业产生污染成本而把污染的外部性内在化。

可以通过考虑污染市场的情形来说明这两种政策的相似性。图10-4的两幅图表示污染权的需求曲线。需求曲线表明,污染的价格越低,企业将选择排污越多。在(a)幅中,EPA通过矫正税确定污染的价格。在这种情况下,污染权的供给曲线完全有弹性(因为企业纳税后想污染多少就污染多少),而需求曲线的位置决定了污染量。在(b)幅中,EPA通过发放污染许可证确定排污量。在这种情况下,污染权的供给曲线是完全无弹性的(因为排污量是由许可证数量固定的),而需求曲线的位置决定了污染的价格。因此,EPA既可以通过用矫正税确定价格来达到既定需求曲线上的任意一点,也可以通过用污染许可证确定数量来达到既定需求曲线上的任意一点。

图10-4 矫正税和污染许可证的相等性

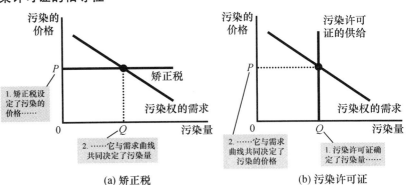

在(a)幅中,EPA通过征收矫正税确定了污染的价格,而需求曲线决定污染量。在(b)幅中,EPA通过限制污染许可证的数量限制了排污量,而需求曲线决定污染的价格。在这两种情况下,污染的价格和数量都是相同的。

但是在某些情况下,出售污染许可证可能比实行矫正税更好。假设EPA想使倒入河流的废物不超过600吨。但由于EPA并不知道污染的需求曲线,它无法确定征收多少税才能达到这个目标。在这种情况下,它只需拍卖排放600吨废物的污染许可证。根据拍卖价格就可以得出矫正税的适当规模。

政府拍卖污染权的主意乍一看似乎是一些经济学家想象出来的。实际上,开始时情况确实是这样的。但EPA已日益把这种制度作为控制污染的一种方法。其中一个著名的成功案例是与二氧化硫(SO_2)——一种引起酸雨的最主要的物质——有关的。1990年,《清洁空气法案》修正案要求发电站大幅度减少二氧化硫的排放量。同时,该修正案建立了允许工厂交易其二氧化硫许可证的制度。尽管开始时行业代表和环保主义者都对这一方案持怀疑态度,但随着时间的推移,这种制度被证明了可以以最小的代价减少污染。污染许可证和矫正税一样,现在被普遍认为是一种低成本、高效率的保护环境的方法。

新闻摘录
应对气候变化,我们应该做什么

许多政治分析家认为,碳税是应对全球气候变化最好的方法。

各种税中最明智的税

Yoram Bauman　　Shi-Ling Hsu

星期日,世界上最好的气候政策变得更好了:加拿大不列颠哥伦比亚省的碳税——对本省燃烧的所有化石燃料的碳成分征收的一种税——从每吨二氧化碳 25 美元提高到 30 美元,这使污染更为昂贵。

这不仅对环境来说是好消息,对几乎每一个在不列颠哥伦比亚省纳税的人来说也是好消息,因为碳税被用来减少每个人和每个企业的税收。由于这种税收互换,不列颠哥伦比亚省已经把公司所得税税率从 12% 下降到 10%,这个税率在八国集团中是最低的。该省年收入低于 119 000 加元的人群的个人所得税税率现在在加拿大也是最低的,并且还有对低收入者和农村家庭有针对性的返还。

唯一的坏消息是,这是不列颠哥伦比亚省计划中的最后一次碳税提高。在我们看来,理由很简单,该省在等待北美其他地方跟进,以便使税收体系不至于失衡,或者不至于使能源密集行业处于竞争劣势。

美国应该抓住机会采用类似的使收入持平的税收互换。这是一个降低现有税收、清洁环境并且增加个人自由和能源保障的机会。

让我们从经济学说起。以碳税代替某些我们现行的税收——工薪税、投资税、对企业和个人的税——并不用绞尽脑汁。当你能对坏东西,比如排污征税时,何必还要向好东西征税呢?这种思想得到不同政治派别的经济学家的支持,从右翼的阿瑟·B. 拉弗(Arthur B. Laffer)和 N. 格里高利·曼昆(N. Gregory Mankiw)到左翼的彼得·奥斯泽格(Peter Orszag)和约瑟夫·E. 斯蒂格利茨(Joseph E. Stiglitz)。这是因为经济学家知道,碳税互换可以减少我们现行税收制度所引起的经济拖累,并通过把经济从消费和借贷转向储蓄和投资而促进长期增长。

当然,碳税也减少了碳排放。经济学理论认为,用给污染定价的方式来推动减少排污比其他任何措施更经济,也更有效。这个结论也得到以前的以市场为基础的政策的支持,如 1990 年《清洁空气法案》修正案,这个修正案是针对二氧化硫排放的。不列颠哥伦比亚省的碳税执行了只有四年,但初步的数据表明,即使人口和 GDP 一直在增加,其温室气体排放还是下降了 4.5%。自从 2007 年以来,该省车用汽油的销量减少了 2%,相比之下,整个加拿大增加了 5%。

不列颠哥伦比亚型的碳税在美国会变成什么样?根据我们的计算,如果征收 30 美元的不列颠哥伦比亚型的碳税,会使美国一年增收约 1 450 亿美元。这可以用于减少 10% 的个人和公司所得税,而且还会剩下 350 亿美元。如果最近的预算有一定指导性意义的话,国会可能会选择把剩下的一半用于减少不动产税(为了迎合共和党),并把另一半通过补偿税收信贷或有目标性的工薪税减少来抵消碳税引起的燃料和电力价格上涨对低收入家庭的影响(为了迎合民主党)。

随着美国人减少碳排放,碳税的收入很可能减少,但在未来很多年中,碳税仍可以补偿现行税收的减少。碳税还可以促进节约能源,引导向清洁能源和其他高效经济活动的投资。

最后,碳税实际上可以使美国人更好地控制他们的纳税额。家庭和企业可以简单地通过减少他们对化石燃料的使用来减少碳税支付。美国人可以通过在家庭和工作场所的能源效率上进行投资、转向污染少的汽车以及其他各种创新来减少自己的碳足迹,减少税负。所有这些行为不用靠政府主管部门来推动,而是靠亚当·斯密的看不见的手来推动。

无论你是共和党还是民主党,是气候变化的怀疑者还是坚信者,是保守主义者还是环保主义者,或者两者兼有之,碳税都是有意义的。通过把不列颠哥伦比亚省的碳税变为"美国制造"版本的方案,我们能够解决对全球变暖的党派之争。

Yoram Bauman 是环境经济学家,西雅图 Sightline 研究所研究员。Shi-Ling Hsu 是佛罗里达州立大学法学教授,《碳税实例》(*The Case for a Carbon Tax*)一书的作者。

资料来源:*New York Times*,July 5,2012.

10.2.4 对关于污染的经济分析的批评

"我们不能给任何人付费污染的选择权。"前参议员 Edmund Muskie 的这句评论反映了一些环保主义者的观点。他们认为,享有清新的空气和清洁的水是基本人权,不应该从经济方面考虑,否则就是对它们的贬低。你怎么能给清新的空气和清洁的水定价呢?他们声称,环境如此之重要,以至于无论代价多大,我们都应该尽可能地保护它。

经济学家很少赞同这种观点。在经济学家看来,好的环境政策要从承认第 1 章的经济学十大原理的第一个原理开始:人们面临权衡取舍。清新的空气和清洁的水肯定是有价值的。但是,必须把它们的价值与其机会成本进行权衡取舍,也就是说,与为了得到它们而必须放弃的东西相比较。消除所有污染是不可能的。想要消除所有污染,就要把许多使我们享有高生活水平的技术进步倒退回去。很少有人愿意为了使环境尽可能清洁而接受营养不良、医疗缺乏或拥挤的住房。

经济学家认为,一些环保积极分子由于没有从经济学角度思考问题而损害了自己的目标。可以将清洁的环境仅仅视为另外一种物品。与所有正常物品一样,它有正的收入弹性:富国比穷国更有能力维持更清洁的环境,因此通常也有更严格的环境保护。此外,像大多数其他物品一样,清新的空气和清洁的水也服从需求定理:环境保护的价格越低,公众就越想要保护环境。污染许可证和矫正税这种经济手段降低了环境保护的成本,因此,它增加了公众对清洁环境的需求。

即问即答 一个胶水厂和一个钢铁厂排放烟雾,这种烟雾中含有一种大量吸入会有害健康的化学物质。描述镇政府可以对这种外部性做出反应的二种方法。每一种解决方法的优缺点各是什么?

10.3 外部性的私人解决方法

虽然外部性往往会引起市场的无效率,但解决这个问题并不总是需要政府行为。在一些情况下,人们可以采取私人解决方法。

10.3.1 私人解决方法的类型

有时外部性问题可以用道德规范和社会约束来解决。例如,想一想,为什么大多数人不乱扔垃圾?尽管有禁止乱扔垃圾的法律,但这些法律并没有严格实行过。大多数人不乱扔垃圾只是因为这样做是错误的。一条教导大多数孩子的金科玉律说:"己所不欲,勿施于人。"这个道德规范告诉我们,要考虑到自己的行为会对别人造成何种影响。用经济学术语讲,这就告诉我们要将外部性内在化。

另一种外部性的私人解决方法是慈善行为。例如,西拉俱乐部(Sierra Club)是一个通过私人捐款筹资的非营利组织,其目标是保护环境。另一个例子是学院和大学接受校友、公司和基金会的捐赠,部分是因为教育对社会有正外部性。政府通过允许计算所得税时扣除慈善捐赠的税制来鼓励这种外部性的私人解决方法。

私人市场往往可以通过依靠有关各方的利己来解决外部性问题。有时这种解决方法采取了把不同类型的经营整合在一起的形式。例如,考虑位置相邻的一个苹果园主和一个养蜂人。每个人的经营都给对方带来了正外部性:蜜蜂在苹果树上采花粉,有助于果树结果实。同时,蜜蜂也用从苹果树上采集的花粉来酿造蜂蜜。但是,当苹果园主决定种多少苹果树和养蜂人决定养多少蜜蜂时,他们都没考虑到正外部性。结果,苹果园主种的苹果树太少,而养蜂人养的蜜蜂也太少。如果养蜂人购买苹果树,或苹果园主购买蜜蜂,这些外部性就内在化了:可以在同一个企业内进行这两种活动,而且这个企业可以选择最优的苹果树数量和蜜蜂数量。外部性内在化是某些企业进行多种类型经营的一个原因。

在私人市场,另一种解决外部效应的方法是利益各方签订合约。在上面的例子中,苹果园主和养蜂人之间的合约也可以解决树太少和蜜蜂太少的问题。可以在合约中规定树和蜜蜂的数量,也许还可以规定一方对另一方的支付。通过确定树和蜜蜂的适当数量,这个合约就可以解决这种外部性通常产生的无效率问题,并使双方的状况都变得更好。

10.3.2 科斯定理

私人市场在解决这些外部性方面的有效性如何?一个著名的结论提出,在某些情况下,这种方法是非常有效的,这个结论被称为**科斯定理**(Coase theorem),该定理是以经济学家罗纳德·科斯(Ronald Coase)的名字命名的。根据科斯定理,如果私人各方可以无成本地就资源配置进行协商,那么,私人市场就总能解决外部性问题,并有效地配置资源。

为了说明科斯定理如何发挥作用,考虑一个例子。假定 Dick 有一条名为 Spot 的狗。Spot 的狂吠干扰了 Dick 的邻居 Jane。Dick 从拥有一条狗中得到了利益,但这条狗给 Jane 带来了负外部性。是应该强迫 Dick 把狗送到动物收容所,还是应该让 Jane 忍受由于狗狂吠而夜不能寐的痛苦呢?

先来考虑什么结果对社会是有效率的。一个正在考虑如何从上述两种方案中做出选择的社会计划者,会比较 Dick 从养狗中得到的收益与 Jane 承受狂吠声的成本。如果收益超过成本,有效率的做法就是让 Dick 继续养狗而让 Jane 生活在狂吠声中;但如果成本超过收益,Dick 就应该放弃养狗。

根据科斯定理,私人市场可以自己达到有效率的结果。如何达到呢?Jane 只需付给 Dick 一些钱让他放弃养狗。如果 Jane 给的金额大于养狗的利益,Dick 将接受这笔交易。

通过对价格的协商，Dick 和 Jane 总可以达成有效率的结果。例如，假设 Dick 从养狗中得到的收益为 500 美元，而 Jane 由于狗的狂吠承受了 800 美元的成本。在这种情况下，Jane 可以给 Dick 600 美元，让他放弃养狗，而 Dick 也会很乐意地接受。双方的状况都比以前变好了，也达到了有效率的结果。

当然，Jane 不愿意提供任何 Dick 愿意接受的价格也是可能的。例如，假设 Dick 从养狗中得到的收益是 1 000 美元，而 Jane 由于狗的狂吠承受了 800 美元的成本。在这种情况下，Dick 不会接受任何在 1 000 美元以下的出价，而 Jane 又不愿意提供任何在 800 美元以上的价格。因此，Dick 最终还会继续养狗。但在这种成本与收益既定的情况下，这种结果是有效率的。

到现在为止，我们一直假设 Dick 在法律上有权养一条爱叫的狗。换句话说，我们假设，除非 Jane 给 Dick 足够的钱让 Dick 自愿放弃养狗，否则 Dick 就可以养狗。但是，如果 Jane 在法律上有权要求平静与安宁，结果会有什么不同呢？

根据科斯定理，最初的权利分配对市场达到有效率结果的能力无关紧要。例如，假设 Jane 可以通过法律强迫 Dick 放弃养狗。虽然有这种权利对 Jane 有利，但结果也许并不会改变。在这种情况下，Dick 可以向 Jane 付钱，让 Jane 同意他养狗。如果养狗给 Dick 带来的收益大于狗狂吠对 Jane 的成本，那么 Dick 和 Jane 将就 Dick 养狗问题进行讨价还价。

虽然无论最初的权利怎样分配，Dick 和 Jane 都可以达到有效率的结果，但权利分配并不是毫不相关的：它决定了经济福利的分配。是 Dick 有权养一条爱叫的狗，还是 Jane 有权得到平静与安宁，决定了在最后的协商中谁该向谁付钱。但是，在这两种情况下，双方都可以互相协商并解决外部性问题。只有养狗的收益超过 Jane 的成本，Dick 最后才会养狗。

总结一下：科斯定理说明，私人经济主体可以解决他们之间的外部性问题。无论最初的权利如何分配，有关各方总可以达成一种协议，在这种协议中，每个人的状况都可以变好，而且，结果是有效率的。

10.3.3　为什么私人解决方法并不总是有效

尽管科斯定理的逻辑很吸引人，但私人主体往往不能自己解决外部性所引起的问题。只有当利益各方可以顺利达成和实施协议时，科斯定理才适用。但是，在现实世界中，即使在有可能达成互利协议的情况下，协商的方式也并不总是奏效。

有时利益各方不能解决外部性问题是因为**交易成本**（transaction cost）的存在，交易成本是各方在达成协议及遵守协议过程中所发生的成本。在我们的例子中，设想 Dick 和 Jane 讲不同的语言，以至于为了达成协议他们需要请一个翻译。如果解决狗狂吠问题的收益小于翻译的成本，Dick 和 Jane 就会选择不解决这个问题。在较为现实的例子中，交易成本不是翻译的支出，而是起草和执行合约所需要的律师的费用。

还有的时候，谈判很容易破裂。战争和罢工的经常出现表明达成协议可能是困难的，而达不成协议又可能是代价高昂的。问题通常在于各方都竭力要达成对自己更好的交易。例如，假设 Dick 从养狗中得到 500 美元的利益，而 Jane 由于狗吠要承受 800 美元的成本。虽然 Jane 为 Dick 放弃狗而进行支付是有效率的，但是存在多种可以带来这种结果的价格。Dick 想要 750 美元，而 Jane 只愿意支付 550 美元。当他们就价格争执时，Dick 养狗这个无效率的结果仍然存在。

当利益各方人数众多时，达成有效率的协议就尤其困难，因为协调每个人的代价过于高昂。例如，考虑一个污染了附近湖水的工厂。污染给当地渔民带来了负外部性。根据科斯定理,如果污染是无效率的,那么,工厂和渔民可以达成一个协议。根据协议,渔民要对工厂进行支付,以使其放弃排污。但是如果有许多渔民,要协调所有的人来与工厂协商就几乎是不可能的。

当私人协商无效时,政府有时可以发挥作用。政府是为集体行为而设立的一种机构。在这个例子中,即使在渔民代表自己的利益行事不现实时,政府也可以代表渔民的利益行事。

即问即答 • 举出一个用私人方法解决外部性问题的例子。• 什么是科斯定理? • 为什么私人经济主体有时不能解决外部性引起的问题?

10.4 结论

看不见的手是强大的,但不是万能的。市场均衡使生产者剩余和消费者剩余之和最大化。当市场上买者和卖者是仅有的利益方时,从整个社会的角度看,这种结果是有效率的。但是,当存在诸如污染等外部效应时,评价市场结果时还要考虑第三方的福利。在这种情况下,市场中看不见的手也许不能有效地配置资源。

在某些情况下,人们可以自己解决外部性问题。科斯定理表明,利益各方可以相互谈判,并达成一个有效率的解决方案。但是,有时无法通过谈判达成一个有效率的结果,这也许是因为利益各方人数太多而使谈判变得困难。

当人们不能用私人方法解决外部性问题时,政府往往就会介入。但即使有了政府干预,社会也不应该完全放弃市场的力量。政府可以通过要求决策者承担他们行为的全部成本来解决外部性问题。例如,排污的污染许可证和矫正税就是为了使污染的外部性内在化。这些做法日益成为那些关心环境保护的人的政策选择。只要得到适当的调整,市场力量往往是解决市场失灵的最好办法。

内容提要

◎ 当买者和卖者之间的交易间接影响第三方时,这种影响称为外部性。如果一项活动产生了负外部性,例如污染,市场的社会最优量将小于均衡量。如果一项活动产生了正外部性,例如技术溢出效应,社会最优量将大于均衡量。

◎ 政府用各种政策来解决外部性引起的无效率。有时政府通过管制来防止从社会来看无效率的活动。有时政府通过矫正税来使外部性内部化。还有一种公共政策是发放许可证。例如,政府可以通过发放数量有限的污染许可量来保护环境。这种政策的结果与对污染者征收矫正税的结果大致相同。

◎ 受外部性影响的人有时可以用私人方法解决问题。例如,当一个企业给另一个企业带来了外部性时,两个企业可以通过合并把外部性内在化。此外,利益各方也可通过签订合约来解决问题。根据科斯定理,如果人们能够无成本地谈判,那么,他们总可以达成一个资源有效配置的协议。但在许多情况下,在许多利益各方间达成协议是很困难的,从而科斯定理并不适用。

关键概念

外部性　　　　　　　　矫正税　　　　　　　　交易成本
外部性内在化　　　　　科斯定理

复习题

1. 举出一个负外部性的例子和一个正外部性的例子。
2. 用供求图解释企业生产过程中发生的负外部性的影响。
3. 专利制度怎样帮助社会解决外部性问题？
4. 什么是矫正税？为什么就保护环境免受污染的方法而言，经济学家对矫正税的偏好大于管制？
5. 列出不用政府干预也可以解决外部性引起的问题的一些方法。
6. 设想你是一个与吸烟者同住一间房的不吸烟者。根据科斯定理，什么因素决定了你的室友是否在房间里吸烟？这个结果有效率吗？你和你的室友是如何达成这种解决方法的？

快速单选

1. 以下哪一种是正外部性的例子？
   a. Bob 为 Hillary 剪草坪，并因这项工作得到 100 美元的报酬。
   b. 在剪草坪时，Bob 的剪草机喷出烟雾，而 Hillary 的邻居 Kristen 不得不吸入。
   c. Hillary 剪好的新草坪使她所在的社区更有吸引力。
   d. 如果 Hillary 答应定期剪草坪，她的邻居会向她付费。
2. 如一种物品的生产引起了负外部性，那么，社会成本曲线就在供给曲线_____，而且社会的最优数量_____均衡数量。
   a. 上方，大于　　b. 上方，小于
   c. 下方，大于　　d. 下方，小于
3. 当政府对一种物品征收的税等于与生产这种物品相关的外部成本时，它就_____消费者支付的价格，并使市场结果_____效率。
   a. 提高了，更有　　b. 提高了，更无
   c. 降低了，更有　　d. 降低了，更无
4. 以下哪一种关于矫正税的说法不正确？
   a. 经济学家更偏爱矫正税，而不是命令与控制型管制。
   b. 矫正税增加了政府收入。
   c. 矫正税引起了无谓损失。
   d. 矫正税减少了市场销售量。
5. 政府拍卖出 500 单位的污染权。拍卖价格为每单位 50 美元，一共筹集了 25 000 美元。这种政策相当于对每单位污染征收_____的矫正税。
   a. 10 美元　　b. 50 美元
   c. 450 美元　　d. 500 美元
6. 在以下哪一种情况下，科斯定理并不适用？
   a. 双方之间存在严重的外部性。
   b. 法院系统可以有效地执行所有合约。
   c. 交易成本使谈判变得困难。
   d. 双方都完全了解外部性。

问题与应用

1. 考虑有两种方法保护你的汽车不被偷窃。防盗杆使偷车者难以偷走你的汽车。报警器使得你的车在被偷以后,警察可以轻而易举地抓住小偷。以上哪一种类型的保护会给其他车主带来负外部性呢?哪一种会带来正外部性?你认为你的分析有什么政策含义吗?

2. 考虑灭火器市场。
   a. 为什么灭火器会表现出正外部性?
   b. 画出灭火器市场的图形,标出需求曲线、社会价值曲线、供给曲线和社会成本曲线。
   c. 指出市场均衡产量水平和有效率的产量水平。直观地解释为什么这两种产量不同。
   d. 如果每个灭火器的外部利益是 10 美元,说明能带来有效率结果的政府政策。

3. 旧金山的一家本地戏剧公司提出建立一家新的社区剧院。在得到批准之前,市政规划者全面研究了该剧院对周围社区的影响。
   a. 一个研究结果是,剧院使周边的交通量增大,这对社区有不利影响。市政规划者估算,增加的交通量给社区带来的成本是每张票 5 美元。这是哪一种外部性?为什么?
   b. 画出剧院门票市场的图形,标明需求曲线、社会价值曲线、供给曲线、社会成本曲线、市场均衡的产出水平,以及有效率的产出水平,再说明每单位产出的外部性数量。
   c. 通过进一步研究,市政规划者发现了第二种外部性。排练戏剧往往持续到深夜,演员、舞台工作人员和其他剧院成员不时来来往往。规划者发现,步行人数的增加改善了周围街道的安全状况,据估算,给社区带来的收益是每张票 2 美元。这是哪一种外部性?为什么?
   d. 在一个新图形上,说明在存在这两种外部性情况下的剧院门票市场。再标明需求曲线、社会价值曲线、供给曲线、社会成本曲线、市场均衡的产出水平、有效率的产出水平,以及每单位产出的这两种外部性的数量。
   e. 描述一项可以带来有效率结果的政府政策。

4. 酒的消费越多,引发的汽车事故就越多,因此,就给那些不喝酒但开车的人带来了成本。
   a. 画出酒的市场的图形,标出需求曲线、社会价值曲线、供给曲线、社会成本曲线、市场均衡的产量水平和有效率的产量水平。
   b. 在你画的图上,用阴影标出与市场均衡的无谓损失相对应的面积。(提示:由于消费某种数量的酒的社会成本大于社会价值,从而产生了无谓损失。)解释原因。

5. 许多观察者认为,我们社会中的污染程度太高了。
   a. 如果社会希望把总污染减少一定量,为什么让不同企业减少不同量是有效率的?
   b. 命令与控制方法通常依靠各个企业等量地减少污染。为什么这种方法一般不能针对那些本应该减少更多污染的企业?
   c. 经济学家认为,适当的矫正税或可交易的污染权可以有效地减少污染。这些方法是怎样针对那些应该减少更多污染的企业的?

6. Whoville 的许多非常相似的居民喜欢喝 Zlurp 饮料。每位居民对这种美味饮料的支付意愿是:

第一瓶	5 美元
第二瓶	4 美元
第三瓶	3 美元
第四瓶	2 美元
第五瓶	1 美元
更多瓶	0 美元

   a. 生产 Zlurp 饮料的成本是 1.5 美元,而且竞争性的供给者以这一价格出售。(供给曲线是水平的。)每个 Whoville 居民将消费多少瓶饮料?每个人的消费者剩余是多少?
   b. 生产 Zlurp 饮料引起了污染。每瓶的外部成本是 1 美元。把这个额外的成本计算进去,在 a 题中你所描述的配置的情况下,每个人的总剩余是多少?

c. Whoville 的一个居民 Cindy Lou 决定把自己消费的 Zlurp 饮料减少一瓶。Cindy 的福利(她的消费者剩余减她承受的污染成本)会发生什么变动？Cindy 的决策如何影响 Whoville 的总剩余？

d. Grinch 市长对 Zlurp 饮料征收 1 美元的税收。现在每人消费多少？计算消费者剩余、外部成本、政府收入以及每个人的总剩余。

e. 根据你的计算,你会支持市长的政策吗？为什么？

7. Ringo 喜爱以高音量演奏摇滚乐。Luciano 喜爱歌剧,并讨厌摇滚乐。不幸的是,他们是一座墙薄如纸的公寓楼里的邻居。

a. 这个例子中的外部性是什么？

b. 房东可以实行什么命令与控制政策？这种政策可能引起无效率的结果吗？

c. 假设房东允许房客做自己想做的事。根据科斯定理,Ringo 和 Luciano 可以怎样自己实现有效率的结果？什么可能妨碍他们实现有效率的结果？

8. 图 10-4 表明污染权的需求曲线既定时,政府可以通过用矫正税确定价格或用污染许可证确定数量来达到同样的结果。现在假设控制污染的技术有了显著进步。

a. 用类似于图 10-4 的图形说明这种技术进步对污染权需求的影响。

b. 在每种管制制度下,这对污染的价格和数量有什么影响？解释原因。

9. 假设政府决定发行针对某种污染的可交易许可证。

a. 政府是分配还是拍卖许可证对经济效率有影响吗？

b. 如果政府选择分配许可证,则许可证在各企业中的分配方式对效率有影响吗？

10. 在快乐山谷有三家工业企业。政府想把污染减少为 120 单位,所以它给每个企业颁发 40 单位的可交易污染许可证。

企业	最初的污染水平(单位)	减少一单位污染的成本(美元)
A	70	20
B	80	25
C	50	10

a. 谁出售许可证？出售多少？谁购买许可证？购买多少？简单解释为什么卖者与买者愿意这样做。在这种情况下减少污染的总成本是多少？

b. 如果许可证不能交易,减少污染的成本会高多少？

第 11 章
公共物品和公共资源

一首老歌吟唱着这样一个事实:"生活中最美好的东西都是免费的。"稍微思考一下就可以列出一长串这首歌中所说的这类物品的清单。其中有些东西是大自然提供的,比如河流、山川、海岸、湖泊和海洋。另一些是政府提供的,比如运动场、公园和节庆游行。在这些情况下,当人们选择享用这些物品的好处时,并不需要花钱。

没有价格的物品向经济分析提出了特殊的挑战。在我们的经济中,大部分物品是在市场中配置的,买者为了得到这些东西而付出钱,卖者因提供这些东西而得到钱。对这些物品来说,价格是引导买者与卖者决策的信号,而且,这些决策会带来有效的资源配置。但是,当一些物品可以免费得到时,在正常情况下配置经济中资源的市场力量就不存在了。

在本章中,我们考察当存在没有市场价格的物品时,所产生的资源配置问题。我们的分析将要说明第 1 章中的经济学十大原理之一:政府有时可以改善市场结果。当一种物品没有价格时,私人市场不能保证该物品生产和消费的数量是适当的。在这种情况下,政府政策可以潜在地解决市场失灵问题,并增进经济福利。

11.1 不同类型的物品

在提供人们需要的物品方面,市场能做到多好呢?对这个问题的回答取决于所涉及的物品。正如我们在第 7 章中所讨论的,市场可以提供有效率的冰淇淋蛋卷数量:冰淇淋蛋卷的价格会自发调节,使供求达到平衡,而且,这种均衡使生产者剩余和消费者剩余之和最大化。但是,正如我们在第 10 章所讨论的,市场不能阻止铝产品制造者污染我们呼吸的空气:一般情况下,市场上的买者与卖者不考虑他们决策的外部效应。因此,当物品是冰淇淋时,市场能很好地发挥作用;而当物品是清新的空气时,市场将很难发挥作用。

在考虑经济中的各种物品时,根据两个特点来对其进行分类是有用的:

- 该物品有**排他性**(excludability)吗?这就是说,可以阻止人们使用这些物品吗?
- 该物品有**消费中的竞争性**(rivalry in consumption)吗?这就是说,一个人使用某种物品会减少其他人对该物品的使用吗?

根据这两个特点,图 11-1 把物品分成了四种类型:

图 11-1　四种类型的物品

可以根据以下两个特征把物品分为四种类型:(1) 如果可以阻止人们使用一种物品,则该物品就是排他的。(2) 如果一个人使用某种物品会减少其他人对该物品的使用,则该物品在消费中就是竞争的。这个图表给出了每种类型物品的例子。

	消费中的竞争性?	
	是	否
排他性?　是	**私人物品** • 冰淇淋蛋卷 • 衣服 • 拥挤的收费道路	**俱乐部物品** • 消防 • 有线电视 • 不拥挤的收费道路
排他性?　否	**公共资源** • 海洋中的鱼 • 环境 • 拥挤的不收费道路	**公共物品** • 龙卷风警报器 • 国防 • 不拥挤的不收费道路

(1) **私人物品**(private goods)既有排他性又有消费中的竞争性。例如,考虑一个冰淇淋蛋卷。一个冰淇淋蛋卷之所以有排他性,是因为可以阻止某个人吃冰淇淋蛋卷——你只要不把冰淇淋蛋卷给他就行了。一个冰淇淋蛋卷具有消费中的竞争性,是因为如果一个人吃了一个冰淇淋蛋卷,另一个人就不能吃同一个冰淇淋蛋卷。经济中大多数物品都是像冰淇淋蛋卷这样的私人物品:除非你花钱,否则就得不到东西,而且,一旦你得到了它,你就是唯一获益的人。在第4、5、6章分析供给与需求,以及在第7、8、9章分析市场效率时,我们隐含地假设物品既有排他性又有竞争性。

(2) **公共物品**(public goods)既无排他性又无消费中的竞争性。这就是说,不能阻止人们使用一种公共物品,而且,一个人享用一种公共物品并不减少另一个人对它的使用。例如,一个小镇上的龙卷风警报器是一种公共物品。一旦警报器响起来,要阻止任何一个人听到它都是不可能的(所以它不具有排他性)。而且,当一个人得到警报的利益时,并不减少其他任何一个人的利益(所以它不具有消费中的竞争性)。

(3) **公共资源**(common resources)具有消费中的竞争性但没有排他性。例如,海洋中的鱼具有消费中的竞争性:当一个人捕到鱼时,留给其他人捕的鱼就少了。但这些鱼并不是排他性物品,因为在海洋浩瀚无边的情况下,要阻止渔民在海中捕鱼是很困难的。

(4) **俱乐部物品**(club goods)具有排他性但没有消费中的竞争性。例如,考虑一个小镇中的消防。要排除某人享用这种物品是很容易的:消防部门只要袖手旁观,让他的房子烧为平地就行了。但消防并不具有消费中的竞争性:一旦该镇为消防部门付了钱,多保护一所房子的额外成本就是微不足道的。(在第14章中,我们将再次讨论俱乐部物品,到时我们将了解到,它们是自然垄断的一种类型。)

尽管图 11-1 将物品清晰地划分为四种类型,但各种类型间的界线有时是模糊的。物品是否具有排他性或消费中的竞争性往往是一个程度问题。由于监督捕鱼非常困难,所以海洋中的鱼可能没有排他性,但足够多的海岸卫队就可以使鱼至少有部分排他性。同样,虽然鱼通常具有消费中的竞争性,但如果与鱼的数量相比,渔民的数量很少,竞争性就很小了(想一下在欧洲居民来到之前,北美洲可以捕鱼的水域)。但是,就我们分析的目的而言,把物品划分为四种类型是有帮助的。

在本章中,我们考察没有排他性的物品:公共物品和公共资源。由于无法阻止人们使用这些物品,任何人都可以免费得到它。对公共物品和公共资源的研究与对外部性的研究密切相关。对于这两种类型的物品而言,产生外部性是因为这些有价值的东西并没有价格。如果一个人提供了一种公共物品,例如龙卷风警报器,其他人的状况也会变好。他们不用为此花钱而得到了好处——正外部性。同样,当一个人使用海洋中的鱼这样的公共资源时,其他人的状况会变坏,因为可以捕的鱼减少了。他们蒙受了损失但并没有因此得到补偿——负外部性。由于这些外部效应,关于消费和生产的私人决策会引起无效率的资源配置,而政府干预可以潜在地增进经济福利。

即问即答 给公共物品和公共资源下定义,并各举出一个例子。

11.2 公共物品

为了说明公共物品与其他物品有什么不同,并说明公共物品给社会带来了什么问题,我们考虑一个例子:烟火表演。这种物品不具有排他性,因为要阻止某人看烟火是不可能的,而且它也不具有消费中的竞争性,因为一个人欣赏烟火并不会减少其他任何一个人欣赏烟火的乐趣。

11.2.1 搭便车者问题

美国一个小镇的居民喜欢在每年的 7 月 4 日这天观看烟火表演。全镇 500 个居民中的每个人对观看烟火表演的评价都是 10 美元,总利益为 5 000 美元。放烟火的成本为 1 000 美元。由于 5 000 美元的利益大于 1 000 美元的成本,小镇居民在 7 月 4 日观看烟火表演是有效率的。

私人市场能提供这种有效率的结果吗?也许不能。设想这个小镇的企业家 Ellen 决定举行一场烟火表演。Ellen 肯定会在卖这场表演的门票时遇到麻烦,因为她的潜在顾客很快就会想到,他们即使不买票也能观看烟火表演。由于烟火表演没有排他性,因此,人们有成为搭便车者的激励。**搭便车者**(free rider)是得到一种物品的利益但没有为此付费的人。由于人们有成为搭便车者而不是成为买票者的激励,市场就不能提供有效率的结果。

说明这种市场失灵的一种方法是,它的产生是由于外部性的存在。如果 Ellen 举行烟火表演,她就给那些不交钱看表演的人提供了一种外部利益。然而,当 Ellen 决定是否举行烟火表演时,她并不会将这种外部利益考虑在内。尽管从社会来看举行烟火表演是合意的,但这对 Ellen 而言却是无利可图的。结果,Ellen 做出了不举行烟火表演这种从私人来看理性,但从社会来看无效率的决策。

"如果我们做这件事不用增加新税收,那我喜欢这个主意。"
图片来源:ⓒ Dana Fradon The New Yorker Collection www.cartoonbank.com.

尽管私人市场不能提供小镇居民需要的烟火表演,但解决这个问题的方法是显而易见的:当地政府可以赞助 7 月 4 日的庆祝活动。镇委员会可以向每个人征收 2 美元的税收,并用这些收入雇用 Ellen 提供烟火表演。小镇上每个人的福利都增加了 8 美元——对烟火的评价 10 美元减去税收 2 美元。尽管 Ellen 作为一个私人企业家不能做这件事,但作为政府雇员,她可以帮助小镇达到有效率的结果。

小镇的这个故事是简化的,但却是现实的。实际上,美国许多地方政府都为 7 月 4 日的烟火付款。而且,这个故事说明了公共物品的一个一般性结论:由于公共物品没有排他性,搭便车者问题的存在就使私人市场无法提供公共物品。但是,政府可以潜在地解决这个问题。如果政府确信一种公共物品的总利益大于成本,它就可以提供该公共物品,并用税收收入对其进行支付,从而可以使每个人的状况变好。

11.2.2　一些重要的公共物品

公共物品的例子有很多,这里我们考虑三种最重要的公共物品。

国防　保卫国家免受外国入侵是公共物品的典型例子。一旦国家有了国防,要阻止任何一个人享受这种国防的利益都是不可能的。而且,当一个人享受国防的利益时,他并没有减少其他任何一个人的利益。因此,国防既无排他性,也无竞争性。

国防也是最贵的公共物品之一。在 2011 年,美国联邦政府用于国防的支出总计为 7 170 亿美元,人均支出在 2 298 美元以上。人们对于这一支出量是太少还是太多的看法并不一致,但几乎没有人怀疑政府用于国防的某些支出是必要的。即使那些主张小政府的经济学家也同意,国防是政府应该提供的一种公共物品。

基础研究　知识是通过研究创造的。在评价有关知识创造的适当公共政策时,区分一般性知识与特定的技术知识是很重要的。特定的技术知识,例如一种长效电池、一种更小的芯片或者一种更好的数码音乐播放器的发明,是可以申请专利的。专利赋予发明者在一定时期内对自己创造的知识的排他性权利。其他任何一个想使用这种专利知识的人都必须为这种权利向发明者支付报酬。换言之,专利使发明者创造的知识具有了排他性。

与此相反,一般性知识是公共物品。例如,一个数学家不能为一项定理申请专利。一旦某个定理得到证明,该知识就没有排他性了:这个定理进入了任何人都可以免费使用的社会一般性知识库。这种定理在消费中也没有竞争性:一个人使用这个定理并不妨碍其他任何一个人使用这个定理。

追求利润的企业将大量支出用于开发新产品的研究,以便获得专利并出售,但它们用于基础研究的支出并不多。他们的激励是搭其他人创造的一般知识的便车。结果,在没有任何公共政策的情况下,社会在创造新知识上投入的资源就会太少。

政府努力以各种方式提供一般性知识这种公共物品。政府机构,例如美国国立卫生研究院(National Institutes of Health)和美国国家科学基金会(National Science Foundation),对医学、数学、物理学、化学、生物学,甚至经济学中的基础研究进行补贴。一些人以太空计划丰富了社会知识库来证明政府为太空计划提供资金的正确性。确定政府支持这些努力的合适水平是很困难的,因为其利益很难衡量。此外,那些分配研究资金的国会议员们很少是科学专家,因此,不能最准确地判断哪些研究将产生最大的利益。因此,尽管基础研究的确是一种公共物品,但如果公共部门没有为适当种类的基础研究提供适当数量的资金,我们也不必大惊小怪。

反贫困　许多政府计划的目的是帮助穷人。福利制度(官方称为 TANF,即"贫困家庭临时援助")为一些贫困家庭提供了少量收入。食品券计划(官方称为 SNAP,即补充营养援助计划)为低收入家庭提供食物购买补贴。政府的各种住房计划使人们更能住得起房子。这些反贫困计划通过向那些经济上较为富裕的家庭征税来提供资金。

对于政府在反贫困问题上应该起什么作用,经济学家的看法并不一致。但在这里我们要注意一种重要观点:反贫困计划的支持者声称,反贫困是一种公共物品。即使每个人都喜欢生活在一个没有贫困的社会中,反贫困也不是私人行为可以充分提供的一种"物品"。

为了说明原因,假设某个人试图组织一个富人集团来努力消除贫困。他们将提供一种公共物品。这种物品并不具有消费中的竞争性:一个人享受在没有贫困的社会中的生活并不会减少其他任何一个人对这种生活的享受。这种物品也没有排他性:一旦消除了贫困,就无法阻止任何人从这个事实中享受愉快感。结果,人们会有一种搭其他人慈善事业便车的倾向,不做出贡献而享受消除贫困带来的利益。

由于搭便车者问题,通过私人慈善活动来消除贫困也许无法实现。但政府的行为可以解决这个问题。通过向富人征税来提高穷人的生活水平可以使每个人的状况变好。穷人的状况变好,是因为他们现在享有更高的生活水平,而那些纳税人的状况变好,是因为他们现在生活在一个贫困较少的社会中。

案例研究
灯塔是公共物品吗

根据情况的不同,一些物品可以在公共物品与私人物品之间转换。例如,如果在一个有许多居民的镇上放烟火,烟火表演就是一种公共物品。但如果是在一个私人经营的游乐场,例如迪斯尼世界放烟火,烟火表演就更像是私人物品,因为游人要付费才能进入公园。

另一个例子是灯塔。经济学家早就把灯塔作为公共物品的例子。灯塔用来标出特定的地点,以便过往船只可以避开有暗礁的水域。灯塔为船长提供的利益既无排他性又无竞争性,因此,每个船长都有搭便车的激励,即利用灯塔航行而又不为这种服务付费。由于这个搭便车者问题,私人市场通常不能提供船长所需要的灯塔。因此,现在的大多数灯塔是由政府经营的。

但是,在一些情况下,灯塔也可以类似于私人物品。例如,19世纪英国海岸上有一些灯塔是由私人拥有并经营的。但是,当地灯塔的所有者并不向享用这种服务的船长收费,而是向附近港口的所有者收费。如果港口所有者不付费,灯塔所有者就关掉灯,而船只就会避开这个港口。

这是哪一类物品呢?
图片来源: Shutterstock.com/Simon Bratt.

在确定一种物品是不是公共物品时,必须确定谁是受益者以及能否把这些受益者排除在这种物品的使用之外。当受益者人数众多,而且要排除任何一个受益者都不可能时,搭便车者问题就出现了。如果一个灯塔使许多船长受益,它就是一种公共物品;但如果主要受益者是一个港口所有者,它就更像是一种私人物品。

11.2.3 成本—收益分析的难题

到现在为止,我们说明了政府提供公共物品是因为私人市场本身不能生产有效率的数量。但确定政府应该起作用只是第一步。政府还必须决定提供哪些公共物品以及提供多少。

假定政府正在考虑一个公共项目,例如修一条新的高速公路。为了确定要不要修这条高速公路,政府必须比较所有使用这条高速公路的人的总收益和建设与维护这条高速公路的成本。为了做出这个决策,政府可能会雇用一个经济学家与工程师小组来进行研究,这种研究称为**成本—收益分析**(cost-benefit analysis),它的目标是估算该项目对于作为一个整体的社会的总成本和总收益。

成本—收益分析面临一些难题。因为所有的人都可以免费使用高速公路,没有用来判断高速公路价值的价格。简单地问人们他们对高速公路的评价是很不可靠的:用问卷调查的结果来对收益进行定量分析是很困难的,而且回答问卷的人没有如实回答的激励。那些要使用高速公路的人为了修这条路有夸大他们所得到收益的激励,那些受高速公路损害的人为了阻止修这条路有夸大其成本的激励。

因此,有效率地提供公共物品在本质上比有效率地提供私人物品更困难。当私人物品的买者进入市场时,他们通过自己愿意支付的价格来显示自己对这种物品的评价。同时,卖者也通过自己愿意接受的价格来显示自己的成本。均衡是一种有效的资源配置,因为它反映了所有这些信息。与此相反,当在利用成本—收益分析方法来评价政府是否应该提供一种公共物品以及提供多少时,其并没有可供观察的价格信号。因此,所得出的关于公共项目成本和收益的结论充其量只是一种近似而已。

案例研究
一条生命值多少钱

设想你被选为你们当地小镇委员会的委员。本镇工程师带着一份建议书到你这里来了:本镇可以花1万美元在现在只有停车标志的十字路口安装并使用一个红绿灯。红绿灯的收益是提高了安全性。工程师根据类似十字路口的数据估算,红绿灯在整个使用期间可以使致命性交通事故的危险从1.6%降低到1.1%。你应该花钱安装这个新红绿灯吗?

为了回答这个问题,又要回到成本—收益分析。但你马上就遇到一个障碍:如果你要使成本与收益的比较有意义,就必须用同一种单位来衡量。成本可以用美元衡量,但收益——拯救一个人生命的可能性——不能直接用货币来衡量。但为了做出决策,你不得不用美元来评价人的生命。

起初,你可能得出结论,人的生命是无价的。毕竟,无论给你多少钱,你也不会自愿放弃你的生命或你所爱的人的生命。这表明,人的生命有无限的价值。

但是,对于成本—收益分析而言,这个回答只能导致毫无意义的结果。如果我们真的认为人的生命是无价的,我们就应该在每一个路口都安装上红绿灯。同样,我们应该都去驾驶有全套最新安全设备的大型车。但并不是每个路口都有红绿灯,而且,人们有时选择购买没有防撞气囊或防抱死刹车的小型汽车。无论在公共决策还是私人决策中,我们有时为了节约一些钱而愿意用自己的生命来冒险。

一旦我们接受了一个人的生命有其隐含的价值的观点后,我们该如何确定这种价值是多少呢?一种方法是考察一个人如果活着能赚到的总钱数,法院在判决过失致死赔偿案时有时会用到这种方法。经济学家经常批评这种方法,因为它忽略了失去一个人生命的其他机会成本。因此,这种方法有一个荒诞的含义,即退休者和残疾人的生命没有价值。

评价人的生命价值的一种较好方法是,观察人们自愿冒的危险以及要给一个人多少钱他才愿意冒这种危险。例如,不同职业的死亡风险是不同的。高楼大厦上的建筑工人所面临的死亡危险就大于办公室的工作人员。在受教育程度、经验以及其他决定工资的因素不变的情况下,通过比较高风险职业和低风险职业的工资,经济学家就可以在一定程度上得出人们对自己生命的评价。用这种方法研究得出的结论是,一个人生命的价值约为1 000万美元。

现在我们可以回到最初的例子,并对小镇工程师做出答复。红绿灯使车祸死亡的危险降低了0.5%。因此,安装红绿灯的预期收益是0.005×1 000万美元,即5万美元。这种收益估算大于成本1万美元,所以,你应该批准该项目。

即问即答 • 什么是搭便车者问题?为什么搭便车者问题促使政府提供公共物品? • 政府应该如何决定是否提供一种公共物品?

11.3 公共资源

公共资源与公共物品一样,也没有排他性:想使用公共资源的任何一个人都可以免费使用。但是,公共资源在消费中有竞争性:一个人使用公共资源就减少了其他人对它的享用。因此,公共资源产生了一个新问题:一旦提供了一种物品,决策者就需要关注它被使用了多少。用一个经典寓言最有助于我们理解这个问题,这个寓言称为**公地悲剧**(Tragedy of the Commons)。

11.3.1 公地悲剧

设想一个中世纪小镇的生活。该镇的人从事许多经济活动,其中最重要的一种活动是养羊。镇上的许多家庭都有自己的羊群,并以出售用来做衣服的羊毛来养家。

当我们的故事开始时,大部分时间里,羊在镇周围的草地上吃草,这块地被称为镇公地。这块草地不归任何一个家庭所有,而是归镇上的居民集体所有,而且允许所有的居民在上面放羊。集体所有权很好地发挥作用,因为土地很广阔。只要每个人都可以得到他们想要的优质草地,镇公地就不是一种竞争性物品,而且,允许居民在草地上免费放羊也没有引起任何问题。镇上的每一个人都是幸福的。

随着时光的流逝,镇上的人口在增加,镇公地上的羊也在增加。由于羊的数量日益增加,而土地的数量是固定的,土地开始失去自我养护的能力。最后,土地上放牧的羊如此之多,以至于土地变得寸草不生。由于公地上没有草,养羊不可能了,而且,该镇曾经繁荣的羊毛业也消失了。许多家庭失去了生活的来源。

什么原因引起了这种悲剧?为什么牧羊人让羊繁殖得如此之多,以至于毁坏了镇公地呢?原因是社会激励与私人激励不同。避免草地破坏依靠牧羊人的集体行动。如果牧羊人共同行动,他们就可以使羊群数量减少到公有地可以承受的规模。但没有一个家庭有减少自己羊群规模的激励,因为每家的羊群只是问题产生的一小部分原因。

实际上,公地悲剧的产生是因为外部性。当一个家庭的羊群在公地上吃草时,它降低了其他家庭可以得到的土地质量。由于人们在决定自己养多少羊时并不考虑这种负外部性,结果使羊的数量过多。

如果预见到了这种悲剧,镇里可以用各种方法解决这个问题。它可以管制每个家庭中羊群的数量,通过对羊征税把外部性内在化,或者拍卖数量有限的牧羊许可证。就是说,这个中世纪小镇可以用现代社会解决污染问题的方法来解决放牧过度的问题。

但是，土地的这个例子还有一种较简单的解决方法。该镇可以把土地分给各个家庭。每个家庭都可以把自己的一块地用栅栏圈起来，并避免过度放牧。通过这种方法，土地就成为私人物品而不是公共资源。实际上，在 17 世纪英国圈地运动时期就出现了这种结果。

公地悲剧得出了一个一般性的结论：当一个人使用公共资源时，他就减少了其他人对这种资源的享用。由于这种负外部性，公共资源往往被过度使用。政府可以通过用管制或税收以减少公共资源的消耗来解决这个问题。此外，政府有时也可以把公共资源变为私人物品。

数千年前人们就知道这个结论。古希腊哲学家亚里士多德（Aristotle）就指出了公共资源的问题："许多人公有的东西总是被关心得最少，因为所有人对自己东西的关心都大于对与其他人共同拥有的东西的关心。"

11.3.2 一些重要的公共资源

有许多公共资源的例子。在几乎所有的例子中，都产生了与公地悲剧一样的问题：私人决策者过分地使用公共资源。政府通常对私人行为实行管制或者收费，以减轻过度使用的问题。

清洁的空气和水 正如我们在第 10 章中所讨论的，市场并没有充分地保护环境。污染是可以用管制或对污染性活动征收矫正税来解决的负外部性。可以把这种市场失灵看作公共资源问题的一个例子。清新的空气和洁净的水与开放的草地一样是公共资源，而且，过度污染也与过度放牧一样。环境恶化是现代社会的一种"公地悲剧"。

拥堵的道路 道路既可以是公共物品，也可以是公共资源。如果道路不拥堵，那么，一个人使用道路就不影响其他任何一个人使用。在这种情况下，道路的使用没有竞争性，道路是公共物品。但如果道路是拥堵的，那么道路的使用就会引起负外部性。当一个人在路上开车时，道路就变得更为拥堵，其他人必然开得更慢。在这种情况下，道路是公共资源。

政府解决道路拥堵问题的一个方法是对司机收取通行费。本质上，道路通行费就是对拥堵所产生外部性征收的一种矫正税。正如地方道路的情况那样，有时道路通行费并不是一种切合实际的解决方法，因为收费的成本太高了。但是，几个大城市，包括伦敦市和斯德哥尔摩市都发现，提高收费是减少拥堵的一种非常有效的方法。

有时拥堵只是在一天中某些时段存在的问题。例如，如果一座桥只是在上下班高峰期过往车辆多，那么，这些时段的拥堵外部性是最大的。解决这些外部性的有效方法是，在上下班高峰时收费更高。这种收费就会激励驾车人改变安排，从而会减少拥堵最严重时的交通量。

对道路拥堵问题做出反应的另一种政策是在上一章案例研究中讨论过的汽油税。汽油是开车的互补品：汽油价格上升往往会降低开车的需求量。因此，汽油税减少了道路拥堵。但是，汽油税也是一个不完美的解决方法，因为汽油税还影响除了在拥堵的道路上开车量之外的其他决策。例如，汽油税也使人们不愿在不拥堵的道路上开车，即使这些道路上不存在拥堵所产生的外部性。

新闻摘录
收费公路案例

许多经济学家认为,应该向使用道路的司机收取更多费用。下面这篇文章说明了原因。

为什么你会愿意为曾经免费的道路付费

Eric A. Morris

为了结束交通拥堵的祸患,朱利叶斯·恺撒禁止大多数马车白天行驶在罗马街道上。但这没什么用——交通拥堵挪到了晚上。两千多年以后,我们已经把人类送上了月球,并开发出了比罗马长袍实用得多的衣服,但我们好像对解决交通拥堵却依然无可奈何。

如果你住在城市,尤其是大城市,毫无疑义,你会觉得交通拥堵是一件烦人又浪费的事情。根据得克萨斯交通研究所的数据,在 2005 年,交通拥堵使每个美国城市出行者平均损失了 38 个小时,几乎是一个完整的工作周。交通拥堵越来越严重,而不是有所改善:在 1982 年时,城市出行者只被延误了 14 个小时。

美国人想有所作为,但不幸的是,对于应该采取什么行动,我们想不出什么好办法。正如 Anthony Downs 的杰作《仍然身陷拥堵中:应对高峰时段的交通拥堵》(*Still Stuck in Traffic: Coping With Peak-Hour Traffic Congestion*)所指出的,大部分建议的解决办法不是太难执行,就是没有效果,或者两者兼备。

幸运的是,有一种办法既可行又能保证奏效。在一两年内,我们就可以让你在高峰时段,以令人舒畅的 55 英里时速在 405 号公路或 LIE 公路上呼啸而过。

用这个妙方解决交通拥堵只有一个小问题:人们似乎宁可选择保持现状。尽管有其优点,但这种被称为"拥堵定价"、"价值定价"或"可变收费"的政策在政治上不容易受到欢迎。

几十年来,经济学家和其他交通学者一直建议根据道路上的拥堵情况进行不同程度的收费。简而言之,就是交通越拥堵,收费就越高,直至拥堵消失。

在许多人看来,这种想法像是精明老练的官员及其学术界的辩护者的计划,目的是抢夺司机辛苦赚来的钱。为什么司机必须为使用道路付费,他们不是已经纳税了吗?当司机被迫离开收费道路时,那些仍然免费的道路不就会堵得一塌糊涂吗?当收费公路成为"奢侈路线"时,工薪阶层和穷人不就成为牺牲品了吗?

此外,采用这种政策就意味着听从了经济学家的意见。谁想这样做呢?

这种可以自圆其说的逻辑,其实是有问题的(除了听从经济学家的部分)。收费的反对者肯定也不傻,他们的观点也值得认真考虑。但是,归根结底,他们的担心过分夸大了,而且收费的收益超过了潜在成本。

不幸的是,很难让人相信这一点,因为收费背后的理论有点复杂,而且与人们的直觉相左。这是很糟的,因为可变收费是一项很好的公共政策。理由如下:当你为某种物品——在本案例里是道路行驶空间——出价时,如果你的出价低于物品的真实价值,就会出现短缺。这是一个基本的经济学理论。

最终来看,天下没有免费的午餐。如果你想得到物品而又不想付钱,你就必须付出努力与时间。想想苏联时期,人们为了购买人为造成的低价又极为稀缺的物品,要把他们的生命都用于无止境的排队。再想想美国人,只要付出货币成本,几乎任何能想象到的消费需求都可以很快得到满足。免费而拥堵的道路就是把我们甩到了莫斯科的大街上。

换一种方式来思考,延误是司机给他的同行们带来的一种外部性。由于开车进入繁忙的道路并引起拥堵,司机使其他人放慢了速度——但他们不用为此付费,至少没有直接付费。当然结果是每个人都付了费,因为在我们给其他人带来拥堵时,其他人也给我们带来了拥堵。这就陷入了一场没有赢家的博弈。

当外部性内在化,即你要为你强加于别人的麻烦付费时,市场最能发挥作用……收费有助于使拥堵的外部性内在化,它会减少最高峰时期最拥堵道路上出行车辆的数量;有些车会转向不太拥堵的时段和路段;还有些车则完全不再出行了。这种方法使我们可以减少互相带来的拥堵成本。

可以肯定的是,收费并不能完全解决车祸及其他偶发事件,而这些都是交通延误的主要原因。但收费可以大大消除长期反复的拥堵。无论对道路的需求有多高,总有一个收费水平可以使交通自由通畅。

要使收费确实有效,价格就必须适当。收费太高,会使许多汽车离开,道路无法充分发挥作用;收费太低,拥堵就无法解决。

最好的解决方法是根据目前交通状况分析实时调整收费。试行的道路收费计划(诸如明尼苏达州的 I-394 号公路和南卡罗来纳州的 I-15 号公路上所进行的)是用道路上安装的感应器来监控道路上的汽车数量与速度。

然后用一个简单的电脑程序就能确定可以允许上路行驶的汽车数量。电脑可以算出为了吸引到这一数量——而不是更多——的汽车应实行的收费水平。电子信号牌上的价格每几分钟变动一次。高科技发射应答器和天线使得在收费站排长队等待交费成为过去。

最重要的是,这样可以保持较高的通行速度(时速 45 英里以上),从而使道路的吞吐量高于在高峰时段允许所有汽车一起涌入公路,使得交通速度如同爬行速度时的吞吐量。

为了实现效率最高,经济学家希望对所有出行都定价,从高速公路开始。但是,被选出来的官员可不想砸自己的饭碗,所以现在比较现实的选择是只对一些有新运力或运力利用不足的高速公路收费。另一些道路仍将保持免费——并且拥堵的状态。这样司机就有了选择:等待或交费。当然,这两者都不那么理想。但现在司机连选择都没有。

这里的关键因素是什么?华盛顿州最近在 167 号公路上开通了拥堵定价车道。运行第一个月达到的最高收费(在 5 月 21 日周三晚间达到)是 5.75 美元。我知道,我知道,你绝不会支付这么高得离谱的收费,美国可一直教导你说,享用免费道路是你天生的权利。但这些钱让华盛顿的司机节省了 27 分钟的时间。你半小时的时间值 6 美元吗?

我想我已经知道了答案:这得看情况而定。大多数人对时间的评价差别很大,这取决于他们那一天要干什么事。从托儿所接孩子要迟到了?那么支付 6 美元节省半小时可太划算了。如果是要赶回去清扫房间呢?你回家要用的时间可是越长越好。收费将给你的生活带来新的灵活性和自由度,赋予你按你的时间表定制出行成本的权力。

资料来源:Freakonomics blog, January 6, 2009.

鱼、鲸和其他野生动物 许多动物物种都是公共资源。例如,鱼和鲸有商业价值,而且,任何人都可以到海里捕捉所能捕捉到的任何数量。人们很少有为下一年维系物种的激励。正如过分放牧可以毁坏镇上的公地一样,过分捕鱼和捕鲸也会摧毁有商业价值的海洋生物。

海洋仍然是受管制最少的公共资源之一。有两个问题使之不易解决。第一,许多国家濒临海洋,因此,任何一种解决方法都要求在拥有不同价值观的各国之间进行国际合作。第二,由于海洋如此浩瀚,实施任何协议都是很困难的。因此,捕鱼权经常成为引起友好国家之间的国际紧张局势的缘由。

在美国国内,有各种旨在保护鱼类和其他野生动物的法律。例如,政府对捕鱼和打猎的许可证收费,并规定捕鱼和打猎季节的期限。通常要求渔民把小鱼放回水中,而且,猎人只能捕杀有限数量的动物。所有这些法律都减少了公共资源的使用,并有助于维持动物种群。

案例研究
为什么奶牛没有绝种

在整个历史上,许多动物的物种都遭受过灭绝的威胁。当欧洲人第一次到达北美洲时,这个大陆上野牛的数量超过6 000万头。但在19世纪期间猎杀野牛如此盛行,以至于到1900年,在政府开始保护这种动物之前,只剩下400头左右了。在现在的一些非洲国家,由于偷猎者为取得象牙而捕杀大象,大象也面临着类似的困境。

"市场会保护我吗?"

图片来源: Dudarev Mikhail/Shutterstock.com。

但并不是所有具有商业价值的动物都面临着这种威胁。例如,奶牛是一种有价值的食物来源,但没有一个人担心奶牛会很快绝种。实际上,对牛肉的大量需求看起来保证了这种动物会继续繁衍。

为什么象牙的商业价值是对大象的威胁,而牛肉的商业价值却是奶牛的护身符呢?原因是大象是公共资源,而奶牛是私人物品。大象可以自由自在地漫步而不属于任何人。每个偷猎者都有尽可能多地猎杀他们所能找到的大象的强烈激励。由于偷猎者人数众多,每个偷猎者很少有维护大象种群的激励。与此相反,奶牛生活在私人所有的牧场上。每个牧场主都尽极大的努力来维持自己牧场上的牛群,因为他能从这种努力中得到利益。

政府试图用两种方法解决大象的问题。一些国家,例如肯尼亚、坦桑尼亚和乌干达,已经把猎杀大象并出售象牙作为违法行为。但这些法律一直很难得到实施,政府和偷猎者之间的斗争越来越暴力,而且大象种群在继续减少。与此相反,另一些国家,例如博茨瓦纳、马拉维、纳米比亚和津巴布韦,允许人们捕杀大象,但只能捕杀自己所有的大象,从而使大象成为一种私人物品。土地所有者现在有保护自己土地上大象的激励,结果是大象的数量开始增加了。在私有制和利润动机的作用下,也许某一天非洲大象也会像奶牛一样,摆脱灭绝的威胁。

即问即答 为什么政府努力限制公共资源的使用?

11.4 结论:产权的重要性

在本章和上一章中,我们说明了存在一些市场不能充分提供的"物品"。市场不能确保我们呼吸的空气是清洁的,也不能确保我们的国家不受外国侵略。相反,社会依靠政府来保护环境并提供国防。

虽然我们在这两章考虑的问题产生于许多不同的市场上，但它们有一个共同的主题。在所有的情况下，市场没有有效地配置资源，是因为没有很好地建立产权。这就是说，某些有价值的东西并没有在法律上有权控制它的所有者。例如，虽然没有人怀疑清洁的空气或国防等"物品"是有价值的，但没有一个人有权给它定一个价格，并从它的使用中得到利润。工厂污染太严重，是因为没有一个人能因为工厂排出污染而向它们收费；市场没有提供国防，是因为没有一个人能因为受到保卫的人获益而向他们收费。

当产权缺失引起市场失灵时，政府可以潜在地解决这个问题。有些时候，例如在出售污染许可证的情况下，解决方法是政府帮助界定产权，从而释放市场的力量。另一些时候，例如在限制捕猎季节的情况下，解决方法是政府对私人行为进行管制。还有一些时候，例如在提供国防的情况下，解决方法是由政府提供市场不能提供的物品。在所有这些情况下，如果政策能得到很好的计划和实施，就可以使资源配置更有效率，从而增进经济福利。

内容提要

◎ 物品在是否具有排他性和竞争性上存在差别。如果阻止某个人使用某种物品是可能的，这种物品就具有排他性。如果一个人对某种物品的使用减少了其他人对同一物品的使用，这种物品就具有竞争性。市场运行最适用于既有排他性又有竞争性的私人物品。市场运行不适用于其他类型的物品。

◎ 公共物品既无竞争性又无排他性。公共物品的例子包括烟火表演、国防和基础知识的创造。由于不能对使用公共物品的人收费，人们存在搭便车的激励，使私人不能提供这种物品。因此，政府提供公共物品，并以成本—收益分析为基础做出关于每种物品供给量的决策。

◎ 公共资源在消费中有竞争性但无排他性。例子包括公有的草地、清洁的空气和拥挤的道路。由于不能向使用公共资源的人收费，他们往往会过度地使用公共资源。因此，政府努力用各种方法限制公共资源的使用。

关键概念

排他性　　　　　　　公共物品　　　　　　　搭便车者
消费中的竞争性　　　公共资源　　　　　　　成本—收益分析
私人物品　　　　　　俱乐部物品　　　　　　公地悲剧

复习题

1. 解释一种物品有"排他性"的含义。解释一种物品有"消费中的竞争性"的含义。一块比萨饼是否有排他性？是否有消费中的竞争性？
2. 给公共物品下定义并举出一个例子。私人市场本身能提供这种物品吗？解释原因。
3. 什么是公共物品的成本—收益分析？为什么它很重要？为什么进行这种分析很困难？
4. 给公共资源下定义并举出一个例子。如果没有政府干预，人们对这种物品的使用会太多还是太少？为什么？

快速单选

1. 以下哪一类物品具有排他性？
   a. 私人物品与俱乐部物品。
   b. 私人物品与公共资源。
   c. 公共物品与俱乐部物品。
   d. 公共物品与公共资源。
2. 以下哪一类物品在消费中具有竞争性？
   a. 私人物品与俱乐部物品。
   b. 私人物品与公共资源。
   c. 公共物品与俱乐部物品。
   d. 公共物品与公共资源。
3. 以下哪一种是公共物品的例子？
   a. 住房。 b. 国防。
   c. 餐馆饮食。 d. 海洋中的鱼。
4. 以下哪一种是公共资源的例子？
   a. 住房。 b. 国防。
   c. 餐馆的饮食。 d. 海洋中的鱼。
5. 公共物品_____。
   a. 可以由市场力量有效地提供
   b. 如果没有政府就会提供不足
   c. 如果没有政府就会使用过多
   d. 是一种自然垄断
6. 公共资源_____。
   a. 可以由市场力量有效地提供
   b. 如果没有政府就会提供不足
   c. 如果没有政府就会使用过多
   d. 是一种自然垄断

问题与应用

1. 考虑你们当地政府提供的物品与服务。
   a. 用图 11-1 中的分类解释下列每种物品属于哪类：
      - 警察保护
      - 铲雪
      - 教育
      - 乡间道路
      - 城市街道
   b. 你认为政府为什么要提供不是公共物品的东西？
2. 公共物品和公共资源都涉及外部性。
   a. 与公共物品相关的外部性通常是正的还是负的？举例回答。自由市场上的公共物品数量通常大于还是小于有效率的数量？
   b. 与公共资源相关的外部性通常是正的还是负的？举例回答。自由市场上公共资源的使用量通常大于还是小于有效率的使用量？
3. Charlie 喜欢看本地公共电视台的"Downton Abbey"节目，但在电视台筹集运营资金时，他从不出钱支持电视台。
   a. 经济学家给像 Charlie 这样的人起了个什么名字？
   b. 政府如何能解决像 Charlie 这样的人引起的问题？
   c. 你能想出私人市场解决这个问题的方法吗？有线电视台的存在如何改变这种状况？
4. Communityville 市的机场免费提供无线高速互联网服务。
   a. 起初，只有几个人使用这种服务。这种服务属于哪一种类型的物品？为什么？
   b. 最后，随着越来越多的人发现了这项服务，并开始使用它，连接的速度开始下降了。现在无线互联网服务属于哪一种类型的物品？
   c. 这可能会引起什么问题？为什么？解决这个问题的一种可能的方法是什么？
5. 四位室友计划在宿舍中看老电影来共度周末，而且，他们争论要看几部。下面是他们对每部电影的支付意愿：

单位：美元

	Judd	Joel	Gus	Tim
第一部电影	7	5	3	2
第二部电影	6	4	2	1
第三部电影	5	3	1	0
第四部电影	4	2	0	0
第五部电影	3	1	0	0

a. 在宿舍内，播放电影是一种公共物品吗？为什么？
b. 如果租一部电影的花费为 8 美元，为使室友的总剩余最大化，应该租几部电影？
c. 如果他们从 b 中得出了所选择的最优数量，并平均分摊租电影的费用，每个人从看电影中得到了多少剩余？
d. 有一种分摊成本的方法能保证每个人都获益吗？这种解决方法引起了什么实际问题？
e. 假设他们事前一致同意选择这一有效率的数量并平均分摊电影的成本。当问到 Judd 的支付意愿时，他有说实话的激励吗？如果有的话，为什么？如果没有的话，他最可能说什么？
f. 关于公共物品的最优供给量这个例子告诉了你什么？

6. 一些经济学家认为私人企业从事的基础科学研究不会达到有效率的数量。
a. 解释为什么可能会这样。在你的回答中，把基础研究划入图 11-1 所示的类型中的某一类。
b. 为了应对这个问题，美国政府采取了哪类政策？
c. 人们往往认为，这种政策提高了美国生产者相对于外国企业的技术能力。这种观点与你在 a 中对基础研究的分类一致吗？（提示：排他性能否只适用于公共物品的某些潜在受益者，而不适用于其他人？）

7. 高速公路边经常有垃圾，而人们的院子里却很少有垃圾。对这一事实给出一个经济学的解释。

8. Wiknam 国有 500 万名居民，他们唯一的活动是捕鱼和消费鱼。他们用两种方法捕鱼。在渔场工作的居民每人每天捕两条鱼。到镇上的湖里钓鱼的居民每人每天钓 X 条鱼。X 取决于 N，即在湖中钓鱼的居民数（以百万计）。具体而言，有

$$X = 6 - N$$

假设能获得更多鱼的工作对每个居民都有吸引力，因此在均衡状态下，这两种方法必须提供相同的回报。

a. 你认为为什么每个渔民的生产率 X 随着渔民人数 N 的增加而下降？你可以用什么经济学术语来描述镇上湖中的鱼？相同的描述适用于渔场中的鱼吗？解释原因。
b. 镇上的"自由党"认为每个人都有权选择在湖里钓鱼还是在渔场捕鱼而不受政府干预。在这种政策之下，多少居民会在湖中钓鱼？多少居民会在渔场捕鱼？鱼的产量是多少？
c. 镇上的"效率党"认为，Wiknam 国应该尽量多生产鱼。为了达到这个目的，多少居民应该在湖中钓鱼？多少居民应该在渔场捕鱼？（提示：设计一个表格，显示 N 从 0 到 5 时，每种情况下的鱼产量——湖产量、渔场产量及总产量。）
d. "效率党"建议，为了达到上述目的，对在湖中钓鱼的每个人每天征收相当于 T 条鱼的税。然后税收收入会在 Wiknam 国的所有居民之间平均分配。（假设鱼是可分的，因此，这种分割并不需要取整数。）根据你在 c 中得出的结果计算 T 的值。
e. 与"自由党"提出的不干预政策相比较，谁将从"效率党"的鱼税中获益？谁将受损？

9. 许多交通体系，例如华盛顿特区的地铁，在高峰时段的收费比一天中的其他时间高。为什么要这样做？

10. 高收入的人为了避免死亡的危险愿意比低收入的人花更多钱。例如，他们更愿意为汽车的安全性花钱。你认为当评价公共项目时，成本—收益分析应该考虑这一事实吗？例如，考虑有一个富人镇和一个穷人镇，它们都正在考虑安装红绿灯。在做出这项决策时，富人镇应该对人的生命的货币价值做出更高的估计吗？为什么？

第12章　生产成本

第13章　竞争市场上的企业

第14章　垄断

第5篇　企业行为与产业组织

第 12 章
生产成本

经济是由成千上万个生产你每天享用的物品与服务的企业组成的;通用汽车公司生产汽车,通用电气公司生产电灯,而通用磨坊公司生产早餐麦片。一些企业是大型的,例如这三家公司,它们雇用成千上万的工人,并有成千上万分享企业利润的股东;另一些企业是小型的,例如本地的理发店或咖啡店,它们只雇用几个工人,而且归一个人或一个家庭所有。

在前几章中我们用供给曲线总结了企业的生产决策。根据供给定理,当一种物品价格上升时,企业愿意更多地生产并销售这种物品,而且,这种反应导致了向右上方倾斜的供给曲线。在分析许多问题时,供给定理是你了解企业行为所需要的全部知识。

在本章和以下各章中,我们将更详细地考察企业行为。这个主题将有利于我们更好地理解供给曲线背后的决策。此外,还要向你介绍经济学中称为产业组织的这一部分内容——产业组织研究企业有关价格和数量的决策如何取决于它们所面临的市场条件。例如,你所住的镇里可能有几家比萨饼店,但只有一家有线电视公司。这引出了一个关键的问题:企业的数量如何影响一个市场的价格以及市场结果的效率呢?产业组织领域正是针对这个问题的。

但是,在转向这些问题之前,我们需要讨论生产成本。所有企业,从 Delta 航空公司到你家当地的熟食店,在它们生产所销售的物品与服务时都会发生成本。正如我们将在以后各章中说明的,企业成本是其生产和定价决策的一个关键决定因素。在本章中,我们将定义一些经济学家用来衡量一个企业的成本的变量,并考察这些变量之间的关系。

提醒一句:这个主题可能很枯燥且具技术性。坦率地说,你甚至可能认为它令人厌烦。但这些内容为后面令人着迷的主题提供了一个极为重要的基础。

12.1 什么是成本

我们从 Caroline 的糕点厂开始讨论成本。这家工厂的所有者 Caroline 购买面粉、糖、巧克力块和其他制作糕点的材料。她还要购买搅拌机和烤箱,并雇用操纵这些设备的工人。然后她把生产出来的糕点卖给消费者。通过考察 Caroline 在其经营中面临的一些问题,我们就可以得到一些适用于经济中所有企业的关于成本的结论。

12.1.1 总收益、总成本和利润

我们从企业的目标开始。为了理解企业所做出的决策,我们必须了解它们想做什么。可

以想象，Caroline 开办她的企业也许是出于为世界提供糕点的利他主义愿望，或者，也许是出于她对糕点事业的热爱。更加可能的情况是，Caroline 开办这家工厂是为了赚钱。经济学家通常假设，企业的目标是利润最大化，而且他们发现，这个假设在大多数情况下都能很好地发挥作用。

什么是企业的利润？企业从销售其产品（糕点）中得到的货币量称为**总收益**（total revenue）。企业为购买投入品（面粉、糖、工人、烤箱等）所支付的货币量称为**总成本**（total cost）。Caroline 可以保留支付成本之外的任何收入。**利润**（profit）是企业的总收益减去其总成本：

$$利润 = 总收益 - 总成本$$

Caroline 的目标是使其企业的利润尽可能地多。

为了说明企业如何实现利润最大化，我们必须全面考虑如何衡量总收益和总成本。总收益的衡量较为简单：它等于企业生产的产量乘以出售这些产品的价格。如果 Caroline 生产了 1 万块糕点，并以每块 2 美元的价格出售，那么，总收益就是 2 万美元。与此相比，企业总成本的衡量就较为微妙了。

12.1.2 作为机会成本的成本

当我们衡量 Caroline 的糕点厂或任何一个其他企业的成本时，记住第 1 章的经济学十大原理之一是很重要的：某种东西的成本是你为了得到它所放弃的东西。回忆一下，一种东西的机会成本是指为了得到那种东西所必须放弃的所有东西。当经济学家提到某个企业的生产成本时，它们包括该企业生产其物品与服务的所有机会成本。

一些企业生产的机会成本是显而易见的，而另一些企业生产的机会成本则不那么明显。当 Caroline 花了 1 000 美元买面粉时，这 1 000 美元是一种机会成本，因为 Caroline 不能再用这 1 000 美元去买其他东西。同样，当 Caroline 雇用生产糕点的工人时，她支付的工资也是企业成本的一部分。由于这些机会成本要求企业付出一些货币，它们被称为**显性成本**（explicit costs）。与此相反，企业的一些机会成本不需要有现金支付，这种成本被称为**隐性成本**（implicit costs）。设想 Caroline 精通电脑，作为程序员每工作一小时可以赚 100 美元。对于 Caroline 在糕点厂工作的每一个小时，她都放弃了 100 美元的收入，而这种放弃的收入也是她的成本的一部分。Caroline 经营的总成本是显性成本和隐性成本之和。

显性成本与隐性成本之间的区别强调了经济学家与会计师在分析经营活动时的重要区别。经济学家关注于研究企业如何做出生产和定价决策。由于这些决策既考虑了显性成本又考虑了隐性成本，因此，经济学家在衡量企业的成本时就包括了这两种成本。与此相比，会计师的工作是记录流入企业和流出企业的货币。因此，他们衡量显性成本，但往往忽略隐性成本。

在 Caroline 糕点厂的例子中，很容易看出经济学家和会计师之间的差别。当 Caroline 放弃了作为电脑程序员可以赚钱的机会时，她的会计师并没有把这一点作为她糕点经营的成本。因为企业并没有为这种成本支付货币，所以它绝不会出现在会计师的财务报表上。但是，一个经济学家将把放弃的收入作为成本，因为它会影响 Caroline 在其糕点经营中做出的决策。例如，如果 Caroline 作为电脑程序员的工资从每小时 100 美元增加到 500 美元，她就会认为经营糕点生意成本太高了，并选择关闭工厂，以便成为一个全职的电脑程序员。

12.1.3 作为一种机会成本的资本成本

几乎每一个企业都有一项重要的隐性成本，那就是已经投资于企业的金融资本的机会成本。例如,假定 Caroline 用她储蓄的 30 万美元从前一个所有者那里买下了糕点厂。如果 Caroline 把她的这笔钱存入利率为 5% 的储蓄账户,那么她每年将赚到 1.5 万美元。因此,为了拥有自己的糕点厂,Caroline 放弃了每年 1.5 万美元的利息收入。这放弃的 1.5 万美元是 Caroline 的企业的隐性机会成本之一。

正如我们已经注意到的,经济学家和会计师以不同的方式来看待成本,在他们对资本成本的处理上,这一点尤其正确。一个经济学家把 Caroline 放弃的每年 1.5 万美元的利息收入作为她企业的一种隐性成本。但是,Caroline 的会计师并不把这 1.5 万美元列入成本,因为并没有货币流出企业去支付这种成本。

为了进一步揭示经济学家和会计师之间的差别,我们将上例略作改动。假设现在 Caroline 并没有购买工厂的全部 30 万美元,而只是有自己储蓄的 10 万美元,并以 5% 的利率从银行借了 20 万美元。Caroline 的会计师只衡量显性成本,将把每年为银行贷款支付的 1 万美元利息作为成本,因为这是从企业流出的货币量。与此相反,根据经济学家的看法,拥有企业的机会成本仍然是 1.5 万美元。机会成本等于支付的银行贷款利息(显性成本 1 万美元)加上放弃的储蓄利息(隐性成本 5 000 美元)。

12.1.4 经济利润与会计利润

现在我们再回到企业的经营目标:利润。由于经济学家和会计师用不同的方法衡量成本,他们也用不同的方法衡量利润。经济学家衡量企业的**经济利润**(economic profit),即企业的总收益减去生产所销售物品与服务的总机会成本(显性的与隐性的)。会计师衡量企业的**会计利润**(accounting profit),即企业的总收益仅仅减去企业的显性成本。

图 12-1 总结了这种差别。要注意的是,由于会计师忽略了隐性成本,所以,会计利润通常大于经济利润。从经济学家的角度看,要使企业有利可图,总收益必须弥补全部机会成本,包括显性成本与隐性成本。

图 12-1 经济学家与会计师

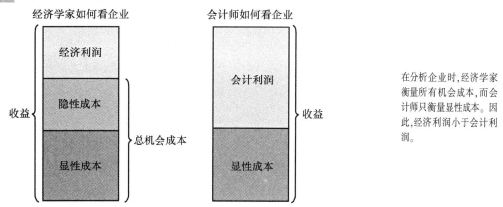

在分析企业时,经济学家衡量所有机会成本,而会计师只衡量显性成本。因此,经济利润小于会计利润。

经济利润是一个重要的概念,因为它是企业供给物品与服务的动机所在。正如我们将要说明的,获得正经济利润的企业将继续经营。它弥补了所有机会成本,并留下一些收益作为对企业所有者的报酬。当一个企业有经济亏损(即经济利润为负)时,企业所有者就没有足够的收入来弥补其所有生产成本。除非条件改变,否则企业所有者最终将关闭企业,并退出该行业。为了了解企业决策,我们需要紧盯经济利润。

即问即答 农民 McDonald 讲授班卓琴课每小时赚取 20 美元。有一天他在自己的农场用 10 个小时种了价值 100 美元的种子。他这样做引起的机会成本是多少？他的会计师衡量的成本是多少？如果这些种子收获了价值 200 美元的农作物，那么 McDonald 赚到了多少会计利润？他赚到经济利润了吗？

12.2　生产与成本

当企业购买投入品生产它们计划出售的物品与服务时，就发生了成本。在这一节，我们考察企业生产过程与其总成本之间的这种联系。我们再次考虑 Caroline 的糕点厂。

在以下的分析中，我们做出了一个重要的简单化假设：假设 Caroline 工厂的规模是固定的，而且，Caroline 只能通过改变工人数量来改变生产的糕点量。在短期中，这种假设是现实的，但在长期中并不现实。这就是说，Caroline 不能在一夜之间建立一个更大的工厂，但她在一两年内可以这样做。因此，这种分析描述了 Caroline 短期中面临的生产决策。我们在本章后面将更充分地考察成本和时间范围之间的关系。

12.2.1　生产函数

表 12-1 显示了 Caroline 的工厂每小时生产的糕点量如何取决于工人的数量。正如你在前两列中看到的，如果工厂中没有工人，Caroline 生产不出糕点；当有 1 个工人时，她生产 50 块糕点；当有 2 个工人时，她生产 90 块糕点，等等。图 12-2（a）是根据这两列数字画出的图形。横轴是工人的数量，纵轴是所生产的糕点的数量。投入量（工人）与产量（糕点）之间的这种关系被称为**生产函数**（production function）。

表 12-1　生产函数与总成本：Caroline 的糕点厂

工人数量	产量（每小时生产的糕点量）	劳动的边际产量	工厂的成本（美元）	工人的成本（美元）	投入总成本（工厂成本 + 工人成本）（美元）
0	0		30	0	30
		50			
1	50		30	10	40
		40			
2	90		30	20	50
		30			
3	120		30	30	60
		20			
4	140		30	40	70
		10			
5	150		30	50	80
		5			
6	155		30	60	90

图 12-2 Caroline 的生产函数和总成本曲线

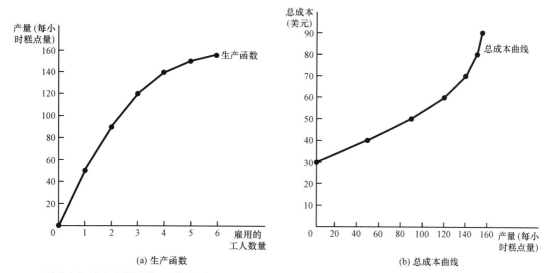

(a) 幅中的生产函数表示所雇用的工人数量和产量之间的关系。这里雇用的工人数量(横轴)取自表 12-1 第一列,产量(纵轴)取自表 12-1 第二列。随着工人数量增加,生产函数变得平坦,这反映了边际产量递减。(b) 幅中总成本曲线表示产量与生产总成本之间的关系。这里产量(横轴)取自表 12-1 第二列,总成本(纵轴)取自第六列。由于边际产量递减,随着产量增加,总成本曲线变得越来越陡峭。

　　第 1 章的经济学十大原理之一是,理性人考虑边际量。正如我们将在以后几章中看到的,这个思想是理解企业决定雇用多少工人和生产多少产量的关键。为了理解这些决策,表 12-1 的第三列给出了一个工人的边际产量。生产过程中任何一种投入的**边际产量**(marginal product)是增加一单位投入所引起的产量增加。当工人数量从 1 个增加到 2 个时,糕点产量从 50 块增加到 90 块,因此,第二个工人的边际产量是 40 块糕点。而且,当工人数量从 2 个增加到 3 个时,糕点产量从 90 块增加到 120 块,因此,第三个工人的边际产量是 30 块糕点。在该表中,边际产量标在两行的中间,因为它代表当工人数量从一个水平增加到另一个水平时产量的变动。

　　要注意的是,随着工人数量的增加,工人的边际产量减少。第二个工人的边际产量是 40 块糕点,第三个工人的边际产量是 30 块糕点,而第四个工人的边际产量是 20 块糕点。这个特征被称为**边际产量递减**(diminishing marginal product)。开始当只雇用少数工人时,工人容易使用到 Caroline 厨房的设备。随着工人数量增加,增加的工人不得不与别人共同使用设备,而且在较为拥挤的条件下工作。最后,厨房非常拥挤,以至于工人开始相互妨碍。因此,当雇用的工人越来越多时,每个增加的工人对生产糕点的贡献就越来越小了。

　　边际产量递减也反映在图 12-2 中。生产函数的斜率("向上量比向前量")告诉我们在每增加一个劳动投入("向前量")时,Caroline 糕点产量的变动("向上量")。这就是说,生产函数的斜率衡量一个工人的边际产量。随着工人数量的增加,工人的边际产量减少了,生产函数变得越来越平坦。

12.2.2　从生产函数到总成本曲线

　　表 12-1 的最后三列表示 Caroline 生产糕点的成本。在这个例子中,Caroline 工厂的成本是每小时 30 美元,工人的成本是每小时 10 美元。如果她雇用一个工人,她的总成本是每小

时 40 美元;如果她雇用两个工人,她的总成本是每小时 50 美元;以此类推。该表用这种信息显示了 Caroline 雇用的工人数量如何与她生产的糕点量和她的生产总成本相关。

在以下几章中我们的目的是研究企业的生产和定价决策。对于这个目的来说,表 12-1 中最重要的关系是产量(第二列)和总成本(第六列)之间的关系。图 12-2(b)以横轴表示产量,纵轴表示总成本,根据这两列数据画出了图形。这个图被称为总成本曲线。

现在比较图 12-2(b)中的总成本曲线与图 12-2(a)中的生产函数。这两条曲线是同一枚硬币的正反两面。随着产量的增加,总成本曲线越来越陡峭,而随着产量的增加,生产函数却越来越平坦。两条曲线斜率的变化是由于同一个原因。生产的糕点多,意味着 Caroline 的厨房挤满了工人。由于厨房拥挤,每增加一个工人增加的产量并不多,这反映了边际产量递减。因此,生产函数是比较平坦的。但现在将这个逻辑倒过来看:当厨房拥挤时,多生产一块糕点要求增加更多工人,从而使成本增加。因此,当产量很高时,总成本曲线是较为陡峭的。

即问即答 如果农民 Jones 没有在自己的土地上播种,他就得不到收成。如果他种 1 袋种子,将得到 3 蒲式耳小麦;如果他种 2 袋种子,将得到 5 蒲式耳小麦;如果他种 3 袋种子,将得到 6 蒲式耳小麦。一袋种子的成本是 100 美元,而且种子是他唯一的成本。利用这些数据画出该农民的生产函数和总成本曲线。解释它们的形状。

12.3 成本的各种衡量指标

我们对 Caroline 的糕点厂的分析说明了企业的总成本如何反映它的生产函数。从企业总成本的数据中,我们可以得出几种相关的成本衡量指标,当我们在以后几章中分析生产和定价决策时,这些成本衡量指标将被证明是很有用的。为了说明如何得出这些相关的衡量指标,我们考虑表 12-2 中的例子。该表提供了 Caroline 的邻居——Conrad 的咖啡店的成本数据。

表 12-2　成本的各种衡量指标:Conrad 的咖啡店

咖啡的产量（杯/每小时）	总成本（美元）	固定成本（美元）	可变成本（美元）	平均固定成本（美元）	平均可变成本（美元）	平均总成本（美元）	边际成本（美元）
0	3.00	3.00	0.00	—	—	—	
1	3.30	3.00	0.30	3.00	0.30	3.30	0.30
2	3.80	3.00	0.80	1.50	0.40	1.90	0.50
3	4.50	3.00	1.50	1.00	0.50	1.50	0.70
4	5.40	3.00	2.40	0.75	0.60	1.35	0.90
5	6.50	3.00	3.50	0.60	0.70	1.30	1.10
6	7.80	3.00	4.80	0.50	0.80	1.30	1.30
7	9.30	3.00	6.30	0.43	0.90	1.33	1.50
8	11.00	3.00	8.00	0.38	1.00	1.38	1.70
9	12.90	3.00	9.90	0.33	1.10	1.43	1.90
10	15.00	3.00	12.00	0.30	1.20	1.50	2.10

表 12-2 的第一列表示 Conrad 可以生产的咖啡杯数,每小时从 0 杯到 10 杯不等。第二列表示 Conrad 生产咖啡的总成本。图 12-3 据此画出了 Conrad 的总成本曲线。咖啡的数量(根

据第一列得到)用横轴表示,而总成本(根据第二列得到)用纵轴表示。Conrad 的总成本曲线的形状与 Caroline 的总成本曲线的形状相似。具体而言就是,随着产量增加,它变得较为陡峭,(正如我们所讨论过的)这反映了边际产量递减。

图 12-3 Conrad 的咖啡店的总成本曲线

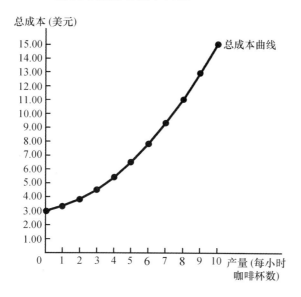

这里的产量(用横轴表示)取自表 12-2 第一列,总成本(用纵轴表示)取自第二列。正如在图 12-2 中一样,由于边际产量递减,随着产量增加,总成本曲线变得越来越陡峭。

12.3.1 固定成本与可变成本

Conrad 的总成本可以分为两类。一些成本不随着产量的变动而变动,称为**固定成本**(fixed costs)。固定成本是即使企业根本不生产也要发生的成本。Conrad 的固定成本包括他所要支付的任何租金,因为无论 Conrad 生产多少咖啡,这种成本都是相同的。同样,如果 Conrad 需要雇用一个负责账目的簿记员,无论生产多少咖啡,这位簿记员的薪水也是固定成本。表 12-2 的第三列表示 Conrad 的固定成本,在这个例子中是每小时 3 美元。

企业的一些成本随着企业产量的变动而变动,称为**可变成本**(variable costs)。Conrad 的可变成本包括咖啡豆、牛奶、糖和纸杯的成本:Conrad 制造的咖啡越多,他需要买的这些东西就越多。同样,如果 Conrad 必须多雇工人以便多生产咖啡,那么,这些工人的薪水也是可变成本。表的第四列表示 Conrad 的可变成本。如果他不生产,可变成本是零;如果生产 1 杯咖啡,可变成本是 0.3 美元;如果生产 2 杯咖啡,可变成本是 0.8 美元;以此类推。

企业总成本是固定成本与可变成本之和。在表 12-2 中,第二列中的总成本等于第三列的固定成本加第四列的可变成本。

12.3.2 平均成本与边际成本

作为企业所有者,Conrad 必须决定生产多少。这种决策的关键在于他的成本如何随着产量水平的变动而变动。在做出这种决策时,Conrad 要问他的生产主管下面两个关于生产咖啡成本的问题:

- 生产普通的一杯咖啡需要多少成本？
- 多生产一杯咖啡需要多少成本？

虽然乍一看这两个问题似乎有相同的答案，但其实不然。这两个答案对于了解企业如何做出生产决策十分重要。

为了算出生产普通一单位产品的成本，我们用企业的成本除以产量。例如，如果企业每小时生产 2 杯咖啡，它的总成本是 3.8 美元，则普通一杯咖啡的成本是 3.8 美元/2，即 1.9 美元。总成本除以产量称为**平均总成本**（average total cost）。由于总成本就是固定成本与可变成本之和，所以平均总成本可以表示为平均固定成本与平均可变成本之和。**平均固定成本**（average fixed cost）是固定成本除以产量，**平均可变成本**（average variable cost）是可变成本除以产量。

虽然平均总成本告诉了我们普通一单位产品的成本，但它没有告诉我们当企业改变其生产水平时总成本将如何变动。表 12-2 的最后一列表示当企业增加一单位产量时总成本的增加量。这个量称为**边际成本**（marginal cost）。例如，如果 Conrad 的产量从 2 杯增加到 3 杯，总成本从 3.8 美元增加到 4.5 美元，这样，第三杯咖啡的边际成本是 4.5 美元减去 3.8 美元，即 0.7 美元。在表 12-2 中，边际成本标在两行的中间，因为它代表随着产量从一个水平增加到另一个水平总成本的变动。

用数学来表示这些定义可能有助于理解：

$$平均总成本 \;=\; 总成本 / 产量$$
$$ATC \;=\; TC/Q$$

以及

$$边际成本 \;=\; 总成本变动量 / 产量变动量$$
$$MC \;=\; \Delta TC/\Delta Q$$

在这里，Δ 即希腊字母 delta，代表变量的变动。这些公式表示如何从总成本中得出平均成本和边际成本。平均总成本告诉我们，如果总成本在所生产的所有单位中平均分摊，普通一单位产品的成本。边际成本告诉我们，多生产一单位产品引起的总成本增加。正如我们将在下一章中更充分地说明的，当决定向市场供给多少产品时，像 Conrad 这样的企业管理者需要记住平均总成本和边际成本的概念。

12.3.3 成本曲线及其形状

正如在前几章中我们在分析市场行为时发现供求图很有用一样，当分析企业行为时，我们将发现平均成本与边际成本图也是很有用的。图 12-4 用表 12-2 中的数据画出了 Conrad 的成本曲线。横轴代表企业产量，纵轴代表边际成本和平均成本。该图显示了四条曲线：平均总成本（ATC）、平均固定成本（AFC）、平均可变成本（AVC）以及边际成本（MC）。

图中所示的 Conrad 的咖啡店的成本曲线与经济中许多企业的成本曲线有一些相同的特征。我们要特别考察其中三个特征：边际成本曲线的形状、平均总成本曲线的形状以及边际成本与平均总成本之间的关系。

图 12-4　Conrad 的咖啡店的平均成本曲线和边际成本曲线

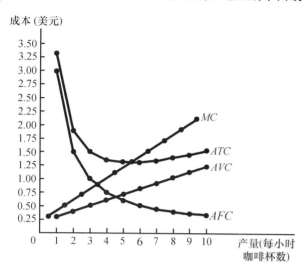

该图表示 Conrad 的咖啡店的平均总成本（ATC）、平均固定成本（AFC）、平均可变成本（AVC）和边际成本（MC）。所有这些曲线都是用表 12-2 中的数据画出的。这些成本曲线呈现出许多企业的成本曲线都具有的三个特征：(1) 边际成本随着产量的增加而上升；(2) 平均总成本曲线是 U 形的；(3) 边际成本曲线与平均总成本曲线在平均总成本的最低点处相交。

递增的边际成本　Conrad 的边际成本随着产量的增加而上升。向上的斜率反映了边际产量递减的性质。当 Conrad 生产少量咖啡时，他的工人很少，许多设备没有得到利用。由于他可以轻而易举地把这些闲置的资源投入使用，额外增加一个工人的边际产量很大，而且额外增加一杯咖啡的边际成本很小。与此相反，当 Conrad 生产大量咖啡时，他的车间挤满了工人，而且大部分设备得到充分利用。Conrad 可以增加工人来生产更多的咖啡，但新工人不得不在拥挤的条件下工作，而且可能不得不等待使用设备。因此，当咖啡产量已经相当高时，额外增加一个工人的边际产量很小，而且，额外增加一杯咖啡的边际成本很大。

U 形平均总成本　如图 12-4 所示，Conrad 的平均总成本曲线是 U 形的。为了理解为什么是这样，要记住平均总成本是平均固定成本与平均可变成本之和。平均固定成本总是随着产量的增加而下降，因为固定成本被分摊到更多单位的产品上。由于边际产量递减，平均可变成本一般随着产量增加而增加。

平均总成本曲线反映了平均固定成本曲线和平均可变成本曲线的形状。在产量水平极低时，例如每小时生产 1 杯或 2 杯咖啡时，平均总成本很高，尽管平均可变成本低，但由于固定成本只分摊到少数几单位产品上，所以平均固定成本高。随着产量增加，固定成本分摊在越来越多的产品上。平均固定成本下降，开始下降得很快，以后越来越慢。结果，平均总成本也下降，直至企业产量达到每小时 5 杯咖啡为止，这时平均总成本下降到每杯 1.3 美元。但是，当企业每小时的产量超过 6 杯时，平均可变成本的增加开始起决定性作用，从而平均总成本开始上升。平均固定成本与平均可变成本之间的拉锯战使平均总成本曲线呈现为 U 形。

U 形曲线的底端对应着使平均总成本最小的产量。这种产量有时被称为企业的**有效规模**（efficient scale）。对 Conrad 来说，有效规模是每小时 5 杯或 6 杯咖啡。如果他的产量大于或小于这一数量，他的平均总成本就增加到 1.3 美元的最低值以上。在产量水平低于这一数量时，平均总成本高于 1.3 美元，因为固定成本分摊在少数产品上。在产量水平高于这一数量时，平均总成本高于 1.3 美元，因为投入品的边际产量大大递减了。在这一有效规模上，这两种力量的平衡使平均总成本达到最低。

边际成本和平均总成本之间的关系　如果你看图 12-4（或者回头看表 12-2），你将发现乍一看会令人惊讶的东西。只要边际成本小于平均总成本，平均总成本就下降；只要边际成本大于平均总成本，平均总成本就上升。Conrad 的成本曲线的这个特征不是由于该例中所用的特定数字产生的巧合：它对所有企业而言都是正确的。

为了说明其原因，考虑一个类比。平均总成本就像你的累积平均绩点，边际成本就像你下一门课将获得的成绩。如果你下一门课的成绩小于你的平均绩点，你的平均绩点就下降；如果你下一门课的成绩高于你的平均绩点，你的平均绩点就上升。平均成本与边际成本的数学关系和平均成绩与边际成绩的数学关系完全相同。

平均总成本和边际成本之间的这种关系有一个重要的推论：边际成本曲线与平均总成本曲线在平均总成本曲线的最低点处相交。为什么？在产量水平很低时，边际成本低于平均总成本，因此平均总成本下降。但在这两条曲线相交以后，边际成本增加到平均总成本之上。由于我们刚刚讨论过的原因，在这种产量水平时，平均总成本必然开始上升。因此，这个交点是平均总成本的最低点。正如你将在下一章中看到的，这个最低平均总成本在对竞争企业的分析中起着关键作用。

12.3.4 典型的成本曲线

到现在为止，在我们所考察的例子中，企业表现出边际产量递减，因此，在所有产量水平时边际成本增加。这个简化的假设是有用的，因为它可以使我们的注意力集中在成本曲线的关键特征上，而这些特征在分析企业行为时是很有用的。但是，实际中的企业情况通常要比这复杂一些。在许多企业中，并不是在雇用了第一个工人后边际产量就立即开始递减。根据生产过程，第二个或第三个工人的边际产量可能高于第一个，因为工人团队可以进行分工，并比一个工人工作更有生产率。具有这种生产模式的企业在发生边际产量递减之前，会经历一段时期的边际产量递增。

图 12-5 表示这种企业的成本曲线，包括平均总成本（ATC）、平均固定成本（AFC）、平均可变成本（AVC）和边际成本（MC）曲线。在产量水平较低时，企业经历了边际产量递增，而边际成本曲线下降。最后，企业开始经历边际产量递减，而边际成本曲线开始上升。边际产量的先递增与后递减的结合也使平均可变成本曲线呈现为 U 形。

图 12-5 一个典型企业的成本曲线

许多企业在边际产量递减以前经历了边际产量递增。因此，它们的成本曲线的形状与本图中类似。要注意的是，边际成本和平均可变成本在上升之前有一段时间的下降。

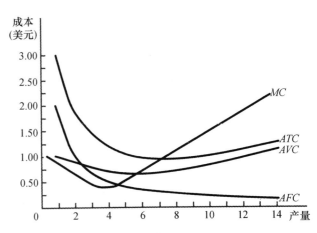

尽管图中所示的这些曲线与我们以前的例子有所不同，但它们也同样具有三个应该记住的最重要的共同特征：

- 随着产量增加,边际成本最终会上升。
- 平均总成本曲线是 U 形的。
- 边际成本曲线与平均总成本曲线在平均总成本曲线的最低点处相交。

即问即答 ● 假设本田公司生产 4 辆汽车的总成本是 22.5 万美元,而生产 5 辆汽车的总成本是 25 万美元。那么,生产 5 辆汽车的平均总成本是多少?第五辆汽车的边际成本是多少? ● 画出一个典型企业的边际成本曲线和平均总成本曲线,并解释这两条曲线为什么会在它们相交处相交。

12.4 短期成本与长期成本

在本章前面,我们提到了企业的成本取决于所考察的时间范围。现在,我们来更确切地考察为什么会是这样。

12.4.1 短期与长期平均总成本之间的关系

对许多企业来说,总成本在固定成本和可变成本之间的划分取决于时间范围。例如,考虑一个汽车制造商,比如福特汽车公司。在只有几个月的时期内,福特公司不能调整汽车工厂的数量与规模。它生产更多汽车的唯一方法是,在已有的工厂中雇用更多工人。因此,这些工厂的成本在短期中是固定成本。与此相反,在几年的时期中,福特公司可以扩大其工厂规模,建立新工厂或关闭旧工厂。因此,其工厂的成本在长期中是可变成本。

由于许多决策在短期中是固定的,但在长期中是可变的,所以,企业的长期成本曲线不同于其短期成本曲线。图 12-6 即为一个例子。这个图中有三条短期平均总成本曲线——一个小型工厂、一个中型工厂和一个大型工厂的。图中还给出了长期平均总成本曲线。当企业沿着这一长期曲线移动时,它是在根据产量调整工厂的规模。

图 12-6 短期与长期的平均总成本曲线

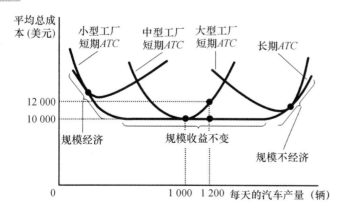

由于在长期中固定成本是可变的,所以短期平均总成本曲线不同于长期平均总成本曲线。

这个图表明了短期成本与长期成本如何相关。长期平均总成本曲线是比短期平均总成本曲线平坦得多的 U 形曲线。此外,所有短期成本曲线都在长期成本曲线上或以上。之所以会出现这些特点,是因为企业在长期中有更大的灵活性。从本质上说,在长期中,企业可以选择自己想要的短期成本曲线。但在短期中，它不得不用它拥有的那一条短期成本曲线，而该曲线取决于它过去的选择。

该图是表示在不同时间范围内产量变动如何改变成本的一个例子。当福特公司想把每天的产量从1 000辆汽车增加到1 200辆时，在短期中除了在现有的中等规模工厂中多雇工人之外别无选择。由于边际产量递减，每辆汽车的平均总成本从10 000美元增加到12 000美元。但是，在长期中，福特公司可以扩大工厂和劳动力的规模，从而使平均总成本又回到10 000美元的水平上。

对一个企业来说，进入长期需要多长时间呢？对于不同的企业来说，答案是不同的。对一个大型制造企业，例如汽车公司来说，建一个更大的工厂可能需要一年或更长时间。与此相比，一个经营咖啡店的人可以在几天之内再买一台咖啡机。因此，关于企业调整其生产设备需要多长时间，并没有唯一的答案。

12.4.2 规模经济与规模不经济

长期平均总成本曲线的形状传递了关于一个企业生产一种物品的生产过程的重要信息。具体而言，它告诉了我们成本如何随着一个企业的经营规模——即大小——而变动。当长期平均总成本随着产量增加而减少时，可以说存在**规模经济**（economies of scale）。当长期平均总成本随着产量增加而增加时，可以说存在**规模不经济**（diseconomies of scale）。当长期平均总成本不随产量变动而变动时，可以说存在**规模收益不变**（constant returns to scale）。正如我们在图12-6中看到的，福特公司在产量水平低时有规模经济，在产量处于中等水平时规模收益不变，在产量水平高时有规模不经济。

什么会引起规模经济或规模不经济呢？规模经济的产生是因为较高的产量水平允许在工人中实现专业化，而专业化可以使工人更精通某一项工作。例如，如果福特公司雇用了大量工人并生产大量汽车，它就可以用现代化流水线生产来降低成本。规模不经济的产生可能由于任何一个大型组织中固有的协调问题。福特公司生产的汽车量越多，管理团队就变得越庞大，管理者在压低成本方面的效率就越低。

这种分析表明了长期平均总成本曲线通常呈现为U形的原因。在生产水平低时，企业从扩大规模中获益是因为它可以利用更高程度的专业化。同时，协调问题并不尖锐。与此相比，在生产水平高时，专业化的好处已经实现了，而随着企业规模越来越大，协调问题也变得越来越严重。因此，长期平均总成本曲线在生产水平低时下降是由于专业化程度提高了，而在生产水平高时上升是因为协调问题增加了。

即问即答 如果波音公司每个月生产9架喷气式客机，它的长期总成本是每月900万美元。如果每个月生产10架客机，它的长期总成本是950万美元。那么，波音公司表现出的是规模经济还是规模不经济？

参考资料
针厂的经验

"样样通，样样松。"这句众人皆知的俗语揭示了成本曲线的本质特征。一个努力去做每一件事的人通常以什么也做不好而告终。如果一个企业想使自己工人的生产率尽可能地高，通常最好是让他们每一个人都从事自己所精通的有限工作。但只有在一个企业雇用了大量工人并生产大量产品时,这种工作的组织才是可能的。

亚当·斯密在其名著《国民财富的性质和原因的研究》中,描述了他参观一个针厂的情况。斯密所看到的工人之间的专业化及其引致的规模经济给他留下了深刻的印象。他写道:

> 一个人抽铁丝,另一个人拉直,第三个人截断,第四个人削尖,第五个人磨光顶端以便安装圆头;做圆头要求有两三道不同的工序;装圆头是一项专门的业务;把针涂白是另一项;甚至将针装进纸盒中也是一门手艺。

斯密说,由于这种专业化,针厂每个工人每天生产成千上万枚针。他得出的结论是,如果工人选择独立工作,而不是作为一个团队来工作,"那他们肯定不能每人每天制造出 20 枚针,或许连 1 枚也造不出来"。换句话说,由于专业化,大针厂可以比小针厂实现更高的人均产量和每枚针更低的平均成本。

斯密在针厂中观察到的专业化在现代经济中普遍存在。例如,如果你想盖一栋房子,你可以试图自己去完成所有工作。但大多数人找建筑商,建筑商又雇用木工、水暖工、电工、油漆工和许多其他类型的工人。这些工人把他们的培训和经验集中在某种工作,因此,这使他们在这种工作上比作为通用型工人时做得更好。实际上,运用专业化实现规模经济是现代社会之所以这样繁荣的原因之一。

12.5 结论

本章旨在提出一些我们可用于研究企业如何做出生产与定价决策的工具。现在你应该懂得经济学家所用的成本这个术语的含义以及成本如何随着企业生产的产量而变动。为了加深你的记忆,表 12-3 总结了我们曾见过的一些定义。

表 12-3 成本的诸多类型的总结

名 称	定 义	数学表述
显性成本	要求企业支出货币的成本	
隐性成本	不要求企业支出货币的成本	
固定成本	不随产量变动而变动的成本	FC
可变成本	随产量变动而变动的成本	VC
总成本	企业在生产中使用的所有投入的市场价值	$TC = FC + VC$
平均固定成本	固定成本除以产量	$AFC = FC/Q$
平均可变成本	可变成本除以产量	$AVC = VC/Q$
平均总成本	总成本除以产量	$ATC = TC/Q$
边际成本	多生产一单位产品引起的总成本增加量	$MC = \Delta TC/\Delta Q$

就其本身而言,某个企业的成本曲线并没有告诉我们该企业将做出什么决策。但是,正如我们将在下一章开始看到的,它们是这种决策的一个重要组成部分。

内容提要

- 企业的目标是利润最大化，利润等于总收益减总成本。
- 分析企业的行为时，重要的是要包括生产的所有机会成本。一些机会成本是显性的，例如，企业支付给工人的工资。另一些则是隐性的，例如，企业所有者在其企业工作而不去找其他工作所放弃的工资。经济利润既考虑显性成本也考虑隐性成本，而会计利润只考虑显性成本。
- 企业的成本反映其生产过程。随着投入量的增加，典型企业的生产函数变得更加平坦，这表现了边际产量递减的性质。因此，随着产量的增加，企业的总成本曲线变得更加陡峭。
- 企业的总成本可以分为固定成本和可变成本。固定成本是在企业改变产量时不变的成本。可变成本是在企业改变产量时改变的成本。
- 企业的总成本可以派生出成本的两种相关的衡量指标。平均总成本是总成本除以产量。边际成本是产量增加一单位时总成本的增加量。
- 在分析企业行为时，画出平均总成本和边际成本的图形往往是有帮助的。对一个典型企业来说，边际成本随着产量增加而增加。平均总成本随着产量增加先下降，然后随着产量进一步增加而上升。边际成本曲线总是与平均总成本曲线相交于平均总成本的最低点。
- 一个企业的成本往往取决于所考虑的时间范围。特别是，许多成本在短期中是固定的，但在长期中是可变的。结果，当企业改变其产量水平时，短期中的平均总成本可以比长期中增加得更快。

关键概念

总收益
总成本
利润
显性成本
隐性成本
经济利润
会计利润

生产函数
边际产量
边际产量递减
固定成本
可变成本
平均总成本
平均固定成本

平均可变成本
边际成本
有效规模
规模经济
规模不经济
规模收益不变

复习题

1. 企业总收益、利润和总成本之间的关系是什么？
2. 举出一种会计师不算做成本的机会成本的例子。为什么会计师不考虑这种成本？
3. 什么是边际产量？边际产量递减意味着什么？
4. 画出表示劳动的边际产量递减的生产函数。画出相关的总成本曲线。（在这两种情况下，都要标明坐标轴代表什么。）解释你所画出的两个曲线的形状。
5. 给总成本、平均总成本和边际成本下定义。它们之间的关系是怎样的？
6. 画出一个典型企业的边际成本曲线和平均总成本曲线。解释为什么这些曲线的形状是这样，以及为什么在那一点相交。

7. 企业的平均总成本曲线在短期与长期中如何不同？为什么会不同？

8. 给规模经济下定义并解释其产生的原因。给规模不经济下定义并解释其产生的原因。

快速单选

1. Raj 用两个小时开了一家柠檬水摊位。他花了 10 美元买原料，并卖了价值 60 美元的柠檬水。在这同样的两个小时中他本可以帮邻居剪草坪而赚到 40 美元。Raj 的会计利润是_____，经济利润是_____。
   a. 50 美元，10 美元
   b. 90 美元，50 美元
   c. 10 美元，50 美元
   d. 50 美元，90 美元

2. 边际产量递减解释了为什么随着企业产量增加，_____。
   a. 生产函数和总成本曲线变得陡峭
   b. 生产函数和总成本曲线变得平坦
   c. 生产函数变得陡峭，而总成本曲线变得平坦
   d. 生产函数变得平坦，而总成本曲线变得陡峭

3. 一个企业以总成本 5 000 美元生产 1 000 单位产品。如果将产量增加到 1 001 单位，总成本增加到 5 008 美元。这些信息告诉了你关于这个企业的什么？
   a. 边际成本是 5 美元，平均可变成本是 8 美元。
   b. 边际成本是 8 美元，平均可变成本是 5 美元。
   c. 边际成本是 5 美元，平均总成本是 8 美元。
   d. 边际成本是 8 美元，平均总成本是 5 美元。

4. 一个企业生产 20 单位产品，平均总成本是 25 美元，边际成本是 15 美元。如果将产量增加到 21 单位，以下哪种情况一定会发生？
   a. 边际成本会减少。
   b. 边际成本会增加。
   c. 平均总成本会减少。
   d. 平均总成本会增加。

5. 政府每年对所有比萨饼店征收 1 000 美元许可证费，这会导致哪一条成本曲线移动？
   a. 平均总成本和边际成本曲线。
   b. 平均总成本和平均固定成本曲线。
   c. 平均可变成本和边际成本曲线。
   d. 平均可变成本和平均固定成本曲线。

6. 如果更高的产量水平使工人在特定工作中更专业化，企业就会表现出规模_____和平均总成本_____。
   a. 经济，下降   b. 经济，上升
   c. 不经济，下降   d. 不经济，上升

问题与应用

1. 本章讨论了许多成本类型：机会成本、总成本、固定成本、可变成本、平均总成本和边际成本。在以下句子中填入最合适的成本类型：
   a. 采取某个行为所放弃的东西称为_____。
   b. _____是当边际成本低于它时下降，当边际成本高于它时上升。
   c. 不取决于产量的成本是_____。
   d. 在冰淇淋行业里，短期中，_____包括奶油和糖的成本，但不包括工厂的成本。
   e. 利润等于总收益减_____。
   f. 生产额外一单位产品的成本是_____。

2. 你的姑妈正考虑开一家五金店。她估计，租仓库和买库存货物每年要花费 50 万美元。此外，她要辞去薪水为每年 5 万美元的会计师工作。
   a. 给机会成本下定义。
   b. 你姑妈经营五金店一年的机会成本是多少？如果你姑妈认为她一年可以卖出价值 51 万美元的商品，她应该开这个店吗？

解释原因。
f. 比较平均总成本栏和边际成本栏。解释其关系。

3. 一个商业渔民注意到了钓鱼时间与钓鱼量之间存在以下关系：

小时	钓鱼量（磅）
0	0
1	10
2	18
3	24
4	28
5	30

a. 用于钓鱼的每小时的边际产量是多少？
b. 根据这些数据画出渔民的生产函数。解释其形状。
c. 渔民的固定成本为10美元（他的钓鱼竿）。他每小时时间的机会成本是5美元。画出渔民的总成本曲线。解释它的形状。

4. Nimbus公司是一家生产扫帚并挨家挨户出售扫帚的公司。下面是某一天中工人数量与产量之间的关系：

工人数	产量	边际产量	总成本	平均总成本	边际成本
0	0	—	—	—	—
1	20	—	—	—	—
2	50	—	—	—	—
3	90	—	—	—	—
4	120	—	—	—	—
5	140	—	—	—	—
6	150	—	—	—	—
7	155	—	—	—	—

a. 填写边际产量栏。边际产量呈现出何种模式？你如何解释这种模式？
b. 雇用一个工人的成本是一天100美元，企业的固定成本是200美元。根据这些信息填写总成本栏。
c. 填写平均总成本栏（记住$ATC = TC/Q$）。平均总成本呈现出何种模式？
d. 现在填写边际成本栏（记住$MC = \Delta TC/\Delta Q$）。边际成本呈现出何种模式？
e. 比较边际产量栏和边际成本栏。解释其

5. 你是一家出售数码音乐播放器的企业的财务总监。下面是你的企业的平均总成本表：

数量（台）	平均总成本（美元）
600	300
601	301

你们当前的产量水平是600台，而且全部售出。有一个人打来电话，非常希望买一台播放器，并出价550美元。你应该接受他的要求吗？为什么？

6. 考虑以下关于比萨饼店的成本信息：

数量（打）	总成本（美元）	可变成本（美元）
0	300	0
1	350	50
2	390	90
3	420	120
4	450	150
5	490	190
6	540	240

a. 比萨饼店的固定成本是多少？
b. 列一个表，在这个表上根据总成本的信息计算每打比萨饼的边际成本。再根据可变成本的信息计算每打比萨饼的边际成本。这些数字之间有什么关系？加以评论。

7. 你的堂兄Vinnie有一家油漆公司，其固定总成本为200美元，可变成本如下表所示：

每月油漆房屋量（间）	1	2	3	4	5	6	7
可变成本（美元）	10	20	40	80	160	320	640

计算每种产量下的平均固定成本、平均可变成本及平均总成本。该油漆公司的有效

规模是多少?

8. 市政府正在考虑两个税收建议:
   - 对每个汉堡包的生产者征收 300 美元的定额税。
   - 对每个汉堡包征收 1 美元的税,由汉堡包的生产者支付。

   a. 下列哪一条曲线——平均固定成本、平均可变成本、平均总成本和边际成本——会由于定额税而移动?为什么?用图形说明这一点。尽可能准确地在图形上做好标记。

   b. 这同样的四条曲线中,哪一条会由于对每个汉堡包的税收而移动?为什么?用新的图形说明这一点。尽可能准确地在图形上做好标记。

9. Jane 的果汁店有以下成本表:

产量 (桶)	可变成本 (美元)	总成本 (美元)
0	0	30
1	10	40
2	25	55
3	45	75
4	70	100
5	100	130
6	135	165

a. 计算每种产量下的平均可变成本、平均总成本和边际成本。

b. 画出这三条曲线。边际成本曲线与平均总成本曲线之间是什么关系?边际成本曲线与平均可变成本曲线之间是什么关系?解释原因。

10. 考虑下表中三个不同企业的长期总成本:

单位:美元

产量	1	2	3	4	5	6	7
企业 A	60	70	80	90	100	110	120
企业 B	11	24	39	56	75	96	119
企业 C	21	34	49	66	85	106	129

这三个企业分别处于规模经济,还是规模不经济?

第 13 章
竞争市场上的企业

如果你们当地的加油站将它的汽油价格提高20%,它就会发现其销售量大幅度下降。它的顾客会很快转而去其他加油站购买汽油。与此相比,如果你们当地的自来水公司将水价提高20%,它会发现水的销售量只是略微减少。人们会比往常少浇几次草地,并购买更节水的喷头,但他们很难让用水量大幅度减少,而且也不可能找到另一个供给者。汽油市场和自来水市场的差别是:许多企业向本地市场供给汽油,但只有一家企业供给水。正如你可以预见到的,这种市场结构的差别决定了在这些市场经营的企业的定价与生产决策。

在本章中我们将考察竞争企业的行为,例如你们当地的加油站。你也许还记得,如果每个买者和卖者与市场规模相比都微不足道,从而没有什么能力影响市场价格,那么该市场就是竞争性的。与此相反,如果一个企业可以影响它出售的物品的市场价格,我们就说该企业有市场势力。在本书的后面部分,我们将考察有市场势力的企业,例如你们当地的自来水公司的行为。

我们将在本章中分析竞争企业,以说明竞争市场上供给曲线背后的决策。毫不奇怪,我们将发现,市场供给曲线与企业的生产成本密切相关。但是,一个不太显而易见的问题是:在各种类型的企业成本——固定成本、可变成本、平均成本和边际成本——中,哪一种是与企业的供给决策最相关的? 我们将看到,所有这些成本的衡量指标都起着重要而相互关联的作用。

13.1 什么是竞争市场

本章的目标是考察竞争市场上的企业如何做出生产决策。作为这种分析的背景,我们从回顾什么是竞争市场开始。

13.1.1 竞争的含义

竞争市场(competitive market)有时称为完全竞争市场,它有两个特征:
- 市场上有许多买者和许多卖者。
- 各个卖者提供的物品大体上是相同的。

由于以上这些条件,市场上任何一个买者或卖者的行为对市场价格的影响都可以忽略不计。每一个买者和卖者都把市场价格作为既定的。

例如,考虑牛奶市场。没有一个牛奶消费者可以影响牛奶价格,因为相对于市场规模,每个买者购买的量都很小。同样,每个牛奶场主对价格的控制都是有限的,因为有许多其他卖者在提供基本相同的牛奶。由于每个卖者都可以在现行价格时卖出他想卖的所有量,所以,他没有什么理由收取较低价格,而且,如果他收取较高价格,买者就会到其他地方购买。在竞争市场上,买者和卖者必须接受市场决定的价格,因而被称为价格接受者。

除了上述竞争的两个条件之外,有时也把下面的第三个条件作为完全竞争市场的特征:
- 企业可以自由地进入或退出市场。

例如,如果任何一个人都可以决定开一个牛奶场,而且任何一个现有牛奶场主都可以决定离开牛奶行业,那么,牛奶行业就满足了这个条件。对竞争企业的许多分析并不需要自由进入和退出的假设,因为这个条件对企业成为价格接受者并不是必要的。但正如我们在本章后面要说明的,如果竞争市场上存在自由进入与退出,那么,这就是一种影响长期均衡的强大力量。

13.1.2 竞争企业的收益

竞争市场上的企业与经济中大多数其他企业一样,努力使利润(总收益减去总成本)最大化。为了说明其如何做到这一点,我们首先考虑一个竞争企业的收益。为了使问题具体化,我们考虑一个特定企业:Vaca 家庭牛奶场。

Vaca 牛奶场生产的牛奶量为 Q,并以市场价格 P 出售每单位牛奶。牛奶场的总收益是 $P \times Q$。例如,如果一加仑牛奶卖 6 美元,而且牛奶场出售 1 000 加仑牛奶,则其总收益就是 6 000 美元。

由于 Vaca 牛奶场与牛奶的世界市场相比是微不足道的,所以,它接受市场条件给定的价格。具体而言,这意味着,牛奶的价格并不取决于 Vaca 牛奶场生产并销售的产量。如果 Vaca 使自己生产的牛奶量翻一番,达到 2 000 加仑,牛奶价格仍然是相同的,而他的总收益也将翻一番,达到 12 000 美元。因此,总收益与产量同比例变动。

表 13-1 表示 Vaca 家庭牛奶场的收益。前两列表示牛奶场的产量和出售其产品的价格。第三列是牛奶场的总收益。该表假设牛奶的价格是每加仑 6 美元,因此,总收益就是 6 美元乘以加仑量。

表 13-1 竞争企业的总收益、平均收益和边际收益

产量 (加仑) (Q)	价格 (美元) (P)	总收益 (美元) ($TR = P \times Q$)	平均收益 (美元) ($AR = TR/Q$)	边际收益 (美元) ($MR = \Delta TR/\Delta Q$)
1	6	6	6	
2	6	12	6	6
3	6	18	6	6
4	6	24	6	6
5	6	30	6	6
6	6	36	6	6
7	6	42	6	6
8	6	48	6	6

正如我们在上一章中分析成本时平均与边际的概念很有用一样,在分析收益时,这些概念也是很有用的。为了说明这些概念告诉了我们什么,考虑以下两个问题:
- 牛奶场从普通1加仑牛奶中得到了多少收益?
- 如果牛奶场多生产1加仑牛奶,它能得到多少额外收益?

表13-1中的后两列回答了这两个问题。

表的第四列表示**平均收益**(average revenue),平均收益是总收益(第三列)除以产量(第一列)。平均收益告诉我们企业从销售的普通一单位中得到了多少收益。在表13-1中,你可以看出平均收益等于6美元,即1加仑牛奶的价格。这说明了一个不仅适用于竞争企业,而且也适用于其他企业的一般性结论:平均收益是总收益($P \times Q$)除以产量(Q)。因此,对所有企业而言,平均收益等于物品的价格。

第五列表示**边际收益**(marginal revenue),边际收益是每增加一单位销售量所引起的总收益变动量。在表13-1中,边际收益等于6美元,即1加仑牛奶的价格。这个结果说明了一个只适用于竞争企业的结论:总收益是$P \times Q$,而对竞争企业来说,P是固定的。因此,当Q增加一单位时,总收益增加P美元。对竞争企业而言,边际收益等于物品的价格。

即问即答 当一个竞争企业的销售量翻一番时,它的产品价格和总收益会发生什么变动?

13.2 利润最大化与竞争企业的供给曲线

企业的目标是利润最大化,利润等于总收益减去总成本。我们刚刚讨论了竞争企业的收益,而且,在上一章中我们已经讨论了企业的成本。现在我们准备好考察一个竞争企业如何使利润最大化,以及这种决策如何决定了其供给曲线。

13.2.1 一个简单的利润最大化例子

我们从表13-2的例子开始分析企业的供给决策。该表的第一列是Vaca家庭牛奶场生产的牛奶加仑量。第二列表示牛奶场的总收益,它等于6美元乘以牛奶的加仑量。第三列表示牛奶场的总成本。总成本包括固定成本和可变成本,在这个例子中,固定成本是3美元,可变成本取决于产量。

第四列表示牛奶场的利润,可以用总收益减总成本来计算。如果牛奶场没有生产任何牛奶,它就有3美元的亏损(它的固定成本)。如果生产1加仑牛奶,就有1美元的利润;如果生产2加仑牛奶,就有4美元的利润,以此类推。由于Vaca家庭牛奶场的目标是利润最大化,它就要选择使利润尽可能大的产量。在这个例子中,当牛奶场生产4或5加仑牛奶时,就实现了利润最大化,这时利润为7美元。

考察Vaca牛奶场决策的另一种方法是:Vaca可以通过比较每生产一单位牛奶的边际收益和边际成本来找出使利润最大化的产量。表13-2的第五列和第六列根据总收益和总成本的变动计算出了边际收益和边际成本,而且最后一列表示每多生产1加仑牛奶所引起的利润变动。牛奶场生产的第一加仑牛奶的边际收益为6美元,边际成本为2美元,因此,生产这1加仑牛奶增加了4美元利润(从 –3美元到1美元)。生产的第二加仑的牛奶的边际收益为6

表 13-2　利润最大化：一个数字实例

产量（加仑）(Q)	总收益（美元）(TR)	总成本（美元）(TC)	利润（美元）(TR − TC)	边际收益（美元）(MR = ΔTR/ΔQ)	边际成本（美元）(MC = ΔTC/ΔQ)	利润的变动(美元)(MR − MC)
0	0	3	−3			
				6	2	4
1	6	5	1			
				6	3	3
2	12	8	4			
				6	4	2
3	18	12	6			
				6	5	1
4	24	17	7			
				6	6	0
5	30	23	7			
				6	7	−1
6	36	30	6			
				6	8	−2
7	42	38	4			
				6	9	−3
8	48	47	1			

美元，边际成本为 3 美元，因此，这 1 加仑牛奶增加了 3 美元利润（从 1 美元到 4 美元）。只要边际收益大于边际成本，增加产量就会增加利润。但是，一旦 Vaca 牛奶场的产量达到了 5 加仑牛奶，情况就改变了。第六加仑牛奶的边际收益为 6 美元，而边际成本为 7 美元，因此，生产这 1 加仑牛奶就会减少 1 美元利润（从 7 美元减少到 6 美元）。因此，Vaca 牛奶场的产量不会超过 5 加仑。

第 1 章中的经济学十大原理之一是，理性人考虑边际量。现在我们来看 Vaca 家庭牛奶场如何运用这一原理。如果边际收益大于边际成本——当产量为 1、2 或 3 加仑时——Vaca 家庭牛奶场就将增加牛奶生产，因为它装入口袋的货币（边际收益）大于从口袋中拿出来的货币（边际成本）。如果边际收益小于边际成本——当产量为 6、7 或 8 加仑时——Vaca 家庭牛奶场就将减少牛奶生产。如果 Vaca 考虑边际量并对产量水平进行增量调整，它就会自然而然地生产使利润最大化的产量。

13.2.2　边际成本曲线和企业的供给决策

为了将这种利润最大化的分析进行扩展，考虑图 13-1 中的成本曲线。正如我们在上一章中讨论的，这些成本曲线有三个可以描述大多数企业的特征：边际成本曲线（MC）向右上方倾斜；平均总成本曲线（ATC）是 U 形的；边际成本曲线与平均总成本曲线相交于平均总成本曲线的最低点。该图还显示了市场价格（P）是一条水平线。价格线是一条水平线是因为竞争企业是价格接受者：无论企业决定生产多少，企业产品的价格都是相同的。要记住，对一个竞争企业来说，企业产品的价格既等于其平均收益（AR），又等于其边际收益（MR）。

我们可以用图 13-1 找出使利润最大化的产量。设想企业的产量为 Q_1。在这种产量水平时，边际收益曲线在边际成本曲线之上，说明边际收益大于边际成本。这就是说，如果企业将其生产提高一个单位，增加的收益（MR_1）将大于增加的成本（MC_1）。利润，等于总收益减总成本，会增加。因此，如果边际收益大于边际成本，正如在 Q_1 时的情形，企业就可以通过增加产量来增加利润。

图 13-1　一个竞争企业的利润最大化

这个图表示出了边际成本曲线(MC)、平均总成本曲线(ATC)和平均可变成本曲线(AVC)。它还表示出了市场价格(P),对一个竞争企业而言,市场价格等于边际收益(MR)和平均收益(AR)。在产量为 Q_1 时,边际收益 MR_1 大于边际成本 MC_1,因此,增加产量增加了利润。在产量为 Q_2 时,边际成本 MC_2 大于边际收益 MR_2,因此,减少产量增加了利润。使利润最大化的产量 Q_{MAX} 是在水平价格线与边际成本曲线相交之处。

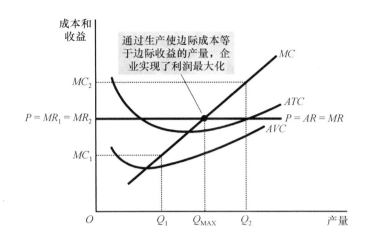

相似的推论适用于产量为 Q_2 的情形。在这种情况下,边际成本曲线在边际收益曲线之上,说明边际成本大于边际收益。如果企业减少一单位的生产,节约的成本(MC_2)将大于失去的收益(MR_2)。因此,如果边际收益小于边际成本,正如在 Q_2 时的情形,企业就可以通过减少产量来增加利润。

对产量的边际调整到哪一点时结束呢?无论企业是从低产量水平(例如 Q_1)开始,还是从高产量水平(例如 Q_2)开始,企业最终都要调整到产量达到 Q_{MAX} 为止。这种分析得出了利润最大化的三个一般性规律:

- 如果边际收益大于边际成本,企业应该增加其产量。
- 如果边际成本大于边际收益,企业应该减少其产量。
- 在利润最大化的产量水平时,边际收益和边际成本正好相等。

这些规律是任何一个利润最大化企业做出理性决策的关键。它们不仅适用于竞争企业,而且,正如我们将在下一章中说明的,也适用于其他类型的企业。

现在我们可以说明竞争企业如何决定向市场供给的物品数量。由于一个竞争企业是价格接受者,所以,其产品的边际收益等于市场价格。对于任何一个既定价格来说,竞争企业可以通过观察价格与边际成本曲线的交点来找出使利润最大化的产量。在图 13-1 中,这一产量是 Q_{MAX}。

假设由于市场需求增加,这个市场上的现行价格上升了。图 13-2 表明了一个竞争企业如何对价格上升做出反应。当价格为 P_1 时,企业的产量为 Q_1,Q_1 是使边际成本等于价格的产量。当价格上升到 P_2 时,企业发现,在以前的产量水平时现在边际收益大于边际成本,因此企业会增加生产。新的利润最大化产量是 Q_2,此时边际成本等于新的更高的价格。在本质上,由于企业的边际成本曲线决定了企业在任何一种价格时愿意供给的物品数量,因此,边际成本曲线也是竞争企业的供给曲线。但是,该结论也有一些限制,我们将在下面讨论。

图 13-2 作为竞争企业供给曲线的边际成本曲线

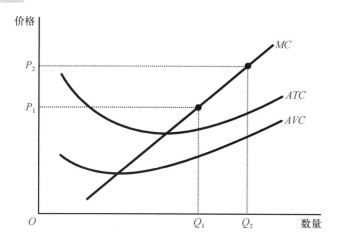

价格从 P_1 上升到 P_2，使企业利润最大化的产量从 Q_1 增加到 Q_2。由于边际成本曲线表示企业在任意一种既定价格时的供给量，所以，它是企业的供给曲线。

13.2.3 企业的短期停止营业决策

到现在为止，我们一直在分析竞争企业愿意生产多少的问题。但是，在某些情况下，企业将决定停止营业，并根本不再生产任何东西。

这里我们应该区分企业暂时停止营业和企业永久性地退出市场。停止营业指由于当前的市场条件而在某个特定时期不生产任何东西的短期决策。退出指离开市场的长期决策。长期决策与短期决策不同，因为大多数企业在短期中不能避开它们的固定成本，而在长期中可以避开。这就是说，暂时停止营业的企业仍然必须支付固定成本，而退出市场的企业既不需要支付可变成本，又不需要支付固定成本。

例如，考虑一个农民面临的生产决策。土地的成本是农民的固定成本之一。如果农民决定在一个季节不生产任何作物，土地被荒废，那么他就无法弥补这种成本。当做出是否在一个季节停止营业的短期决策时，土地的固定成本被称为一种沉没成本。与此相比，如果农民决定完全离开农业，他就可以出售土地。当做出是否退出市场的长期决策时，土地的成本并没有沉没。(后面我们很快会回到沉没成本问题。)

现在我们来考虑什么决定了企业的停止营业决策。如果企业停止营业，它就失去了出售自己产品的全部收益。同时，它节省了生产其产品的可变成本（但仍需支付固定成本）。因此，如果生产能得到的收益小于生产的可变成本，企业就停止营业。

用一点数学知识可以使这种停止营业标准更有用。如果 TR 代表总收益，VC 代表可变成本，那么，企业的决策可以写为：

$$\text{如果 } TR < VC \text{，停止营业}$$

如果总收益小于可变成本，企业就停止营业。这个等式两边除以产量 Q，我们可以把它写为：

$$\text{如果 } TR/Q < VC/Q \text{，停止营业}$$

不等式的左边 TR/Q 是总收益 $P \times Q$ 除以产量 Q，即平均收益，最简单的是用物品的价格 P 来表示。不等式的右边 VC/Q 是平均可变成本 AVC。因此，企业停止营业的标准还可以写作：

$$\text{如果 } P < AVC \text{，停止营业}$$

这就是说,如果物品的价格低于生产的平均可变成本,企业选择停止营业。这个标准是直观的:在选择是否生产时,企业会比较普通的一单位产品所得到的价格与生产这一单位产品必定引起的平均可变成本。如果价格没有弥补平均可变成本,企业完全停止生产会变好一些。企业将损失一些钱(因为它仍然必须支付固定成本),但如果继续营业,损失的钱会更多。如果将来条件改变,以至于价格大于平均可变成本,则企业可以重新开张。

现在我们全面描述竞争企业的利润最大化策略。如果企业生产某种物品,那么,它将生产使边际成本等于物品价格的产量,这一物品价格对于企业来说是既定的。但如果价格低于该产量时的平均可变成本,则企业暂时停止营业并什么也不生产会使其状况更好一些。图 13-3 说明了这些结论。竞争企业的短期供给曲线是边际成本曲线位于平均可变成本曲线之上的那一部分。

图 13-3 竞争企业的短期供给曲线

在短期中,竞争企业的供给曲线是平均可变成本曲线(AVC)以上的边际成本曲线(MC)。如果价格低于平均可变成本,企业暂时停止营业更好。

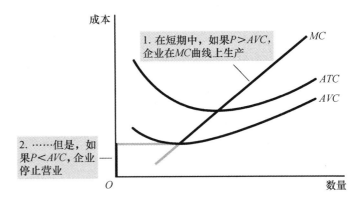

13.2.4 覆水难收与其他沉没成本

在你的生活中或许曾经有人告诉过你"覆水难收"或者"过去的事就让它过去吧",这些话蕴含着理性决策的深刻真理。经济学家说,当一种成本已经发生而且无法收回时,这种成本就是**沉没成本**(sunk cost)。因为沉没成本无法收回,所以,当你做出包括经营战略在内的各种生活决策时可以不考虑沉没成本。

我们对企业停止营业决策的分析是沉没成本无关性的一个例子。我们假设,企业不能通过暂时停产来收回它的固定成本。这就是说,无论供给的数量是多少,即使产量是零,企业也仍然要支付它的固定成本。因此,在短期中固定成本是沉没成本,企业在决定生产多少时可以不予考虑。企业的短期供给曲线是边际成本曲线在平均可变成本曲线以上的那一部分,而且,固定成本的大小对供给决策无关紧要。

在做个人决策时,沉没成本的无关性也是很重要的。例如,设想你对看一场新上映的电影的评价是 15 美元。你用 10 美元买了一张票,但在进电影院之前,你把票给弄丢了。你应该再买一张吗?还是应该马上回家并拒绝花 20 美元看电影?答案是你应该再买一张票。看电影的收益(15 美元)仍然大于机会成本(第二张票的 10 美元)。你为丢了那张票支付的 10 美元是沉没成本。覆水难收,不要为此而懊恼。

案例研究
生意冷清的餐馆和淡季的小型高尔夫球场

你是否曾经走进一家餐馆吃午饭,发现里面几乎没人?你可能会问,为什么这种餐馆还要开门呢?因为看起来来自几个顾客的收入不可能弥补餐馆的经营成本。

在做出是否在午餐时营业的决策时,餐馆老板必须记住固定成本与可变成本的区别。餐馆的许多成本——租金、厨房设备、桌子、盘子、银器等——都是固定的。在午餐时停止营业并不能减少这些成本。换句话说,在短期中,这些是沉没成本。当老板决定是否提供午餐时,只有可变成本——增加的食物价格和增加的店员工资——是与决策相关的。只有从吃午餐的顾客那里得到的收入少到不能弥补餐馆的可变成本时,老板才会在午餐时间关门。

夏季度假区小型高尔夫球场的经营者也面临着类似的决策。由于不同的季节收入变动很大,企业必须决定什么时候开门,什么时候关门。固定成本——购买土地和修建球场的成本——又是与决策无关的。只有在一年中收入大于可变成本的时间里,小型高尔夫球场才应开业经营。

即使许多桌子都空着,照常营业仍然是有利可图的。

图片来源:ⓒ Alistair Heap/Alamy.

13.2.5 企业退出或进入一个市场的长期决策

企业退出一个市场的长期决策与停止营业决策相似。如果企业退出,它将失去它从出售产品中得到的全部收益,但它现在不仅节省了生产的可变成本,而且还节省了固定成本。因此,如果从生产中得到的收益小于它的总成本,企业就应退出市场。

通过用数学公式表达,我们又可以使这个标准更有用。如果 TR 代表总收益,TC 代表总成本,那么,企业的退出标准可以写为:

$$\text{如果 } TR < TC \text{,就退出}$$

如果总收益小于总成本,企业就退出。用这个公式的两边除以产量 Q,我们可以把这个公式写为:

$$\text{如果 } TR/Q < TC/Q \text{,就退出}$$

注意到 TR/Q 是平均收益,它等于价格,而 TC/Q 是平均总成本 ATC,因此,企业的退出标准是:

$$\text{如果 } P < ATC \text{,就退出}$$

这就是说,如果物品的价格小于生产的平均总成本,企业就选择退出。

相应的分析也适用于一个正在考虑开办一家企业的企业家。如果开办企业有利可图,即如果物品的价格大于生产的平均总成本,企业就将进入这个市场。进入标准是:

$$\text{如果 } P > ATC \text{,就进入}$$

进入的标准正好与退出的标准相反。

现在我们可以说明竞争企业的长期利润最大化战略。如果企业生产某种物品,它将生产使边际成本等于物品价格的产量。但如果价格低于该产量时的平均总成本,企业就会选择退出(或不进入)市场。图 13-4 说明了这些结论。竞争企业的长期供给曲线是边际成本曲线位于平均总成本曲线之上的那一部分。

13.2.6　用竞争企业图形来衡量利润

当我们分析退出与进入时,能更详细地分析企业的利润是有帮助的。回想一下,利润等于总收益(TR)减总成本(TC):

$$利润 = TR - TC$$

我们可以通过把该式右边乘以并除以 Q 把这个定义改写为:

$$利润 = (TR/Q - TC/Q) \times Q$$

但注意 TR/Q 是平均收益,它也是价格 P,而 TC/Q 是平均总成本 ATC。因此,

图 13-4　竞争企业的长期供给曲线

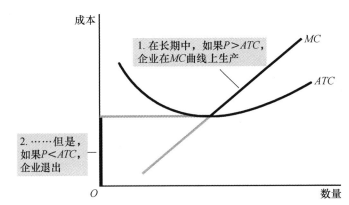

在长期中,竞争企业的供给曲线是其边际成本曲线(MC)位于平均总成本曲线(ATC)以上的部分。如果价格低于平均总成本,企业退出市场会好一些。

$$利润 = (P - ATC) \times Q$$

这种表示企业利润的方法使我们可以用图形来衡量利润。

图 13-5(a)表示有正利润的企业。正如我们已经讨论过的,企业通过生产价格等于边际成本时的产量使利润最大化。现在看图中用阴影表示的矩形。矩形的高是 $P - ATC$,即价格与平均总成本之间的差额。矩形的宽是 Q,即产量。因此矩形的面积是 $(P - ATC) \times Q$,即企业的利润。

图 13-5　用价格与平均总成本之间面积表示的利润

价格和平均总成本之间阴影方框的面积代表企业的利润。这个方框的高是价格减平均总成本($P - ATC$),而方框的宽是产量(Q)。在(a)幅中,价格高于平均总成本,因此,企业有正利润。在(b)幅中,价格低于平均总成本,因此,企业有亏损。

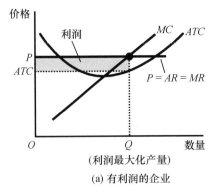
(a) 有利润的企业

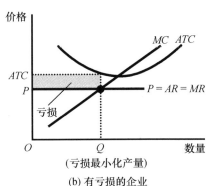
(b) 有亏损的企业

同样,图 13-5(b)表示有亏损(负利润)的企业。在这种情况下,利润最大化意味着亏损最小化,同样可以通过生产价格等于边际成本时的产量来实现这一目标。现在考虑用阴影表示的矩形面积。矩形的高是 $ATC-P$,而宽是 Q。面积是 $(ATC-P) \times Q$,即企业的亏损。由于在这种情况下,企业的每单位收益不足以弥补其平均总成本,企业在长期中将选择退出市场。

即问即答 • 竞争企业如何决定其利润最大化的产量水平?解释原因。• 什么时候一家利润最大化的竞争企业决定停止营业?什么时候一家利润最大化的竞争企业决定退出市场?

13.3 竞争市场的供给曲线

我们已经考察了单个企业的供给决策,现在我们来讨论市场的供给曲线。我们要考虑两种情况:第一,考察有固定数量企业的市场;第二,考察企业数量会随着老企业退出和新企业进入而变动的市场。这两种情况都是很重要的,因为两种情况分别适用于两种特定的时间范围。在短期中,企业进入和退出市场通常是很困难的,因此,企业数量固定的假设是合适的。但在长期中,企业数量可以随着市场条件变动而调整。

13.3.1 短期:有固定数量企业的市场供给

首先考虑有 1 000 个相同企业的市场。在任意一种既定价格时,每个企业供给使其边际成本等于价格的产量,如图 13-6(a)所示。这就是说,只要价格高于平均可变成本,每个企业的边际成本曲线就是其供给曲线。市场供给量等于 1 000 家单个企业的供给量之和。因此,为了推导出市场供给曲线,我们把市场上每个企业的供给量相加。正如图 13-6(b)所示,由于企业是相同的,市场供给量是 1 000 乘以每个企业的供给量。

图 13-6 短期的市场供给曲线

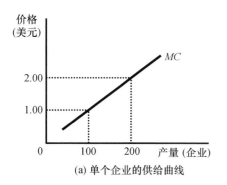

(a) 单个企业的供给曲线

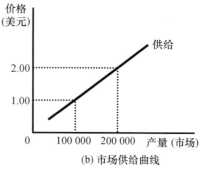

(b) 市场供给曲线

在短期中,市场上企业的数量是固定的。因此,(b)幅所示的市场供给曲线,反映了(a)幅所示的单个企业的边际成本曲线。在这个有 1 000 家企业的市场上,市场供给量是 1 000 乘以每个企业的供给量。

13.3.2 长期:有进入与退出的市场供给

现在我们来考察,如果企业能够进入或退出市场,情况会发生什么变化。我们假设每个人都可以获得生产该种物品的同样技术,并可以进入同一个市场购买生产所需的投入品。因此,所有企业和潜在企业都有同样的成本曲线。

进入与退出这种类型市场的决策取决于现有企业所有者和可以开办新企业的企业家所面临的激励。如果市场上的现有企业盈利,新企业就有进入市场的激励。这种进入将增加企业数量,增加物品供给量,并使价格下降,利润减少。相反,如果市场上的企业有亏损,那么,一些现有企业将退出市场。它们的退出将减少企业数量,减少物品供给量,并使价格上升,利润增加。在这种进入和退出过程结束时,仍然留在市场中的企业的经济利润必定为零。

回想一下,我们可以把企业的利润写为:

$$利润 = (P - ATC) \times Q$$

这个公式表明,当且仅当物品的价格等于生产那种物品的平均总成本时,一个正在经营的企业才有零利润。如果价格高于平均总成本,利润是正的,这就鼓励了新企业进入;如果价格低于平均总成本,利润是负的,这就鼓励了一些企业退出。只有当价格与平均总成本被推向相等时,进入与退出过程才结束。

这种分析有一个惊人的含义。我们在本章的前面提到,竞争企业通过选择使价格等于边际成本的产量来使利润最大化。我们刚才又提到,自由进入与退出的力量驱使价格等于平均总成本。但如果价格既要等于边际成本,又要等于平均总成本,那么,这两种成本必须相等。但是,只有当企业是在平均总成本最低点运营时,边际成本和平均总成本才相等。回想一下前一章,平均总成本最低的生产水平称为企业的有效规模。因此,在可以自由进入与退出的竞争市场的长期均衡中,企业一定是在其有效规模上运营。

图 13-7(a)表示一个处于这种长期均衡中的企业。在这幅图上,价格 P 等于边际成本 MC,因此,该企业实现了利润最大化。价格还等于平均总成本 ATC,因此,利润是零。新企业没有进入市场的激励,现有企业也没有离开市场的激励。

图 13-7 长期市场供给曲线

长期中,企业将进入或退出市场,直至利润变为零。因此,价格等于最低平均总成本,如(a)幅所示。企业数量自发调整,以保证在这种价格时所有需求都得到满足。长期市场供给曲线在这种价格时是水平的,如(b)幅所示。

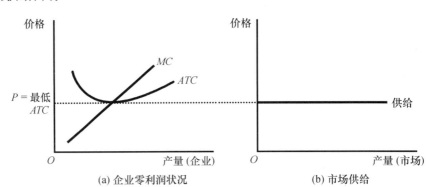

(a) 企业零利润状况 (b) 市场供给

根据对企业行为的这种分析,我们可以确定市场长期供给曲线。在一个可以自由进入与退出的市场上,只有一种价格与零利润一致,那就是等于最低平均总成本的价格。因此,长期市场供给曲线必然是这种价格的水平线,如图 13-7(b)所示,是一条完全富有弹性的供给曲线。任何高于这种水平的价格都会引起利润,导致企业进入,并增加总供给量;任何低于这种水平的价格都会引起亏损,导致企业退出,并减少总供给量。最终,市场中的企业数量会自发调整,以使价格等于最低平均总成本,而且,在这种价格时,有足够的企业可以满足所有需求。

13.3.3 如果竞争企业利润为零,为什么它们要留在市场上

乍一看,竞争企业在长期中获得零利润似乎是荒唐的。毕竟,人们办企业是为了获得利润。如果进入最终使利润为零,看起来似乎就没有什么理由再继续经营了。

为了更充分地理解零利润状况,回想一下,利润等于总收益减总成本,而总成本包括企业的所有机会成本。具体而言,总成本包括企业所有者用于经营的时间和金钱的成本。在零利润均衡时,企业的收益必须能够补偿所有者的上述机会成本。

"我们是'非营利'组织!我们无意为之,但我们确实是。"
图片来源:GRIN & BEAT IT ⓒ North America Syndicate.

考虑一个例子。假设为了开办农场,一个农民要投入 100 万美元。如果不这样做,他可以把这笔钱存入银行,赚取每年 5 万美元的利息。此外,他还必须放弃每年能赚到 3 万美元的另一份工作。这样,农民种地的机会成本既包括他本可以赚到的利息,又包括他放弃的工资,总计 8 万美元。即使他的利润为零,他从经营农场中得到的收益也弥补了他的上述机会成本。

记住,会计师与经济学家衡量成本的方法是不同的。正如我们在前一章中讨论的,会计师只关注显性成本,但不关注隐性成本。这就是说,他们衡量使货币流出企业的成本,但他们没有考虑不涉及货币流出的生产的机会成本。因此,在零利润均衡时,经济利润是零,但会计利润是正的。例如,我们这位农民的会计师将得出结论:农民赚到了 8 万美元会计利润,这足以使农民继续经营其农场。

13.3.4 短期与长期内的需求移动

既然我们对于企业如何做出供给决策已经有了更完整的理解,我们就可以更好地解释市场如何对需求变动做出反应。由于企业在长期中可以进入或退出市场,但在短期中不行,所以,市场对需求变动的反应取决于时间范围。为了说明这一点,我们来跟踪在某一时期内需求移动的影响。

假设牛奶市场开始时处于长期均衡。企业赚到零利润,因此价格等于最低平均总成本。图 13-8(a)表明了这种状况。长期均衡是 A 点,市场销售量是 Q_1,价格是 P_1。

现在假设科学家发现,牛奶有神奇的保健功效。结果,在每一价格下的牛奶需求是都上升,牛奶的需求曲线从 D_1 向外移动到 D_2,如图 13-8(b)所示,短期均衡从 A 点移动到 B 点;结果,产量从 Q_1 增加到 Q_2,价格从 P_1 上升到 P_2。所有现存企业对高价格的反应是增加生产量。由于每个企业的供给曲线反映了它的边际成本曲线,所以每家企业增加多少产量由边际成本曲线决定。在新的短期均衡中,牛奶的价格高于平均总成本,因此,企业赚到了正利润。

随着时间的推移,这个市场的利润鼓励新企业进入。例如,一些农民从生产其他农产品转向生产牛奶。随着企业数量的增加,在每一价格下的牛奶供给量都上升,短期供给曲线从

S_1 向右移动到 S_2，如图 13-8(c) 所示，这种移动引起牛奶价格下降。最后，价格又向下回到最低平均总成本，利润为零，企业停止进入该市场。因此，市场达到新的长期均衡，即 C 点。牛奶价格又回到 P_1，但产量增加到 Q_3。每个企业仍然在其有效规模上生产，但由于牛奶业中现在有更多的企业，所以牛奶的产量和销售量比以前提高了。

图 13-8 短期和长期内的需求增加

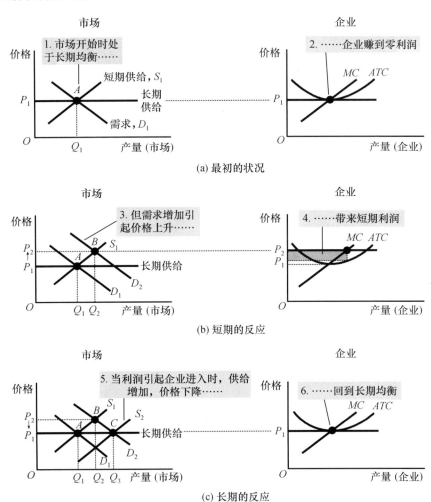

市场开始时处于长期均衡，如(a)幅中 A 点所示。在这种均衡时，每个企业获得零利润，而且，价格等于最低平均总成本。(b)幅表示当需求从 D_1 增加到 D_2 时短期中发生的变动。均衡从 A 点移动到 B 点，价格从 P_1 上升为 P_2，市场销售量从 Q_1 增加到 Q_2。由于价格现在高于平均总成本，企业盈利，在某一时期内鼓励新的企业进入市场。这种进入使短期供给曲线从 S_1 向右移动到 S_2，如(c)幅所示。在新的长期均衡，即 C 点时，价格回到 P_1，但销售量增加到 Q_3。利润再次为零，价格回到最低平均总成本，但市场上有更多的企业来满足更大的需求。

13.3.5 为什么长期供给曲线可能向右上方倾斜

到现在为止，我们说明了企业进入和退出使长期市场供给曲线是完全有弹性的。我们分析的实质是存在大量潜在进入者，其中每一个都面对同样的成本。因此，长期市场供给曲线在平均总成本最低时为一条水平线。当物品需求增加时，长期的结果是企业数量和总供给量增加，而价格没有发生任何变化。

但是，有两个原因使长期市场供给曲线可能会向右上方倾斜。第一个原因是一些用于生产的资源数量可能是有限的。例如，考虑农产品市场。任何一个人都可以选择购买土地，从事农业，但土地的数量是有限的。随着越来越多的人成为农民，农业土地的价格急剧上升，这就增加了市场上所有农民的成本。因此,农产品需求增加不能在农民的成本不增加的情况下引起供给量的增加,这就意味着价格要上升。结果,甚至在农业可以自由进入的情况下,长期市场供给曲线也向右上方倾斜。

供给曲线向右上方倾斜的第二个原因是,不同企业可能有不同的成本。例如,考虑一个油漆工市场。任何一个人都可以进入油漆服务市场,但并不是每一个人都有相同的成本。成本之所以不同,部分是因为一些人干活比另一些人快,部分是因为有些人的时间比另一些人有更好的可供选择的用途。在任何一种既定价格时,那些成本低的人都比那些成本高的人更有可能进入市场。为了增加油漆服务的供给量,就必须鼓励额外的进入者进入市场。由于这些新进入者成本较高,要使市场进入对这些人来说有利可图,价格就必须上升。因此,甚至在市场可以自由进入的情况下,油漆服务的长期市场供给曲线也向右上方倾斜。

要注意的是,如果企业有不同的成本,一些企业甚至在长期中也能盈利。在这种情况下,市场价格代表边际企业——如果价格有任何下降就退出市场的企业——的平均总成本。这种企业赚到零利润,但成本更低的企业赚到正利润。企业进入并没有消除这种利润,因为想要成为进入者的企业的成本高于市场中已有的企业。只有在价格上升使得该市场对它们有利可图时,高成本企业才会进入。

由于这两个原因,要引致更大的供给量,较高的价格可能是必要的,在这种情况下,市场上长期供给曲线会向右上方倾斜而不是水平的。但是,关于进入和退出的基本结论仍然是正确的。由于企业在长期中比在短期中更容易进入和退出,所以长期供给曲线一般比短期供给曲线更富弹性。

即问即答 在企业可以自由进入与退出的长期中,市场价格等于边际成本还是平均总成本?还是与两者都相等?还是都不等?用图形解释。

13.4 结论:在供给曲线背后

我们已经讨论了完全竞争市场上供给物品的利润最大化企业的行为。你可以回忆一下,第1章的经济学十大原理之一是,理性人考虑边际量。本章把这一思想运用于竞争企业。边际分析向我们提供了一种竞争市场中的供给曲线理论,因此加深了我们对市场结果的理解。

我们知道,当你向一个竞争市场中的企业购买一种物品时,可以保证你支付的价格接近于生产那种物品的成本。特别是,如果该市场中的企业是竞争的和利润最大化的,则一种物品的价格等于生产这种物品的边际成本。此外,如果企业可以自由地进入和退出市场,价格还等于可能的最低生产平均总成本。

虽然我们在全章中假设,企业是价格接受者,但本章提出的许多工具对于研究竞争较少的市场的企业也是很有用的。现在我们将转向考察有市场势力的企业的行为。边际分析仍将是很有用的,但它对于企业的生产决策和市场结果的本质特征将具有完全不同的含义。

内容提要

◎ 由于竞争企业是价格接受者,所以它的收益与产量是成比例的。物品的价格等于企业的平均收益和边际收益。

◎ 为了使利润最大化,企业选择使边际收益等于边际成本的产量。由于竞争企业的边际收益等于市场价格,所以企业选择使价格等于边际成本的产量。因此,企业的边际成本曲线又是它的供给曲线。

◎ 在短期中,当企业不能收回其固定成本时,如果物品价格小于平均可变成本,企业将选择暂时停止营业。在长期中,当企业能收回其固定成本和可变成本时,如果价格小于平均总成本,企业将选择退出市场。

◎ 在可以自由进入与退出的市场上,长期中利润为零。在长期均衡时,所有企业都在有效规模上生产,价格等于最低平均总成本,而且,企业数量会自发调整,以满足在这种价格时的需求量。

◎ 需求变动在不同时间范围之内有不同影响。在短期中,需求增加引起价格上升,并带来利润,而需求减少引起价格下降,并带来亏损。但如果企业可以自由进入和退出市场,那么,在长期中企业数量将自发调整,使市场回到零利润均衡。

关键概念

竞争市场　　　　　平均收益　　　　　边际收益
沉没成本

复习题

1. 竞争市场的主要特征是什么?
2. 解释企业收益与企业利润的差别。企业使其中哪一个最大化?
3. 画出一个典型企业的成本曲线。解释竞争企业如何选择利润最大化的产量水平。在该产量水平时,在你的图形中标明企业的总收益及总成本。
4. 在什么条件下企业将暂时停止营业? 解释原因。
5. 在什么条件下企业将退出市场? 解释原因。
6. 竞争企业的价格是在短期中、长期中,还是在这两个时期中都等于边际成本? 解释原因。
7. 竞争企业的价格是在短期中、长期中,还是在这两个时期中都等于最低平均总成本? 解释原因。
8. 一般而言,市场供给曲线是在短期中更富有弹性,还是在长期中更富有弹性? 解释原因。

快速单选

1. 一个完全竞争企业会_____。
    a. 选择其价格以实现利润最大化
    b. 使其价格低于出售相似产品的其他企业价格
    c. 把价格作为既定市场条件
    d. 选择使其获得最大市场份额的价格
2. 一个竞争企业通过选择使_____的数量来实现利润最大化。
    a. 平均总成本最低
    b. 边际成本等于价格

c. 平均总成本等于价格
d. 边际成本等于平均总成本

3. 一个竞争企业的短期供给曲线是其_____曲线在其_____曲线之上的部分。
   a. 平均总成本，边际成本
   b. 平均可变成本，边际成本
   c. 边际成本，平均总成本
   d. 边际成本，平均可变成本

4. 如果一个利润最大化的竞争企业生产的产量的边际成本在平均可变成本与平均总成本之间，它将：
   a. 在短期中继续生产，但在长期中会退出市场。
   b. 在短期中停业，但在长期中会恢复生产。
   c. 在短期中停业，而且在长期中退出市场。
   d. 在短期与长期中都会继续生产。

5. 在一个有许多同质企业的竞争市场长期均衡中，价格 P、边际成本 MC 以及平均总成本 ATC 的关系是：
   a. $P > MC$，且 $P > ATC$。
   b. $P > MC$，且 $P = ATC$。
   c. $P = MC$，且 $P > ATC$。
   d. $P = MC$，且 $P = ATC$。

6. 纽约的椒盐卷饼摊是实现了长期均衡的完全竞争行业。有一天，市政府开始对每个摊位每月征收 100 美元的税。这种政策在短期和长期中会如何影响椒盐卷饼的消费量？
   a. 短期中减少，长期中没有变化。
   b. 短期中增加，长期中没有变化。
   c. 短期中没有变化，长期中减少。
   d. 短期中没有变化，长期中增加。

问题与应用

1. 许多小船是用一种从石油中提炼出来的玻璃纤维制造的。假设石油价格上升。
   a. 用图形说明单个造船企业的成本曲线和市场供给曲线发生了什么变动。
   b. 短期中造船者的利润会发生什么变动？长期中造船者的数量会发生什么变动？

2. 你到镇里最好的餐馆，点了一道 40 美元的龙虾。吃了一半龙虾，你就感到非常饱了。你的朋友想劝你吃完，因为你无法把它拿回家，而且"你已经为此花了钱"。你应该怎么做？把你的答案与本章的内容联系起来。

3. Bob 的草坪修剪中心是追求利润最大化的竞争企业。Bob 每剪一块草坪赚 27 美元。他每天的总成本是 280 美元，其中 30 美元是固定成本。他每天剪 10 块草坪。你对 Bob 的短期停止营业决策和长期退出决策有何见解？

4. 考虑下表中给出的总成本和总收益：

单位：美元

产量	0	1	2	3	4	5	6	7
总成本	8	9	10	11	13	19	27	37
总收益	0	8	16	24	32	40	48	56

   a. 计算每种产量时的利润。企业为了使利润最大化应该生产多少？
   b. 计算每种产量时的边际收益和边际成本。画出它们的图形。（提示：把各点画在整数之间。例如，2 和 3 之间的边际成本应该画在 2.5 处。）这些曲线在哪一种数量时相交？如何把这一点与你对 a 的回答联系起来？
   c. 你认为这个企业是否处于竞争行业中？如果是的话，你认为这个行业是否处于长期均衡？

5. 某轴承公司面对的生产成本如下：

数量（箱）	总固定成本（美元）	总可变成本（美元）
0	100	0
1	100	50
2	100	70
3	100	90
4	100	140
5	100	200
6	100	360

   a. 计算该公司在每一产量水平时的平均固

定成本、平均可变成本、平均总成本以及边际成本。

b. 每箱轴承的价格是 50 美元。鉴于公司无法获得利润，该公司的 CEO 决定停止经营。该公司的利润或亏损是多少？这是一个明智的决策吗？解释原因。

c. 该公司的 CFO 隐约记起了他的初级经济学课程，他告诉 CEO 生产一箱轴承更好一些，因为在这一产量时边际收益等于边际成本。在这种产量水平时，该企业的利润或亏损是多少？这是最好的决策吗？解释原因。

6. 假设图书印刷行业是竞争性的，而且，开始时处于长期均衡。

   a. 画出描述该行业中一个典型企业的平均总成本、边际成本、边际收益和供给曲线的图形。

   b. 某高技术印刷公司发明了大幅度降低印刷成本的新工艺。当该公司的专利阻止其他企业使用该项新技术时，该公司的利润和短期中图书的价格会发生什么变动？

   c. 长期中，当专利到期，从而其他企业可以自由使用这种技术时，会发生什么变动？

7. 一家竞争市场上的企业得到了 500 美元的总收益，而且，边际收益是 10 美元。平均收益是多少？多少单位的产品被售出？

8. 一家竞争市场上利润最大化的企业现在生产 100 单位产品，它的平均收益是 10 美元，平均总成本是 8 美元，固定成本是 200 美元。

   a. 利润是多少？

   b. 边际成本是多少？

   c. 平均可变成本是多少？

   d. 该企业的有效规模大于、小于还是等于 100 单位？

9. 化肥市场是完全竞争的。市场上的企业在生产产品，但它们现在有经济亏损。

   a. 与生产化肥的平均总成本、平均可变成本和边际成本相比，化肥的价格如何？

   b. 并排画出两个图形，说明一个典型企业的现况和该市场的现况。

   c. 假设需求曲线或企业的成本曲线都没有变动，解释长期中化肥的价格、每个企业的边际成本、平均总成本、供给量以及市场总供给量会如何变动。

10. Ectenia 市的苹果派市场是竞争性的，而且有以下的需求表：

价格（美元）	需求量（个）
1	1 200
2	1 100
3	1 000
4	900
5	800
6	700
7	600
8	500
9	400
10	300
11	200
12	100
13	0

市场上每个生产者的固定成本为 9 美元，并且边际成本如下：

数量（个）	边际成本（美元）
1	2
2	4
3	6
4	8
5	10
6	12

   a. 计算每个生产者生产 1—6 个苹果派时的总成本和平均总成本。

   b. 现在苹果派的价格是 11 美元。多少个苹果派被售出？每个生产者生产多少苹果派？有多少个生产者？每个生产者能赚到多少利润？

   c. b 部分中所描述的情况是长期均衡吗？为什么？

   d. 假设在长期中企业可以自由进出。长期均衡时每个生产者能赚到多少利润？市场均衡价格是多少？每个生产者生产苹果派的数量是多少？多少苹果派被售出？有多少生产者在经营？

11. 假设美国纺织业是竞争性的，而且纺织业中没有国际贸易。在长期均衡时，每单位布匹的价格为30美元。

a. 用图形描述整个市场的均衡和某个单个生产者的均衡。

现在假设其他国家的纺织品生产者愿意在美国仅以每单位25美元的价格出售大量的布匹。

b. 假设美国纺织品生产者有很高的固定成本,以上进口对单个生产者的产量有什么短期影响?对利润有什么短期影响?用图形说明你的答案。

c. 对美国该行业中企业数量的长期影响是什么?

12. 某个行业现在有100家企业,所有企业的固定成本都为16美元,平均可变成本如下:

数量	平均可变成本(美元)
1	1
2	2
3	3
4	4
5	5
6	6

a. 计算当数量从1到6时每个企业的边际成本和平均总成本。

b. 现在的均衡价格是10美元。每个企业生产多少?市场总供给量是多少?

c. 在长期中,企业可以进入和退出市场,而且所有进入者都有相同的成本(如上表所示)。当这个市场转向其长期均衡时,价格将上升还是下降?需求量将增加还是减少?每个企业的供给量将增加还是减少?解释原因。

d. 画出该市场的长期供给曲线,在相关的坐标轴上标出具体的数字。

第 14 章
垄断

如果你有一台个人电脑，那么这台电脑一般会使用微软公司所出售的操作系统——某种版本的 Windows 软件。当微软公司在许多年前第一次设计 Windows 软件时，它申请并获得了政府给予的版权，该版权授予微软公司排他性地生产和销售 Windows 操作系统的权利。如果一个人要想购买 Windows 软件，他只能向微软支付其对该产品制定的价格——近一百美元。可以说微软在 Windows 软件市场上拥有垄断地位。

上一章中我们提出的企业行为模型不能用来正确地描述微软的经营决策。在那一章中，我们分析了竞争市场，在竞争市场上有许多企业提供基本相同的产品，因此，每一个企业对其所接受的价格没有什么影响。与此相比，像微软这样的垄断者没有与之相近的竞争者，因此，它拥有影响其产品的市场价格的力量。竞争企业是价格接受者，而垄断企业是价格决定者。

在本章中，我们将考察这种市场势力的含义。我们将看到，市场势力改变了企业成本与其产品的出售价格之间的关系。竞争企业接受市场给定的其产品的价格，并选择供给量，以使价格等于边际成本。与此相比，垄断者收取高于其边际成本的价格。这个结论在微软 Windows 软件的例子中显然是正确的。Windows 软件的边际成本——微软把它的程序复制到另一张 CD 上所引起的额外成本——只有几美元。Windows 软件的市场价格是其边际成本的许多倍。

垄断者对其产品收取高价格并不令人奇怪。垄断者的顾客似乎除了支付垄断者收取的价格之外别无选择。但如果这样的话，为什么一个 Windows 软件不定价为 1 000 美元或 10 000 美元呢？原因是如果微软制定了如此高的价格，购买该产品的人就会少了。人们会少买电脑，或者转向用其他的操作系统，或者非法盗版。一个垄断企业可以控制它出售的物品的价格，但由于高价格会减少其顾客的购买量，因此垄断利润并不是无限的。

考察垄断者的生产与定价决策时，我们还要考虑垄断对整个社会的含义。与竞争企业一样，垄断企业的目标也是利润最大化，但这个目标对竞争企业和垄断企业却有非常不同的后果。在竞争市场上，利己的消费者和生产者的行为仿佛是由一只看不见的手指引着，达到了提高总体经济福利的均衡。与此相比，由于垄断企业不受竞争限制，有垄断的市场的结果往往并不符合社会的最佳利益。

第 1 章中的经济学十大原理之一是，政府有时可以改善市场结果。本章的分析将更充分地说明这个原理。在讨论垄断引起的社会问题时，我们还要讨论政府决策者对这些问题做出反应的各种方式。例如,美国政府就紧盯着微软的经营决策。1994年,政府阻止微软收购个人财务软件的主要销售商Intuit公司,其依据是这两家企业的合并会集中过于强大的市场势力。同样,在1998年,当微软宣布把其网页浏览器捆绑到其Windows操作系统时,美国司法部持反对意见,宣称这会使微软的市场势力扩张到新领域。近年来,美国和外国管制机构已经把它们的注意力转向市场势力日益增长的企业,比如Google和Samsung,但它们仍然继续监督微软遵守反托拉斯法。

14.1 为什么会产生垄断

如果一个企业是其产品唯一的卖者,而且其产品并没有相近的替代品,那么这个企业就是一个**垄断企业**(monopoly)。垄断产生的基本原因是进入壁垒:垄断企业能在其市场上保持唯一卖者的地位,是因为其他企业不能进入市场并与之竞争。而进入壁垒又有三个主要形成原因:

- **垄断资源**:生产所需要的关键资源由单个企业所拥有;
- **政府管制**:政府给予单个企业排他性地生产某种物品或服务的权利;
- **生产流程**:某个企业能以低于大量企业的成本生产产品。

下面我们简要地讨论其中每一种情况。

"我们不是垄断者,我们认为自己是'镇上唯一的游戏参与者'。"
图片来源:*THE WALL STREET JOURNAL*—PERMISSION, CARTOON FEATURES SYNDICATE.

14.1.1 垄断资源

垄断产生的最简单方式是单个企业拥有一种关键的资源。例如,考虑老西部一个小镇上的水市场。如果小镇上几十个居民都拥有能用的井,前一章讨论的竞争模型就可以描述该市场上卖者的行为。结果是,由于水供给者之间的竞争,每加仑水的价格被降到等于多抽取1加仑水的边际成本。但是,如果镇上只有一口井,而且不可能从其他地方得到水,那么,井的所有者就垄断了水。毫不奇怪,垄断企业拥有比竞争市场上任何一家企业大得多的市场势力。对于像水这样的必需品,即使多抽取1加仑的边际成本很低,垄断企业也可以制定极高的价格。

市场势力来自拥有某种关键资源的一个经典案例是南非的钻石公司DeBeers。DeBeers公司在1888年由英国商人(也是Rhodes奖学金的捐助者)Cecil Rhodes建立,它一度控制着全世界钻石矿产量的80%。由于它的市场份额小于100%,因此DeBeers公司不完全是一个垄断者,但该公司对钻石的市场价格可以产生巨大的影响。

虽然关键资源的排他性所有权是垄断的一个潜在起因,但实际上垄断很少是产生于这种原因。现实经济如此巨大,而且,资源由许多人拥有。事实上,由于许多物品可以在国际上交易,它们的市场的自然范围往往是世界性的。因此,拥有没有相近替代品资源的企业的例子很少。

14.1.2 政府创造的垄断

在许多情况下,垄断的产生是因为政府给予一个人或一个企业排他性地出售某种物品或服务的权利。有时垄断产生于想成为垄断者的人的政治影响。例如,国王曾经赋予他们的朋友或盟友排他性的经营许可证。还有些时候，政府也会出于公共利益而赋予某种垄断的权利。

专利法和版权法是两个重要的例子。当一家制药公司发明了一种新药时，它就可以向政府申请专利。如果政府认为这种药是真正原创性的，它就会批准该专利。该专利给予该公司在 20 年中排他性地生产并销售这种药的权利。同样，当一个小说家写完一本书时，他可以拥有这本书的版权。版权是一种政府的保证，它保证未经作者许可，任何人都不能印刷并出售这本著作。版权使这个小说家成为她的小说销售的一个垄断者。

专利法和版权法的影响是显而易见的。由于这些法律使一个生产者成为垄断者，因而也就使价格高于竞争下的价格。但是，通过允许这些垄断生产者收取较高价格并赚取较多利润，这些法律也鼓励了一些合意的行为。允许制药公司成为它们发明的药物的垄断者是为了鼓励医药研究，允许作者成为销售他们著作的垄断者是为了鼓励他们写出更多更好的书。

因此，有关专利和版权的法律既有收益也有成本。专利法和版权法的收益是增加了对创造性活动的激励，然而，在某种程度上这些收益被垄断定价的成本所抵消，在本章的后面，我们要充分讨论这一问题。

14.1.3 自然垄断

当一个企业能以低于两个或更多企业的成本为整个市场供给一种物品或服务时，这个行业就存在**自然垄断**（natural monopoly）。当相关产量范围存在规模经济时，自然垄断就产生了。图 14-1 表示有规模经济的企业的平均总成本。在这种情况下，一个企业可以以最低的成本生产任何数量的产品。这就是说，在既定的产量下，企业的数量越多，每个企业的产量越少，平均总成本越高。

图 14-1 规模经济是垄断产生的一个原因

当一个企业的平均总成本曲线持续下降时，该企业就被称为自然垄断企业。在这种情况下，当生产分散到更多企业中时，每个企业的产量减少了，平均总成本上升了。结果是，单个企业可以以最低成本生产任何既定量的产品。

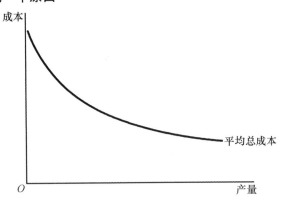

自然垄断的一个例子是供水。为了向镇上居民供水，企业必须铺设遍及全镇的水管网。如果两家或更多企业在提供这种服务中竞争，每个企业就都必须支付铺设水管网的固定成本。因此，如果只有一家企业为整个市场提供服务，水的平均总成本就最低。

当我们在第 11 章中讨论公共物品和公共资源时，我们看到了自然垄断的另一些例子。我们提到了俱乐部物品有排他性而无消费中的竞争性。其中一个例子是很少使用以至于从不拥挤的桥。桥有排他性，是因为收费站可以阻止一个人使用桥，桥没有消费中的竞争性是因为一个人使用桥并不减少其他人使用它的能力。由于修桥有固定成本，而增加一个使用者的边际成本微乎其微，所以，过一次桥的平均总成本（总成本除以过桥人次）随着过桥人数的增加而减少。因此，桥是一种自然垄断。

当一个企业是自然垄断企业时,它很少关心有损于其垄断势力的新进入者。正常情况下,一个企业如果没有关键资源的所有权或政府保护,要维持其垄断地位是不容易的。垄断利润增加了进入市场的吸引力,而且,这些进入者使市场更具竞争性。与此相反,进入一个存在自然垄断企业的市场并不具吸引力。即将进入者知道,他们无法实现垄断者所享有的同样低的成本,因为在进入之后,每个企业的市场份额都变小了。

在某些情况下,市场规模也是决定一个行业是不是自然垄断的一个因素。仍考虑一条河上的一座桥。当人数很少时,这座桥可能是自然垄断。一座桥可以以最低成本满足所有过河的需求。但当随着人数的增加桥变得拥挤时,满足通过同一条河的所有需求就可能需要两座或更多桥。因此,随着市场的扩大,一个自然垄断市场可能会变为一个更具竞争性的市场。

即问即答 • 市场存在垄断的三个原因是什么? • 举出两个垄断的例子,并解释各自的原因。

14.2 垄断者如何做出生产与定价决策

我们已经知道垄断是如何产生的,现在就可以考虑一个垄断者如何决定生产多少产品并对产品收取多高的价格。这一部分的垄断行为分析是评价垄断是否合意和政府在垄断市场上会采用什么政策的起点。

14.2.1 垄断与竞争

竞争企业和垄断企业之间的关键差别在于垄断企业影响其产品价格的能力。一个竞争企业只是它所处的市场上的一个很小的因素,因此没有影响其产品价格的力量,它接受市场条件所给定的价格。与此相反,由于垄断者是其市场上唯一的卖者,它就可以通过调整向市场供给的产量来改变产品的价格。

说明竞争企业与垄断企业之间差别的一种方法是考察每个企业所面临的需求曲线。在前一章中分析竞争企业的利润最大化时,我们把市场价格表示为坐标系中的一条水平线。由于竞争企业可以在这种价格时想卖多少就卖多少,所以,竞争企业面临一条水平需求曲线,如图14-2(a)所示。实际上,由于竞争企业出售有许多完全替代品(该市场上所有其他企业的产品)的产品,所以,任何一个企业所面临的需求曲线都是完全富有弹性的。

图14-2 竞争企业与垄断企业的需求曲线

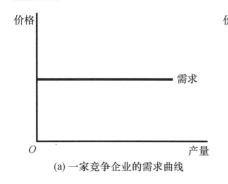
(a) 一家竞争企业的需求曲线

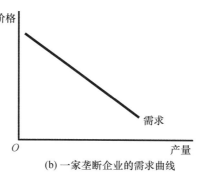
(b) 一家垄断企业的需求曲线

由于竞争企业是价格接受者,它们实际上面临一条水平的需求曲线,如(a)幅所示。由于垄断企业是其市场上唯一的生产者,所以,它面临一条向右下方倾斜的市场需求曲线,如(b)幅所示。因此,垄断者如果想多销售产品,就必须接受一个较低的价格。

与此相反,由于垄断企业是其市场上的唯一卖者,所以,它的需求曲线就是市场需求曲线。这样,垄断企业的需求曲线会由于所有的正常原因而向右下方倾斜,正如图14-2(b)所示。如果垄断企业提高其物品价格,消费者就会少买这种物品。换个角度看,如果垄断企业减少它生产并销售的产量,其产品价格就会上升。

市场需求曲线限制了垄断者通过其市场势力获得利润的能力。只要有可能,一个垄断者就愿意收取高价格,并在这种高价时卖出大量产品。市场需求曲线使这种结果不可能,具体来说,市场需求曲线描述了垄断企业所能得到的价格和产量的组合。通过调整所生产的数量(或者同样地,调整所收取的价格),垄断者可以选择需求曲线上的任意一点,但它不能选择需求曲线外的一点。

垄断企业将选择什么价格与产量呢?正如分析竞争企业时一样,我们假设垄断企业的目标是利润最大化。由于企业的利润是总收益减去总成本,所以,我们解释垄断者行为的下一个任务是考察垄断者的收益。

14.2.2 垄断者的收益

考虑只有一个水的生产企业的小镇。表14-1表示了垄断者的收益如何取决于水的生产量。

表14-1 垄断者的总收益、平均收益和边际收益

水的生产量 (加仑) (Q)	价格 (美元) (P)	总收益 (美元) ($TR = P \times Q$)	平均收益 (美元) ($AR = TR/Q$)	边际收益 (美元) ($MR = \Delta TR/\Delta Q$)
0	11	0	—	
				10
1	10	10	10	
				8
2	9	18	9	
				6
3	8	24	8	
				4
4	7	28	7	
				2
5	6	30	6	
				0
6	5	30	5	
				-2
7	4	28	4	
				-4
8	3	24	3	

前两列表示垄断者的需求表。如果垄断者生产1加仑水,它可以把这1加仑水卖10美元;如果它生产2加仑水,它为了把这2加仑水卖出去,就必须把价格降为9美元;如果它生产3加仑水,它就必须把价格降为8美元,以此类推。如果根据这两列的数字作图,就可以得到一条典型的向右下方倾斜的需求曲线。

该表第三列代表垄断者的总收益。它等于销售量(取自第一列)乘以价格(取自第二列)。第四列计算企业的平均收益,即企业每销售一单位产品得到的收益量。我们可以用第三列中总收益的数字除以第一列的产量来计算平均收益。正如我们在前一章中所讨论的,平

均收益总是等于物品的价格。这一点对垄断者和对竞争企业都同样正确。

表14-1的最后一列计算企业的边际收益,即企业每增加一单位产量所得到的收益量。我们可以用增加一单位产量时总收益的变动来计算边际收益。例如,当企业生产3加仑水时,它得到的总收益是24美元;当产量增加到4加仑水时,总收益增加到28美元。因此,销售第四加仑水的边际收益是28美元 – 24美元,即4美元。

表14-1中所示的结果对理解垄断者行为非常重要:垄断者的边际收益总是小于其物品的价格。例如,如果企业把水的生产从3加仑增加到4加仑,即使它能以7美元卖出每加仑水,总收益也只增加4美元。对垄断者来说,边际收益小于价格是因为垄断者面临一条向右下方倾斜的需求曲线。为了增加销售量,垄断企业必须降低其向所有消费者收取的价格。因此,为了卖出第四加仑水,垄断者得到的前3加仑水的每单位收益要各少1美元。这3美元的损失是由于第四加仑水的价格(7美元)和第四加仑水的边际收益(4美元)之间的差额。

垄断者的边际收益与竞争企业大不相同。当垄断者增加它销售的数量时,这对总收益($P \times Q$)有两种效应:

- **产量效应**:销售的数量增多了,即 Q 增大,从而可能增加总收益。
- **价格效应**:价格下降了,即 P 降低,从而可能减少总收益。

由于竞争企业在市场价格时可以销售它想销售的任何数量,所以没有价格效应。当竞争企业增加一单位产量时,它得到该单位所对应的市场价格,而且,它不会减少已经销售产品的收益。这就是说,由于竞争企业是价格接受者,所以它的边际收益等于其物品的价格。与此相比,当一个垄断者增加一单位产量时,它就必须降低对所销售的每一单位产品收取的价格,而且,这种价格下降减少了它已经卖出的各单位的收益。因此,垄断者的边际收益小于其价格。

图14-3画出了一个垄断者的需求曲线与边际收益曲线(由于企业的价格等于平均收益,因此需求曲线也是平均收益曲线)。这两条曲线总是从纵轴上的同一点出发,因为第一单位的边际收益等于物品价格。但是,由于我们刚刚讨论过的原因,此后垄断者的边际收益小于物品的价格。因此,垄断者的边际收益曲线位于需求曲线之下。

图 14-3 垄断者的需求曲线与边际收益曲线

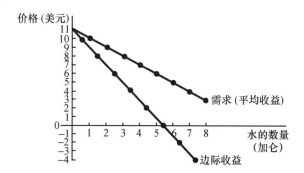

需求曲线表示数量如何影响物品的价格。边际收益曲线表示,当数量增加一单位时,企业的收益如何变动。由于如果垄断者增加生产,所销售的所有单位的价格都必须下降,所以,边际收益总是小于价格。

在图14-3中(以及在表14-1中),你还可以看出边际收益甚至可以是负的。当价格对收益的影响大于产量对收益的影响时,边际收益就是负的。在这种情况下,当企业多生产一单位产品时,尽管企业销售了更多单位的产品,但价格下降之大足以引起企业的总收益减少。

14.2.3 利润最大化

既然我们已经考虑了一个垄断企业的收益,那么现在我们来考察这种企业如何实现利润最大化。我们还记得第1章中的经济学十大原理之一是,理性人考虑边际量。这个结论对垄断企业和竞争企业同样正确。这里我们把边际分析的逻辑用于分析垄断企业如何决定生产多少的问题。

图14-4画出了一个垄断企业的需求曲线、边际收益曲线和成本曲线。所有这些曲线看来都是熟悉的:需求曲线和边际收益曲线像图14-3中所示的曲线,成本曲线像我们在前两章中见过的成本曲线。这些曲线包含了我们确定利润最大化垄断者将选择的产量水平所需要的全部信息。

图14-4 垄断者的利润最大化

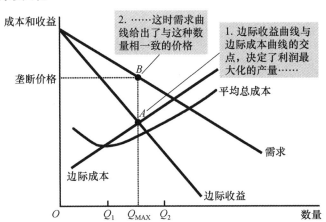

垄断者通过选择边际收益等于边际成本的产量(A点)来实现利润最大化。然后可以用需求曲线找出使消费者购买该数量的价格(B点)。

首先,我们假设企业在低产量水平,例如Q_1上生产。在这种情况下,边际成本小于边际收益。如果企业增加一单位产量,增加的收益将大于增加的成本,利润将增加。因此,当边际成本小于边际收益时,企业可以通过生产更多单位的产品来增加利润。

高产量水平(例如Q_2)的情况下也可以照此推理。在这种情况下,边际成本大于边际收益。如果企业减少一单位产量,节省的成本将大于失去的收益。因此,当边际成本大于边际收益时,企业可以通过减少生产来增加利润。

最后,企业调整其生产水平直至产量达到Q_{MAX}时为止,在这时,边际收益等于边际成本。因此,垄断者的利润最大化产量是由边际收益曲线与边际成本曲线的交点决定的。在图14-4中,两条曲线在A点相交。

你应该还记得,在上一章中,竞争企业也选择边际收益等于边际成本的产量。在遵循这条利润最大化原则上,竞争企业和垄断企业是相似的。但是,这两类企业之间也有一个重要的差别:竞争企业的边际收益等于其价格,而垄断企业的边际收益小于其价格。这就是说:

$$对于竞争企业:P = MR = MC$$
$$对于垄断企业:P > MR = MC$$

在利润最大化的产量时,边际收益与边际成本相等,对于这两种企业都是同样成立的。差别在于价格与边际收益和边际成本的关系。

垄断者如何找出其产品利润最大化的价格呢？需求曲线回答了这个问题，因为需求曲线把消费者愿意支付的价格和销售量联系起来了。因此，在垄断企业选择了使边际收益等于边际成本的产量之后，就可以用需求曲线找出为销售该产量它能收取的最高价格。在图14-4中，利润最大化的价格在 B 点。

现在我们知道了竞争企业市场与垄断企业市场之间的关键差别：在竞争市场上，价格等于边际成本；在垄断市场上，价格大于边际成本。正如我们即将看到的，这一结论对于理解垄断的社会成本是至关重要的。

参考资料
为什么垄断者没有供给曲线

你也许注意到了，我们是用市场需求曲线和企业成本曲线分析垄断市场的价格的，而并没有提到市场供给曲线。与此相比，当我们在第4章开始分析竞争市场的价格时，两个最重要的词总是供给与需求。

供给曲线哪儿去了？虽然垄断者要（以我们在本章中说明的方式）做出供给多少的决策，但它没有供给曲线。供给曲线向我们揭示，企业在任何一种既定价格时选择的供给量。当我们分析作为价格接受者的竞争企业时，这个概念是有意义的。但垄断企业是价格制定者，而不是价格接受者。问这种企业在任意一个既定价格下生产多少是没有意义的，因为垄断企业在选择供给量的同时确定价格。

实际上，垄断者关于供给多少的决策不可能与它所面临的需求曲线分开。需求曲线的形状决定了边际收益曲线的形状，边际收益曲线的形状又决定了垄断者的利润最大化产量。在竞争市场上，可以在不了解需求曲线的情况下分析供给决策，但在垄断市场上，这是不行的。因此，我们从不谈及垄断者的供给曲线。

14.2.4 垄断者的利润

垄断者会获得多少利润？为了用图形来说明垄断者的利润，回忆一下利润等于总收益（TR）减去总成本（TC）：

$$\text{利润} = TR - TC$$

我们可以把这个式子改写为：

$$\text{利润} = (TR/Q - TC/Q) \times Q$$

TR/Q 是平均收益，等于价格 P，而 TC/Q 是平均总成本（ATC）。因此，

$$\text{利润} = (P - ATC) \times Q$$

这个利润方程式（对竞争企业同样成立）使我们可以用图形来衡量垄断者的利润。

考虑图14-5中的阴影方框。方框的高（BC段）是价格减去平均总成本，即 $P - ATC$，这是正常销售一单位产品的利润。方框的宽（DC段）是销售量 Q_{MAX}。因此，这个方框的面积是该垄断企业的总利润。

图 14-5　垄断者的利润

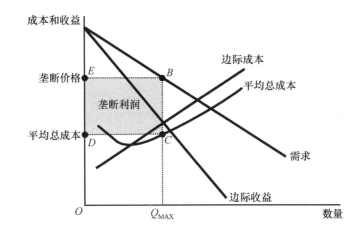

方框 BCDE 的面积等于垄断企业的利润。方框的高(BC)是价格减去平均总成本,它等于销售每单位产品的利润。方框的宽(DC)是销售的单位量。

案例研究
垄断药品与非专利药品

根据我们的分析,垄断市场上的价格决定不同于竞争市场的价格决定。对这种理论的一种自然检验是药品市场,因为这个市场同时具有垄断市场和竞争市场的结构。当一个企业开发了一种新药时,专利法使企业垄断了该药品的销售。但后来,当企业的专利过期时,任何公司都可以生产并销售这种药品。这时,市场就从一个垄断市场变为竞争市场。

当专利过期以后,药品的价格会发生什么变动呢?图 14-6 表示一个典型的药品市场。在这幅图上,生产药品的边际成本是不变的(这对许多药品来说是基本正确的)。在专利受保护期内,垄断企业通过生产边际收益等于边际成本的产量并收取大大高于边际成本的价格使利润最大化。但是,当专利到期时,生产这种药品的利润将鼓励新企业进入市场。随着市场变得越来越具竞争性,价格将下降到等于边际成本。

图 14-6　药品市场

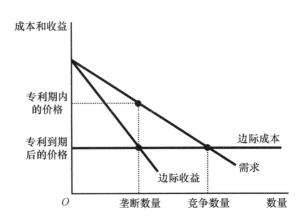

当专利赋予一个企业销售一种药品的垄断权时,企业收取垄断价格,垄断价格大大高于生产这种药品的边际成本。当药品专利到期时,新企业进入市场,使市场更有竞争性。因此,价格从垄断价格下降到边际成本。

实际上,经验与我们的理论一致。当药品专利到期时,其他公司迅速进入并开始销售所谓的非专利药品,这种药品的化学成分与先前垄断者的品牌产品相同。而且,正如我们的分析所预言的,竞争者生产的非专利药品的价格大大低于垄断者收取的价格。

但是,专利到期并没有使垄断者失去全部的市场势力。一些消费者仍忠于有品牌的药品,这也许是出于担心新的非专利药品的成分实际上与他们用了许多年的药品成分不一样。因此,以前的垄断者可以继续收取比新竞争者高的价格。

例如,最广泛使用的兴奋剂之一是氟西汀(fluoxetine),它被几百万美国人使用。由于这种药品的专利在 2001 年到期,今天消费者可以在 Prozac 品牌的原药品和同样成分的无专利产品之间做出选择。Prozac 牌氟西汀的销售价格是无专利的氟西汀的三倍。这种价格差别之所以能持续,是因为一些消费者不相信两种药是可以完全替代的。

即问即答 解释垄断者如何决定产品的产量和价格。

14.3 垄断的福利代价

垄断是否是组织市场的好方法?我们已经说明了,与竞争企业相反,垄断收取高于边际成本的价格。从消费者的角度来看,这种高价格使垄断是不合意的。但同时,垄断者也从收取这种高价格中赚到了利润。从企业所有者的角度看,高价格使垄断极为合意。那么,企业所有者的利益会大于给消费者带来的成本,从而使垄断从整个社会的角度来看是合意的吗?

我们可以用福利经济学的工具来回答这个问题。回想一下第 7 章,总剩余衡量市场上买者和卖者的经济福利。总剩余是消费者剩余与生产者剩余之和。消费者剩余是消费者对一种物品的支付意愿减去他们为此实际支付的量,生产者剩余是生产者出售一种物品得到的量减去他们生产该物品的成本。在本例中,只存在一个生产者——垄断者。

你也许已经能猜到这种分析的结果。在第 7 章中我们得出的结论是,在竞争市场上,供求均衡不仅是一个自然而然的结果,而且是一个合意的结果。市场中看不见的手实现了使总剩余尽可能大的资源配置。由于垄断引起的资源配置不同于竞争市场,所以其结果必然以某种方式使总经济福利没有达到最大化。

14.3.1 无谓损失

我们从考虑如果由一个仁慈的社会计划者管理垄断企业将会怎么做开始。该社会计划者不仅关心企业所有者赚到的利润,而且还关心企业的消费者得到的利益。该计划者努力使总剩余最大化,总剩余等于生产者剩余(利润)加消费者剩余。要记住的是,总剩余等于物品对消费者的价值减去垄断者生产该物品的成本。

图 14-7 分析了一个仁慈的社会计划者将选择的垄断的产量水平。需求曲线反映物品对消费者的价值,用他们对物品的支付意愿来衡量。边际成本曲线反映垄断者的成本。因此,可以在需求曲线与边际成本曲线相交之处找出社会有效率的产量。在这个产量之下,增加的一单位物品对消费者的价值大于提供物品的成本,因此,增加产量将增加总剩余。在这个产量之上,生产增加的一单位物品的成本大于其对消费者的价值,因此,减少产量将增加总剩余。在最优产量时,增加的一单位物品对消费者的价值恰好等于生产的边际成本。

图 14-7　有效率的产量水平

想使市场上总剩余最大化的仁慈的社会计划者将选择需求曲线与边际成本曲线相交的产量水平。低于这一水平，物品对边际买者的价值（反映在需求曲线上）大于生产该物品的边际成本；高于这一水平，物品对边际买者的价值小于其边际成本。

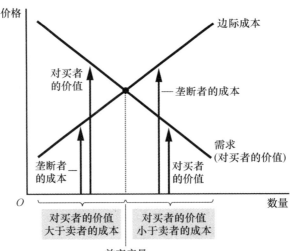

如果由该社会计划者管理垄断企业，则该垄断企业可以通过收取需求曲线与边际成本曲线相交时的价格来达到这种有效率的结果。因此，社会计划者将与竞争企业一样收取等于边际成本的价格，这与利润最大化的垄断企业不同。因为这种价格将给消费者有关生产该物品成本的一个准确信号，消费者将会购买这一有效率的产量。

我们可以通过比较垄断者选择的产量水平和社会计划者可能选择的产量水平来评价垄断的福利效应。正如我们已经了解的，垄断者选择生产并销售边际收益曲线与边际成本曲线相交的产量；社会计划者将选择需求曲线与边际成本曲线相交的产量。比较的结果如图 14-8 所示。垄断者生产的产量小于社会有效率的产量。

图 14-8　垄断的无效率

由于垄断者收取高于边际成本的价格，并不是所有对物品评价高于物品成本的消费者都会购买它。因此，垄断者生产并销售的数量低于社会有效率的水平。需求曲线（反映物品对消费者的价值）与边际成本曲线（反映垄断生产者的成本）之间的三角形面积代表无谓损失。

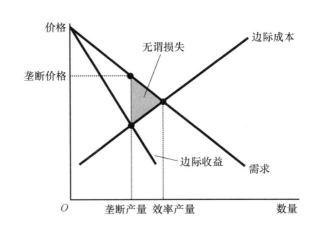

我们还可以根据垄断者的价格来看垄断的无效率。由于市场需求曲线描述了价格和物品量之间的负相关关系，所以，无效率的低产量就相当于无效率的高价格。当垄断者收取高于边际成本的价格时，一些潜在消费者对物品的评价高于其边际成本，但低于垄断者的价格。这些消费者不会购买该物品。因为这些消费者对物品的评价大于生产这些物品的成本，所以这个结果是无效率的。因此，垄断定价使一些对双方有益的交易无法进行。

正如图 14-8 所示，可以用无谓损失三角形来衡量垄断的无效率。由于需求曲线反映了消费者对物品的评价,边际成本曲线反映垄断生产者的成本,需求曲线和边际成本曲线之间的无谓损失三角形面积等于垄断定价引起的总剩余损失。这是垄断者运用其市场势力所引起的经济福利的减少。

垄断引起的无谓损失类似于税收引起的无谓损失。实际上,垄断者类似于一个私人收税者。正如我们在第 8 章中所说明的,一种物品的税收是打入消费者支付意愿(反映在需求曲线上)和生产者成本(反映在供给曲线上)之间的一个楔子。由于垄断者通过收取高于边际成本的价格发挥其市场势力,它就相当于打入了一个类似的楔子。在这两种情况下,楔子都使销售量低于社会最优水平。这两种情况之间的区别在于,政府得到了税收收入,而私人企业得到了垄断利润。

14.3.2 垄断利润:是一种社会代价吗

控诉垄断者以损害公众来"肥己"是很有吸引力的。的确,垄断企业利用其市场势力赚取了更高的利润。但根据对垄断的经济分析,企业利润本身并不一定是一个社会问题。

垄断市场上的福利也与所有市场一样,包括消费者和生产者的福利。只要消费者由于垄断价格额外支付给生产者 1 美元,消费者状况就会变坏 1 美元,而生产者状况会变好 1 美元。这种从物品消费者向垄断所有者的转移并不影响市场总剩余——消费者剩余和生产者剩余之和。换句话说,垄断利润本身并不代表经济蛋糕的规模变小了,它仅仅代表生产者的那一块变大了,而消费者的那一块变小了。除非基于某种理由认为消费者比生产者更应得到市场剩余——这是已超出经济效率的范围的涉及平等的规范性判断——否则垄断利润就不是一个社会问题。

垄断市场上问题的产生是由于企业生产和销售的产量低于使总剩余最大化的产量水平。无谓损失衡量经济蛋糕变小了多少。这种无效率与垄断的高价格相关:当企业把价格提高到边际成本以上时,消费者就买得少了。但是要记住,从仍能销售的产品数量中赚到的利润并不是问题所在。问题产生于无效率的低产量。换句话说,如果高垄断价格不会阻碍一些消费者购买这些物品,它所增加的生产者剩余就正好是消费者剩余减少的量,而总剩余仍然与仁慈的社会计划者可以达到的一样。

但是,这个结论也有一个可能的例外。假设一个垄断企业为维持其垄断地位不得不引起额外的成本。例如,一个拥有政府创造的垄断地位的企业,为了保持它的垄断地位,需要雇用游说者来说服法律制定者。在这种情况下,垄断者可以用它的一些垄断利润来支付这些额外的成本。如果是这样的话,垄断的社会损失既包括这些成本,也包括由更少产量引起的无谓损失。

即问即答 垄断者的产量与使总剩余最大化的产量相比有何差别?这种差别与无谓损失的概念有什么关系?

14.4 价格歧视

到现在为止,我们假设垄断企业对所有顾客收取同样的价格。但在许多情况下,企业以不同价格把同一种物品卖给不同顾客,尽管对两个顾客的生产成本是相同的。这种做法被称为**价格歧视**(price discrimination)。

在讨论价格歧视垄断者的行为之前,我们应该注意,当一种物品在竞争市场上出售时,实行价格歧视是不可能的。在竞争市场上,许多企业以市场价格出售同一种物品。没有一个企业愿意向任何一个顾客收取低价格,因为企业可以以市场价格出售它想出售的所有物品;另外,如果任何一个企业想向顾客收取高价格,顾客就会转向另一个企业购买。对于一个实行价格歧视的企业来说,它一定具有某种市场势力。

14.4.1 关于定价的一个寓言

为了理解为什么垄断者想实行价格歧视,我们来考虑一个例子。设想你是 Readalot 出版公司的总裁。Readalot 的一位畅销书作者刚刚写完他最新的一本小说。为了使事情简化,我们设想,你为获得出版这本书的排他性权利向作者支付了固定的 200 万美元。我们再假设,印刷该书的成本为 0(这确实也可能,例如电子书)。因此,Readalot 的利润是从销售书中得到的收益减去支付给作者的 200 万美元。在这种假设之下,作为 Readalot 的总裁,你应该如何确定这本书的售价呢?

你确定价格的第一步是估算这本书可能的需求量。Readalot 的市场营销部告诉你,这本书将吸引两类读者。一类是作者的 10 万名崇拜者,这些崇拜者愿意为这本书支付 30 美元。还有一类是 40 万名不太热心的读者,他们最多愿意为这本书支付 5 美元。

如果 Readalot 向所有顾客收取一种价格,利润最大化的价格是多少呢?我们自然会考虑到两种价格:Readalot 能吸引 10 万名崇拜者的最高价格是 30 美元,而能吸引整个市场 50 万名潜在读者的最高价格是 5 美元。解决 Readalot 问题的方法是一个简单的数学问题。在价格为 30 美元时,Readalot 售出 10 万本书,收益为 300 万美元,从而获得 100 万美元的利润;在价格为 5 美元时,售出 50 万本书,收益为 250 万美元,从而获得 50 万美元的利润。因此,Readalot 通过收取 30 美元的单价并放弃将书出售给 40 万名不太热心读者的机会而使利润最大化。

要注意的是,Readalot 的决策引起了无谓损失。有 40 万名读者愿意支付 5 美元买书,而向这些读者提供书的边际成本是 0。因此,当 Readalot 收取 30 美元的高价格时,就损失了 200 万美元的总剩余。这种无谓损失是垄断者收取高于边际成本的价格时所引起的无效率。

现在假设 Readalot 的市场营销部有一个重要的发现:这两个读者群处于相互分离的市场上。崇拜者都住在澳大利亚,而其他读者都住在美国。而且一个国家的读者很难到另一个国家买书。

作为对这种发现的反应,Readalot 可以改变其市场战略并增加利润。它可以对 10 万名澳大利亚读者收取 30 美元,对 40 万名美国读者收取 5 美元。在这种情况下,在澳大利亚的收益是 300 万美元,而在美国的收益是 200 万美元,总计 500 万美元。这时利润是 300 万美元,它大大高于公司对所有顾客收取 30 美元价格时所能赚到的 100 万美元。毫不奇怪,Readalot 公司会选择实施这种价格歧视战略。

Readalot 出版公司的故事是虚构的,但它正确地描述了许多出版公司的经营实践。例如,教科书在欧洲的销售价格通常低于美国。更重要的是精装本与平装本的价格差别。当一个出版商出版一本新小说时,它先发行昂贵的精装本,然后再发行便宜的平装本。这两种版本价格之间的差别远远大于其印刷成本的差别。出版商的目标正与我们所举的例子中一样。通过向崇拜者出售精装本和向不太热心的读者出售平装本,出版商实行了价格歧视并增加了利润。

14.4.2 "定价寓言"的寓意

与任何一个寓言一样,Readalot 出版公司的故事也是一种典型化。同样,与任何一个寓言一样,它得出了一些具有一般性的结论。在这个例子中,可以得出三个有关价格歧视的结论。

第一个,也是最明显的结论是,价格歧视是利润最大化垄断者的一种理性策略。这就是说,通过对不同的顾客收取不同的价格,垄断者可以增加利润。实际上,实行价格歧视的垄断者向不同顾客收取的价格比单一价格更接近于顾客的支付意愿。

第二个结论是,价格歧视要求能根据支付意愿划分顾客。在我们的例子中,可以从地域上划分顾客。但有时垄断者也会选择其他差别,例如,以年龄或收入来划分顾客。

第二个结论的一个推论是,某些市场力量会阻止企业实行价格歧视。其中一种力量是套利,套利是指在一个市场上以低价购买一种物品,而在另一个市场上以高价出售,以便从价格差中获利的过程。在我们的例子中,假设澳大利亚的书店可以在美国买书并转卖给澳大利亚读者,这种套利就使 Readalot 不能实行价格歧视,因为没有一个澳大利亚人愿意以较高的价格买书。

从我们的寓言中得到的第三个结论是最惊人的:价格歧视可以增进经济福利。回想一下,当 Readalot 收取单一的 30 美元价格时,产生了无谓损失,这是由于有 40 万名不太热心的读者没有买到书,尽管他们对书的评价高于生产的边际成本。与此相反,当 Readalot 实行价格歧视时,所有读者最终都得到了书,而这个结果是有效率的。因此,价格歧视可以消除垄断定价中固有的无效率。

要注意的是,在这个例子中,价格歧视带来的福利增加表现为生产者剩余更高,而不是消费者剩余更高。消费者买到了书,但其福利并没有增加:因为他们支付的价格完全等于他们对书的评价,因此他们没有得到消费者剩余。从价格歧视中获得的全部总剩余增加以更高利润的形式全部归属于 Readalot 出版公司。

14.4.3 对价格歧视的分析

现在我们更正式地来考察价格歧视是如何影响经济福利的。我们从假设垄断者可以实行完全价格歧视开始。完全价格歧视描述垄断者完全了解每个顾客的支付意愿,并对每位顾客收取不同价格的情况。在这种情况下,垄断者对每位顾客收取的价格正好等于该顾客的支付意愿,而且,垄断者得到每次交易中的全部剩余。

图 14-9 表示有无价格歧视时的生产者剩余和消费者剩余。为了使分析简化,该图假设单位成本不变,也就是说,边际成本和平均总成本不变且相等。在没有价格歧视时,企业收取高于边际成本的单一价格,如(a)幅所示。由于一些对物品评价高于边际成本的潜在顾客在这种高价格时没有购买,垄断引起了无谓损失。但当企业可以实行完全价格歧视时,如(b)幅所示,每位对物品评价大于边际成本的顾客都买到了物品,并被收取了其愿意支付的价格。所有互惠的贸易都得以进行,没有无谓损失,垄断生产者以利润的形式获得了市场的全部剩余。

当然,在现实中,价格歧视是不完全的。顾客走进商店时并没有发出其支付意愿的信号。于是,企业通过把消费者划分为不同的群体来实行价格歧视:年轻人与老年人、平时购物者与周末购物者、美国人与澳大利亚人,等等。与我们前面的 Readalot 出版公司寓言中的情况不同,在每个群体内部的顾客对一种产品的支付意愿也不同,因此要实行完全价格歧视是不可

图 14-9　有无价格歧视时的福利

(a)幅表示对所有顾客收取同样价格的垄断者。在这个市场上总剩余等于利润(生产者剩余)和消费者剩余之和。(b)幅表示可以实行完全价格歧视的垄断者。由于消费者剩余等于零,此时总剩余等于企业利润。比较这两幅图,你可以看出,完全价格歧视增加了利润,增加了总剩余,但减少了消费者剩余。

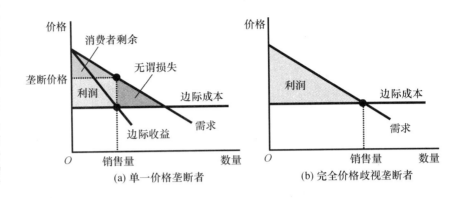

能的。

这种不完全价格歧视如何影响福利呢?对这种定价方案的分析是极为复杂的,而且,对这个问题也没有一个一般性的答案。与单一价格的垄断结果相比,不完全价格歧视可能增进、减少市场总剩余,或使市场总剩余不变。唯一确定的结论是:价格歧视增加了垄断利润,否则企业就会选择对所有顾客收取同样的价格了。

14.4.4　价格歧视的例子

经济中的企业使用各种旨在对不同顾客收取不同价格的经营策略。既然我们已经懂得了价格歧视的经济学,那么我们现在来考虑一些例子。

电影票　许多电影院对儿童和老年人收取低于其他观众的价格。在竞争市场上很难解释这个事实。在竞争市场上,价格等于边际成本,为儿童和老年人提供一个座位的边际成本与为其他人提供一个座位的边际成本相同。但如果电影院有某种地区性垄断力量,而且,如果儿童与老年人对电影票的支付意愿较低,就很容易解释差异化定价这个事实了。在这种情况下,电影院通过价格歧视增加了利润。

飞机票价　飞机上的座位以许多不同的价格出售。许多航空公司对在两个城市间往返、但周六在对方城市住一个晚上的旅客收取低价格。乍一看这有点令人费解。为什么乘客在周六是否停留一个晚上与航空公司有关呢?原因是这条规定是区分公务乘客和休闲乘客的一种方法。公务乘客支付意愿高,而且很可能不想在周六停留一晚。与此相反,出于个人原因旅行的乘客支付意愿低,并更愿意在周六停留一晚。因此,航空公司可以通过对周六停留一晚的乘客收取低价格而成功地实行价格歧视。

折扣券　许多公司在报纸、杂志或网上向公众提供折扣券。买者为了得到下次购买时0.5美元的折扣而剪下折扣券。为什么公司提供这些折扣券?

"你大概有兴趣知道我的机票有多便宜吧?"

图片来源:HAMILTON ⓒ UNIVERSAL PRESS SYNDICATE.

为什么它们不直接把产品价格降低0.5美元？

答案是折扣券使公司可以实行价格歧视。公司知道，并不是所有顾客都愿意花时间剪下折扣券。此外，剪折扣券的意愿与顾客对物品的支付意愿是相关的。富裕而繁忙的高层管理人员不大可能花时间从报纸上剪下折扣券，而且，她也许愿意为许多物品支付较高的价格。一个失业者更可能剪下折扣券并且支付意愿较低。因此，通过只对这些剪下折扣券的顾客收取较低价格，企业就可以成功地实行价格歧视。

财务援助　许多学院和大学对贫困学生提供财务援助。可以认为这种政策是一种价格歧视。富有的学生钱多，因此支付意愿比贫困学生高。通过收取高学费并有选择地提供财务援助，学校实际上是根据学生们对上学的评价来收取价格。这种行为与任何一个价格歧视垄断者的行为相似。

数量折扣　到现在为止，在我们价格歧视的例子中，垄断者对不同顾客收取不同的价格。但是，有时垄断者也通过对购买不同数量的同一顾客收取不同价格来实行价格歧视。例如，许多企业对购买量大的顾客提供低价格。面包店可能对每个甜甜圈收取0.50美元的价格，但对一打甜甜圈收取5美元的价格。这之所以是一种价格歧视，是因为顾客对购买的第1单位商品付出的价格高于第12单位。数量折扣通常是一种成功的价格歧视方法，因为随着购买量的增加，顾客对额外一单位商品的支付意愿降低了。

即问即答　● 举出两个价格歧视的例子。● 完全价格歧视如何影响消费者剩余、生产者剩余和总剩余？

新闻摘录
高等教育中的价格歧视

学院和大学正越来越多地对不同的学生收取不同的价格，这使得教育成本的数据更加难以解释。

第101种错觉：为什么学费并不是在飙升
Evan Soltas

大家普遍认为，美国学院和大学的学费在近年来变得越来越高昂。

美国总统巴拉克·奥巴马在2012年国情咨文演说中说："当孩子们从高中毕业后，最具威胁的挑战会是大学学费。我们不能补贴飞涨的学费，我们会把钱花完的。"

乍一看，大学学费提高是有其数据支持的。根据劳工统计局（Bureau of Labor Statistics，BLS）的资料，自从1978年以来，大学的学费和其他收费的上升比消费物价指数衡量的通货膨胀率的上升快三倍。

真实学费和各种收费增加是确定无疑的，但并不像媒体经常报道的或数据所显示的表面数字那么大。根据大学董事会的大学年度调查数据，在近二十年间，根据通货膨胀调整的大学净价格只是温和地增长。

图片来源：ⓒ Monashee Frantz/Alamy.

学费的变化是转向了价格歧视——对相同的产品标出不同的价格。大学通过以助学金为基础的财务援助和奖学金为大部分家庭抵消了学费标价的上涨。这就在没有增加净成本的情况下引起了劳工统计局衡量指标的上升。

现在富裕家庭把孩子送到学校所付的学费比以前多多了。但对许多中产阶层来说，上大学的真实净费用没有太大变化；对许多穷人家庭而言，援助的扩大增加了他们受到大学教育的可能性和可负担性。

美国最好的学校引领了以收入为基础的价格歧视。例如，在哈佛大学，大多数学生得到了财务援助：2012 年，本科教育每年的学费标价为 54 496 美元，而助学金平均大约为 41 000 美元。

换言之，自从 20 世纪 90 年代以来，大学费用的负担已经具有了相当大的累进性。来自富裕家庭的学生现在不仅为自己的教育支付了更多费用，而且也相当大地补贴了不太富裕的学生的费用。

资料来源：Bloomberg.com，November 27，2012。

14.5 针对垄断的公共政策

我们已经知道，与竞争市场相比，垄断市场不能有效地配置资源。垄断者生产的产量小于社会合意的产量，而且其收取的价格高于边际成本。政府政策制定者会用以下四种方式之一来应对垄断问题：

- 努力使垄断行业更有竞争性；
- 管制垄断者的行为；
- 把一些私人垄断企业变为公共企业；
- 不作为。

14.5.1 用反托拉斯法增强竞争

"如果我们公司与'大一统企业'合并，我们就有足够的资源来对抗因为此项合并所引发的反垄断制裁行动。"

图片来源：ScienceCartoonsPlus.com。

如果可口可乐公司和百事可乐公司想合并，那么，这项交易在付诸实施之前肯定会受到联邦政府的严格审查。司法部的律师和经济学家可能会认定，这两家大型软饮料公司之间的合并会使美国软饮料市场的竞争性大大减弱，结果将会引起整个国家经济福利的减少。如果是这样的话，司法部将对该项合并提出诉讼，而且，如果法院判决同意，就不允许这两家公司合并。正是这种诉讼阻止了微软在 1994 年收购 Intuit 公司。

政府对私人产业行使的这种权力来自反托拉斯法，反托拉斯法是旨在遏制垄断势力的法律集成。第一个也是最重要的反托拉斯法是《谢尔曼反托拉斯法》，美国国会在 1890 年通过了这个法案，以减少当时被认为主宰经济的大而强的"托拉斯"的市场势力。1914 年通过的《克莱顿反托拉斯法》加强了政府的权力,并使私人对此类案件的诉讼合法化。正如美国最高法院曾经指出的,反托拉斯法是"一部全面的经济自由宪章,其目的在于维护作为贸易规则的自由和不受干预的竞争"。

反托拉斯法给予政府促进竞争的各种方式。首先,这些法律允许政府阻止合并,例如我们假设的可口可乐公司和百事可乐公司之间的合并。其次,这些法律还允许政府分拆公司。例如,政府在 1984 年把大型通信公司——美国电话电报公司(AT&T)分拆为八个较小的公司。最后,反托拉斯法禁止公司以使市场竞争性减弱的方法协调它们的活动。

反托拉斯法有成本也有收益。有时公司合并并不是为了减弱竞争,而是为了通过更有效率的联合生产来降低成本。这种来自合并的收益有时被称为"协同效应"。例如,近年来许多美国银行进行了合并,通过联合经营可以减少行政管理人员。如果反托拉斯法是为了增进社会福利,政府就必须能确定哪些合并是合意的,而哪些不是。这就是说,它必须要衡量并比较协同效应的社会收益与减少竞争的社会成本。批评反托拉斯法的人对于政府能否足够准确地进行必要的成本—收益分析持怀疑态度。

14.5.2　管制

政府解决垄断问题的另一种方法是管制垄断者的行为。在自然垄断的情况下,例如在自来水和电力公司中,这种解决方式是很常见的。政府机构不允许这些公司随意定价,而是对它们的价格进行管制。

政府应该为自然垄断者确定多高的价格呢?这个问题并不像乍看起来那么容易回答。一些人可能推断说:价格应该等于垄断者的边际成本。如果价格等于边际成本,消费者就将购买使总剩余最大化的垄断者产量,而且,资源配置将是有效率的。

但是,将边际成本定价作为一种管制制度存在两个现实问题。第一个问题产生于成本曲线的逻辑。根据定义,自然垄断下的平均总成本是递减的。正如我们在第 12 章中讨论的,当平均总成本递减时,边际成本小于平均总成本。图 14-10 说明了这种情况,它表明企业有大量固定成本,而且以后边际成本不变。如果管制者将价格设定为等于边际成本,价格就将低于企业的平均总成本,从而企业将亏损。与其收取如此之低的价格,垄断企业还不如离开该行业。

图 14-10　自然垄断的边际成本定价

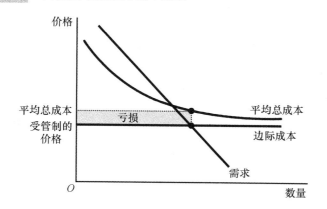

由于自然垄断下的平均总成本递减,边际成本小于平均总成本。因此,如果管制者要求自然垄断者收取等于边际成本的价格,价格将低于平均总成本,而且,垄断者将亏损。

管制者可以用各种方式对这一问题做出反应,但没有一种方式是完美的。一种方法是补贴垄断者。实际上,政府此时承担了边际成本定价固有的亏损。为了支付补贴,政府需要通过税收筹集资金,这又会引起税收本身的无谓损失。另一种方法是管制者可以允许垄断者收取高于边际成本的价格。如果受管制的价格等于平均总成本,垄断者正好赚到零经济利润。但平均成本定价引起了无谓损失,因为垄断者的价格不再反映生产该物品的边际成本。实际上,平均成本定价类似于对垄断者出售的商品征税。

将边际成本定价(平均成本定价也一样)作为一种管制制度的第二个问题是,它不能激励垄断者降低成本。由于低成本意味着高利润,竞争市场上的每个企业都努力降低其成本。但如果一个受管制的垄断者知道,只要成本降低,管制者就将降低价格,垄断者就不会从降低成本中受益。在实践中,管制者解决这一问题的方法是允许垄断者以更高利润的形式从降低成本中得到一些利益,这种做法要求对边际成本定价的某种背离。

14.5.3　公有制

政府用来解决垄断问题的第三种政策是公有制。这就是说,政府不是管制由私人企业经营的自然垄断企业,而是自己经营自然垄断企业。这种解决方法在欧洲许多国家是常见的,在这些国家,政府拥有并经营公共事业,如电话、供水和电力公司。在美国,政府经营邮政服务。普通的第一类邮件的投递常常被认为是自然垄断。

经济学家对自然垄断私有化的偏爱通常大于公有制。关键问题是企业的所有权如何影响生产成本。只要私人所有者能以高利润的形式得到部分利益,他们就会有成本最小化的激励。如果企业管理者在压低成本上不成功,企业所有者就会解雇他们。与此相反,如果经营垄断企业的政府官员做不好工作,损失者是顾客和纳税人,他们只有求助于政治制度。官员有可能成为一个特殊的利益集团,并企图阻止降低成本的改革。简而言之,作为一种保证企业良好经营的方法,投票机制不如利润动机可靠。

14.5.4　不作为

以上每一项旨在减少垄断问题的政策都有其缺点。因此,一些经济学家认为,政府通常最好不要设法去纠正垄断定价的无效率。经济学家乔治·斯蒂格勒(George Stigler)曾因对产业组织的研究而获得诺贝尔奖,下面是他的一段论述:

> 经济学中的一个著名定理认为,一个竞争性的企业经济将从既定资源存量中产生最大可能的收入。没有一个现实经济完全满足这个定理的条件。而且,所有现实经济都与理想经济有差距——这种差距称为"市场失灵"。但是,在我看来,美国经济"市场失灵"的程度远远小于根植于现实政治制度中的经济政策不完善所引起的"政治失灵"。

正如这段论述所清楚表明的,在确定政府在经济中的适当角色时,需要结合政治学与经济学来进行判断。

即问即答　描述决策者应对垄断引起的无效率问题的方式。列出每一种应对政策存在的一个潜在问题。

14.6 结论：垄断的普遍性

本章讨论了可以控制自己售价的企业的行为。我们已经说明了，这些企业的行为与前一章研究的竞争企业的行为有很大的不同。表 14-2 总结了竞争市场与垄断市场的一些相似之处与不同之处。

表 14-2 竞争与垄断：总结性比较

	竞　争	垄　断
相似之处		
企业目标	利润最大化	利润最大化
最大化原则	$MR = MC$	$MR = MC$
短期中能赚到经济利润吗？	能	能
不同之处		
企业数量	许多	一家
边际收益	$MR = P$	$MR < P$
价格	$P = MC$	$P > MC$
能生产出使福利最大化的产量水平吗？	能	不能
长期中能进入吗？	能	不能
长期中能赚到经济利润吗？	不能	能
有价格歧视的可能性吗？	没有	有

从公共政策的角度看，关键结论是，垄断者生产小于社会有效率的数量，并收取高于边际成本的价格。所以，垄断引起了无谓损失。在某些情况下，垄断者可以通过价格歧视来减少这种无效率。但另一些时候，需要政策制定者扮演积极的角色。

垄断问题有多普遍呢？对这个问题有两种回答。

在某种意义上说，垄断是常见的。大多数企业对它们收取的价格都有某种控制力。无法强迫它们对自己的产品收取市场价格，因为其提供的物品与其他企业提供的物品并不完全一样。福特 Taurus 汽车与丰田 Camry 汽车不完全一样。Ben 和 Jerry 的冰淇淋与 Breyer 的冰淇淋也不完全一样。这里的每一种产品都有向右下方倾斜的需求曲线，这使得每个生产者都有一定程度的垄断势力。

但有相当大垄断势力的企业是很少的。很少有物品是真正独一无二的。大多数物品都有替代品，即使不完全一样，也是相似的。Ben 和 Jerry 可以略微提高其冰淇淋的价格而不失去其全部销售量；但如果他们提价很多，顾客就会转向其他品牌，从而销售量就会大大减少。

最后，垄断势力是一个程度问题。认为许多企业有某种垄断势力是正确的，认为它们的垄断势力通常是有限的也是正确的。在这种情况下，假设企业在竞争市场上经营即使不完全正确，也不至于太离谱。

内容提要

◎ 垄断者是在其市场上作为唯一卖者的企业。当一个企业拥有一种关键资源,当政府给一个企业排他性地生产一种物品的权利,或者当一个企业可以比许多同行企业以较低成本供给整个市场时,垄断就产生了。

◎ 由于垄断者是其市场上唯一的生产者,所以它面临向右下方倾斜的产品需求曲线。当垄断者增加一单位产量时,就引起它的产品价格下降,这就减少了所有单位的产量赚到的收益量。因此,垄断者的边际收益总是低于其物品的价格。

◎ 和竞争企业一样,垄断企业也通过生产边际收益等于边际成本的产量来实现利润最大化。这时垄断者根据需求量确定价格。与竞争企业不同,垄断企业的价格高于它的边际收益,因此它的价格高于边际成本。

◎ 垄断者利润最大化的产量水平低于使消费者剩余与生产者剩余之和最大化的产量水平。这就是说,当垄断者收取高于边际成本的价格时,一些对物品评价大于其生产成本的消费者不再购买这种物品。因此,垄断会引起无谓损失(与税收的无谓损失类似)。

◎ 垄断者通常可以通过根据买者的支付意愿对同一种物品收取不同的价格来增加利润。这种价格歧视的做法可以通过使一些本来不想购买的消费者购买物品从而增加经济福利。在完全价格歧视的极端情况下,垄断的无谓损失完全消除了,而且,市场上所有剩余都归垄断生产者。在更一般的情况下,当价格歧视不完全时,与单一垄断价格相比,它会增加或减少福利。

◎ 决策者可以用四种方式对垄断行为的无效率做出反应:用反托拉斯法使行业更具竞争性;管制垄断者收取的价格;把垄断者变为政府经营的企业;或者,如果与政策不可避免的不完善性相比,市场失灵的程度相对要小,政府可以选择不作为。

关键概念

垄断企业　　　　　自然垄断　　　　　价格歧视

复习题

1. 举出一个政府创造的垄断的例子。创造这种垄断必定是一种糟糕的公共政策吗?解释原因。
2. 给出自然垄断的定义。市场规模的大小与一个行业是不是自然垄断有什么关系?
3. 为什么垄断者的边际收益小于其物品的价格?边际收益能成为负的吗?解释原因。
4. 画出垄断者的需求、边际收益、平均总成本和边际成本曲线。标出利润最大化的产量水平、利润最大化的价格和利润量。
5. 在你前一个问题的图上标明使总剩余最大化的产量水平,标明垄断的无谓损失。解释你的答案。
6. 举出两个价格歧视的例子。在每个例子中,解释为什么垄断者选择实施这种经营战略。
7. 是什么给予政府管制企业之间合并的权力?从社会福利的角度,分别列举出两个企业想合并的一个好理由与一个坏理由。
8. 当管制者命令一个自然垄断者必须设定等于边际成本的价格时,会产生哪两个问题?

快速单选

1. 如果一个企业随着产量增加表现出以下哪些特点,这家企业就是自然垄断者?
   a. 边际收益递减。
   b. 边际成本递增。
   c. 平均收益递减。
   d. 平均总成本递减。
2. 对于向所有消费者收取相同价格的以利润最大化为目标的垄断者,价格 P、边际收益 MR 和边际成本 MC 之间的关系是什么?
   a. $P = MR$,以及 $MR = MC$。
   b. $P > MR$,以及 $MR = MC$。
   c. $P = MR$,以及 $MR > MC$。
   d. $P > MR$,以及 $MR > MC$。
3. 如果一个垄断者的固定成本增加,它的价格将_____,而它的利润将_____。
   a. 增加,减少
   b. 减少,增加
   c. 增加,保持不变
   d. 保持不变,减少
4. 与社会最优水平相比,垄断企业会选择_____。
   a. 过低的产量和过高的价格
   b. 过高的产量和过低的价格
   c. 过高的产量和过高的价格
   d. 过低的产量和过低的价格
5. 垄断引起无谓损失是因为:
   a. 垄断企业比竞争企业赚取更高的利润。
   b. 一些潜在消费者不去购买价值高于其边际成本的物品。
   c. 购买该物品的消费者不得不支付高于边际成本的价格,这就减少了他们的消费者剩余。
   d. 垄断企业选择的产量不能使价格等于平均收益。
6. 当垄断者从收取单一价格转为完全价格歧视价格时,它减少了_____。
   a. 产量
   b. 企业的利润
   c. 消费者剩余
   d. 总剩余

问题与应用

1. 一家出版公司面临一位著名作家的下一部小说的以下需求表:

价格(美元)	需求量(本)
100	0
90	100 000
80	200 000
70	300 000
60	400 000
50	500 000
40	600 000
30	700 000
20	800 000
10	900 000
0	1 000 000

   向作者支付的稿酬是 200 万美元,印刷一本书的边际成本是固定的 10 美元。
   a. 计算每种数量时的总收益、总成本和利润。出版社选择的利润最大化产量是多少?它收取的价格是多少?
   b. 计算边际收益(回想一下,$MR = \Delta TR/\Delta Q$)。边际收益与价格相比如何?解释原因。
   c. 画出边际收益曲线、边际成本曲线和需求曲线。在哪个数量时边际收益曲线与边际成本曲线相交?这一交点表示什么?
   d. 在你的图中,用阴影表示无谓损失。用文字解释该阴影代表什么。
   e. 如果向作者支付的稿酬是 300 万美元而不是 200 万美元,这将如何影响出版社

关于收取的价格的决策？解释原因。

 f. 假设出版社的目标不是利润最大化，而是经济效率最大化。那么它对这本书收取的价格是多少？在这种价格时能获得多少利润？

2. 一个小镇有许多相互竞争的超市，它们有不变的边际成本。

 a. 用日用品市场图形说明消费者剩余、生产者剩余和总剩余。

 b. 现在假设各个独立的超市联合为一个连锁店。用新图形说明新的消费者剩余、生产者剩余和总剩余。相对于竞争市场而言，从消费者转移给生产者的是什么？无谓损失是什么？

3. Johnny Rockabilly 刚刚录制完他的最新 CD。他的录音公司的市场营销部确定对这张 CD 的需求如下表所示：

价格 （美元）	CD 需求量 （张）
24	10 000
22	20 000
20	30 000
18	40 000
16	50 000
14	60 000

该公司生产 CD 没有固定成本，可变成本是每张 CD 5 美元。

 a. 求产量分别等于 10 000 张、20 000 张……时的总收益。销售量每增加 10 000 张的边际收益是多少？

 b. 求利润最大化时的 CD 产量、价格和利润。

 c. 如果你是 Johnny 的经纪人，你会建议 Johnny 向录音公司要多少报酬？为什么？

4. 一个公司正在考虑在一条河上建一座桥。修桥的成本是 200 万美元，没有维修费用。下表表示该公司对桥在使用寿命内需求的预期：

每过一次的价格 （美元）	过桥次数 （千次）
8	0
7	100
6	200
5	300
4	400
3	500
2	600
1	700
0	800

 a. 如果公司建这座桥，其利润最大化的价格是多少？该价格对应的是否是有效率的产量水平？为什么？

 b. 如果公司关注利润最大化，它应该建桥吗？它的利润或亏损是多少？

 c. 如果政府要建桥，它收取的价格应该是多少？

 d. 政府应该建桥吗？解释原因。

5. Larry、Curly 和 Moe 经营镇里唯一的一个沙龙。Larry 想在不赔钱的情况下尽量多卖饮料，Curly 想让沙龙带来尽可能多的收益，Moe 想使利润尽量多。用一个该沙龙的需求曲线和成本曲线图形分别标出各个合伙人赞成的价格和数量组合。解释原因。

6. Ectenia 市的居民都喜爱经济学，市长提议建一座经济学博物馆。博物馆的固定成本是 240 万美元，而且没有可变成本。这个镇有 10 万名居民，而且，每个人对参观博物馆都有相同的需求：$Q^D = 10 - P$，其中 P 是门票的价格。

 a. 用图形表示该博物馆的平均总成本曲线和边际成本曲线。该博物馆属于哪一种类型的市场？

 b. 市长建议用 24 美元的定额税来为博物馆提供资金，然后免费向公众开放。每个人会参观多少次？计算每个人从博物馆得到的收益，用消费者剩余减去这一新税收来计算。

 c. 市长的税收的反对者说，博物馆应该自己通过收门票费来筹资。在不引起亏损的情况下，该博物馆能收取的最低价格是多少？（提示：找出价格为 2 美元、3 美元、

4 美元和 5 美元时的参观者人数和博物馆利润。）

d. 根据你在 c 中找出的保本价格，计算每个居民的消费者剩余。与市长的计划相比，收取门票费会使谁的状况变好？谁的状况变坏？解释原因。

e. 在上述问题中被略去的哪些现实问题可能会有利于支持收取门票费？

7. 考虑垄断定价和需求价格弹性之间的关系：

a. 解释为什么一个垄断者决不生产需求曲线缺乏弹性时的数量。（提示：如果需求缺乏弹性而企业提高其价格，总收益和总成本会发生什么变动？）

b. 画出垄断者的图形，准确地标出缺乏弹性的需求曲线部分。（提示：答案与边际收益曲线相关。）

c. 在你的图形上标明使总收益最大化的数量和价格。

8. 你住在一个有 300 个成人和 200 个儿童的小镇上，而且，你正考虑进行一场演出招待你的邻居并赚点钱。该演出的固定成本为 2 000 美元，但多售出一张票的边际成本为 0。下面是你的两类顾客的需求表：

价格（美元）	成人（个）	儿童（个）
10	0	0
9	100	0
8	200	0
7	300	0
6	300	0
5	300	100
4	300	200
3	300	200
2	300	200
1	300	200
0	300	200

a. 为了使利润最大化，你对成人票收取多高的价格？对儿童票呢？你获得多少利润？

b. 市委会通过了一项法律，禁止你向不同顾客收取不同价格。现在你把票价确定为多少？你获得多少利润？

c. 由于法律禁止价格歧视，谁的状况变坏了？谁的状况变好了？（如果可以的话，计算福利变动的数量。）

d. 如果这个演出的固定成本是 2 500 美元，而不是 2 000 美元，你对 a、b、c 的回答有什么变动？

9. 在 Wiknam 国，只有一家企业生产并销售足球，而且，在开始时，足球的国际贸易是被禁止的。以下方程式说明了垄断者的需求、边际收益、总成本和边际成本：

$$需求：P = 10 - Q$$
$$边际收益：MR = 10 - 2Q$$
$$总成本：TC = 3 + Q + 0.5Q^2$$
$$边际成本：MC = 1 + Q$$

其中 Q 是数量，而 P 是用 Wiknam 国货币衡量的价格。

a. 垄断者生产多少足球？在什么价格时这些足球可以售出？垄断者的利润是多少？

b. 一天，Wiknam 国的国王命令，今后允许足球自由贸易——既可以进口也可以出口，世界价格是 6 美元。企业现在是竞争市场上的价格接受者。足球的国内生产会发生什么变化？国内消费呢？Wiknam 国是出口还是进口足球？

c. 在我们分析国际贸易的第 9 章中，当一个国家没有贸易时的价格低于世界价格时变为出口国，高于世界价格时变为进口国。这个结论在你对 a 和 b 的回答中成立吗？解释原因。

d. 假设世界价格现在不是 6 美元，而是与 a 中决定的没有贸易时的国内价格正好完全相同。允许贸易改变了 Wiknam 国经济的某些方面吗？解释原因。这里得出的结论与第 9 章的分析相比较如何？

10. 根据市场研究，Ectenia 国一家电影公司获得了以下有关其新的 DVD 的需求和生产成本的信息：

$$需求：P = 1\,000 - 10Q$$
$$总收益：TR = 1\,000Q - 10Q^2$$
$$边际收益：MR = 1\,000 - 20Q$$
$$边际成本：MC = 100 + 10Q$$

其中，Q 表示可以售出的 DVD 数量，而 P 是用 Ectenian 元表示的价格。

a. 找出使公司利润最大化的价格和数量。

b. 找出能实现社会福利最大化的价格和数量。

c. 计算垄断带来的无谓损失。
d. 假设除了以上成本以外,还要向电影的导演支付报酬。这家公司在考虑以下四种方案:
   i. 一次性付费2 000 Ectenian元
   ii. 利润的50%
   iii. 每售出一张DVD支付150 Ectenian元
   iv. 收益的50%

对于以上四种方案,分别计算使利润最大化的价格和数量。在这些付酬计划之中,如果有的话,哪一种能改变垄断引起的无谓损失?解释原因。

11. 许多价格歧视计划都会引起一些成本。例如,折扣券要占用买者与卖者的时间与资源。本题考虑高成本价格歧视的含义。为了使问题简化,我们假设这里垄断者的生产成本与产量是成比例的,因此平均总成本和边际成本是不变的,而且相等。
   a. 画出垄断者的成本曲线、需求曲线和边际收益曲线。说明没有价格歧视时垄断者收取的价格。
   b. 在你的图上标出等于垄断者利润的面积,并称之为 X;标出等于消费者剩余的面积,并称之为 Y;标出等于无谓损失的面积,并称之为 Z。
   c. 现在假设,垄断者可以实行完全价格歧视。垄断者的利润是多少?(用 X、Y 和 Z 表示你的答案。)
   d. 价格歧视引起的垄断利润变动是多少?价格歧视引起的总剩余变动是多少?哪一个变动更大?解释原因。(用 X、Y 和 Z 表示你的答案。)
   e. 现在假设价格歧视有一些成本。为了使这种成本模型化,我们假设,垄断者为了实行价格歧视必须支付固定成本 C。垄断者如何做出是否支付这种固定成本的决策?(用 X、Y、Z 和 C 表示你的答案。)
   f. 关心总剩余的仁慈的社会计划者如何决定垄断者是否应该实行价格歧视?(用 X、Y、Z 和 C 表示你的答案。)
   g. 比较你对 e 和 f 的答案。垄断者实行价格歧视的激励与社会计划者的有什么不同?即使价格歧视从社会来看是不合意的,垄断者也可能实行价格歧视吗?

第15章 一国收入的衡量

第16章 生活费用的衡量

第6篇 宏观经济学的数据

第 15 章
一国收入的衡量

当你上完学并开始寻找一份全职工作时,你的经历将在很大程度上受当时经济状况的制约。在一些年份,整个经济的企业都在扩大其物品与服务的生产,就业增加,找到一份工作很容易。而在另一些年份,企业削减生产,就业减少,找到一份好工作要花费很长时间。毫不奇怪,任何一个大学毕业生都愿意在经济扩张的年份进入劳动力队伍,而不愿意在经济收缩的年份进入。

由于整体经济的健康深深地影响着我们每一个人,所以,新闻媒体广泛报道经济状况的变动。实际上我们在翻阅报纸、浏览网上新闻或观看电视时都会看到新发布的经济统计数字。这些统计数字可以衡量经济中所有人的总收入(国内生产总值,即 GDP)、平均物价上升或下降的比率(通货膨胀或通货紧缩)、劳动力中失去工作的人所占的百分比(失业)、商店的总销售额(零售额),或者美国与世界其他国家之间贸易的不平衡量(贸易赤字)。所有这些统计数字都是宏观经济的。它们告诉我们的不是关于某个家庭、企业或市场的情况,而是关于整体经济的情况。

你可以回忆一下第 2 章,经济学分为两个分支:微观经济学和宏观经济学。**微观经济学**(microeconomics)研究家庭和企业如何做出决策,以及它们如何在市场上相互影响。**宏观经济学**(macroeconomics)研究整个经济。宏观经济学的目标是解释同时影响许多家庭、企业和市场的经济变化。宏观经济学家解决各种各样的问题:为什么一些国家的平均收入高,而另一些国家的平均收入低?为什么物价有时上升迅速,而在另一些时候较为稳定?为什么生产和就业在一些年份扩张,而在另一些年份收缩?如果可能的话,政府可以用什么方法来促进收入迅速增长、通货膨胀率降低和就业稳定呢?这些问题在本质上都是属于宏观经济的,因为它们涉及整体经济的运行。

由于整体经济只是在许多市场上相互影响的许多家庭和企业的集合,所以微观经济学和宏观经济学密切相关。例如,供给和需求这种基本工具既是微观经济分析的中心,又是宏观经济分析的中心。但对经济整体的研究又提出了一些新颖而且迷人的挑战。

在本章和下一章中,我们将讨论经济学家和决策者用来监测整体经济状况的一些数据。这些数据反映了宏观经济学家试图解释的经济变动。本章考察国内生产总值,它衡量的是一国的总收入。GDP 是最受瞩目的经济统计数字,因为它被认为是衡量社会经济福利最好的一个指标。

15.1 经济的收入与支出

如果你要判断一个人在经济上是否成功,你首先要看他的收入。高收入者负担得起生活必需品和奢侈品。毫不奇怪,高收入者享有较高的生活水平——更好的住房、更好的医疗、更豪华的汽车、更充分的休假,等等。

同样的逻辑也适用于一国的整体经济。当判断一国经济是富裕还是贫穷时,自然就会考察经济中所有人赚到的总收入。这正是 GDP 的作用。

GDP 同时衡量两件事:经济中所有人的总收入和用于经济中物品与服务产出的总支出。由于这两件事实际上是相同的,所以 GDP 既衡量总收入又衡量总支出。对一个整体经济而言,收入必定等于支出。

为什么这是正确的呢?一个经济的收入和其支出相同的原因就是每一次交易都有两方:买者和卖者。某个买者的 1 美元支出正是某个卖者的 1 美元收入。例如,Karen 为 Doug 给她修剪草坪而支付 100 美元。在这种情况下,Doug 是服务的卖者,而 Karen 是买者。Doug 赚了 100 美元,而 Karen 支出了 100 美元。因此,交易对经济的收入和支出做出了相同的贡献。无论作为总收入来衡量还是作为总支出来衡量,GDP 都增加了 100 美元。

说明收入和支出相等的另一种方法是用图 15-1 所示的循环流量图。你也许还记得在第 2 章中这个图描述了一个简单经济中的家庭和企业之间的全部交易。这个图通过假设所有物品与服务由家庭购买,而且家庭支出了他们的全部收入而使事情简单化。在这个经济中,当家庭从企业购买物品与服务时,这些支出通过物品与服务市场流动。当企业反过来用从销售中得到的钱来支付工人的工资、土地所有者的租金和企业所有者的利润时,这些收入通过生产要素市场流动。货币不断地从家庭流向企业,然后又流回家庭。

GDP 衡量货币的流量。我们可以用两种方法中的一种来计算这个经济的 GDP:加总家庭的总支出或加总企业支付的总收入(工资、租金和利润)。由于经济中所有的支出最终要成为

图 15-1 循环流量图

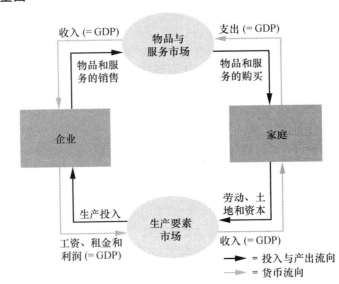

家庭从企业购买物品与服务,企业用销售得到的收入来支付工人的工资、土地所有者的租金和企业所有者的利润。GDP 等于家庭在市场上为物品和服务支付的总额。它也等于企业在市场上为生产要素支付的工资、租金和利润的总额。

某人的收入,所以无论我们如何计算,GDP 都是相同的。

当然,现实经济比图 15-1 所说明的经济要复杂得多。家庭并没有支出其全部收入;家庭要把他们的部分收入用于支付政府税收,还要为了未来使用而把部分收入用于储蓄。此外,家庭并没有购买经济中生产的全部物品与服务:一些物品与服务由政府购买,还有一些由计划未来用这些物品与服务生产自己产品的企业购买。但基本经验是相同的:无论是家庭、政府还是企业购买物品或服务,交易总有买者与卖者。因此,对整个经济而言,支出和收入总是相同的。

即问即答 GDP 衡量哪两件事情?它如何可以同时衡量这两件事情?

15.2 国内生产总值的衡量

我们已经在一般意义上讨论了 GDP 的含义,现在可以更准确地说明如何衡量这个统计数字。下面是 GDP 的定义,这个定义的中心是把 GDP 作为对总支出的衡量:

- **国内生产总值**(gross domestic product,GDP)是在某一既定时期一个国家内生产的所有最终物品与服务的市场价值。

这个定义看来是相当简单的。但实际上,在计算一个经济的 GDP 时许多微妙的问题出现了。因此,我们来仔细探讨这个定义中的每一个词。

15.2.1 "……市场价值"

你也许听到过一句谚语:"你无法比较苹果与橘子。"但 GDP 正是要这样做。GDP 要把许多种不同物品加总为一个经济活动价值的衡量指标。为了这样做,它使用了市场价格。由于市场价格衡量人们愿意为各种不同物品支付的量,所以市场价格反映了这些物品的价值。如果一个苹果的价格是一个橘子价格的 2 倍,那么一个苹果对 GDP 的贡献就是一个橘子的 2 倍。

15.2.2 "……所有……"

GDP 要成为全面的衡量指标。它包括在经济中生产并在市场上合法出售的所有东西。GDP 不仅衡量苹果和橘子的市场价值,而且还衡量梨和葡萄、书和电影、理发和医疗等的市场价值。

GDP 还包括由经济中住房存量提供的住房服务的市场价值。就租赁住房而言,这种价值很容易计算——租金既等于房客的支出,又等于房东的收入。但许多人对自己所住的房子有所有权,因此并不付租金。政府通过估算租金价值而把这种自有房产的价值包括在 GDP 中。实际上,GDP 是基于这样一个假设:所有者将房屋出租给自己,隐含的租金既包括在房东的支出中,又包括在其收入中,因此,它计入 GDP。

但是,还有一些物品没有纳入 GDP 中,因为衡量这些物品的价值十分困难。GDP 不包括非法生产与销售的东西,例如非法的毒品。GDP 也不包括在家庭内生产和消费,从而没有进入市场的东西。你在杂货店买的蔬菜是 GDP 的一部分,但你在自己花园里种的蔬菜却不是。

这些没有包括在 GDP 中的东西有时会引起一些似是而非的结果。例如,当 Karen 为 Doug 给她修剪草坪而进行支付时,这种交易是 GDP 的一部分。如果 Karen 与 Doug 结婚,情况就变了。尽管 Doug 仍然会为 Karen 修剪草坪,但修剪草坪的价值就不属于 GDP 了,因为 Doug 的服务不再在市场上出售。因此,如果 Karen 和 Doug 结婚了,GDP 就减少了。

15.2.3 "……最终……"

当国际纸业公司生产出纸张,Hallmark 公司用纸来生产贺卡时,纸被称为中间物品,而贺卡被称为最终物品。GDP 只包括最终物品的价值。这样做是因为中间物品的价值已经包括在最终物品的价格中了。把纸的市场价值与贺卡的市场价值相加就会重复计算。这就是说,会(不正确地)把纸的价值计算两次。

当生产出来的一种中间物品没有被使用,而是增加了企业以后使用或出售的存货时,这个原则就出现了一个重要的例外。在这种情况下,中间物品被暂时作为"最终"物品,其价值作为存货投资成为 GDP 的一部分包括在内。因此,把存货加到 GDP 上,而当存货中的物品以后被使用或出售时,存货的减少再从 GDP 中扣除。

15.2.4 "……物品与服务……"

GDP 既包括有形的物品(食物、衣服、汽车),又包括无形的服务(理发、打扫房屋、看病)。当你购买了你最喜爱的乐队的 CD 时,你购买的是一种物品,购买价格是 GDP 的一部分。当你花钱去听同一个乐队的音乐会时,你购买的是服务,票价也是 GDP 的一部分。

15.2.5 "……生产的……"

GDP 包括现期生产的物品与服务。它不包括涉及过去生产的东西的交易。当福特汽车公司生产并销售一辆新汽车时,这辆汽车的价值包括在 GDP 中。当一个人把一辆二手车出售给另一个人时,二手车的价值不包括在 GDP 中。

15.2.6 "……一个国家内……"

GDP 衡量的生产价值局限于一个国家的地理范围之内。当一个加拿大公民暂时在美国工作时,他的产出是美国 GDP 的一部分。当一个美国公民在海地拥有一个工厂时,这个工厂的产出不是美国 GDP 的一部分(它是海地 GDP 的一部分)。因此,如果东西是在一国国内生产的,无论生产者的国籍如何,都包括在该国的 GDP 之中。

15.2.7 "在某一既定时期……"

GDP 衡量某一特定时期内发生的生产的价值。这个时期通常是一年或一个季度(三个月)。GDP 衡量在这一段时期内经济收入与支出的流量。

当政府公布一个季度的 GDP 时,它通常按"年增长率"来计算 GDP。这意味着,所公布的季度 GDP 的数字是那个季度的收入与支出量乘以 4。政府采用这种习惯做法是为了更易于比较季度与年度的 GDP 数字。

此外,当政府公布季度 GDP 时,它提供的是用称为季度调整的统计程序修改之后的数据。未经调整的数据清楚表明,一年中某个时期生产的物品与服务多于其他时期。(正如你会猜到的,12 月份的圣诞节购物旺季是一个高点。)当监测经济状况时,经济学家和决策者通常想撇开这些有规律的季节性变动。因此,政府统计学家调整季度数据,以避开季度性周期。在新闻中公布的 GDP 数据总是进行了这种季度性调整的。

现在我们再复习一下 GDP 的定义:

- GDP 是在某一既定时期一个国家内生产的所有最终物品与服务的市场价值。

这个定义的中心是把 GDP 作为经济中的总支出。但是,不要忘记,一种物品或服务的买者的每一美元支出都要变为那种物品或服务卖者的收入。因此,除了运用这个定义以外,政府还要加总经济中的总收入。计算 GDP 的两种方法得出了几乎完全相同的答案。(为什么是"几乎"?尽管这两种衡量应该是完全相同的,但数据来源并不完全。GDP 这两种计算结果之间的差额称为统计误差。)

显然,GDP 是衡量经济活动价值的一种复杂指标。在高级宏观经济学课程中,你将进一步了解由这种计算所产生的细微差别。但即使现在你也可以看到,这个定义中的每个词都有某种含义。

即问即答 生产一磅汉堡包和生产一磅鱼子酱,哪一个对 GDP 的贡献更大?为什么?

参考资料
其他收入衡量指标

当美国商务部每三个月计算一次本国的 GDP 时,它还计算收入的其他衡量指标,以更全面地反映经济中所出现的情况。这些其他衡量指标与 GDP 的不同之处是不包括或包括某些收入范畴。以下按从大到小的顺序简要地描述了五种收入衡量指标。

- 国民生产总值(GNP)是一国永久居民(称为国民)所赚到的总收入。它与 GDP 的不同之处在于:它包括本国公民在国外赚到的收入,而不包括外国人在本国赚到的收入。例如,当一个加拿大公民暂时在美国工作时,他的产出是美国 GDP 的一部分,但不是美国 GNP 的一部分(而是加拿大 GNP 的一部分)。对包括美国在内的大部分国家来说,国内居民是大部分国内生产的承担者。因此,GDP 和 GNP 是非常接近的。
- 国民生产净值(NNP)是一国居民的总收入(GNP)减折旧。折旧是经济中设备和建筑物存量的磨损或损耗,例如卡车报废和电脑过时。在商务部提供的国民收入账户中,折旧被称为"固定资本的消费"。
- 国民收入是一国居民在物品与服务生产中赚到的总收入。它与国民生产净值几乎是相同的。这两个指标的不同是由于数据收集问题引起的统计误差。
- 个人收入是家庭和非公司制企业得到的收入。与国民收入不同,个人收入不包括留存收益——公司获得的但没有支付给其所有者的收入。它还要减去间接营业税(例如销售税)、公司所得税和对社会保障的支付(主要是社会保障税)。此外,个人收入还包括家庭从其持有的政府债券中得到的利息收入,以及家庭从政府转移支付项目中得到的收入,如福利和社会保障收入。

- 个人可支配收入是家庭和非公司制企业在完成它们对政府的义务之后剩下的收入。它等于个人收入减个人税收和某些非税收支付(例如交通罚单)。

虽然各种收入衡量指标在细节上不同,但是它们几乎总是说明了相同的经济状况。当 GDP 迅速增长时,这些收入衡量指标通常也迅速增长。当 GDP 减少时,这些衡量指标通常也减少。就监测整体经济的波动而言,我们用哪一种收入衡量指标无关紧要。

15.3 GDP 的组成部分

经济中的支出有多种形式。在任何时候,Smith 一家人可能在 Burger King 餐馆吃午饭;福特汽车公司可能建立一个汽车厂;海军可能获得一艘潜艇;而英国航空公司可能从波音公司购买一架飞机。GDP 包括了用于国内生产的物品和服务的所有支出形式。

为了了解经济如何使用稀缺资源,经济学家研究 GDP 在各种类型支出中的构成。为了做到这一点,GDP(用 Y 表示)被分为四个组成部分:消费(C)、投资(I)、政府购买(G)和净出口(NX):

$$Y = C + I + G + NX$$

这个等式是一个恒等式——按等式中各个变量的定义,该等式必定成立。在这种情况下,由于 GDP 中每一美元的支出都属于 GDP 四个组成部分中的一个,所以四个组成部分的总和必然等于 GDP。现在我们来进一步考察这四个组成部分。

15.3.1 消费

消费(consumption)是家庭除购买新住房之外用于物品与服务的支出。"物品"包括家庭购买的汽车与家电等耐用品,以及食品和衣服等非耐用品。"服务"包括理发和医疗这类无形的东西。家庭用于教育的支出也包括在服务消费中(虽然有人会认为教育更适合下一个组成部分)。

15.3.2 投资

投资(investment)是对用于未来生产更多物品和服务的物品的购买。它是资本设备、存货和建筑物购买的总和。建筑物投资包括新住房支出。按习惯,新住房购买是划入投资而不划入消费的一种家庭支出形式。

正如本章前面所提到的,存货累积的处理值得注意。当苹果公司生产了一台电脑但并不出售它,而是将它加到其存货中时,则假设自己"购买了"这台电脑。这就是说,国民收入会计师会把这台电脑作为苹果公司投资支出的一部分来处理。(如果苹果公司以后卖出了存货中的这台电脑,这时其存货投资就将是负的,抵消了买者的正支出。)用这种方法处理存货是因为 GDP 衡量的是经济生产的价值,而且增加到存货中的物品是这个时期生产的一部分。

要注意的是,GDP 核算中用的投资这个词不同于你在日常谈话中所听到的这个词。当你听到投资这个词时,你也许会想到金融投资,如股票、债券以及共同基金——在本书的后面我们要研究这个问题。与此相反,由于 GDP 衡量对物品与服务的支出,因此这里投资这个词是指购买未来用于生产其他物品的物品(例如资本设备、建筑物和存货)。

15.3.3 政府购买

政府购买（government purchase）包括地方、州和联邦政府用于物品与服务的支出。它包括政府员工的薪水和用于公务的支出。近年来，美国国民收入账户更名为更长的"政府消费支出和总投资"，但在本书中，我们将继续采用传统且较短的术语"政府购买"。

要对"政府购买"的含义做一个说明。当政府为一位陆军将军或中小学教师支付薪水时，这份薪水是政府购买的一部分。但是，当政府向一个老年人支付社会保障补助或者向刚刚被解雇的工人支付失业保险补助时，事情就完全不同了：这些政府支出被称为转移支付，因为它们并不用于交换现期生产的物品与服务。转移支付改变了家庭收入，但并没有反映经济的生产。（从宏观经济的角度看，转移支付像负的税收。）由于 GDP 要衡量来自物品与服务生产的收入和用于这些物品与服务生产的支出，所以转移支付不计入政府购买。

15.3.4 净出口

净出口（net export）等于外国对国内生产的物品的购买（出口）减国内对外国物品的购买（进口）。一家国内企业把产品卖给别国的买者，比如，波音向英国航空公司销售一架飞机，就增加了美国的净出口。

"净出口"中的"净"指从出口中减去进口这一事实。之所以要减去进口，是因为 GDP 的其他组成部分包括进口的物品与服务。例如，假设一个家庭向瑞典汽车制造商沃尔沃公司购买了一辆价值 4 万美元的汽车。这个交易增加了 4 万美元的消费，因为购买汽车是消费支出的一部分。它还减少了净出口 4 万美元，因为汽车是进口的。换句话说，净出口包括国外生产的物品与服务（符号为负），因为这些物品和服务包括在消费、投资和政府购买中（符号为正）。因此，当国内的家庭、企业或政府购买了国外的物品与服务时，这种购买就减少了净出口，但由于它还增加了消费、投资或政府购买，所以并不影响 GDP。

案例研究
美国 GDP 的组成部分

表 15-1 说明了 2012 年美国 GDP 的构成。这一年美国的 GDP 超过了 15 万亿美元。把这个数字除以 2012 年美国的人口 3.14 亿，得出每个人的 GDP（有时称为人均 GDP）。2012 年平均每个美国人的收入和支出是 49 923 美元。

表 15-1 GDP 及其组成部分

	总量 （10 亿美元）	人均量 （美元）	占总量的百分比 （%）
国内生产总值, Y	15 676	49 923	100
消费, C	11 119	35 411	71
投资, I	2 059	6 557	13
政府购买, G	3 064	9 758	20
净出口, NX	-567	-1 806	-4

该表说明了 2012 年美国经济的 GDP 总量及其在四个组成部分中的细分。在看这个表时，要记住 $Y = C + I + G + NX$ 这个恒等式。

资料来源：U. S. Department of Commerce. 由于计算过程中的四舍五入，各部分之和可能与总量不等。

消费占 GDP 的 71%，亦即每人 35 411 美元；投资是每人 6 557 美元；政府购买是每人 9 758 美元；净出口是每人 –1 806 美元，这个数字是负的，因为美国人从出售给外国人的物品中所赚到的收入小于他们用于购买外国物品的支出。

这些数据来自经济分析局，它是美国商务部中提供国民收入核算的部门。你可以在它的网站 http://www.bea.gov 上找到最新的 GDP 数据。

即问即答 列出支出的四个组成部分。哪一部分最大？

新闻摘录
经济分析局改变了投资和 GDP 的定义

2013 年，经济分析局（Bureau of Economic Analysis, BEA）宣布将扩大投资和 GDP 的定义范围，把各种形式的知识产权的生产也计入。本文讨论了这种改变。由于本书英文版出版时新的数据还没有公布，这里所引用的数据都是传统的狭义定义范围内的。

是的，女歌神 Lady Gaga 的歌曲也对 GDP 做出了贡献
Osagie Imasogie　　Thaddeus J. Kobylarz

美国政府最近宣布了估算 GDP 的一项受欢迎的革新。从 7 月 31 日开始，BEA 将记录用于"研发、娱乐、文学和艺术原创之类固定资产投资"的支出，把这种支出与软件支出合并，计入一个新的投资门类"知识产权产品"。

这对于 GDP 来说意味着什么？威尔斯利（Wellesley）学院的经济学家 Daniel Sichel 告诉国家公共广播电台（NPR），在这项 GDP 统计方法改变之前，"如果 Lady Gaga 举办演唱会售票，票款是计入 GDP 的"，但她用于写歌、录制唱片的开支并不计入。Sichel 先生指出，艺术家为一首歌或一部电影所投入的金钱"与工厂投资购买一部新机器是基本一样的"，所以，这种 GDP 计算方法是不对的。同理，为开发新药品或者智能手机投入的金钱也应该计入 GDP。

如此看来，这次 GDP 计算范围的修订比 1999 年将软件开发支出计入国民核算的改革更为重要。为什么呢？第一，由于把计入 GDP 的知识产权投资扩大到了研发以及艺术和娱乐产业，因此现有美国经济的规模比人们预想的扩大了大约 3%——相当于 4000 亿美元。（但这并不意味着 7 月份以后我们就能看出 GDP 的剧增；数据的调整会追溯至 1929 年，以减少改变对于现期增长率的影响。）第二，这种改变反映出整体经济已经从以工业为要务平稳地转型为以知识和信息产业为基础。第三，这种改变开启了未来 GDP 计算方法的变革之路，因为 BEA 已经从根本上认识到了 GDP 指标的现有意义已经远远落后于当今的经济现实。

这种改变不仅仅是经济学家才会有兴趣的那种晦涩难解的问题。政府的 GDP 数字决定了许多影响公民日常生活的基础政策，比如预算决策、联邦项目的资金等。观察 GDP 数据也是评估国家整体经济表现的捷径。

BEA 这次决策的目标非常清晰，就是更好地反映知识产权作为国家经济的关键贡献因素的作用。这种 GDP 衡量标准的改变不仅仅会影响与知识产权相关的政策决策，还会影响我们如何作为一个社会整体理解自身。

目前美国最高法院有几个重要案子，是关于专利保护的合法范围和民众态度问题的，包

括在日益增长的基因研究领域,至少有 25% 的人类基因已被私人注册了专利。我们所面临的重大决策还有教育基金的筹措及使用,特别是在科学、技术、工程、数学和早期儿童教育领域中。

在过去 20 年里,知识产权已经崛起,成为美国和其他一些发达国家经济增长的主要发动机。从许多方面来看,知识产权现在是全球新货币。这在很大程度上是由于美国成功地在全世界推广了其知识产权保护对于经济重要性的观念,尽管盗版仍然一直是严峻的挑战。简而言之,美国之所以成为世界经济的领导者,就是因为它有能力培养出富有创新意义的"造币厂",从而生成这种新的全球货币并从中获益。

政府新的 GDP 衡量方法说明经济学家正在积极正确地适应经济新形势。传统保守主义者仍然在将土地、劳动和资本视为生产的决定性要素,但经济学家们已经越来越认识到那些更无形的要素的生产性意义。它包括知识产权,更广泛地说,是智力资本。

资料来源:*The Wall Street Journal*, May 28, 2013.

15.4 真实 GDP 与名义 GDP

正如我们已经说明的,GDP 衡量经济中所有市场上用于物品与服务的总支出。如果从这一年到下一年总支出增加了,下述两种情况中至少有一种必然是正确的:(1) 生产了更多的物品与服务;(2) 以更高的价格销售物品与服务。当研究经济随着时间的流逝发生的变动时,经济学家们想区分这两种影响。特别是他们想衡量不受物品与服务价格变动影响所生产的物品与服务的总量。

为了这样做,经济学家使用了一种被称为真实 GDP 的衡量指标。真实 GDP 回答了一个假设的问题:如果我们以过去某一年的价格来确定今年生产的物品与服务的价值,那么这些物品与服务的价值是多少?通过用固定在过去水平上的价格来评价现期生产,真实 GDP 说明了一段时期内经济的整体物品与服务生产的变动。

为了更准确地说明如何构建真实 GDP,我们来看一个例子。

15.4.1 一个数字例子

表 15-2 表示一个只生产两种物品——热狗与汉堡包——的经济的一些数据。该表说明了在 2013 年、2014 年和 2015 年这两种物品的价格和产量。

为了计算这个经济的总支出,我们把热狗和汉堡包的数量乘以它们的价格。在 2013 年,100 个热狗以每个 1 美元的价格售出,因此,用于热狗的总支出等于 100 美元。在同一年,50 个汉堡包以每个 2 美元的价格售出,因此,用于汉堡包的支出也等于 100 美元。该经济的总支出——用于热狗的支出和用于汉堡包的支出之和——是 200 美元。这个量是按现期价格评价的物品与服务的生产,称为**名义 GDP**(nominal GDP)。

表 15-2 说明了这三年名义 GDP 的计算过程。总支出从 2013 年的 200 美元增加到 2014 年的 600 美元,然后增加到 2015 年的 1 200 美元。这种增加部分是由于热狗和汉堡包数量的增加,部分是由于热狗和汉堡包价格的上升。

表 15-2 真实 GDP 与名义 GDP

价格与产量				
年份	热狗价格（美元）	热狗产量（个）	汉堡包价格（美元）	汉堡包产量（个）
2013	1	100	2	50
2014	2	150	3	100
2015	3	200	4	150

年份	计算名义 GDP
2013	（每个热狗 1 美元 × 100 个热狗）+（每个汉堡包 2 美元 × 50 个汉堡包）= 200 美元
2014	（每个热狗 2 美元 × 150 个热狗）+（每个汉堡包 3 美元 × 100 个汉堡包）= 600 美元
2015	（每个热狗 3 美元 × 200 个热狗）+（每个汉堡包 4 美元 × 150 个汉堡包）= 1 200 美元

年份	计算真实 GDP（基年是 2013 年）
2013	（每个热狗 1 美元 × 100 个热狗）+（每个汉堡包 2 美元 × 50 个汉堡包）= 200 美元
2014	（每个热狗 1 美元 × 150 个热狗）+（每个汉堡包 2 美元 × 100 个汉堡包）= 350 美元
2015	（每个热狗 1 美元 × 200 个热狗）+（每个汉堡包 2 美元 × 150 个汉堡包）= 500 美元

年份	计算 GDP 平减指数
2013	(200 美元/200 美元) × 100 = 100
2014	(600 美元/350 美元) × 100 = 171
2015	(1 200 美元/500 美元) × 100 = 240

该表说明了如何计算假设只生产热狗和汉堡包的经济的真实 GDP、名义 GDP 和 GDP 平减指数。

为了得到不受价格变动影响的产量的衡量指标，我们使用真实 GDP，**真实 GDP**（real GDP）是按不变价格评价的物品与服务的生产。我们在计算真实 GDP 时，首先指定一年作为基年，然后用基年热狗和汉堡包的价格来计算所有各年的物品与服务的价值。换句话说，基年的价格为比较不同年份的产量提供了一个基础。

假设在这个例子中我们选择 2013 年作为基年，然后用 2013 年热狗和汉堡包的价格计算 2013 年、2014 年和 2015 年生产的物品与服务的价值。表 15-2 显示了计算过程。为了计算 2013 年的真实 GDP，我们用 2013 年（基年）热狗和汉堡包的价格和 2013 年生产的热狗和汉堡包的数量。（对基年而言，真实 GDP 总是等于名义 GDP。）为了计算 2014 年的真实 GDP，我们用 2013 年（基年）热狗和汉堡包的价格和 2014 年生产的热狗和汉堡包的数量。同样，为了计算 2015 年的真实 GDP，我们用 2013 年的价格和 2015 年的产量。当我们发现真实 GDP 从 2013 年的 200 美元增加到 2014 年的 350 美元，然后又增加到 2015 年的 500 美元时，我们知道，这种增加是由于产量的增加，因为价格被固定在基年的水平上。

总之，名义 GDP 是用当年价格来评价经济中物品与服务生产的价值；真实 GDP 是用不变的基年价格来评价经济中物品与服务生产的价值。由于真实 GDP 不受价格变动的影响，所以真实 GDP 的变动只反映生产的产量的变动。因此,真实 GDP 也是经济中物品与服务生产的一个衡量指标。

我们计算 GDP 的目的是衡量整个经济的运行状况。由于真实 GDP 衡量经济中物品与服务的生产,所以它反映经济满足人们需要与欲望的能力。这样,真实 GDP 作为衡量经济福利的指标要优于名义 GDP。当经济学家谈到经济的 GDP 时,他们通常是指真实 GDP,而不是名义 GDP。而且,当他们谈论经济增长时,他们用从一个时期到另一个时期真实 GDP 变动的百分比来衡量增长。

15.4.2 GDP 平减指数

正如我们刚刚说明的,名义 GDP 既反映经济中生产的物品与服务的数量,又反映这些物品与服务的价格。与此相反,通过把价格固定在基年水平上,真实 GDP 只反映生产的数量。从这两个统计指标中,我们可以计算出被称为 GDP 平减指数的第三个统计指标,**GDP 平减指数**(GDP deflator)只反映物品与服务的价格。

GDP 平减指数的计算如下:

$$\text{GDP 平减指数} = \frac{\text{名义 GDP}}{\text{真实 GDP}} \times 100$$

由于基年的名义 GDP 与真实 GDP 必定是相同的,所以基年的 GDP 平减指数总是等于 100。以后各年的 GDP 平减指数衡量的是不能归因于真实 GDP 变动的相对于基年名义 GDP 的变动。

GDP 平减指数衡量相对于基年价格的现期物价水平。为了说明为什么这是正确的,来看一对简单的例子。首先,设想经济中的产量一直在增加,但价格保持不变。在这种情况下,名义 GDP 和真实 GDP 同时增加,因此,GDP 平减指数不变。现在假设,物价水平一直在上升,但产量保持不变。在这种情况下,名义 GDP 增加,而真实 GDP 保持不变,因此,GDP 平减指数也上升了。要注意的是,在这两种情况下,GDP 平减指数反映了价格的变动,而不是产量的变动。

现在回到表 15-2 的数字例子中。GDP 平减指数的计算在表的底部。对于 2013 年,名义 GDP 是 200 美元,真实 GDP 是 200 美元,因此,GDP 平减指数是 100(基年的 GDP 平减指数总是 100)。对于 2014 年,名义 GDP 是 600 美元,真实 GDP 是 350 美元,因此,GDP 平减指数是 171。

经济学家用通货膨胀这个词来描述经济中整体物价水平上升的情况。通货膨胀率是从一个时期到下一个时期某个物价水平衡量指标变动的百分比。如果用 GDP 平减指数表示,两个相连年份的通货膨胀率用如下方法计算:

$$\text{第二年的通货膨胀率} = \frac{\text{第二年的 GDP 平减指数} - \text{第一年的 GDP 平减指数}}{\text{第一年的 GDP 平减指数}} \times 100\%$$

由于 2014 年的 GDP 平减指数从 100 上升到 171,所以通货膨胀率就是 100% × (171 - 100)/100,即 71%。在 2015 年,GDP 平减指数从前一年的 171 上升到 240,因此,通货膨胀率是 100% × (240 - 171)/171,即 40%。

GDP 平减指数是经济学家用来监测经济中平均物价水平,从而监测通货膨胀率的一个衡量指标。GDP 平减指数的得名是因为它可以用来从名义 GDP 中剔除通货膨胀——也就是说,"平减"名义 GDP 中由于物价上升而引起的上升。在下一章中,我们将考察经济中物价水平的另一个衡量指标——消费物价指数,届时我们还要说明这两个衡量指标之间的差别。

案例研究
近年来的真实 GDP

既然我们知道了如何定义和衡量真实 GDP,那么我们就来考虑这个宏观经济变量说明了近年来美国经济的什么情况。图 15-2 显示了 1965 年以来美国经济真实 GDP 的季度数据。

图 15-2 美国的真实 GDP

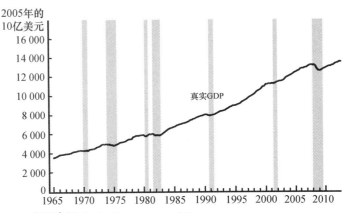

该图显示了 1965 年以来美国经济真实 GDP 的季度数据。衰退——真实 GDP 下降的时期——用垂直的阴影条表示。

资料来源:U. S. Department of Commerce.

这些数据最明显的特点是真实 GDP 一直在增长。美国经济 2012 年的真实 GDP 几乎是 1965 年水平的 4 倍。换言之,美国生产的物品与服务的产量平均每年增长 3% 左右。这种真实 GDP 的持续增长使普通美国人比他的父辈和祖父辈享有更大的经济繁荣。

GDP 数据的第二个特点是其增长并不稳定。真实 GDP 的上升有时被称为衰退的 GDP 减少时期打断。图 15-2 用垂直的阴影条显示了衰退。(官方确定经济周期的委员会什么时候宣布衰退已经开始并没有什么固定的规则,但一个古老的经验规则是真实 GDP 连续两个季度下降。)衰退不仅与低收入相关,而且还与其他形式的经济灾难相关,如失业增加、利润减少、破产增加,等等。

宏观经济学的大部分内容是要解释真实 GDP 的长期增长与短期波动。正如我们将在以后几章中说明的,出于这两个目的,我们需要不同的模型。由于短期波动代表着对长期趋势的背离,所以我们首先考察长期中包括真实 GDP 在内的关键宏观经济变量的状况。然后在后面的章节中以这种分析为基础解释短期波动。

即问即答 定义真实 GDP 与名义 GDP。哪一个是更好的经济福利衡量指标?为什么?

15.5 GDP 是衡量经济福利的好指标吗

在本章的开始,GDP 被称为衡量社会经济福利最好的指标。现在我们知道了 GDP 是什么,那么我们就可以评价这种说法了。

正如我们已经说明的,GDP 既衡量经济的总收入,又衡量经济用于物品与服务的总支出。因此,人均 GDP 能够告诉我们经济中每个人的平均收入与支出。由于大多数人喜欢得到更高的收入并有更高的支出,所以人均 GDP 似乎自然就成为平均经济福利的衡量指标。

但一些人对 GDP 作为福利衡量指标的正确性持有异议。当参议员罗伯特·肯尼迪(Robert Kennedy)在 1968 年竞选总统时,他慷慨激昂地批评了这种经济衡量指标:

> (GDP)并没有考虑到我们孩子的健康、教育质量,或者他们做游戏的快乐。它也没有包括我们的诗歌之美和婚姻的稳定,以及我们关于公共问题争论的智慧和我们公务员的廉正。它既没有衡量我们的勇气、我们的智慧,也没有衡量我们对祖国的热爱。简言之,它衡量一切,但并不包括使我们的生活有意义的东西;它可以告诉我们关于美国人的一切,但没有告诉我们为什么我们以做一个美国人而骄傲。

罗伯特·肯尼迪所说的话大部分是正确的。那么,为什么我们还要关注 GDP 呢?

答案是 GDP 高实际上有助于我们过上好生活。GDP 没有衡量我们孩子的健康,但 GDP 高的国家能够为孩子提供更好的医疗;GDP 没有衡量孩子们的教育质量,但 GDP 高的国家能够提供更好的教育体系;GDP 没有衡量我们的诗歌之美,但 GDP 高的国家可以教育更多公民去阅读和欣赏诗歌;GDP 没有考虑到我们的知识、廉正、勇气、智慧和对国家的热爱,但当人们不用过多关心是否能够负担得起生活的物质必需品时,这一切美好的品性也容易养成。简言之,GDP 没有直接衡量这些使生活有意义的东西,但它确实衡量了我们获得过上这份有意义生活的许多投入的能力。

然而,GDP 并不是衡量福利的完美指标。对美好生活做出贡献的某些东西并没有包括在 GDP 中。一种是闲暇。例如,假设经济中的每个人突然开始每天都工作,而不是在周末享受闲暇。这将生产更多的物品和服务,GDP 肯定增加。然而,尽管 GDP 增加了,但我们不应该得出每个人状况更好的结论。减少闲暇引起的福利损失抵消了人们从生产并消费更多的物品和服务中所获得的福利利益。

由于 GDP 用市场价格来评价物品与服务,所以它几乎未包括所有在市场之外进行的活动的价值。特别是,GDP 漏掉了在家庭中生产的物品与服务的价值。当厨师做出美味佳肴并将其在餐馆出售时,这顿饭的价值是 GDP 的一部分。但是,如果厨师为他的家人做一顿同样的饭,那么他增加到原材料中的价值并不属于 GDP。同样,幼儿园提供的对孩子的照顾是 GDP 的一部分,而父母在家照料孩子就不是。义工也为社会福利做出了贡献,但 GDP 并不反映这些贡献。

GDP 反映了工厂的生产,但没有反映它对环境的损害。

图片来源:ⒸBloom-berg/Getty Images.

GDP 没有包括的另一种东西是环境质量。设想政府取消了所有环境管制,那么企业就可以不考虑它们引起的污染而生产物品与服务,GDP 会增加,但福利很可能会下降。空气和水质量的恶化要大于更多生产所带来的福利利益。

GDP 也没有涉及收入分配。一个由 100 个每年收入为 5 万美元的人组成的社会,GDP 为 500 万美元,毫不奇怪,人均 GDP 是 5 万美元。一个有 10 个人赚到 50 万美元而 90 个人因一无所有而受苦的社会,其 GDP 也为 500 万美元。很少有人在考虑这两种情况时认为它们是相同的。人均 GDP 告诉我们每个人平均的情况,但平均量的背后是个人经历的巨大差异。

最后,我们可以得出这样一个结论:就大多数情况——但不是所有情况——而言,GDP 是衡量经济福利的一个好指标。重要的是,要记住 GDP 包括了什么,而又遗漏了什么。

新闻摘录
地下经济

GDP 忽略了许多发生在地下经济中的交易。

寻找隐蔽的经济
Doug Campbell

这里有一个我最近如何参与地下经济的简单而不起眼的故事:

在今年冬天最冷的一天的午后,一个人敲我家的前门。他问道:"要清扫雪道吗?只要 5 美元。"

外面是冷风刺骨的华氏 15 度。我说:"好吧。"半个小时后我给他 5 美元钞票,并感谢他为我省了不少麻烦。

在官方看来,这是非官方的交易——没有记录,没有交税,也没有遵守安全管制。(至少我认为这种临时雇用不必烦琐地报告收入或到相应的机构登记。)就其本身而言,在技术上这是非法的。当然,这只是一直在发生的一种事情。

2004 年按 GDP 衡量,美国官方经济的规模将近 12 万亿美元。对非官方经济的衡量——不包括毒品交易和卖淫这类非法活动——却有很大差异。但是,普遍认为非官方经济的规模相当大——大约占 GDP 的 6%—20%。按中间值计算,一年大约是 1.5 万亿美元。

这是一个影子企业吗?

图片来源: Rosemarie Gearhart/ArtisticCaptures/iStockphoto.com.

按广义的定义,地下经济、灰色经济、非正式经济或影子经济包括合法但没有报告或记录的交易。这是一张大网,包括从照料孩子的费用到与邻居一起修缮房屋的物物交易,再到月光下即兴表演没有报告的收费等。"地下"这个标签使这些事看起来比其实际情况邪恶得多。

犯罪活动构成了可以称为总地下经济的大部分,关于毒品交易、卖淫、赌博的经济学的研究有许多。但是,由于来自犯罪的钱财几乎从未被披露过,所以许多决策者更关心地下经济中如果不向当局隐瞒本来就是合法的那一部分,例如清扫雪道这样的事。

尽管它不正当,但非正式经济的重要性及其后果也仍然是有争议的。原因正如威斯康星大学的经济学家 Ed Feige 所说的,"你要去衡量的这种现象,其全部目的就在于不被发现"。

这种不确定性给决策者带来了难题。不了解地下经济的规模、范围和原因,他们如何能决定对它做点什么呢——如果能做点什么的话?

那个给我清扫雪道的人所做的从社会角度来看是正的活动还是负的活动?我所做的呢?不必多说,某些经济学家终其一生来回答关于地下经济的问题,但是,仍然没有对其规模或描述达成一致意见……

经济学家普遍认为,发展中国家的影子经济更严重,这些国家官僚作风和腐败是臭名昭著的。例如,经济学家 Friedrich Schneider 在 2003 年发布的"影子经济"(广义定义为所有市场上的、有意避开当局的合法的物品与服务的生产)对以下国家的影子经济进行了估算:津巴布韦影子经济占 GDP 的 63.2%，泰国占 GDP 的 54.1%，玻利维亚占 GDP 的 68.3%，格鲁吉亚占 GDP 的 68%。这些国家的地下经济平均占 GDP 的 40.1%，相比之下，这一比例在西方国家平均为 16.7%……

地下经济的国际差异

国家	地下经济占 GDP 的百分比(%)
玻利维亚	68
津巴布韦	63
秘鲁	61
泰国	54
墨西哥	33
阿根廷	29
瑞典	18
澳大利亚	13
英国	12
日本	11
瑞士	9
美国	8

资料来源：Friedrich Schneider. 2002 年数据。

研究型作家 Eric Schlosser 在其 2003 年的著作——《冷藏的愤怒：美国黑市上的性、毒品和廉价劳动力》中援引亚当·斯密的看不见的手理论，即人们追求自己的私利将给整个社会带来利益。这只看不见的手产生了相当大规模的地下经济，而我们如果不了解隐蔽经济如何起作用，就不能了解我们的整个经济制度。Schlosser 写道："地下经济很好地衡量了一个国家的进步和健康程度。当许多事情是错误的时候，就需要将其隐藏起来。"Schlosser 这句话的含义是，美国的许多事是错误的。如果他从全球的角度看，他可能就会觉得相对而言美国其实隐藏的并不多。

资料来源：Doug Campbell, "Region Focus", Federal Reserve Bank of Richmond, Spring 2005.

案例研究
GDP 与生活质量的国际差异

确定 GDP 作为经济福利衡量指标的有用性的一个方法是考察国际数据。富国与穷国人均 GDP 水平差异巨大。如果更多的 GDP 能够带来更高的生活水平，那么我们就应该认为 GDP 与生活质量的多种衡量指标是密切相关的。而且，事实上我们也是这样做的。

表 15-3 列出了按人均 GDP 排序的世界上人口最多的 12 个国家。该表还显示了这些国家人口的预期寿命、平均上学年数以及对水质的满意程度。这些数据表现出一种明显的格局。在美国、德国和日本这些富国，人们预期可以活到 80 岁左右，并上学 12 年，而且十个人中有九个对他们喝的水满意。在孟加拉国、尼日利亚和巴基斯坦这些穷国，人们一般比富国的人少活 10—20 年，而且上学不到六年，有三分之一到一半人不满意当地水的质量。

表 15-3　GDP 与生活质量

该表显示了 12 个主要国家的人均 GDP 和其他三项生活质量衡量指标。

国家	人均真实 GDP（美元）	预期寿命（岁）	平均上学年数	对水质的满意程度（总人口的%）
美国	43 017	79	12	90
德国	35 854	80	12	95
日本	32 295	83	12	88
俄罗斯	14 561	69	10	53
墨西哥	13 245	77	9	68
巴西	10 162	74	7	83
中国	7 746	74	8	73
印度尼西亚	3 716	69	6	87
印度	3 468	65	4	63
巴基斯坦	2 550	65	5	55
尼日利亚	2 069	52	5	47
孟加拉国	1 529	69	5	70

资料来源：*Human Development Report 2011*，United Nations. 2011 年的真实 GDP 以 2005 年为基期计算。平均上学年数的统计人群是 25 岁以上成人。

生活质量其他方面的数据也说明了类似的情况。人均 GDP 低的国家往往存在如下情况：婴儿出生时体重轻，婴儿死亡率高，母亲生孩子时的死亡率高，儿童营养不良的比率高。在人均 GDP 低的国家，学龄儿童实际入学率较低，上学的儿童也只能在人均教师数量很少的条件下学习，而且成人文盲较普遍。这些国家往往拥有的电视机少，电话少，铺设的道路少，有电的家庭少，而且接触互联网的机会也少。国际数据无疑表明，一国的人均 GDP 与其公民的生活水平密切相关。

即问即答　为什么决策者应该关注 GDP？

新闻摘录
衡量宏观经济福利

有没有比使用 GDP 更好的方法呢？

各国在寻求超越 GDP 的成功
Mark Whitehouse

金钱不是万能的。但在衡量国家成功与否时，很难找到金钱的替代品。

政治领袖们越来越表达出了对 GDP 的不满，用 GDP——一国所生产的物品和服务总和的货币衡量——来判断一国在提高生活水平方面是否成功是不够的。

英国首相卡梅伦 11 月时宣布，计划建立衡量国民福利的指标，该指标会包括人民生活满意度这样的因素。法国总统萨科奇也做出了类似的表态。

他们的努力直指经济学的核心——什么使我们更幸福？我们怎么才能更幸福？但是，想得到直截了当答案的人恐怕要失望了。

"生活当然比GDP广泛得多,但是,很难用一个衡量指标来代替GDP,而且,我们也很难确定使用一个衡量指标就够了",英国国家统计办公室衡量国民福利项目的负责人Paul Allin说,"可能我们生活在一个多维度的世界里,而我们不得不适应处理相当数量的信息。"

布鲁金斯研究所(Brookings Institution)的研究员Carol Graham周五在美国经济学会年会有关创建国家成功指标的讨论后总结说:"这就像一种新科学,还有好多活儿没做呢。"

过去四十年的大部分时间里,经济学家一直困惑于是否应该把GDP作为世界上最主要的衡量成功的指标。

富裕国家的人并没有显得比贫穷国家的人更幸福。宾夕法尼亚大学的经济学家Richard Easterlin从20世纪70年代就开始的研究发现,国民收入——按人均GDP计算——与人们所讲的幸福水平之间并没有直接关联。

更新的研究表明,GDP也没有那么糟。通过使用更多的数据以及不同的统计方法,宾夕法尼亚大学沃顿商学院的三位经济学家——Daniel Sacks、Betsey Stevenson以及Justin Wolfers——发现,人均GDP的某种比例的增加通常伴随幸福感的同比例增加。这种相关性适用于各个不同国家以及不同时期。

但用GDP来衡量政策是否成功远远未尽如人意。每人每周工作120小时会极大地抬高一国的人均GDP,但它绝不会使人们觉得更幸福。取消污染限制会提高每工作小时的GDP,但这不可能带给我们宜居的世界。

一个解决方案是把GDP和其他主观指标结合起来,比如不平等、闲暇和预期寿命。在周六美国经济学会的会议上,斯坦福大学经济学家Peter Klenow和Charles Jones的论文说明了这样做能带来巨大的不同。

根据他们的计算,如果计入更长的预期寿命、更多的闲暇时间和更低的不平等水平,法国和德国的生活水平看起来与美国一样,但如果不包括上述几项,那差距可就大了。

Klenow先生提到,他们的计算困难重重,其中之一是许多国家在诸如预期寿命这样关键的因素上数据很少。

如果要对比不同国家的福利,可能询问人们感觉如何会比金钱形式的衡量更好。普林斯顿大学经济学家Angus Deaton认为,把美国和诸如塔吉克斯坦这样的国家所消费的完全不同的物品和服务进行标价对比是几乎不可能的。问一问人们觉得自己状态怎么样会更容易,而且同样准确。

从此后幸福快乐直至永远

当计入闲暇和寿命长短等因素后,更多的财富并不总能转化为更好的生活质量。

国家/地区	福利指数	人均GDP指数
美国	100.0	100.0
德国	98.0	74.0
法国	97.4	70.1
日本	91.5	72.4
中国香港	90.0	82.1
意大利	89.7	69.5
英国	89.0	69.8
新加坡	43.6	82.9
韩国	29.7	47.1

(续表)

国家/地区	福利指数	人均GDP指数
墨西哥	17.4	25.9
巴西	12.2	21.8
俄罗斯	8.6	20.9
泰国	7.1	18.4
印度尼西亚	6.6	10.8
中国内地	5.3	11.3
南非	4.4	21.6
印度	3.5	6.6
博茨瓦纳	1.8	17.9
马拉维	0.4	2.9

注：2000年数据。
资料来源：Peter Klenow and Charles Jones, Stanford University. Reprinted with permission of *The Wall Street Journal*, Copyright © 2011 Dow Jones & Company, Inc. All Rights Reserved Worldwide.

有许多民意调查对不同国家评价自身表现都有很重要的作用，比如美国的消费者信心指数、荷兰的生活状态指数，这些研究都考虑了人与人之间的关系以及社区参与度等因素。

为了更好地衡量福利，英国计划在家庭调查中加入更多的主观问题。

但也有一些民意调查对政策有误导作用。比如 Wolfers 先生就发现，尽管美国妇女的工资、教育和其他客观性衡量指标都提升了，但对她们的幸福感调查结果显示她们不如四十年前幸福。他说，这并不意味着女权运动要被推翻。这种结果其实与被采访妇女的期望值提高以及坦诚度提高有关。

人们的真实偏好其实更多的是由行动而不是言语来体现的。民意调查认为，有孩子的人幸福感不如没孩子的人高，但人们还是选择要孩子——没人会提倡集体绝育来提升整体幸福感。

Wolfers 先生说："我们认为人生在世最重要的不仅仅是幸福，如果断章取义地只衡量整个生命的一部分，你肯定会损伤生命里的其他东西。"

对于决策者来说，现在能选择的衡量成功的方法只能是最合适解决手头问题的方法。这当然不够理想，但这是经济学所能提供的最佳答案了。

资料来源：*The Wall Street Journal*, January 10, 2011.

15.6 结论

本章讨论了经济学家如何衡量一国的总收入。当然，衡量只是起点。宏观经济学的大部分内容是要说明一国 GDP 的长期与短期决定因素。例如，为什么美国和日本的 GDP 高于印度和尼日利亚？最穷国家的政府可以用什么方法来加快 GDP 的增长？为什么美国 GDP 在某些年份增长迅速而在另一些年份却下降？美国决策者可以用什么方法降低 GDP 中这些波动的剧烈性？这些是我们马上要讨论的问题。

现在重要的仅仅是要了解衡量 GDP 的重要性。我们在生活中对经济状况如何总有某种感觉，但是，研究经济变动的经济学家和制定经济政策的决策者需要了解的比这种大致感觉要多得多——他们需要做判断时可以依据的具体数据。因此，用 GDP 这样的统计数字把经济状况量化是发展宏观经济学这门科学的第一步。

内容提要

◎ 由于每一次交易都有买者与卖者，所以经济中的总支出必定等于经济中的总收入。

◎ 国内生产总值(GDP)衡量经济用于新生产的物品与服务的总支出，以及生产这些物品与服务所赚到的总收入。更确切地说，GDP 是在某一既定时期一个国家内生产的所有最终物品和服务的市场价值。

◎ GDP 分为四个组成部分：消费、投资、政府购买和净出口。消费包括家庭用于物品与服务的支出，但不包括购买新住房的支出。投资包括用于新设备和建筑物的支出，也包括家庭购买新住房的支出。政府购买包括地方、州和联邦政府用于物品与服务的支出。净出口等于国内生产并销售到国外的物品与服务的价值(出口)减国外生产并在国内销售的物品与服务的价值(进口)。

◎ 名义 GDP 用现期价格来评价经济中物品与服务的生产。真实 GDP 用不变的基年价格来评价经济中物品与服务的生产。GDP 平减指数——用名义 GDP 与真实 GDP 的比率计算——衡量经济中的物价水平。

◎ GDP 是经济福利的一个良好衡量指标，因为人们对高收入的偏好大于低收入。但 GDP 并不是衡量福利的一个完美指标。例如，GDP 不包括闲暇的价值和清洁的环境的价值。

关键概念

微观经济学　　　　　　投资　　　　　　　　名义 GDP
宏观经济学　　　　　　政府购买　　　　　　真实 GDP
国内生产总值(GDP)　　净出口　　　　　　　GDP 平减指数
消费

复习题

1. 解释为什么一个经济的收入必定等于其支出。
2. 生产一辆经济型轿车和生产一辆豪华型轿车，哪一个对 GDP 的贡献更大？为什么？
3. 一个农民以 2 美元的价格把小麦卖给面包师。面包师用小麦制成面包，以 3 美元的价格出售。这些交易对 GDP 的贡献是多少呢？
4. 许多年以前，Peggy 为了收集唱片而花了 500 美元。今天她在旧货市场中把她收集的物品卖了 100 美元。这种销售如何影响现期 GDP？
5. 列出 GDP 的四个组成部分。各举一个例子。
6. 为什么经济学家在判断经济福利时用真实 GDP，而不用名义 GDP？
7. 在 2013 年，某个经济生产 100 个面包，每个以 2 美元的价格售出。在 2014 年，这个经济生产 200 个面包，每个以 3 美元的价格售出。计算每年的名义 GDP、真实 GDP 和 GDP 平减指数。(以 2013 年为基年。)从一年到下一年这三个统计数字的百分比分别提高了多少？
8. 为什么一国的 GDP 多是人们所希望的？举出一个增加了 GDP 但并不是人们所希望的事情的例子。

快速单选

1. 如果热狗的价格是 2 美元,而汉堡包的价格是 4 美元,那么,30 个热狗对 GDP 的贡献和____个汉堡包一样。
   a. 5
   b. 15
   c. 30
   d. 60

2. 牧羊农民 Angus 以 20 美元把羊毛卖给织毛衣者 Barnaby。Barnaby 织了两件毛衣,每件的市场价格为 40 美元。Collette 买了其中一件,另一件仍在 Barnaby 的商店货架上等待以后卖出。这里的 GDP 是多少?
   a. 40 美元
   b. 60 美元
   c. 80 美元
   d. 100 美元

3. 以下哪一项没有计入美国的 GDP 中?
   a. 法国空军向美国的飞机制造商波音公司购买了一架飞机。
   b. 通用汽车在北卡罗来纳州建立了一个新汽车生产厂。
   c. 纽约市为一个警察支付工资。
   d. 联邦政府向一个美国老年人送去一张社会保障支票。

4. 一个美国人买了一双意大利制造的鞋。美国的国民收入核算如何处理这笔交易?
   a. 净出口和 GDP 都增加。
   b. 净出口和 GDP 都减少。
   c. 净出口减少,GDP 不变。
   d. 净出口不变,GDP 增加。

5. 以下哪一个是 GDP 的最大组成部分?
   a. 消费
   b. 投资
   c. 政府购买
   d. 净出口

6. 如果所有产品的生产都增加了 10%,且所有价格都下降了 10%,会发生以下哪一种情况?
   a. 真实 GDP 增加 10%,而名义 GDP 减少 10%。
   b. 真实 GDP 增加 10%,而名义 GDP 不变。
   c. 真实 GDP 不变,而名义 GDP 增加 10%。
   d. 真实 GDP 不变,而名义 GDP 减少 10%。

问题与应用

1. 下列每一种交易会影响 GDP 的哪一部分(如果有影响的话)? 解释原因。
   a. 家庭购买了一台新冰箱。
   b. 姑妈 Jane 买了一套新房子。
   c. 福特汽车公司从其存货中出售了一辆野马牌汽车。
   d. 你买了一个比萨饼。
   e. 加利福尼亚州重新铺设了 101 号高速公路。
   f. 你的父母购买了一瓶法国红酒。
   g. 本田公司扩大了其在俄亥俄州 Marysville 的工厂。

2. GDP 组成部分中的"政府购买"并不包括用于社会保障这类转移支付的支出。想想 GDP 的定义,解释为什么转移支付不包括在政府购买之内?

3. 正如本章所说明的,GDP 不包括再销售的二手货的价值。为什么包括这类交易会使 GDP 变为一个参考价值小的经济福利衡量指标?

4. 下表是牛奶和蜂蜜的一些数据:

年份	牛奶价格(美元)	牛奶产量(品脱)	蜂蜜价格(美元)	蜂蜜产量(品脱)
2013	1	100	2	50
2014	1	200	2	100
2015	2	200	4	100

   a. 把 2013 年作为基年,计算每年的名义 GDP、真实 GDP 和 GDP 平减指数。
   b. 计算 2014 年和 2015 年从上一年以来名义 GDP、真实 GDP 和 GDP 平减指数变动的

百分比。对每一年,确定未发生变动的变量。解释为什么你的回答有意义。

c. 在 2014 年和 2015 年,经济福利增加了吗？解释原因。

5. 考虑一个只生产巧克力棒的经济。在第一年,生产量是 3 个巧克力棒,价格是 4 美元。在第二年,生产量是 4 个巧克力棒,价格是 5 美元。在第三年,生产量是 5 个巧克力棒,价格是 6 美元。以第一年为基年。

   a. 这三年每年的名义 GDP 是多少？
   b. 这三年每年的真实 GDP 是多少？
   c. 这三年每年的 GDP 平减指数是多少？
   d. 从第二年到第三年,真实 GDP 的增长率是多少？
   e. 从第二年到第三年,用 GDP 平减指数衡量的通货膨胀率是多少？
   f. 在这种只有一种产品的经济中,当没有前面 b 与 c 题的答案时,你应该如何回答 d 与 e 题？

6. 考虑以下美国 GDP 的数据:

年份	名义 GDP （10 亿美元）	GDP 平减指数 （基年是 2005 年）
2012	15 676	115.4
2002	10 642	92.2

   a. 2002 年到 2012 年间,名义 GDP 的增长率是多少？（提示:x 变量在第 N 年中的增长率用 $100 \times [(x_{最后一年}/x_{开始一年})^{1/N} - 1]$ 来计算。）
   b. 2002 年到 2012 年间,GDP 平减指数的增长率是多少？
   c. 按 2005 年的价格衡量,2002 年的真实 GDP 是多少？
   d. 按 2005 年的价格衡量,2012 年的真实 GDP 是多少？
   e. 2002 年到 2012 年间,真实 GDP 的增长率是多少？
   f. 名义 GDP 的增长率高于还是低于真实 GDP 的增长率？解释原因。

7. 经过修改的美国 GDP 的估算值通常在接近每个月月底时由政府公布。查找报道最新公布数据的报纸文章,或者在美国经济分析局的网站 http://www.bea.gov 上阅读新闻。讨论真实 GDP、名义 GDP 以及 GDP 各组成部分的最新变动。

8. 一个农民种小麦,她以 100 美元把小麦卖给磨坊主。磨坊主又把小麦加工成面粉,并将其以 150 美元卖给面包师。面包师把面粉做成面包,再以 180 美元卖给消费者。消费者吃了这些面包。

   a. 在这个经济中,GDP 是多少？解释原因。
   b. 增加值的定义是生产者生产的产品的价值减生产者购买的用于生产产品的中间物品的价值。假设在以上所描述的之外再没有中间物品,计算这三个生产者每个的增加值。
   c. 在这个经济中,三个生产者的总增加值是多少？如何与经济的 GDP 相比？这个例子提出了计算 GDP 的另一种方法吗？

9. 不在市场上销售的物品与服务,例如家庭生产并消费的食物,一般不包括在 GDP 中。你认为在比较美国和印度的经济福利时,表 15-3 中第二列的数字会引起误导吗？解释原因。

10. 自从 1970 年以来,美国劳动力中妇女的参工率急剧上升。

    a. 你认为这种上升会如何影响 GDP？
    b. 现在设想一种包括用于家务的劳动时间和闲暇时间的福利衡量指标。应该如何比较这种福利衡量指标的变动和 GDP 的变动？
    c. 你会认为福利的其他方面与妇女劳动力参工率的提高相关吗？构建一个包括这些方面的福利衡量指标现实吗？

11. 一天 Barry 理发公司得到 400 美元理发收入。在这一天,其设备折旧价值为 50 美元。在其余的 350 美元中,Barry 向政府交纳了 30 美元销售税,作为工资拿回家 220 美元,留 100 美元在公司以在未来增加设备。在他拿回家的 220 美元中,他交纳了 70 美元的所得税。根据这些信息,计算 Barry 对以下收入衡量指标的贡献:

    a. 国内生产总值
    b. 国民生产净值
    c. 国民收入
    d. 个人收入
    e. 个人可支配收入

第 16 章
生活费用的衡量

1931 年,当美国经济正经受大萧条之苦时,纽约扬基队向著名的棒球运动员 Babe Ruth 支付了 8 万美元的薪水。当时,即使已跻身于明星球员之列,这样的薪水也是非同寻常的。有一个故事说,一个记者问 Ruth,是否认为他赚的钱比当时的总统哈伯特·胡佛(Herbert Hoover)7.5 万美元的薪水还高是合理的。Ruth 回答:"我这一年过得很好。"

在 2012 年,一名纽约扬基队棒球运动员赚到的中位薪水是 190 万美元,而游击手 Alex Rodriguez 得到了 3 000 万美元。乍一看,这个事实会使你认为,在最近 80 年间,棒球成为一个更赚钱的职业。但正如每个人都知道的,物品和服务的价格也上升了。在 1931 年,五分钱可以买一个冰淇淋蛋卷,两角五分钱可以买一张本地电影院的电影票。由于 Babe Ruth 那时的物价比我们现在低得多,所以我们并不清楚 Ruth 的生活水平比现在的运动员高还是低。

在上一章中,我们考察了经济学家如何用 GDP 衡量一个经济所生产的物品与服务量。本章要考察的是经济学家如何衡量整体生活费用。为了比较 Babe Ruth 的 8 万美元薪水与今天的薪水,我们需要找到一种把美元数字变成有意义的购买力衡量指标的方法。这正是被称为消费物价指数的统计数字的工作。在说明如何编制消费物价指数之后,我们将讨论如何运用物价指数来比较不同时点的美元数字。

消费物价指数是用来监测生活费用随着时间的推移而发生的变动的。当消费物价指数上升时,一般家庭必须支出更多的钱才能维持同样的生活水平。经济学家用通货膨胀这个术语来描述物价总水平上升的情况。通货膨胀率是从上一个时期以来物价水平变动的百分比。前一章说明了经济学家如何用 GDP 平减指数来衡量通货膨胀。但是你在晚间新闻里听到的通货膨胀率很可能不是用这种统计方法计算出来的。由于消费物价指数更好地反映了消费者购买的物品与服务,所以它是更为常用的通货膨胀指标。

正如我们将在以后各章说明的,通货膨胀是受到密切关注的宏观经济状况的一个方面,也是指导宏观经济政策的关键变量。本章通过说明经济学家如何用消费物价指数来衡量通货膨胀率,以及如何用消费物价指数来比较不同时期的美元数字,为以后的分析提供一些背景知识。

16.1 消费物价指数

消费物价指数(consumer price index,CPI)是普通消费者所购买的物品与服务的总费用的衡量指标。隶属于劳工部的劳工统计局每月都计算并公布消费物价指数。在这一节,我们将讨论如何计算消费物价指数以及这种衡量存在什么问题。我们还要讨论如何比较消费物价指数与 GDP 平减指数,我们在上一章考察的 GDP 平减指数是物价总水平的另一个衡量指标。

16.1.1 如何计算消费物价指数

当劳工统计局计算消费物价指数和通货膨胀率时,它要使用成千上万种物品与服务的价格数据。为了正确说明如何编制这些统计数字,我们这里考虑消费者只购买两种物品——热狗和汉堡包——的简单经济。表 16-1 显示了劳工统计局所遵循的五个步骤。

表 16-1 计算消费物价指数和通货膨胀率的一个例子

第一步:调查消费者以确定固定的一篮子物品	
一篮子物品 = 4 个热狗,2 个汉堡包	

第二步:找出每年每种物品的价格

年份	热狗的价格(美元)	汉堡包的价格(美元)
2013	1	2
2014	2	3
2015	3	4

第三步:计算每年一篮子物品的费用

年份	一篮子物品的费用
2013	(每个热狗 1 美元 × 4 个热狗) + (每个汉堡包 2 美元 × 2 个汉堡包) = 8 美元
2014	(每个热狗 2 美元 × 4 个热狗) + (每个汉堡包 3 美元 × 2 个汉堡包) = 14 美元
2015	(每个热狗 3 美元 × 4 个热狗) + (每个汉堡包 4 美元 × 2 个汉堡包) = 20 美元

第四步:选择一年作为基年(2013 年)并计算每年的消费物价指数

年份	消费物价指数
2013	(8 美元/8 美元) × 100 = 100
2014	(14 美元/8 美元) × 100 = 175
2015	(20 美元/8 美元) × 100 = 250

第五步:用消费物价指数计算自上一年以来的通货膨胀率

年份	通货膨胀率
2014	(175 − 100)/100 × 100% = 75%
2015	(250 − 175)/175 × 100% = 43%

该表说明了在一个假设消费者只购买热狗和汉堡包的经济中如何计算消费物价指数和通货膨胀率。

1. **固定篮子**。确定哪些物价对普通消费者是最重要的。如果普通消费者买的热狗比汉堡包多,那么热狗的价格就比汉堡包的价格重要。因此,在衡量生活费用时就应该给热狗更大的权数。劳工统计局通过调查消费者并找出普通消费者购买的一篮子物品与服务来确定这些权数。在表 16-1 的例子中,普通消费者购买的一篮子物品包括 4 个热狗和 2 个汉堡包。

2. **找出价格**。找出每个时点上篮子中每种物品与服务的价格。表 16-1 显示了三个不同年份的热狗和汉堡包价格。

3. **计算这一篮子东西的费用**。用价格数据计算不同时期一篮子物品与服务的费用。该表显示了对三年中每一年的这种计算。要注意的是,在这种计算中只有价格变动。通过使这一篮子物品与服务相同(4个热狗和2个汉堡包),我们可以把同时发生的价格变动的影响与任何数量变动的影响区分开来。

4. 选择基年并计算指数。指定一年为基年,即其他各年与之比较的基准。(在用指数衡量生活费用的变动时,基年的选择是任意的。)一旦选择了基年,指数的计算如下:

$$消费物价指数 = \frac{当年一篮子物品与服务的价格}{基年一篮子的价格} \times 100$$

这就是说,每一年一篮子物品与服务的价格除以基年这一篮子物品与服务的价格,然后再用这个比率乘以100,所得出的数字就是消费物价指数。

在表16-1的例子中,2013年是基年。在这一年,一篮子热狗和汉堡包的费用是8美元。因此,各年的消费物价指数等于各年的一篮子物品价格除以8美元并乘以100。2013年的消费物价指数是100(基年的指数总是100)。2014年的消费物价指数是175。这意味着,2014年一篮子物品的价格是基年的175%。换个说法,基年价值100美元的一篮子物品在2014年值175美元。同样,2015年的消费物价指数是250,表示2015年的物价水平是基年物价水平的250%。

5. 计算通货膨胀率。用消费物价指数计算通货膨胀率。**通货膨胀率**(inflation rate)是从前一个时期以来物价指数变动的百分比。这就是说,计算连续两年之间通货膨胀率的方法如下:

$$第二年的通货膨胀率 = \frac{第二年CPI - 第一年CPI}{第一年CPI} \times 100\%$$

正如表16-1所表明的,在我们的例子中2014年的通货膨胀率是75%,2015年是43%。

虽然这个例子通过只包括两种物品把现实世界简化了,但它说明了劳工统计局如何计算消费物价指数和通货膨胀率。劳工统计局每月收集并整理成千上万种物品与服务的价格数据,遵循上述五个步骤,确定普通消费者的生活费用上升的速率。当劳工统计局每月发布消费物价指数时,你通常会在晚间电视新闻中听到这些数字,或在第二天的报纸上看到这些数字。

参考资料
CPI的篮子中有些什么

当劳工统计局在编制消费物价指数时,竭力想把普通消费者购买的所有物品与服务都包括进来。而且,竭力想根据消费者购买的每种物品的多少来对这些物品与服务进行加权。

图16-1说明了消费者在主要物品与服务项目上的支出类别。首先,最大的项目是住房,它占普通消费者预算的41%。这个项目包括住所费用(32%)、燃料和其他公共服务(5%)以及家具和维修(4%)。其次是交通,占17%,包括用于汽车、汽油、公共汽车和地铁等的支出。再次是食物和饮料,占15%,包括在家消费的食物(8%)和在外面消费的食物(6%)以及含酒精的饮料(1%)。然后是医疗、休闲活动、教育和通信,大约各占7%,其中教育和通信包括学费(3%)、电话服务(2%)、个人电脑和互联网之类信息技术(1%)以及教学类书籍和教科书等的供给(0.3%)。包括衣服、鞋和首饰在内的服装占普通消费者预算的4%。

图 16-1 一篮子物品与服务

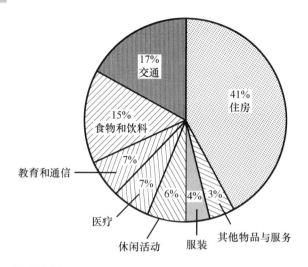

该图显示了普通消费者的支出在各项不同的物品与服务间的划分。劳工统计局称每一项的百分比为该项目的"相对重要性"。

资料来源：Bureau of Labor Statistics.

图中还有一项3%的支出是其他物品与服务。这个项目是不适于划归其他类别的杂项，如香烟、理发和丧葬支出。

除了整体经济的消费物价指数之外，劳工统计局还计算一些其他物价指数。它公布国内特定的大城市区域（例如，波士顿、纽约和洛杉矶）和一些较狭义的物品与服务项目（例如，食物、衣服和能源）的指数。它还计算**生产物价指数**（producer price index，PPI）——衡量的是企业而不是消费者所购买的一篮子物品与服务的费用。由于企业最终要把它们的费用以更高消费价格的形式转移给消费者，所以通常认为生产物价指数的变动对预测消费物价指数的变动是有用的。

16.1.2 衡量生活费用中的问题

消费物价指数的目的是衡量生活费用的变动。换句话说，消费物价指数是要确定为了保持生活水平不变，收入应该增加多少。但是，消费物价指数并不是生活费用的完美衡量指标。这个指数有三个受到广泛承认但又难以解决的问题。

第一个问题称为替代偏向。当价格年复一年地变动时，它们并不都是同比例变动的：一些物品的价格上升得比另一些快。消费者对此的反应是少购买价格上升相对较快的物品，多购买价格上升较慢甚或价格下降的物品。这就是说，消费者倾向于用那些变得不太昂贵的物品来替代。如果计算消费物价指数时假设一篮子物品是固定不变的，就忽略了消费者替代的可能性，从而高估了从某一年到下一年生活费用的增加。

我们来看一个简单的例子。设想在基年苹果比梨便宜，因此，消费者购买的苹果比梨多。当劳工统计局编制一篮子物品时，它包括的苹果就比梨多。假设下一年梨变得比苹果便宜了。消费者对价格变动的反应自然是多买梨少买苹果。但劳工统计局在计算消费物价指数时仍在使用固定的一篮子物品，实际上就是假设消费者仍然购买和以前同样数量而现在变贵的苹果。由于这个原因，消费物价指数所衡量的生活费用的增加就大于消费者实际感受

第16章 生活费用的衡量 295

到的。

第二个问题是新物品的引进。当引进了一种新物品时,消费者有了更多的选择,这就减少了维持相同经济福利水平的费用。为了说明原因,考虑一种假设的情况:假设你可以在提供各种物品的大商店的 100 美元礼品券和物品价格相同但选择范围有限的小商店的 100 美元礼品券之间做出选择。你会偏好哪一个?大多数人会选择品种更多的商店。实际上,可选择范围的扩大使每一美元更值钱。这对经济进步同样适用。当引入新物品时,消费者就有了更多选择,每一美元也就更值钱了。但由于消费物价指数是基于固定不变的一篮子物品和服务的,它就没有反映出因引进新物品而引起的美元价值的增加。

我们再来看一个例子。当 2001 年引进 iPod 时,消费者发现这样更方便听自己喜欢的音乐。以前也有设备可以播放音乐,但并不像它这样轻便和用途广泛。iPod 是增加消费者机会的一种新选择。对于任何既定的美元量而言,iPod 的引进使人们的状况变好;反过来说,为达到同样的福利水平,要求的美元量少了。一个完美的生活费用指数应该能够反映出 iPod 的引进所带来的生活费用的减少。但是,消费物价指数并没有因 iPod 的引进而下降。最终,劳工统计局真的修改了这一篮子物品,以便包括 iPod,而且以后的指数也反映了 iPod 价格的变动。但是,与最初 iPod 引进相关的生活费用的减少从未反映在指数中。

第三个问题是无法衡量的质量变动。如果一种物品的质量逐年变差,那么即使该物品的价格保持不变,一美元的价值也下降了,因为你支付同样的货币量得到的东西变差了。同样,如果一种物品的质量逐年上升,一美元的价值也就上升了。劳工统计局尽其所能地考虑质量变动。当篮子里一种物品的质量变动时——例如,从某一年到下一年,当一种车型马力更大或更省油时——劳工统计局就要根据质量变动来调整物品的价格。实际上,这是力图计算一篮子质量不变的物品的价格。尽管做了这些努力,但质量变动仍然是一个问题,因为质量是难以衡量的。

关于这些衡量问题有多严重以及对此应该做些什么,在经济学家中仍然存在许多争论。20 世纪 90 年代发表的几项研究的结论是,消费物价指数每年高估了 1% 的通货膨胀。针对这种批评,劳工统计局采取了一些技术性变动以改善消费物价指数,许多经济学家相信,现在这种偏差只是以前的一半。这个问题之所以重要,是因为许多政府计划是用消费物价指数来调整物价总水平的变动的。例如,社会保障领取者每年补助的增加就与消费物价指数相关。一些经济学家建议修改这些计划,例如,通过减少补助自动增加的数量纠正衡量中存在的问题。

新闻摘录
在网络时代监控通货膨胀

网络为收集全面的物价水平数据提供了不同的方法。

我们需要用谷歌来衡量通货膨胀吗

Annie Lowrey

在美国 90 个城市的 23 000 个商店和企业里,数百名政府工作人员要找到、记录某些精挑细选的物品的价格。当我说"精挑细选"的时候,我可不是随便说说的。

比如说相关工作人员正在寻找酒店房间的价格。如可能要这样写报告:居住人数——2 个成年人;户型——豪华房;房间分类/房号——海景房/306 号房;住宿时间——周末;停留时间——一晚；浴室配置条件——全套卫浴；厨房设备——无；电视——一台（含免费电影频道）；电话——一部（本地通话免费）；空调——有；餐饮——含早餐；停车——免费；交通——来往机场免费班车；休闲设施——室内外游泳池各一个，酒店自有沙滩、三块网球场地、健身房。

这样冗长得令人头昏眼花的过程还需要全套进行下去：葡萄酒、外卖餐、卧室家具、外科手术程序、宠物狗、大学学费、香烟、美发、葬礼。记录下所有价格之后，政府工作人员经核对、检查，再输入巨大的统计表里，之后将表格上交。然后政府把这些数据压缩成一个。这里会对某些价格加权，比如要考虑到人们用于租房的开支比早餐麦片多；还要考虑到产品升级换代和开支习惯的变化。这样，这个数字才能综合体现一个消费者每个月用于购买同样的物品需要多花多少。这个数字就是消费物价指数，政府主要的衡量通货膨胀的指标。

劳工统计局每个月都要把这些麻烦事来一遍，因为了解通货膨胀率对于衡量经济健康与否意义重大——这对于政府预算来说是十分重要的。高通货膨胀情况下会怎么样？储蓄者会惊慌，眼睁睁地看着他们的账户购买力被侵蚀。通货紧缩情况下又会怎样呢？每个人都会储蓄，等着之后几个月更便宜的价格。而剧烈波动的通货膨胀会令企业和消费者难以做出经济决策。另外，政府也需要通货膨胀率为某些支出编制指数，比如社会保障补助、政府债券利息的支出等。

但是，政府花费了如此大的精力在精确获得通货膨胀率上，并不意味着它能把这笔账算得明智、准确。现行的方法其实并不怎么样。联邦政府每年大概要花费 2.34 亿美元让大家去调查、盯着一包长筒袜的价格上涨 1.57 美元，然后把这样一堆单一的数据揉成一个数字。而且，在调查员们记录数据和政府公布 CPI 之间还有几个星期的时间差，通货膨胀每年仅衡量 12 次，但价格变化，有时是巨大的价格波动，可是每时每刻都在发生的。想想吧，这已经是网络时代了，而通货膨胀的统计方法还处在远古时期。在网上很容易就能得到价格，而且，很多购买其实是发生在网络上，而不是实体商店里。

不过也许有更好的方法。过去几个月以来，经济学家们有了以网络速度计算通货膨胀的新方法——更敏捷，更便宜，更快，还可能比联邦政府更准确。这种新方法最早来自麻省理工学院。2007 年，经济学家 Roberto Rigobon 和 Alberto Cavallo 开始追踪网上的价格，并把它们输入一个巨大的数据库。上个月，他们首次公开了这个"亿万价格项目"（Billion Prices Project，BPP），这个项目旨在用遍布 70 个国家的 300 家线上零售商所销售的 500 万种货品的价格衡量通货膨胀。（在美国，BPP 要收集 50 万种价格。）

"我想知道这件衣服在网上卖多少钱。"

图片来源：Photolove/Cultura/Getty Images.

BPP 的通货膨胀衡量方法与政府的衡量方法有显著的不同。经济学家们把从网上收集来的所有价格平均化，也就是说一揽子物品其实是你能从网上买到的任何东西。（有些东西，比如说书籍，大部分可以在网上购买，但有些东西，比如猫，就不是这么回事了。）而且，研究人员也不加大某些物品的价格加权数，尽管他们更倾向于加大家庭日用开支的比例。

迄今为止，BPP 还是能够紧密追踪 CPI 的。而且，以网上数据为基础的衡量方法还有其他优势。BPP 数据每天都有，更有益于感觉通货膨胀的方向。它甚至可以让研究人员检测每天每分钟的价格变化。比如，这个月 Rigobon 和 Cavallo 就发现"2010 年黑色星期五的折扣对物价平均水平的影响要低于 2009 年"，这与今年所报道的更多折扣预期的效果相反。BPP 还带来一些学术洞察。比如,Cavallo 发现,零售商并没有像经济学家所想象的那样经常改变价格,而更多的是按比例改变价格。

第二种通货膨胀衡量方法来自网络巨擘谷歌,是该公司首席经济学家 Hal Varian 的得意之作。根据《金融时报》的报道,Hal Varian 在今年早些时候决定用谷歌巨大的网上价格数据库创建"谷歌价格指数",这个指数随时更新价格变化和通货膨胀情况。(这个主意是他在网购胡椒研磨器时来的灵感。)谷歌还没有决定是否发布这个价格指数,至今也没有公开其计算方法。但是 Varian 说,他初步得到的指数能够紧密地追踪 CPI,尽管他的指数显示出了通货紧缩的时期——价格实际上在令人担忧地下降——而 CPI 并没有显示出来。

新的指数引出了一个大问题,即政府是不是应该更新方法来反映经济的变化——考虑新的价格趋势,重新评估计算公式,更频繁地更新。答案是肯定的。(经济学家以前也曾改革过 CPI。)但是,让 CPI 及其石器时代的计算方法引以为荣的是它有一个巨大的优点——由于计算方法变化不大,此种稳定的、经过检验的方法,历久而一致性不变。更引人注目的是,谷歌和 BPP 恰恰说明了老派 CPI 的准确性,它们都是紧密追踪 CPI,而不是让 CPI 显得不可靠。

从根本上说,关于通货膨胀衡量方法的争论不止是哪一种更好、更新,而是拥有更多的衡量方法。政府已经开始通过计算一系列通货膨胀率来描绘出更完整的价格变化、货币价值以及整个经济的状况。更引人注目的是,劳工统计局发布了"核心通货膨胀"数据,用来衡量反复无常的食品和能源价格之外的通货膨胀。其他还有许多衡量方法。以网络为基础的新工具为衡量 CPI 的准确性提供了更多更好的机会和方法——还可以有更新的发现。这意味着目前那帮侦探样子的政府兄弟们还得执著写字板不厌其烦地继续监测价格。

资料来源:*Slate*,December 20,2010.

16.1.3 GDP 平减指数与消费物价指数

"价格看来或许高些,可是你得记住这是以今天的钱计价的。"

图片来源:THE WALL STREET JOURNAL—PERMISSION, CARTOON FEATURES SYNDICATE.

在上一章中,我们考察了经济中物价总水平的另一个衡量指标——GDP 平减指数。GDP 平减指数是名义 GDP 与真实 GDP 的比率。由于名义 GDP 是按现期价格评价的现期产出,而真实 GDP 是按基年价格评价的现期产出,所以 GDP 平减指数反映了相对于基年物价水平的现期物价水平。

经济学家和决策者为了判断物价上升的快慢,既要关注 GDP 平减指数,又要关注消费物价指数。通常,这两个统计数字说明了相似的情况,但存在两个重要的差别使这两个数字不一致。

第一个差别是,GDP 平减指数反映国内生产的所有物品与服务的价格,而消费物价指数反映消费者购买的所有物品与服务的价格。例如,假设由波音公司生产并出售给空军的一架飞机价格上升了。尽管这架飞机是 GDP 的一部分,但并不是普通消费者购买的物品与服务篮子中的一部分。因此,反映在 GDP 平减指数中的物价上升了,但消费物价指数并没有上升。

再举一个例子,假设沃尔沃公司提高了其汽车的价格。由于沃尔沃汽车是在瑞典生产的,所以这种汽车并不是美国 GDP 的一部分。但是,美国消费者购买沃尔沃汽车,所以这种汽车是普通消费者一篮子物品中的一部分。因此,如沃尔沃汽车之类的进口消费品价格的上升反映在消费物价指数中,但并未反映在 GDP 平减指数中。

当石油价格变动时,消费物价指数和 GDP 平减指数之间的第一种差别特别重要。虽然美国也生产一些石油,但是美国用的大部分石油是进口的。因此,石油和汽油、燃料油这类石油产品在消费者支出中的比例远远大于在 GDP 中的比例。当石油价格上升时,消费物价指数上升的速度比 GDP 平减指数大得多。

GDP 平减指数和消费物价指数之间第二个更微妙的差别涉及如何对各种价格进行加权以得出一个物价总水平的数字。消费物价指数比较的是固定的一篮子物品与服务的价格和基年这一篮子物品与服务的价格,而劳工统计局只是偶尔改变这一篮子物品的构成。与此相反,GDP 平减指数比较的是现期生产的物品与服务的价格和基年同样物品与服务的价格。因此,用来计算 GDP 平减指数的物品与服务的组合自动地随着时间的推移而变动。当所有价格都同比例地变动时,这种差别并不重要。但是,如果不同物品与服务价格的变动量不同,我们对各种价格加权的方法对于整个通货膨胀率就是至关重要的。

图 16-2 通货膨胀的两个衡量指标

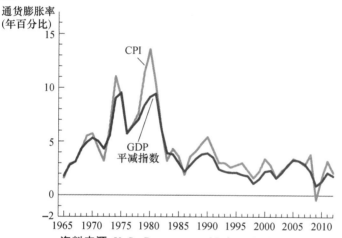

该图显示了 1965 年以来用年度数据按 GDP 平减指数和消费物价指数衡量的通货膨胀率——物价水平变动百分比。要注意的是,这两个通货膨胀衡量指标一般是同时变动的。

资料来源:U. S. Department of Labor; U. S. Department of Commerce.

图 16-2 说明了 1965 年以来用 GDP 平减指数和消费物价指数所衡量的每年的通货膨胀率。你可以看到,有时这两个衡量指标并不一致。当它们不一致时,探讨这些数字,并用我们讨论过的两个差别来解释这种不一致是可能的。例如,在 1979 年和 1980 年,CPI 衡量的通货膨胀大大高于 GDP 平减指数所衡量的,因为在这两年中,石油价格上升了两倍以上。然而,这两个衡量指标之间的不一致是例外,而不是常规。在 20 世纪 70 年代,GDP 平减指数和消费物价指数都表明通货膨胀率高。在 20 世纪 80 年代后期、90 年代以及 21 世纪的第一个 10 年中,这两个衡量指标都表明通货膨胀率低。

即问即答 简单解释 CPI 衡量什么以及如何编制。指出 CPI 是生活费用一个不完美衡量指标的原因。

16.2 根据通货膨胀的影响校正经济变量

衡量经济中物价总水平的目的是使我们能比较不同时期的美元数字。现在我们已经知道了如何计算物价指数,就可以用这个指数来比较过去的美元数字与现在的美元数字。

16.2.1 不同时期的美元数字

我们先回到 Babe Ruth 的薪水问题。与今天运动员的薪水相比,他在 1931 年时的 8 万美元薪水是高还是低呢?

为了回答这个问题,我们需要知道 1931 年的物价水平和今天的物价水平。棒球运动员增加的薪水中一部分仅仅是基于今天更高的物价水平对他们所做的补偿。为了比较 Ruth 的薪水与今天运动员的薪水,我们需要把 Ruth 1931 年的美元薪水换算成今天的美元。

把 T 年的美元换算成今天美元的公式如下:

$$\text{今天美元的数量} = T\text{年美元的数量} \times \frac{\text{今天的物价水平}}{T\text{年的物价水平}}$$

消费物价指数之类的物价指数可以衡量物价水平,从而决定了通货膨胀校正的大小。

我们把这个公式运用于 Ruth 的薪水。政府的统计数字表明,1931 年的物价指数为 15.2,而 2012 年为 229.5。因此,物价总水平上升了 15.1 倍(它等于 229.5/15.2)。我们可以用这些数字来衡量按 2012 年美元计算的 Ruth 的薪水,计算如下:

$$2012\text{年美元的薪水} = 1931\text{年美元的薪水} \times \frac{2012\text{年物价水平}}{1931\text{年物价水平}}$$

$$= 80\,000 \times \frac{229.5}{15.2} = 1\,207\,894(\text{美元})$$

我们发现,Babe Ruth 1931 年的薪水相当于今天超过 120 万美元的薪水。这是份不错的收入,但仅相当于今天扬基队运动员中位薪水的 2/3,只有扬基付给 A-Rod 报酬的 4%。多种因素,包括整个经济的增长和超级明星得到的收入份额的增加,都使最好运动员的生活水平有了很大提高。

我们再来考察胡佛总统 1931 年的薪水 7.5 万美元。为了把这个数字换算为 2012 年的美元,我们又要乘以这两年物价水平的比率。我们发现,胡佛的薪水相当于 75 000 美元 × (229.5/15.2),即按 2012 年美元计算为 1 132 401 美元。这大大高于奥巴马总统的薪水 40 万美元。看来胡佛总统竟然有过一个相当不错的年份。

> **参考资料**
> **指数先生进入好莱坞**

电影史上最卖座的片子是哪一部呢? 答案可能会使你吃惊。

电影受欢迎的程度通常用票房收入来衡量。按照这个标准,《阿凡达》以国内收入 7.61 亿美元名列各个时代的第一名,紧随其后的是《泰坦尼克号》(6.59 亿美元)和《复仇者联盟》(6.23 亿美元)。但这个排序忽略了一个明显而重要的事实:包括电影票价格在内的物价一直在上升。通货膨胀对最近的电影有利。

当我们根据通货膨胀的影响校正票房收入时,情况就完全不同了。现在第一名是《乱世佳人》(16.04亿美元),其后是《星球大战》(14.14亿美元)和《音乐之声》(11.31亿美元)。《阿凡达》降到第十四名。

《乱世佳人》在1939年公映,那是在每个人家里都有电视之前。在20世纪30年代,每周大约有9000万美国人去电影院,而今天只有2500万人。但那个时代的电影很少能上票房排行榜,因为票价只有25美分。实际上根据名义票房收入的排行,《乱世佳人》并不在前50部电影之列。一旦我们根据通货膨胀的影响进行校正,白瑞德和斯嘉丽*就身价百倍了。

"亲爱的,说真的我不太在乎通货膨胀的影响。"

图片来源:Screen Prod/PhotoNonStop/Glow Images.

16.2.2 指数化

正如我们刚刚说明的,当比较不同时期的美元数字时,要用物价指数来校正通货膨胀的影响。在经济中的许多地方都反映出这种校正。当某一美元量根据法律或合同自动地按物价水平的变动校正时,这就称为通货膨胀的**指数化**(indexation)。

例如,企业和工会之间的许多长期合同有工资根据消费物价指数部分或全部指数化的条款。这种条款被称为生活费用津贴(cost-of-living allowance,COLA)。当消费物价指数上升时,COLA自动地增加工资。

指数化也是许多法律的特点。例如,社会保障补助每年根据物价上升调整,以补偿老年人。联邦所得税等级——税率变动依据的收入水平——也按通货膨胀进行指数化。然而,税制中也有许多内容尽管应该指数化,但并没有按通货膨胀指数化。当我们在本书的后面讨论通货膨胀的成本时,还要更充分地讨论这些问题。

16.2.3 真实利率与名义利率

我们在考察利率的数据时,根据通货膨胀的影响来校正经济变量特别重要,而且颇为棘手。利率的概念必然涉及比较不同时点的货币量。当你把钱存入银行账户时,现在你给了银行一些货币,未来银行就要偿还你的存款和利息。同样,当你向银行借款时,现在你得到了一些货币,未来你就必须偿还借款和利息。在这两种情况下,为了充分了解你与银行之间的交易,关键是要知道,未来美元的价值不同于今天的美元。这就是说,你必须根据通货膨胀的影响进行校正。

我们来看一个例子。假设Sally把1000美元存入一个银行账户,该银行账户每年支付10%的利率。一年以后,Sally累积的利息为100美元,她可以提取1100美元。但这100美元使Sally比一年前存款时更富有了吗?

答案取决于我们所说的"更富有"这个词的含义。Sally确实比她以前多了100美元。换

---

* 《乱世佳人》中的男女主角。——译者注

句话说，Sally 所拥有的美元数量增加了 10%。但是，Sally 并不关心货币数量本身：她只关心她用这些货币能买到什么。如果她的货币存在银行时物价上升了，现在每一美元买到的东西比一年前少了，在这种情况下，她的购买力——她能买到的物品与服务量——并没有上升 10%。

为了使事情简单，我们假设 Sally 是一个电影迷，而且只买 DVD。当 Sally 存款时，在当地商店里一张 DVD 卖 10 美元。她的存款 1 000 美元相当于 100 张 DVD。一年以后，在得到 10% 的利息之后，她有 1 100 美元。现在她能买多少张 DVD？这取决于 DVD 价格的变动。下面是一些例子：

- 零通货膨胀：如果 DVD 的价格仍然是 10 美元，那么她可以购买的 DVD 量从 100 张增加到 110 张。美元数量增加 10% 意味着她的购买力增加 10%。
- 6% 的通货膨胀：如果 DVD 的价格从 10 美元上升到 10.6 美元，那么她能购买的 DVD 量就从 100 张增加到约 104 张。她的购买力增加约为 4%。
- 10% 的通货膨胀：如果 DVD 的价格从 10 美元上升到 11 美元，她仍然只可以购买 100 张 DVD。尽管 Sally 的美元财富增加了，但是她的购买力与一年前相同。
- 12% 的通货膨胀：如果 DVD 的价格从 10 美元上升到 11.2 美元，那么她能购买的 DVD 量从 100 张下降到约 98 张。尽管她的美元数量多了，但是她的购买力降低了约 2%。

如果 Sally 生活在一个通货紧缩——物价下降——的经济里，就会有另一种可能性出现：

- 2% 的通货紧缩：如果 DVD 的价格从 10 美元下降到 9.8 美元，那么她能购买的 DVD 量就从 100 张增加到约 112 张。她的购买力增加了 12% 左右。

这些例子说明，通货膨胀率越高，Sally 的购买力增加得就越少。如果通货膨胀率大于利率，她的购买力实际上就下降了。如果存在通货紧缩（也就是说，负通货膨胀率），她的购买力的增加就大于利率。

为了了解一个人能从储蓄账户上赚到多少，我们需要考虑利率和价格变动。衡量美元数量变动的利率称为**名义利率**（nominal interest rate），根据通货膨胀校正的利率称为**真实利率**（real interest rate）。名义利率、真实利率和通货膨胀率之间的关系接近于以下公式：

$$真实利率 = 名义利率 - 通货膨胀率$$

真实利率是名义利率和通货膨胀率之间的差额。名义利率告诉你，随着时间的推移，你的银行账户中的美元数量增加有多快；而真实利率告诉你，随着时间的推移，你的银行账户中的美元购买力提高有多快。

案例研究
美国经济中的利率

图 16-3 显示了自 1965 年以来美国经济中的真实利率与名义利率。这个图中名义利率是 3 个月期国库券的利率（尽管有关其他利率的数据也是相似的）。真实利率是从名义利率中减去通货膨胀率计算出来的。在这里，通货膨胀率是用消费物价指数变动百分比衡量的。

这个图的一个特点是，名义利率几乎总是大于真实利率。这反映了在这一时期美国经济每年都在经历消费物价上升这个事实。与此相反，如果你观察 19 世纪后期的美国经济或者近年来的日本经济，你就会发现通货紧缩的时期。在通货紧缩时期，真实利率大于名义利率。

图 16-3 真实利率与名义利率

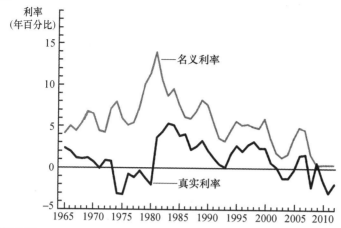

该图显示了自 1965 年以来的年度名义利率与真实利率。名义利率是 3 个月期国库券的利率。真实利率是名义利率减去按消费物价指数衡量的通货膨胀率。要注意的是，名义利率和真实利率往往并不同时变动。

资料来源：U. S. Department of Labor; U. S. Department of Treasury.

图 16-3 还表明，由于通货膨胀是变动的，真实利率与名义利率并不总是同时变动。例如，在 20 世纪 70 年代后期，名义利率高，但由于通货膨胀率极高，真实利率就低。实际上在 20 世纪 70 年代的许多年份，真实利率是负的，这是由于通货膨胀对人们储蓄的侵蚀要快于名义利息支付的增加。与此相反，在 20 世纪 90 年代后期，名义利率较 20 年前的低，但由于通货膨胀比那时低很多，因此真实利率比那时高。在以后几章中，我们将研究决定真实利率与名义利率的经济因素。

即问即答 1914 年，亨利·福特（Henry Ford）向他的工人支付一天 5 美元的工资。如果 1914 年消费物价指数是 10，而 2012 年是 230，按 2012 年美元计算，福特支付的工资值多少？

16.3 结论

棒球运动员 Yogi Berra 曾讽刺说："5 美分总没有 10 美分值钱。"实际上，在整个近代史中，5 美分、10 美分和 1 美元背后的真实价值一直是不稳定的。物价总水平的持续上升已经成了惯例。这种通货膨胀一直在降低每单位货币的购买力。当比较不同时期的美元数字时，要牢记今天的 1 美元和 20 年前的 1 美元不同，或者说，很可能也不同于 20 年后的 1 美元。

本章讨论了经济学家如何衡量经济的物价总水平以及他们如何用物价指数来校正通货膨胀对经济变量的影响。物价指数使我们可以比较不同时点的美元，从而更好地了解经济是如何变动的。

本章中关于物价指数的讨论与上一章关于 GDP 的讨论仅仅是研究宏观经济学的第一步。我们还没有考察什么决定一国的 GDP 以及通货膨胀的原因与影响。为了这样做，我们需要超越衡量问题。实际上，这正是我们下面的任务。在前面的两章解释了经济学家如何衡量宏观经济的数量和价格以后，现在我们就准备构建一个解释这些变量变动的模型。

以下是我们未来几章的安排。首先，研究长期中决定真实 GDP 以及储蓄、投资、真实利率和失业这些相关变量的因素。其次，考察长期中决定物价水平和货币供给、通货膨胀以及名义利率这些相关变量的因素。最后,在说明长期中这些变量如何决定以后,考察什么引起真实 GDP 和物价水平短期波动这样更为复杂的问题。在所有这些章中,我们刚刚讨论过的衡量问题为这种分析奠定了基础。

内容提要

◎ 消费物价指数表示相对于基年一篮子物品与服务的费用,这一篮子物品与服务的费用是多少。这个指数用于衡量经济的物价总水平。消费物价指数变动的百分比可用于衡量通货膨胀率。

◎ 由于三个原因,消费物价指数并不是生活费用的一个完美衡量指标。第一,它没有考虑到,随着时间的推移,消费者用变得较便宜的物品替代原有物品的能力。第二,它没有考虑到因新物品的引进而使 1 美元的购买力提高。第三,这个指数因没有衡量物品与服务质量的变动而被扭曲。由于这些衡量问题,消费物价指数高估了真实的通货膨胀。

◎ 与消费物价指数一样,GDP 平减指数也衡量经济的物价总水平。这两个物价指数通常同时变动,但是它们有着重大差别。GDP 平减指数不同于消费物价指数,是因为它涵盖生产出来的物品与服务,而不是用于消费的物品与服务。因此,进口物品影响消费物价指数,但不影响 GDP 平减指数。此外,消费物价指数用固定的一篮子物品,而 GDP 平减指数一直随着 GDP 构成的变动而自动地改变物品与服务的组合。

◎ 不同时间的美元数字并不代表购买力的真实差别。为了比较过去与现在的美元数字,过去的数字应该用物价指数进行调整。

◎ 各种法律和私人合同用物价指数来校正通货膨胀的影响。但是,税法只是部分地对通货膨胀实行了指数化。

◎ 当考察利率数据时,对通货膨胀的校正特别重要。名义利率是通常所公布的利率,它是储蓄账户上随着时间推移而增加的美元量的比率。与此相反,真实利率考虑到美元价值随着时间的推移而发生的变动。真实利率等于名义利率减通货膨胀率。

关键概念

消费物价指数(CPI)　　　　生产物价指数　　　　名义利率
通货膨胀率　　　　　　　　指数化　　　　　　　真实利率

复习题

1. 你认为下列哪一项对消费物价指数影响大:鸡肉价格上升 10%,还是鱼子酱价格上升 10%? 为什么?
2. 陈述使消费物价指数成为生活费用的一个不完美衡量指标的三个问题。
3. 如果进口的法国红酒价格上升了,对消费物价指数影响大,还是对 GDP 平减指数影响大? 为什么?
4. 在长期中,糖果的价格从 0.2 美元上升到 1.2 美元。在同一时期中,消费物价指数从 150 上升到 300。根据整体通货膨胀进行调整后,糖果的价格变动了多少?
5. 解释名义利率和真实利率的含义。它们如何相关?

快速单选

1. 消费物价指数可与____近似地衡量相同的经济现象。
   a. 名义 GDP
   b. 真实 GDP
   c. GDP 平减指数
   d. 失业率

2. 用于计算 CPI 的一篮子物品与服务中最大的组成部分是____。
   a. 食物和饮料
   b. 住房
   c. 医疗
   d. 服装

3. 如果宾夕法尼亚州的枪支生产商提高了他们卖给美国军队的步枪的价格,则它的价格上升会____。
   a. 提高 CPI 和 GDP 平减指数
   b. CPI 和 GDP 平减指数都不提高
   c. CPI 上升,但 GDP 平减指数不上升
   d. GDP 平减指数上升,但 CPI 不上升

4. 由于消费者可以用便宜的物品替代价格上升的物品,因而____。
   a. CPI 高估了通货膨胀
   b. CPI 低估了通货膨胀
   c. GDP 平减指数高估了通货膨胀
   d. GDP 平减指数低估了通货膨胀

5. 如果 1980 年的消费物价指数是 200,而今天的是 300,那么,1980 年的 600 美元和今天的____美元购买力相同。
   a. 400
   b. 500
   c. 700
   d. 900

6. 你在你的储蓄账户上存入 2000 美元,一年后你得到 2100 美元,同时,消费物价指数从 200 上升到 204。在这种情况下,名义利率是____,而真实利率是____。
   a. 1%,5%
   b. 3%,5%
   c. 5%,1%
   d. 5%,3%

问题与应用

1. 假设在你出生的那一年,有人为迎接你的出生买了 100 美元的物品与服务。你猜猜今天买等量的物品与服务要花多少钱?现在寻找消费物价指数的数据,并根据这些数据进行计算。(你可以在 http://www.bls.gov/data/inflation_calculator.htm 上找出劳工统计局的通货膨胀计算器。)

2. 假设一个素食国家的居民把他们的全部收入用于购买菜花、西兰花和胡萝卜。在 2013 年,他们用 200 美元买了 100 个菜花,75 美元买了 50 个西兰花,50 美元买了 500 个胡萝卜。在 2014 年,他们用 225 美元买了 75 个菜花,120 美元买了 80 个西兰花,100 美元买了 500 个胡萝卜。
   a. 计算每年每种蔬菜的单位价格。
   b. 把 2013 年作为基年,计算每年的 CPI。
   c. 2014 年的通货膨胀率是多少?

3. 假设人们只消费三种物品,如下表所示:

	网球	高尔夫球	"佳得乐"饮料
2014 年价格	2 美元	4 美元	1 美元
2014 年数量	100	100	200
2015 年价格	2 美元	6 美元	2 美元
2015 年数量	100	100	200

   a. 这三种物品每一种价格变动的百分比是多少?
   b. 用类似于消费物价指数的方法,计算整个物价水平变动的百分比。
   c. 如果你知道从 2014 年到 2015 年"佳得乐"饮料的容量增加了,这个信息会影响你对通货膨胀率的计算吗?如果影响的话,怎样影响?

d. 如果你知道在2015年"佳得乐"饮料引进了新口味,这个信息会影响你对通货膨胀率的计算吗?如果影响的话,怎样影响?
4. 登录劳工统计局的网站(http://www.bls.gov),并找出消费物价指数。包括所有东西的指数在过去一年上升了多少?哪一个支出类别的物价上升得最快?哪一个最慢?哪些类别经历了物价下降?你能解释这些事实吗?
5. 一个十个人的小国很喜欢电视上播出的节目《美国偶像》。他们都生产并消费卡拉OK机和CD,如下表所示:

年份	卡拉OK机		CD	
	数量	价格	数量	价格
2014	10	40美元	30	10美元
2015	12	60美元	50	12美元

a. 用类似于消费物价指数的方法,计算物价总水平变动的百分比。把2014年作为基年,而且固定的一篮子是1台卡拉OK机和3张CD。
b. 用类似于GDP平减指数的方法,计算物价总水平变动的百分比。也把2014年作为基年。
c. 用两种方法计算的2015年通货膨胀率相同吗?解释原因。

6. 用以下每一种情况说明在编制CPI中会出现什么问题。解释原因。
a. 手机的发明。
b. 汽车气囊的引进。
c. 个人电脑价格下降致使购买量增加。
d. 每包早餐麦片的分量增加。
e. 在汽油价格上升后更多地使用节油型车。

7. 在1970年每份《纽约时报》是0.15美元,而2011年是2美元。在1970年制造业平均工资是每小时3.36美元,2011年是23.09美元。
a. 报纸价格上升的百分比是多少?
b. 工资上升的百分比是多少?
c. 在这两个年份中,工人分别工作多少分钟赚的钱够买一份报纸?
d. 从买报纸来看,工人的购买力上升了,还是下降了?

8. 本章说明了尽管大多数经济学家认为CPI高估了实际的通货膨胀,但每年的社会保障补助仍然与CPI同比例增加。
a. 如果老年人和其他人消费同样的市场物品与服务篮子,社会保障会使老年人的生活水平每年都有提高吗?解释原因。
b. 实际上,老年人消费的医疗比年轻人多,而且医疗费用的增加快于整体通货膨胀。你根据什么确定老年人的实际状况是否一年比一年好?

9. 假设债务人和债权人一致同意按名义利率来支付贷款。结果通货膨胀高于他们双方的预期。
a. 这笔贷款的真实利率高于还是低于预期的水平?
b. 债权人从这种未预期到的高通货膨胀中获益还是受损?债务人获益还是受损?
c. 20世纪70年代的通货膨胀比这十年开始时大多数人预期的通货膨胀要高得多。这会如何影响那些在60年代期间得到固定利率住房抵押贷款的房主?这如何影响发放贷款的银行?

第17章　生产与增长

第18章　储蓄、投资和金融体系

第19章　金融学的基本工具

第20章　失业

第7篇　长期中的真实经济

第 17 章
生产与增长

当你在世界各国旅行时,你会看到生活水平的巨大差别。在美国、日本或德国这样的富国,人均收入是印度、印度尼西亚或尼日利亚这样的穷国人均收入的十几倍。这种巨大的收入差异反映在生活质量的巨大差异上。富国的人们拥有更好的营养、更安全的住房、更好的医疗、更长的预期寿命,以及更多的汽车、电话和电视机。

即使在一个国家内,生活水平也会随着时间的推移而发生巨大变化。过去一个世纪以来,美国按人均真实 GDP 衡量的平均收入每年增长 2% 左右。虽然 2% 看起来无足轻重,但这种增长率意味着人均收入每 35 年翻一番。由于这种增长,普通美国人享有比他们的父辈、祖辈和曾祖辈好得多的富裕生活。

国与国之间的增长率差别很大。在最近的历史上,一些东亚国家,如新加坡、韩国,经历了每年约 7% 的经济增长;按这个比率,人均收入每 10 年就翻一番。过去 20 年间,中国甚至有更高的增长率,根据某些人的估计,大约每年 12% 左右。一个经历如此迅速增长的国家,经过一代人的时间,就可以从世界上最穷的国家一跃跻身于世界上最富裕国家的行列。与此相反,撒哈拉以南的一些非洲国家,许多年来平均收入一直是停滞的。津巴布韦是增长最差的国家:从 1991 年到 2011 年,人均收入总计下降了 38%。

用什么来解释这些不同的经历呢?富国怎样才能维持它们的高生活水平呢?穷国应该采取什么政策来加快经济增长,并加入发达国家的行列呢?这些问题是宏观经济学中最重要的问题。正如诺贝尔奖获得者、经济学家罗伯特·卢卡斯(Robert Lucas)所指出的:"这些问题对人类福利的影响简直令人吃惊:一旦开始考虑这些问题,就很难再考虑其他任何问题。"

在前两章中,我们讨论了经济学家如何衡量宏观经济的数量和价格。现在我们开始研究决定这些变量的因素。正如我们已经说明的,一个经济的 GDP 既衡量经济中赚到的总收入,又衡量经济中用于物品与服务产出的总支出。真实 GDP 的水平是判断经济繁荣与否的一个良好标准,而真实 GDP 的增长是判断经济进步与否的一个良好标准。在这一章中,我们将集中研究真实 GDP 水平及其增长的长期决定因素。在本书的后面,我们将研究围绕真实 GDP 长期趋势的短期波动。

在本章我们分三步进行研究:第一,考察人均真实 GDP 的国际数据,这些数据可使我们对世界各国生活水平与增长的差别大小有一个大体了解。第二,我们考察生产率——一个工人每小时生产的物品与服务量——的作用。特别是说明一国的生活水平是由其工人的生产率决定的,并且考虑决定一国生产率的因素。第三,考虑生产率和一国采取的经济政策之间的联系。

17.1 世界各国的经济增长

作为研究长期增长的出发点,我们先考察世界上一些国家的经济发展历程。表 17-1 说明了 13 个国家人均真实 GDP 的数据。对于每一个国家,数据都涵盖一个世纪的历史。该表的第一列和第二列列出了国家与时期(各国的时期略有不同,这是因为数据的可获得性不同)。第三列和第四列列出了一个世纪前和最近一年的人均真实 GDP 的估计值。

表 17-1　不同的增长经历

国　家	时　期	期初人均真实GDP[a]（美元）	期末人均真实GDP[a]（美元）	年增长率（%）
日本	1890—2010	1 517	34 810	2.65
巴西	1900—2010	785	10 980	2.43
墨西哥	1900—2010	1 169	14 350	2.31
中国	1900—2010	723	7 520	2.15
德国	1870—2010	2 204	38 410	2.06
加拿大	1870—2010	2 397	38 370	2.00
美国	1870—2010	4 044	47 210	1.77
阿根廷	1900—2010	2 314	15 470	1.74
印度	1900—2010	681	3 330	1.45
英国	1870—2010	4 853	35 620	1.43
印度尼西亚	1900—2010	899	4 180	1.41
巴基斯坦	1900—2010	744	2 760	1.20
孟加拉国	1900—2010	629	1 800	0.96

[a] 真实 GDP 以 2010 年美元衡量。

资料来源:Robert J. Barro and Xavier Sala-i-Martin, *Economic Growth* (New York: McGraw-Hill, 1995), Tables 10.2 and 10.3; *World Development Indicators* online; and author's calculations.

人均真实 GDP 数据表明各国生活水平差别很大。例如,美国的人均收入约为中国的 6 倍左右,印度的 14 倍左右。最穷国家的人均收入水平是发达国家几十年来所未见的。2010 年普通印度人的真实收入比 1870 年普通英国人的水平还低。2010 年普通孟加拉国人的真实收入不足一个世纪以前普通美国人的一半。

表 17-1 的最后一列列出了每个国家的增长率。它衡量的是在正常的一年中人均真实 GDP 的增长速度。例如,美国在 1870 年的人均真实 GDP 是 4 044 美元,而 2010 年是 47 210 美元,年增长率为 1.77%。这意味着,如果人均真实 GDP 从 4 044 美元开始,140 年中每年增长 1.77%,那么最后就是 47 210 美元。当然,人均真实 GDP 实际上并不是每年正好增长 1.77%:一些年份增长快而另一些年份增长慢,而在其他年份会下降。每年 1.77% 的增长率没有考虑围绕长期趋势的短期波动,它代表许多年来人均真实 GDP 的平均增长率。

表 17-1 中的国家按其增长率从高到低排序。日本在最上端,它的年增长率为 2.65%。一百年前,日本并不是一个富国。日本的人均收入只比墨西哥略高一点,而且远远落后于阿根廷。日本在 1890 年的生活水平低于今天印度的一半。但是,由于其惊人的增长速度,日本

现在是一个超级经济大国,人均收入是墨西哥和阿根廷的两倍多,与德国、加拿大和英国的水平相当。在这个表的最下面是巴基斯坦和孟加拉国,在过去的一个世纪中它们的年增长率等于或小于1.2%。结果,这些国家的普通居民仍然生活在悲惨的贫困之中。

由于增长率的差别,随着时间的推移,各国按收入的排序会有很大的变动。正如我们所看到的,相对于其他国家,日本在上升。排名下降的一个国家是英国。在1870年,英国是世界上最富的国家,人均收入比美国高20%左右,是加拿大的两倍多。现在,英国的人均收入比美国低25%,比加拿大低7%。

这些数据表明,世界上最富的国家并不能保证它们将来也是最富的,而世界上最穷的国家也并不注定永远处于贫困状态。但是,用什么来解释长期中的这些变化呢?为什么有些国家快速增长,而另一些国家落后了呢?这些正是我们以下要论述的问题。

即问即答 美国人均真实GDP的长期年均增长率约为多少?举出比其增长快的一个国家和比其增长慢的一个国家。

> **参考资料**
> **你比最富的美国人还富吗**

《美国传统》(*American Heritage*)杂志曾公布各个时期最富的美国人的名单。第一位是生活于1839—1937年的石油企业家约翰·D.洛克菲勒(John D. Rockefeller)。根据该杂志的计算,他的财富相当于今天的2 000亿美元,几乎是今天最富的美国软件企业家比尔·盖茨(Bill Gates)的三倍。

尽管洛克菲勒拥有巨额的财富,但他并没有享受到现在我们认为理所当然的许多便利。他无法看电视,无法玩电子游戏,无法上互联网,无法发电子邮件。在炎热的夏天,他无法用空调让家里凉爽下来。在他一生的大部分时间中,他无法乘汽车或飞机旅行,也无法给朋友和家人打电话。如果他生了病,他也无法使用许多药物,比如抗生素——今天医生经常用它来延长患者的生命和提高他们的生活质量。

约翰·D.洛克菲勒
图片来源:AP Photos.

现在想一想:有人要让你在以后的生活中放弃洛克菲勒没有享受到的所有现代便利,他得给你多少钱呢?你会为2 000亿美元这样做吗?也许不会。如果你不会这么做,是否就可以说,你的状况比所谓的美国最富的人洛克菲勒还好呢?

前一章讨论了用来比较不同时点上货币量的标准物价指数如何无法充分反映经济中新物品的引入。因此,通货膨胀率被高估了,其暗含的则是真实经济增长率被低估了。洛克菲勒的生活表明,这个问题是多么重要。由于巨大的技术进步,今天普通美国人大概比一个世纪以前最富的美国人还富,尽管在标准经济统计中这个事实并不存在。

17.2 生产率:作用及决定因素

从某种意义上说,解释世界各国生活水平的悬殊是非常容易的。正如我们将要说明的,这种解释可以归结为一个词——生产率。但是,从另一种意义上说,这种国际差异也令人深感困惑。为了解释为什么一些国家的收入比另一些国家高得多,我们必须考察决定一国生产率的许多因素。

17.2.1 为什么生产率如此重要

我们对生产率和经济增长的研究从根据丹尼尔·笛福(Daniel Defoe)的著名小说《鲁滨孙漂流记》建立的一个简单模型开始,这本小说是关于一个流落在荒岛上的水手鲁滨孙·克鲁索的。由于克鲁索独自生活,所以他自己捕鱼,自己种菜,自己缝制衣服。我们可以把克鲁索的活动——捕鱼、种菜和做衣服的生产和消费——作为一个简单的经济。通过考察克鲁索的经济,我们可以了解一些适用于更复杂、更现实的经济的结论。

什么因素决定了克鲁索的生活水平呢?用一个词来说,就是**生产率**(productivity),它是每单位劳动投入所生产的物品和服务的数量。如果克鲁索在捕鱼、种菜和做衣服方面是一把好手,他就能生活得很好。如果他对这些事情极不擅长,他的生活就很糟。由于克鲁索只能消费他所生产的东西,所以他的生活水平就与他的生产率密切相关。

在克鲁索经济的情况下,显然,生产率是生活水平的关键决定因素,而生产率的增长是生活水平提高的关键决定因素。克鲁索每小时能捕到的鱼越多,他晚餐吃的鱼就越多。如果克鲁索能够找到捕鱼的更好地方,他的生产率就提高了。生产率的这种提高使克鲁索的状况变好:他可以吃到更多的鱼,或者他可以缩减用于捕鱼的时间,而把更多的时间用于制造他享用的其他物品。

生产率在决定处于困境的水手生活水平方面所起的关键作用对一国来说同样正确。回想一下,一个经济的GDP同时衡量两件事:经济中所有人赚到的总收入和经济中用于物品与服务产出的总支出。GDP可以同时衡量这两件事是因为,对整体经济而言,它们必然是相等的。简单来说,一个经济的收入就是该经济的产出。

与克鲁索一样,一个国家只有生产出大量物品与服务,它才能享有更高的生活水平。美国人比尼日利亚人生活得好,是因为美国工人的生产率比尼日利亚工人的高。日本人生活水平的提高比阿根廷人快,是因为日本工人的生产率提高得更迅速。实际上,第1章中的经济学十大原理之一是,一国的生活水平取决于它生产物品与服务的能力。

因此,为了理解我们所观察到的各国或各个时期的生活水平的巨大差别,我们必须关注物品和服务的生产。但是,说明生活水平和生产率之间的联系只是第一步。它自然而然地引出了下一个问题:为什么一些经济在生产物品与服务方面比另一些经济强得多?

> **参考资料**
> **一张图片顶一千个统计数字**
>
> 乔治·萧伯纳(George Bernard Shaw)曾经说过:"一个真正受过教育的人的标志是他能深深被统计数字打动。"但是,我们大多数人只有知道GDP数据代表什么,才能深深地被这些统计数据打动。
>
> 下面的三张照片显示分别来自三个国家——英国、墨西哥和马里——的三个普通家庭的情况。每个家庭及其所拥有的全部物质财产都在他们的房子外面被拍照。
>
> 根据这些照片、GDP或其他统计数字来判断,这些国家的生活水平有着极大的差别。

一个普通的英国家庭

图片来源：ⓒ David Reed from MATERIAL WORLD.

一个普通的墨西哥家庭

图片来源：ⓒ Peter Menzel/menzelphoto.com.

一个普通的马里家庭

图片来源：ⓒ Peter Menzel/menzelphoto.com.

- 英国是一个发达国家。在 2011 年，它的人均 GDP 是 36 010 美元。只有极少数人生活在极端贫困中，此处极端贫困的定义是每天的生活费低于 2 美元。一个在英国出生的婴儿可以预期一个相对健康的童年：仅有 5‰ 的儿童会在五岁之前死亡。受教育程度高：在处于高中入学年龄的孩子中，98% 的人上学。

- 墨西哥是一个中等收入国家。在 2011 年，它的人均 GDP 是 15 390 美元。约有 5% 的人每天的生活费不到 2 美元，有 16‰ 的儿童会在五岁之前死亡。在处于高中入学年龄的孩子中，71% 的人上学。

- 马里是穷国。在 2011 年，它的人均 GDP 只有 1 040 美元。极端贫困在这里是正常的：超过 3/4 的人每天的生活费不到 2 美元。生命经常夭折：有 17.6% 的儿童在五岁之前死亡。马里的教育水平低：在处于高中入学年龄的孩子中，只有 31% 的人上学。

那些研究经济增长的经济学家试图解释是什么引起生活水平上如此巨大的差别。

17.2.2 生产率是如何决定的

虽然生产率在决定鲁滨孙·克鲁索的生活水平方面是极为重要的,但是有许多因素决定着克鲁索的生产率。例如,如果他有更多渔具,如果他学到了最好的捕鱼技术,如果岛上有大量的鱼的供给,或者如果他发明了更好的鱼饵,他在捕鱼方面就会做得更好。这每一种克鲁索生产率的决定因素——我们称之为物质资本、人力资本、自然资源和技术知识——在更复杂、更现实的经济中都有相应的部分。下面我们依次考虑每一种因素。

人均物质资本 如果工人用工具进行工作,生产率就更高。用于生产物品与服务的设备和建筑物存量称为**物质资本**(physical capital),或简称为资本。例如,当木工制造家具时,他们用的锯、车床和电钻都是资本。工具越多,木工越能迅速而精确地生产更多的产品:只有基本手工工具的木工每周生产的家具少于使用更精密、更专业化设备的木工。

你可以回想一下,用于生产物品与服务的投入——劳动、资本,等等——称为生产要素。资本的重要特征是,它是一种生产出来的生产要素。也就是说,资本是生产过程的投入,也是过去生产过程的产出。木工用一部车床制造桌子腿,而车床本身是制造车床的企业的产出,车床制造者又用其他设备来制造它的产品。因此,资本是用于生产各种物品与服务,包括更多资本的生产要素。

人均人力资本 生产率的第二个决定要素是人力资本。**人力资本**(human capital)是经济学家用来指工人通过教育、培训和经验而获得的知识与技能的一个术语。人力资本包括在早期儿童教育、小学、中学、大学和成人劳动力在职培训中所积累的技能。

虽然教育、培训和经验没有车床、推土机和建筑物那样具体,但是人力资本在许多方面与物质资本类似。和物质资本一样,人力资本提高了一国生产物品与服务的能力,人力资本也是一种生产出来的生产要素。生产人力资本要求教师、图书馆和学生时间等形式的投入。实际上,可以把学生看作"工人",他们的重要工作就是生产将用于未来生产的人力资本。

人均自然资源 生产率的第三个决定因素是**自然资源**(natural resources)。自然资源是自然界提供的生产投入,如土地、河流和矿藏。自然资源有两种形式:可再生的与不可再生的。森林是可再生资源的一个例子。当伐倒一棵树后,可以在这个地方播下种子,以便未来再长成树。石油是不可再生资源的一个例子。由于石油是自然界在几百万年中形成的,其供给极其有限。一旦石油供给枯竭,要再创造出来就是不可能的。

自然资源的差别引起了世界各国生活水平的一些差别。美国历史上的成功部分是由于有大量适于农耕的土地供给。现在中东的某些国家,例如科威特和沙特阿拉伯,它们之所以富有,只是因为它们正好位于世界上最大的储油区。

虽然自然资源很重要,但是它们并不是一个经济在生产物品与服务方面具有高生产率的必要条件。例如,日本尽管自然资源不多,但它仍是世界上最富裕的国家之一。国际贸易使日本的成功成为可能。日本进口大量它所需要的自然资源,如石油,再向自然资源丰富的经济出口其制成品。

技术知识 生产率的第四个决定因素是**技术知识**(technological knowledge)——对生产物品与服务的最好方法的了解。一百年前,大多数美国人在农场上干活,这是因为农业技术要求大量的劳动投入才能养活所有的人。现在,由于农业技术进步,少数人就可以生产足以养活整个国家的食物。这种技术变革使劳动可以用于生产其他物品与服务。

技术知识有多种形式。一种技术是公共知识——在某个人使用这种技术后,每个人就都了解了这种技术。例如,一旦亨利·福特成功地引进装配线生产,其他汽车制造商就很快模仿了这种技术。另一种技术是由私人拥有的——只有发明它的公司知道。例如,只有可口可乐公司知道生产这种著名软饮料的秘方。还有一种技术在短期内是由私人拥有的。当一家制药公司发明了一种新药时,专利制度给予该公司暂时排他性地生产这种药物的权利。然而,当专利期满时,就允许其他公司生产这种药品。所有这些技术知识形式对经济中物品与服务的生产都是重要的。

区分技术知识和人力资本是有必要的。虽然它们密切相关,但也有重大差别。技术知识是指社会对世界如何运行的理解,人力资本是指把这种理解传递给劳动力的资源消耗。用一个相关的比喻来说,知识是社会教科书的质量,而人力资本是人们用于阅读这本教科书的时间量。工人的生产率既取决于人们可以得到的教科书的质量,又取决于他们用来阅读教科书的时间量。

参考资料
生产函数

经济学家经常用生产函数来描述生产中所用的投入量与生产的产出量之间的关系。例如,假设 Y 表示产量,L 表示劳动量,K 表示物质资本量,H 表示人力资本量,N 表示自然资源量,那么我们可以写出:

$$Y = AF(L, K, H, N)$$

式中,$F(\ )$ 是一个表示这些投入如何结合起来以生产产出的函数。A 表示一个可得到的生产技术的变量。A 随着技术进步而上升,这样,一个经济就可以用既定的投入组合获得更多产量。

许多生产函数具有一种称为规模收益不变的特性。如果生产函数为规模收益不变的,那么所有投入翻一番就会使产出也翻一番。在数学上,对于任何一个正数 x,可以把生产函数的规模收益不变写为:

$$xY = AF(xL, xK, xH, xN)$$

在这个式子中,所有投入翻一番用 $x = 2$ 来表示。右边表示投入翻一番,而左边表示产出翻一番。

规模收益不变的生产函数有一种有趣且有用的含义。为了说明这种含义,设 $x = 1/L$,则上式变为:

$$Y/L = AF(1, K/L, H/L, N/L)$$

要注意的是,Y/L 是每个工人的产量,它也是生产率的衡量指标。这个公式说明,生产率取决于人均物质资本(K/L)、人均人力资本(H/L)以及人均自然资源(N/L)。生产率还取决于用变量 A 代表的技术状况。因此,这个公式对我们刚刚讨论过的生产率的四个决定因素提供了一个数学上的概括。

案例研究
自然资源是增长的限制吗

今天,世界人口大约是 70 亿,超过了一个世纪以前的 4 倍。同时,许多人享有的生活水平大大高于他们的曾祖辈。关于人口和生活水平的增长能否持续到未来,始终存在争论。

许多评论家认为,自然资源最终是世界经济能够增长多少的一个限制。乍一看,这种观点似乎很难忽视。如果世界只有固定的不可再生性自然资源的供给,那么人口、生产和生活水平如何能保持长期的持续增长呢?石油和矿藏的供给最终不会耗尽吗?当这些资源的短缺开始出现时,不仅会使经济增长停止,也许还会迫使生活水平下降吧?

尽管这些观点言之有理,但大多数经济学家并不像想象的那样关注这种增长的限制。他们认为,技术进步会提供避免这些限制的方法。如果我们拿今天的经济与过去比较,我们就会发现各种使用自然资源的方法已经得到了改进。现代汽车耗油更少。新住房有更好的隔热设备,所需要的用于调节室温的能源也少了。更有效的采油装置使得采油过程中浪费的石油较少。资源回收使一些不可再生性资源被重复利用。可替代燃料的开发,例如用乙醇代替汽油,使我们能用可再生性资源来代替不可再生性资源。

70 年前,一些环保人士担心锡和铜的过度使用。在那时,锡和铜是关键商品:锡用于制造食物容器,而铜用于制造电话线。一些人建议对锡和铜实行强制回收利用和配给,以便子孙后代也能得到锡和铜的供给。但是,今天塑料已取代锡成为制造许多食物容器的材料,而电话通信通常可以利用以沙子为原料生产的光导纤维来传输。技术进步使一些曾经至关重要的自然资源变得不那么必要了。

然而,所有这些努力足以保证经济持续增长吗?回答这个问题的一种方法是考察自然资源的价格。在一个市场经济中,稀缺性反映在市场价格上。如果世界陷入了自然资源短缺,那么这些资源的价格就会一直上升。但实际情况往往与此相反。自然资源的价格表现出相当大的短期波动,但在长期里,大多数自然资源的价格(根据整体通货膨胀调整过的)是稳定的或下降的。看来我们保存这些资源的能力的增长比它们的供给减少的速度要快。市场价格使我们没有理由相信,自然资源是经济增长的限制。

即问即答 列出并说明一国生产率的四个决定因素。

17.3 经济增长和公共政策

到现在为止,我们已经确定了社会的生活水平取决于它生产物品与服务的能力,以及其生产率取决于物质资本、人力资本、自然资源和技术知识。现在我们转向全世界各国决策者面临的问题:哪些政府政策可以提高生产率和生活水平?

17.3.1 储蓄和投资

由于资本是生产出来的生产要素,因此,一个社会可以改变它所拥有的资本量。如果经济今天生产了大量新资本品,那么明天它就拥有大量资本存量,并能生产更多的物品与服务。

因此，提高未来生产率的一种方法是把更多的现期资源投资于资本的生产。

第1章提出的经济学十大原理之一是人们面临权衡取舍。当考虑资本积累时，这个原理尤其重要。由于资源是稀缺的，把更多资源用于生产资本就要求把较少资源用于生产现期消费的物品与服务。这就是说，社会如果更多地投资于资本，它就必然少消费并把更多的现期收入储蓄起来。由资本积累所引起的增长并不是免费午餐：它要求社会牺牲现期物品与服务的消费，以便未来享有更多消费。

下一章要更详细地考察经济的金融市场如何协调储蓄与投资，还要考察政府政策如何影响所进行的储蓄与投资量。现在重要的是注意，鼓励储蓄和投资是政府促进增长的一种方法，并且在长期中也是提高一个经济生活水平的一种方法。

17.3.2 收益递减和追赶效应

假设一个政府，推行一种提高国民储蓄率的政策——提高用于储蓄而不是消费的GDP百分比。这会出现什么结果呢？随着一国储蓄的增加，用于生产消费品的资源少了，而更多的资源用于生产资本品。结果，资本存量增加了，这就引起生产率的提高和GDP更快的增长。但是，这种高增长率能持续多长时间呢？假设储蓄率处于新的高水平之上，GDP增长率会一直高下去，还是只能持续一段时间呢？

对于生产过程的传统观点是，资本要受到**收益递减**（diminishing returns）的制约：随着资本存量的增加，由增加的一单位资本生产的额外产量减少。换句话说，当工人已经用大量资本存量生产物品与服务时，再给他们增加一单位资本所提高的生产率是微小的。图17-1说明了这一点，该图表明，在所有其他决定产量的因素不变的情况下，人均资本量如何决定人均产量。

图17-1 生产函数图示

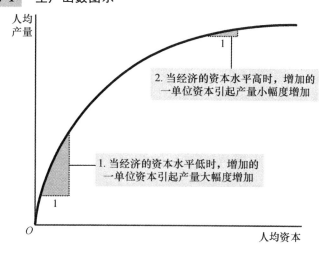

该图说明了人均资本量如何影响人均产量。其他决定产量的因素，包括人力资本、自然资源和技术，都是不变的。随着资本量的增加，曲线越来越平坦是因为资本的收益递减。

由于收益递减，储蓄率的增加所引起的高增长只是暂时的。随着高储蓄率使积累的资本更多，从增加的资本中得到的收益一直在减少，因此增长放慢。在长期中，高储蓄率引起高水平的生产率和收入，但在这些变量中并没有高增长。然而，达到这种长期可能需要相当一段时间。根据对经济增长国际数据的研究，提高储蓄率可以在几十年内引起相当高的增长。

资本的收益递减还有一层重要的含义：在其他条件相同的情况下，如果一国开始时较穷，它就更易实现迅速增长。这种初始状况对随后增长的影响有时称为**追赶效应**(catch-up effect)。在贫穷国家中,工人甚至缺乏最原始的工具,因此生产率极低。少量的资本投资会大大提高这些工人的生产率。与此相反,富国的工人用大量资本工作,这部分解释了他们的高生产率。但由于人均资本量已经如此之高,所以增加的资本投资对生产率只有较小的影响。对经济增长国际数据的研究证明了这种追赶效应:当控制住其他变量,例如用于投资的 GDP 百分比时,穷国往往增长得比富国快。

这种追赶效应有助于解释某些令人费解的事实。这里有一个例子:从 1960 年到 1990 年,美国和韩国用于投资的 GDP 份额相似,但在这一期间,美国只有 2% 左右的适度增长,而韩国却以超过 6% 的惊人速度增长。对这种差别的解释就是追赶效应。在 1960 年,韩国人均 GDP 不到美国的 1/10,这部分是由于以前的投资极低。在初始资本存量较少时,韩国资本积累的收益就大得多,这使韩国后来有较高的增长率。

这种追赶效应也表现在生活的其他方面。当一个学校在年末向"进步最大的"学生颁奖时,这种学生往往是年初成绩较差的学生。那些年初不学习的学生发现,他们的进步比那些总是刻苦学习的学生容易。要注意的是,在起点既定的情况下,"进步最大"是好的,但成为"最好的学生"更好。同样,最近几十年间韩国的经济增长一直比美国快得多,但人均 GDP 仍然是美国更高。

17.3.3 来自国外的投资

到现在为止,我们讨论了目的在于提高一国储蓄率的政策如何增加投资,进而提高长期的经济增长率。但国内居民的储蓄并不是一国投资于新资本的唯一方法。另一种方法是外国人的投资。

来自国外的投资采取了几种形式。福特汽车公司可以在墨西哥建一个汽车厂。由外国实体拥有并经营的资本投资称为外国直接投资。另一种方式是,一个美国人可以购买墨西哥公司的股票(也就是说,购买该公司的所有权份额);墨西哥公司可以用卖股票的收入来建立一个新工厂。用外国货币筹资,但由国内居民经营的投资称为外国有价证券投资。在这两种情况下,美国人提供了墨西哥资本存量增加所必需的资源。这就是说,用美国人的储蓄为墨西哥人的投资筹资。

当外国人在一个国家投资时,他们这样做是因为他们期望获得投资收益。福特公司的汽车厂增加了墨西哥的资本存量,因此提高了墨西哥的生产率,增加了墨西哥的 GDP。但福特公司也以利润的形式把一些额外收入带回美国。同样,当一个美国投资者购买墨西哥股票时,投资者也有权得到墨西哥公司赚到的一部分利润。

因此,来自国外的投资对经济繁荣的所有衡量指标的影响并不相同。我们还记得,GDP 是本国公民和非本国公民在国内赚到的收入,而 GNP 是一国公民在国内外赚到的收入。当福特公司在墨西哥开办它的汽车厂时,工厂产生的一些收入属于并不生活在墨西哥的人。因此,在墨西哥的国外投资所增加的墨西哥人的收入(用 GNP 衡量)小于在墨西哥增加的生产(用 GDP 衡量)。

此外,利用来自国外的投资是一国增长的一种方法。即使来自这种投资的一部分收益流回外国所有者手中,这种投资也增加了一国的资本存量,导致该国更高的生产率和更高的工资。而且,来自国外的投资也是穷国学习富国开发并运用先进技术的一种方式。由于这些原因,许多在欠发达国家当顾问的经济学家都提倡鼓励来自外国投资的政策。这往往意味着取消政府对外国人拥有国内资本的限制。

鼓励资本流入穷国的一个组织是世界银行。这个国际组织从美国这样的先进国家得到资金,并用这些资金向欠发达国家发放贷款,以便这些国家能投资于道路、排水系统、学校和其他类型的资本。它也向这些国家就关于如何最有效地运用这些资金提供咨询。世界银行与其姐妹组织国际货币基金组织都是在第二次世界大战后建立起来的。战争给我们的一个教训是,经济不景气往往引起政治动乱、国际局势紧张以及军事冲突。因此,每个国家都应关心和促进世界各国的经济繁荣。世界银行和国际货币基金组织成立的目的就在于此。

17.3.4 教育

教育——人力资本投资——对一个国家的长期经济繁荣至少和物质资本投资同样重要。在美国,从历史上看,每一年学校教育使人的工资增加平均10%左右。在人力资本特别稀缺的欠发达国家,受过教育的工人与未受过教育的工人之间的工资差距甚至更大。因此,政府政策能够提高生活水平的一种方法是提供良好的学校,并鼓励人们利用这些学校。

人力资本投资和物质资本投资一样也有机会成本。当学生上学时,他们放弃了本可以作为劳动力赚到的收入。在欠发达国家,尽管学校教育的收益非常高,但儿童往往小小年纪就退学了,这只是因为需要他们的劳动来帮助养家糊口。

一些经济学家认为,人力资本对经济增长特别重要,因为人力资本带来正外部性。外部性是一个人的行为对旁观者福利的影响。例如,一个受过教育的人会产生一些有关如何最好地生产物品与服务的新思想。如果这些新思想进入社会的知识宝库,从而每一个人都可以利用,那么这些思想就是教育的外部收益。在这种情况下,学校教育的社会收益就远远大于个人收益。这种观点证明了我们看到的以公共教育为形式的大量人力资本投资补贴的正确性。

一些穷国面临的一个问题是人才外流——许多受最高教育的工人移民到富国,他们在这些国家可以享有更高的生活水平。如果人力资本有正外部性,那么这种人才外流就使那些留下来的人比未发生人才外流时更穷。这个问题使决策者进退两难。一方面,美国和其他富国有最好的高等教育制度,而且穷国把它们最好的学生派到国外获得更高学位看来是正常的。另一方面,这些在国外生活过一段时间的学生可能选择不回国,这种人才外流将进一步减少穷国的人力资本存量。

17.3.5 健康与营养

虽然人力资本这个术语通常指教育,但它也可以用来描述另一种类型的对人的投资:使人口更健康的支出。在其他条件相同时,更健康的工人生产率更高。对人口的健康进行适当投资是一国提高生产率和生活水平的一种方法。

根据近年来经济史学家罗伯特·福格尔(Robert Fogel)的研究,长期经济增长的一个重要因素是通过更好的营养改善健康状况。他估算出,1780年在英国,约有五分之一的人缺乏营养,以至于他们不能从事体力劳动。在那些能工作的人中,摄入的热量不足大大减少了他们可以付出的工作努力。随着营养改善,工人的生产率也提高了。

福格尔部分通过观察人口的身高来研究这些历史趋势。个子矮可能是营养不良的标志,特别是在胎儿时期和儿童时期。福格尔发现,随着一国经济的发展,人们吃得更多了,而且人的个子也高了。从1775年到1975年,英国人均的热量摄入增加了26%,男性的平均身高也增加了 3.6 英寸。同样,在 1962—1995 年韩国迅猛的经济增长期间,热量的消费增加了 44%,男性的平均身高则增加了 2 英寸。当然,人的身高是由遗传因素和环境共同决定的,但由于人的基因结构变化很慢,所以平均身高的增加最大可能是由于环境引起的——营养是最显而易见的解释。

而且,研究发现,身高是生产率的一个衡量指标。研究者观察某一个时点上大量的工人数据时,发现高个子的工人往往赚钱更多。由于工资反映了工人的生产率,这一发现表明,高个子工人生产率更高。身高对工资的影响在穷国特别显著,在这些国家营养不良是一个较大的风险。

福格尔在 1993 年因其对经济史的研究获得了诺贝尔经济学奖,其研究不仅包括他对营养的研究,而且还包括他对美国奴隶制和铁路在美国经济发展中的作用的研究。在他被授予诺贝尔奖时所做的演讲中,他概括了健康和经济增长之间关系的证据。他的结论是:"总体营养的改善对英国 1790—1980 年间人均收入增长的贡献约为 30%。"

今天,营养不良现象在英国和美国这些发达国家已经很少见了(肥胖是更普遍的问题)。但对发展中国家的人们而言,健康状况差和营养不足仍然是提高生产率和改善生活水平的障碍。联合国估计,在撒哈拉以南的非洲几乎有三分之一的人口处于营养不良的状态。

健康和财富之间的因果关系也是双向的。穷国的贫穷,部分是因为人们不健康,而人们不健康部分又是因为他们穷,负担不起必要的医疗和营养费用。这是一个恶性循环。但是,这个事实也揭示了良性循环的可能性:引起更快经济增长的政策自然会改善人们的健康状况,而这又会进一步促进经济增长。

▍新闻摘录
食品援助计划有益还是有害

经济政策经常适得其反。下文就是一个例子。

对发展中国家的食品援助计划可能加剧武装冲突
Justin Lahart

国家陷于纷争,人民处于饥饿状态。

我们很自然的反应是送去食物,但事实上这样做可能有问题。几十年以来,救援人员、记者和其他一些人都提供了事实说明食品援助经常被当地武装滥用于自己的给养以及武器购买。护送食品的卡车和其他设备经常被劫持。

这些报告最终都被视为奇闻轶事,或者仅仅是极端、少数的案例。更何况"鸡生蛋,蛋生鸡"的问题总是存在的,比如说,是食品援助加剧了冲突纷争,还是酝酿中的争斗带来了食品援助。

但是,哈佛大学的 Nathan Nunn 和耶鲁大学的 Nancy Qian 发明了一个新方法,回避了鸡与蛋的问题,更直接地估量出到底发生了什么。他们的结论发人深省。

这两位经济学家发现,美国食品援助计划的流向与小麦关系很大。在丰收年份里,美国政府囤积小麦,作为价格支持项目的一部分。而在次年,多余的小麦就被作为食品援助运送到发展中国家。这就使经济学家们能够梳理出 1972—2006 年间食品流向 134 个发展中国家产生的影响。

他们发现,食品援助计划增加了受援国发生武装冲突的概率和持续时间。而且在拥有道路更少——食品护送车队更难绕开麻烦——的国家,以及有严重的民族分裂问题的国家,这种问题就更为突出。

经济学家们认为,由于食品体积庞大,可能需要通过政府无法控制的地区运输,因此,特别容易成为武装力量袭击的目标。因此,他们说道:"我们的研究成果不应该被推广而作为外国援助所产生影响的证据。"

资料来源:*The Wall Street Journal*, Real Time Economics blog, January 30, 2012.

17.3.6 产权和政治稳定

决策者可以促进经济增长的另一种方法是保护产权和促进政治稳定。这个问题正是市场经济如何运行的核心问题。

市场经济中的生产产生于千百万个个人与企业的相互交易。例如,当你买一辆汽车时,你就购买了汽车中间商、汽车制造商、钢铁公司、铁矿公司等的产出。生产分别在许多企业进行,就使经济的生产要素可以得到尽可能有效的利用。为了达到这个结果,经济必须协调这些企业之间以及企业和消费者之间的交易。市场经济通过市场价格实现这种协调。这就是说,市场价格是市场这个看不见的手用来使组成经济的成千上万个市场实现供求平衡的工具。

价格制度发生作用的一个重要前提是经济中广泛尊重产权。产权指人们对自己拥有的资源行使权力的能力。如果一家铁矿公司预计铁矿会被偷走,它就不会努力开采铁矿。只有公司相信它将从铁矿的随后销售中获得收益,它才会开采铁矿。由于这个原因,法院在市场经济中所起的一个重要作用是强制保护产权。在整个刑事审判制度中,法院禁止偷窃。此外,在整个民事审判制度中,法庭保证买者和卖者履行他们的合同。

发达国家的人们往往把产权视为理所当然的,而那些生活在欠发达国家的人们也明白缺乏产权会是一个严重问题。在许多国家中,司法制度不能很好地运行。合同很难得到实施,而且欺诈往往没有受到应有的惩罚。在较为极端的情况下,政府不仅不能保护产权,而且实际上还侵犯产权。在一些国家中,企业为了进行经营,需要贿赂有权的政府官员。这种腐败阻碍了市场的协调能力,它还抑制了国内储蓄和来自国外的投资。

对产权的一个威胁是政治的不稳定性。当革命和政变很普遍时,产权在未来能否得到尊重就很值得怀疑。如果一个发生革命性巨变的政府没收一些企业的资本,国内居民就很少有储蓄、投资和开办新企业的激励了。同时,外国人也很少有在该国投资的激励了。革命性巨变的威胁甚至会降低一国的生活水平。

因此,经济繁荣部分取决于政治繁荣。一个拥有有效的法院体系、忠诚的政府官员和稳定的政治局势的国家享有的生活水平将高于一个缺乏法院体系、官员腐败和经常发生革命和政变的国家。

17.3.7 自由贸易

世界上最穷的一些国家企图通过实施内向型政策来实现更快的经济增长。这些政策的目的在于通过避免与世界其他国家的相互交易来提高国内的生产率和生活水平。一些声称需要保护以避开外国竞争来生存和成长的国内企业,通常支持这种幼稚产业论。这种幼稚产业保护论与对外国人的普遍不信任结合在一起,有时会使欠发达国家的决策者实行关税和其他贸易限制。

今天大多数经济学家相信,穷国实行与世界经济融为一体的外向型政策会使其状况变好。物品与服务的国际贸易能改善一国公民的经济福利。在某些方面,贸易是一种技术。当一个国家出口小麦并进口纺织品时,该国就如同发明了一种把小麦变为纺织品的技术一样而获益。因此,取消贸易限制的国家,将经历重大技术进步之后出现的同种经济增长。

当考虑到许多欠发达国家规模不大时,内向型发展的不利影响就显而易见了。例如,阿根廷的 GDP 总量与得克萨斯州的休斯敦的相近。设想一下,如果休斯敦市议会禁止本市居民与住在该市范围外的人进行贸易,会出现什么情况。当不能利用贸易的好处时,休斯敦就要生产它消费的所有物品。它还要生产它所需的所有资本品,而不是进口其他城市最先进的设备。休斯敦的生活水平马上就会下降,而且问题会一直恶化下去。这正是阿根廷在 20 世纪大部分时间里实行内向型政策所出现的情况。与此相反,实行外向型政策的国家和地区,例如韩国、新加坡和中国台湾,都有很高的经济增长率。

一国与其他国家的贸易量不仅取决于政府政策,还取决于地理环境。有天然海港的国家发现它们进行贸易要比没有这种资源的国家容易。世界上许多重要城市,例如纽约、旧金山和香港,都位于海边并不是偶然的。同样,由于内陆国家进行国际贸易更为困难,所以它们的收入水平往往低于容易接近世界航道的国家。例如,超过80%的居民住在离海岸线 100 公里以内的国家,其人均 GDP 是不到 20% 的居民住在海岸线附近的国家的 4 倍。靠近大海的关键重要性有助于解释为什么由许多内陆国家构成的非洲大陆如此贫穷。

17.3.8 研究与开发

今天的生活水平高于一个世纪前的主要原因是技术知识的进步。电话、晶体管、电脑和内燃机是提高生产物品与服务能力的成千上万个创新中的一些。

虽然大多数技术进步来自企业和个人发明家所进行的私人研究,但这之中也有政府对促进这些努力的关心。在很大程度上,知识是公共物品:这就是说,一旦某个人发现了一个思想,这个思想就进入社会的知识宝库,而且其他人可以免费使用。正如政府在提供国防这类公共物品上起作用一样,它在鼓励新技术的研究和开发中也应该起作用。

美国政府长期以来在创造和传播技术知识方面起着作用。一个世纪前,政府就资助耕作方法研究,建议农民如何最好地利用他们的土地。近年来,美国政府一直通过空军和国家航空航天局支持空间研究,因此,美国成为火箭和航天飞机的主要制造者。政府继续用来自国家科学基金和国家医疗研究所的研究资金鼓励知识进步,并用减税鼓励企业从事研究与开发。

政府政策鼓励研究的另一种方式是通过专利制度。当一个人或一个企业发明了一种新产品,例如一种新药品时,发明者可以申请专利。如果认定该产品的确是原创性的,政府就授予专利,从而给予发明者在规定年限内排他性地生产该产品的权利。在本质上,专利给予发明者对其发明的产权,这就把他的新思想从公共物品变成私人物品。通过允许发明者从其发明中获得利润——尽管只是暂时的——专利制度就增加了对个人和企业从事研究的激励。

17.3.9 人口增长

经济学家和其他社会科学家已经就人口是如何影响社会的问题争论了很久。最直接的影响是劳动力规模:人口多意味着生产物品和服务的工人多。中国人口众多是中国在世界经济中起着如此重要作用的原因之一。

但是,同时人口多也意味着消费这些物品与服务的人多。因此,尽管人口众多意味着物品与服务的总产出更多,但是它不一定意味着普通公民的生活水平高。的确,在各种经济发展层次上都可以发现大国与小国。

在这些明显的人口规模影响之外,人口增长与其他生产要素以更为微妙且引起更多争论的方式相互作用。

导致自然资源紧张 英国牧师和早期经济思想家托马斯·罗伯特·马尔萨斯(Thomas Robert Malthus,1766—1834)以其名为《论人口对未来社会进步影响的原理》*的著作而闻名于世。在这本书中,马尔萨斯提出了可能是历史上最耸人听闻的预言。马尔萨斯认为,不断增长的人口将始终制约着社会养活自己的能力,结果人类注定要永远生活在贫困之中。

马尔萨斯的逻辑是非常简单的。他从指出"食物是人类生存所必需的"以及"两性间的性欲是必然的,且将几乎保持现状"开始,得出的结论是"人口的力量永远大于地球上生产维持人类生存的必需品的力量"。根据马尔萨斯的观点,对人口增长的唯一限制是"灾难和罪恶"。他认为,教会或政府减缓贫困的努力都是反生产的,因为这些努力仅仅是让穷人多生孩子,这对社会生产能力造成了更大的限制。

托马斯·罗伯特·马尔萨斯
图片来源:2002 ARPL/Top ham/The ImageWorks.

马尔萨斯也许正确地描述了他生活的时代,但幸运的是,他的可怕预言并没有变为现实。尽管过去200年间世界人口增长了6倍左右,但全世界的平均生活水平也大大提升了。由于经济增长,长期的饥饿和营养不良现在远没有马尔萨斯时代那么普遍。饥荒虽不时出现,但通常都是收入分配不平等或政治不稳定的结果,而不是食物生产不足的结果。

马尔萨斯错在哪里呢?正如我们在本章前面的案例研究中所讨论的,人类创造力的增长抵消了人口增加所产生的影响。马尔萨斯从未想到过的农药、化肥、机械化农业设备、新作物品种以及其他技术进步使每个农民可以养活越来越多的人。尽管要养活的人变多了,但由于每个农民的生产率更高了,需要的农民反而越来越少了。

稀释了资本存量 马尔萨斯担心人口对自然资源使用的影响,而一些现代经济增长理论则强调人口对资本积累的影响。根据这些理论,高人口增长降低了每个工人的GDP,因为工人数量的迅速增长使资本存量被更稀薄地分摊。换句话说,当人口迅速增长时,每个工人配备的资本就减少了。每个工人分摊的资本量的减少引起生产率和人均GDP的降低。

就人力资本的情况而言,这个问题最明显。高人口增长的国家存在着大量学龄儿童,这就使教育体系负担更重。因此,毫不奇怪,在高人口增长的国家,教育成就往往较低。

世界各国人口的增长差别很大。在发达国家,例如美国和西欧一些国家,近几十年来每年人口增长1%左右,而且预期未来人口增长会更慢。与此相反,在许多贫穷的非洲国家,人口每年增长3%左右。按这种比率,人口每23年就要翻一番。这种快速的人口增长使得向工人提供他们实现高生产率水平所需的工具和技能变得很困难。

---

* 简称《人口论》。——译者注

虽然快速的人口增长并不是欠发达国家贫穷的主要原因,但一些分析家相信,降低人口增长率将有助于这些国家的人民提高他们的生活水平。在一些国家,用控制家庭生养孩子数量的法律就可以直接达到这个目标;在另一些国家,降低人口增长的目标是通过提高对生育控制技术的了解来间接实现的。

国家可以影响人口增长的另一种方法是运用经济学十大原理之一:人们会对激励做出反应。抚养孩子也像任何一种决策一样有机会成本。当机会成本增加时,人们就将选择较小的家庭。特别是,有机会获得良好教育和满意工作的妇女往往要的孩子少于那些在家庭外工作机会少的妇女。因此,促进平等对待妇女的政策是欠发达国家降低人口增长率的一种方法,也许还能提高其生活水平。

促进了技术进步 虽然快速的人口增长会通过减少每个工人拥有的资本量而抑制经济繁荣,但它也有某些好处。一些经济学家提出,世界人口增长一直是技术进步和经济繁荣的发动机。机制很简单:如果有更多的人,那么就会有更多对技术进步做出贡献的科学家、发明家和工程师,每一个人都将因此而受益。

经济学家迈克尔·克瑞默(Michael Kremer)在一篇题为《人口增长与技术变革:公元前100万年到1990年》的文章中对这种假说提供了一些支持,这篇文章发表在1993年的《经济学季刊》(*Quarterly Journal of Economics*)上。克瑞默注意到,在漫长的人类历史中,世界经济增长率随着世界人口的增长而增长。例如,世界人口为10亿时(1800年左右)世界经济的增长比人口只有1亿时(公元前500年左右)要迅速。这个事实与更多的人口引起更快的技术进步的假设一致。

克瑞默的第二个证据来自对世界不同地区的比较。公元前1万年冰川纪结束时,极地冰雪融化形成的洪水冲破了大陆之间的连接地带,并把世界分为几千年中无法相互联系的几个地区。如果说当有更多的人做出发明时技术进步较为迅速,那么更大的地区就应该有更快的经济增长。

根据克瑞默的说法,这正是发生过的事情。在1500年(这一年哥伦布重建了联系)世界上最成功的地区组成了大部分欧亚非地区的"古老世界"文化。上一个技术进步是美洲的阿兹特克和玛雅文明,再往上是澳大利亚的狩猎采集者,再之前是塔斯马尼亚的原始人,他们甚至不知道用火,大多数工具是石头和骨头。

最小的岛屿地区是Flinders岛,它是塔斯马尼亚和澳大利亚之间的一个小岛。由于人口最少,Flinders岛取得技术进步的机会最少,实际上它是在退步。在公元前3000年左右,Flinders岛上的人口完全消失了。克瑞默的结论是,人口多是技术进步的前提。

新闻摘录
一个经济学家的回答

为什么一些国家兴旺发达,而另一些国家远非如此,本文对这个深奥的问题提供了一个分析视角。

使一国富裕的是什么
Daron Acemoglu

我们是富国,有财产,发达。但世界上的其他大多数国家——在非洲、南亚和南美,如索马里、玻利维亚和孟加拉国——并非如此。情况总是这样,全球分为富裕与贫穷、健康与疾病流行、食物充足与饥荒,各国的不平等是空前的。平均每个美国公民的财富是危地马拉的十倍,朝鲜的二十多倍,马里、埃塞俄比亚、刚果或塞拉利昂的四十多倍。

几个世纪以来,社会科学家无法成功地解决这个问题,这是为什么?但其实,他们应该提的问题是,如何才能解决?因为不平等并不是先天的。国家并不像孩子一样——并不出生于富裕之家或贫穷之家。它们的政府决定了他们的种种状况。

你可以研究法国政治哲学家孟德斯鸠的不平等理论,他在18世纪中期给出了一种极为简单的解释:热带地区的人天生就懒。其后陆陆续续还有各种各样的解释:是不是马克斯·韦伯的新教伦理之工作道德是经济成功真正的驱动力?或者也许富国过去都是英国的殖民地?或者也许就是追踪哪个国家的主要人口有欧洲血统那么简单?所有这些理论的问题在于,当它们表面上适用于某些特殊情况时,另一些情况则从根本上驳倒了这些理论。

今天提出的理论也同样如此。哥伦比亚大学地球研究所主任、经济学家 Jeffrey Sachs 把相对成功的国家归因于地理和气候。他认为,在世界上最穷的地区,贫瘠而炎热的土壤使农业遇到挑战,而且炎热的天气容易引起疾病,特别是疟疾。也许如果我们能解决这些问题,教导这些国家的人民掌握更好的农业技术,消灭疟疾,或者至少可以给他们配备青霉素,以便战胜这些致命的疾病,这样就可以消除贫穷。更好的方法也许是让这些人民移民,放弃他们荒凉的土地。

Daron Acemoglu
图片来源:由本人提供。

著名的生态学家和畅销书作者 Jared Diamond 提出了一种不同的理论:世界不平等的起源是动植物物种的历史禀赋以及技术进步。按 Diamond 的说法,最早学会耕种作物的文化也是最早学会使用犁的文化,从而就最早采用其他技术,这就是每一个成功经济的发动机。那么也许解决世界的不平等问题取决于技术——用互联网和手机把发展中国家联系在一起。

尽管 Sachs 和 Diamond 对贫穷的某些内容提出了不错的观点,但是他们与孟德斯鸠和其他追随者有某些共同之处,即他们忽略了激励。人们需要投资和远景的激励;他们需要知道,如果他们努力工作,他们就可以赚到钱,并能实际上持有这些钱。而且,确保这种激励的关键是健全的制度——为实现目标和创新提供机会的法治、安全感以及政府体系。这正是决定从无到有的因素——不是地理、天气、技术、疾病或道德伦理。

简单地说,解决了激励你就解决了贫穷。而如果你希望解决制度问题,就必须解决政府问题。

我们如何知道制度对国家贫富如此重要呢?我们从被美国—墨西哥边界分成两半的城市 Nogales 开始。Nogales 的两个部分在地理上没有差别。天气是相同的,风是相同的,土壤也一样。在地理和气候相同的条件下,流行病的类型相同,居民的道德、文化和语言背景也相同。按逻辑,这个城市两边在经济上应该是相同的。

但它们大不相同。

边界的一边在亚利桑那州 Santa Cruz 县,家庭中位收入为 30 000 美元;离此几米之外,家庭中位收入为 10 000 美元。在一边,大多数青少年都在公立高中,而且大多数成年人拥有高中毕业学历;在另一边,只有少数居民能上高中,更不用说大学了。亚利桑那州 65 岁以上的老人享有良好的保健和医疗服务,更不用说有效的道路网、电力、电话服务,以及可靠的活水处理和公共卫生体系;边界那边这些一件也没有,道路是坏的,婴儿死亡率高,电力和电话服务昂贵且弊端丛生。

关键的差别是边界北边的人享有法律和秩序,以及可靠的政府服务——他们可以不用担心生命、安全或财产权去从事日常活动和工作。在另一边,居民有引起犯罪、受贿和不安全的制度。

Nogales 也许是最明显的例子,但绝不是唯一的。以新加坡来说,曾经是一个贫瘠的热带岛屿,在英国殖民者建立起产权并鼓励贸易之后,变成亚洲最富的国家。再以中国来说,曾经有几十年的停滞与灾荒,在邓小平先生开始在农业中以及又在工业中明晰产权之后改变了。再看博茨瓦纳,它的经济经历了四十年的繁荣,而非洲其他国家却在衰退,这是由于博茨瓦纳强大的部落制度以及早期民选领导人富有远见的国家建设。

现在看看经济和政治上的失败。可以从塞拉利昂开始,这是一个缺乏有效的制度而钻石极其丰富的国家,几十年来陷于内战和动乱之中,贪污至今仍未得到制止。或者再看看朝鲜,它在地理、道德、文化上与韩国相同,但要贫穷十多倍。再看看埃及,这是世界上伟大文明的发源地之一,自从 Ottomans 及其以后欧洲人的殖民以来经济上一直停滞,战后的独立政府使情况更坏,这个政府限制所有经济活动和市场。实际上,这个理论是可以用来说明世界大多数国家的不平等模式的。

如果我们知道了为什么一些国家贫穷,那么接下来的问题就是为了帮助它们,我们能做些什么。我们从外部改善制度的能力是有限的,正如近年来美国在阿富汗和伊拉克的经验所证明的。但是,我们并不是无所作为的,而是,在很多情况下,可以做许多事情。当时机来临时,甚至世界上最受压迫的人民也会起来反对专制。我们最近在伊朗看到了这种情况,而几年前在乌克兰的橙色革命期间也看到了这种情况。

美国在鼓励这类运动中不应该起被动作用。在微观层次上,我们可以通过教育,并用现代的行动主义的工具来帮助外国公民,其中最值得注意的是互联网,也许需要提供加密技术和手机平台。这些可以打破专制政府设置的防火墙和检查制度。

毫无疑问,全球不平衡已经存在了上千年而且在过去一百五十年间扩大到空前的水平,要消除这种不平衡并不容易。但是,我们承认失败的政府和制度在引起贫穷上的作用,我们就有为改变它而斗争的机会。

Daron Acemoglu 是麻省理工学院经济学家。

资料来源:*Esquire*, November 18, 2009.

即问即答 描述政府决策者可以努力提高社会生活水平的三种方式。这些政策有什么缺点吗?

17.4 结论:长期增长的重要性

在本章中,我们讨论了什么因素决定一国的生活水平,以及决策者如何通过促进经济增长的政策提高生活水平。本章的大部分内容概括在经济学十大原理之一中:一国的生活水平取决于它生产物品与服务的能力。想促进生活水平提高的决策者应该把目标定为,通过鼓励生产要素的迅速积累和保证这些要素尽可能得到有效运用来提高自己国家的生产能力。

经济学家关于政府在促进经济增长中的作用的观点并不一致。但至少政府可以通过维护产权和政治稳定来支持看不见的手。争论较多的是，政府是否应该确定并补贴那些对技术进步特别重要的特定行业。毫无疑问，这些问题是经济学中最重要的。一代决策者在学习经济增长基本结论方面成功与否将决定下一代会继承一个什么样的世界。

内容提要

- 按人均 GDP 衡量的经济繁荣在世界各国差别很大。世界上最富裕国家的平均收入是最贫穷国家的十倍以上。由于真实 GDP 增长率差别也很大，所以各国的相对地位一直在急剧变动。
- 一个经济的生活水平取决于该经济生产物品与服务的能力。生产率又取决于物质资本、人力资本、自然资源和工人所得到的技术知识。
- 政府政策能以许多方式影响经济的增长率：鼓励储蓄和投资、鼓励来自国外的投资、促进教育、促进健康、维护产权与政治稳定、允许自由贸易以及促进新技术的研究与开发。
- 资本积累收益递减的限制：一个经济拥有的资本越多，该经济从新增加的一单位资本中得到的产量的增加就越少。结果，尽管高储蓄会引起一定时期内的高增长，但是随着资本、生产率和收入的增加，增长最终会放慢。由于收益递减，在穷国资本的收益特别高。在其他条件相同时，由于追赶效应这些国家可以增长得更快。
- 人口增长对经济增长有多种影响。一方面，更加迅速的人口增长会通过使自然资源供给紧张和减少每个工人可以得到的资本量而降低生产率。另一方面，更多的人口也可以提高技术进步的速度，因为会有更多的科学家和工程师。

关键概念

生产率 自然资源 收益递减
物质资本 技术知识 追赶效应
人力资本

复习题

1. 一国的 GDP 水平衡量什么？GDP 的增长率衡量什么？你是愿意生活在一个高 GDP 水平而增长率低的国家，还是愿意生活在一个低 GDP 水平而增长率高的国家？
2. 列出并说明生产率的四个决定因素。
3. 大学学位是哪一种形式的资本？
4. 解释高储蓄如何带来高生活水平。什么因素会阻碍决策者努力提高储蓄率？
5. 高储蓄率引起暂时的高增长还是永远的高增长？
6. 为什么取消关税这类贸易限制会引起更快的经济增长？
7. 人口增长率如何影响人均 GDP 的水平？
8. 说明美国政府努力鼓励技术知识进步的两种方法。

快速单选

1. 在过去一个世纪中,美国真实人均 GDP 的增长约为____,这就意味着每____年翻一番。
   a. 2,14
   b. 2,35
   c. 5,14
   d. 5,35
2. 世界上最富裕的国家(如日本和德国)的人均收入是世界上最穷的国家(如巴基斯坦和印度)的____倍。
   a. 3
   b. 6
   c. 12
   d. 36
3. 大多数经济学家____自然资源最终会限制经济增长。作为证据,他们注意到,大多数自然资源的价格在根据整体通货膨胀调整之后倾向于____。
   a. 相信,上升
   b. 相信,下降
   c. 不相信,上升
   d. 不相信,下降
4. 由于资本往往会收益递减,所以,高储蓄和投资并不会引起更高的____。
   a. 长期收入
   b. 短期收入
   c. 长期增长
   d. 短期增长
5. 当日本汽车制造商丰田扩建其在美国的一个汽车厂时,这个事件对美国的 GDP 和 GNP 会有什么影响?
   a. GDP 增加,而 GNP 减少。
   b. GNP 增加,而 GDP 减少。
   c. GDP 的增加大于 GNP 的增加。
   d. GNP 的增加大于 GDP 的增加。
6. 托马斯·罗伯特·马尔萨斯认为人口增长将会:
   a. 对经济生产食物的能力带来压力,人们注定要生活在贫困之中。
   b. 把资本存量分摊到更少的劳动力中,降低了每个工人的生产率。
   c. 促进技术进步,因为会有更多科学家和发明者。
   d. 最终会下降到可持续的水平,因为生育控制技术得到改进,而且人们的家庭规模变小。

问题与应用

1. 包括美国在内的大多数国家都从其他国家进口大量物品与服务。但本章认为,只有一国本身能生产大量物品与服务,它才能享有高生活水平。你能使这两个事实一致吗?
2. 假定社会决定减少消费并增加投资。
   a. 这种变化会如何影响经济增长?
   b. 哪些社会群体会从这种变化中获益?哪些群体会受到损害?
3. 社会选择把多少资源用于消费和把多少资源用于投资。这些决策中的一部分涉及私人支出,另一些涉及政府支出。
   a. 说明代表消费的一些私人支出形式,以及代表投资的一些私人支出形式。国民收入账户把学费作为消费支出的一部分。按你的看法,把资源用于教育是一种消费的形式,还是一种投资的形式?
   b. 说明代表消费的一些政府支出形式,以及代表投资的一些政府支出形式。按你的看法,我们应该把政府用于医疗计划的支出作为一种消费的形式,还是一种投资的形式?你能区分青年人的医疗计划和老年人的医疗计划吗?
4. 投资于资本的机会成本是什么?你认为一国有可能对资本"过度投资"吗?人力资本投资的机会成本是什么?你认为一国可能对人力资本"过度投资"吗?解释原因。

5. 在20世纪90年代和21世纪前十年,来自日本和中国这些亚洲经济体的投资者在美国进行了大量直接投资和有价证券投资。那时许多美国人对这种投资的出现表示不满。
   a. 在哪些方面美国接受这种外国投资比不接受好?
   b. 在哪些方面美国人进行这种投资会更好?
6. 在许多发展中国家,年轻女性的中学入学率低于男性。说明如果年轻女性有更多的教育机会,可以加快这些国家经济增长的几种方式。
7. 国际数据表明,人均收入与人口健康之间存在正相关关系。
   a. 解释收入更高如何引起更好的健康状况。
   b. 解释更好的健康状况如何引起更高的收入。
   c. 如何使这两个假说的重要性适用于公共政策?
8. 18世纪伟大的经济学家亚当·斯密写道:"使一个国家从最野蛮的状态进入最富裕状态的必要条件不过是和平、轻税和较好的司法行政机构而已,其余则是自然而然的事情。"解释亚当·斯密所说的三个条件如何促进经济增长。

第 18 章
储蓄、投资和金融体系

设想你刚从大学毕业(当然,拥有经济学学位),并且决定开办一家企业——一家经济预测企业。在通过出售你的预测结果赚钱之前,你必须为建立你的企业支付相当一笔费用。你必须购买进行预测所用的电脑,还要购买桌子、椅子和档案柜来布置新办公室。这里的每一样东西都是你的企业将用来生产并出售服务的一种资本。

你如何得到投资于这些资本品的资金呢?也许你可以用自己过去的储蓄来为这些资本品付款。但更可能的情况是,像大多数企业家一样,你并没有足够的钱来开办自己的企业。因此,你必须从其他渠道取得你所需要的钱。

有几种方法可以为这些资本投资筹资。你可以向银行、朋友或亲戚借钱。在这种情况下,你要承诺在以后某一天不仅要还钱,还要为使用这笔钱而支付利息。此外,你也可以说服某人向你提供创办企业所需要的钱,以换取未来有利润时可以分享的权利,无论利润可能有多少。在这两种情况下,你对电脑和办公设备的投资是用别人的储蓄来筹资。

金融体系(financial system)由帮助将一个人的储蓄与另一个人的投资相匹配的机构组成。正如我们在上一章中所讨论的,储蓄和投资是长期经济增长的关键因素:当一国把其相当大部分的 GDP 储蓄起来时,就有更多的资源用于资本投资,而且较高的资本提高了一国的生产率和生活水平。然而,前一章并没有解释经济是如何协调储蓄与投资的。在任何时候,总有一些人想为未来考虑而把一些收入储蓄起来,也有另一些人想借钱来为新的、成长中的企业的投资筹资。是什么使这两部分人走到一起呢?是什么保证了那些想储蓄的人的资金供给与那些想投资的人的资金需求平衡呢?

本章将考察金融体系如何运行。第一,讨论经济中组成金融体系的各种机构;第二,讨论金融体系和一些关键宏观经济变量之间的关系,尤其是储蓄和投资之间的关系;第三,建立一个金融市场上的资金供求模型,在这个模型中利率是调整供求平衡的价格,这个模型说明了各种政府政策如何影响利率,从而影响社会对稀缺资源的配置。

18.1 美国经济中的金融机构

在最广义的层次上,金融体系使经济中的稀缺资源从储蓄者(支出小于收入的人)流动到借款者(支出大于收入的人)手中。储蓄者出于各种考虑而储蓄——为了数年后送孩子上大学或者几十年后退休时生活得更舒适。同样,借款者出于各种考虑而借钱——购买一所住房或者开办用以谋生的企业。储蓄者向金融体系提供他们的货币时,预期在以后的某一天能收回这笔有利息的储蓄。借款者向金融体系贷款时也知道要在以后的某一天偿还这笔钱和利息。

金融体系由帮助协调储蓄者与借款者的各种金融机构组成。作为分析使金融体系运行的经济力量的前提,我们讨论最重要的金融机构。金融机构可以分为两种类型——金融市场和金融中介机构。我们分别考虑每一种类型。

18.1.1 金融市场

金融市场(financial markets)是想储蓄的人可以借以直接向想借款的人提供资金的机构。我们经济中两种最重要的金融市场是债券市场和股票市场。

债券市场 当巨型电脑芯片生产商英特尔公司想借款来为建立一个新工厂筹资时,它可以直接向公众借款。它可以通过出售债券来这样做。**债券**(bond)是规定借款人对债券持有人负有债务责任的证明。简单地说,债券就是借据(IOU)。它规定了贷款偿还的时间,称为到期日,以及在贷款到期之前定期支付的利息的比率。债券的购买者将钱交给英特尔公司,换取英特尔公司关于债券利息和最后偿还借款量(称为本金)的承诺。购买者可以持有债券至到期日,也可以在到期日之前把债券卖给其他人。

在美国经济中有几百万种不同的债券。当大公司、联邦政府或州政府与地方政府需要为购买新工厂、新式喷气式战斗机或新学校筹资时,它们通常发行债券。如果你阅读《华尔街日报》(*The Wall Street Journal*)或当地报纸的经济版,你就会发现报纸上列出了所发行的一些最重要债券的价格和利率。这些债券由于三个重要特点而不同。

第一个特点是债券的期限——债券到期之前的时间长度。一些债券是短期的,也许只有几个月,而另一些债券的期限则长达30年。(英国政府甚至发行了永不到期的债券,称为永久债券。这种债券永远支付利息,但从不偿还本金。)债券的利率部分取决于它的期限。长期债券的风险比短期债券大,因为长期债券持有人要等较长时间才能收回本金。如果长期债券持有人在到期日之前需要钱,他只能把债券卖给其他人,也许还要以低价出售,此外别无选择。为了补偿这种风险,长期债券支付的利率通常高于短期债券。

第二个重要特点是它的信用风险——借款人不能支付某些利息或本金的可能性。这种不能支付称为拖欠。借款人可以通过宣布破产来拖欠他们的贷款(有时他们也确实会这样做)。当债券购买者觉察到拖欠的可能性很高时,他们就需要高利率来补偿这种风险。由于一般认为美国政府有安全的信用风险,所以政府债券倾向于支付低利率。与此相反,财务状况不稳定的公司通过发行垃圾债券来筹集资金,这种债券支付极高的利率。债券购买者可以通过各种私人机构,如标准普尔公司的核查来判断信用风险,这些机构可以评定不同债券的信用风险。

第三个重要特点是它的税收待遇——税法对待债券所赚到的利息的方式。大多数债券的利息是应纳税收入,这就是说,债券所有者必须将一部分利息用于交纳所得税。与此相反,当州政府和地方政府发行市政债券时,这种债券的所有者不用为利息收入支付联邦所得税。由于这种税收利益,州政府和地方政府发行的债券支付的利率通常低于公司或联邦政府发行的债券。

股票市场 英特尔公司为建立一个新的半导体工厂而筹集资金的另一种方法是出售公司的股票。**股票**(stock)代表企业的所有权,所以也代表对企业所获得利润的索取权。例如,如果英特尔公司出售的股票总计为一百万股,那么每股股票就代表该公司百万分之一的所有权。

出售股票来筹集资金称为权益融资,而出售债券筹集资金称为债务融资。虽然公司既可以用权益融资的方式也可以用债务融资的方式为新投资筹集资金,但股票与债券的差别是很大的。英特尔公司股票的所有者是英特尔公司的部分所有者,而英特尔公司债券的所有者是英特尔公司的债权人。如果英特尔公司的利润极为丰厚,股票持有者就享有这种利润的利益,而债券持有者只得到其债券的利息。如果英特尔公司陷入财务困境,在股票持有者得到补偿之前,先要支付债券持有者应得的部分。与债券相比,股票既给持有者提供了高风险,又提供了潜在的高收益。

在公司通过向公众出售股份而发行了股票之后,股票持有者可以在有组织的股票市场上交易这些股票。在这些交易中,当股票易手时,公司本身并没有得到一分钱。美国经济中最重要的证券交易所是纽约证券交易所和纳斯达克(NASDAQ,全国证券交易商协会自动报价系统)。世界上大多数国家都有自己的证券交易所,本国公司在这些交易所买卖股票。

股票市场上股票交易的价格是由这些公司股票的供求状况决定的。由于股票代表公司所有权,所以股票的需求(以及其价格)反映了人们对公司未来盈利性的预期。当人们对一个公司的未来乐观时,他们就增加对其股票的需求,从而使股票的价格上升;相反,当人们预期一个公司盈利很少,甚至会亏损时,其股票价格就会下降。

各种股票指数可以用于监测整体的股票价格水平。**股票指数**是计算出来的一组股票价格的平均数。最著名的股票指数是道·琼斯工业平均指数,它从1896年开始定期地被计算。它现在是根据美国最主要的30家公司,如通用电气公司、微软公司、可口可乐公司、沃尔特·迪士尼公司、美国电话电报公司及沃尔玛公司的股票价格来计算的。另一种知名的股票指数是标准普尔500指数,它是根据500家主要公司的股票价格计算的。由于股票价格反映了预期的盈利性,所以这些股票指数作为未来经济状况的可能指标而备受关注。

参考资料
对股市观察者而言的关键数字

当追踪任何一家公司的股票时,你应该盯住三个关键数字。在一些报纸的财经版上有这些数字的报道,你也可以很容易地从网上新闻中得到这些数字:

- **价格**。关于股票最重要的一条信息是每股价格。新闻服务通常提供几种价格。"最后"价格是股票最近一次交易的价格。"收盘"价格是在前一天股票市场收盘前进行的最后一次交易的价格。新闻服务还会提供前一天交易的"最高"和"最低"价格,有时也提供前一年交易的"最高"和"最低"价格。它可能也报道在前一天收盘价格基础上发生的变动。

- **股利**。公司把它的一些利润支付给股东,这称为股利。(没有支付的利润称为留存收益,被公司用于增加投资。)新闻服务通常还报道前一年每股股票支付的股利。有时还报道股利收益率,它是把股利表示为股票价格的百分比。

- **价格—收益比**。公司的收益或会计利润是根据会计师衡量的出售产品得到的收入减去其生产成本。每股收益是公司总收益除以流通在外的股票总股数。价格—收益比通常称为P/E,是公司股票的价格除以过去一年间公司的每股收益。从历史上看,一般价格—收益比在 15 左右。P/E 高表明：相对于公司近期收益，公司股票是昂贵的；这既可能表明人们预期未来收益增加，也可能表明股票被高估了。相反，P/E 低表明：相对于公司近期收益而言，公司股票便宜；这既可能表明人们预期收益减少，也可能表明股票被低估了。

为什么新闻服务报道所有这些数据？因为许多股票投资者在决定买卖什么股票时会密切关注这些数字。与此相反，另一些股东遵循购买并持有策略：他们购买运营良好的公司的股票，并长期持有这些股票，不会对每天的波动做出反应。

18.1.2 金融中介机构

金融中介机构（financial intermediaries）是储蓄者可以借以间接地向借款者提供资金的金融机构。中介机构这个术语反映了这些机构在储蓄者与借款者之间的作用。下面我们考虑两种最重要的金融中介机构——银行和共同基金。

银行 如果一家小杂货店的老板想为扩大经营筹资，他也许会采取与英特尔公司完全不同的策略。与英特尔公司不同，小杂货商会发现在债券和股票市场上筹资是很困难的。大多数股票和债券购买者喜欢购买大的、较熟悉的公司发行的股票和债券。因此，小杂货商最有可能通过向本地银行贷款来为自己扩大经营筹资。

银行是人们最熟悉的金融中介机构。银行的主要工作是从想储蓄的人那里吸收存款，并用这些存款向想借款的人发放贷款。银行对存款人的存款支付利息，并对借款人的贷款收取略高一点的利息。这两种利率的差额弥补了银行的成本，并给银行所有者带来一些利润。

除了作为金融中介机构，银行在经济中还起着另外一个重要的作用：它们通过允许人们根据自己的存款开支票以及使用借记卡使物品与服务的购买变得便利。换句话说，银行帮助创造出一种人们可以借以作为交换媒介的特殊资产。交换媒介是人们能方便地用来进行交易的东西。银行提供交换媒介的作用使它不同于许多其他金融机构。股票和债券也与银行存款一样，是一种可能的对人们过去储蓄积累的财富的价值储藏手段，但要使用这种财富并不像开支票或使用借记卡那样容易、便宜和迅速。就现在而言，我们不考虑银行的第二种作用，但在本书后面讨论货币制度时将会回到这个问题。

共同基金 美国经济中日益重要的一个金融中介机构是共同基金。**共同基金**（mutual fund）是一个向公众出售股份，并用收入来购买各种股票、债券，或同时包含股票与债券的选择，即资产组合的机构。共同基金的持股人接受与这种资产组合相关的所有风险与收益。如果这种资产组合的价值上升，持股人就获益；如果这种资产组合的价值下降，持股人就蒙受损失。

共同基金的首要优点是，它们可以使钱并不多的人进行多元化投资。股票和债券的投资者经常听到这样的劝告：不要把你所有的鸡蛋放在一个篮子里。由于任何一种股票或债券的价值与一个公司的前景相关，持有一种股票或债券的风险是极大的。与此相反，那些持有多元化资产组合的人面临的风险要小一些，因为它们与每个公司都只有一点利害关系。共同基金使这种多元化更容易实现。一个只有几百美元的人可以购买共同基金的股份，并间接地变为几百家主要公司的部分所有者或债权人。由于这种服务，经营共同基金的公司向股份持有者收取年费，通常为资产价值的 0.5%—2.0%。

共同基金公司所宣称的第二个优点是，共同基金使普通人获得专业资金管理者的服务。

大多数共同基金的管理者密切关注他们所购买股票的公司的发展与前景。这些管理者购买他们认为有盈利前途的公司的股票,并售出前景不被看好的公司的股票。据称,这种专业化管理会提高共同基金存款者从其储蓄中得到的收益。

图片来源:
ARLO AND JANIS
REPRINTED BY
PERMISSION OF
UNITED FEATURE
SYNDICATE, INC.

但是,金融经济学家往往怀疑这第二个优点。在成千上万资金管理者密切关注每家公司的前景时,一家公司股票的价格通常很好地反映了该公司的真实价值。因此,通过购买好股票并出售坏股票来做到"胜过市场"是很困难的。实际上,有一种被称为指数基金的共同基金,它按一个既定的股票指数购买所有股票,它的业绩平均而言比通过专业资金管理者进行积极交易的共同基金还要好一些。对指数基金业绩好的解释是,它们通过极少买卖及不给专业资金管理者支付薪水而压低了成本。

18.1.3 总结

美国经济包括大量不同种类的金融机构。除了债券市场、股票市场、银行和共同基金之外,还有养老基金、信用社、保险公司,甚至地方高利贷者。这些机构在许多方面有所不同。但是,在分析金融体系的宏观经济作用时,重要的是记住这些机构的相似性而不是差异性。这些金融机构都服务于同一个目标——把储蓄者的资源送到借款者手中。

即问即答　什么是股票?什么是债券?它们有什么不同之处?它们有什么相似之处?

新闻摘录
大学生应该把自己作为资产销售吗

芝加哥大学经济学教授 Zingales 先生建议了一个为高等教育筹资的新方法。

大学毕业生作为抵押物
Luigi Zingales

学术界的经济学家喜欢拿生意人开玩笑:生意人进入新市场时要竞争,但他们一旦进入了市场马上就游说要补贴和竞争壁垒。像我这样的学者可不这么想。我们自己就在一个最没有竞争性而补贴又最高的行业里工作——这个行业就是高等教育。

我们批评抵押贷款经纪人掠夺成性,其实学生贷款也一样应该被谩骂。为了避免下一次信贷泡沫和债务危机,我们应该取消政府补贴,而把学费筹措和大学毕业生的收入联系起来。

2010年,大约800万学生得到了佩尔助学金,用掉了280亿美元。除此之外,2010—2011年,贫困家庭学生获得政府担保的低息贷款的联邦直接贷款项目用去了纳税人130亿美元。

对大学教育的补贴一年就高达 430 亿美元,其中包括大约 20 亿美元的国会拨款——不过这还没算税收补贴(给大学教育基金的部分)、税收减免(比如为大学捐款的部分)以及用于研究的补贴。

正如给住房拥有者的补贴抬高了房价一样,教育补贴也为大学费用上涨做出了贡献。从 1977 年到 2009 年,大学学费的实际平均成本翻了一番还要多。

这些补贴也扰乱了信贷市场。由于政府为学生贷款担保,贷方没有明智地放贷的激励。做出正确决策的重担全部压在借方。而不幸的是,在没有专家建议的情况下,十八岁的学生并不善于判断投资的盈利性,即使他们得到建议,通常也都是建议他们去争取最高额的贷款。学生贷款总额已经高达 1 万亿美元,同时借方的违约率从 2007 年的 6.7% 跃至 2009 年的 8.8%。

最后同样重要的是,这些补贴贷款使一些大学得以维持,但那些大学并没有为学生们增加任何价值,反而妨碍了人们积累有用的技能。

我并不认为帮助贫困家庭的学生上大学是件坏事。一个真正自由的市场体制应该是机会平等的,即使不是为了公平,也是为了效率:不应该浪费人才。

治理这种低效率的最好办法是追溯问题的根源:最聪明的学生没有任何抵押物,无法轻易抵押他们未来的收入。而风险投资行业早已证明,私人部门非常善于为没有抵押的新风险项目筹资。那他们为什么不能给聪明的学生投资?

投资者可以以股权形式而不是债务形式为学生的教育投资。作为资本回报,投资者可以获得学生未来收入的一部分——或者更好的是,由于上大学而多增加的收入的一部分。(这种增加可以通过计算实际收入与同领域高中毕业生的平均收入之差而很容易得出。)

这不是契约劳役的现代形式,而更像是一种自愿的税收形式。这种方法使得大学教育的受益者——而不是所有的纳税人——支付大学教育的成本。

维护实施依未来收入而定的契约的成本很高,但有一个有效的解决方案:仰仗税收体系。美国国税局(IRS)可以替私人出借方承担收税服务,纳税人不必花钱。(澳大利亚从 20 世纪 80 年代开始实施这样的制度。国家税务部门强制依收入高低来安排贷款的偿还金额,但最富裕的毕业生的支付金额有上限,所以没那么富裕的毕业生就得多付,这样这个体系才能运转下去,这一点与我所提倡的制度不同。)……

股权合约可以分散失败的风险,比如获得高额回报的超级明星帮助那些不那么成功的大学毕业生筹集大学学费;它们还可以避免毕业生为了还贷而从事唯利是图的工作。最重要的是这种合约还有激励机制去促使资金提供者为学生们提供明智的建议,因为投资者将从好的教育投资中获利,在坏的教育投资中受损。这样就能为学校创造出更明确的需求,使它们有压力去保持成本水平并提高质量。

这些股权合约最重要的影响是说明,我们有可能去阻止为了帮助弱势群体就以其他所有人(学生和纳税人)的利益为代价,过度补贴生产者(大学)并创造出特权阶层(比如我这样的教授)这样的事情。毕竟,当我们这些学者受益于资本主义制度时,怎么能挑剔它呢?

资料来源:*New York Times*, June 14, 2012.

18.2 国民收入账户中的储蓄与投资

金融体系中发生的事件是理解整个经济发展的关键。正如我们刚刚说明的,组成这个体系的机构——债券市场、股票市场、银行和共同基金——有协调经济中储蓄与投资的作用。而且,正如我们在前一章中说明的,储蓄与投资是长期 GDP 增长和生活水平提高的重要决定因素。因此,宏观经济学家需要知道金融市场如何运行以及各种事件和政策如何影响金融市场。

作为分析金融市场的出发点,这一节我们将讨论在这些市场中衡量经济活动的关键宏观经济变量。在这里,我们的重点不是行为而是核算。核算是指如何确定并加总各种数字。职业会计师会帮助个人加总收入与支出;国民收入会计师对整个经济做同样的事。国民收入账户特别包括了 GDP 以及许多相关的统计数字。

国民收入账户的规则包括几个重要的恒等式。我们还记得,恒等式是由于公式中定义变量的方式而必然正确的公式。记住这些恒等式是有用的,因为它们能清楚地说明不同变量相互之间的关系。我们先考虑一些说明金融市场宏观经济作用的会计恒等式。

18.2.1 一些重要的恒等式

我们还记得,GDP 既是一个经济的总收入,又是用于经济中物品与服务产出的总支出。GDP(用 Y 表示)分为四部分支出:消费(C)、投资(I)、政府购买(G)和净出口(NX)。我们将其写为:

$$Y = C + I + G + NX$$

这个等式之所以是恒等式,是因为左边列出的每一美元支出也列在右边四个组成部分中的一个部分里。由于每一个变量定义与衡量的方式,这个等式必定总能成立。

在本章中,我们通过假设所考察的经济是封闭的而把分析简化。封闭经济是不与其他经济相互交易的经济。特别是,一个封闭经济既不进行物品与服务的国际贸易,也不进行国际借贷。现实经济是开放经济——这就是说,它们与世界上其他经济相互交易。但是,假设封闭经济是一个有用的简化,利用这种简化我们可以了解一些适用于所有经济的结论,而且这个假设完全适用于世界经济(因为星际贸易尚未普及)。

由于一个封闭经济不进行国际贸易,进口与出口正好是零,因此,净出口(NX)也为零。在这种情况下,我们可以写出:

$$Y = C + I + G$$

这个等式表明,GDP 是消费、投资和政府购买的总和。一个封闭经济中出售的每一单位产出都被消费、投资,或由政府购买。

为了说明这个恒等式对于金融市场的意义,从这个等式两边减去 C 和 G,我们得出:

$$Y - C - G = I$$

等式的左边($Y - C - G$)是在用于消费和政府购买后剩下的一个经济中的总收入,这个量称为**国民储蓄**(national saving),或简称**储蓄**(saving),用 S 来表示。用 S 代替 $Y - C - G$,我们可以把上式写为:

$$S = I$$

这个等式说明,储蓄等于投资。

为了理解国民储蓄的含义,多运用一下这个定义是有帮助的。假设 T 表示政府以税收的形式从家庭得到的数量减去以转移支付形式(例如社会保障和福利)返还给家庭的数量。这样,我们可以用两种方式来写出国民储蓄:

$$S = Y - C - G$$

或者

$$S = (Y - T - C) + (T - G)$$

这两个等式是相同的,因为第二个等式中的两个 T 可以相互抵消,但两个等式表明了考虑国民储蓄的不同方式。特别是,第二个等式把国民储蓄分为两部分:私人储蓄($Y - T - C$)和公共储蓄($T - G$)。

考虑这两部分中的每个部分。**私人储蓄**(private saving)是家庭在支付了税收和消费之后剩下来的收入量。具体来说,由于家庭得到收入 Y,支付税收 T 以及消费支出 C,所以私人储蓄是 $Y - T - C$。**公共储蓄**(public saving)是政府在支付其支出后剩下来的税收收入量。政府得到税收收入 T,并支出用于购买物品与服务的 G。如果 T 大于 G,政府由于得到的资金大于其支出而有**预算盈余**(budget surplus)。这种 $T - G$ 的盈余代表公共储蓄。如果政府支出大于其税收收入,那么 G 大于 T。在这种情况下,政府有**预算赤字**(budget deficit),而公共储蓄($T - G$)是负数。

现在来考虑这些会计恒等式如何与金融市场相关。等式 $S = I$ 说明了一个重要事实:对整个经济而言,储蓄必定等于投资。但这个事实提出了一些重要的问题:这种恒等式背后的机制是什么?是什么在协调那些决定储蓄多少的人与决定投资多少的人?答案是金融体系。在 $S = I$ 这个等式两边之间的是债券市场、股票市场、银行、共同基金,以及其他金融市场和金融中介机构。它们吸收国民储蓄,并将之用于一国的投资。

18.2.2 储蓄与投资的含义

储蓄和投资这两个术语有时是很容易混淆的。大多数人随意使用,而且有时还互换使用。与此相反,那些把国民收入账户放在一起的宏观经济学家谨慎而有区别地使用这两个术语。

考虑一个例子。假设 Larry 的收入大于他的支出,并把未支出的收入存在银行,或用于购买一个公司的某种股票或债券。由于 Larry 的收入大于他的消费,他增加了国民储蓄。Larry 可以认为他把自己的钱"投资"了,但宏观经济学家称 Larry 的行为是储蓄,而不是投资。

用宏观经济学的语言来说,投资指设备或建筑物这类新资本的购买。当 Moe 从银行借钱建造自己的新房子时,他就增加了一国的投资。(记住,购买新住房是家庭投资支出,而不是消费支出的一种形式。)同样,当 Curly 公司卖出一些股票,并用取得的收入来建立一座新工厂时,它也增加了一国的投资。

虽然会计恒等式 $S = I$ 表示对整个经济来说储蓄与投资是相等的,但对每个单个家庭和企业而言,这就不一定正确了。Larry 的储蓄可能大于他的投资,他可以把超出的部分存入银行。Moe 的储蓄可能小于他的投资,他可以从银行借到不足的部分。银行和其他金融机构通过允许一个人的储蓄为另一个人的投资筹资而使个人储蓄与投资不相等成为可能。

即问即答 定义私人储蓄、公共储蓄、国民储蓄和投资。它们如何相关?

18.3 可贷资金市场

在讨论了我们经济中的一些重要金融机构和这些机构的宏观经济作用之后,现在我们准备建立一个金融市场的模型。我们建立这个模型的目的是解释金融市场如何协调经济的储蓄与投资。这个模型还给了我们一个分析影响储蓄与投资的各种政府政策的工具。

为了使事情简化,我们假设经济中只有一个金融市场,称为**可贷资金市场**(market for loanable funds)。所有储蓄者都到这个市场存款,而所有借款者都到这个市场贷款。因此,可贷资金这个术语是指人们选择储蓄并贷出而不是用于自己消费的所有收入,以及投资者选择为新投资项目筹集资金要借的数量。在可贷资金市场上存在一种利率,这个利率既是储蓄的收益,又是借款的成本。

当然,单一金融市场的假设并不真实。正如我们所看到的,经济中有许多类型的金融机构。但是,正如我们在第2章中所讨论的,建立经济模型的技巧在于简化现实世界,从而解释现实世界。就我们的目的而言,我们可以不考虑金融市场的多样化,并假设经济中只有一个金融市场。

18.3.1 可贷资金的供给与需求

经济中的可贷资金市场和其他市场一样,都是由供给与需求支配的。因此,为了了解可贷资金市场如何运行,我们首先考察这个市场上供给和需求的来源。

可贷资金的供给来自那些有额外收入并想储蓄和贷出的人。这种贷出可以直接进行,例如,一个家庭购买一家企业的债券;也可以间接进行,例如,一个家庭在银行进行存款,银行又用这些资金来发放贷款。在这两种情况下,储蓄是可贷资金供给的来源。

可贷资金的需求来自希望借款进行投资的家庭与企业。这种需求包括家庭用抵押贷款购置住房,也包括企业借款用于购买新设备或建立新工厂。在这两种情况下,投资是可贷资金需求的来源。

利率是贷款的价格。它代表借款者要为贷款支付的货币量以及贷款者从其储蓄中得到的货币量。由于高利率使借款更为昂贵,所以,随着利率的上升,可贷资金需求量减少。同样,由于高利率使储蓄更有吸引力,所以,随着利率的上升,可贷资金供给量增加。换句话说,可贷资金的需求曲线向右下方倾斜,而可贷资金的供给曲线向右上方倾斜。

图18-1说明了使可贷资金供求平衡的利率。在供求均衡时,利率为5%,可贷资金的需求量与供给量为1.2万亿美元。

图18-1 可贷资金市场

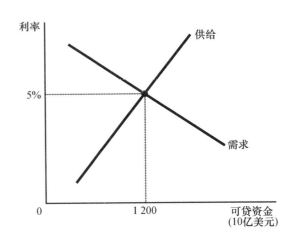

经济中的利率调整使可贷资金供求平衡。可贷资金的供给来自国民储蓄,包括私人储蓄和公共储蓄。可贷资金的需求来自想为投资而借款的企业与家庭。这里的均衡利率为5%,而可贷资金的供给量与需求量为1.2万亿美元。

由于常见的原因,利率调整使可贷资金供给与需求达到均衡水平。如果利率低于均衡水平,则可贷资金的供给量小于可贷资金的需求量。所引起的可贷资金短缺将鼓励贷款者提高他们所收取的利率。高利率将鼓励储蓄(从而增加可贷资金的供给量),并抑制为投资而借款(从而减少可贷资金的需求量)。相反,如果利率高于均衡水平,可贷资金供给量就大于可贷资金需求量。由于贷款者争夺稀缺的借款者,利率被迫下降。由此,利率趋向于使可贷资金供给与需求正好平衡的均衡水平。

我们还记得,经济学家区分了真实利率与名义利率。一般所公布的利率是名义利率——储蓄的货币收益与借款的货币成本。真实利率是根据通货膨胀校正后的名义利率,它等于名义利率减通货膨胀率。由于通货膨胀一直在侵蚀货币的价值,所以真实利率更准确地反映了储蓄的真实收益和借款的真实成本。因此,可贷资金的供求取决于真实利率(而不是名义利率),图18-1中的均衡应该解释为经济中的真实利率。在本章的其他部分,当你看到利率这个词时,你应该记住,我们指的是真实利率。

这个可贷资金供求模型说明了金融市场也和经济中的其他市场一样运行。例如,在牛奶市场上,牛奶价格的调整使牛奶的供给量与牛奶的需求量平衡。看不见的手以这种方法协调奶牛场农民的行为与牛奶饮用者的行为。一旦我们认识到储蓄代表可贷资金的供给,投资代表可贷资金的需求,我们就可以说明看不见的手如何协调储蓄与投资。当利率调整使可贷资金市场供求平衡时,它就协调了想储蓄的人(可贷资金供给者)的行为和想投资的人(可贷资金需求者)的行为。

现在我们可以用这种可贷资金市场的分析来考察影响经济中储蓄与投资的各种政府政策。由于这个模型描述的只是一个特殊市场上的供给与需求,所以我们可以用第4章中讨论的三个步骤来分析任何一种政策:第一,确定政策是使供给曲线移动,还是使需求曲线移动;第二,确定移动的方向;第三,用供求图说明均衡如何变动。

18.3.2 政策1:储蓄激励

美国家庭储蓄占收入的比例小于许多其他国家,例如日本和德国。虽然这种国际差异的原因并不清楚,但许多美国决策者认为美国储蓄的低水平是一个主要问题。第1章中的经济学十大原理之一是,一国的生活水平取决于它生产物品与服务的能力。而且,正如我们在上一章中所讨论的,储蓄是一国生产率的一个重要的长期决定因素。如果美国可以把储蓄率提高到其他国家的水平,那么GDP增长率就会提高,而且随着时间推移,美国公民可以享有更高的生活水平。

经济学十大原理中的另一个是,人们会对激励做出反应。许多经济学家依据这个原理提出,美国的低储蓄率至少部分归因于抑制储蓄的税法。美国联邦政府以及许多州政府通过对包括利息和股利在内的收入征税来获得收入。为了说明这种政策的影响,考虑一个25岁的人,他储蓄了1 000美元,并购买了利率为9%的30年期债券。在没有税收的情况下,当他55岁时,1 000美元就增加到13 268美元。但如果对利息按33%的税率征税,那么税后利率只有6%。在这种情况下,1 000美元在30年后只增加到5 743美元。对利息收入征税大大减少了现期储蓄的未来回报,因此,减少了对人们储蓄的激励。

针对这个问题,许多经济学家和法律制定者建议改变税法以鼓励储蓄。例如,一个建议是放宽特殊账户的要求,比如个人养老金账户,允许人们的某些储蓄免于征税。我们来考虑这种储蓄激励对可贷资金市场的影响,如图18-2所示。我们遵循三个步骤来分析这种政策。

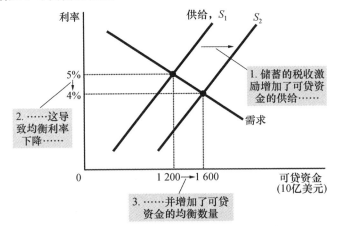

图 18-2 储蓄激励增加了可贷资金供给

鼓励美国人更多地储蓄的税法变动将使可贷资金供给从 S_1 向右移动到 S_2。因此,均衡利率会下降,而且低利率刺激了投资。在图中,均衡利率从 5% 下降到 4%,储蓄和投资的可贷资金均衡数量从 1.2 万亿美元增加到 1.6 万亿美元。

第一,这种政策影响哪一条曲线?由于在既定的利率之下,税收变动将改变家庭储蓄的激励,所以政策将影响每种利率下的可贷资金供给量。这样,可贷资金供给将会移动。由于税收变动并不直接影响借款者在利率既定时想借款的数量,所以可贷资金的需求保持不变。

第二,供给曲线向哪个方向移动?因为对储蓄征收的税额比现行税法下的税额大大减少了,所以家庭将通过减少收入中消费的份额来增加储蓄。家庭用这种增加的储蓄增加其在银行的存款或购买更多债券。可贷资金的供给增加,供给曲线将从 S_1 向右移动到 S_2,如图 18-2 所示。

第三,我们比较新旧均衡。在图 18-2 中,可贷资金供给的增加使利率从 5% 下降到 4%。较低的利率使可贷资金需求量从 1.2 万亿美元增加到 1.6 万亿美元。这就是说,供给曲线的移动使市场均衡沿着需求曲线变动。在借款的成本较低时,家庭和企业受到刺激,从而更多地借款为更多的投资筹资。因此,如果税法改革鼓励更多储蓄,则利率下降且投资增加。

虽然经济学家普遍接受对增加储蓄的影响的这种分析,但他们对应该实行哪种税收变动的看法并不一致。许多经济学家支持目的在于增加储蓄以刺激投资和经济增长的税收改革。但另一些经济学家却怀疑这种税收变动会对国民储蓄有多大影响,还怀疑所建议的改革的平等性。他们认为,在许多情况下,税收变动的利益将主要归于对税收减免需求最低的富人。

18.3.3 政策2:投资激励

假设国会通过了一项法律,目的在于使投资更有吸引力。实际上,这也正是国会时常制定投资赋税减免规定所要做的。投资赋税减免对任何一个建造新工厂或购买新设备的企业有利。我们来看这种税收改革对可贷资金市场的影响,如图 18-3 所示。

第一,该法律影响供给还是需求?由于税收减免将使借款并投资于新资本的企业受益,所以它将改变任何既定利率水平下的投资,从而改变可贷资金的需求。与此相反,由于税收减免并不影响既定利率水平下家庭的储蓄量,所以它不影响可贷资金的供给。

第二,需求曲线向哪个方向移动?由于企业受到在任何一种利率时增加投资的激励,所以任何既定利率下的可贷资金需求量都增加了。这样,图中的可贷资金需求曲线从 D_1 向右移动到 D_2。

图 18-3 投资激励增加了可贷资金需求

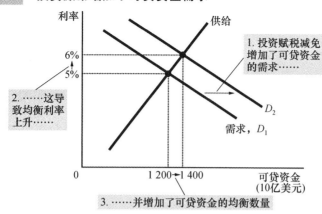

如果投资赋税减免政策的通过能够鼓励美国企业更多地投资,那么可贷资金的需求就会增加。结果,均衡利率将上升,而且更高的利率又会刺激储蓄。在图中,当需求曲线从 D_1 移动到 D_2 时,均衡利率从 5% 上升到 6%,并且储蓄和投资的可贷资金均衡数量从 1.2 万亿美元增加到 1.4 万亿美元。

第三,考虑均衡如何变动。在图 18-3 中,增加的可贷资金需求使利率从 5% 上升到 6%,而更高的利率又使可贷资金供给量从 1.2 万亿美元增加到 1.4 万亿美元,因为家庭对此的反应是增加储蓄量。家庭行为的这种变动在这里用沿着供给曲线的变动来代表。因此,如果税法改革鼓励更多投资,则利率上升且储蓄增加。

18.3.4 政策 3:政府预算赤字与盈余

政治争论的永恒主题是政府预算状况。回想一下,预算赤字是政府的支出超过税收收入的部分。政府通过在债券市场上借款为预算赤字筹资,过去政府借款的积累被称为政府债务。预算盈余,即政府税收收入超过政府支出的部分,可以用于偿还一些政府债务。如果政府支出正好等于税收收入,可以说政府预算平衡。

设想政府从平衡的预算开始,然后由于政府支出增加,开始出现预算赤字。我们可以通过图 18-4 所示的可贷资金市场的三个步骤来分析预算赤字的影响。

图 18-4 政府预算赤字的影响

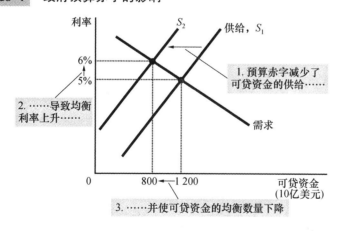

当政府支出大于税收收入时,所导致的预算赤字降低了国民储蓄。可贷资金的供给下降,均衡利率上升。这样,当政府借款为其预算赤字筹资时,有些原本要借款用于投资的家庭和企业就被挤出。在图中,当供给从 S_1 移至 S_2 时,均衡利率从 5% 上升至 6%,储蓄和投资的可贷资金均衡数量从 1.2 万亿美元降至 0.8 万亿美元。

第一,当预算赤字出现时,哪一条曲线移动?我们还记得,国民储蓄——可贷资金供给的来源——由私人储蓄和公共储蓄组成。政府预算余额的变动代表公共储蓄的变动,从而代表可贷资金供给的变动。由于预算赤字并不影响家庭和企业在利率既定时想要为投资筹资借款的数量,所以它没有改变可贷资金的需求。

第二,供给曲线向哪个方向移动?当政府出现预算赤字时,公共储蓄是负的,这就减少了国民储蓄。换句话说,当政府借款为其预算赤字筹资时,它就减少了可用于家庭和企业为投资筹资的可贷资金的供给。因此,预算赤字使可贷资金供给曲线从 S_1 向左移动到 S_2,如图 18-4 所示。

第三,比较新旧均衡。在图中,当预算赤字减少了可贷资金供给时,利率从 5% 上升到 6%。这种高利率之后又改变了参与借贷市场的家庭和企业的行为,特别是许多可贷资金需求者受到高利率的抑制。买新房子的家庭少了,选择建立新工厂的企业也少了。由于政府借款而引起的投资减少称为**挤出**(crowding out),在图中用可贷资金沿着需求曲线从 1.2 万亿美元变动为 0.8 万亿美元来代表。这就是说,当政府借款为其预算赤字筹资时,它挤出了那些想为投资筹资的私人借款者。

因此,从预算赤字对可贷资金供求影响中直接得出的有关预算赤字的最基本结论是:当政府通过预算赤字减少了国民储蓄时,利率就会上升且投资减少。由于投资对长期经济增长很重要,所以政府预算赤字降低了经济的增长率。

你会问,为什么预算赤字影响可贷资金的供给,而不影响可贷资金的需求呢?首先,政府要通过出售债券为预算赤字筹资,从而向私人部门借钱。为什么增加的政府借款改变了供给曲线,而私人投资者增加的借款改变了需求曲线?为了回答这个问题,我们需要更准确地考察"可贷资金"的含义。这里提出的模型认为,这个词是指为私人投资筹资可以得到的资源流量,因此,政府的预算赤字减少了可贷资金的供给。相反,如果我们把"可贷资金"这个词定义为从私人储蓄中得到的资源流量,那么政府预算赤字就会增加需求,而不是减少供给。在我们描述的模型中,改变这个词的解释会引起语义上的改变,但分析的结果是相同的:在这两种情况下,预算赤字都提高了利率,从而挤出了依靠金融市场为私人投资项目筹集资金的私人借款者。

到目前为止,我们已经考察了来自政府支出增加的预算赤字,而来自减税的预算赤字也有相似的效果。减税减少了公共储蓄 $(T-G)$。私人储蓄 $(Y-T-C)$ 可能由于更低的税收 T 而增加,但只要家庭对减税的反应是增加消费,C 就增加,所以私人储蓄的增加额小于公共储蓄的减少额。因此,国民储蓄 $(S=Y-C-G)$ 即公共储蓄与私人储蓄的总和下降。从而,预算赤字减少了可贷资金的供给,推升了利率,挤出了那些想要为资本投资融资的借款者。

既然我们知道了预算赤字的影响,我们就可以改变分析的方向,说明政府预算盈余的相反影响。当政府得到的税收收入大于其支出时,它偿还一些未清偿的政府债务后把余额存起来。这种预算盈余,或公共储蓄,对国民储蓄做出了贡献。因此,预算盈余增加了可贷资金的供给,降低了利率,并刺激了投资。反过来,更高的投资又意味着更多的资本积累和更快的经济增长。

案例研究
美国政府债务史

美国政府的债务情况是怎样的?这个问题的答案随着时间的推移而迥然不同。图 18-5 显示了美国联邦政府债务占美国 GDP 的百分比。该图表明,政府债务占 GDP 的百分比在 0(1836 年) 至 107(1945 年) 之间波动。

债务—GDP 比率是政府财政状况的一个标志。由于 GDP 是政府税基的粗略衡量指标,所以,债务—GDP 比率的下降表明:相对于政府筹集税收收入的能力,它的债务减少了。这就

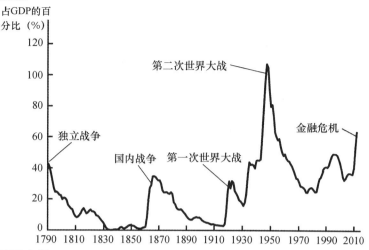

图 18-5 美国政府债务

在图中,用占 GDP 百分比表示的美国联邦政府债务在历史上一直在变动。战时的支出通常都与政府债务大幅度增长相关。

资料来源:U. S. Department of Treasury; U. S. Department of Commerce; and T. S. Berry,"Production and Population since 1789", Bostwick Paper No. 6, Richmond, 1988.

表明,从某种意义上说,政府在其财力之内才能生存。与此相反,债务—GDP 比率上升意味着:相对于政府筹集税收收入的能力,它的债务在增加。这往往被解释为财政政策——政府支出和税收收入——不能以现在的水平一直维持下去。

在历史上,政府债务波动的主要原因是战争。当战争爆发时,政府的国防支出大幅度增加,用以支付士兵的薪酬和军事装备。税收通常也会增加,但一般远远小于支出的增加。结果是预算赤字和政府债务增加。当战争结束时,政府支出减少,债务—GDP 比率也开始下降。

有两个理由使人们相信,为战争而进行的债务筹资是一种合适的政策。第一,它可以使政府一直保持税率平稳。如果没有债务筹资,税率在战争期间就会急剧上升,而且这会引起经济效率大幅度下降。第二,为战争筹资的债务将部分战争费用转移给子孙后代,他们将不得不偿还政府债务。这是一种有争议的公平负担分摊,因为当一代人为保卫国家免受外国侵略而战斗时,他们的子孙后代会从中受益。

不能用战争解释的政府债务的一次大幅度增加是在 1980 年左右开始出现的。当罗纳德·里根(Ronald Reagan)总统在 1981 年执政时,他承诺缩小政府支出并减税。但他发现削减政府支出在政治上比减税要困难,结果一个存在大量预算赤字的时期自此开始,这个时期不仅在整个里根当政期间一直持续,而且以后还持续了许多年。结果,政府债务从 1980 年占 GDP 的 26% 上升到 1993 年占 GDP 的 50%。

由于政府预算赤字减少了国民储蓄、投资和长期经济增长,这也正是 20 世纪 80 年代期间政府债务增加使许多经济学家和决策者头疼的原因。当比尔·克林顿(Bill Clinton)在 1993 年入主白宫时,减少赤字是他的第一个主要目标。同样,当共和党在 1995 年控制了国会时,减少赤字在其立法议事日程中也占有重要的地位。这两方面的努力大大降低了政府预算赤字的规模,此外,90 年代后期的经济繁荣也使税收收入增加。最终联邦政府由赤字变为盈余,在这些年间,债务—GDP 比率大大下降了。

在乔治·W. 布什(George W. Bush)总统任期的前几年,由于预算盈余变成预算赤字,债务—GDP 比率又不再下降了。这一变动有三个原因:第一,布什总统签署了 2000 年他在竞选期间承诺的几项主要税收减免的法律;第二,在 2001 年,美国经济经历了一次衰退(经济活动的减少），从而自动减少了税收收入并增加了政府支出；第三，"9·11"恐怖袭击后国家安全方面的支出以及其后对伊拉克和阿富汗的战争导致政府支出增加。

债务—GDP比率真正的急剧上升是从2008年开始的，这时经济经历了金融危机和严重的衰退。（接下来的参考资料专栏将简要介绍这个问题，在以后一些章节中我们将更全面地讨论这个问题）。衰退自动地增加了预算赤字，而由布什和奥巴马政府为应对衰退而通过的一些政策措施又进一步减少了税收并增加了政府支出。从2009年到2012年，联邦政府的预算赤字平均占GDP的9%左右，这是第二次世界大战以来最大的赤字。用借款为这些赤字筹资就引起了债务—GDP比率的大幅度上升，正如图18-5中所显示的。

即问即答 如果更多美国人采取了"今朝有酒今朝醉"的生活方式，这将如何影响储蓄、投资和利率？

参考资料
金融危机

在2008年和2009年，美国和世界许多其他主要国家经历了金融危机，这场金融危机引起了经济的严重衰退。在本书的后面，我们将详细考察这些事件。但由于本章介绍了金融体系，因此我们简要讨论一下金融危机的主要表现。

金融危机的第一个表现是一些资产的价格大幅度下跌。在2008年和2009年，这些价格下跌的资产是不动产。在经历了头十年的高涨之后，住房价格在短短几年间下跌了约30%。自20世纪30年代以来，美国还没有出现过不动产价格这样大幅度的下跌。

金融危机的第二个表现是金融机构的破产。在2008年和2009年，许多银行和金融企业通过持有以不动产为抵押的贷款，实际上把赌注压在不动产价格上。当房产价格下跌时，大量房东无法偿还贷款，这些拖欠就使一些金融机构走向破产。

金融危机的第三个表现是对金融机构信心的下降。尽管银行中的一些存款由政府的政策保证，但并非所有的存款都如此。随着破产的蔓延，每一家金融机构都可能成为下一个破产者。在这些金融机构中有未被保险覆盖的存款的个人和企业就会提取他们的钱。面对提款狂潮，银行开始出售资产（有时是以低价"抛售"），同时削减新贷款。

金融危机的第四个表现是信贷不足。由于许多金融机构面临困难，借款者即使有有利可图的投资项目，也很难得到贷款。实际上，金融体系已经很难起到把储蓄者的资源转移到有最好投资机会的借款者手中的正常作用。

金融危机的第五个表现是经济下滑。由于人们无法为新投资项目筹资，对物品与服务的整体需求也就减少了。因此，国民收入减少，同时失业增加，原因我们将在本书后面进行更充分的讨论。

金融危机的第六个也是最后一个表现是一种恶性循环。经济下滑减少了许多公司的利润和许多资产的价值。因此，我们又回到第一步，金融体系的问题和经济下滑相互强化。

像2008年和2009年这样的金融危机可能产生严重的后果。幸运的是，金融危机结束了。也许是由于政府政策的某种帮助，金融机构最终站稳了脚跟，并且恢复了其金融中介机构的正常职能。

18.4 结论

莎士比亚的《哈姆雷特》中的波罗纽斯建议他的儿子"既不当债务人,也不当债权人"。如果每个人都遵循这个建议,本章也就没有必要了。

很少有经济学家同意波罗纽斯的看法。在我们的经济中,人们常常向别人借钱,也借钱给别人,而且通常都有充分的理由。你可以在某一天借钱开办自己的企业或买一所房子。而且,人们也会贷款给你,希望你支付的利息能使他们享受更好的退休生活。金融体系有协调所有这些借款与贷款活动的作用。

在许多方面,金融市场和经济中的其他市场一样。可贷资金的价格——利率——由供求的力量决定,正如经济中的其他价格一样。而且我们也可以像分析其他市场一样分析金融市场上供给或需求的变动。第1章中介绍的经济学十大原理之一是,市场通常是组织经济活动的一种好方法。这个原理也适用于金融市场。当金融市场使可贷资金的供求平衡时,它们就有助于使经济中的稀缺资源得到最有效的配置。

但是,金融市场在一个方面是特殊的。与大多数其他市场不同,金融市场起着联系现在与未来的重要作用。那些提供可贷资金的人——储蓄者——之所以这样做,是因为他们想把一些现期收入变为未来的购买力。那些需要可贷资金的人——借款者——之所以这样做,是因为他们想要现在投资,以便未来有生产物品与服务的额外资本。因此,运行良好的金融市场不仅对现在这一代人是重要的,而且对将要继承相应利益的他们的子孙后代也是重要的。

内容提要

◎ 美国金融体系由各种金融机构组成,例如,债券市场、股票市场、银行和共同基金。所有这些机构的作用都是使那些想把一部分收入储蓄起来的家庭的资源流入到那些想借款的家庭和企业的手中。

◎ 国民收入账户恒等式说明了宏观经济变量之间的一些重要关系。特别是,对一个封闭经济来说,国民储蓄一定等于投资。金融机构是使一个人的储蓄与另一个人的投资相匹配的机制。

◎ 利率由可贷资金的供求决定。可贷资金的供给来自想把自己的一部分收入储蓄起来并借贷出去的家庭。可贷资金的需求来自想借款投资的家庭和企业。为了分析任何一种政策或事件如何影响利率,我们应该考虑它如何影响可贷资金的供给与需求。

◎ 国民储蓄等于私人储蓄加公共储蓄。政府预算赤字代表负的公共储蓄,从而减少了国民储蓄和可用于为投资筹资的可贷资金供给。当政府预算赤字挤出了投资时,它就降低了生产率和GDP的增长。

关键概念

金融体系
金融市场
债券
股票
金融中介机构

共同基金
国民储蓄(储蓄)
私人储蓄
公共储蓄

预算盈余
预算赤字
可贷资金市场
挤出

复习题

1. 金融体系的作用是什么?说出作为金融体系一部分的两种市场的名称并描述之。说出两种金融中介机构的名称并描述之。
2. 为什么那些拥有股票和债券的人要使自己持有的资产多样化?哪种金融机构进行多样化更容易?
3. 什么是国民储蓄?什么是私人储蓄?什么是公共储蓄?这三个变量如何相关?
4. 什么是投资?它如何与国民储蓄相关?
5. 描述可以增加私人储蓄的一种税法变动。如果实施了这种政策,它会如何影响可贷资金市场呢?
6. 什么是政府预算赤字?它如何影响利率、投资以及经济增长?

快速单选

1. Nina 想购买并经营冰淇淋车,但她没有资金来从事这项业务。她向朋友 Max 借了 5 000 美元,并答应向他支付 7% 的利率;又从朋友 David 处借到 1 万美元,并答应向他支付 1/3 的利润。能最好地描述这种情况的是:
    a. Max 是股东,Nina 是债权人。
    b. Max 是股东,David 是债权人。
    c. David 是股东,Nina 是债权人。
    d. David 是股东,Max 是债权人。
2. 如果政府征收的税收收入大于它的支出,而家庭的消费大于他们的税后收入,那么:
    a. 私人储蓄与公共储蓄都是正的。
    b. 私人储蓄与公共储蓄都是负的。
    c. 私人储蓄是正的,但公共储蓄是负的。
    d. 私人储蓄是负的,但公共储蓄是正的。
3. 一个封闭经济收入为 1 000 美元,政府支出 200 美元,税收 150 美元,投资 250 美元,私人储蓄是____美元。
    a. 100
    b. 200
    c. 300
    d. 400
4. 如果一个受欢迎的关于个人理财的电视节目使更多美国人确信为退休而储蓄的重要性,那么,可贷资金的____曲线将移动,并引起均衡利率____。
    a. 供给,上升
    b. 供给,下降
    c. 需求,上升
    d. 需求,下降
5. 如果企业界对资本的获利性变得更乐观,那么可贷资金的____曲线将移动,并引起均衡利率____。
    a. 供给,上升
    b. 供给,下降
    c. 需求,上升
    d. 需求,下降
6. 从 2008 年到 2012 年,美国政府的债务—GDP 比率____。
    a. 显著上升
    b. 显著下降
    c. 稳定在历史的高水平
    d. 稳定在历史的低水平

问题与应用

1. 在下列每一对选择中,你预期哪一种债券会支付高利率?解释原因。
    a. 美国政府债券或东欧国家政府债券。
    b. 在 2020 年偿还本金的债券或在 2040 年偿还本金的债券。
    c. 可口可乐公司的债券或在你家车库经营的软件公司的债券。
    d. 联邦政府发行的债券或纽约州政府发行

的债券。
2. 许多工人持有他们所在的企业发行的大量股票。你认为为什么公司鼓励这种行为？一个人为什么可能不想持有他所在公司的股票？
3. 根据宏观经济学家的定义，解释储蓄和投资之间的差别。下列哪一种情况代表投资？哪一种代表储蓄？解释原因。
   a. 你的家庭拿到抵押贷款并购买新房子。
   b. 你用200美元工资购买美国电话电报公司的股票。
   c. 你的室友赚了100美元并把它存入银行账户。
   d. 你从银行借了1 000美元买一辆用于送比萨饼的汽车。
4. 假设GDP是8万亿美元，税收是1.5万亿美元，私人储蓄是0.5万亿美元，而公共储蓄是0.2万亿美元。假设这个经济是封闭的，计算消费、政府购买、国民储蓄和投资。
5. 在一个封闭国家Funlandia，经济学家收集到以下某一年的经济信息：
   $$Y = 10\,000$$
   $$C = 6\,000$$
   $$T = 1\,500$$
   $$G = 1\,700$$
   经济学家还估算出投资函数为：
   $$I = 3\,300 - 100r$$
   其中，r为该国的真实利率，用百分比表示。计算私人储蓄、公共储蓄、国民储蓄、投资和均衡的真实利率。
6. 假设英特尔公司正考虑建立一个新的芯片工厂。
   a. 假设英特尔公司需要在债券市场上筹资，为什么利率上升会影响英特尔公司是否建立这个工厂的决策？
   b. 如果英特尔公司有足够的自有资金来为新工厂筹资而不用借钱，利率的上升还会影响英特尔公司是否建立这个工厂的决策吗？解释原因。
7. 三个学生各有储蓄1 000美元。每个人都有一个可投资最多2 000美元的投资机会。下面是各个学生投资项目的收益率：

Harry	5%
Ron	8%
Hermione	20%

   a. 如果借款和贷款都受到禁止，因此每个学生只能用自己的储蓄为其投资项目筹资，一年后当项目支付收益时，每个学生各有多少？
   b. 现在假设他们学校开了一个可贷资金市场，学生可以在他们之间以利率r借贷资金。决定学生选择成为借款者，还是贷款者的因素是什么？
   c. 在利率为7%时，在这三个学生中，可贷资金供给量和需求量各是多少？在利率为10%时呢？
   d. 在什么样的均衡利率时，三个学生的可贷资金市场可以均衡？在这种利率时，哪个学生会把钱借出去？哪个学生会贷款？
   e. 在均衡利率时，一年后投资项目支付了收益并偿还贷款后，每个学生各有多少钱？把你的答案与a题的答案比较。谁从可贷资金市场的存在中获益——借款者还是贷款者？有没有人受损失？
8. 假设政府明年的借款比今年多200亿美元。
   a. 用供求图分析这种政策。利率会上升还是会下降？
   b. 投资会发生什么变动？私人储蓄呢？公共储蓄呢？国民储蓄呢？将这些变动的大小与增加的200亿美元政府借款进行比较。
   c. 可贷资金供给弹性如何影响这些变动的大小？
   d. 可贷资金需求弹性如何影响这些变动的大小？
   e. 假设家庭相信，政府现在借款越多意味着未来为了偿还政府债务而必须征收的税率越高。这种信念对现在的私人储蓄和可贷资金供给有什么影响？这种信念是加强还是减弱了你在a与b中所讨论的影响？
9. 本章解释了投资既可能由于对私人储蓄减税而增加，也可能由于政府预算赤字减少而增加。
   a. 为什么同时实施这两种政策是困难的？
   b. 为了判断这两种政策中哪一种是增加投资的更有效方法，你需要对私人储蓄了解些什么？

第 19 章
金融学的基本工具

在生活中,有时你必须与经济中的金融体系打交道。你将把你的储蓄存入银行账户,或者你要借住房抵押贷款买房。在你找到一份工作以后,你将决定是否把你的退休金账户里的钱投资于股票、债券或其他金融工具。如果你努力理出自己的股票组合,你就要决定把赌注压在通用电气这样已有良好信誉的公司上,还是脸书这样的新公司上。而且,只要你看晚间新闻,你就会听到有关股市上涨或下跌的报道,同时还经常徒劳地企图解释为什么市场这样行事。

如果思考一下在一生中你将做出的许多金融决策,你会在几乎所有这些事情中看到两个相关的要素:时间和风险。正如我们在前面两章中说明的,金融体系协调经济的储蓄与投资,而储蓄与投资又是经济增长的关键决定因素。更为重要的是,金融体系涉及我们每天进行的决策和行为,这些决策和行为将影响我们未来的生活。但未来是不可知的,当个人决定留存一些储蓄或企业决定进行一项投资时,决策依据的是对可能结果的猜测。但是实际结果可能与我们预期的完全不同。

本章介绍一些工具,有助于我们理解人们在参与金融市场时所做出的决策。**金融学**(finance)学科详细介绍了这些工具,你可以选修集中讨论这个主题的课程。但是,由于金融体系对经济的作用如此重要,所以金融学的许多基本观点对理解经济如何运行也是至关重要的。金融学工具会有助于你思考一生中将要做出的一些决策。

本章包括三个主题:第一,讨论如何比较不同时点的货币量;第二,讨论如何管理风险;第三,根据对时间和风险的分析,考察什么决定一种资产比如一股股票的价值。

19.1 现值:衡量货币的时间价值

设想某个人今天给你 100 美元或 10 年后给你 100 美元。你将选择哪一个呢? 这是一个简单的问题。今天得到 100 美元更好,因为你总是可以把这笔钱存入银行,在 10 年中你仍然拥有这笔钱,顺便还赚到了利息。结论是,今天的钱比未来同样数量的钱更值钱。

现在考虑一个难一点儿的问题:设想某人今天给你 100 美元或 10 年后给你 200 美元。你将选择哪一个呢? 为了回答这个问题,你需要用某种方法来比较不同时点上的货币量。经济学家为此引入了现值的概念。任何未来一定量货币的**现值**(present value)是在现行利率下产生这一未来货币量所需要的现在货币量。

为了了解如何运用现值的概念,我们通过两个简单的例子来说明:

问题:如果你今天把 100 美元存入银行账户,在 N 年后这 100 美元将值多少?也就是说,这 100 美元的**终值**(future value)是多少?

解答:我们用 r 代表以小数形式表示的利率(因此,5% 的利率意味着 $r=0.05$)。假设每年支付利息,而且所支付的利息仍然在银行账户上继续生息——一种称为**复利**(compounding)的过程,那么 100 美元将是:

$(1+r) \times 100$ 美元	1 年以后
$(1+r) \times (1+r) \times 100$ 美元 $= (1+r)^2 \times 100$ 美元	2 年以后
$(1+r) \times (1+r) \times (1+r) \times 100$ 美元 $= (1+r)^3 \times 100$ 美元	3 年以后
……	……
$(1+r)^N \times 100$ 美元	N 年以后

例如,如果我们按 5% 的利率投资 10 年,那么 100 美元的终值将是 $(1.05)^{10} \times 100$ 美元,即 163 美元。

问题:现在假设你在 N 年后将得到 200 美元。这笔未来收入的现值是多少呢?这就是说,为了在 N 年后得到 200 美元,你现在必须在银行中存入多少钱?

解答:为了回答这个问题,要回到前一个答案。在上一个问题中,我们用现值乘以 $(1+r)^N$ 来计算终值。为了由终值计算现值,我们用 $(1+r)^N$ 来除终值。因此,N 年后的 200 美元的现值是 200 美元/$(1+r)^N$。如果这个量是今天存入银行中的,那么在 N 年后它将变成 $(1+r)^N \times [200 \text{美元}/(1+r)^N]$,即 200 美元。例如,如果利率是 5%,10 年后的 200 美元的现值就是 200 美元/$(1.05)^{10}$,即 123 美元。这就意味着今天在利率为 5% 的银行账户中存入 123 美元,10 年后就得到 200 美元。

这说明了如下具有普遍性的公式:

- 如果利率是 r,那么在 N 年后将得到的 X 量的现值是 $X/(1+r)^N$。

由于赚到利息的可能性使现值降到 X 量之下,所以寻找一定量未来货币现值的过程称为贴现。这个公式准确表示出,未来一定的货币量应该贴现为多少。

现在我们回到以前的问题:你应该选择今天的 100 美元,还是 10 年后的 200 美元呢?我们可以从现值的计算中推导出,如果利率是 5%,你应该选择 10 年后的 200 美元。未来 200 美元的现值是 123 美元,这大于 100 美元。等待未来的收入,你的状况会更好。

要注意的是,这一问题的答案取决于利率。如果利率是 8%,那么 10 年后的 200 美元的现值是 200 美元/$(1.08)^{10}$,即只有 93 美元。在这种情况下,你应该选择今天的 100 美元。为什么利率对你的选择至关重要呢?答案是利率越高,你把钱存在银行能赚到的钱越多,因此,得到今天的 100 美元也就越有吸引力。

现值的概念在许多应用中是很有用的,包括评价投资项目时公司所面临的决策。例如,设想通用汽车公司正在考虑建立一个新的工厂。假设建厂今天将耗资 1 亿美元,并在 10 年后给公司带来 2 亿美元收益。通用汽车公司应该实施这个项目吗?你可以看到,这种决策完全和我们研究过的决策一样。为了做出决策,公司将比较 2 亿美元收益的现值和 1 亿美元的成本。

因此,公司的决策将取决于利率。如果利率是 5%,那么工厂 2 亿美元收益的现值是

1.23亿美元,公司将选择支付1亿美元的成本。与此相反,如果利率是8%,那么收益的现值仅为0.93亿美元,公司将决定放弃这个项目。因此,现值的概念有助于解释为什么当利率上升时,投资——可贷资金的需求量——减少。

下面是现值的另一种应用:假设你赢得了100万美元的彩票并面临一个选择,在未来50年中每年支付给你2万美元(总计100万美元),或者立即支付给你40万美元。你应该选择哪一个呢?为了做出正确的选择,你需要计算支付流的现值。我们假设利率为7%,在完成了与以上类似的50次计算(每支付一次计算一次)并把结果加总之后,你就会知道,在利率为7%时,这笔100万美元奖金的现值仅为27.6万美元。你选择立即支付40万美元会更好。100万美元看来是很多钱,但一旦贴现为现值后,未来的现金流就远不那么值钱了。

即问即答 利率是7%,10年后得到的150美元的现值是多少?

参考资料
复利计算的魔力与70规则

假设你观察到,一个国家每年的平均增长率为1%,而另一个国家每年的平均增长率为3%。乍一看,这并不是什么大事。2%会产生多大差别呢?

答案是:会产生很大差别。在写成百分比时看来很小的增长率在许多年的复利计算之后会变得很大。

我们来看一个例子。假设两个大学毕业生——Marshall 和 Lily——在22岁时都找到了第一份收入为3万美元的工作。Marshall 生活在一个所有收入都按每年1%增长的经济中,而 Lily 生活在一个所有收入都按每年3%增长的经济中。简单明了的计算可以表明所发生的情况。40年后,当两人都62岁时,Marshall 一年收入为4.5万美元,而 Lily 一年收入为9.8万美元。由于增长率2%的差别,在老年时 Lily 的收入是 Marshall 的两倍多。

一个称为70规则的古老经验规则有助于理解增长率和复利计算的结果。根据70规则,如果某个变量每年按 x% 增长,那么大约在 $70/x$ 年以后,该变量翻一番。在 Marshall 的经济中,收入按每年1%增长,因此,收入翻一番需要70年左右的时间。在 Lily 的经济中,收入按每年3%增长,因此,收入翻一番需要大约70/3年,即23年。

70规则不仅适用于增长的经济,而且还适用于增长的储蓄账户。下面是一个例子:1791年,本·富兰克林(Ben Franklin)去世,留下为期200年的5 000美元投资,用于资助医学院学生和科学研究。如果这笔钱每年赚取7%的收益(实际上,这是非常可能的),那么这笔投资的价值每10年就能翻一番。在200年中,它就翻了20倍。在200年复利计算结束时,这笔投资就值 $2^{20} \times 5\ 000$ 美元,约为50亿美元。(实际上,富兰克林的5 000美元在200年中只增加到200万美元,因为一部分钱在此期间花掉了。)

正如这些例子所表明的,许多年中增长率和利率的复利计算会带来惊人的结果。也许这就是阿尔伯特·爱因斯坦称复利计算为"有史以来最伟大的数学发现"的原因。

19.2 风险管理

生活充满了赌博。当你去滑雪时,你有摔断腿的风险。当你开车去上班时,你有发生车祸的风险。当你把储蓄投入股市时,你要面临股价下跌的风险。对这种风险的理性反应不是一定要不计成本地去回避它,而是在你做决策时要考虑到风险。现在我们看看一个人能对风险做些什么。

19.2.1 风险厌恶

大多数人是**风险厌恶**(risk aversion)的。这就意味着,人们更不喜欢坏事发生在他们身上。这也意味着,他们对坏事的厌恶甚于对可比的好事的喜欢。

例如,假设一个朋友向你提供了下面的机会。她将掷硬币。如果面朝上,她支付给你1 000美元。但如果背朝上,你必须给她1 000美元。你会接受这个交易吗?如果你是一个风险厌恶者,你不会接受。对一个风险厌恶者来说,失去1 000美元的痛苦大于赢得1 000美元的快乐。

经济学家用效用的概念建立了风险厌恶模型。效用是一个人对福利或满足的主观衡量。如图19-1的效用函数所示,每种财富水平都给出一定的效用量。但这个函数表现出边际效用递减的性质,即一个人拥有的财富越多,他从增加的1美元中得到的效用越少。因此,在图19-1中,随着财富的增加,效用函数越来越平坦。由于边际效用递减,失去1 000美元损失的效用大于赢得1 000美元获得的效用。因此,人们是风险厌恶者。

图 19-1 效用函数

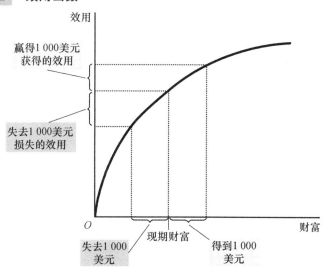

这个效用函数表示,效用,即满足的主观衡量,如何取决于财富。随着财富的增加,效用函数变得平坦,这反映了边际效用递减的性质。由于边际效用递减,损失1 000美元减少的效用大于得到1 000美元增加的效用。

风险厌恶为我们提供了解释我们在经济中所观察到的各种事情的出发点。现在我们来考虑其中的三件事:保险、多元化与风险—收益权衡取舍。

19.2.2　保险市场

应对风险的一种方法是购买保险。保险合同的一般特点是，面临风险的人向保险公司支付一笔保险费，作为回报，保险公司同意接受所有或部分风险。保险类型有许多种。汽车保险补偿遭遇车祸的风险，火灾保险补偿房子遭受火灾的风险，医疗保险补偿可能需要昂贵医疗的风险，而人寿保险补偿被保险人死亡后留下没有收入的家人的风险。还有应对长寿的保险：你今天交纳一笔保险费，保险公司将向你支付一笔年金——每年的一笔定期收入，直到你去世为止。

在某种意义上说，每一份保险合同都是一场赌博。很可能你没有遭遇车祸，你的房子也没着火，你也不需要昂贵的医疗。在大多数年份，你将向保险公司交纳保险费，而除了心境平和之外你什么也没得到。实际上，保险公司正是依赖这一事实：大多数人并不会按保单提出索赔；否则，它就无法向少数不幸的人支付大量索赔并持续经营下去。

从整个经济的角度看，保险的作用并不是消除生活中固有的风险，而是更有效地分摊风险。例如，考虑火灾保险。购买了火灾保险的投保人并不会因此减少房子着火的风险。但是，如果不幸发生了火灾，保险公司就会赔偿你。风险不是由你一个人承担，而是由成千上万个保险公司的投保人共同承担。由于人们是风险厌恶者，因此，一万个人承担万分之一的风险比你自己一个人承担全部风险容易得多。

保险市场受到制约其分摊风险能力的两类问题的困扰。一是逆向选择：高风险的人比低风险的人更可能申请保险，因为高风险的人从保险的保护中获益更大。二是道德风险：人们在购买保险之后，对他们谨慎从事以规避风险的激励小了，因为保险公司将会补偿大部分损失。保险公司意识到了这些问题，但它们无法充分保护自己免受损失。保险公司无法很好地区分高风险客户与低风险客户，而且它也无法监测其客户的所有风险行为。保单的价格反映了保险公司在售出保险后将面对的实际风险。保费很高是一些人，特别是知道自己风险低的人，决定不购买保险而是自己承受生活中的某些不确定性的原因。

19.2.3　企业特有风险的多元化

2002年，曾经规模庞大且备受尊敬的安然公司在被控诈骗和会计违规中破产了。该公司的几位高层管理人员被起诉，最终被判入狱。但是，这个事件最悲惨的部分是受牵连的数千名低层雇员。他们不仅失去了工作，而且许多人还失去了他们一生的储蓄。这些雇员将大约三分之二的退休基金投资于安然股票，现在这些股票一文不值。

如果说金融学向风险厌恶者提供了实用的建议，那就是"不要把你所有的鸡蛋放在一个篮子里"。你以前可能听说过这句话，但是金融学把这个传统智慧变成了科学。它称为**多元化**(diversification)。

保险市场是多元化的一个例子。设想一个城镇有一万名房主，每一个都面临房子遭受火灾的风险。如果某人开办了一家保险公司，而且镇上的每个人既是该公司的股东又是该公司的保险客户，那么他们都通过多元化而降低了风险。现在每个人面对一万次可能发生的火灾的万分之一的风险，而不是自己家里一次火灾的全部风险。除非整个镇子同时发生火灾，否则每个人面临的风险就大大降低。

当人们用储蓄购买金融资产时，他们也可以通过多元化来降低风险。购买一家公司股票的投资者是在和该公司未来的利润率打赌。这种孤注一掷的风险往往很大，因为公司的未来是难以预期的。微软从由一些十几岁的毛孩子开始创建到发展为世界上最有价值的公司仅仅用了几年；安然从世界上最受尊敬的公司之一到几乎一文不值仅仅用了几个月。幸运的是，一个股东并不一定要把自己的未来与任何一家公司联系在一起。人们可以通过打大量的小赌，而不是少量大赌来降低风险。

图19-2表明了股票有价证券组合的风险如何取决于这种组合中股票的数量。这里的风险用统计学中的标准差衡量，你可能在数学或统计学课上听过这个词。标准差衡量变量的变动，即变量的波动可能有多大。有价证券组合收益的标准差越大，组合收益可能越易变化，而且该组合持有者不能得到其预期收益的风险越大。

图19-2　多元化降低风险

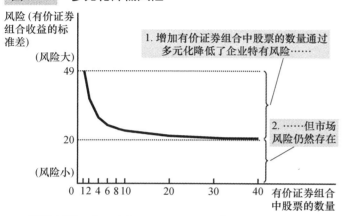

该图表明了用标准差来衡量的有价证券组合的风险如何取决于有价证券组合中股票的数量。假设投资者把其有价证券组合的相同百分比投入每一种股票。增加股票数量减少了股票有价证券组合的风险，但并没有消除风险。

资料来源：Adapted from Meir Statman, "How Many Stocks Make a Diversified Portfolio?" *Journal of Financial and Quantitative Analysis* 22 (September, 1987): 353—364.

该图表明，股票有价证券组合的风险随着股票数量的增加而大大降低。对于有价证券组合来说，如果只有一种股票，标准差是49%；从1种股票增加到10种股票，风险消除了约50%；从10种股票增加到20种股票，风险又降低了13%。随着股票数量的继续增加，风险继续下降，但在有价证券组合中包含20或30种股票以后风险的下降幅度就很小了。

要注意的是，通过增加有价证券组合中的股票数量来消除所有风险是不可能的。多元化可以消除**企业特有风险**（firm-specific risk）——与某家公司相关的不确定性，但是不能消除**市场风险**（market risk）——与整个经济相关的影响所有在股市上交易的公司的不确定性。例如，当经济进入衰退期时，大多数公司都要经历销售量减少、利润下降以及股票收益降低。多元化降低了持有股票的风险，但并没有消除它。

19.2.4　风险与收益的权衡取舍

第1章的经济学十大原理之一是人们面临权衡取舍。与理解金融决策最相关的权衡取舍是风险和收益之间的权衡取舍。

正如我们已经说明的，即使在多元化有价证券组合中，持有股票也存在固有风险。但是，风险厌恶者愿意接受这种不确定性，因为他们这样做会得到补偿。从历史上看，股票提供的收益率远远高于其他可供选择的金融资产，比如债券和银行储蓄账户。在过去的两个世纪中，股票提供的平均真实收益率为每年8%左右，而短期政府债券支付的真实收益率每年只有3%。

当决定如何配置自己的储蓄时,人们必须决定为了赚取高收益,他们愿意承担多大的风险。例如,考虑一个人在两种资产类型之间配置资产组合时如何做出选择:

- 第一种资产类型是有风险的股票的多元化组合,平均收益率为8%,而标准差为20%。(你可以回忆一下数学或统计学课程,正常随机变量约有95%的时间出现在其均值的两个标准差之内。因此,当真实收益以8%为中心时,它通常是在收益48%到亏损32%之间变动。)
- 第二种资产类型是安全的替代品,收益率为3%,而标准差为零。安全的替代品既可以是银行储蓄账户,也可以是政府债券。

图19-3说明了风险与收益的权衡取舍。该图中的每一点都代表有风险的股票与安全的资产之间的某一种有价证券组合配置。该图说明,投入的股票越多,风险和收益就越大。

图19-3 风险与收益的权衡取舍

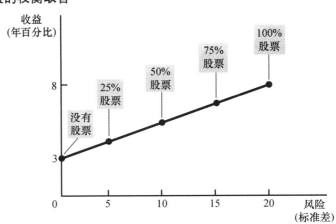

当人们增加他们投资于股票的储蓄百分比时,他们增加了预期可以赚到的平均收益,但也增加了面临的风险。

了解风险—收益权衡取舍本身并没有告诉我们一个人应该做什么。对风险和收益某种组合的选择取决于一个人的风险厌恶程度,这反映了他的偏好。但是,对股票持有者来说,认识到他们享有的高平均收益要以高风险为代价是很重要的。

即问即答 描述风险厌恶者降低他所面临的风险的三种方法。

19.3 资产评估

既然我们已经对金融学的两个模块——时间和风险——有了基本了解,那么让我们来运用这些知识。本节考虑一个简单的问题:什么决定股票的价格?正如大多数价格一样,答案是供给与需求。但是,事情并没有结束。为了了解股票价格,我们需要深入考虑是什么决定了投资者对每股股票的支付意愿。

19.3.1 基本面分析

我们设想,你已经决定把60%的储蓄投入股票,并且为了实现多元化,你还决定购买20种不同的股票。如果你翻开报纸,你就会发现上面列出了几千种股票。你应该如何挑选有价证券组合中的20种股票呢？

当你购买股票时,你是在购买企业的股权。当决定你想拥有哪一个企业时,自然要考虑两件事:所购买企业的股份的价值和股份出售时的价格。如果价格低于价值,则股票被低估了;如果价格高于价值,则股票被高估了;如果价格与价值相等,则股票被公正地估价。当选择你的有价证券组合中的20种股票时,你应该偏爱被低估的股票。在这些情况下,你通过支付低于企业价值的价格而达成买卖。

说起来容易做起来难。了解股票价格是很容易的:你只要看看报纸就可以了。困难的是确定企业的价值。**基本面分析**(fundamental analysis)指为决定一家公司的价值而对其进行的详细分析。许多华尔街企业都雇用股票分析师来进行这种基本面分析,并向其提供有关购买什么股票的建议。

股票对股东的价值是他能从拥有的股票中得到的东西,这包括股利支付流量和股票的最后出售价格的现值。回想一下,股利是公司对其股东进行的现金支付。一个公司支付股利的能力以及股东出售其股权时股票的价值,取决于该公司的盈利能力。反过来,公司的利润率又取决于许多因素——对其产品的需求,它所面临的竞争程度,它有多少可用资本在运行,工人是否受工会控制,顾客的忠诚程度,它所面对的是哪一种政府管制和税收,等等。基本面分析的目的就是考虑所有这些因素以决定公司的每股股票价值。

如果你想依靠基本面分析来挑选股票有价证券组合,有三种方法可以考虑:第一种是,你自己通过阅读公司的年度报表进行所有必要的研究;第二种是,听从华尔街分析师的建议;第三种是,购买共同基金,它有进行基本面分析并替你做出决策的基金经理。

19.3.2 有效市场假说

为你的有价证券组合选择20种股票的另一种方法是:随机挑选这些股票,例如,把股票页贴在你的公告牌上,并向股票页扔一些飞镖,扎到哪个算哪个。这听起来有点发疯,但有理由相信,这不会使你误入歧途。这个理由被称为**有效市场假说**(efficient markets hypothesis)。

为了理解这一理论,我们的出发点是要认识到在一个主要股票交易所上市的每家公司都处于许多资金管理者的跟踪之下,例如,管理共同基金的人就跟踪这些上市公司。这些管理者每天都关注新闻事件并进行基本面分析,以努力确定股票的价值。他们的工作就是在价格下降到低于其价值时买进股票,并在价格上升到高于其价值时抛出股票。

有效市场假说的第二个内容是:供求均衡决定了市场价格。这就意味着,在市场价格这一点,为销售提供的股份数量正好等于人们想要购买的股份数量。换句话说,在市场价格这一点,认为股票被高估的人数与认为股票被低估的人数正好平衡。根据市场上普通人的判断,所有股票总是被公正地估价。

根据这一理论,股票市场表现为**信息有效**(informational efficiency):它反映了有关资产价值的所有可获得的信息。当信息改变时,股票价格就会变动。当有关公司前景的利好新闻公开时,股票价值和价格都上升;当公司前景恶化时,价值和价格都下跌。但是,在任何一个时点上,市场价格是以可获得信息为依据的公司价值的最好估算。

有效市场假说的一个含义是,股票价格应该是**随机游走**(random walk)的。这意味着,股票价格的变动不可能根据可获得的信息来预期。如果根据公开可获得的信息,一个人能够预期股票价格明天将上升10%,那么今天的股票市场就必定没有包括这条信息。根据这一理论,只有能改变市场对公司价值评估的新闻才能改变股票价格。但是,新闻应该是不可预期的——否则,它就不是新闻了。出于同样的原因,股票价格的变动应该是不可预期的。

如果有效市场假说是正确的,那么为了决定将哪 20 种股票加入你的有价证券组合而花许多时间研究企业资料就没有什么意义了。如果价格反映了所有可获得的信息,就没有一种股票是比其他任何股票更好的购买选择。你最好的选择就是购买多元化的有价证券组合。

案例研究
随机游走与指数基金

有效市场假说是一种关于金融市场如何运行的理论。这一理论也许并不完全正确:我们在下一部分讨论时,就有理由怀疑股东总是理性的以及股票价格在每一个时点都是信息有效的。但是,有效市场假说作为一种对世界的描述,比你认为的要好得多。

有许多证据表明,即使股票价格不完全是随机游走的,也非常接近于它。例如,你会打算购买近期上涨的股票并避开近期下跌的股票(或者也许正好相反)。但是,统计研究说明,跟随这种趋势(或对抗这种趋势)不会使市场表现得更好。一只股票一年中的状况与其在下一年的状况的相关性几乎为零。

支持有效市场假说的最有力证据来自指数基金的业绩。指数基金是一种按照既定股票指数购买所有股票的共同基金。可以将这些基金的业绩与被积极管理的共同基金的业绩相比较,后一种基金由专业的有价证券组合管理者根据广泛研究和所谓的专家意见挑选股票。在本质上,指数基金购买所有股票,而积极管理的基金被认为只购买最好的股票。

图片来源:S. Adams, www. unitedmedia. com;© 1997 United Feature Syndicate, Inc; 1997 SCOTT ADAMS/DIST. BY UNITED FEATURE SYNDICATE,INC.

在实践中,积极管理者通常并没有胜过指数基金。例如,到 2013 年 1 月为止的 10 年中,84% 的股票共同基金没有胜过持有在美国证券交易所交易的所有股票的指数基金。在这段时期内,股票基金的平均年收益比指数基金的收益低 1.21 个百分点。大多数积极的有价证券组合管理者没有胜过市场,因为他们频繁地交易,导致了更多的交易费用;也因为他们收取更高的费用,即对他们作为专家的报酬。

那么 16% 的管理者是如何胜过市场的呢? 也许是他们比一般人更聪明,也许是他们更幸运。如果让 5 000 个人掷 10 次硬币,平均而言有 5 个人 10 次都掷出了正面;这 5 个人可以声称有不寻常的掷硬币技能,但他们要重复这种业绩就有困难了。同样,研究表明,有优异业绩史的共同基金管理者通常没有在以后时期中保持这种业绩。

有效市场假说认为,胜过市场是不可能的。关于金融市场的许多研究证实了,胜过市场是极为困难的。即使有效市场假说不是对世界的准确描述,它也包含了大量的真理成分。

新闻摘录
有效市场假说过时了吗

在 2008 年和 2009 年，美国经济经历了一次金融危机，这场金融危机开始于房产价格的大幅度下跌，并扩大到抵押贷款的违约。一些观察家说，这场危机应该使我们放弃有效市场假说。宾夕法尼亚大学沃顿商学院金融学教授、经济学家 Jeremy Siegel 不同意这种说法。

有效市场假说与金融危机

Jeremy Siegel

财经记者和畅销书作家 Roger Lowenstein 今年夏天在《华盛顿邮报》的一篇文章中直言不讳地说道："当前的大萧条可以推翻以有效市场假说闻名的学院派自认为可以解决社会问题的核心。"广受尊敬的基金管理者和金融分析师 Jeremy Grantham 在去年一月的季度报告中以同样的腔调写道："极其错误的有效市场理论(引起了)资产泡沫、放松警惕、有害的激励和不良复杂工具等一系列致命危险组合，这些导致我们当前的困境。"

但是，有效市场假说真的应该对当前的危机负责吗？答案是否定的。有效市场假说最早是 20 世纪 60 年代由芝加哥大学的 Eugene Fama 提出的，这个假说认为，有价证券的价格反映了影响其价值的所有已知信息。这个假说并不认为市场价格总是正确的。相反，它意味着市场上的价格经常是错误的，但在某一既定时点上，根本不能轻易地判断这些价格是太高还是太低。华尔街最棒、最聪明的家伙们犯了这么多错误的事实，恰恰表明战胜市场有多难。

这并不意味着，失败的金融企业的 CEO 或管理者可以把有效市场假说作为借口，他们没有看到住房抵押贷款支持证券对经济的金融稳定引起的潜在风险。管理者错误地相信，金融企业可以消除它们的信贷风险，而银行和信用评级机构又受低估了不动产风险的错误模型误导。

1982 年衰退之后，美国和世界各国经济进入了一个国内生产总值、工业生产和就业等变量长期的低波动时期，显著低于第二次世界大战以来这些变量的波动水平。经济学家把这个时期称为"大缓和"，并把这种日益增长的稳定归因于更好的货币政策、更大的服务部门和更好的存货控制，当然还有其他因素。

对大缓和的经济反应是可预测的：风险贴水减少，个人和企业利用更多的杠杆作用。由于历史上的低名义利率与真实利率和次级贷款证券市场的发展，住房价格提高了。

根据耶鲁大学教授 Robert Shiller 所收集的数据，在从 1945 年到 2006 年的 61 年间，平均住房价格最大的累积性下降是 1991 年的 2.84%。如果住房价格的这种低振荡能持续到未来，那么构成国民贷款多元化有价证券组合的抵押贷款有价证券(其由住房价值的前 80% 构成)，就绝不会接近违约。购房者的信用质量是次要的，因为一般认为基本抵押品——住房——在房东不能偿还贷款时也总可以弥补本金。这些模型使信贷机构把次级抵押贷款评定为"投资级"。

但是，这种评估是错误的。从 2000 年到 2006 年，国内住房价格上升了 88.7%，远远高于消费物价指数上升的 17.5% 或中等居民收入上涨的微不足道的 1%。以前住房价格的上升速度从未超过消费价格和收入的上升速度。

这应该已经发出了红色警报，并提醒人们对使用仅仅关注历史性下降来预测未来风险的模型应持怀疑态度。但这些警报被忽视了，因为华尔街在打包和出售有价证券时能获得大量利润，而国会也很满意更多的美国人可以实现拥有住房的"美国梦"。实际上通过政府支持的房利美、房地美等这些企业，联邦政府助长了次贷泡沫。

评级机构的错误和金融企业在次级有价证券操作中的过度杠杆都不是有效市场假说的过错。即使不考虑投资评级,这些抵押贷款的收益也确实很高,这一事实已经说明了市场对于这些证券质量的怀疑是有道理的,这应该对未来购买者起到警示作用。

除了少数例外(高盛就是一个),金融企业都忽视了这种警告,这些企业的CEO们没有行使监控企业整体风险的权力,却相信了那些用不足以看到大格局的狭隘模型研究的技术人员……

我们的危机并不是由于盲目相信有效市场假说。事实上风险贴水低,并不意味着这种贴水不存在以及市场价格是正确的。尽管有近年来的衰退,但大缓和是真实的,而且我们的经济本质上更稳定。

但是,这并不意味着风险已经消失了。打一个比喻,今天的汽车比多年前安全得多这一事实并不意味着你可以开到时速120英里。路上小的颠簸也许对低速行驶的汽车微不足道,但却很容易使高速行驶的汽车翻车。我们的金融企业开得太快了,我们的中央银行没有制止它们,住房价格的下跌击垮了银行和经济。

资料来源: Reprinted with permission of *The Wall Street Journal*, Copyright © 2009 Dow Jones & Company, Inc. All Rights Reserved Worldwide.

19.3.3 市场非理性

有效市场假说假设,买卖股票的人理性地处理他们拥有的关于股票基本价值的信息。但是,股票市场真的是理性的吗?或者,股票价格有时会背离其真实价值的理性预期吗?

长期以来,传统观点认为,股票价格波动部分是心理原因造成的。在20世纪30年代,经济学家约翰·梅纳德·凯恩斯提出,资产市场是由投资者的"本能冲动"——乐观主义与悲观主义非理性的波动——驱动的。在20世纪90年代,当股票市场攀至新高时,美联储主席艾伦·格林斯潘(Alan Greenspan)怀疑,高涨是否反映了"非理性的繁荣"。股票价格后来真的下跌了,但是,在可获得的信息为既定时,对90年代的繁荣是否为非理性的仍然存有争论。只要一种资产的价格上升到高于其基本价值,就可以说市场正经历一场投机泡沫。

股票市场投机泡沫可能性的产生部分是因为股票对于股东的价值不仅取决于股利支付流量,还取决于最终的出售价格。因此,如果一个人预期另一个人明天会支付更高的价格,他愿意支付的价格就会比股票今天的价值高。当你评价一只股票时,你不仅必须估算企业的价值,还要估算其他人认为企业未来值多少。

经济学家对背离理性定价的频繁性与重要性存在许多争论。相信市场非理性的人(正确地)指出,很难根据可以改变理性评价的新闻来解释股市的变动方式。相信有效市场假说的人(正确地)指出,要知道对一家公司的正确、理性评价是不可能的,因此,不应该很快地得出任何一种具体评价是非理性的结论。而且,如果市场是非理性的,理性人就应该能利用这个事实,但正如我们在前一个案例研究中所讨论的,胜过市场几乎是不可能的。

即问即答 《财富》杂志定期公布"最受尊重的公司"的排行榜。根据有效市场假说,如果把你的股票投资组合限于这些公司,你赚得的收益会比平均收益多吗?解释原因。

19.4 结论

本章提出了一些人们在做出金融决策时应该(而且经常)使用的基本工具。现值的概念提醒我们,未来的1美元不如现在的1美元值钱,而且,它给了我们比较不同时点货币量的一种方法。风险管理理论提醒我们,未来是不确定的,而且风险厌恶者能够谨慎地防止这种不确定性。资产评估研究告诉我们,任何一家公司的股票价格应该反映其被预期的未来盈利性。

虽然大多数金融学工具已经创建完善,但是对于有效市场假说的正确性以及实践中股票价格是不是公司真正价值的理性估算仍然存在争论。无论理性与否,我们观察到的股票价格的大幅波动具有重要的宏观经济意义。股票市场波动往往更广泛地与经济中的波动携手而来。当我们在本书后面研究经济波动时,将再次谈及股市。

内容提要

◎ 由于储蓄可以赚到利息,所以今天的货币量比未来相同的货币量更有价值。人们可以用现值的概念比较不同时点的货币量。任何一笔未来货币量的现值是现行的利率既定时为产生未来这一货币量今天所需要的货币量。

◎ 由于边际效用递减,大多数人是风险厌恶者。风险厌恶者可以通过购买保险、使其持有的财产多元化,以及选择低风险和低收益的有价证券组合来降低风险。

◎ 一种资产的价值等于所有者将得到的现金流的现值。对一股股票而言,这些现金流包括股利流量以及最终出售价格。根据有效市场假说,金融市场理性地处理可获得的信息,因此股票价格总是等于企业价值的最好估算。但是,一些经济学家质疑有效市场假说,并相信非理性心理因素也影响资产价格。

关键概念

金融学　　　　风险厌恶　　　　基本面分析
现值　　　　　多元化　　　　　有效市场假说
终值　　　　　企业特有风险　　信息有效
复利　　　　　市场风险　　　　随机游走

复习题

1. 利率为7%。用现值的概念比较10年后得到的200美元与20年后得到的300美元。
2. 人们从保险市场中得到了什么利益?阻碍保险公司完美运作的两个问题是什么?
3. 什么是多元化?股票持有者是从1—10种股票中还是从100—120种股票中能得到更多的多元化收益?

4. 比较股票和政府债券,哪一种风险更大?哪一种能够带来更高的平均收益?
5. 股票分析师在确定一股股票的价值时应该考虑哪些因素?
6. 描述有效市场假说,并给出一个与这种理论一致的证据。
7. 解释那些质疑有效市场假说的经济学家的观点。

快速单选

1. 如果利率是 0,那么 10 年后支付的 100 美元的现值是____。
   a. 小于 100 美元
   b. 等于 100 美元
   c. 大于 100 美元
   d. 不明确
2. 如果利率是 10%,那么 2 年后今天的 100 美元的价值是____。
   a. 80 美元
   b. 83 美元
   c. 120 美元
   d. 121 美元
3. 如果利率是 10%,那么 2 年后支付的 100 美元的现值是____。
   a. 80 美元
   b. 83 美元
   c. 120 美元
   d. 121 美元
4. 保险分散风险的能力受____限制。
   a. 风险厌恶与道德风险
   b. 风险厌恶与逆向选择
   c. 道德风险与逆向选择
   d. 仅仅是风险厌恶
5. 当构建资产组合时,多元化的好处是它减少了____。
   a. 投机泡沫
   b. 风险厌恶
   c. 企业特有风险
   d. 市场风险
6. 根据有效市场假说,____。
   a. 不可能根据公共信息预测股票价格的变化
   b. 过度多元化会减少投资者的预期资产组合收益
   c. 股票市场根据投资者变化的本能冲动而变动
   d. 积极管理的共同基金应该获得比指数基金更多的收益

问题与应用

1. 根据一个古老的传说,大约 400 年前,美国土著人以 24 美元出卖了曼哈顿岛。如果他们按每年 7% 的利率把这笔钱投资,他们今天有多少钱?
2. 一家公司有一个今天花费 1 000 万美元、4 年后收益 1 500 万美元的投资项目。
   a. 如果利率是 11%,该公司应该实施这个项目吗?利率是 10%、9% 或 8% 时,情况又如何?
   b. 你能指出盈利与不盈利之间准确的利率分界线吗?
3. 债券 A 在 20 年后支付 8 000 美元。债券 B 在 40 年后支付 8 000 美元。(为了使事情简单,假设是零息票债券,这意味着 8 000 美元是债券持有者得到的唯一收益。)
   a. 如果利率是 3.5%,每种债券今天的价值是多少?哪一种债券更值钱?为什么?(提示:你可以使用计算器,但运用 70 规则将使计算容易些。)
   b. 如果利率上升到 7%,每种债券的价值是多少?哪一种债券价值变动的百分比更大?
   c. 根据上面的例子,完成以下句子中的两个空格:当利率上升时,一种债券的价值是(上升/下降),期限更长的债券对利率变动是(更敏感/更不敏感)。

4. 你的银行账户支付 8% 的利率。你正考虑购买 110 美元 XYZ 公司的股份。在 1 年、2 年和 3 年之后,该公司会付给你 5 美元股利。你预期在 3 年后以 120 美元卖掉股票。XYZ 公司的股票是一种好的投资吗?用计算支持你的答案。

5. 对以下每一类保险,举出一个可以称为道德风险的行为的例子和另一个可以称为逆向选择的行为的例子。
    a. 医疗保险
    b. 汽车保险

6. 你预期哪一种股票会带来较高的平均收益:对经济状况极为敏感的行业的股票(例如汽车制造业),或者对经济状况相对不敏感的行业的股票(例如自来水公司)?为什么?

7. 一个公司面临两种风险:企业特有风险是指竞争者可能会进入其市场并夺走它的一些客户;市场风险是指经济可能会进入衰退期,销售收入减少。这两种风险中哪一种更可能使公司股东要求高收益?为什么?

8. 当公司高层管理人员根据凭借其地位得到的私人信息买卖股票时,他们就是在进行内部人交易。
    a. 举出一个对买卖股票有用的内部信息的例子。
    b. 那些根据内部信息交易股票的人通常可赚到极高的收益率。这个事实违背了有效市场假说吗?
    c. 内部人交易是非法的。你认为它为什么非法?

9. Jamal 的效用函数是 $U = W^{1/2}$,这里 W 表示他的财富,以百万美元计,而 U 表示他得到的效用。在赌博的最后阶段显示,庄家向 Jamal 提供了一种选择:(A) 确保有 400 万美元;(B) 进行一个赌博:有 0.6 的概率获得 100 万美元,有 0.4 的概率获得 900 万美元。
    a. 画出 Jamal 的效用函数图。他是风险厌恶者吗?解释原因。
    b. 是 A 还是 B 给 Jamal 带来了更高的预期奖金?用近似的计算解释你的推理。(提示:一个随机变量的预期值是所有可能结果的加权平均数,这里的概率就是加权数。)
    c. 是 A 还是 B 给 Jamal 带来了更高的预期效用?同样,请列出计算过程。
    d. Jamal 应该选 A 还是 B?为什么?

第 20 章
失业

在人的一生中,失去工作可能是最悲惨的经济事件。大多数人依靠他们的劳动收入来维持生活水平,而且许多人也从工作中获得了个人成就感。失去工作意味着现期生活水平降低、对未来的担忧以及自尊心受到伤害。因此,毫不奇怪,政治家在竞选时往往谈到他们提出的政策将如何有助于创造工作岗位。

在前几章中,我们说明了决定一国生活水平和经济增长的因素。例如,一个将其大部分收入用于储蓄和投资的国家,它的资本存量和 GDP 的增长要快于储蓄和投资较少的国家。一国生活水平更明显的决定因素是它正常情况下所存在的失业量。那些想工作但又找不到工作的人对经济中物品与服务的生产没有做出贡献。虽然某种程度的失业在一个有成千上万家企业和数百万工人的复杂经济中是不可避免的,但在不同时期和不同国家,失业量差别很大。当一国尽可能使其工人充分就业时,它所达到的 GDP 水平高于使许多工人赋闲在家时的状况。

本章开始研究失业。失业问题通常分为两类——长期失业问题与短期失业问题。经济的自然失业率指经济中正常情况下存在的失业量。周期性失业指失业率围绕自然失业率逐年波动,它与经济活动的短期上升与下降密切相关。对周期性失业的解释,我们在本书后面研究短期经济波动时再作讨论。在本章中,我们将讨论决定一个经济中的自然失业率的因素。正如我们将要说明的,自然这个词既不意味着这种失业率是所期望的,也不意味着它是一直不变的,或是对经济政策不产生影响的。它仅仅是指,这种失业即使在长期中也不会自行消失。

本章我们从观察描述失业的一些相关事实开始。特别是,我们要考察三个问题:政府如何衡量经济中的失业率?在解释失业数据时会出现什么问题?一般情况下失业者没有工作的时间会有多长?

然后,我们转向经济中总是存在某种失业的原因以及决策者可以帮助失业者的方式。我们讨论对经济中自然失业率的四种解释——寻找工作、最低工资法、工会和效率工资。正如我们将要说明的,长期失业并不是由只有一种解决方法的单个问题所引起的。相反,它反映了多种相关问题。因此,对决策者来说,并没有一种轻而易举的方法能够既减少经济中的自然失业率,又减轻失业者所遭受的痛苦。

20.1 失业的确认

我们从更准确地考察失业这个术语的含义开始。

20.1.1 如何衡量失业

衡量失业是劳工统计局的工作。劳工统计局每个月提供有关失业和劳动市场其他方面的数据,包括失业类型、平均工作周的长度以及失业的持续时间。这些数据来自对大约 6 万个家庭的定期调查,这种调查被称为当前人口调查。

根据对调查问题的回答,劳工统计局把每个受调查家庭中的每个成年人(16 岁以上)分别划入三个类别:

- **就业者**:这类人包括作为得到报酬的员工而工作的人、在自己的企业里工作且得到报酬的人,以及在家族企业里工作但拿不到报酬的人。无论全职工作还是部分时间工作的工人都计算在内。这类人还包括现在不工作,但有工作岗位,只是由于度假、生病或天气恶劣等原因暂时不在工作岗位上的人。
- **失业者**:这类人包括能够工作且在之前四周内努力找工作但没有找到工作的人,还包括被解雇正在等待重新被招回工作岗位的人。
- **非劳动力**:这类人包括不属于前两个类别的人,如全日制学生、家务劳动者和退休人员。

图 20-1 显示了 2012 年这三种类别的划分。

图 20-1 2012 年人口的分类

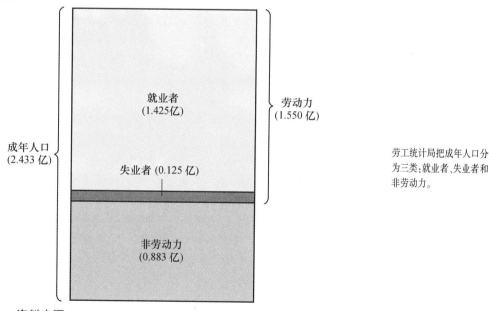

劳工统计局把成年人口分为三类:就业者、失业者和非劳动力。

资料来源:Bureau of Labor Statistics.

一旦劳工统计局把所有受调查者归入各个类别,它就可以计算出概括劳动市场状况的各种统计数字。劳工统计局把**劳动力**(labor force)定义为就业者与失业者之和:

$$劳动力 = 就业者人数 + 失业者人数$$

劳工统计局把**失业率**(unemployment rate)定义为失业者占劳动力的百分比:

$$失业率 = \frac{失业者人数}{劳动力} \times 100\%$$

劳工统计局会计算整个成年人口的失业率,以及更细分的群体如黑人、白人、男性、女性等的失业率。

劳工统计局用同一个调查来提供有关劳动力参工率的数据。**劳动力参工率**(labor-force participation rate)衡量的是美国总成年人口中劳动力所占的百分比:

$$劳动力参工率 = \frac{劳动力}{成年人口} \times 100\%$$

这个统计数字告诉我们选择参与劳动市场的人口的比率。与失业率一样,劳动力参工率既可以计算整个成年人口的劳动力参工率,也可以计算更多的特殊群体的劳动力参工率。

为了说明如何计算这些数据,我们来看一下2012年的数字。在那一年,1.425亿人就业,而0.125亿人失业。劳动力是:

$$劳动力 = 1.425 + 0.125 = 1.550(亿人)$$

失业率是:

$$失业率 = (0.125/1.550) \times 100\% = 8.1\%$$

由于成年人口是2.433亿,劳动力参工率是:

$$劳动力参工率 = (1.550/2.433) \times 100\% = 63.7\%$$

因此,2012年几乎有2/3的美国成年人参与了劳动市场,这些劳动市场参与者中有8.1%的人没有工作。

表20-1说明了美国人口中各个群体的失业率与劳动力参工率的数据。有三种对比是最明显的。第一,最佳工作年龄(25—54岁)的女性的劳动力参工率低于男性,但一旦女性成为劳动力,女性的失业率与男性类似。第二,最佳工作年龄的黑人的劳动力参工率与白人类似,但黑人的失业率要高得多。第三,青少年的劳动力参工率比成年人低很多,而且失业率比成年人高得多。更一般地说,这些数据说明了经济内不同群体的劳动市场经历极为不同。

表20-1 不同人口群体的劳动市场经历

人口群体	失业率(%)	劳动力参工率(%)
最佳工作年龄的成年人(25—54岁)		
白人,男性	6.2	90.0
白人,女性	6.4	74.7
黑人,男性	12.7	80.5
黑人,女性	11.3	76.2
青少年(16—19岁)		
白人,男性	24.5	36.7
白人,女性	18.4	37.1
黑人,男性	41.3	25.6
黑人,女性	35.6	28.2

该表显示了2012年美国人口中不同群体的失业率与劳动力参工率。

资料来源:Bureau of Labor Statistics.

劳工统计局关于劳动市场的数据使经济学家和决策者可以监测一定时期内经济的变动。图20-2显示了美国1960年以来的失业率。该图表明，经济中总是存在某种失业，并且失业量逐年变动。失业率围绕正常失业率波动，这一正常失业率称为**自然失业率**（natural rate of unemployment），失业率对自然失业率的背离称为**周期性失业**（cyclical unemployment）。图中显示的自然失业率是由国会预算办公室的经济学家估算的一系列数字。2012年，他们估算出自然失业率为5.5%，远远低于实际失业率8.1%。在本书的后面我们要讨论短期经济波动，包括失业围绕自然失业率的逐年波动。但是，在本章的其余部分，我们不考虑短期波动，只考虑为什么市场经济中总有某种失业存在。

图20-2 1960年以来的失业率

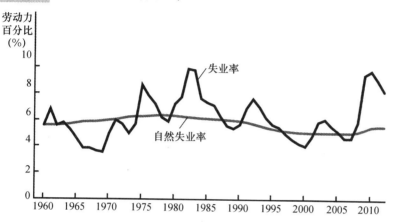

该图用美国失业率的年度数据来说明没有工作的劳动力的百分比。自然失业率是正常的失业水平，失业率围绕它上下波动。

资料来源：U.S. Department of Labor, Congressional Budget Office.

案例研究
美国经济中男性与女性的劳动力参工率

过去一个世纪以来，美国社会中女性的作用发生了巨大的变化。社会评论家已经指出了这种变化的许多原因：部分归因于新技术，如洗衣机、烘干机、电冰箱、冷藏柜和洗碗机，这些新技术减少了完成日常家务劳动所需的时间量；部分归因于有效的生育控制，减少了普通家庭生儿育女的数量；部分归因于政治与社会态度的变化，而这种变化又得到了技术进步与生育控制的促进。这些发展共同对社会总体，特别是对经济产生了深远的影响。

这种影响在劳动力参工率数据上体现得最为明显。图20-3表明了美国1950年以来男性与女性的劳动力参工率。第二次世界大战后不久，男性与女性在社会中的作用差别很大。只有33%的女性从事工作或在找工作，相比之下，男性的这一比率为87%。在过去的六十年间，随着越来越多的女性进入劳动力队伍和一些男性离开劳动力队伍，男性与女性的劳动力参工率之间的差别逐渐缩小。2012年的数据表明，女性的劳动力参工率为58%，相比之下，男性的这一比率为70%。按照劳动力参工率来衡量，男性和女性现在在经济中起着更均衡的作用。

女性劳动力参工率提高是很容易理解的，但男性劳动力参工率下降似乎有些令人困惑。这种下降有以下几个原因：第一，年轻男性在学校上学的时间比他们的父亲和祖父们长。第二,老年男性现在退休得更早并活得更长。第三,随着更多的女性就业,现在更多的父亲留在家里照料自己的子女。全日制学生、退休者和留在家里照料孩子的父亲都不算作劳动力。

图 20-3 1950 年以来男性与女性的劳动力参工率

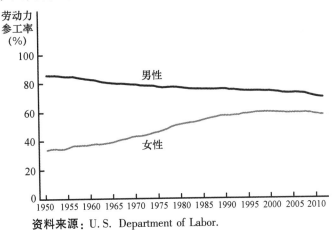

该图显示了劳动力成员中成年男性与女性各自的百分比。它表明在过去的几十年间,更多的女性进入了劳动力队伍,而一些男性则离开了劳动力队伍。

资料来源:U.S. Department of Labor.

20.1.2 失业率衡量了我们想要衡量的内容吗

衡量经济中的失业量看似容易,实际上,情况并非如此。区别全职工作的人与完全不工作的人很容易,然而区分失业者与非劳动力就要难得多。

实际上,进入与退出劳动力队伍是极为常见的。三分之一以上的失业者是最近进入劳动力队伍的。这些进入者包括第一次找工作的年轻工人,还包括相当多的以前离开劳动力队伍但现在又回来找工作的老工人。而且,并不是所有失业都以求职者找到工作而结束。在整个失业队伍中,几乎有一半失业最后是以失业者离开劳动力队伍而结束的。

由于人们如此频繁地进入和离开劳动力队伍,所以失业统计数字很难解释。一方面,一些报告自己失业的人事实上并没有努力去找工作。他们称自己为失业者,可能是因为他们想使自己符合为失业者提供经济帮助的政府计划的资格要求,或者是因为他们实际上在工作并且"暗中"获得了报酬,从而避免就其收入纳税。把这些人视为非劳动力,或者在某种情况下视为就业者更为真实。另一方面,一些报告自己是非劳动力的人实际上想工作。这些人可能已经努力地找工作,但在求职失败之后放弃了努力。这些人被称为**丧失信心的工人**(discouraged workers),尽管他们实际上是没有工作的工人,但在失业统计中并没有表示出来。

由于这些问题和其他问题,劳工统计局除了计算官方失业率之外,还计算其他几种劳动力利用不足的衡量指标。表 20-2 中提出了这些可供选择的衡量指标。最后,我们最好把官方失业率看作有用的但不完善的失业衡量指标。

表 20-2　劳动力利用不足的可供选择的衡量指标

衡量指标与说明	比率(%)
U-1　失业15周或更长时间的人占国内劳动力的百分比（只包括极长期失业者）	4.2
U-2　失去工作者和结束了暂时工作的人占国内劳动力的百分比（不包括离职者）	4.3
U-3　失业者总数占国内劳动力的百分比（官方失业率）	7.9
U-4　失业者总数加丧失信心的工人占国内劳动力加丧失信心的工人的百分比	8.4
U-5　失业者总数加所有属于边际状态的工人占国内劳动力加所有属于边际状态工人的百分比	9.3
U-6　失业者总数加所有属于边际状态的工人加由于经济原因非全职就业者占国内劳动力加所有属于边际状态的工人的百分比	14.4

说明：劳工统计局对部分术语的定义如下：
- 边际状态的工人是那些现在既无工作又不找工作的人，但表明他们想工作而且得到过工作，并在最近有时也找过工作。
- 丧失信心的工人是指那些属于边际状态且现在不找工作的原因与劳动市场状况相关的工人。
- 由于经济原因非全职就业者是那些想要并得到全职工作，但不得不按部分时间表工作的人。

该表显示了美国经济中失业者的各种衡量指标，数据采自2013年1月。

资料来源：U. S. Department of Labor.

20.1.3　失业者没有工作的时间有多长

在判断失业问题的严重性时，要考虑的一个问题是，正常情况下失业是一种短期状态还是一种长期状态。如果失业是短期的，那么就可以得出这不是一个大问题的结论。在变换工作时工人需要几周时间找到一个最适合自己爱好与技能的空缺。但如果失业是长期的，就可以得出这是一个严重问题的结论。失业了许多个月的工人可能要承受更大的经济与心理痛苦。

由于失业时间长短会影响我们关于失业问题严重性的观点，所以，经济学家将很多精力用于研究有关失业时间长短的数据。从这项工作中，他们得出了一个重要的、微妙的而又似乎矛盾的结论：大多数失业是短期的，而在任何一个既定时间段所观察到的大多数失业又是长期的。

为了说明这种表述是正确的，我们来看一个例子。假设你一年中每周去一次政府失业机构以调查失业者的状况。你发现每周有4个失业工人，这4个人中的3个在整个一年中都是相同的，而第4个人每周换一个。根据这种情形，你认为失业是短期的还是长期的？

一些简单的计算有助于回答这个问题。在这个例子中，你在一年中总计会见了55个失业工人，其中52人失业1周，3人失业1年。这意味着，52/55即95%的失业在1周内结束；但是，无论你什么时候去失业机构，你见的4个工人中有3个全年是失业者。因此，尽管95%的失业在1周内结束，但任一时刻我们所观察到的75%的失业是由全年失业的人引起的。在这个例子中，与全世界一样，美国的大多数失业是短期的，但在任何一个既定时间段所观察到的大多数失业却是长期的。

这种微妙的结论意味着,在解释失业数据以及在设计帮助失业者的政策时,经济学家和决策者一定要谨慎。那些成为失业者的大多数人将很快找到工作,而经济中的大部分失业问题是由少数长期没有工作的工人所造成的。

20.1.4　为什么总有些人是失业者

我们已经讨论了政府如何衡量失业量、在解释失业统计数字中所出现的问题以及劳动经济学家关于失业时间长短的发现。现在你对什么是失业应该有一个正确的概念了。

但是,这种讨论并没有解释为什么经济中存在失业。在经济的大部分市场中,价格调整使供给量与需求量达到平衡。在一个理想的劳动市场中,工资的调整会使劳动的供给量与需求量平衡,这种工资的调整将保证所有工人总是充分就业的。

当然,现实与理想并不一致。甚至在整个经济运行良好时,也总有一些工人没有工作。换句话说,失业率从未降至零;相反,失业率总是围绕自然失业率波动。为了理解这种自然失业率,本章其余部分将研究实际劳动市场背离充分就业理想状态的原因。

为了预先展示我们的结论,我们将找出解释长期中失业的四种方法。第一种解释是工人寻找最适合自己的工作需要时间。由使工人与工作相匹配的过程所引起的失业有时被称为**摩擦性失业**(frictional unemployment),通常认为这种失业可以解释较短的失业持续时间。

以下三种对失业的解释表明,在某些劳动市场上可提供的工作岗位数量可能不足以为每个想工作的人提供工作。当劳动的供给量大于需求量时就出现了这种情况。这种类型的失业有时被称为**结构性失业**(structural unemployment),通常认为这种失业可以解释较长的失业持续时间。正如我们将要看到的,当工资由于某些原因高于使供求均衡的水平时,就产生了这种失业。我们将考察存在高于均衡工资的三个可能原因:最低工资法、工会和效率工资。

■ 参考资料
就业岗位数

每月初,劳工统计局都会公布失业率,同时也会公布经济中增加或者减少的就业岗位数。作为短期经济趋势的指标之一,就业岗位数和失业率一样引人关注。

就业岗位数是从哪里来的?你可能会猜想来自得出失业率的6万个家庭户的同样调查。事实上家庭户调查确实提供了整体就业的数据。但是大家最关心的就业岗位数,来自另一个16万家工商户的调查,这个调查包括4 000万就业人口。工商户调查的结果和家庭户调查的结果是同时宣布的。

这两个调查都能够得到整体就业水平的信息,但是结果并不总是一致的。一个原因是工商户调查的样本量更大,所以结论应该更可信。另一个原因是这两个调查衡量的并不是完全相同的东西。比如,一个在不同的公司做两份兼职工作的人,在家庭户调查中是一个就业人口,但在工商户调查中就要算作两个工作职位。再比如,自己做生意的人在家庭户调查中是就业人口,但是在工商户调查中就不会被计入,因为工商户调查只针对领工资的雇员。

工商户调查能够紧密反映就业数据,但是完全不能说明失业的情形。要知道失业数字,我们必须知道没有工作的人中有多少人正努力找工作，家庭户调查是能够提供这些数字的唯一来源。

即问即答 • 如何衡量失业率？ • 失业率如何可能高估了失去工作的人的数量？如何可能低估了失去工作的人的数量？

20.2　寻找工作

经济中总存在某些失业的一个原因是寻找工作。**寻找工作**（job search）是使工人与适当工作相匹配的过程。如果所有工人和所有工作岗位是同样的，以至于所有工人都同样适合所有工作，那么寻找工作就不是一个问题。被解雇的工人可以很快找到非常适合他们的新工作。但是，实际上工人的爱好与技能不同，工作的性质不同，而且寻找工作的人和空缺职位的信息在经济的许多企业和家庭中扩散得很慢。

20.2.1　为什么一些摩擦性失业是不可避免的

摩擦性失业通常是不同企业间劳动需求变动的结果。当消费者对戴尔电脑的偏好大于苹果电脑时，戴尔公司就会增加就业，而苹果公司则裁减工人。苹果公司裁减的工人现在必须寻找新工作，而戴尔公司必须决定雇用哪些新工人来从事空缺的各种工作。这种转变的结果是出现一个失业的时期。

同样，由于一国的不同地区生产不同的物品，所以，当一个地区的就业增加时，另一个地区的就业可能减少。例如，考虑世界石油价格下跌时发生的情况。阿拉斯加石油生产企业对价格下跌的反应是减少生产和就业。同时，廉价的汽油刺激了汽车销售，因此，密歇根的汽车生产企业增加了生产和就业。当世界石油价格上升时，相反的情况就会出现。各行业或各地区之间的需求构成变动称为部门转移。由于工人在新部门找到工作需要时间，所以部门转移暂时引起失业。

摩擦性失业是不可避免的，仅仅是因为经济总是处于变动之中。一个世纪以前，美国就业最多的四个行业是棉纺织品、毛纺织品、男士服装以及木材。现在，就业最多的四个行业是汽车、飞机、通信与电子元件。随着这种转移的发生，一些企业创造了工作岗位，而另一些企业中的工作岗位消失了。这一过程的结果是达到更高的生产率和生活水平。但是，伴随这一过程，处于衰落行业的工人发现他们失去了工作，并要寻找新的工作。

数据表明，美国制造业中每年最少有10%的工作岗位被取消。此外，一般在一个月中，有3%以上的工人离开他们的工作岗位，有时这是因为他们意识到这些工作与他们的爱好和技能并不匹配。许多工人，特别是年轻工人，转而寻找工资更高的工作。在一个运行良好且动态化的市场经济中，劳动市场的这种变动是正常的，但结果是出现一定数量的摩擦性失业。

20.2.2　公共政策和寻找工作

尽管一些摩擦性失业是不可避免的，但并没有准确的数量。有关工作机会与工人可获得性的信息传播得越快,工人与企业匹配得也就越快。例如,互联网就有助于使寻找工作变得方便,并减少摩擦性失业。此外,公共政策也会起作用。如果政策可以减少失业工人寻找新工作所需的时间,就可以降低经济中的自然失业率。

政府计划努力以各种方式促进寻找工作。一种方法是通过政府管理的就业机构,该机构发布有关职位空缺的信息。另一种方法是通过公共培训计划,其目的是使处于衰落行业的工人易于转移到增长行业中,并帮助处于不利地位的群体脱贫。这些计划的倡导者认为,这些计划可以通过使劳动力更充分地就业而使经济更有效地运行,而且这些计划减少了始终变动的市场经济中的固有不平等。

这些计划的批评者怀疑政府是否应该卷入寻找工作的过程。他们认为,让私人市场使工人与工作相匹配也许更好一些。实际上,我们经济中的大部分寻找工作的活动都是在没有政府干预的情况下进行的。报纸广告、就业网站、大学就业辅导处、猎头公司和口头传言,都有助于传播有关职位空缺与工作候选人的信息。同样,许多工人教育也可由私人进行,既可以通过学校,也可以通过在职培训。这些批评者认为,在向适当的工人传播适当的信息以及决定哪一种工人培训最有价值方面,政府并不是更好的——而且很可能是更坏的。他们声称,这些决策最好由工人和雇主独立地做出。

20.2.3 失业保险

无意增加摩擦性失业人数但却导致这一后果的一个政府计划是**失业保险**(unemployment insurance)。这个计划是给失去工作的工人提供部分保障。那些辞去自己的工作、由于过失而被开除,或刚刚进入劳动力队伍的失业者不具备受保障资格。失业保险仅仅向那些由于以前的雇主不再需要其技能而被解雇的失业者支付补助。虽然这个计划的条款在不同时期和不同州有所不同,但在美国享有失业保险的一个普通工人可以在26周内得到相当于其以前工资50%的补助。

尽管失业保险减轻了失业的痛苦,但也增加了失业量。这种解释依据了第1章的经济学十大原理之一:人们会对激励做出反应。由于当工人找到一份新工作时失业补助才停止发放,所以失业者不会努力地找工作,而更可能拒绝缺乏吸引力的工作。此外,由于失业保险使失业不是那么难应付,所以当工人就就业条件与雇主谈判时,不大会想取得雇主关于工作保障的保证。

劳动经济学家的许多研究考察了失业保险的激励效应。一项研究考察了1985年在伊利诺伊州进行的一项实验。当失业工人申请领取失业保险补助时,州政府随机地选出一些人,并且告诉他们如果能在11周内找到新工作,就给每人500美元的额外补助。然后把这个群体与一个不被提供这种激励的受控群体进行比较。被提供额外补助的群体平均失业时间比另一受控群体缩短7%。这个实验说明,失业保险制度的设计影响了失业者寻找工作的努力程度。

几项其他研究通过跟踪不同时期的同一工人群体,考察了他们寻找工作的努力程度。失业保险补助并不是无限期地存在,通常是在半年或一年以后结束。这些研究发现,当失业者失去领取补助的资格时,他们找到新工作的概率显著提高了。因此,领取失业保险补助确实降低了失业者寻找工作的努力程度。

即使失业保险降低了寻找工作的努力程度并增加了失业,我们也不一定能得出这项政策不好的结论。这项计划达到了降低工人面临的收入不确定性的主要目标。此外,当工人拒绝所提供的没有吸引力的工作时,他们就有机会寻找更适合他们爱好和技能的工作。一些经济学家认为,失业保险提高了一个经济使每个工人与其最适合的工作相匹配的能力。

对失业保险的研究表明,失业率是衡量一国整体经济福利水平的一个不完善的指标。大多数经济学家一致认为,取消失业保险会减少经济中的失业量,但经济学家们对这种政策改变将会提高还是降低经济福利的看法并不一致。

即问即答 世界石油价格的提高会如何影响摩擦性失业的数量?这种失业是人们所不希望的吗?哪一种公共政策可能会影响这种价格变动所引起的失业量?

新闻摘录
就业为什么下滑

在这篇专栏文章中,俄亥俄大学经济学名誉教授 Vedder 先生认为,政府补助增加是最近就业—人口比率下降的原因之一。

失业的工资
Richard Vedder

从 17 世纪中叶到 20 世纪晚期,美国的经济增长率大致是每年 3.5%。但增长率在这之后开始严重下跌。到 2012 年最终数据出来的时候,本世纪最初的这 12 年的年平均实际产出增长率可能是 1.81% 左右。

为什么增长率会降低?有部分重要原因其实很简单:美国人当今工作量大大减少了。这种趋势比近几年的衰退和经济放缓反映出了更多的问题。

国民收入账户说明美国产出的 70% 来自人们的劳动。但是,美国处于工作年龄的就业人群的比重一直在下降。

近几十年来,就业—人口比率一直在稳步上升:2000 年每 100 个处于工作年龄的美国人比 1960 年多 8 个。这种增长充分反映了女性劳动力参工率的提高。但是,2000 年以后,处于工作年龄的就业人口增长的超过 2/3 都不见了。

这种减少的麻烦可比你想象的大得多。如果现在美国处于工作年龄的就业人口的比例和 2000 年一样,就应该多出约 1 400 万人为经济做贡献。即使我们假定这多出的 1 400 万人的平均生产率比现有劳动力低 25%,美国的 GDP 还应该比当前的实际数字高 5%(也就是 8000 亿美元,或者人均 2 600 美元)。GDP 的实际增长率应该是 2.2%,而不是 1.81%。简而言之,工作人口的消减影响甚大。

为什么美国人工作减少了?尽管因素很多,但产生这种现象最主要的原因是各种各样的公共政策减少了就业的激励。这些政策包括:

- **食品券**。人们最基本的是为了吃而工作,如果政府提供了食物,那么工作的必要性就大大降低了。从 20 世纪 60 年代食品券计划开始以来,食品券增长得很厉害,特别是进入 21 世纪之后。现在领食品券的美国人比 2000 年时多了 3 000 万。

食品券受益人的急剧增加在时间上要早于 2008 年金融危机。根据农业部的数据,从 2000 年到 2007 年,食品券受益人从 1 710 万增加到 2 630 万。到 2012 年 10 月,这个数字已攀升到 4 750 万。2009 年,平均每人的补助从每月 102 美元上升到了 125 美元。

我们想当然会认为 2008 年年末的失业率上升、贫困和收入降低会延续至 2009 年,甚至有可能延续进 2010 年(尽管衰退其实在 2009 年年末就正式结束了),依赖食品券的人口也会随之增加,但事实远远不止于此。

根据食品券计划的最新数据,我们来对比 2010 年 10 月和 2012 年 10 月的情况。失业率从 9.6% 降至 7.8%,真实 GDP 即使不是强劲有力也是稳健增长了。食品券的使用应该已经过了最高峰并且开始下降了。但是领食品券的人数增加了 722.3 万。在失业降低、产出增长的时期,领食品券的人每天增加近 1 万人,国会应该想想原因。

- 用于补助残疾人的社会保障支出。美国人的健康状况改善了,从事相对危险的职业以及矿工的人数减少应该带来的结果是美国因残疾而不能工作的人数比例下降。但事实恰恰相反。

1990 年,只有 300 万美国人从社会保障中收到与工作相关的残疾补贴支票。这个数字在此前十年或二十年变化都很小。但从 1990 年以后,收到残疾补贴支票的人急剧增加。2000 年超过 500 万,2005 年超过 650 万,今天已经达到约 860 万。麻省理工学院的 David Autor 在一系列论文中已经说明残疾补助计划低效、无能,并以不可持续的速度增加。新闻媒体已经报道了欺诈丛生的案例。

- 佩尔助学金。付钱让人们去上大学而不是去工作在传统上是基于一种认识,这种认识认为高等教育创造了"人力资本",而人力资本对于国家经济的未来是至关重要的。但是,Christopher Denhart、Jonathan Robe 和我为学院支付能力和生产率研究中心(The Center for College Affordability and Productivity)所做的研究说明,将近一半的四年制大学毕业生现在所从事的工作被劳工部认定是不需要大学学历的。比如,有 100 万的"零售人员"和 11.5 万的"门卫和清洁工"都是大学毕业生。

2000 年,不足 390 万的青年男女得到佩尔助学金上了大学。2005 年,这一数字增加了 1/3,达到 520 万人,2008 年又增加了 100 万人。而在接下来的三年时间里,这个数字增长了一半以上,达到约 970 万人。这可比十年前多了 600 万人。结果是劳动人口减少。同时,大学毕业生数量和需要大学教育的工作岗位不匹配状况也在增加。

- 广泛的失业补助。20 世纪 30 年代以来,失业保险制度旨在为失去工作的人给予短期的暂时性帮助,以便他们有喘息之机去寻找新工作。但在过去的四年里,传统的 26 周补助一直在不断延长——很多人一年或更长时间没工作但还在领补助。

实际上,国家整体经济确实没有增长太多。但如果你付钱让人们待在家里,很多人就会愿意这样,而不是去找工作,或者接受那些薪水不如意的工作。

这些政府项目还不是全部。例如,近几十年来以就业人口为导向的移民政策在很大程度上促进了经济增长,并提高了就业—人口比率。税收也是重要的一部分:今天所采用的更高的与工作相关的收入边际税率对那些纳税人来说带来了更低的工作意愿,同时也就减缓了经济增长。

很多美国人都认识到应该减少政府支出以控制国家债务。但其实削减政府为某些特定项目的开支还另有原因:如果更多的人有更少的不加入劳动力大军的激励,他们就会去找工作,从而刺激经济增长。

资料来源:Reprinted with permission of *The Wall Street Journal*, Copyright © 2013 Dow Jones & Company, Inc. All Rights Reserved Worldwide.

20.3 最低工资法

我们已经说明了摩擦性失业产生于使工人与工作岗位相匹配的过程,现在我们考察当工作岗位数量小于工人数量时,结构性失业如何产生。

为了说明结构性失业,我们从考察最低工资法如何引起失业开始。虽然最低工资并不是美国经济中失业的主要原因,但它对某些失业率特别高的群体有着重要的影响。而且,把对最低工资的分析作为出发点也是正常的,因为它可以用于了解结构性失业的某些其他原因。

图 20-4 说明了最低工资的基本经济学分析。当最低工资法迫使工资高于供求平衡的水平时,与均衡水平相比,它就增加了劳动供给量而减少了劳动需求量,因而,存在着过剩的劳动。由于愿意工作的工人的数量多于工作岗位的数量,所以一些工人成为失业者。

图 20-4 工资高于均衡水平引起的失业

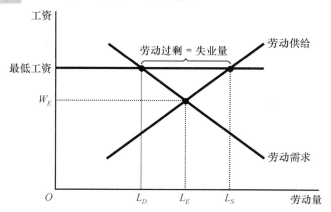

在这个劳动市场上,使供给与需求平衡的工资是 W_E。在这一均衡工资下,劳动供给量与需求量都等于 L_E。与此相比,如果最低工资法使工资被迫高于均衡水平,劳动供给量增加到 L_S,而劳动需求量下降到 L_D,就会引起过剩的劳动 $L_S - L_D$,它代表失业量。

尽管最低工资法是美国经济中存在失业的一个原因,但它并不是影响每一个人。大多数工人的工资远远高于法定最低工资,因此,最低工资法并不限制调节供求平衡的工资。最低工资法对劳动力中的最不熟练工人和经验最少的工人,如青少年,是最重要的。他们的均衡工资往往相当低,因此,更可能低于法定最低工资。最低工资法解释的只是这些工人中失业的存在。

虽然画出图 20-4 是要说明最低工资法的影响,但它也说明了一个更具有一般性的结论:如果工资由于任何一种原因高于均衡水平,就会导致失业。最低工资法只是工资可能"太高"的一个原因。在本章的余下两个部分中,我们考虑工资高于均衡水平的其他两个原因——工会和效率工资。在这些情况下,失业的基本经济学分析与图 20-4 所示的是相同的,但这些失业解释可以适用于经济中更多的工人。

但是,现在我们应该停下来并关注,从某种重要的意义上说,产生于高于均衡工资的结构性失业不同于产生于寻找工作过程的摩擦性失业。需要寻找工作并不是因为工资不能使劳动的供求平衡。当把寻找工作作为失业的解释时,工人正在寻找最适于自己爱好和技能的工作岗位。与此相反,当工资高于均衡水平时,劳动供给量大于劳动需求量,工人失业是因为他们等待工作岗位的开放。

即问即答 画出工资高于均衡水平时劳动市场的供给曲线和需求曲线,并说明劳动供给

量、劳动需求量和失业量。

> **参考资料**
> **谁在领取最低工资**

在 2012 年,劳工部公布了一项关于哪些工人的报告收入处于或低于 2011 年最低工资水平的研究,2011 年的最低工资为每小时 7.25 美元。(报告工资低于最低工资是可能的,因为一些工人不在最低工资法所适用的范围之内,因为最低工资法在实施过程中有这样那样的问题,也因为一些工人在调查中报告自己的工资时将其四舍五入。)下面是对研究结果的总结:

- 在领取小时工资的工人中,约有 4% 的男性和 6% 的女性的报告工资处于或低于现行的联邦最低工资。
- 领取最低工资的工人往往是年轻人。在所有领取小时工资在最低工资及以下的工人中有一半年龄低于 25 岁,而且其中大约 1/4 的人年龄在 16—19 岁。在青少年中,23% 的人工资为最低工资或更少,相比之下,在 25 岁及以上的工人中这一比例仅为 3%。
- 领取最低工资的工人往往受教育少。在 16 岁及以上领取小时工资的工人中,没有高中文凭的人中领取最低工资或更少的比例约为 11%,相比之下,高中毕业(但未上大学)的人中这一比例约为 5%,而获得大学学位的人中这一比例仅为 2%。
- 领取最低工资的工人更可能从事兼职工作。在从事兼职工作的人(他们通常每周工作少于 35 小时)中,13% 的人工资为最低工资或更少,相比之下,从事全职工作的人中这一比例为 2%。
- 所报告的小时工资等于或低于最低工资的工人最多的行业是休闲和接待(约有 22%)。工资处于或低于最低工资水平的所有工人中约有一半的人在这个行业就业,主要是餐饮服务。对这些人中的大多数来说,有小费补充不多的小时工资。
- 每小时得到的工资等于或低于联邦最低工资的工人的比例一直变化很大:从 1979 年——第一次开始定期收集数据的年份——的 13% 下降到 2006 年的 2%,然后在 2011 年上升到 5%。最近的这种上升部分要归因于法定最低工资从 2006 年的每小时 5.15 美元上升到 2011 年的每小时 7.25 美元。

20.4 工会和集体谈判

工会(union)是一个与雇主就工资、津贴和工作条件进行谈判的工人协会。尽管美国现在只有 11% 的工人加入了工会,但是过去工会在美国劳动市场上曾起过重要作用。在 20 世纪 40 年代和 50 年代,工会处于鼎盛时期,美国工人中大约有 1/3 加入了工会。

基于各种历史原因,在许多欧洲国家,工会仍然起着相当大的作用。例如,在比利时、挪威和瑞典,有一半以上的工人加入了工会。在法国和德国,大部分工人的工资是通过集体谈判再经由法律确定的,尽管这些工人中只有一部分是工会成员。在这些情况下,工资并不是由竞争的劳动市场上的供求均衡决定的。

20.4.1 工会经济学

工会是一种卡特尔。与任何卡特尔一样,工会是卖者共同行动以希望发挥其共同市场势力的一个集团。在美国经济中,大部分工人单独地与其雇主讨论工资、津贴和工作条件。与此相反,工会的工人是作为一个集团来这样做的。工会与企业就就业条件达成一致的过程称为**集体谈判**(collective bargaining)。

当工会与企业谈判时,它提出的工资、津贴和工作条件会比没有工会时高。如果工会和企业没有达成协议,工会就会组织工人从企业撤出劳动,这称为**罢工**(strike)。由于罢工减少了生产、销售和利润,所以面临罢工威胁的企业可能同意支付比没有工会时更高的工资。研究工会影响的经济学家会发现,参加工会的工人赚得的收入比不属于工会的类似工人高出10%—20%。

当工会把工资提高到均衡水平之上时,它就增加了劳动供给量,减少了劳动需求量,从而引起了失业。那些在较高工资时仍然就业的工人的状况变好了,但那些以前有工作而现在失业的工人的状况变坏了。实际上,通常认为工会是引起不同工人集团之间——从工会高工资中得到好处的局内人与没有得到工会工作岗位的局外人之间——冲突的原因。

局外人可以用两种方法中的一种对其处境做出反应。他们中的一些人仍然处于失业状态,并等待时机成为局内人,以赚到工会的高工资。另一些人在没有工会组织的企业中工作。因此,当工会提高了经济中一个部门的工资时,经济中其他部门的劳动供给就增加了。这种劳动供给的增加又降低了那些没有工会组织的行业的工资。换句话说,参加工会的工人从集体谈判中得到了好处,而没有参加工会的工人承担了部分代价。

经济中工会的作用部分取决于指导工会组织和集体谈判的法律。在正常情况下,卡特尔成员之间的公开协议是非法的。当出售相似产品的企业达成协议确定一个高价格时,这种协议就被认为是"限制交易的共谋",政府会在民事或刑事法庭起诉这些企业违背了反托拉斯法。与此相反,工会不受这些法律的限制。那些制定反托拉斯法的决策者相信,工人在与雇主谈判时需要更大的市场势力。实际上,政府所制定的各种法律都鼓励建立工会。特别是1935年的《瓦格纳法案》,它禁止雇主在工人努力组织工会时进行干预,并要求雇主以高度的诚信与工会进行谈判。全国劳工关系委员会(NLRB)是实现工人组织工会权利的政府机构。

"先生们,除了管理者想利润最大化和工会想要更多钱以外,没有什么阻止最后的一致。"

图片来源:ⓒ ALAN DUNN/THE NEW YORKER COLLECTION/WWW.CARTOONBANK.COM。

影响工会市场势力的立法一直是政治争论的主题。州的立法者有时争论工作权利法,该法赋予有工会组织的企业中的工人选择是否加入工会的权利。在没有这类法律时,工会就会在集体谈判时坚持要求企业把成为工会会员作为就业的条件。联邦政府中的立法者一直在争论一项法律议案,该法律禁止企业靠雇用长期人员来替代正在罢工的工人。这项法律使罢工给企业带来的代价更高,从而加强了工会的市场势力。这些法律和类似的政策决策将有助于决定工会运动的未来。

20.4.2 工会对经济是好还是坏

经济学家关于工会对整个经济是好还是坏的看法并不一致。我们来考虑争论的双方。

工会的批评者认为，工会仅仅是一种卡特尔。当工会把工资提高到竞争市场应有的水平之上时，工会就减少了劳动需求量，使一些工人失业，并降低了其他经济部门的工资。批评者认为，由此引起的劳动配置既是无效率的，又是不公平的。它之所以无效率，是因为工会的高工资使有工会组织的企业的就业降低到有效率的竞争水平之下。它之所以不公平，是因为一些工人的获益是以另一些工人的损失为代价的。

工会的支持者争辩说，工会是与雇用工人的企业的市场势力抗衡所必需的。这种市场势力的极端情况是"公司城"，在这种地方，一个企业雇用了该地区的大部分工人。在公司城中，如果工人不接受企业提供的工资和工作条件，他们除了搬走或不工作以外别无选择。因此，在没有工会的情况下，与企业必须同其他企业竞争以雇用同样的工人时所出现的情况相比，企业可以凭借其市场势力支付低工资，并提供恶劣的工作条件。在这种情况下，工会可以平衡企业的市场势力，并保护工人免受企业所有者的摆布。

工会的支持者还声称，工会在帮助企业有效地对工人的利益做出反应方面也是重要的。当工人接受了一份工作时，工人与企业必须就除了工资之外的许多工作特性达成一致意见，如工作时间、加班、休假、病假、医疗津贴、晋升、工作安全，等等。工会通过代表工人在这些问题上的观点，使企业提供这些工作特性的适当组合。即使工会在使工资高于均衡水平和引起失业上有不利影响，但是它们在帮助企业保有一支乐观而富有生产效率的劳动力队伍方面却是有益的。

总之，经济学家对于工会对经济是好还是坏并没有达成共识。与许多制度一样，工会的影响也许在一些情况下是有利的，而在另一些情况下是不利的。

即问即答 在汽车行业中，工会如何影响通用汽车公司和福特汽车公司的工资和就业？工会如何影响其他行业的工资和就业？

20.5 效率工资理论

经济中总是存在一些失业的第四个原因——除了寻找工作、最低工资法和工会之外——是**效率工资**（efficiency wages）理论所提出来的。根据这种理论，如果工资高于均衡水平，企业的经营会更具效率。因此，即使存在超额劳动供给，企业保持高工资也是有利的。

在某些方面，效率工资引起的失业与最低工资法和工会所引起的失业是相似的。在这三种情况下，失业都是因为工资高于使劳动供给量与劳动需求量平衡的水平。但也有一个重要的差别：最低工资法和工会可以阻止企业在工人供给过剩时降低工资；效率工资理论则认为，在许多情况下，这种对企业的限制是不必要的，因为企业使工资处于均衡水平之上时其状况可能会更好。

为什么企业想保持高工资？这个决策看来有点古怪，因为工资是企业成本的主要部分。在正常情况下，我们预期利润最大化的企业要使成本——从而使工资——尽可能低。效率工资理论的新观点是，支付高工资可能是有利的，因为高工资可以提高企业中工人的效率。

有几种效率工资理论。每种理论都对企业为什么想支付高工资给出了不同的解释。现在我们来考虑其中的四种理论。

20.5.1 工人健康

第一种也是最简单的效率工资理论强调工资和工人健康之间的联系。工资高的工人因其饮食的营养更丰富,所以更健康、有更高生产率。企业会发现,支付高工资并且有更加健康、生产率更高的工人,比支付低工资从而有不健康、生产率低的工人更有利。

这种效率工资理论可用于解释欠发达国家的失业。在这些国家,营养不良会是一个问题,企业可能担心削减工资实际上会对其工人的健康和生产率有不利的影响。换言之,对营养问题的关注,可以解释为什么尽管劳动过剩企业仍会把工资保持在均衡水平以上。对工人健康的关注并不适用于美国这类富裕国家的企业,在这些国家,大多数工人的均衡工资都远远超出保证其充足饮食所需要的水平。

20.5.2 工人流动率

第二种效率工资理论强调工资与工人流动率之间的联系。工人会因许多原因而离职,如接受其他企业的工作、移居到本国其他地方、离开劳动力队伍等。工人离职的频率取决于他们面临的一整套激励,包括离职的利益和留下的利益。企业向工人支付的工资越高,通常选择离职的工人就越少。因此,企业可以通过支付高工资来降低其工人的流动率。

为什么企业关心工人流动率呢?原因是企业雇用并培训新工人是有成本的。而且,即使在经过培训之后,新雇用的工人的生产率也不如有经验的工人高。因此,工人流动率高的企业往往生产成本也高。企业会发现,为了减少工人流动而支付给工人高于均衡水平的工资是有利的。

20.5.3 工人素质

第三种效率工资理论强调工资和工人素质之间的联系。所有企业都想要更能干的工人,而且它们努力挑选最好的申请者来填补职位空缺。但是由于企业无法准确测定申请者的素质,雇用就有一定的随机性。当一个企业支付了高工资时,它就吸引了更好的工人来申请这份工作,从而提高了其劳动力的素质。如果企业对劳动过剩的反应是降低工资,那么大多数有能力的申请者——他们比那些缺乏能力的申请者更有可能有更好的选择机会——就会选择不申请。如果工资对工人素质的这种影响是相当大的,对企业来说支付高于供求均衡水平的工资就是有利的。

20.5.4 工人努力程度

第四种也是最后一种效率工资理论强调工资和工人努力程度之间的联系。在许多工作中,工人对自己工作的努力程度有某种相机抉择权。因此,企业要监测工人的努力程度,并解雇逃避责任的工人。但是,抓住所有逃避责任者的难度很大,因为监测工人的成本高昂且又不完全有效。处于这种环境下的企业总在寻找克服逃避责任的方法。

一种解决方法是支付高于均衡水平的工资。高工资使工人更渴望保持他们的工作,从而给予工人付出最大努力的激励。如果工资在使供求均衡的水平上,工人就没有什么理由去努力工作,因为即使他们被解雇他们也能很快找到一份支付同样工资的工作。因此,企业把工资提高到均衡水平以上,可以激励工人不要逃避责任。

图片来源:S. Adams, E-mail: SCOTTADAMS@AOL.COM;© 1996 United Feature Syndicate,Inc.(NYC); © SCOTT ADAMS/ DIST. BY UNITED FEATURE SYNDICATE,INC.

▍案例研究
亨利·福特及其极为慷慨的每天5美元工资

亨利·福特是一位有远见的工业家。作为福特汽车公司的创始人,他负责引进了现代生产技术。福特不是靠熟练工匠的小团队来生产汽车,而是用装配线来生产汽车,在装配线上不熟练工人被教会完成不断重复的简单工作。这种装配线的产品是T型福特车,它是早期最有名的汽车之一。

在1914年,福特进行了另一项革新:每个工作日5美元工资。这在今天看似微不足道,但退回到当时,5美元是一般工资的2倍左右。这种工资远远高于使供求均衡的工资。每天5美元工资的新政策一经宣布,福特公司的工厂外面求职的人就排起了长队。愿意在这种工资水平下工作的工人数量远远超出了福特公司需要的工人数量。

福特公司的高工资政策产生了效率工资理论所预期的许多有利影响。流动率下降了,缺勤率下降了,而生产率提高了。工人的效率如此之高,以至于尽管工资较高,但福特公司的生产成本减少了。因此,支付高于均衡水平的工资对企业是有利的。研究早期福特汽车公司的一位历史学家写道:"福特及其部下在许多场合公开宣称,高工资政策的结果是良好的业绩。他们这样说的意思是,它加强了工人的纪律,使工人忠于公司,并提高了工人的个人效率。"亨利·福特本人称每天5美元工资是"我们所做出的最成功的降低成本的努力之一"。

为什么亨利·福特要引进这种效率工资呢?为什么其他公司不采用这种看似有利的经营战略呢?根据某些分析家的看法,福特的决策与其装配线的使用是密切相关的。用装配线组织起来的工人相互之间是高度依赖的。如果一个工人旷工或工作缓慢,其他工人就不能完成他们自己的任务。因此,当装配线使生产更有效率时,它们也提高了工人低流动率、高度努力和高素质的重要性。因此,与当时其他公司相比,支付效率工资对福特汽车公司是一种更好的策略。

即问即答 给出四种解释,说明为什么企业会发现支付高于使劳动供给量与劳动需求量均衡水平的工资是有利的。

20.6　结论

在本章中,我们讨论了失业的衡量以及经济中总是存在某种程度失业的原因。我们说明了寻找工作、最低工资法、工会和效率工资如何有助于解释为什么一些工人没有工作。这四种有关自然失业率的解释中哪一种对美国经济和世界其他经济最重要呢?不幸的是,要说明这一点并不容易。经济学家们在这些解释中哪一个最重要的问题上意见并不一致。

本章的分析得出了一个重要结论:尽管经济中总有某种失业,但是自然失业率一直在变动。许多事件和政策都会改变经济正常运行时所存在的失业量。随着信息革命改变寻找工作的过程,随着国会调整最低工资,随着工人组成或离开工会,以及随着企业改变对效率工资的依赖,自然失业率也在变动。失业并不是一个用简单方法就能解决的问题,但我们选择如何组织我们的社会能够深深地影响存在多少失业。

内容提要

◎ 失业率是那些想要工作但又没有工作的人所占的百分比。劳工统计局每月根据对成千上万户家庭的调查计算这个统计数字。

◎ 失业率是对失去工作者的一个不完善的衡量指标。一些自称失业的人实际上可能并不想工作;而一些想工作的人在寻找工作失败后离开了劳动力队伍,从而不被计算为失业者。

◎ 在美国经济中,大多数成为失业者的人在短期内找到了工作。然而,在任何一个既定时间段内所观察到的大多数失业归因于少数几个长期失业者。

◎ 失业的一个原因是工人寻找最适合他们爱好与技能的工作需要时间。由于失业保险、政府政策旨在保护工人收入,因此摩擦性失业增加。

◎ 经济中总是存在某种失业的第二个原因是最低工资法。最低工资法通过把不熟练与无经验的工人的工资提高到均衡水平以上而增加了劳动供给量,并减少了劳动需求量。它所引起的过剩劳动供给代表失业。

◎ 失业的第三个原因是工会的市场势力。当工会推动有工会组织的行业的工资提高到均衡水平之上时,工会就创造出了过剩的劳动供给。

◎ 效率工资理论提出了失业的第四个原因。根据这种理论,企业发现支付高于均衡水平的工资是有利的。高工资可以改善工人的健康状况,降低工人流动率,提高工人努力程度,以及提高工人素质。

关键概念

劳动力　　　　　　丧失信心的工人　　　　工会
失业率　　　　　　摩擦性失业　　　　　　集体谈判
劳动力参工率　　　结构性失业　　　　　　罢工
自然失业率　　　　寻找工作　　　　　　　效率工资
周期性失业　　　　失业保险

复习题

1. 劳工统计局把每个人划入哪三个类别？它如何计算劳动力、失业率以及劳动力参工率？
2. 失业在正常情况下是短期的还是长期的？解释原因。
3. 为什么摩擦性失业是不可避免的？政府如何降低摩擦性失业的数量？
4. 最低工资法能更好地解释青少年的结构性失业还是大学毕业生的结构性失业？为什么？
5. 工会如何影响自然失业率？
6. 工会的支持者提出了哪些观点来证明工会对经济有利？
7. 解释企业通过提高它所支付的工资增加利润的四种方式。

快速单选

1. Ectenia 有人口 100 人：40 个人全职工作，20 个人兼职工作但想全职工作，10 个人正在找工作，10 个人想工作但丧失信心放弃了找工作，10 个人由于全日制学习对工作不感兴趣，还有 10 个人退休，失业人数是多少？
   a. 10 人
   b. 20 人
   c. 30 人
   d. 40 人
2. 在上一题中，Ectenia 的劳动力有多少？
   a. 50 人
   b. 60 人
   c. 70 人
   d. 80 人
3. 失业保险制度的主要目的是要减少____。
   a. 失业者寻找工作的努力
   b. 工人面临的收入不确定性
   c. 工会在工资决定中的作用
   d. 摩擦性失业的数量
4. 根据最近的数据，按小时支付工资的工人中，大约有____%的工资等于或低于最低工资。
   a. 2
   b. 5
   c. 15
   d. 40
5. 参加工会的工人的工资高于没有参加工会的同类工人____%。
   a. 2
   b. 5
   c. 15
   d. 40
6. 根据效率工资理论，以下哪种表述是正确的？
   a. 企业发现支付高于均衡水平的工资是有利的。
   b. 劳动供给过剩会压低工资。
   c. 部门间流动是摩擦性失业的主要来源。
   d. 工作权利法降低了工会的谈判力量。

问题与应用

1. 劳工统计局宣布，2013 年 1 月，在所有美国成年人中，就业者为 1.43322 亿，失业者为 0.12332 亿，非劳动力为 0.89008 亿。用这些信息计算：
   a. 成年人口数
   b. 劳动力
   c. 劳动力参工率
   d. 失业率
2. 登录劳工统计局的网站（http://www.bls.gov）。现在美国全国的失业率是多少？找出最适于描述你的人口群体（例如，根据年龄、性别和种族划分）的失业率。这一失业率高于还是低于全国平均水平？你认为为什么会这样？
3. 2010年1月至2013年1月，美国总就业增加了490万工人，但失业工人的人数仅减少了270万。这些数字相互一致吗？为什么有人认为失业人数的减少应该小于就业人数的增加？
4. 经济学家用劳动市场资料来评价经济如何利用其最有价值的资源——人。两个被密切关注的统计数字是失业率和就业—人口比率。解释下面每一种情况下会出现什么事情。按你的看法，哪一个统计数字是经济良好运行的更有意义的标尺？
    a. 一个汽车公司破产，并解雇了它的工人，这些人立即开始找新工作。
    b. 一些被解雇的工人在找工作失败之后放弃了找新工作。
    c. 许多大学毕业生找不到工作。
    d. 许多大学毕业生立即开始了新工作。
    e. 股市繁荣使60岁的工人成为新富，并提前退休。
    f. 医疗进步延长了许多退休者的生命。
5. 以下工人更可能经历短期失业还是长期失业？解释原因。
    a. 由于坏天气被解雇的建筑工人。
    b. 在一个偏僻地区的工厂失去工作的制造业工人。
    c. 因铁路竞争而被解雇的驿站业工人。
    d. 当一家新餐馆在马路对面开业时，失去工作的快餐厨师。
    e. 当公司安装了自动焊接机时，失去工作的受正规教育很少的专业焊接工。
6. 用图示说明，在劳动市场中，最低工资提高对工人所得到的工资、工人供给量、工人需求量和失业量的影响。
7. 考虑一个有两个劳动市场——一个是制造业工人市场，另一个是服务业工人市场——的经济。假设这两个市场最初都没有工会。
    a. 如果制造业工人成立了工会。你预期这对制造业的工资和就业会有什么影响？
    b. 制造业劳动市场的这些变化对服务业劳动市场的供给会有什么影响？这个劳动市场上的均衡工资与就业会有什么变动？
8. 结构性失业有时被认为是雇主要求的工作技能与工人的工作技能不匹配的结果。为了解释这种思想，考虑一个有两个部门——汽车制造业和飞机制造业——的经济。
    a. 如果这两个行业的工人获得了相近的培训量，而且他们在开始职业生涯时可以选择参加哪一个行业的培训，你认为这两个行业的工资会如何？这个过程将持续多久？解释原因。
    b. 假设有一天该经济开放国际贸易，由此开始进口汽车并出口飞机。这两个行业的劳动需求会发生什么变化？
    c. 假设一个行业的工人不能迅速地转移到另一个行业去。这种需求变动会如何影响短期和长期中的均衡工资？
    d. 如果由于某些原因，工资不能调整到新的均衡水平，会出现什么情况？
9. 假设国会通过了要求雇主为雇员提供某种津贴（例如医疗）的法律，该法律使雇用一名雇员的成本每小时增加了4美元。
    a. 这种对雇主的规定对劳动需求有什么影响？（在回答这一问题和以下问题时，最好用定量分析。）
    b. 如果雇员认为这种津贴的价值正好等于其成本，那么这种对雇主的规定对劳动供给有什么影响？
    c. 如果工资能够自由地使供求平衡，那么这一法律对工资和就业水平有什么影响？雇主的状况变好了还是变坏了？雇员的状况变好了还是变坏了？
    d. 假定在未通过这项规定之前，市场上的工资高于最低工资3美元。在这种情况下，对雇主的这条规定如何影响工资、就业水平和失业水平？
    e. 现在假设工人根本不认为所规定的津贴有价值。这种不同的假设是否会改变你对以上b和c的回答？

第21章 货币制度

第22章 货币增长与通货膨胀

第8篇 长期中的货币与物价

第 21 章
货币制度

当你走进一家餐馆点了一份饭时,你得到了某种有价值的东西——饱餐一顿。为了对这种服务付费,你会递给餐馆老板几张破旧的、上面印有奇特的符号、政府大楼和已故美国名人肖像的淡绿色纸片。或者,你也可以拿出一张印有银行名称和你的签名的纸片。无论你是支付现金还是支票,餐馆老板都乐于为满足你的食欲而辛勤工作,以换取这些本身没有什么价值的纸片。

对于任何一个生活在现代经济中的人来说,这种社会习惯一点也不奇怪。尽管纸币没有内在价值,但餐馆老板相信未来会有第三个人接受它,由此餐馆老板可以换取他认为有价值的东西。而且,这第三个人也相信会有第四个人接受这些纸币,并知道还有第五个人也将接受它,如此等等。对餐馆老板和我们社会中的其他人来说,你的现金或支票代表了对未来物品与服务的索取权。

使用货币进行交易的社会习惯在一个大而复杂的社会中是极其有用的。假设经济中没有这种在交换物品与服务时被广泛接受的媒介,人们就不得不依靠物物交换——用一种物品或服务交换另一种物品或服务——来得到他们需要的东西。例如,你为了得到餐馆的一顿饭,你就必须提供对餐馆老板有直接价值的东西。你可以帮他洗一些盘子、给他擦汽车,或者把你家的肉糜糕秘方给他。一个依靠物物交换的经济,难以有效地配置其稀缺资源。在这种经济中,交易要求需求的双向一致性——一种不大可能的偶然巧合,即两个人彼此都有对方想要的物品或服务。

货币的存在使交易变得容易了。餐馆老板并不关心你是否能生产对他有价值的物品或服务,他乐于接受你的货币,因为他知道其他人也会接受他的货币。这种惯例使交易循环往复地进行。餐馆老板接受你的货币,并把它支付给她的厨师;厨师又用她的工资支票送孩子上幼儿园;幼儿园用这些学费支付教师的工资;教师又雇你给她修剪草坪。随着货币在经济中从一个人手中流到另一个人手中,它便利了生产和交易,从而使每个人都能专门从事自己最擅长的活动,并提高每个人的生活水平。

在本章中,我们开始考察货币在经济中的作用。我们讨论什么是货币、货币的各种形式、银行体系如何有助于创造货币,以及政府如何控制流通中的货币量。由于货币在经济中如此重要,所以在本书的其他部分,我们用了许多精力来了解货币量变动如何影响各种经济变量,包括通货膨胀、利率、生产和就业。为了与前四章中集中于长期问题保持一致,我们将在下一章中考察货币量变动的长期影响。货币量变动的短期影响是一个更为复杂的题目,我们将在本书的后面论述这一问题。本章为这些进一步的分析提供了一些背景知识。

21.1 货币的含义

什么是货币？这个问题似乎有点奇怪。当你谈到亿万富翁比尔·盖茨有许多货币时，你知道这是指：他如此富裕，以至于他几乎可以买到他想要的任何东西。在这个意义上，**货币**这个词用来指代财富。

但是，经济学家在更为具体的意义上使用这个词：**货币**（money）是经济中人们经常用于相互购买物品与服务的一组资产。你钱包里的现金之所以是货币，是因为你可以用它在餐馆买饭或在服装店买衬衣。与此相反，如果你碰巧也像比尔·盖茨那样拥有微软公司的大部分股权，你也是很富有的，但这种资产并不能作为货币的一种形式。如果不首先得到一些现金，你不能用这种财富买饭或买衬衣。根据经济学家的定义，货币只包括在物品与服务交换中卖者通常接受的少数几种财富。

21.1.1 货币的职能

货币在经济中有三种职能：交换媒介、计价单位和价值储藏手段。这三种职能把货币与经济中的其他资产，如股票、债券、不动产、艺术品，甚至棒球运动员卡区分开来。现在我们依次考察货币的每一种职能。

交换媒介（medium of exchange）是买者在购买物品与服务时给予卖者的东西。当你在服装店购买一件衬衣时，商店给你衬衣，你给商店货币。货币从买者向卖者的转移使交易得以进行。当你走进商店时，你确信商店会为它出售的商品而接受你的货币，因为货币是普遍接受的交换媒介。

计价单位（unit of account）是人们用来表示价格和记录债务的标准。当你去购物时，你会观察到，衬衣价格为 30 美元，而汉堡包价格为 3 美元。尽管说衬衣的价格是 10 个汉堡包的价格以及汉堡包的价格是 1/10 件衬衣的价格也是正确的，但价格绝不是用这种方式表示的。同样，如果你从银行得到一笔贷款，你将来偿还贷款的数额也用美元来衡量，而不用物品和服务的数量来衡量。当我们想衡量并记录经济价值时，我们把货币作为计价单位。

价值储藏手段（store of value）是人们可以用来把现在的购买力转变为未来的购买力的东西。当卖者今天在物品与服务的交换中得到货币时，他可以持有货币，并在另一个时候成为另一种物品或服务的买者。货币不是经济中唯一的价值储藏手段：人们也可以通过持有诸如股票和债券这些非货币资产来把现在的购买力转变为未来的购买力。**财富**这个词用来指所有价值储藏的总量，包括货币和非货币资产。

经济学家用**流动性**（liquidity）来说明一种资产兑换为经济中的交换媒介的容易程度。由于货币是经济中的交换媒介，所以它是最具流动性的资产。其他资产在流动性方面差别很大。大多数股票和债券能以较小的代价变现，因此，它们是流动性较强的资产。与此相反，出售一所房子、一幅伦勃朗的油画或者一张 1948 年 Joe DiMaggio 的棒球运动员卡就要付出更多时间和努力，所以这些资产的流动性较弱。

当人们决定以某种形式持有自己的财富时，他们必须使每种可能资产的流动性与资产作为价值储藏手段的有用性保持平衡。货币是最具流动性的资产，但它作为价值储藏手段远不够完美。当物价上升时,货币的价值就减少了。换句话说,当物品和服务变得更为昂贵时,你钱包里的每一美元的购买力就变小了。物价水平与货币价值之间的这种联系对理解货币如何影响经济是很关键的,我们将在下一章中论及这个话题。

21.1.2 货币的种类

当货币采取有内在价值的商品形式时,它被称为**商品货币**(commodity money)。内在价值这个词是指,即使不作为货币,东西本身也有价值。商品货币的一个例子是黄金。黄金之所以有内在价值,是因为它可以用于工业和制造首饰。虽然今天我们不再把黄金作为货币,但它在历史上是货币最常见的形式,因为它较容易携带、衡量和确定成色。当一个经济用黄金(或者用可以随时兑换为黄金的纸币)作为货币时,可以说这个经济是在金本位下运行。

商品货币的另一个例子是香烟。在第二次世界大战的战俘营中,战俘们用作为价值储藏、计价单位和交换媒介的香烟进行交易。同样,当苏联刚刚解体时,香烟在莫斯科又开始替代卢布成为受欢迎的通货。在这两种情况下,即使一个不吸烟的人也乐于在交换中接受香烟,因为他们知道可以用香烟去购买其他物品与服务。

没有内在价值的货币称为**法定货币**(fiat money)。法定就是一种命令或法令,法定货币是由政府法令所确定的货币。例如,比较你钱包中的纸币美元(由美国政府印制)和"垄断"游戏中的纸币美元(由帕克兄弟游戏公司印制)。为什么你能用前者支付餐馆的账单,而不能用后者支付?答案是美国政府的法令规定它的美元为有效货币。你钱包里的每一张纸币上都写着:"此纸币是所有公私债务的合法偿付。"

虽然政府是建立并管理法定货币制度的中心(例如,对造伪钞者予以惩罚),但这种货币制度的成功还依赖于其他因素。在很大程度上,接受法定货币对预期和社会习惯的依赖与对政府法令的依赖同样重要。20 世纪 80 年代,苏联政府并没有废除作为官方通货的卢布,但莫斯科人民在物品与服务交换中更愿意接受香烟(或者甚至是美元),因为他们确信未来其他人将接受这些替代货币。

> **新闻摘录**
> **为什么是黄金**

几百年以来,当社会需要使用某种形式的商品货币时,最常见的选择就是金本位。这种选择可能是有合理的科学基础的。

化学家解释了为什么黄金淘汰了锂、锇、铱……

Jacob Goldstein   David Kestenbaum

元素周期表列出了 118 种不同的化学元素。可是几千年来,人们真正喜欢的只有一种:金。几千年来黄金一直作为货币使用,它的价格早已直冲云霄了。

为什么是金?为什么不是锇、锂,或者钌?

我们去请教了一位专家:哥伦比亚大学的化学专家 Sanat Kumar。我们请他拿出元素周期表,开始排除那些不适于当作货币的元素。

元素周期表看起来有点像游戏卡:每个方格都有一种不同的元素——一格是碳,一格是金,以此类推。

我们信任黄金。

图片来源：Shutterstock.com/Hein Nouwens.

Sanat 从周期表的最右边开始疏理。这部分元素有非常富有魅力的特性：它们不会改变。它们在化学意义上非常稳定。

但它们都有一个巨大的缺陷：它们都是气态。你可以把所有气态的钱放进罐子里，但一旦把罐子打开，你可就破产了。所以 Sanat 把右列都划掉了。

然后他就转到了最左边，指着其中一个元素：锂。

"如果你把锂暴露在空气里，它就会引起一场大火，这场大火能烧毁一堵水泥墙。"他说。

随时都能自燃的钱可不好。实际上，你不会希望你的钱产生任何自发的化学反应。可是元素周期表上的许多元素都是容易产生化学反应的。

不是所有这些易反应的化学元素都会突然燃烧。但很多时候它们易受腐蚀，而分解成小块。

这样 Sanat 又划掉了 38 种元素，因为它们都是易反应的。

然后我们就问他周期表底部那两行奇怪的元素。它们从主要表格中分离出来，有些名字听起来很棒——钷、镄。

原来它们都是放射性的——在口袋里放上一些镄，一年之后你就死亡了。

所以我们把元素从 118 种减少到了 30 种，我们总结出三项基本原则：(1) 不是气体；(2) 不会自燃或者燃烧；(3) 不会杀人。

现在 Sanat 又加了一条：你希望它是稀缺的。这条原则让他又划掉了周期表上面的许多方格，因为这些元素世界上有太多太多。

同时你又不能用那些太稀有的元素。所以，锇——通过陨星坠落才能来到地球上的元素——也被划掉了。

这样我们就只有 5 种元素了：铑、钯、银、铂和金。所有这些都是稀有金属。

但即使这样，我们还得划掉几个。银当然一直被作为货币广泛使用，但它容易起化学反应而失去光泽。所以 Sanat 说，银不是最佳选择。

早期文明不大可能用铑或者钯，因为到 19 世纪早期它们才被发现。

这样就只剩下铂和金了。这两种元素都可以在河流或溪流中找到。

但是，如果你生活在古代，想制造铂硬币，你可能需要来自未来的熔炉，因为铂的熔点是 3 000 华氏度* 以上。

而金正好可以在低很多的温度下熔化，这使前工业时代的人们易于掌握。

所以，我们问 Sanat，如果我们倒拨时钟重新开始历史，世界会有所不同吗？或者金是不是还会成为被选中的元素？

"就地球而言，在我们可选的范围之内，金是最佳选择"，他说："别无他路。"

资料来源：*NPR Morning Edition*，February 15，2011。

---

* 约合 1 649 摄氏度。——编者注

21.1.3 美国经济中的货币

正如我们将要说明的,经济中流通的货币量称为货币存量,它对许多经济变量有重要的影响。但是,在我们考虑这一点为什么正确之前,我们需要问一个基本问题:什么是货币量? 特别是,假设给你一个衡量美国经济中有多少货币的任务,在衡量时你会包括什么?

要包括在内的最明显的资产是**通货**(currency)——公众手中持有的纸币钞票和铸币。通货显然是我们经济中最为广泛接受的交换媒介。毫无疑问,它是货币存量的一部分。

然而通货并不是你可以用来购买物品和服务的唯一资产。许多商店还接受个人支票。你支票账户中拥有的财富几乎和你钱包中的财富一样,可以同样方便地购买物品。因此,为了衡量货币存量,你应该想要包括**活期存款**(demand deposits)——储户可以简单地通过开支票或在商店中刷借记卡而随时支取的银行账户余额。

一旦你开始考虑把支票账户上的余额作为货币存量的一部分,你就要考虑人们在银行和其他金融机构所拥有的大量其他账户。银行储户通常并不能根据他们储蓄账户的余额开支票,但他们可以很容易地把资金从储蓄账户转到支票账户。此外,货币市场共同基金的储户通常可以根据他们的余额开支票。因此,把这些账户作为美国货币存量的一部分应该是有道理的。

在一个像我们这样复杂的经济中,要在能够称为"货币"的资产和不能称为"货币"的资产之间划一条界线是不容易的。你钱包中的铸币显然是货币存量的一部分,而帝国大厦显然不是,但在这两个极端之间存在许多资产,要做出选择并不那么容易。由于对如何在货币资产与非货币资产之间划出一条线,不同的分析者并没有一致的意见,所以美国就有各种不同的货币存量衡量标准。图21-1表示了两个最常用的衡量指标,称为 M_1 和 M_2。M_2 衡量指标中包括的资产比 M_1 多。

图 21-1 美国经济中货币存量的两种衡量指标

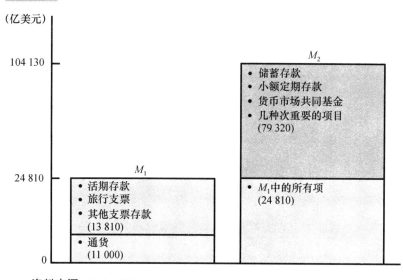

两个广为采用的货币存量衡量指标是 M_1 和 M_2。该图显示了 2013 年 1 月每个衡量指标的规模。

资料来源:Federal Reserve.

就本书的目的而言,我们并不需要深入探讨各种货币衡量指标之间的差别。我们的讨论

不受 M_1 与 M_2 之间区别的影响。重要的一点是,美国经济的货币存量不仅包括通货,而且还包括银行和其他金融机构的存款,这些存款可以随时获得并用于购买物品与服务。

参考资料
为什么信用卡不是货币

把信用卡作为经济中货币存量的一部分似乎是很自然的。毕竟人们用信用卡可以购买许多东西。因此,信用卡难道不是一种交换媒介吗?

乍一看这种说法似乎有些道理,但信用卡并不是一种货币量的衡量指标。理由是,信用卡实际上并不是一种支付方式,而是一种延期支付方式。当你用信用卡买一份饭时,发行信用卡的银行向餐馆支付了应该支付的钱。过一段时间,你必须偿还银行的钱(也许还有利息)。到你支付信用卡账单时,你会从你的支票账户开一张支票来进行支付。这种支票账户上的余额是经济中货币存量的一部分。

要注意的是,信用卡完全不同于借记卡,借记卡自动地从银行账户提取资金为所买的东西付款。借记卡不允许使用者为购买而延期支付,只允许使用者立即从银行账户提取存款。在这个意义上,借记卡更类似于支票而不像信用卡。借记卡上的账户余额包括在货币量的衡量中。

尽管信用卡不作为货币的一种形式,但它对分析货币制度是很重要的。信用卡的持有人可以在月底一次付清所有账单,而不是在购买时随时支付。因此,信用卡的持有人所持有的货币平均而言可能少于没有信用卡的人。这样,引进并提高信用卡的普及程度可以减少人们选择持有的货币量。

案例研究
所有的通货都在哪里

美国经济中货币存量的一个谜与通货量有关。在 2013 年 1 月,流通在外的通货有 11 000 亿美元。为了仔细观察这个数字,我们可以用它除以美国成年人(16 岁及以上)人口数 2.45 亿。这种计算意味着,平均每个成年人持有大约 4 490 美元的通货。当得知美国经济中有这么多通货时,大多数人都很惊讶,因为他们的钱包里远远没有这么多钱。

谁持有所有这些通货? 没有一个人确切地了解,但有两种看起来合理的解释。

第一种解释是,许多通货由外国人持有。在没有稳定货币制度的某些国家,人们通常对美元的偏好大于本国资产。事实上,经常可以看到美元在外国被作为交换媒介、计价单位和价值储藏手段。

第二种解释是,许多通货由毒品商、逃税者和其他犯罪分子持有。对于美国经济中的大多数人来说,通货并不是持有财富的一种特别好的方式。通货不仅会丢失或被偷走,而且也赚不到利息,而银行存款有利息。因此,大多数人只持有少量通货。与此相反,犯罪分子可能不喜欢把他们的财富放在银行,因为银行存款会给警察留下证据,警察可以由此追踪他们的非法活动。对于犯罪分子来说,通货可能是可以获得的最好的价值储藏手段。

即问即答 列出并说明货币的三种职能。

21.2 联邦储备体系

只要是像美国这样使用法定货币制度的经济,就必须有某个机构负责管理这个制度。在美国,这个机构是**联邦储备**(Federal Reserve),通常简称为美联储(Fed)。如果你观察一张美元钞票的上部,你将看到"联邦储备券"的字样。联邦储备是**中央银行**(central bank)的一个例子,中央银行是为了监管银行体系和调节经济中的货币量而设计的机构。世界其他主要的中央银行包括英格兰银行、日本银行和欧洲中央银行。

21.2.1 美联储的结构

在经历了1907年的一系列银行倒闭事件以后,国会相信美国需要一个中央银行来确保全国银行体系的正常运行,于是在1913年创建了联邦储备。现在,美联储由其理事会管理,理事会有7名由总统任命并得到参议院确认的理事。理事任期14年。正如联邦法官的终身任职使他们与政治分离一样,美联储理事的长期任职使他们在制定货币政策时能够独立于短期的政治压力。

在理事会的7名成员中,最重要的是主席。主席任命美联储官员,主持理事会会议,并定期在国会各种委员会前为美联储的政策作证。总统有权任命任期4年的主席。当本书英文版即将付印时,美联储主席是本·伯南克,他以前是一位经济学教授,2005年由乔治·W.布什总统任命担任美联储的这一职务,2009年又由巴拉克·奥巴马总统再次任命。

联邦储备体系由设在华盛顿特区的联邦储备理事会和位于全国一些主要城市的12个地区联邦储备银行组成。地区银行的总裁由每个银行的理事会选择,理事会成员一般来自当地银行和企业界。

美联储有两项相互关联的工作。第一项工作是管制银行并确保银行体系的正常运行。这项工作主要由地区联邦储备银行负责。特别是,美联储监管每个银行的财务状况,推进银行的支票结算交易。它也是银行的银行。这就是说,美联储在银行想要借款时给它们贷款。当财务上出现麻烦的银行发现自己现金短缺时,美联储充当最后贷款者,即贷款给在其他任何地方都借不到款的银行,以便维持整个银行体系的稳定。

美联储的第二项且更为重要的工作是控制经济中可以得到的货币量,这种货币量称为**货币供给**(money supply)。决策者关于货币供给的决策构成**货币政策**(monetary policy)。在美联储,货币政策是由联邦公开市场委员会(FOMC)制定的。联邦公开市场委员会每6周在华盛顿特区开一次会,讨论经济状况并考虑货币政策的变动。

21.2.2 联邦公开市场委员会

联邦公开市场委员会由美联储的7位理事和12个地区银行总裁中的5位组成。所有12个地区银行总裁都参加联邦公开市场委员会的每次会议,但只有5个有投票权。这5个投票权由12个地区银行总裁轮流享有。但纽约联邦储备银行的总裁总是拥有投票权,因为纽约是美国经济的传统金融中心,并且美联储的所有政府债券的买卖都在纽约联邦储备银行的交易柜台进行。

通过联邦公开市场委员会的决策,美联储有权增加或减少经济中美元的数量。用一个简单的比喻,你可以想象美联储印制美元钞票,然后用直升机送到全国各地;同样,你也可以想象美联储用一个巨大的吸尘器把人们钱包中的美元钞票吸走。虽然实际上美联储改变货币供给的方法比这要复杂和微妙,但直升机和吸尘器的比喻是理解货币政策含义的一个很好开始。

"我对货币的了解不算少了,现在我想尝试一下。"
图片来源:ⓒ MICK STEVENS/
THE NEW YORKER COLLECTION/WWW. CARTOONBANK. COM.

在本章后面我们要讨论美联储实际上如何改变货币供给,但在这里要注意的是,美联储的主要工具是公开市场操作——买卖美国政府债券。(我们还记得,美国政府债券是联邦政府负债的凭证。)如果联邦公开市场委员会决定增加货币供给,美联储就创造美元并用它们在全国债券市场上从公众手中购买政府债券,于是这些美元就到了公众手中。因此,美联储对债券的公开市场购买增加了货币供给。相反,如果联邦公开市场委员会决定减少货币供给,美联储就在全国债券市场上把它的资产组合中的政府债券卖给公众,于是它从公众手中得到了美元。因此,美联储对债券的公开市场出售减少了货币供给。

由于货币供给的变动会极大地影响经济,所以中央银行是一个重要的机构。第1章中的经济学十大原理之一是,当政府发行了过多货币时,物价上升。经济学十大原理的另一个是,社会面临通货膨胀与失业之间的短期权衡取舍。美联储的权力正是依靠这些原理。美联储的政策决定在长期中对经济的通货膨胀率以及在短期中对经济的就业与生产都有重要的影响,其原因我们将在以后几章进行详细的讨论。实际上,联邦储备主席被称为美国第二有影响的人物。

即问即答 联邦储备的主要职责是什么?如果美联储想增加货币供给,它通常怎么做?

21.3 银行与货币供给

到目前为止,我们已经介绍了"货币"的概念,并讨论了联邦储备如何通过在公开市场操作中买卖政府债券来控制货币供给。虽然这样解释货币供给是正确的,但并不完全。特别是,它遗漏了银行在货币体系中所起的中心作用。

我们还记得,你持有的货币量包括通货(你钱包中的钞票和你口袋中的硬币)和活期存款(你支票账户上的余额)。由于活期存款放在银行,所以银行的行为也会影响经济中的活期存款量,从而影响货币供给。这一节我们将解释银行如何影响货币供给,以及在这样做时它们如何使美联储控制货币供给的工作复杂化。

21.3.1 百分之百准备金银行的简单情况

为了说明银行如何影响货币供给,首先让我们假想一个根本没有一家银行的世界。在这个简单的世界中,通货是唯一的货币形式。为了具体化,我们假设通货总量是100美元。因此,货币供给是 100 美元。

现在假设某人开办了一家银行,称之为第一国民银行。第一国民银行只是存款机构——这就是说,该银行接受存款,但不发放贷款。该银行的目的是向储户提供一个安全保存货币的地方。只要有人存入一笔货币,银行就把货币放到它的金库中,直至储户来提取,或根据其余额开支票,或刷借记卡。银行得到但没有贷出去的存款称为**准备金**(reserves)。在这个假想的经济中,所有存款都作为准备金持有,因此这种制度被称为百分之百准备金银行。

我们可以用一个 T 型账户表示第一国民银行的财务状况,T 型账户是表明银行资产与负债变动的一个简化的会计报表。如果该经济的全部 100 美元货币都存在银行中,则第一国民银行的 T 型账户如下:

第一国民银行			
资产		负债	
准备金	100.00 美元	存款	100.00 美元

T 型账户的左边是银行的资产 100 美元(银行金库中持有的准备金),右边是银行的负债 100 美元(银行欠储户的货币量)。由于资产与负债完全相等,所以这个账户表述有时称为资产负债表。

现在考虑这个假想经济中的货币供给。在第一国民银行开办之前,货币供给是人们持有的 100 美元通货。在银行开办且人们把通货全部存入银行之后,货币供给是 100 美元活期存款(不再有任何流通在外的通货,因其全部在银行金库中)。银行的每一笔存款都减少了通货并增加了等量的活期存款,从而使货币供给不变。因此,如果银行以准备金形式持有所有存款,银行就不影响货币供给。

21.3.2 部分准备金银行的货币创造

第一国民银行的老板终于开始重新考虑其百分之百准备金银行的政策。把所有货币都闲置在金库中看来是不必要的。为什么不把一些货币用于发放贷款,并且通过对贷款收取利息来赚得利润呢?买房子的家庭、建立新工厂的企业和支付学费的学生都乐于为借用一些钱一段时间而支付利息。当然,第一国民银行必须持有一些准备金,以便储户想提取存款时备有通货。但是,如果新存款流入量与提款流出量大体相同,第一国民银行就只需要把它的一部分存款作为准备金。因此,第一国民银行采用了称为**部分准备金银行**(fractional-reserve banking)的制度。

银行在总存款中作为准备金持有的比例称为**准备金率**(reserve ratio)。这个比率由政府管制和银行政策共同决定。正如本章后面我们要详细讨论的,美联储规定了银行必须持有的准备金量的最低水平,这称为法定准备金。此外,银行可以持有高于法定最低量的准备金,这称为超额准备金。这样,银行可以更有把握不会缺少通货。就我们这里的目的而言,我们只把准备金率作为既定的,以考察部分准备金银行如何影响货币供给。

我们现在假设,第一国民银行的准备金率为 1/10,即 10%。这就意味着该银行把存款的 10% 作为准备金,而把其余存款贷出。现在我们再来看看该银行的 T 型账户:

第一国民银行			
资产		负债	
准备金	10.00 美元	存款	100.00 美元
贷款	90.00 美元		

第一国民银行的负债仍是 100 美元,因为发放贷款并没有改变银行对其储户的义务。但现在银行有两种资产:在其金库中的 10 美元准备金和 90 美元贷款。(这些贷款是借款人的负债,但它们是发放贷款的银行的资产,因为债务人以后要偿还贷款。)总之,第一国民银行的资产仍然等于其负债。

再来考虑经济中的货币供给。在第一国民银行发放贷款之前,货币供给是银行中的 100 美元存款。但当第一国民银行发放了这些贷款以后,货币供给增加了。储户的活期存款仍是 100 美元,但现在债务人持有 90 美元通货。货币供给(等于通货加活期存款)等于 190 美元。因此,当银行只把部分存款作为准备金时,银行创造了货币。

乍一看,这种部分准备金银行创造货币似乎好得令人难以置信:银行似乎是无中生有地创造出了货币。为了使这种货币创造看起来不那么神秘,要注意当第一国民银行把它的部分准备金贷出去并创造了货币时,它并没有创造出任何财富。第一国民银行的贷款给了借款人一些通货以及购买物品和服务的能力,但借款人也承担了债务,因此贷款并没有使他们变富。换句话说,当一个银行创造了货币资产时,它也创造了相应的借款人的负债。在这个货币创造过程结束时,从交换媒介增多的意义上说,经济更具流动性,但是经济并没有比以前更富。

21.3.3　货币乘数

货币创造并没有在第一国民银行停止。假设第一国民银行的借款人用 90 美元购买了某人的东西,这个人又把通货存入第二国民银行。下面是第二国民银行的 T 型账户:

第二国民银行			
资产		负债	
准备金	9.00 美元	存款	90.00 美元
贷款	81.00 美元		

在存款以后,这家银行的负债为 90 美元。如果第二国民银行也是 10% 的准备金率,它把 9 美元资产作为准备金,并发放 81 美元贷款。第二国民银行用这种方法创造了额外的 81 美元货币。如果这 81 美元货币最终存入了第三国民银行,该银行也是 10% 的准备金率,它就留 8.10 美元作为准备金,并发放贷款 72.90 美元。下面是第三国民银行的 T 型账户:

第三国民银行			
资产		负债	
准备金	8.10 美元	存款	81.00 美元
贷款	72.90 美元		

这个过程会继续下去。货币每存入一次,银行就进行一次贷款,更多的货币就被创造

出来。

这个经济最终创造出了多少货币呢？我们来相加：

初始存款　　　　　=100.00 美元
第一国民银行贷款 =90.00 美元（0.9×100.00 美元）
第二国民银行贷款 =81.00 美元（0.9×90.00 美元）
第三国民银行贷款 =72.90 美元（0.9×81.00 美元）
　　　　⋮　　　　　　　⋮
货币供给总量　　　=1 000.00 美元

结果，尽管这个货币创造过程可以无限继续下去，但是它没有创造出无限的货币量。如果你耐心地把无限的一系列数字相加，你会发现 100 美元准备金产生了 1 000 美元货币。银行体系用 1 美元准备金所产生的货币量称为**货币乘数**（money multiplier）。在这个假想的经济中，100 美元准备金产生了 1 000 美元货币，货币乘数是 10。

什么因素决定货币乘数的大小呢？答案很简单：货币乘数是准备金率的倒数。如果 R 是经济中所有银行的准备金率，那么每 1 美元准备金能产生 $1/R$ 美元货币。在我们的例子中，$R=1/10$，因此，货币乘数是 10。

货币乘数的这个倒数公式是有意义的。如果一家银行持有 1 000 美元存款，那么准备金率为 1/10（10%）就意味着银行必须持有 100 美元准备金。货币乘数只是其逆向思维：如果银行体系持有总计为 100 美元的准备金，它就只能有 1 000 美元存款。换句话说，如果 R 是每家银行准备金与存款的比率（即准备金率），那么银行体系中的存款与准备金的比率（即货币乘数）必定是 $1/R$。

这个公式表明，银行创造多少货币量取决于准备金率。如果准备金率只是 1/20（5%），那么银行体系的存款就是准备金的 20 倍，这意味着货币乘数为 20，1 美元准备金将产生 20 美元货币。同样，如果准备金率是 1/4（25%），那么存款就是准备金的 4 倍，货币乘数将是 4，1 美元准备金将产生 4 美元货币。因此，准备金率越高，每个存款银行贷出的款越少，货币乘数越小。在百分之百准备金银行的特殊情况下，准备金率是 1，货币乘数是 1，银行不进行贷款也不创造货币。

21.3.4　银行资本、杠杆以及 2008—2009 年的金融危机

在前几节中，我们给出了银行如何运行的极为简单的解释。但是，现代银行的现实情况比这复杂得多，而且这种复杂的现实情况在 2008—2009 年的金融危机中起了重要作用。在研究这次危机之前，我们需要对银行实际如何运行了解得更多一点。

在到现在为止你看到的银行资产负债表中，银行接受存款并把这些存款用于发放贷款或作为准备金持有。更现实的情况是，一家银行不仅从接受存款中得到金融资源，而且还可以像其他公司那样，从发行股票和债券中得到金融资源。银行从向其所有者发行的股票中得到的资源称为**银行资本**（bank capital）。银行以各种方式使用这些金融资源以为其所有者创造利润。它不仅发放贷款和持有准备金，而且还购买股票和债券这类金融有价证券。

下面是更现实的银行资产负债表的例子：

更现实的国民银行			
资产		负债和所有者权益	
准备金	200 美元	存款	800 美元
贷款	700 美元	债务	150 美元
有价证券	100 美元	资本（所有者权益）	50 美元

这个资产负债表的右边是银行的负债和资本（也称为所有者权益）。这家银行从其所有者那里得到 50 美元，它还得到 800 美元存款并发行了 150 美元债务。总计 1 000 美元，可以用于三方面，这就是资产负债表左边（表明银行资产）所列出的。这家银行持有 200 美元准备金，发放了 700 美元银行贷款，并用 100 美元购买政府和公司债券这类金融有价证券。银行根据各种资产的风险与收益以及任何一种限制银行选择的管制（如法定准备金）来决定如何把资源在各种类型资产之间进行配置。

根据会计规则，资产负债表左边的准备金、贷款和有价证券在总量上应该总是等于资产负债表右边的存款、债务和资本。这个等式中没有魔法。它之所以发生是因为，根据定义，所有者权益的价值等于银行资产（准备金、贷款和有价证券）的价值减负债（存款和债务）的价值。因此，资产负债表的左边和右边加总起来总是同一个总量。

经济中许多经营活动依靠**杠杆**（leverage），即将借到的货币追加到用于投资的现有资金上。实际上，只要有人用债务为投资项目筹资，他就是在运用杠杆。但杠杆对银行尤其重要，因为借与贷是它们所做的事的中心。因此，想要充分了解银行，理解杠杆如何发挥作用是关键。

杠杆率（leverage ratio）是银行的总资产与银行资本的比率。在这个例子中，杠杆率为 1 000 美元/50 美元，即 20。杠杆率为 20 意味着银行所有者所拿出的每一美元资本可以使银行有 20 美元资产。在这 20 美元的资产中，19 美元是由借来的货币筹资的——可以通过吸收存款或发行债务。

你在物理课中可能已经学过，杠杆可以放大一种力量：你只用手臂不可能移动一块大石头，但如果你用杠杆就可以。相似的结果也发生在银行杠杆上。为了说明这是如何发生作用的，我们继续用数字举例。假定银行的资产价值上升了 5%，比如说是由于银行持有的有价证券价格上升了，那么，1 000 美元的资产现在就值 1 050 美元了。由于储户和债权人仍然拥有 950 美元，那么银行资本就从 50 美元上升到 100 美元。因此，当杠杆率是 20 时，资产价值 5% 的增加就会使所有者权益增加 100%。

同样的原理在下降时也发生作用，但这就会有令人麻烦的结果。假定一些从银行借钱的人拖欠了他们的贷款，使银行的资产价值减少了 5%，到 950 美元。由于储户和债权人有在银行所有者之前得到补偿的法定权利，所以所有者权益的价值减少为零。这样，当杠杆率是 20 时，银行资产价值下降 5% 就使银行资本减少 100%。如果资产价值下降超过 5%，银行的资产就会减少到低于负债。在这种情况下，银行就会破产，而且它不能完全偿还债权人和储户。

银行管制者要求银行持有一定量资本。规定这种**资本需要量**（capital requirement）的目的是确保银行能偿还其储户的存款（在没有依靠政府提供的存款保险基金的情况下）。所要求的资本量取决于银行持有的资产的类型。如果银行持有政府债券这类安全资产，管制者要求的资本就少于银行持有贷款这类风险资产时要求的资本，因为信用贷款是质量不高的。

当银行发现它们的资本太少不能满足资本需要量时，就会出现经济动乱。这种现象的一个例子出现在 2008 年和 2009 年，当时许多银行发现它们的资产出现了相当大的亏损——特别是抵押贷款和由抵押贷款支持的有价证券出现了亏损。资本短缺引起银行减少贷款,这种现象有时称为信用危机,这反过来又引起严重的经济活动减少。(这个事件在第 23 章中还要更充分地讨论。)为了解决这个问题,美国财政部和联邦储备共同努力,把几百亿美元的公共资金投入银行体系以增加银行的资本量。结果,这暂时使美国纳税人成为许多银行的部分所有者。这个不寻常的政策的目的是对银行体系再资本化,以便银行的贷款可以回到更加正常的水平,实际上这出现在 2009 年年底。

21.4 美联储控制货币的工具

如前所述,联邦储备负责控制经济中的货币供给。既然我们知道了银行如何运行,就可以更好地了解美联储如何进行这项工作。由于银行在部分准备金银行制度中创造货币,所以美联储对货币供给的控制是间接的。当美联储决定改变货币供给时,它必须考虑它的行动如何通过银行体系而起作用。

美联储的货币工具箱中有各种工具。我们可以把这些工具分为两类:影响准备金量的和影响准备金率从而影响货币乘数的。

21.4.1 美联储如何影响准备金量

美联储可以改变货币供给的第一种方法是通过改变准备金量。美联储改变经济中的准备金量既可以通过在公开市场操作中购买和出售债券,也可以通过对银行发放贷款(或者两种方法的某种结合)。现在我们依次来考虑每一种做法。

公开市场操作 正如我们以前提到的,美联储在买卖政府债券时进行了**公开市场操作** (open-market operations)。为了增加货币供给,美联储会指令它在纽约联邦储备的债券交易商在全国债券市场上买进公众手中的债券。美联储为债券支付的美元就增加了经济中美元的数量。这些新增的美元有一些作为通货被持有,有一些被存入银行。作为通货被持有的每一美元都正好增加了一美元货币供给。而被存入银行的每一美元增加的货币供给大于一美元,因为它增加了准备金,从而增加了银行体系可以创造的货币量。

为了减少货币供给,美联储的做法正好相反:它在全国债券市场上向公众抛出政府债券。公众用他们持有的通货和银行存款来购买这些债券,这就直接减少了流通中的货币量。此外,由于人们从银行提款然后向美联储购买这些债券,所以银行发现自己的准备金也减少了。因此,银行就会减少贷款量,货币创造的过程在反方向起作用。

公开市场操作是容易进行的。实际上,美联储在全国债券市场上买卖政府债券类似于任何人为自己的资产组合所进行的交易活动。(当然,当个人买卖债券时,货币只是易手,流通中的货币量并未改变。)此外,在没有重大法律或银行管制条例变动的情况下,美联储可以在任何一天利用公开市场操作或多或少地改变货币供给。因此,公开市场操作是美联储最常用的货币政策工具。

美联储向银行发放贷款 美联储还可以通过向银行贷款来增加经济中的准备金量。当银行感到其没有充分的准备金时,它们会向美联储借款,准备金既可以满足银行监管者的要求,又可以满足储户取款的需求,还可以发放新贷款,或者用于其他某种商业活动。

银行向美联储借钱可以有多种方式。传统上，银行从美联储的贴现窗口借款，并对贷款支付称为**贴现率**（discount rate）的利率。当美联储向银行发放这笔贷款时，银行体系就比没有这笔贷款时有了更多准备金，而且这些增加的准备金就使银行体系可以创造更多货币。

美联储可以通过改变贴现率来改变货币供给。贴现率高就阻碍银行向美联储借准备金，因此，提高贴现率就减少了银行体系的准备金量，又减少了货币供给。相反，低贴现率鼓励银行向美联储借款，这就增加了准备金量和货币供给。

近年来，联邦储备建立了银行向美联储借款的新机制。比如，在短期拍卖工具之下，美联储确定它想借给银行的资金量，并确定合乎资格的银行，然后拍卖借出这些资金。贷款给出价最高的合乎资格者——这就是说，给那些有可接受的抵押品而且愿意支付最高利率的银行。与在贴现窗口美联储确定贷款价格而银行决定借款数量不同，短期拍卖工具是由美联储确定借款数量，并且在参与投标竞争的银行中进行竞争性拍卖。通过这种及类似工具，美联储提供越多的资金，那么准备金的数量就越大，货币供给量也就越大。

美联储运用这种贷款方式不仅能控制货币量，而且还可以在金融机构遇到问题时帮助它们。例如，当1987年10月19日股票市场崩溃22%时，许多华尔街证券公司发现它们需要短期资金来为大量的股票交易筹资。第二天早晨，在股票市场开盘之前，美联储主席艾伦·格林斯潘宣布，美联储"随时可以作为支持经济与金融体系的流动性资金来源"。许多经济学家认为，格林斯潘对股市崩溃的反应是这场风波几乎没有留下什么后遗症的重要原因。

同样，在2008年和2009年，席卷美国的房价下跌引起拖欠抵押贷款的房主数量急剧增加，而且许多持有这些抵押贷款的金融机构遇到了麻烦。为了防止这些事件扩大到各个经济部门，美联储向许多处于困境中的金融机构提供了数十亿美元的贷款。

21.4.2 美联储如何影响准备金率

除了影响准备金量以外，美联储还可以通过影响准备金率，从而影响货币乘数来改变货币供给。美联储影响准备金率既可以通过控制银行必须持有的准备金量，也可以通过美联储支付给银行准备金的利率。我们再来依次考察这两种货币政策工具。

法定准备金　美联储可以影响准备金率的一种方法是改变**法定准备金**（reserve requirements），法定准备金是关于银行必须根据其存款持有的最低准备金量的规定。法定准备金影响银行体系用每一美元准备金创造出的货币量。法定准备金的增加意味着银行必须持有更多的准备金，从而存入银行的每一美元中可以贷出去的就减少了。结果，法定准备金增加就提高了准备金率，降低了货币乘数，并减少了货币供给。相反，法定准备金的减少就降低了准备金率，提高了货币乘数，并增加了货币供给。

美联储很少使用改变法定准备金的方法，因为这会干扰银行的经营。例如，当美联储提高法定准备金时，一些银行发现尽管他们并没有看到存款变动但准备金不够了。结果，它们不得不减少贷款，直至它们的准备金达到新规定的水平。然而，近年来，这种特殊的工具也变得不太有效，因为许多银行持有超额准备金（这就是说，它们持有的准备金大于规定的）。

支付准备金利息　在传统上，银行持有的准备金不赚取任何利息。但是，在2008年10月，美联储开始支付准备金利息。这就是说，当一家银行以在美联储的存款持有准备金时，美联储现在为这些存款向银行支付利息。这种改变给予美联储另一种影响经济的工具。准备金利率越高，银行选择持有的准备金越多。因此，准备金利率上升会提高准备金率，降低货币乘数,并减少货币供给。由于美联储支付准备金利息的时间并不长,所以这种新工具在货币政策运用中的重要程度还不明显。

21.4.3 控制货币供给中的问题

美联储的各种工具——公开市场操作、银行贷款、法定准备金和准备金利息——对货币供给有着重要的影响。但美联储对货币供给的控制并不精确。美联储必须克服两个问题,每个问题的产生都源于我们的部分准备金银行制度创造了大量的货币供给。

第一个问题是,美联储不能控制家庭选择以银行存款的方式持有的货币量。家庭持有的存款货币越多,银行的准备金越多,银行体系所能创造的货币就越多。而家庭持有的存款货币越少,银行的准备金越少,银行体系所能创造的货币就越少。为了说明为什么这是一个问题,假设某一天人们开始对银行体系失去信心,因而决定提取存款并持有更多通货。当这种情况出现时,银行体系失去了准备金,创造的货币也减少了。即使没有美联储的任何行动,货币供给也减少了。

第二个问题是,美联储不能控制银行选择的贷款量。当货币存入银行后,只有银行把它贷出去,它才能创造更多的货币。由于银行可以选择持有超额准备金,所以美联储不能确定银行体系创造了多少货币。例如,假设有一天银行家更为审慎地看待经济状况,决定少发放贷款,持有较多准备金。在这种情况下,银行体系创造的货币量就会减少。由于银行家的决策,货币供给减少了。

因此,在一个部分准备金银行制度中,经济中的货币量部分取决于储户和银行家的行为。由于美联储不能控制或准确地预期这种行为,它就不能完全控制货币供给。但是,如果美联储谨慎行事,这些问题就不严重。美联储通过每周收集银行存款与准备金的数据,可以很快地掌握储户或银行家行为的任何变动。因此,它可以对这些变动做出反应,使货币供给接近于它所选定的水平。

案例研究
银行挤兑和货币供给

尽管你也许从未目睹过现实生活中的银行挤兑,但你可能在《玛丽·波平斯》或《生活真奇妙》这类电影中看到过这种场面。当储户怀疑银行可能要破产,从而"挤"到银行去提取自己的存款时,银行挤兑就发生了。在最近的历史上美国还没有大的银行挤兑出现,但在英国,北岩银行(Northern Rock)在2007年经历了挤兑,结果最终由政府接管。

并不那么美妙的银行挤兑。
图片来源:RKO/THE KOBAL COLLECTION/PICTURE DESK.

银行挤兑是部分准备金银行制度产生的一个问题。由于银行只以准备金形式持有部分存款,因此它不可能满足所有储户的提款要求。即使银行实际上有偿付能力(即它的资产大于负债),但它手头也没有足够的现金使所有储户可以马上得到他们所有的货币。当挤兑发生时,银行被迫关门,直至一些银行贷款得到偿还,或直至某个最后贷款人(例如美联储)向它提供满足储户所需要的通货。

银行挤兑使控制货币供给复杂化。这个问题的一个重要例子发生在20世纪30年代初期的大萧条时期。在银行挤兑和银行关闭风潮之后,家庭和银行家变得更谨慎了。家庭从银行提取它们的存款，宁愿以通货的形式持有货币。当银行家对准备金减少的反应是减少银行贷款时，这一决策就使货币创造的过程在反方向起作用。同时，银行家提高他们的准备金率，以便手头有足够的现金在任何未来的银行挤兑发生时能满足储户的需求。较高的准备金率降低了货币乘数，这又进一步减少了货币供给。从 1929 年到 1933 年，尽管联邦储备没有采取任何有意的紧缩行为，但货币供给减少了 28%。许多经济学家用这种货币供给的大幅度减少来解释这一时期存在的高失业与物价下降。（在以后各章中，我们要考察货币供给变动影响失业和物价的机制。）

现在，银行挤兑已经不是美国银行体系或美联储的主要问题了。联邦政府现在主要通过联邦存款保险公司（FDIC）来保证大多数银行存款的安全。储户不用到他们的银行挤兑，因为他们确信即使银行破产了，联邦存款保险公司也将保证其存款完好无损。政府的存款保险政策是有代价的：那些存款得到保证的银行家在发放贷款时失去了规避坏账风险的激励。但存款保险的好处是更稳定的银行体系。因此，大多数人只在电影中看见过银行挤兑。

新闻摘录
美联储工具箱上的伯南克

在 2008 年和 2009 年的金融危机期间，美联储帮助解救了各类银行和其他金融机构，因此，美联储也相应地扩大了银行的准备金量。大部分新创造的准备金被作为超额准备金持有。本文中美联储主席解释了展开这个过程的计划。在本书（英文版第 7 版）即将付印之时，美联储还没有实施它的退出策略，但计划大体未变。

美联储的退出策略
本·伯南克

全球经济衰退的深度和广度要求有高度与其相适应的货币政策。自从约两年前的金融危机之始，美联储已经将银行间隔夜拆借利率（联邦基金利率）降至接近于零。而且，美联储通过购买期限更长的证券以及瞄准旨在重启信贷的贷款项目，大幅扩大了美联储资产负债表的规模。

美联储主席本·伯南克
图片来源：Chip Somodevilla/Getty Images.

这些措施减缓了金融危机对经济的影响，也改善了重要信贷市场的运行，包括银行间借贷市场、商业票据市场、消费者和小企业信贷市场以及住房抵押贷款市场。

我和我的同事们坚信，配套的政策应当再持续一段时间。不过终归，当经济复苏出现时，为防止可能出现的通货膨胀问题，我们会紧缩货币政策。联邦公开市场委员会负责制定美国的货币政策，它已经把大量的时间用于处理与退出策略相关的问题。我们相信，当时间合适的时候，我们有必要的工具恰当而平稳地撤出相应的政策。

退出策略与美联储资产负债表的管理密切相关。当美联储发放贷款或获得证券时，资金进入银行系统并最终通过银行或其他存款机构出现在美联储的准备金账户上。这些准备金余额现在的总值约为 8 000 亿美元，比平时要高很多。在现有的经济状况下，银行一般以在美联储的余额的形式来持有这些准备金。

但是,随着经济复苏,银行就要寻找更多贷出其准备金的机会。这就会使广义货币(比如,M_1或者M_2)增长加快,并放松信贷条件,这最终会引起通货膨胀压力——除非我们及时采取抵消性政策措施。当紧缩性货币政策来临时,我们或者必须消除巨额准备金余额,或者,如果余额无法消除,我们就要缓解它对经济所产生的任何潜在的不利影响。

从某种意义上说,随着金融状况的改善引起短期信贷工具使用的减少并最终消失,银行在美联储持有的准备金也会自然而然地减少。事实上,美联储借给金融机构和其他市场参与者的短期信贷已经从2008年年末的约1.5万亿美元下降到今年7月中旬的不足6 000亿美元。此外,接下来的几年中,由于美联储持有的证券到期或者已经偿还,准备金每年还会减少1 000亿到2 000亿美元。但是,如果不采取更多的政策,准备金在几年时间内仍然会保持高位。

即使美联储的资产负债表仍然将在一段时间内保持较大规模,我们也可以在适当的时候采取两种广义上的紧缩性货币政策:对准备金余额支付利息,以及采用各种手段减少准备金存量。这两种方法我们可以逐一单项使用;但为了保证效率,我们更愿意把这两者结合起来使用。

去年秋季,国会授权我们支付银行在美联储的准备金利息。现在我们给银行的利率是0.25%。一旦紧缩政策的时机到了,我们可以提高联邦基金利率的目标,从而提高准备金的利率。

银行一般不会以比从美联储那里可以毫无风险地得到的利率更低的利率去贷出资金。不仅如此,当利率低于准备金余额的利率时,它们会竞相从私人市场上借任何资金,因为这样他们可以无风险地大赚一笔。

因此,美联储支付的利率实际上就是短期市场利率的基准线,这也包括我们的政策目标——联邦基金利率。提高准备金余额的利率还抑制了货币或信贷的过度增长,因为银行不会愿意以低于它们从美联储能赚到的利率贷出它们的准备金。

大量的国际经验表明,为准备金支付利息能够有效地管理短期市场利率。例如,欧洲央行允许银行把超额准备金存到有利息的存款工具上。即使央行的流动性操作极大地提高了资产负债表的规模,银行间隔夜拆借利率仍然能保持或高于存款利率。此外,日本银行和加拿大银行也用它们支付准备金利息的能力来保持短期市场利率的底线。

尽管有这种逻辑与经验,但联邦基金利率却降到过美联储支付的利率之下,特别是在2008年10月和11月,当时美联储刚刚开始为准备金支付利息。这种结果部分反映出一些临时性因素,比如银行对新制度还缺乏经验。

但是,这种结果看起来还起因于这样一个事实:一些在联邦基金市场上的大贷款者,特别是房利美和房地美这类政府资助的企业,由于没有资格得到在美联储持有的余额的利息,从而就有动机在联邦基金市场上以低于美联储支付给银行的利率进行贷款。

在较为正常的金融状况下,银行以上述方式简单套利的意愿会减小联邦基金利率与美联储向准备金支付的利率之间的差距。如果仍然存在这个差距,就可以通过支付准备金利率以及逐步减少准备金并从市场上收回过剩的流动性来解决这个问题——这是紧缩性货币政策的第二种工具。这样做时有四种选择。

第一,美联储可以通过与金融市场的参与者,包括银行、政府资助的企业和其他机构,达成大规模准备金回购协议来吸收银行的准备金并减少其他机构的过度流动性。准备金回购协议包含美联储出售其资产组合中的证券,并且承诺在以后以略高的价格买回这些证券等条款。

第二,财政部可以出售票据并将所获资金存在美联储。当购买者为证券付款时,财政部在美联储的账户余额增加了,而准备金余额减少了。

去年秋季以来,财政部已经根据补充金融计划(Supplementary Financing Program)进行了这种操作。为了保证货币政策的独立性,尽管财政部的操作很有用,但我们务必保证不依赖财政部就可以达到我们的政策目标。

第三,依照国会授权,我们可以对银行在美联储的余额支付利息,我们可以向银行提供定期存款服务——类似于银行向客户提供的存款服务。银行以在美联储定期存款的形式持有的资金不能在联邦基金市场上获得。

第四,如果有必要,美联储可以通过在公开市场出售它所持有的部分长期证券来减少准备金。

这里的每一项政策都有助于提高短期利率,并限制广义货币和信贷的增长,从而都是紧缩性货币政策。

总而言之,当经济状况需要我们采取紧缩性货币政策时,美联储有许多有效的工具达到这个目标。然而,正如我和我的同事们所说过的,在相当长的时期里,经济状况看来并不需要紧缩性货币政策。我们会综合运用多种工具,为未来的紧缩调整好时间和节奏,以更好地促进我们的双重目标:保证充分就业和物价稳定。

资料来源:*The Wall Street Journal*, July 21, 2009.

21.4.4 联邦基金利率

如果你阅读报纸上有关美国货币政策的信息,你会发现许多有关联邦基金利率的讨论。这一讨论提出了几个问题:

问:什么是联邦基金利率?

答:**联邦基金利率**(federal funds rate)是银行相互贷款时收取的短期利率。如果一家银行发现其准备金不足,而另一家银行有超额准备金,那么第二家银行就可以贷给第一家银行一些准备金。贷款是暂时的,通常只有一夜。这种贷款的价格就是联邦基金利率。

问:联邦基金利率与贴现率有什么不同?

答:贴现率是银行通过贴现窗口直接从联邦储备借款支付的利率。在联邦基金市场上从其他银行借准备金是从美联储借准备金的一种替代方法,而且银行缺乏准备金时一般是哪一种方法便宜用哪一种。实际上,贴现率与联邦基金利率的变动总是密切相关的。

问:联邦基金利率只对银行至关重要吗?

答:完全不是。虽然只有银行才能直接在联邦基金市场上借钱,但是这个市场对经济的影响要广泛得多。由于金融体系的各个部分高度相关,不同类型贷款的利率也密切相关。因此,当联邦基金利率上升或下降时,其他利率往往同方向变动。

问:美联储要对联邦基金利率做些什么呢?

答:近年来,联邦储备给联邦基金利率设定了一个目标。当联邦公开市场委员会每六周开一次会时,它决定是提高还是降低这个目标。

问:美联储如何能使联邦基金利率钉住它确定的目标?

答:尽管实际的联邦基金利率是由银行间贷款市场上的供求决定的,但美联储可以用公开市场操作来影响这个市场。例如,当美联储在公开市场操作中购买债券时,它就把准备金注入了银行体系。由于银行体系中有了更多准备金,发现需要借准备金来满足法定准备金的银行就少了。借准备金的需求减少就降低了这种借贷的价格,即联邦基金利率。相反,当美联储出售债券并从银行体系抽走准备金时,发现准备金不足的银行就多了,这就会使借贷准备金的价格上升。因此,公开市场购买降低了联邦基金利率,而公开市场出售则提高了联邦基金利率。

问:这些公开市场操作难道不影响货币供给吗?

答:绝对影响。当美联储宣布联邦基金利率变动时,它承诺利用必要的公开市场操作干预市场上的变动,这些公开市场操作将改变货币供给。联邦公开市场委员会改变联邦基金利率目标的决策也是改变货币供给的决策。这是同一枚硬币的两面。在其他条件相同时,联邦基金利率目标的下降意味着货币供给的扩张,而联邦基金利率目标的上升意味着货币供给的紧缩。

即问即答 • 描述银行如何创造货币。 • 如果美联储想用所有政策工具来减少货币供给,它将怎么做?

21.5 结论

几年前,有一本畅销书叫作《庙堂的秘密:联邦储备如何治理这个国家》(*Secrets of the Temple:How the Federal Reserve Runs the Country*)。毫无疑问,虽然这个题目是夸大其词的,但是它也强调了货币制度在我们日常生活中的重要作用。无论我们买东西还是卖东西,我们都要依赖极为有用的称为"货币"的社会习俗。现在我们知道了什么是货币以及什么因素决定货币供给,我们就可以讨论货币量的变动如何影响经济了。在下一章中,我们将开始研究这个主题。

内容提要

◎ 货币这个词指人们经常用来购买物品与服务的资产。

◎ 货币有三种职能:作为交换媒介,它提供用于进行交易的东西;作为计价单位,它提供记录价格和其他经济价值的方式;作为价值储藏手段,它提供把购买力从现在转移到未来的方式。

◎ 像黄金这样的商品货币是有其内在价值的货币:即使它不作为货币也有其价值。像纸币这样的法定货币是没有内在价值的货币:如果它不作为货币就没有价值。

◎ 在美国经济中,货币以通货和其他各类银行存款,例如支票账户的形式存在。

◎ 联邦储备,即美国的中央银行,负责管理美国的货币体系。美联储主席每隔四年由总统任命并得到国会确认,他是联邦公开市场委员会的领导人。联邦公开市场委员会约每六周开一次会,考虑货币政策的变动。

◎ 银行储户通过把他们的钱存到银行账户向银行提供资源。这些存款是银行负债的一部分。银行所有者也为银行提供资源(称为银行资本)。由于杠杆作用(为投资而借入资金),银行资产价值较小的变动就会引起银行资本价值较大的变动。为了保护储户,银行监管者要求银行持有某一最低的资本量。

◎ 美联储主要通过公开市场操作来控制货币供给：购买政府债券增加货币供给，出售政府债券减少货币供给。美联储还可以用其他工具来控制货币供给。美联储可以通过降低贴现率，增加它对银行的贷款，降低法定准备金，或者降低准备金利率，来扩大货币供给。也可以通过提高贴现率，减少它对银行的贷款，提高法定准备金，或者提高准备金利率，来减少货币供给。

◎ 当个人在银行有存款货币，并且银行把一些存款贷出去时，经济中的货币量就增加了。由于银行体系能够以这种方式影响货币供给，所以美联储对货币供给的控制是不完全的。

◎ 美联储近年来确定了选择联邦基金利率作为目标的货币政策，联邦基金利率是银行向另一家银行贷款的短期利率。当美联储要实现这个目标时，它会调整货币供给。

关键概念

货币	通货	准备金	杠杆率
交换媒介	活期存款	部分准备金银行	资本需要量
计价单位	联邦储备(Fed)	准备金率	公开市场操作
价值储藏	中央银行	货币乘数	贴现率
流动性	货币供给	银行资本	法定准备金
商品货币	货币政策	杠杆	联邦基金利率
法定货币			

复习题

1. 如何区分经济中的货币与其他资产？
2. 什么是商品货币？什么是法定货币？我们用的是哪一种货币？
3. 什么是活期存款？为什么活期存款应该包括在货币存量中？
4. 谁负责制定美国的货币政策？这个团体是如何被选出来的？
5. 如果美联储想用公开市场操作增加货币供给，它应该怎么做？
6. 为什么银行不持有100%的准备金？银行持有的准备金量与银行体系创造的货币量有什么关系？
7. 银行A的杠杆率是10，而银行B的杠杆率是20。两家银行相似的贷款亏损使它们的资产价值下降了7%，哪一家银行表现出银行资本更大的变动？这两家银行仍然有偿还能力吗？解释原因。
8. 什么是贴现率？当美联储提高贴现率时，货币供给会发生什么变动？
9. 什么是法定准备金？当美联储提高法定准备金时，货币供给会发生什么变动？
10. 为什么美联储不能完全控制货币供给？

快速单选

1. 货币不包括下列哪一项？
    a. 金属铸币
    b. 纸币通货
    c. 用信用卡可以获得的信贷金额
    d. 用借记卡可以得到的银行账户余额
2. Chloe从他的钱包中拿出100美元并存入他的支票账户。如果银行把增加的100美元全作为准备金，货币供给_____，但如果银行把

100 美元中的一部分借出去,则货币供给_____。
  a. 增加,增加更多
  b. 增加,增加不多
  c. 不变,增加
  d. 减少,减少不多
3. 如果准备率是 1/4,中央银行增加了银行体系中的准备金 120 美元,货币供给将增加_____美元。
  a. 90
  b. 150
  c. 160
  d. 480
4. 一家银行资本为 200 美元,杠杆率为 5。如果这家银行的资产价格下降了 10%,那么,它的资本将减少_____美元。
  a. 100
  b. 150
  c. 180
  d. 185
5. 美联储以下的哪一种行为会减少货币供给?
  a. 在公开市场购买政府债券
  b. 降低银行的法定准备率
  c. 提高支付给准备金的利率
  d. 降低美联储借款的贴现率
6. 在一个部分准备金银行体系中,即使中央银行不采取任何行动,如果居民选择持有_____通货,或者如果银行选择持有_____超额准备金,货币供给也会减少。
  a. 更多,更多
  b. 更多,更少
  c. 更少,更多
  d. 更少,更少

问题与应用

1. 下列哪一种是美国经济中的货币?哪一种不是?通过讨论货币三种职能中的每一种解释你的答案。
   a. 一美分
   b. 一墨西哥比索
   c. 一幅毕加索的油画
   d. 一张塑料信用卡
2. 你的叔叔通过开出他在第十国民银行支票账户上的一张 100 美元支票偿还了该银行的 100 美元贷款。用 T 型账户说明这种交易对你叔叔和银行的影响。你叔叔的财富变动了吗?解释原因。
3. 伯列戈瑞德州银行(Beleaguered State Bank,BSB)有 2.5 亿美元存款,并保持 10% 的准备金率。
   a. 列出 BSB 的 T 型账户。
   b. 现在假设 BSB 最大的储户从其账户上提取了 1 000 万美元现金。如果 BSB 决定通过减少在外贷款量来恢复其准备金率水平,说明它的新 T 型账户。
   c. 解释 BSB 的行动对其他银行的影响。
   d. 为什么 BSB 采取 b 中所描述的行动是困难的?讨论 BSB 恢复其原来准备金率水平的另一种方法。
4. 你拿出放在床垫下的 100 美元并存入你的银行账户。如果这 100 美元作为准备金留在银行体系中,并且银行持有的准备金等于存款的 10%,那么银行体系的存款总量会增加多少?货币供给会增加多少?
5. Happy 银行开始时有银行资本 200 美元,然后它吸收了 800 美元存款。它将存款的 12.5%(1/8)作为准备金,并将其余资产用于发放贷款。
   a. 列出 Happy 银行的资产负债表。
   b. Happy 银行的杠杆率是多少?
   c. 假定 Happy 银行的借款者有 10% 违约,而且这些银行贷款变得一文不值。列出该银行新的资产负债表。
   d. 银行的总资产减少了百分之几?银行的资本减少了百分之几?哪个变化大?为什么?
6. 联邦储备进行 1 000 万美元政府债券的公开市场购买。如果法定准备金率是 10%,那么引起的货币供给的最大可能增加量是多少?解释原因。最小可能增加量又是多少?解释原因。

7. 假设法定准备金率是5%。在其他条件相同的情况下,如果美联储购买价值2000美元的债券,或者如果某人把藏在曲奇罐中的2000美元存入银行,那么货币供给会增加得更多吗?如果可以创造更多货币,那么它可以创造多少货币?证明你的思考。

8. 假设支票存款的法定准备金率是10%,而且银行没有持有任何超额准备金。
   a. 如果美联储出售100万美元政府债券,那么这对经济中的准备金和货币供给有什么影响?
   b. 现在假设美联储把法定准备金率降低到5%,但银行选择再把另外5%的存款作为超额准备金。银行为什么要这样做?这些行动使货币乘数和货币供给如何变动?

9. 假设银行体系的总准备金为1000亿美元,再假设法定准备金是支票账户存款的10%,而且银行没有超额准备金,家庭也不持有通货。
   a. 货币乘数是多少?货币供给是多少?
   b. 如果现在美联储把法定准备金提高到存款的20%,那么准备金会有什么变动?货币供给会有什么变动?

10. 假设法定准备金率是20%。再假设银行并不持有超额准备金,而且公众也不持有现金。美联储决定,它要扩大货币供给4000万美元。
    a. 如果美联储使用公开市场操作,那么它是要购买还是要出售债券?
    b. 为了达到这一目的,美联储需要购买或出售多少债券?解释原因。

11. Elmendyn经济中有2000张1美元的纸币。
    a. 如果人们把所有货币作为通货持有,那么货币量是多少?
    b. 如果人们把所有货币作为活期存款持有,并且银行保持百分之百准备金,那么货币量是多少?
    c. 如果人们持有等量的通货和活期存款,并且银行保持百分之百准备金,那么货币量是多少?
    d. 如果人们把所有货币作为活期存款持有,并且银行保持10%的准备金率,那么货币量是多少?
    e. 如果人们持有等量的通货和活期存款,并且银行保持10%的准备金率,那么货币量是多少?

第 22 章
货币增长与通货膨胀

今天,如果你想买一个冰淇淋蛋卷,你至少需要 2 美元,但情况也并不总是这样。在 20 世纪 30 年代,我的祖母在新泽西州的特伦顿经营一家糖果店,她出售两种规格的冰淇淋蛋卷。一小勺量的冰淇淋蛋卷只卖 3 美分;饥饿的顾客则可以花 5 美分买一大勺量的冰淇淋蛋卷。

对冰淇淋价格的上升你也许不会感到奇怪。在我们的经济中,大多数价格往往一直在上升。这种物价总水平的上升称为通货膨胀。在本书前面,我们已经考察了经济学家如何用消费物价指数 CPI、GDP 平减指数或某些其他物价总水平指数的变动百分比来衡量通货膨胀率。这些物价指数说明,在过去的 80 年间,物价平均每年上升 3.6% 左右,这些年来每年 3.6% 的通货膨胀率的积累使物价水平上升了 17 倍。

对那些近几十年来在美国长大的人来说,通货膨胀似乎是自然的、不可避免的,但实际上它并不是不可避免的。在 19 世纪的较长时期中,大多数物价都在下降——这种现象被称为通货紧缩。1896 年美国经济的平均物价水平比 1880 年低 23%,而且这种通货紧缩成为 1896 年美国总统大选时的一个主要议题。当谷物价格下降减少了农民的收入,从而降低了他们偿还债务的能力时,积累了大量债务的农民苦不堪言,因而他们支持扭转通货紧缩的政府政策。

虽然通货膨胀在近代历史上是正常现象,但物价上升的比率有很大变动。从 2002 年到 2012 年,物价平均每年上升 2.5%。相比之下,在 20 世纪 70 年代,物价平均每年上升 7.8%,这意味着 10 年间物价水平就要翻一番。公众往往把这种高通货膨胀率看作一个主要的经济问题。实际上,当吉米·卡特(Jimmy Carter)在 1980 年再次竞选总统时,他的竞争对手罗纳德·里根就指出高通货膨胀是卡特政府经济政策的一个失败。

国际数据表明,通货膨胀变动的范围还要大得多。在 2012 年,当美国的通货膨胀率为 2.1% 时,日本的通货膨胀率为 -0.1%,俄罗斯为 5.1%,印度为 9.3%,委内瑞拉为 21.1%。并且印度和委内瑞拉的高通货膨胀率按某些标准也是适度的。2008 年 2 月,津巴布韦中央银行宣布,它们经济中的通货膨胀率达到 24 000%,然而一些独立人士估计这个数字甚至还要高。像这样极高的通货膨胀率被称为超速通货膨胀。

什么因素决定了一个经济中有没有通货膨胀? 如果有通货膨胀,它会有多高呢? 本章通过介绍货币数量论来回答这个问题。第 1 章把这个理论概括为经济学十大原理之一:当政府发行了过多货币时,物价上升。这种观点长久以来一直为经济学家们所认同。18 世纪著名的哲学家、经济学家大卫·休谟(David Hume)提出了货币数量论,而近年来倡导这种理论的是著名经济学家米尔顿·弗里德曼(Milton Friedman)。这种理论既可以解释温和的通货膨胀,如美国所经历的通货膨胀,也可以解释超速通货膨胀。

在提出通货膨胀理论之后,我们回到一个与之相关的问题:为什么通货膨胀会成为一个问题?乍一看,对这个问题的回答似乎是显而易见的:通货膨胀之所以成为一个问题,是因为人们不喜欢它。在20世纪70年代,当美国经历较高的通货膨胀时,民意调查把通货膨胀作为国家面临的最重要的问题。1974年,当福特总统把通货膨胀列为"头号公敌"时,他顺从了这种民意。当时,他在其上衣领子上别了一个写有"WIN"的徽章,意思是立刻铲除通货膨胀(Whip Inflation Now)。

但是,准确地说,通货膨胀给社会带来的成本是什么呢?答案可能会让你吃惊。确定通货膨胀的各种成本并不像乍看起来那么简单。因此,虽然所有经济学家都谴责超速通货膨胀,但一些经济学家认为,温和通货膨胀的成本并不像公众认为的那么大。

22.1 古典通货膨胀理论

我们从介绍货币数量论开始对通货膨胀的研究。这种理论之所以被称为"古典的",是因为它是由一些最早的经济思想家提出来的。今天,大多数经济学家用这种理论来说明物价水平和通货膨胀率的长期决定因素。

22.1.1 物价水平与货币价值

假设我们观察到,在某一时期内冰淇淋蛋卷的价格从5美分涨到1美元。从人们愿意为得到一个冰淇淋蛋卷而放弃这么多货币这一事实中我们应该得出什么结论呢?可能人们变得更喜欢吃冰淇淋了(或许是因为某个化学家研制了一种神奇的新口味),但也可能不是这种情况。更可能的情况是,人们对冰淇淋的喜好大体没有什么变化,只是随着时间的推移,用来购买冰淇淋蛋卷的货币的价值下降了。实际上,关于通货膨胀的第一种观点就是它是关于货币价值的,而不是关于物品价值的。

"我们该怎么办?是要和去年一样大小的,还是要与去年一样价钱的?"

图片来源:ⓒ FRANK MODELL/THE NEW YORKER COLLECTION/WWW.CARTOONBANK.COM.

这种观点有助于推导出通货膨胀理论。当消费物价指数和其他物价水平衡量指标上升时,评论家们通常更加关注组成这些物价指数的许多单个价格的变化:"上个月消费物价指数上升了3%,是由于咖啡价格上升了20%和燃油价格上升了30%。"虽然这种方法包含某些关于经济中所发生情况的有趣信息,但它忽略了关键的一点:通货膨胀是一种广泛的经济现象,它涉及的首要并且最重要的是经济中交换媒介的价值。

我们可以从两个方面来看待经济中的物价总水平。一方面,到目前为止,我们一直把物价水平看作一篮子物品与服务的价格。当物价水平上升时,人们必须为他们购买的物品与服务支付更多的钱。另一方面,我们还可以把物价水平看作货币价值的一种衡量指标。物价水平上升意味着货币价值下降,因为你钱包中的每一美元所能购买的物品与服务量变少了。

用数学方法来表述上述思想或许有助于理解。例如,假设 P 是用消费物价指数或GDP

平减指数所衡量的物价水平，那么 P 也就衡量了购买一篮子物品与服务所需要的美元数量。现在反过来考虑，即用一美元所能购买的物品与服务量等于 $1/P$。换句话说，如果 P 是用货币衡量的物品与服务的价格，那么 $1/P$ 就是用物品与服务衡量的货币价值。

这种数学方法对理解只生产一种物品，比如说冰淇淋蛋卷的经济是最简单的。在这个例子中，P 是一个蛋卷的价格。当蛋卷的价格（P）是 2 美元时，那么一美元的价值（$1/P$）就是一个蛋卷的一半。当价格（P）上升到 3 美元时，一美元的价值（$1/P$）就下降到蛋卷的三分之一。现实经济生产成千上万种物品与服务，因此我们使用的是物价指数而不是一种物品的价格。但逻辑是相同的：当物价总水平上升时，货币的价值下降。

22.1.2 货币供给、货币需求与货币均衡

是什么因素决定货币的价值？这个问题的答案也和经济学中许多问题的答案一样，是供给与需求。正如香蕉的供给与需求决定了香蕉的价格一样，货币的供给与需求也决定了货币的价值。因此，在介绍货币数量论的过程中，下一步就是要考虑货币供给与货币需求的决定因素。

首先考虑货币供给。在上一章中，我们讨论了联邦储备如何与银行体系共同决定货币的供给。当美联储在公开市场操作中出售政府债券时，它换回了美元，减少了货币供给。当美联储购买政府债券时，它支付了美元，扩大了货币供给。此外，如果这些美元中有一些存在银行，银行再把一部分作为准备金并把其他的贷出去，那么货币乘数就发生了作用，这些公开市场操作对货币供给的影响甚至就会更大。就我们本章的目的而言，我们可以不考虑银行体系引起的复杂性，而是简单地把货币供给量当作由美联储控制的政策变量。

现在考虑货币需求。最基本的是，货币需求反映了人们想以流动性形式持有的财富量。许多因素影响货币需求量。例如，人们钱包中的通货数量取决于他们对信用卡的依赖程度，以及是否很容易就能找到一台自动提款机。又如，正如我们将在本书第 24 章中强调的，由于人们宁愿购买有利息的债券，而不愿把它放在钱包里或低息支票账户中，因此，货币需求量取决于人们能够从债券中赚取的利率。

虽然许多变量都影响货币需求，但有一个变量最为重要：经济中的平均物价水平。人们持有货币是因为它是交换媒介。与债券或股票这类资产不同，人们可以用货币购买他们购物单上的物品与服务。他们选择持有多少货币取决于这些物品与服务的价格。价格越高，正常交易所需要的货币就越多，人们选择在其钱包和支票账户中持有的货币也就越多。这就是说，物价水平上升（货币价值下降）增加了货币需求量。

是什么因素确保美联储供给的货币量与人们需求的货币量平衡呢？答案取决于所考虑的时间长短。在本书的后面，我们将考察短期时这一问题的答案，并说明利率起着关键作用。但是，在长期中，答案要简单得多。在长期中，物价总水平会调整到使货币需求等于货币供给的水平。如果物价水平高于均衡水平，人们想要持有的货币量就大于美联储所创造的，所以物价水平必然下降以使供求平衡。如果物价水平低于均衡水平，人们想要持有的货币量就小于美联储所创造的，此时物价水平必然上升以使供求平衡。在均衡的物价水平时，人们想要持有的货币量与美联储所供给的货币量恰好相等。

图 22-1 说明了这些观点。该图的横轴表示货币量。左边纵轴表示货币价值 $1/P$，而右边纵轴表示物价水平 P。需要注意的是，物价水平轴正好上下颠倒：较低的物价水平接近于这条轴的顶端，而较高的物价水平则接近于底部。这种颠倒的轴表示，当货币价值高时（用接近左边纵轴的顶端来表示），物价水平低（用接近右边纵轴的顶端来表示）。

图 22-1 货币供给与货币需求如何决定均衡的物价水平

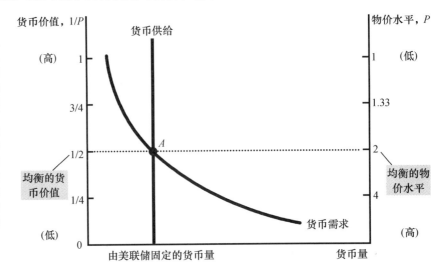

横轴表示货币量；左边纵轴表示货币价值，右边纵轴表示物价水平。货币供给曲线是垂直的，因为美联储将货币供给量固定了。货币需求曲线向右下方倾斜，因为当每一美元买的东西减少时人们想持有的货币量就更多。在均衡时，即A点时，货币价值（在左边纵轴）与物价水平（在右边纵轴）已调整到使货币供给量与货币需求量平衡的水平。

图中的两条曲线是货币的供给曲线与需求曲线。货币供给曲线是垂直的，因为美联储固定了可得到的货币量。货币需求曲线向右下方倾斜，表示当货币价值低（物价水平高）时，人们需要更多的货币来购买物品与服务。在均衡时，如图中A点所示，货币需求量与货币供给量相等。这种货币供给与货币需求的均衡决定了货币价值和物价水平。

22.1.3 货币注入的影响

现在我们考虑货币政策变动产生的影响。假设经济最初是均衡的，然后美联储突然通过印刷一些美元钞票并用直升机把它们撒到全国各地而使货币供给翻了一番。（或者，不太戏剧化或更为现实地，美联储可以通过在公开市场操作中向公众购买政府债券而向经济中注入货币。）在货币注入之后，经济会发生什么变动呢？与旧均衡相比，新均衡会如何呢？

图 22-2 显示了发生的变动。货币注入使供给曲线从 MS_1 向右移动到 MS_2，而且均衡点从

图 22-2 货币供给增加

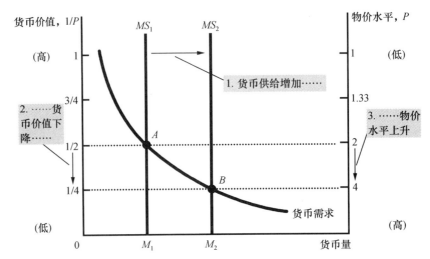

当美联储增加货币供给时，货币供给曲线从 MS_1 移动到 MS_2。货币价值（左边纵轴）和物价水平（右边纵轴）的调整使货币供求回到均衡状态。均衡点从A点移动到B点。因此，当货币供给增加使美元增多时，物价水平上升，这使每一美元更不值钱。

A 点移动到 B 点。结果，货币价值（用左边纵轴表示）从 1/2 下降到 1/4，而均衡物价水平（用右边纵轴表示）从 2 上升到 4。换句话说，当货币供给增加使美元更多时，物价水平上升，这使每一美元更不值钱。

这种对物价水平如何决定以及为什么它一直在变化的解释被称为**货币数量论**（quantity theory of money）。根据货币数量论，经济中可得到的货币量决定了货币的价值，而且货币量增长是通货膨胀的主要原因。正如经济学家米尔顿·弗里德曼曾指出的："通货膨胀永远而且处处是一种货币现象。"

22.1.4 调整过程简述

到目前为止，我们比较了旧均衡与注入货币后的新均衡。经济如何从旧均衡达到新均衡呢？对这个问题的完整回答要求了解经济中的短期波动，我们将在本书的后面考察这一问题。在这里，我们简单地考虑在货币供给变动之后所发生的调整过程。

货币注入的直接影响是创造了超额货币供给。在注入之前，经济是均衡的（图 22-2 中的 A 点）。在现行的物价水平下，人们拥有的货币量正好是他们所需要的。但在直升机撒下新货币并且人们在街上捡到这些货币后，人们钱包里的美元比他们想要的多了。在现行的物价水平下，货币供给量超过了货币需求量。

人们试图以各种方式花掉这些超额货币供给。他们可能用所持有的超额货币购买物品与服务。或者他们也可能用这些超额货币通过购买债券或把货币存入银行储蓄账户而向其他人发放贷款，这些贷款又使其他人可以购买物品与服务。在这两种情况下，货币的注入都增加了人们对物品与服务的需求。

然而，经济中生产物品与服务的能力并没有改变，正如我们在生产与增长那一章中说明的，经济中物品与服务的产量由可获得的劳动、物质资本、人力资本、自然资源和技术知识决定。货币注入并没有改变这些因素中的任何一项。

因此，这种对物品与服务需求的增加就引起价格上升。而物价水平上升又增加了货币需求量，因为人们要为每次交易支付更多的美元。最后，经济在货币需求量又等于货币供给量时实现了新均衡（图 22-2 中的 B 点）。物品与服务的物价总水平以这种方法调整货币供给与货币需求的平衡。

22.1.5 古典二分法和货币中性

我们已经说明了货币供给变动如何引起物品与服务的平均物价水平变动，这些货币变动又如何影响其他经济变量，如生产、就业、真实工资和真实利率呢？这个问题长期以来已引起经济学家们的极大兴趣，其中包括 18 世纪的大卫·休谟。

休谟与其同时代人提出，所有经济变量应该分为两类：第一类由**名义变量**（nominal variables）组成——名义变量是按货币单位衡量的变量。第二类由**真实变量**（real variables）组成——真实变量是按实物单位衡量的变量。例如，种玉米的农民的收入是名义变量，因为它是按美元衡量的；而他们生产的玉米量是真实变量，因为它是按蒲式耳衡量的。名义 GDP 是名义变量，因为它衡量的是经济中物品与服务产出的美元价值；而真实 GDP 是真实变量，因为它衡量的是生产的物品与服务总量，并且不受这些物品与服务现期价格的影响。这种对名义变量和真实变量的区分称为**古典二分法**（classical dichotomy）。（二分法指分为两类，古典指早期的经济思想家。）

当我们转向价格时，古典二分法的应用就有点复杂了。经济中的大多数价格是用货币来表示的，因此它们是名义变量。当我们说，玉米的价格是每蒲式耳 2 美元或小麦的价格是每蒲式耳 1 美元时，这两种价格都是名义变量。但相对价格——一种东西与另一种东西相比的价格——是什么呢？在我们的例子中，我们可以说 1 蒲式耳玉米的价格是 2 蒲式耳小麦。这种相对价格不再用货币衡量。当比较任意两种物品的价格时，美元符号被抹去了，所得出的数字是用实物单位衡量的。因此，美元价格是名义变量，而相对价格是真实变量。

这个结论有许多应用。例如，真实工资（根据通货膨胀调整后的美元工资）是真实变量，因为它衡量经济中用物品与服务交换一单位劳动的比率。同样，真实利率（根据通货膨胀调整后的名义利率）也是真实变量，因为它衡量用今天的物品与服务交换未来的物品与服务的比率。

为什么要把变量分为这两类呢？古典二分法是有用的，因为影响真实变量与名义变量的因素不同。根据古典分析，名义变量受经济中货币制度发展的影响，而货币与解释真实变量基本是无关的。

这种思想隐含在我们关于长期中真实经济的讨论里。在前几章中，我们在没有引入货币的情况下讨论了真实 GDP、储蓄、投资、真实利率和失业是如何决定的。在那种分析中，经济中物品与服务的生产取决于生产率和要素供给；真实利率的调整使可贷资金的供求平衡；真实工资的调整使劳动的供求平衡；当真实工资由于某种原因高于其均衡水平时，就引起了失业。这些重要结论均与货币供给量无关。

根据古典分析，货币供给变动影响名义变量而不影响真实变量。当中央银行使货币供给翻一番时，物价水平翻了一番，美元工资翻了一番，所有其他用美元衡量的价值都翻了一番。而真实变量，例如，生产、就业、真实工资和真实利率等都没有变动。这种货币供给变动对真实变量的无关性被称为**货币中性**(monetary neutrality)。

一个类比有助于解释货币中性。作为计价单位，货币是我们用来衡量经济交易的尺度。当中央银行使货币供给翻一番时，所有物价都翻了一番，而且计价单位的价值下降了一半。如果政府要把 1 码的长度从 36 英寸减少为 18 英寸，将会发生类似的变动：由于新的衡量单位，所有可衡量的距离（名义变量）都翻了一番，但实际距离（真实变量）仍然相同。美元也和码一样，仅仅是一种衡量单位，因此，它的价值的变动并没有实际影响。

货币中性真实吗？不完全是。1 码的长度从 36 英寸变为 18 英寸在长期中并没有关系，但在短期中它肯定会引起混乱和各种错误。同样，大多数经济学家现在相信，在短期中——在一两年的时期内，货币变动对真实变量有影响。休谟本人也怀疑货币中性在短期中的适用性。（在本书后面我们将研究短期货币非中性，这个主题将有助于解释为什么美联储一直变动货币供给。）

然而古典分析对长期经济而言是正确的。例如，在十年期间，货币变动对名义变量（例如物价水平）有重要影响，但对真实变量（例如真实 GDP）的影响却是微不足道的。在研究经济中的长期变动时，货币中性对世界如何运行提供了一个很好的描述。

22.1.6 货币流通速度与货币数量方程式

我们可以通过考虑下面这个问题而从另一个角度说明货币数量论：普通的一美元钞票每年有多少次要用于支付新生产的物品与服务？一个称为**货币流通速度**（velocity of money）的

变量对这个问题做出了回答。在物理学中,速度这个词指物体运动的速度。在经济学中,货币流通速度指在经济中普通的一美元在不同人手中流动的速度。

为了计算货币流通速度,我们用产出的名义值(名义 GDP)除以货币量。如果 P 表示物价水平(GDP 平减指数),Y 表示产量(真实 GDP),M 表示货币量,那么,货币流通速度为:

$$V = (P \times Y)/M$$

为了说明这个公式为什么有意义,设想一个只生产比萨饼的简单经济。假设该经济在一年内生产了 100 个比萨饼,一个比萨饼售价为 10 美元,而该经济中的货币量为 50 美元。那么,货币流通速度为:

$$V = (10 \text{ 美元} \times 100)/50 \text{ 美元} = 20$$

在这个经济中,人们每年用于比萨饼的总支出为 1 000 美元。由于只用 50 美元货币进行这 1 000 美元的支出,所以每美元钞票必须每年平均易手 20 次。

对方程式略加整理,可以将其改写为:

$$M \times V = P \times Y$$

这个方程式说明,货币数量(M)乘以货币流通速度(V)等于产品的价格(P)乘以产量(Y)。这个公式称为**数量方程式**(quantity equation),因为它把货币数量(M)与产出的名义价值($P \times Y$)联系起来。数量方程式说明,经济中货币量的增加必然反映在其他三个变量中的一个上:物价水平必然上升,产量必然上升,或货币流通速度必然下降。

在许多情况下,货币流通速度是较为稳定的。例如,图 22-3 显示了 1960 年以来美国经济的名义 GDP、货币量(用 M_2 衡量)以及货币流通速度。在这一时期,货币供给与名义 GDP 都增加了 30 倍左右。与此相反,虽然货币流通速度并不是完全不变的,但是它变动并不大。因此,就某些目的而言,货币流通速度不变的假设可能是相当接近现实的。

图 22-3　名义 GDP、货币量与货币流通速度

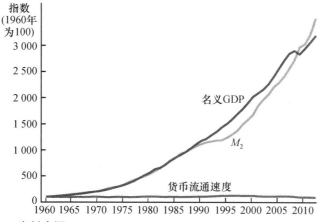

该图显示了用名义 GDP 衡量的名义产出价值,用 M_2 衡量的货币量,以及用这两者比率衡量的货币流通速度。为了便于比较,这三个指标系列均以 1960 年为 100。需要注意的是,在这个时期,名义 GDP 与货币量增长幅度相当大,而货币流通速度则相对稳定。

资料来源:U. S. Department of Commerce;Federal Reserve Board.

现在我们有了解释均衡物价水平和通货膨胀率所需的所有因素。这些因素是:

(1)货币流通速度一直是较为稳定的。

(2)由于货币流通速度稳定,所以当中央银行改变货币量(M)时,它就引起了名义产出价值($P \times Y$)的同比例变动。

(3)一个经济的物品与服务产量(Y)主要是由要素供给(劳动、物质资本、人力资本和自然资源)及可以得到的生产技术决定的,特别是,由于货币是中性的,所以它并不影响产量。

(4) 在产量(Y)由要素供给和技术决定的情况下,当中央银行改变货币供给(M)并引起名义产出价值($P \times Y$)发生同比例变动时,这些变动反映在物价水平(P)的变动上。

(5) 因此,当中央银行迅速增加货币供给时,结果就是高通货膨胀率。

这五个步骤是货币数量论的本质。

案例研究
四次超速通货膨胀期间的货币与物价

虽然地震对社会可能是一场大浩劫,但其有利的副产品是给地震学家提供了大量有用的数据。这些数据有助于地震学家发现可能正确的理论,从而有助于社会预测并应对未来的威胁。同样,超速通货膨胀也为货币经济学家提供了一个自然的实验,他们可以用这个实验研究货币对经济的影响。

超速通货膨胀之所以令人感兴趣,部分是因为货币供给和物价水平的变动如此之大。实际上,超速通货膨胀一般被定义为每月通货膨胀在 50% 以上,这意味着物价水平在一年之内要上升 100 倍以上。

超速通货膨胀的数据清晰地表明了货币量与物价水平之间的联系。图 22-4 是 20 世纪 20 年代分别发生在奥地利、匈牙利、德国和波兰的四次经典超速通货膨胀的数据。其中,每幅图表示一个经济中的货币量与物价水平指数。货币供给曲线的斜率代表货币量增长的比率,而物价水平曲线的斜率代表通货膨胀率。这两条曲线的倾斜度越大,货币增长率或通货膨胀率越大。

图 22-4 四次超速通货膨胀期间的货币与物价

该图显示了四次通货膨胀期间的货币量与物价水平。(需要注意的是,这些变量在图中是以对数形式表示的,这意味着图中纵轴上相等的距离代表变量相同的变动百分比。)在每种情况下,货币量与物价水平几乎同步运动。两者的高度相关与货币数量论中货币供给的增长是通货膨胀的主要原因这一论述是一致的。

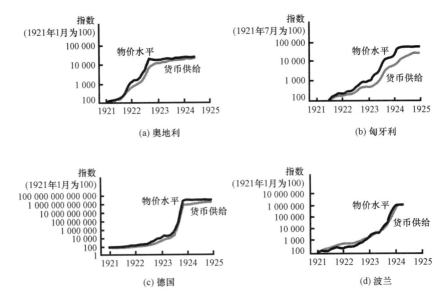

资料来源: Adapted from Thomas J. Sargent, "The End of Four Big Inflations", in Robert Hall, ed., *Inflation* (Chicago: University of Chicago Press, 1983), pp. 41—93.

需要注意的是,在每幅图中,货币量与物价水平几乎是平行的。在这四种情况下,货币量的增长起初都是温和的,通货膨胀也是一样。但随着时间的推移,货币量增长得越来越快。几乎在同时,通货膨胀也加快了。最后,当货币量稳定时,物价水平也稳定了。这些事件充分说明了经济学十大原理之一:当政府发行了过多货币时,物价上升。

22.1.7 通货膨胀税

如果通货膨胀如此容易解释,那么为什么一些国家还会发生超速通货膨胀呢?也就是说,为什么这些国家的中央银行选择发行这么多货币,以致货币必然会一直迅速贬值呢?

答案是,这些国家的政府把货币创造作为支付其支出的一种方法。当政府想要修公路、支付军人薪水,或者对穷人或老年人进行转移支付时,它首先必须筹集必要的资金。在正常的情况下,政府可以通过征收所得税和销售税来筹资,也可以通过出售政府债券向公众借债来筹资。然而政府也可以简单地通过印发它需要的货币来为其支出进行支付。

当政府通过印发货币筹集收入时,可以说是在征收一种**通货膨胀税**(inflation tax)。但是,通货膨胀税和其他税并不完全一样,因为没有一个人从政府那里收到这种税的税单。相反,通货膨胀税是较为隐蔽的。当政府印发货币时,物价水平就会上升,你钱包里的货币就不值钱了。因此,通货膨胀税就像是一种向每个持有货币的人征收的税。

通货膨胀税的重要性在不同国家和不同时期并不相同。近年来,通货膨胀税一直不是美国主要的收入来源,由此取得的收入估计不到政府收入的3%。但在18世纪70年代期间,对刚成立不久的美国来说,美国国会主要依靠通货膨胀税来支付其军事支出。因为新政府通过正常税收或借款筹资的能力有限,所以印发美元就成为向美国军人支付工资的一种简单易行的方法。正如货币数量论所预言的,结果导致了高通货膨胀率:在短短几年间按大陆美元衡量的物价上涨了100多倍。

几乎所有超速通货膨胀都遵循了与美国独立战争时期超速通货膨胀相同的模式。政府面临高额支出,税收不足,而且借款能力有限,结果就只能通过印发钞票来为其支出进行支付。最终,货币的大量增加引起了高通货膨胀。当政府实行消除通货膨胀税所需的财政改革措施时——例如,削减政府支出——通货膨胀就结束了。

参考资料
津巴布韦的超速通货膨胀

在21世纪的第一个十年间,津巴布韦这个国家经历了历史上最严重的一次超速通货膨胀。这个故事听起来司空见惯:巨大的政府预算赤字引起创造大量货币,并引起高通货膨胀。在2009年4月,津巴布韦中央银行停止印制津巴布韦元,而且该国开始使用美元和南非兰特这类外国通货作为交换媒介,此时超速通货膨胀才结束。

有关津巴布韦通货膨胀有多高的各种估计差别很大,但中央银行发行的货币面额证明问题相当严重。在超速通货膨胀开始之前,津巴布韦元的价值比美元略高一点,因此,纸币的面额与在美国见到的情况类似。例如,一个人的钱包里会带10元面额的纸币。但是,在2008年1月,几年的高通货膨

本厕所只能使用
厕所手纸
不能用硬纸板
不能用布
不能用津巴布韦元
不能用报纸

资料来源:ⒸEugene Baron.

胀之后,津巴布韦储备银行发行了面值1 000万津巴布韦元的纸币,这相当于4美元。但即使这样还不够大。一年后,中央银行宣布它将发行面值100亿津巴布韦元的钞票,这只值3美元。

随着物价上升和中央银行发行越来越大面额的货币,过去小面额的货币已经失去价值并变得几乎一文不值。津巴布韦一间公共厕所的标语就是这一现象的一个证明。

22.1.8 费雪效应

根据货币中性原理,货币增长率的上升会导致通货膨胀率的上升,但并不影响任何真实变量。这个原理的一个重要应用涉及货币对利率的影响。利率是宏观经济学家要了解的重要变量,因为利率通过对储蓄和投资的影响而把现在的经济与未来的经济联系在一起。

为了理解货币、通货膨胀和利率之间的关系,我们首先回忆一下名义利率和真实利率之间的区别。名义利率是你在银行得知的利率。例如,如果你有一个储蓄账户,则名义利率会告诉你,你账户上的美元数量在一定时期内将以多快的速度增加。真实利率是根据通货膨胀的影响校正的名义利率,它告诉你,你储蓄账户的购买力在一定时期内会以多快的速度增长。真实利率等于名义利率减通货膨胀率:

$$真实利率 = 名义利率 - 通货膨胀率$$

例如,如果银行公布名义利率是每年7%,通货膨胀率是每年3%,那么存款的真实价值每年增加4%。

我们可以改写这个等式,以便说明名义利率是真实利率和通货膨胀率之和:

$$名义利率 = 真实利率 + 通货膨胀率$$

这种观察名义利率的方法是有用的,因为决定这个公式右边每一项的经济力量是不同的。正如我们在本书前面讨论的,可贷资金的供求决定真实利率,而且根据货币数量论,货币供给的增长决定通货膨胀率。

现在我们考虑货币供给增长如何影响利率。货币在长期中是中性的,货币增长的变动并不会影响真实利率。真实利率毕竟是真实变量。由于真实利率不受影响,所以名义利率必然根据通货膨胀的变动进行一对一的调整。因此,当美联储提高货币增长率时,长期的结果是更高的通货膨胀率和更高的名义利率。这种名义利率根据通货膨胀率所做的调整称为**费雪效应**(Fisher effect),即以第一个研究这个问题的经济学家欧文·费雪(Irving Fisher,1867—1947)的名字命名。

记住,我们对费雪效应的分析在长期中是正确的。费雪效应在短期中是不成立的,因为通货膨胀是不可预期的。名义利率是对一笔贷款的支付,而且它通常是在最初进行贷款时确定的。如果通货膨胀的变动出乎债务人和债权人的意料之外,他们事先达成协议的名义利率就没有反映较高的通货膨胀。但是,如果通货膨胀保持在高位,人们最终就会预期到这一较高的通货膨胀,而且贷款协议也将反映这种预期。确切地说,费雪效应表明名义利率是根据预期的通货膨胀进行调整的。长期中预期的通货膨胀随实际的通货膨胀而变动,但短期中不一定。

费雪效应对于理解名义利率在长期中的变动是至关重要的。图22-5显示了美国1960年以来的名义利率和通货膨胀率。这两个变量之间的密切联系是显而易见的。从20世纪60

年代初到70年代,名义利率上升了,因为在这一时期通货膨胀率也上升了。同样,从20世纪80年代初到90年代,名义利率下降了,因为美联储控制住了通货膨胀。在最近一些年,以历史标准衡量,名义利率和通货膨胀率都较低。

图 22-5 名义利率和通货膨胀率

该图用1960年以来的年度数据说明了三个月期国库券的名义利率和用消费物价指数衡量的通货膨胀率。这两个变量之间的密切联系验证了费雪效应:当通货膨胀率上升时,名义利率也上升。

资料来源:U. S. Department of Treasury;U. S. Department of Labor.

即问即答 一国政府把货币供给增长率从每年5%提高到每年50%,物价水平会发生什么变动?名义利率会发生什么变动?政府为什么要这样做?

22.2 通货膨胀的成本

在20世纪70年代后期,美国的年通货膨胀率达到10%左右,通货膨胀率成了关于经济政策争论的最主要主题。尽管在最近二十多年中通货膨胀率一直很低,但通货膨胀率仍然是受到密切关注的宏观经济变量。一项研究发现,通货膨胀是美国报纸最经常提到的一个经济术语(远远领先于第二位的失业和第三位的生产率)。

通货膨胀受到密切关注和广泛讨论是因为它被认为是一个严重的经济问题。但这种认识正确吗?如果正确的话,又是为什么呢?

22.2.1 购买力下降?通货膨胀的谬误

如果你问一个普通人为什么通货膨胀是坏事,他会告诉你,答案是显而易见的:通货膨胀剥夺了他辛苦赚来的美元的购买力。当物价上升时,每一美元收入所能购买的物品和服务量都减少了。因此,似乎通货膨胀直接降低了人们的生活水平。

但进一步思考你就会发现这个答案存在一个谬误。当物价上升时,尽管物品与服务的购买者为他们所买的东西支付得多了,但同时,物品与服务的卖者从他们所卖的东西中得到的也多了。由于大多数人通过出卖他们的服务而赚到收入,所以收入的膨胀与物价的膨胀是同步的。因此,通货膨胀本身并没有降低人们的实际购买力。

人们相信这个通货膨胀谬误是因为他们并没有认识到货币中性的原理。每年收入增加10%的工人倾向于认为这是对其才能与努力的奖励。当6%的通货膨胀率把这种收入增加降为4%时,工人会感到他应该得到的收入被剥夺了。实际上,正如我们在生产与增长那一章中所讨论的,真实收入是由真实变量决定的,如物质资本、人力资本、自然资源和可以得到的生产技术;而名义收入是由这些因素和物价总水平决定的。如果美联储把通货膨胀率从6%降到0,工人们每年的收入增加也将从10%降到4%。此时,虽然他可能感觉自己没有再被通货膨胀剥夺,但他的收入也没有更快地增加。

如果名义收入往往与物价上升保持一致,那么为什么通货膨胀还是一个问题呢?对这个问题并没有一个单一的答案。相反,经济学家确定了几种通货膨胀的成本。这些成本中的每一种都说明了持续的货币供给增长实际上以某种方式对真实变量产生了影响。

22.2.2 皮鞋成本

正如我们所讨论的,通货膨胀像是对货币持有者征收的一种税。税收本身对社会并不是一种成本,它仅仅是把资源从家庭转移到政府。但是,大多数税收给人们以改变自己的行为来避免纳税的激励,而且这种激励的扭曲给整个社会造成了无谓损失。和其他税收一样,通货膨胀税也造成了无谓损失,因为人们把稀缺资源浪费在试图避免通货膨胀上。

一个人如何才能避免支付通货膨胀税呢?由于通货膨胀侵蚀了你钱包中货币的真实价值,所以你可以通过少持有货币来避免通货膨胀税。一种方法是你可以更经常地去银行。例如,你可以每周去银行提取50美元,而不是每四周提取200美元。通过更频繁地去银行,你可以把更多财富放在有利息的储蓄账户上,而少放一些在通货膨胀会侵蚀货币价值的钱包中。

减少货币持有量的成本被称为通货膨胀的**皮鞋成本**(shoeleather cost),因为更经常地去银行会使你的鞋磨损得更快。当然,不能从字面上理解这个词,减少货币持有量的实际成本不是鞋的磨损,而是为了使手头保留的钱少于没有通货膨胀时的数量你必须牺牲的时间与便利。

通货膨胀的皮鞋成本似乎是微不足道的,而且在近年来只有温和通货膨胀的情况下,美国的皮鞋成本的确很少。但是在经历超速通货膨胀的国家中,这种成本就很重要了。下面是对一个人在玻利维亚超速通货膨胀时期经历的描述(发表在1985年8月13日的《华尔街日报》上):

> 当 Edgar Miranda 得到他每月作为教师的工资2500万比索时,他一刻也没有耽误。比索的价值每小时都在下跌。因此,当他的妻子冲向市场上买一个月的大米和面条时,他也赶紧把剩下的比索换为黑市美元。
>
> Miranda 先生正是在失控的通货膨胀世界中实践第一生存规则。玻利维亚是飞速的通货膨胀如何破坏社会的一个案例。物价上升幅度如此之大,以至于这些数字几乎让人难以置信。例如,在6个月的时间里,价格以每年38000%的比率上涨。但是,按官方的统计,去年的通货膨胀率达到2000%,而今年预期达到8000%——尽管其他的估算比这还要高许多倍。无论如何,玻利维亚的通货膨胀率使以色列的370%和阿根廷的1100%——这两种情况已经是严重的通货膨胀——相形见绌。
>
> 很容易看出,如果38岁的 Miranda 先生不很快把比索兑换为美元,他的工资会发生什么变动。他得到2500万比索工资的那一天,1美元值50万比索,因此他可以得到50美元。仅仅是几天之后,就要90万比索才能兑换1美元,那时他只能得到27美元。

正如这个故事所说明的,通货膨胀的皮鞋成本可能相当高。在通货膨胀率高时,Miranda

先生没有奢侈地把本国货币作为价值储藏手段持有。相反,他被迫很快地把他的比索换为物品或美元,因为它们作为价值储藏手段更稳定。Miranda 先生为减少其货币持有量而付出的时间和努力是一种资源浪费。如果货币当局采取低通货膨胀政策,Miranda 先生就乐于持有比索,他也可以把他的时间和努力投入到更具生产性的活动中。实际上,在这篇文章写完后不久,由于采取了更具限制性的货币政策,玻利维亚的通货膨胀率大大降低了。

22.2.3 菜单成本

大多数企业并不是每天改变它们产品的价格。相反,企业往往公布价格,并使价格在几周、几个月甚至几年内保持不变。一项研究发现,普通的美国企业大约一年改变一次产品的价格。

企业不经常改变价格是因为改变价格有成本。改变价格的成本称为**菜单成本**(menu costs),这个词源自餐馆印刷新菜单的成本。菜单成本包括决定新价格的成本、印刷新价格表和目录的成本、把这些新价格表和目录送给中间商和顾客的成本、为新价格做广告的成本,甚至还包括处理顾客对价格变动的恼怒的成本。

通货膨胀增加了企业必须承担的菜单成本。在当前的美国经济中,由于通货膨胀率低,一年调整一次价格是许多企业合适的经营策略。但是,当高通货膨胀使企业成本迅速增加时,一年调整一次价格就是不现实的。例如,在超速通货膨胀期间,企业必须每天甚至更频繁地变动价格,以便与经济中所有其他价格保持一致。

22.2.4 相对价格变动与资源配置不当

假设艾塔比特小吃店在每年的1月份印一份新菜单,并使其价格在一年中其他时间保持不变。如果没有通货膨胀,艾塔比特的相对价格——与经济中其他价格相比的其饭菜价格——将会在一年中固定不变。与此相反,如果年通货膨胀率为12%,艾塔比特的相对价格每月就会自动下降1%。在刚刚印了新菜单后的一年中最初的几个月内,餐馆的价格相对较高,但在以后几个月则相对较低。而且,通货膨胀率越高,这种自发的变动就越大。因此,由于在一段时期内价格只变动一次,所以通货膨胀引起的相对价格的变动就比没有通货膨胀时大。

这一点为什么如此重要呢?原因是市场经济依靠相对价格来配置稀缺资源。消费者通过比较各种物品与服务的质量和价格决定购买什么。通过这些决策,他们决定稀缺的生产要素如何在个人与企业中配置。当通货膨胀扭曲了相对价格时,消费者的决策也被扭曲了,市场也就不能把资源配置到其最好的用途中。

22.2.5 通货膨胀引起的税收扭曲

几乎所有税收都扭曲了激励,引起人们改变自己的行为,并导致经济资源配置的无效率。当存在通货膨胀时,许多税收因扭曲激励而更成了问题。这是因为法律制定者在制定税法时往往没有考虑到通货膨胀。那些研究税法的经济学家得出的结论是,通货膨胀往往增加了储蓄所赚到的收入的税收负担。

通货膨胀如何抑制储蓄的一个例子是税收对资本收益——以高于购买价格出售一种资

产所得到的利润——的处理。假设1980年你用一些储蓄以每股10美元的价格买进了苹果公司的股票,并在2010年以50美元的价格抛出了该股票。根据税法规定,当计算应纳税收入时,你必须把赚到的40美元资本收益包括在你的收入中。但是,假设从1980年到2010年物价总水平翻了一番。在这种情况下,1980年你投资的10美元就相当于(按购买力计算)2010年的20美元。当你以50美元出售股票时,你的真实收益(购买力的增加)仅为30美元。但是,税法并不考虑通货膨胀,而是对你40美元的收益征税,因此,通货膨胀扩大了资本收益的规模,无形中增加了这种收入的税收负担。

另一个例子是税收对利息收入的处理。尽管名义利率的一部分仅仅是为补偿通货膨胀,但所得税把名义储蓄利息作为收入。为了说明这种政策的影响,考虑表22-1中的数字例子。该表比较了两个经济,这两个经济都对利息收入按25%的税率征税。在经济A中,通货膨胀率为零,名义利率和真实利率都为4%。在这种情况下,对利息收入征收25%的税使真实利率从4%下降为3%。在经济B中,真实利率仍然是4%,但通货膨胀率是8%。由于费雪效应,名义利率是12%。因为所得税把整个12%的利息作为收入,政府对它征收25%的税,所以剩下的税后名义利率为9%,而税后真实利率仅为1%。在这种情况下,对利息收入征收25%的税使真实利率从4%下降为1%。因为税后真实利率提供了对储蓄的激励,所以,在存在通货膨胀的经济(经济B)中,储蓄的吸引力就比在价格稳定的经济(经济A)中要小得多。

表 22-1　通货膨胀如何增加了储蓄的税收负担

单位:%

在没有通货膨胀时,对利息收入征收25%的税使真实利率从4%下降为3%。在存在8%的通货膨胀时,同样的税收使真实利率从4%下降为1%。

	经济A(物价稳定)	经济B(通货膨胀)
真实利率	4	4
通货膨胀率	0	8
名义利率(真实利率+通货膨胀率)	4	12
25%税收引起的利率减少(0.25×名义利率)	1	3
税后名义利率(0.75×名义利率)	3	9
税后真实利率(税后名义利率-通货膨胀率)	3	1

对名义资本收益和名义利息收入的税收是税法与通货膨胀如何相互影响的两个例子。经济中还有许多其他例子。由于通货膨胀引起的税收变化,高通货膨胀倾向于抑制人们的储蓄。我们还记得,经济中的储蓄提供了投资资源,而投资又是长期经济增长的关键因素。因此,当通货膨胀增加了储蓄的税收负担时,它就倾向于抑制经济的长期增长率。但是,经济学家们对这种影响的大小的看法并不一致。

除了消除通货膨胀之外,解决这个问题的另一种方法是税制指数化。这就是说,可以修改税法以考虑到通货膨胀的影响。例如,对于资本收益,税法可以用物价指数调整购买价格,并只对真实收益征税。对于利息收入,政府可以扣除补偿通货膨胀的那部分利息收入而只对真实利息收入征税。在某种程度上,税法已经按指数化的方向变动。例如,每年根据消费物价指数的变动来自动地调整所得税税率变动所依据的收入水平。但税法的其他方面——例如,对资本收益和利息收入的税收处理——并没有指数化。

在一个理想的世界中,税法的规定应该使通货膨胀不改变任何一个人的真实税收负担。

但在现实世界中,税法是很不完善的。更为完善的指数化也许是合意的,但它将使已经让许多人认为太复杂的税法变得更为复杂。

22.2.6 混乱与不方便

设想我们进行一项民意调查,在调查中向人们提出这样一个问题:"今年 1 码是 36 英寸。你认为明年 1 码应该是多长?"假设我们可以让人们认为我们是严肃的,那么他们将告诉我们,1 码应该仍是 36 英寸。任何一种使生活复杂化的事情都是不必要的。

这种发现与通货膨胀有什么关系呢?我们还记得,货币作为经济的计价单位是我们用来表示价格和记录债务的东西。换句话说,货币是我们用以衡量经济交易的尺度。联邦储备的工作有点儿像标准局的工作——确保常用衡量单位的可靠性。当美联储增加货币供给并引起通货膨胀时,它就侵蚀了计价单位的真实价值。

要判断通货膨胀引起的混乱和不方便的成本是困难的。以前我们讨论了存在通货膨胀时,税法如何错误地衡量了真实收入。同样,当价格一直在上升时,会计师也会错误地衡量企业的收入。因为通货膨胀使不同时期的美元有不同的真实价值,所以,在存在通货膨胀的经济中计算企业利润——其收益与成本的差额——要更复杂。因此,在某种程度上,通货膨胀使投资者无法区分成功与不成功的企业,这又抑制了金融市场在把经济中的储蓄配置到不同类型投资中的作用。

22.2.7 未预期到的通货膨胀的特殊成本:任意的财富再分配

到目前为止,我们所讨论过的通货膨胀的成本即使在通货膨胀稳定和可预期时也会发生。然而,当通货膨胀的发生出乎意料时,还会发生额外的成本。未预期到的通货膨胀以一种既与价值无关又与需要无关的方式在人们中重新分配财富。这种再分配的发生是因为经济中的许多贷款是按计价单位——货币——来规定贷款条件的。

来看一个例子。假设学生 Sam 以 7% 的利率从大银行(Bigbank)贷款 2 万美元用于上大学,10 年后贷款将到期。这笔债务按 7% 的复利计算,10 年后 Sam 将欠大银行 4 万美元。这笔债务的真实价值将取决于这 10 年间的通货膨胀。如果 Sam 走运,这 10 年间经济中将发生超速通货膨胀。在这种情况下,工资和物价将会上升得如此之高,以至于 Sam 只用一点儿零钱就可以偿还这 4 万美元的债务。与此相反,如果经济中发生了严重的通货紧缩,那么工资和物价将下降,Sam 将发现 4 万美元的债务负担比他预期的要大得多。

这个例子说明,未预期到的物价变动在债务人和债权人之间进行财富再分配。超速通货膨胀以损害大银行的利益为代价使 Sam 变得更富有,因为这种通货膨胀减少了债务的真实价值,Sam 可以用不如他预期的那样值钱的美元来偿还贷款。通货紧缩以损害 Sam 的利益为代价使大银行变得更富有,因为债务的真实价值增加了。在这种情况下,Sam 必须用比他预期的更值钱的美元来偿还债务。如果通货膨胀可以预期,那么大银行和 Sam 在确定名义利率时就可以考虑到通货膨胀(回想一下费雪效应)。但是,如果通货膨胀难以预期,它就把风险加在都想回避它的 Sam 和大银行身上。

与另一个事实一起考虑时,未预期到的通货膨胀的成本是很重要的:当平均通货膨胀率很高时,通货膨胀就特别多变而且不确定。通过考察不同国家的经历就可以很容易地说明这一点。平均通货膨胀率低的国家,例如 20 世纪后期的德国,往往有稳定的通货膨胀。平均通货膨胀率高的国家,例如拉丁美洲的许多国家,往往有不稳定的通货膨胀。还不知道有哪一个经济中存在高而且稳定的通货膨胀。通货膨胀水平与波动性之间的这种关系指出了通货膨胀的另一种成本。如果一个国家实行高通货膨胀的货币政策,那么它不仅要承受预期到的高通货膨胀的成本,而且还要承受与未预期到的通货膨胀相关的任意的财富再分配。

22.2.8 通货膨胀不好,但通货紧缩可能更坏

在美国近代的历史上,通货膨胀一直是正常的。但是也有物价水平下降的时期,例如19世纪后期与20世纪30年代初期。从1998年到2012年,日本经历了物价总水平约4%的下跌。到现在为止,我们总结了有关通货膨胀成本的讨论,我们也应该简单考虑一下通货紧缩的成本。

一些经济学家认为,小且可预期的通货紧缩可能是合意的。米尔顿·弗里德曼指出,通货紧缩会降低名义利率(回想一下费雪效应),而名义利率下降又引起持有货币的成本下降。他认为,持有货币的皮鞋成本会由于名义利率接近于零而达到最小,这反过来又要求通货紧缩等于真实利率。适度通货紧缩的这种做法被称为弗里德曼规则。

但是,还有其他通货紧缩成本。有一些与通货膨胀成本相对应。例如,正如物价水平上升引起菜单成本和相对价格变动一样,物价水平下降也如此。而且,实际上,通货紧缩很少像弗里德曼所说的那样稳定和可预期。更经常的情况是,它会突然而至,并引起财富向有利于债权人而不利于债务人的再分配。

也许更重要的是,通货紧缩也会由于广泛的宏观经济困难而经常出现。正如我们在以后几章将看到的,当出现货币紧缩这样的事情时,物价就会下降,并使经济中整个物品与服务的需求减少。总需求减少又会引起收入减少和失业增加。换言之,通货紧缩往往是更深层经济问题的症状。

案例研究
《欧兹国历险记》与银币自由铸造的争论

在孩提时代,你也许看过电影《欧兹国历险记》*,这部电影以1900年写的一本儿童读物为蓝本。电影和书讲述了一个名叫陶利丝的小姑娘的故事,这个小姑娘在远离家乡的一块陌生土地上迷了路。但也许你并不知道,这个故事实际上是对19世纪后期美国货币政策的一种影射。

从1880年到1896年,美国物价水平下降了23%。由于这个事件是没有预期到的,所以引起了重大的财富再分配。美国西部地区的大部分农民成了债务人,而他们的债权人是东部的银行家。当物价水平下降时,它引起这些债务的真实价值上升,这就以损害农民的利益为代价而富了银行。

根据当时人民党政治家的看法,解决农民问题的方法是银币的自由铸造。在这个时期,美国是在金本位制下运行。黄金的数量决定了货币供给,从而也决定了物价水平。银币自由铸造的倡导者想把银如金一样作为货币。如果采用了这个建议,就增加了货币供给,使物价上升,并减少农民债务的真实负担。

---

* 中文旧译《绿野仙踪》。——译者注

围绕银币的争论达到白热化,并且成为19世纪90年代政治的中心。人民党的竞选口号是"我们负债累累,只剩下了手中的选票"。银币自由铸造的一位著名倡导者是民主党1896年总统候选人William Jennings Bryan。他被人们记住部分是因为他在民主党提名大会上的一次演讲,在这次演讲中他说:"你们不应该把这顶满是荆棘的皇冠硬扣在劳动者头上,你们不应该用金十字架来残害自己的同胞。"从那时以来,很少再有政治家能用诗一样的语言来包装自己对货币政策的不同观点。但Bryan在竞选中败给了共和党人William McKinley,从而美国也保持了金本位。

《欧兹国历险记》的作者L. Frank Baum是中西部的一名记者。当他给孩子们写这个故事时,他创造了几个代表当时重大政治斗争中人物的角色。下面是经济史学家Hugh Rockoff在1990年发表于《政治经济学杂志》上的对这个故事的解释:

陶利丝:传统的美国价值观
小狗托托:禁酒党,又称戒酒主义者
稻草人:农民
铁皮人:产业工人
胆小的狮子:William Jennings Bryan
莫其干人:东部居民
东方坏女巫:Grover Cleveland
西方坏女巫:William McKinley
魔法师:共和党主席Marcus Alonzo Hanna
欧兹国:一盎司黄金的简写
黄砖路:金本位

早期关于货币政策的争论
图片来源:MGM/THE KOBAL COLLECTION/PICTURE DESK.

在故事的结尾,陶利丝找到了回家的路,但并不是沿着黄砖路。在经历了漫长而危险的旅程之后,她懂得了魔法师不能帮助她或她的朋友们。最终陶利丝发现了她的银拖鞋的魔力。(当《欧兹国历险记》这本书1939年被拍成电影时,陶利丝的拖鞋从银的换成了红宝石的。显然,好莱坞的电影制片商更感兴趣于炫耀彩色印片这一新技术,而不是讲述有关19世纪的货币政策的故事。)

虽然人民党在关于银币自由铸造的争论中失败了,但他们最终得到了货币扩张和他们想要的通货膨胀。1898年,探矿者在加拿大育空地区的克朗代克河附近发现了黄金,从南非金矿运来的黄金也增加了。因此,美国和其他采用金本位的国家的货币供给和物价水平开始上升。在15年内,美国的物价回升到19世纪80年代的水平,农民也能更好地应付他们的债务了。

即问即答 列出并说明通货膨胀的六种成本。

22.3 结论

本章讨论了通货膨胀的成因与成本。通货膨胀的主要原因就是货币量增加。当中央银行创造了大量货币时,货币的价值就迅速下降。为了维持物价稳定,中央银行必须保持对货币供给的严格控制。

通货膨胀的成本是较为隐蔽的。这种成本包括皮鞋成本、菜单成本、相对价格变动的加剧、无意的税收负担变动、混乱与不方便以及任意的财富再分配。这些成本在总量上是大还是小呢？所有经济学家一致认为，在超速通货膨胀时期这些成本是巨大的，但在温和通货膨胀时——当每年物价上升小于10%时——这些成本的大小则尚无定论。

虽然本章提出了许多有关通货膨胀的最重要的结论，但这种讨论并不完全。正如货币数量论所提出的，当中央银行降低货币增长率时，物价上升较慢。但当经济转向这种低通货膨胀率时，货币政策的变动也会对生产和就业产生不利影响。这就是说，尽管在长期中货币政策是中性的，但在短期中它对真实变量具有重要影响。在本书的后面，我们将讨论短期中货币非中性的原因，以加深我们对通货膨胀成因与成本的理解。

内容提要

◎ 经济中物价总水平的调整使货币供给与货币需求平衡。当中央银行增加货币供给时，就会引起物价水平上升。货币供给量的持续增长引起了持续的通货膨胀。

◎ 货币中性原理断言，货币量变动只影响名义变量而不影响真实变量。大多数经济学家认为，货币中性近似地描述了长期中的经济行为。

◎ 政府可以简单地通过印发货币来为自己的一些支出付款。当国家主要依靠这种通货膨胀税时，结果就是超速通货膨胀。

◎ 货币中性原理的一个应用是费雪效应。根据费雪效应，当通货膨胀率上升时，名义利率等量上升，因此，真实利率仍然不变。

◎ 许多人认为，通货膨胀使他们变穷了，因为通货膨胀提高了他们所买东西的成本。但这种观点是错误的，因为通货膨胀也提高了名义收入。

◎ 经济学家确定了通货膨胀的六种成本：与减少货币持有量相关的皮鞋成本，与频繁地调整价格相关的菜单成本，相对价格变动的加剧，由于税法非指数化引起的无意的税收负担变动，由于计价单位变动引起的混乱和不方便，以及债务人与债权人之间任意的财富再分配。在超速通货膨胀时期，这些成本都是巨大的，但温和通货膨胀时期这些成本的大小并不清楚。

关键概念

货币数量论　　　　　货币中性　　　　　费雪效应
名义变量　　　　　　货币流通速度　　　皮鞋成本
真实变量　　　　　　数量方程式　　　　菜单成本
古典二分法　　　　　通货膨胀税

复习题

1. 解释物价水平上升如何影响货币的真实价值。
2. 根据货币数量论，货币量增加的影响是什么？
3. 解释名义变量与真实变量之间的差别，并各举出两个例子。根据货币中性原理,哪一个变量受货币量变动的影响?
4. 从什么意义上说,通货膨胀像一种税?把通货膨胀作为一种税如何有助于解释超速通货膨胀?
5. 根据费雪效应,通货膨胀率的上升如何影响真实利率与名义利率?
6. 通货膨胀的成本是什么?你认为这些成本中的哪一种对美国经济最重要?
7. 如果通货膨胀比预期的低,谁会受益——债务人还是债权人?解释原因。

快速单选

1. 货币中性的古典原理说明,货币供给变动不影响 _____ 变量,而且这个原理更适合 _____ 期。
   a. 名义,短
   b. 名义,长
   c. 真实,短
   d. 真实,长
2. 如果名义 GDP 为 400 美元,真实 GDP 为 200 美元,而货币供给为 100 美元,那么以下哪种表述是正确的?
   a. 物价水平是1/2,货币流通速度是2。
   b. 物价水平是1/2,货币流通速度是4。
   c. 物价水平是2,货币流通速度是2。
   d. 物价水平是2,货币流通速度是4。
3. 根据货币数量论,数量方程式中的哪一个变量在长期中是最稳定的?
   a. 货币
   b. 货币流通速度
   c. 物价水平
   d. 产量
4. 当政府有巨额预算_____,而中央银行要用大量货币_____为它筹资时,超速通货膨胀就发生了。
   a. 赤字,紧缩
   b. 赤字,扩张
   c. 盈余,紧缩
   d. 盈余,扩张
5. 根据货币数量论和费雪效应,如果中央银行提高货币增长率,那么以下哪种表述是正确的?
   a. 通货膨胀率和名义利率都上升。
   b. 通货膨胀率和真实利率都上升。
   c. 名义利率和真实利率都上升。
   d. 通货膨胀率、真实利率和名义利率都上升。
6. 如果一个经济总是每年通货膨胀10%,以下哪一项通货膨胀成本不会带来痛苦?
   a. 减少货币持有量引起的皮鞋成本。
   b. 由于更频繁地调整价格引起的菜单成本。
   c. 名义资本收益税的扭曲。
   d. 在债务人和债权人之间的任意的再分配。

问题与应用

1. 假设今年的货币供给是5 000亿美元,名义GDP是10万亿美元,而真实GDP是5万亿美元。
   a. 物价水平是多少?货币流通速度是多少?
   b. 假设货币流通速度是不变的,而每年经济中物品与服务的产出增加5%。如果美联储保持货币供给不变,明年的名义GDP和物价水平是多少?
   c. 如果美联储想保持物价水平不变,它应该把明年的货币供给设定为多少?
   d. 如果美联储想把通货膨胀率控制在10%,它应该把货币供给设定为多少?
2. 假设银行规定的变动扩大了信用卡的可获得性,因此人们需要持有的现金少了。
   a. 这个事件如何影响货币需求?
   b. 如果美联储没有对这个事件做出反应,物价水平将发生什么变动?

c. 如果美联储想保持物价水平稳定,它应该做什么?

3. 有时有人建议,美联储应努力把美国的通货膨胀率降为零。如果我们假设货币流通速度不变,零通货膨胀目标是否要求货币增长率也等于零?如果是的话,解释原因。如果不是的话,说明货币增长率应该等于多少?

4. 假设一个国家的通货膨胀率急剧上升。对货币持有者征收的通货膨胀税会发生什么变动?为什么储蓄账户中持有的财富不受通货膨胀税率变动的影响?你认为会有哪些方式使储蓄账户持有者受到通货膨胀率上升的伤害?

5. 考虑在一个只由两个人组成的经济中通货膨胀的影响:Bob 是种黄豆的农民,Rita 是种大米的农民。他们俩总是消费等量的大米和黄豆。在 2013 年,黄豆价格是 1 美元,大米价格是 3 美元。

a. 假设 2014 年黄豆价格是 2 美元,而大米价格是 6 美元。通货膨胀率是多少?Bob 的状况是变好了、变坏了,还是不受价格变动的影响?Rita 呢?

b. 现在假设 2014 年黄豆价格是 2 美元,大米价格是 4 美元。通货膨胀率是多少?Bob 的状况是变好了、变坏了,还是不受价格变动的影响?Rita 呢?

c. 最后,假设 2014 年黄豆价格是 2 美元,大米价格是 1.5 美元。通货膨胀率是多少?Bob 的状况是变好了、变坏了,还是不受价格变动的影响?Rita 呢?

d. 对 Bob 和 Rita 来说什么更重要——是整体通货膨胀率,还是黄豆与大米的相对价格?

6. 如果税率是 40%,计算下述每种情况下的税前真实利率和税后真实利率:

a. 名义利率是 10%,通货膨胀率是 5%。

b. 名义利率是 6%,通货膨胀率是 2%。

c. 名义利率是 4%,通货膨胀率是 1%。

7. 回忆一下货币在经济中执行的三种职能。这三种职能是什么?通货膨胀如何影响货币执行每一种职能的能力?

8. 假设人们预期通货膨胀率等于 3%,但实际上物价上升了 5%。描述这种未预期到的高通货膨胀率是帮助还是损害了以下主体:

a. 政府

b. 有固定利率抵押贷款的房主

c. 签订劳动合同第二年的工会工人

d. 把其某些资金投资于政府债券的大学

9. 说明以下陈述是正确的、错误的,还是不确定的。

a. "通货膨胀损害了债务人的利益而帮助了债权人,因为债务人必须支付更高的利率。"

b. "如果价格以一种使物价总水平不变的方式变动,那么没有一个人的状况会变得更好或更坏。"

c. "通货膨胀并没有降低大多数工人的购买力。"

第23章　总需求与总供给

第24章　货币政策和财政政策对总需求的影响

第9篇　短期经济波动

第 23 章
总需求与总供给

经济活动每年都有波动。在大多数年份,物品与服务的生产是增长的。由于劳动力增加、资本存量增加以及技术知识进步,经济能生产的东西就会一直越来越多。这种增长使每一个人都享有更高的生活水平。平均而言,在过去半个世纪,美国经济按真实 GDP 衡量的生产每年增长 3% 左右。

但是,在一些年份,经济经历紧缩而不是增长。企业无法把它们提供的所有物品与服务都卖出去,因此它们削减生产,结果工人被解雇,失业增加,而且工厂被闲置。随着经济生产的物品与服务的减少,真实 GDP 和收入的其他衡量指标下降。如果这种收入减少和失业增加较为缓和,这一时期就被称为**衰退**(recession);如果较为严重,就被称为**萧条**(depression)。

一个衰退的例子出现在 2008 年和 2009 年。从 2007 年第四季度到 2009 年第二季度,美国经济的真实 GDP 下降了 4.7%。失业率从 2007 年 5 月的 4.4% 上升到 2009 年 10 月的 10.0%——是近三十年来的最高水平。这一时期毕业的学生发现合意的工作很难找到,这一点也不奇怪。

是什么因素引起了经济活动的短期波动呢?如果可能的话,能够用什么公共政策来防止收入减少和失业增加的时期出现呢?当衰退和萧条发生时,决策者如何缩短其持续时间以及减轻其严重性呢?这些正是我们现在要论述的问题。

我们所研究的变量主要是在前几章已经说明的变量。这些变量包括 GDP、失业、利率以及物价水平。还有我们所熟悉的政策工具,如政府支出、税收和货币供给。与我们以前分析的不同之处在于分析的时间框架。到目前为止,我们的目标一直是解释这些变量在长期中的变动情况。现在我们的目标是解释它们偏离其长期趋势的短期波动。换言之,我们现在不是集中于解释从这一代到下一代经济增长的因素,而是关注于解释从这一年到下一年经济波动的因素。

虽然经济学家对于如何分析短期波动仍然存在一些争论,但大多数经济学家都使用总需求与总供给模型。学会运用这个模型来分析各种事件和政策的短期效应是当前的首要任务。本章将介绍这个模型的两个部分——总需求曲线与总供给曲线。在研究这个模型之前,我们先来看一些描述经济盛衰的关键事实。

23.1 关于经济波动的三个关键事实

各国在其整个历史时期的经济活动中都存在短期波动。作为了解这些逐年波动的出发点,我们现在讨论这种波动的一些最重要的特征。

23.1.1 事实1:经济波动是无规律的且不可预测的

经济中的波动通常被称为经济周期。正如这个术语所表明的,经济波动与经济状况的变动是相对应的。当真实 GDP 增长迅速时,经济状况就比较好。在这种经济扩张时期,大多数企业会发现,顾客很多且利润在增长。当在衰退时期真实 GDP 减少时,经济就出现了问题。在这种经济紧缩时期,大多数企业经历了销售和利润的减少。

经济周期这个术语有时也会引起误解,因为它表明经济波动遵循一种有规律的、可预测的形式。实际上,经济波动根本没有规律,而且几乎不可能较为准确地预测。图 23-1(a) 幅显示了 1965 年以来美国经济中的真实 GDP。阴影面积表示衰退的时期。正如该图所表明的,衰退并不是有规律地间隔发生。有时衰退相隔非常近,例如 1980 年和 1982 年的衰退;有时经济许多年都没有经历衰退。美国历史上最长的没有经历衰退的时期是从 1991 年到 2001 年的经济扩张时期。

图 23-1 观察短期经济波动

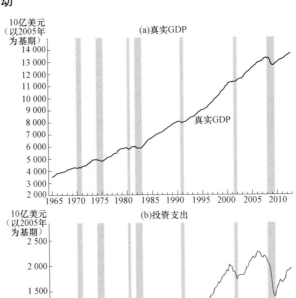

该图(a)幅、(b)幅和(c)幅分别显示了 1965 年以来用季度数据表示的美国经济的真实 GDP、投资支出以及失业率。阴影面积表示衰退。要注意的是,在衰退时期,真实 GDP 和投资支出是减少的,而失业是上升的。

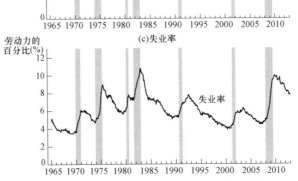

资料来源:U. S. Department of Commerce; U. S. Department of Labor.

23.1.2 事实2：大多数宏观经济变量同时波动

真实 GDP 是最普遍地用于监测经济中短期变动的一个变量，因为它是经济活动的一个最全面的衡量指标。真实 GDP 既衡量了某一既定时期内生产的所有最终物品与服务的价值，也衡量了经济中所有人的总收入（根据通货膨胀调整过的）。

然而，事实证明，对于监测短期波动而言，人们观察经济活动的哪个指标实际上无关紧要。大多数衡量某种收入、支出或生产波动的宏观经济变量几乎是同时变动的。当真实 GDP 在经济衰退中减少时，个人收入、公司利润、消费者支出、投资支出、工业生产、零售额、住房销售额、汽车销售额等也都减少。由于衰退是经济的总体现象，所以它们反映在宏观经济数据的许多来源上。

"你被解雇了，把这个决定传达下去。"

图片来源：© ROB-ERT MAN-KOFF/THE NEW YORKER COL-LECTION/WWW. CAR-TOONBANK.COM.

虽然许多宏观经济变量同时变动，但它们波动的幅度并不相同。特别是，正如图 23-1(b) 幅所示，在经济周期中投资支出的变动最大。尽管平均而言投资只占 GDP 的七分之一左右，但在衰退期间 GDP 减少的三分之二左右是由投资减少导致的。换句话说，当经济状况恶化时，大部分下降应归因于用于新工厂、住房和存货支出的减少。

23.1.3 事实3：随着产量减少，失业增加

经济中物品与服务产量的变动与经济中劳动力利用率的变动是密切相关的。换句话说，当真实 GDP 减少时，失业率上升。这个事实没有什么奇怪的：当企业选择缩减其产品和服务的生产数量时，它们就会解雇工人，从而使失业大军扩大。

图 23-1(c) 幅显示了 1965 年以来美国经济中的失业率。图中仍然是用阴影面积表示衰退时期。该图清楚地表明了衰退对失业的影响。在每一次衰退时，失业率都大幅度上升。当衰退结束且真实 GDP 开始增加时，失业率才逐渐减少。失业率从未达到零，反而是围绕 5% 或 6% 左右的自然失业率波动。

即问即答 列出并讨论关于经济波动的三个关键事实。

23.2 解释短期经济波动

当经济波动时，描述经济经历了什么是容易的，但解释是什么引起了这些波动则较为困难。实际上，与我们在前些章中所研究的题目相比，经济波动理论仍然是有争议的。在本章中，我们开始介绍一个大多数经济学家用来解释经济活动中短期波动的模型。

23.2.1 古典经济学的假设

在前几章中，我们提出了用于解释长期中什么因素决定最重要的宏观经济变量的理论。第 17 章解释了生产率和真实 GDP 的水平及其增长。第 18 章和第 19 章解释了金融体系如何运行，以及真实利率如何调整以使储蓄与投资平衡。第 20 章解释了经济中总有一些失业的原因。第 21 章和第 22 章解释了货币制度以及货币供给的变动如何影响物价水平、通货膨胀

率和名义利率。

所有这些以前的分析都是基于两种相关的思想——古典二分法和货币中性。我们还记得,古典二分法是把变量分为真实变量(衡量数量或相对价格的变量)和名义变量(按货币衡量的变量)。根据古典宏观经济理论,货币供给的变动影响名义变量,而不影响真实变量。由于这种货币中性,第 17—20 章可以不引入名义变量(货币供给和物价水平)而直接考察真实变量(真实 GDP、真实利率和失业)的决定因素。

在某种意义上说,在古典世界中货币无关紧要。如果经济中的货币量翻了一番,每一种东西的成本就会翻一番,而且每个人的收入也会翻一番。这是怎么回事呢?原因就是变动是名义的(标准的含义是"近乎无意义")。人们真正关心的事情——他们是否有工作,他们能买多少物品与服务,等等——完全没有改变。

这种古典观点有时也可以用"货币是一层面纱"这句俗语来描述。这就是说,当我们观察经济时,名义变量可能是我们看到的第一样东西,因为经济变量通常用货币单位来表示。但是,重要的是真实变量和决定它们的经济力量。根据古典理论,为了理解这些真实变量,我们需要透过面纱去观察。

23.2.2 短期波动的现实性

古典宏观经济理论的这些假设适用于我们生活的现实世界吗?这个问题的答案对于了解经济如何运行是至关重要的。大多数经济学家认为,古典理论描述了长期世界,但并没有描述短期世界。

我们再来考虑货币对经济的影响。大多数经济学家认为,在超过几年的一个时期,货币供给的变动影响物价和其他名义变量,但并不影响真实 GDP、失业以及其他真实变量——正如古典理论所说的。然而,在研究逐年的经济变动时,货币中性的假设就不再适用了。在短期中,真实变量与名义变量是高度相关的,而且货币供给的变动可以暂时地使真实 GDP 背离其长期趋势。

甚至古典经济学家(例如大卫·休谟)也认识到,古典经济理论在短期中并不成立。18 世纪在英国,大卫·休谟观察到,当黄金发现后货币供给增加时,价格上升需要一段时间,而且在这一时期,经济中存在更高的就业和更多的生产。

为了了解短期中经济如何运行,我们需要一个新模型。我们可以用在以前各章中介绍的许多工具来建立这个新模型,但必须放弃古典二分法和货币中性。我们可以不再把我们的分析分为产量与就业这类真实变量和货币与物价水平这类名义变量。我们的新模型将注意力集中在真实变量与名义变量如何相互影响上。

新闻摘录
经济衰退的社会影响

在 2008 年和 2009 年,美国经济经历了严重的衰退。这引起一些评论家们提问,这些事件如何对社会产生更广泛的影响。

衰退能改变生活方式

Tyler Cowen

随着失业者增加以及为摆脱困境已花费的数万亿美元,经济衰退的社会成本也日益明显。主要的问题肯定是怎样才能缩短并缓解这艰难时期。但在严肃的经济学外,还有衰退如何改变我们生活的一系列更广泛问题。

所有衰退都有文化与社会影响,而在严重的衰退期间改变就是深远的。例如,20世纪30年代的大萧条既被作为一个经济时代也被作为一个社会和文化时代。而这一次的经济危机也将引起从娱乐习惯到健康的许多方面的变化。

首先,来看娱乐。许多研究表明,当工作难找或赚钱难的时候,人们把时间更多地用在自我提升和较为廉价的娱乐上。在20世纪30年代的大萧条期间,这意味着去听收音机,玩室内游戏,以此代替在城里过一个迷人的夜晚。这种"宅"在家里的趋势一直持续到20世纪50年代末期。

在今天的衰退期间,我们也可以预料到人们会转向不太昂贵的活动——而且也许会在几年内保持这种习惯。人们也许会对网上免费项目和简单的日常散步更有兴趣,而不是去度昂贵的假和买NBA的包厢票。

在任何一次衰退中,穷人受的痛苦都是最大的。但在文化上,那些在当前危机中失去大部分财富的富人也是如此。这种衰退所引起的富人消费的减少非比寻常。

西北大学金融学教授Jonathan A. Parker和Annette Vissing-Jorgensen在他们最近的文章中记录了这种转变,文章题目是"谁承受总波动和如何承受呢?消费不平等的估算和含义"(Who Bears Aggregate Fluctuations and How? Estimates and Implications for Consumption Inequality)。当然,那些以不动产或股票持有许多财富的人承担了沉重的损失。但是这篇文章说,最重要的是,正如在金融部门看到的,那些高收入者的劳动收入下降得比以前的衰退时期多。

在这次衰退中,广受富人喜欢的聚餐会也减少了。我们可以预言,聚会场所从明星交际的高档餐馆转向公共图书馆。在衰退时期都会出现这种变化,但这次尤其更显著。

当然,衰退和萧条对人的精神健康绝非好事。但并不广为人知的是,在美国和其他富裕国家,平均而言,经济衰退期间人们身体健康状况看起来改善了。的确,工资减少有压力,但工作压力的消除也有些有利的影响。也许更重要的是,人们开车外出少了,从而车祸的风险也降低了,而且用于酒和烟的钱也少了。他们有更多时间锻炼和睡觉,而且往往选择在家做饭而不是吃快餐。

北卡罗来纳大学Greensboro分校的经济学家Christopher J. Ruhm 2003年在"艰难时期的健康生活"(Healthy Living in Hard Times)一文中说明,随着失业率上升,死亡率下降了。他发现,在美国,平均而言,失业率每上升1%,死亡率下降0.5%。

David Potts在其2006年的著作《大萧条之谜》(The Myth of the Great Depression)中研究了20世纪30年代澳大利亚的社会史。澳大利亚的自杀率在1930年达到顶点,但整体健康状况改善了,而且死亡率下降了;在1930年以后,自杀率也下降了。

他在访谈中发现,许多人还很甜蜜地缅怀这些衰退的年份,不过我们并不能因此匆忙地得出结论"衰退是幸福时光"。

正如哈佛大学的心理学家Daniel Gilbert在其畅销书《幸福之困惑》(Stumbling on Happiness)中证明的,他们的许多论述看来都是错觉。根据Gilbert教授的说法,人们往往对极为艰辛的时期有乐观的回忆,这种时期包括极端贫穷和战争。

就今天而言,我们对遥远未来的有趣记忆颇为怀疑的慰藉也有点担心与焦虑。

但这种衰退很可能意味着,更为审慎的一代人即将到来。加州大学伯克利分校的教授Ulrike Malmendier和斯坦福大学商学院教授Stefan Nagel在2007年合著的一篇文章"衰退时期的孩子:宏观经济经历影响风险承担水平吗?"(Depression Babies: Do Macroeconomic Experiences Affect Risk-Taking?)就含有此意。

文章指出,成长于股票低收益时期的一代人往往对投资有不寻常的谨慎,即使在几十年后也这样。同样,在高通胀时期成长的一代在几十年后仍然对购买债券较为谨慎。

换言之,现在十几岁的年轻人在股市上会更少做出愚蠢的决策。他们可能会错过一些好的商业机会,但也会少犯错误。

说一千,道一万,美国经济还是发生了大问题,没有人愿意看到这样的事情发生。不过如果深入了解这种衰退及其带来的社会变化,就会呈现出更复杂的情形。

除了努力走出衰退之外——美国人的首要任务——许多人会少花钱,多办事,而且更多依靠他们自己及其家庭。这些社会变化可能是这次衰退的下一个大新闻。

Cowen 先生是乔治·梅森(George Mason)大学经济学教授。

资料来源:*New York Times*, February 1, 2009.

23.2.3 总需求与总供给模型

我们的短期经济波动模型将注意力集中在两个变量的行为上。第一个变量是,用真实 GDP 衡量的经济中物品与服务的产出。第二个变量是,用 CPI 或 GDP 平减指数衡量的物价总水平。要注意的是,产量是真实变量,而物价水平是名义变量。通过关注这两个变量之间的关系,我们背离了可以分别研究真实变量与名义变量的古典假设。

我们用图 23-2 所示的**总需求与总供给模型**(model of aggregate demand and aggregate supply)来分析整个经济的波动。图中纵轴表示经济中的物价总水平,横轴表示经济中物品与服务的总产量。**总需求曲线**(aggregate-demand curve)表示在每一种物价水平时,家庭、企业、政府和外国客户想要购买的物品与服务的数量。**总供给曲线**(aggregate-supply curve)表示在每一种物价水平时,企业生产并销售的物品与服务的数量。根据这个模型,物价水平与产量的调整使总需求与总供给达到平衡。

图 23-2 总需求与总供给

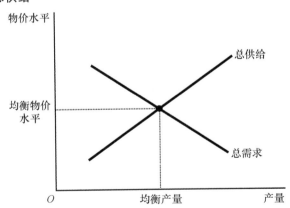

经济学家用总需求与总供给模型来分析经济波动。纵轴表示物价总水平,横轴表示经济中物品与服务的总产量。产量和物价水平会调整到使总需求曲线与总供给曲线相交的那点。

也许有人会认为,总需求与总供给模型不过是第 4 章中介绍的市场需求与市场供给的模型的放大形式而已。实际上这两个模型是完全不同的。当我们考虑某个特定市场——比如冰淇淋市场——的需求与供给时,买者与卖者的行为取决于其把资源从一个市场转移到另一个市场的能力。当冰淇淋价格上升时,其需求量减少是因为买者将用他们的收入去购买其他产品而不买冰淇淋。同样,较高的冰淇淋价格使供给量增加是因为通过雇用从其他经济部门来的工人,生产冰淇淋的企业可以增加冰淇淋的产量。这种从一个市场转向另一个市场的微观经济替代对整个经济来说是不可能的。毕竟我们的模型所要解释的量——真实GDP——衡量了所有市场上所有企业生产的物品与服务的总量。为了理解为什么总需求曲线向右下方倾斜,而总供给曲线向右上方倾斜,我们需要一种解释物品与服务总需求量和物品与服务总供给量的宏观经济理论。提出这种理论是我们的下一个任务。

即问即答 ● 短期中经济的行为与长期中经济的行为有什么不同？ ● 画出总需求与总供给模型。这两个轴上标示的分别是什么变量？

23.3 总需求曲线

总需求曲线告诉我们在任何一种既定的物价水平时经济中所有物品与服务的需求量。如图23-3所示,总需求曲线向右下方倾斜。这意味着,在其他条件相同的情况下,经济中物价总水平的下降(比如说,从 P_1 下降为 P_2)会增加物品与服务的需求量(从 Y_1 增加为 Y_2);相反,物价水平的上升会减少物品与服务的需求量。

图 23-3 总需求曲线

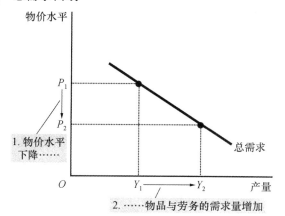

物价水平从 P_1 下降到 P_2,这使物品与服务的需求量从 Y_1 增加到 Y_2。这种负相关关系有三个原因。当物价水平下降时,真实财富增加,利率下降,而且汇率下降。这些效应刺激了用于消费、投资和净出口的支出。这些GDP组成部分中任意一个或所有部分支出的增加意味着物品与服务的需求量更大了。

23.3.1 为什么总需求曲线向右下方倾斜

为什么物价水平变动引起物品与服务的需求量反方向变动？为了回答这个问题,回忆一下一个经济中的GDP(我们用 Y 表示)是其消费(C)、投资(I)、政府购买(G)和净出口(NX)之和是有用的:

$$Y = C + I + G + NX$$

这四个组成部分的每一部分都对物品与服务的总需求做出了贡献。现在我们假设政府支出是由政策固定的。支出的其他三个组成部分——消费、投资和净出口——取决于经济状况,特别是取决于物价水平。因此,为了了解总需求曲线为什么向右下方倾斜,我们必须考察物价水平如何影响用于消费、投资和净出口的物品与服务需求量。

物价水平与消费:财富效应 考虑你在钱包中和银行账户上所持有的货币。这种货币的名义价值是固定的:一美元总是值一美元。但一美元的真实价值并不固定。如果一个棒棒糖的价格是一美元,那么一美元就值一个棒棒糖。如果一个棒棒糖的价格下降到50美分,那么一美元就值两个棒棒糖。因此,当物价水平下降时,你所拥有的美元的价值上升了,这就增加了你的真实财富以及你购买物品与服务的能力。

这个逻辑给了我们总需求曲线向右下方倾斜的第一个原因。物价水平下降提高了货币的真实价值,并使消费者更富有,这又鼓励他们更多地支出。消费者支出增加意味着物品与服务需求量更大。相反,物价水平上升降低了货币的真实价值,并使消费者变穷,这又减少了消费者支出以及物品与服务的需求量。

物价水平与投资:利率效应　物价水平是货币需求量的一个决定因素。物价水平越低,家庭为了购买它们想要的物品与服务需要持有的货币就越少。因此,当物价水平下降时,家庭会通过把一些钱借出去来试图减少货币持有量。例如,家庭可能会用它的超额货币去购买有利息的债券,或者把超额货币存入有利息的储蓄账户,而银行将用这些资金进行更多的贷款。在这两种情况下,由于家庭试图把自己的一些货币换为有利息的资产,所以利率会下降(下一章会对此进行更详细的分析)。

利率反过来又影响对物品与服务的支出。由于低利率使借款变得便宜,这就鼓励企业更多地借款并投资于新工厂和设备,也鼓励家庭借更多的钱投资于新住房。(低利率也可能会刺激消费支出,特别是像汽车这类通常靠信贷购买的大件耐用品的购买。)因此,低利率增加了物品与服务的需求量。

这个逻辑给了我们总需求曲线向右下方倾斜的第二个原因。物价水平下降降低了利率,鼓励更多的用于投资品的支出,从而增加了物品与服务的需求量。相反,物价水平上升提高了利率,抑制了投资支出,并降低了物品与服务的需求量。

物价水平与净出口:汇率效应　正如我们刚刚讨论过的,美国的物价水平越低,美国的利率就越低。作为对低利率的反应,一些美国投资者通过在国外投资而寻求更高的收益。例如,当美国政府债券的利率下降时,共同基金就会出售美国政府债券,以购买德国政府债券。当共同基金为了购买德国债券试图把它的美元兑换为欧元时,它就增加了外汇市场上美元的供给。

要兑换为欧元的美元供给增加引起美元相对于欧元贬值。这就引起了真实汇率——国内物品与国外物品的相对价格——的变动。由于每一美元购买的外国通货单位少了,外国物品相对于本国物品就变得昂贵。

相对价格变动反过来又影响物品与服务的支出,既影响国内的,也影响国外的。由于外国物品现在变得昂贵了,美国人从其他国家购买的东西就少了,这引起美国物品与服务的进口减少。同时,由于美国物品现在变得便宜了,外国人从美国购买的东西就多了,因此,美国的出口增加。净出口等于出口减进口,因此,这两种变动都引起美国的净出口增加。这样,美元的真实汇率值下降引起了物品与服务的需求量增加。

这个逻辑提供了总需求曲线向右下方倾斜的第三个原因。当美国物价水平下降引起美国利率下降时,美元在外汇市场上的真实价值下降了。这种贬值刺激了美国的净出口,从而增加了物品与服务的需求量。相反,当美国物价水平上升并引起美国利率上升时,美元的真实价值就会上升,而且这种升值减少了美国的净出口以及物品与服务的需求量。

总结　有三个不同但相关的原因说明了为什么物价水平下降增加了物品与服务的需求量:
(1) 消费者更富有了,这刺激了消费品需求。
(2) 利率下降,这刺激了投资品需求。
(3) 通货贬值,这刺激了净出口需求。

同样的这三种效应也在相反的方向起作用:当物价水平上升时,财富减少抑制了消费支出,高利率抑制了投资支出,而且通货升值抑制了净出口。

有一个思想实验可以加深你对这些效应的理解。设想有一天你醒来时注意到,由于某种神奇的原因,所有物品与服务的价格都下降了一半,因此,你拥有的美元价值翻了一番。按真实价值计算,你现在拥有的钱是你昨天晚上睡觉时的两倍。你会用这些额外的钱做什么呢?你可以在你喜欢的餐馆里花这些钱,增加消费支出;你也可以把这些钱贷出去(通过购买债券或者把这些钱存入银行),这就降低了利率,并增加了投资支出;你还可以把这些钱投资于海外(通过购买国际共同基金的股份),这就降低了美元的真实汇率值,并增加了净出口。无论你选择这三种反应中的哪一种,物价水平的下降都引起了物品与服务需求量的增加。这就是总需求曲线向右下方倾斜所代表的。

重要的是要记住,总需求曲线(和所有需求曲线一样)是在假设"其他条件相同"的情况下画出来的。特别是,我们对向右下方倾斜的总需求曲线的三个解释都假定货币供给是固定的。这就是说,我们是在假设经济中货币供给不变的情况下来考虑物价水平的变动如何影响物品与服务的需求的。正如我们将要说明的,货币量的变动会使总需求曲线移动。现在只要记住,总需求曲线是根据一个既定的货币供给量做出的。

23.3.2 为什么总需求曲线会移动

总需求曲线向右下方倾斜表明物价水平下降增加了物品与服务的总需求量。但是,许多其他因素也影响物价水平既定时的物品与服务的需求量。当这些因素中的一种变动时,在每一种物价水平时物品与服务的需求量改变了,总需求曲线就会移动。

现在我们考虑一些使总需求曲线移动的事件的例子。我们可以依据这些事件最直接影响总支出的哪一个组成部分将它们进行分类。

消费变动引起的移动 假设美国人突然变得更为关注其退休后的生活,从而减少了他们的现期消费。由于在物价水平既定时,物品与服务的需求量减少了,所以总需求曲线向左移动。相反,设想股市高涨使人们更富有了,并且不太关心储蓄了。这种情况所引起的消费支出增加意味着在物价水平既定时物品与服务的需求量增加,因此总需求曲线向右移动。

因此,任何一个改变人们在物价水平既定时想消费多少的事件都会使总需求曲线移动。具有这种效应的政策变量之一是税收水平。当政府减税时,它鼓励人们更多地支出,因此总需求曲线向右移动。当政府增税时,人们就会削减支出,因此总需求曲线向左移动。

投资变动引起的移动 任何一个改变企业在物价水平既定时想投资多少的事件也都会使总需求曲线移动。例如,设想电脑行业引进了运算速度更快的电脑,而且许多企业决定投资于新电脑系统。由于在物价水平既定时物品与服务的需求量增加了,所以总需求曲线向右移动。相反,如果企业对未来经济状况持悲观态度,它们就会削减投资支出,这将使总需求曲线向左移动。

税收政策也可以通过投资影响总需求。例如,投资税收优惠(税收减免与企业的投资支出相关)增加了企业在利率既定时需求的投资品数量,从而使总需求曲线向右移动。相反,投资税收优惠的取消减少了投资,使总需求曲线向左移动。

影响投资和总需求的另一个政策变量是货币供给。正如我们在下一章将要更充分地讨论的,短期中货币供给增加降低了利率,这种利率的下降就使借款成本减少。借款成本减少又刺激了投资支出,从而使总需求曲线向右移动。相反,货币供给减少提高了利率,抑制了投资支出,从而使总需求曲线向左移动。许多经济学家认为,整个美国历史上货币政策的变动一直是总需求曲线移动的一个重要原因。

政府购买变动引起的移动　决策者使总需求曲线移动的最直接的方式是通过政府购买。例如,假设国会决定减少新武器系统的购买,由于在物价水平既定时物品与服务的需求量减少了,所以总需求曲线向左移动。相反,如果州政府开始建设更多的高速公路,结果是在物价水平既定时物品与服务需求量的增多,因此总需求曲线向右移动。

净出口变动引起的移动　在物价水平既定时任何一个改变净出口的事件也会使总需求曲线移动。例如,当欧洲经历衰退时,它从美国购买的物品变少了,这就减少了美国在每一物价水平上的净出口,使美国经济的总需求曲线向左移动。当欧洲从衰退中复苏时,它又开始购买美国物品,这又会使总需求曲线向右移动。

净出口的变动也可能是因为国际投机者的活动引起了汇率变动。例如,假设这些投机者对外国经济失去信心,想要将其一些财富转移到美国经济中,这样做的结果是他们使外汇市场上的美元价值上升。这种美元升值使美国物品相对于外国物品更为昂贵,这就抑制了美国的净出口,使总需求曲线向左移动。相反,引起美元贬值的投机活动刺激了净出口,使总需求曲线向右移动。

总结　在下一章中我们要更详细地分析总需求曲线,并且将更精确地考察货币政策和财政政策工具如何使总需求移动,以及决策者是否应该把这些工具运用于这种目的。但现在我们应该对为什么总需求曲线向右下方倾斜以及哪几种事件和政策会使这条曲线移动有所了解。表 23-1 总结了我们迄今为止所学到的内容。

表 23-1　总需求曲线:总结

为什么总需求曲线向右下方倾斜?

1. 财富效应:物价水平下降增加了真实财富,这鼓励了消费支出。
2. 利率效应:物价水平下降降低了利率,这鼓励了投资支出。
3. 汇率效应:物价水平下降引起了真实汇率下降,这鼓励了净出口支出。

为什么总需求曲线会移动?

1. 消费变动引起的移动:在物价水平既定时,使消费者支出增加的事件(减税、股市高涨)使总需求曲线向右移动。在物价水平既定时,使消费者支出减少的事件(增税、股市低迷)使总需求曲线向左移动。
2. 投资变动引起的移动:在物价水平既定时,使企业投资增加的事件(对未来的乐观、由于货币供给增加引起的利率下降)使总需求曲线向右移动。在物价水平既定时,使企业投资减少的事件(对未来的悲观、由于货币供给减少引起的利率上升)使总需求曲线向左移动。
3. 政府购买变动引起的移动:政府对物品与服务购买的增加(增加对国防或高速公路建设的支出)使总需求曲线向右移动。政府对物品与服务购买的减少(削减对国防或高速公路建设的支出)使总需求曲线向左移动。
4. 净出口变动引起的移动:在物价水平既定时,增加净出口支出的事件(国外经济繁荣、引起汇率下降的投机)使总需求曲线向右移动。在物价水平既定时,减少净出口支出的事件(国外经济衰退、引起汇率上升的投机)使总需求曲线向左移动。

即问即答　● 解释总需求曲线向右下方倾斜的三个原因。● 举出一个会使总需求曲线移动的事件的例子。这个事件使该曲线向哪个方向移动?

23.4 总供给曲线

总供给曲线告诉我们在任何一种既定的物价水平时企业生产并销售的物品与服务总量。与总是向右下方倾斜的总需求曲线不同,总供给曲线的走势取决于所考察的时间长短。在长期中,总供给曲线是垂直的;而在短期中,总供给曲线向右上方倾斜。为了了解短期经济波动,以及经济的短期行为如何与其长期行为不一致,我们既要考察长期总供给曲线,又要考察短期总供给曲线。

23.4.1 为什么长期中总供给曲线是垂直的

是什么因素决定长期中物品与服务的供给量呢?在本书前面,当我们分析经济增长的过程时已经隐含地回答了这个问题。在长期中,一个经济的物品与服务生产(它的真实 GDP)取决于它的劳动、资本和自然资源的供给,以及可得到的用于把这些生产要素变为物品与服务的技术。

当我们分析决定长期经济增长的这些因素时,我们根本不需要提到物价总水平。我们在另一章考察了物价水平,在那一章中我们说明了物价水平由货币量决定。我们知道,如果两个经济除了一个经济流通中的货币是另一个经济的两倍之外,其他完全相同,那么货币多的经济中的物价水平也是另一个经济的两倍。但是由于货币量并不影响技术以及劳动、资本与自然资源的供给,所以在这两个经济中物品与服务的产量应该是相同的。

因为物价水平并不影响这些真实 GDP 的长期决定因素,所以长期总供给曲线是垂直的,如图 23-4 所示。换句话说,在长期中,经济的劳动、资本、自然资源和技术决定了物品与服务的总供给量,而且无论物价水平如何变动,供给量都是相同的。

图 23-4 长期总供给曲线

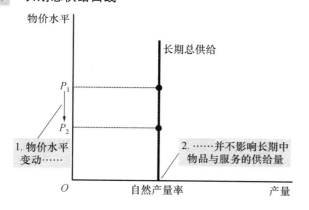

在长期中,供给量取决于经济的劳动、资本和自然资源量,以及把这些投入变为产出的技术。因为供给量并不取决于物价总水平,所以长期总供给曲线是在自然产出水平上的一条垂线。

垂直的长期总供给曲线是古典二分法与货币中性的图形表示。正如我们已经讨论过的,古典宏观经济理论是以真实变量不取决于名义变量的假设为基础的。长期总供给曲线与这个思想是一致的,因为它意味着产量(真实变量)不取决于物价水平(名义变量)。正如以前所提到的,大多数经济学家认为,在研究包含许多年的一个时期的经济时,这个原理很适用,但当研究逐年的变动时就不适用了。因此,只有在长期中总供给曲线才是垂直的。

23.4.2　为什么长期总供给曲线会移动

因为古典宏观经济理论预测了一个经济在长期中所生产的物品与服务量,所以它也说明了长期总供给曲线的位置。长期生产水平有时称为潜在产量或充分就业产量。为了更准确一些,我们称它为**自然产出水平**(natural level of output),因为它表明失业为其自然率或正常率时经济中所生产的东西。自然产出水平是经济在长期中所趋向的生产水平。

经济中任何改变自然产出水平的变动都会使长期总供给曲线移动。因为古典模型中的产量取决于劳动、资本、自然资源和技术知识,所以我们可以把长期总供给曲线的移动划分为这四个原因引起的移动。

劳动变动引起的移动　设想一个经济中移民的增加使工人的数量增多了,因而物品与服务的供给量也增加了。结果,长期总供给曲线将向右移动。相反,如果许多工人离开这个经济去了国外,那么长期总供给曲线将向左移动。

因为长期总供给曲线的位置还取决于自然失业率,所以自然失业率的任何一种变动都会使长期总供给曲线移动。例如,如果国会大幅度提高最低工资,自然失业率就会上升,从而经济生产的物品与服务量就会减少。结果,长期总供给曲线将向左移动。相反,如果失业保险制度改革鼓励失业工人更努力地寻找新工作,自然失业率就会下降,长期总供给曲线将向右移动。

资本变动引起的移动　经济中资本存量的增加提高了生产率,从而增加了物品与服务的供给量。结果,长期总供给曲线将向右移动。相反,经济中资本存量的减少降低了生产率,从而减少了物品与服务的供给量,会使长期总供给曲线向左移动。

要注意的是,无论我们讨论的是机器和工厂这类物质资本,还是大学生这类人力资本,同样的逻辑都适用。无论哪种类型资本的增加都将提高经济生产物品与服务的能力,因此都会使长期总供给曲线向右移动。

自然资源变动引起的移动　经济的生产取决于自然资源,包括土地、矿藏和天气。新矿藏的发现使长期总供给曲线向右移动;造成农业减产的天气变化使长期总供给曲线向左移动。

在许多国家,重要的自然资源是从国外进口的。这些资源的可获得性的变动也会使总供给曲线移动。正如我们将在本章后面讨论的,在历史上,世界石油市场所发生的事件是美国和其他石油进口国总供给曲线移动的一个重要原因。

技术知识变动引起的移动　今天的经济较之上一代产量更高的最重要原因也许是我们技术知识的进步。例如,电脑的发明已经使我们可以用任何既定量的劳动、资本和自然资源生产出更多的物品与服务。随着电脑应用在经济中的普及,它已经使长期总供给曲线向右移动了。

许多其他事件尽管表面上看不是技术的变动,但也像技术变动一样起作用。例如,开放国际贸易与发明新的生产过程有类似的作用,因为它使一个国家专门从事生产率更高的行业,所以它也会使长期总供给曲线向右移动。相反,如果政府出于对工人安全与环境的考虑,通过了阻止企业利用某种生产方法的新规定,结果就将使长期总供给曲线向左移动。

总结　因为长期总供给曲线反映了我们在前几章中提出的古典经济模型,所以它提供了描述我们以前分析的一种新方法。在前几章中任何一种增加真实 GDP 的政策或事件都可以增加物品与服务的供给量,并使总供给曲线向右移动。在前几章中任何一种减少真实 GDP 的政策或事件也都可以减少物品与服务的供给量,并使总供给曲线向左移动。

23.4.3　用总需求和总供给来描述长期增长与通货膨胀

在介绍了经济的总需求曲线和长期总供给曲线之后,现在我们有了一种描述经济长期趋势的新方法。图 23-5 说明了经济中每十年间发生的变动。要注意的是,这两条曲线都在移动。尽管在长期中有许多因素决定经济,而且在理论上这些因素都可以引起这种移动,但是现实世界中最重要的两个因素是技术和货币政策。技术进步提高了一个经济生产物品与服务的能力,而且这种产量的增加反映在长期总供给曲线持续地向右移动上。同时,由于美联储一直在增加货币供给,所以总需求曲线也向右移动。正如该图所说明的,结果是产量的持续增长(用 Y 的增加表示)和持续的通货膨胀(用 P 的上升表示)。这仅仅是提供了我们在前几章中讨论的增长与通货膨胀的古典分析的另一种方法。

图 23-5　总需求与总供给模型中的长期增长与通货膨胀

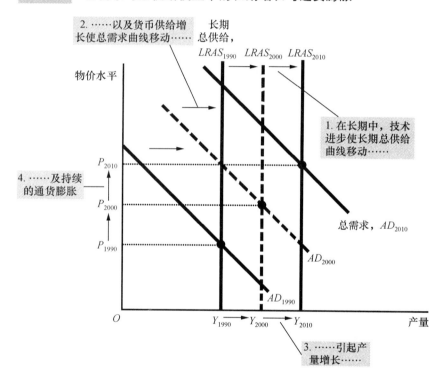

主要由于技术进步,随着时间的推移,经济中生产物品与服务的能力提高了,长期总供给曲线向右移动。同时,随着美联储增加货币供给,总需求曲线也向右移动。在该图中,产量从 Y_{1990} 增长到 Y_{2000},然后又增长到 Y_{2010},而且物价水平也从 P_{1990} 上升到 P_{2000},然后又上升到 P_{2010}。因此,总需求与总供给模型提供了描述增长与通货膨胀的古典分析的一种新方法。

但是,提出总需求与总供给模型的目的并不是要给我们以前得出的长期结论穿上一件新外衣,而是要为我们即将说明的短期分析提供一个框架。当我们提出短期模型时,我们通过省略图 23-5 中的移动所描述的持续增长和通货膨胀而使分析变得简单。但要时刻记住,长期趋势是短期波动叠加的结果。应该把产量与物价水平的短期波动视为对持续的产量增长和通货膨胀长期趋势的背离。

23.4.4　为什么短期中总供给曲线向右上方倾斜

短期中的经济与长期中的经济之间的关键差别是总供给的状况不同。长期总供给曲线是垂直的,因为在长期中物价总水平并不影响经济生产物品与服务的能力。与此相反,在短期中物价水平确实影响经济的产量。这就是说,在一年或两年的时期内,经济中物价总水平上升往往会增加物品与服务的供给量,而物价水平下降往往会减少物品与服务的供给量。结果,短期总供给曲线如图23-6所示向右上方倾斜。

图 23-6　短期总供给曲线

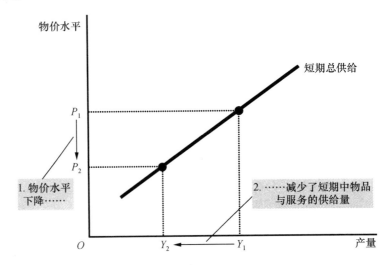

在短期中,物价水平从 P_1 下降到 P_2,使供给量从 Y_1 减少为 Y_2。两者之间的这种正相关关系可能是由于黏性工资、黏性价格或错觉的存在。随着时间的推移,工资、物价和感觉得到调整,因此这种正相关关系只是暂时的。

为什么物价水平的变动在短期中影响产量呢？宏观经济学家提出了三种说明短期总供给曲线向右上方倾斜的理论。在每一种理论中,某个市场的不完全性引起经济中供给一方的短期行为与长期不同。虽然以下每一种理论在细节上不同,但它们具有一个共性:当经济中的实际物价水平背离了人们预期的物价水平时,供给量就背离了其长期水平或自然水平。当物价水平高于人们预期的水平时,产量就高于其自然水平;当物价水平低于预期水平时,产量就低于其自然水平。

黏性工资理论　对短期总供给曲线向右上方倾斜的第一种解释是黏性工资理论。这种理论是研究总供给的三种方法中最简单的,并且一些经济学家认为它是短期中经济不同于长期中经济的重要原因,因此它也是我们在本书中重点强调的理论。

根据这种理论,短期总供给曲线向右上方倾斜是因为名义工资对经济状况变动的调整缓慢。换句话说,工资在短期中是"黏性的"。在某种程度上,名义工资调整缓慢是由于工人和企业之间签订了固定名义工资的长期合同,有时这种合同的期限长达三年。此外,名义工资调整缓慢也可能是由于影响工资确定的社会规范和公正的观念变动缓慢。

一个例子有助于解释黏性名义工资如何能引起短期总供给曲线向右上方倾斜。设想一年前,一个企业预期现在的物价水平是100,并且根据这种预期与其工人签订了合同,同意支付给他们比如说每小时20美元的工资。实际上,物价水平 P 结果只是95。由于物价水平降到预期水平以下,企业从其每单位产品销售中得到的收入比预期少了5%。但是,用于生产这些产品的劳动的成本仍然是每小时20美元。现在生产不太有利了,因此企业就会少雇用工人,并减少产品供给量。随着时间的推移,劳动合同会到期,企业会与其工人就工资下调再次进行谈判(工人可能会接受较低的工资,因为物价也下降了),但同时就业与生产将仍然低于其长期水平。

同样的逻辑也在相反的方向起作用。假设物价水平结果是105,并且工资仍然是每小时20美元。企业看到,它出售每单位产品得到的收入增加了5%,而其劳动成本并没变。企业的反应就是雇用更多的工人,并增加供给量。最终工人会要求更高的名义工资来补偿更高的物价水平,但在一段时间内,企业可以通过使就业和产品供给量高于其长期水平来利用这个可以赚取更多利润的机会。

简言之,根据黏性工资理论,短期总供给曲线向右上方倾斜是因为名义工资是基于预期的物价确定的,并且当实际物价水平结果不同于预期水平时,名义工资并不会立即对此做出反应。工资的这种黏性激励企业在实际物价水平低于预期水平时生产较少的产量,而在实际物价水平高于预期水平时生产较多的产量。

黏性价格理论 一些经济学家提出了用于解释短期总供给曲线向右上方倾斜的另一种方法,称为黏性价格理论。正如我们刚才所讨论的,黏性工资理论强调名义工资随着时间推移调整缓慢。黏性价格理论则强调一些物品与服务的价格对经济状况变动的调整也是缓慢的。这种缓慢的价格调整,部分是因为调整价格要付出成本,即所谓的菜单成本。这些菜单成本包括印刷和分发目录的成本,以及改变价格标签所需要的时间。由于这些成本,短期中价格和工资可能都是黏性的。

为了说明黏性价格如何解释总供给曲线向右上方倾斜,我们首先假设经济中每个企业都根据它所预期的未来一年的经济状况提前公布了该企业生产的物品或服务的价格。再假设,在价格公布之后,经济中出现了未预料到的货币供给紧缩,(正如我们所知道的)这将降低长期中的物价总水平。虽然一些企业对未预料到的经济状况变动的反应是迅速降低自己所生产的物品或服务的价格,但还有一些企业不想引起额外的菜单成本,结果它们在降低自己所生产的物品或服务的价格上暂时滞后了。由于这些滞后企业的价格如此之高,所以它们的销售减少了。销售减少又引起企业削减生产和就业。换句话说,由于并不是所有价格都根据变动的经济状况而迅速调整,未预料到的物价水平下降使一些企业的价格高于合意水平,而这些高于合意水平的价格抑制了销售,并引起企业减少它们生产的物品与服务量。

当货币供给和物价水平结果高于最初确定价格时企业的预期时,同样的推理也适用。一些企业对新经济环境的反应是立即提高其价格,而另一些企业的反应滞后,使自己的价格低于合意水平。这种低价格吸引了顾客,从而引起这些企业增加就业和生产。因此,在价格调整滞后的企业以较低的价格经营的期间内,物价总水平和产量之间就存在正相关关系。这种正相关关系用总供给曲线向右上方倾斜来表示。

错觉理论 解释短期总供给曲线向右上方倾斜的第三种方法是错觉理论。根据这种理论,物价总水平的变动会暂时误导供给者对自己出售产品的个别市场发生的事情的看法。由于这些短期的错觉,供给者对物价水平的变动做出了反应,并且这种反应引起了总供给曲线向右上方倾斜。

为了说明这种理论如何起作用,假设物价总水平降到供给者预期的水平之下。当供给者看到他们产品的价格下降时,他们可能会错误地认为,他们的相对价格下降了。这就是说,他们会认为与经济中其他价格相比,他们的产品价格下降了。例如,种小麦的农民在注意到他们作为消费者购买的许多物品的价格都下降之前先注意到了小麦价格的下降,他们可能从这种观察中推知生产小麦的报酬暂时降低了,并且他们的反应可能是减少他们所供给的小麦。同样,工人在注意到他们所购买的物品价格下降之前先注意到他们的名义工资下降了,他们就会由此推知他们的工作报酬暂时降低了,并做出减少他们供给的劳动量的反应。在这两种情况下,较低的物价水平引起对相对价格的错觉,而且这些错觉又引起供给者对较低物价水平做出减少物品与服务供给量的反应。

当实际物价水平高于预期的水平时,类似的错觉也会产生。物品与服务的供给者可能只注意到自己产品的价格上升了,并错误地推断他们产品的相对价格上升了。他们就会得出结论,这是生产的好时机。在他们的错觉得到纠正之前,他们对高物价水平的反应是增加物品与服务的供给量。这种行为就引起短期总供给曲线向右上方倾斜。

总结 对短期总供给曲线向右上方倾斜有三种不同的解释:(1)黏性工资;(2)黏性价格;(3)对相对价格的错觉。经济学家们在争论哪一种理论是正确的,而极有可能的是每一种理论都包含真理的成分。就本书的目的而言,这些理论的相似之处比它们之间的差别更重要。所有这三个理论都表明,当实际物价水平背离人们预期的物价水平时,短期产量就背离自然产出水平。我们可以用数学公式表述如下:

$$产量的供给量 = 自然产出水平 + a(实际物价水平 - 预期的物价水平)$$

其中,a是决定产量对未预期到的物价水平变动做出多大反应的数字。

要注意的是,这三种短期总供给理论中的每一种都强调了一个可能只是暂时存在的问题。无论短期总供给曲线向右上方倾斜是由于黏性工资、黏性价格还是错觉,这些情况都不会持久存在下去。随着时间的推移,名义工资将变得没有黏性,价格将变得没有黏性,并且对相对价格的错觉也将得到纠正。在长期中,合理的假设是工资和价格具有伸缩性,而不是黏性,而且人们不会为相对价格所迷惑。因此,尽管我们有几种好理论来解释为什么短期总供给曲线向右上方倾斜,但是它们与垂直的长期总供给曲线都是完全一致的。

23.4.5 为什么短期总供给曲线会移动

短期总供给曲线告诉我们短期内在任何既定物价水平时物品与服务的供给量。这条曲线与长期总供给曲线相似,但由于黏性工资、黏性价格以及错觉的存在,它不是垂直的,而是向右上方倾斜。因此,当考虑是什么引起短期总供给曲线移动时,我们必须考虑使长期总供给曲线移动的所有变量以及一个新变量——预期的物价水平,它影响黏性工资、黏性价格和对相对价格的错觉。

我们从对长期总供给曲线的了解开始。正如以前我们所讨论的,长期总供给曲线的移动通常是由于劳动、资本、自然资源和技术知识的变动引起的。这些相同的变量也会使短期总供给曲线移动。例如,当经济中的资本存量增加而提高了生产率时,这个经济就能够生产更多的产品,因此无论长期还是短期总供给曲线都向右移动。当最低工资增加从而提高了自然失业率时,经济中就业的工人就少了,因而生产的产品也少了,因此无论长期还是短期总供给曲线都向左移动。

影响短期总供给曲线位置的重要新变量是人们预期的物价水平。正如我们所讨论的,在短期中,物品与服务的供给量取决于黏性工资、黏性价格和错觉。但工资、价格和错觉都是根据预期的物价水平确定的,因此当人们改变他们对物价水平的预期时,短期总供给曲线也将移动。

为了使这种思想更具体,我们考虑一种明确的总供给理论——黏性工资理论。根据这种理论,当工人和企业预期物价水平要上升时,他们就倾向于达成一个高水平名义工资的合同。高工资增加了企业的成本,而且在任何既定的实际物价水平下减少了企业供给的物品与服务量。因此,当预期的物价水平上升时,工资就会提高,成本增加,并且企业在实际物价水平既定时生产的物品和服务减少。这样,短期总供给曲线向左移动。相反,当预期的物价水平下降时,工资下降,成本下降,企业在实际物价水平既定时增加产量,短期总供给曲线向右移动。

同样的逻辑也适用于每一种总供给理论。一般性结论如下:预期物价水平上升减少了物品与服务的供给量,并使短期总供给曲线向左移动。预期物价水平下降增加了物品与服务的供给量,并使短期总供给曲线向右移动。正如我们将在下一节中说明的,预期对短期总供给曲线位置的这种影响在解释经济如何从短期转向长期时起了关键作用。在短期中,预期是固定的,经济处于总需求曲线与短期总供给曲线的交点。在长期中,如果人们观察到物价水平不同于他们的预期,他们的预期就会得到调整,短期总供给曲线将移动。这种移动保证了经济最终会处于总需求曲线与长期总供给曲线的交点。

你现在应该对为什么短期总供给曲线向右上方倾斜以及什么事件与政策会引起这条曲线移动有所了解了。表23-2总结了我们的讨论。

表23-2　短期总供给曲线:总结

为什么短期总供给曲线向右上方倾斜?
1. 黏性工资理论:未预期到的低物价水平增加了真实工资,这引起企业减少雇用工人并减少生产的物品与服务量。
2. 黏性价格理论:未预期到的低物价水平使一些企业的价格高于合意的水平,这就抑制了它们的销售,并引起它们削减生产。
3. 错觉理论:未预期到的低物价水平使一些供给者认为自己的相对价格下降了,这引起生产减少。

为什么短期总供给曲线会移动?
1. 劳动变动引起的移动:可得到的劳动量增加(也许是由于自然失业率的下降)使总供给曲线向右移动;可得到的劳动量减少(也许是由于自然失业率的上升)使总供给曲线向左移动。
2. 资本变动引起的移动:物质资本或人力资本增加使总供给曲线向右移动;物质资本或人力资本减少使总供给曲线向左移动。
3. 自然资源变动引起的移动:自然资源可获得性的增加使总供给曲线向右移动;自然资源可获得性的减少使总供给曲线向左移动。
4. 技术变动引起的移动:技术知识进步使总供给曲线向右移动;可得到的技术减少(也许由于政府管制)使总供给曲线向左移动。
5. 预期物价水平变动引起的移动:预期物价水平下降使短期总供给曲线向右移动;预期物价水平上升使短期总供给曲线向左移动。

即问即答 ● 解释为什么长期总供给曲线是垂直的。● 阐述解释短期总供给曲线向右上方倾斜的三种理论。● 什么变量既使长期总供给曲线移动又使短期总供给曲线移动?● 什么变量使短期总供给曲线移动而不使长期总供给曲线移动?

23.5 经济波动的两个原因

既然我们已经介绍了总需求与总供给模型,我们就有了分析经济活动波动所需的基本工具。特别是,我们可以用所学的关于总需求与总供给的内容来考察短期波动的两个基本原因:总需求移动与总供给移动。

为了使事情简化,我们假设经济开始时处于长期均衡,如图23-7所示。均衡产量和物价水平在长期中是由总需求曲线和长期总供给曲线的交点决定的,如图中 A 点所示。在这一点时,产量为其自然水平。由于经济总是处于短期均衡,因此短期总供给曲线也通过这一点,这表示预期物价水平已经调整到了这种长期均衡。也就是说,当一个经济处于长期均衡时,预期物价水平必定等于实际物价水平,从而总需求曲线与短期总供给曲线的交点和总需求曲线与长期总供给曲线的交点重合。

图 23-7 长期均衡

经济的长期均衡是在总需求曲线与长期总供给曲线相交的地方(A点)。当经济达到这种长期均衡时,预期物价水平将调整为等于实际物价水平。因此,短期总供给曲线也相交于这一点。

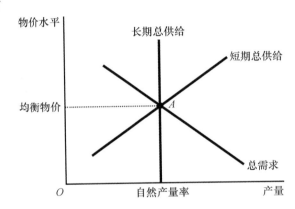

23.5.1 总需求移动的影响

假设悲观的情绪突然笼罩了经济。原因可能是白宫丑闻、股票市场崩溃,或者海外战争爆发。由于这些事件,许多人对未来失去信心并改变了他们的计划。家庭削减了支出并且延迟了重大购买,企业则放弃了购买新设备。

这种悲观情绪对宏观经济有什么影响呢? 在回答这个问题时,我们可以遵循在第 4 章中分析某个特定市场的供给与需求时所采用的三个步骤:第一步,确定这个事件是影响总需求还是影响总供给;第二步,确定曲线向哪一个方向移动;第三步,用总需求和总供给图来比较最初的均衡和新的均衡。此外,我们需要增加第四步,必须跟踪新的短期均衡、新的长期均衡以及它们之间的转变。表 23-3 总结了分析经济波动的四个步骤。

表 23-3 分析宏观经济波动的四个步骤

1. 确定某个事件是使总需求曲线移动,还是使总供给曲线移动(或者两条曲线都移动)。
2. 确定曲线移动的方向。
3. 用总需求和总供给图说明这种移动如何影响短期的产量和物价水平。
4. 用总需求和总供给图分析经济如何从其新的短期均衡变动到其长期均衡。

前两步很容易。第一,由于悲观情绪影响支出计划,所以它影响总需求曲线。第二,由于家庭和企业现在在任何一种既定的物价水平时想购买的物品与服务量减少了,所以这个事件减少了总需求,如图23-8所示,总需求曲线从 AD_1 向左移动到 AD_2。

图 23-8 总需求减少

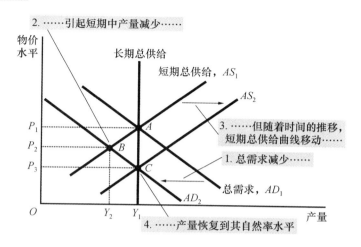

总需求曲线从 AD_1 向左移动到 AD_2 代表了总需求减少。在短期中,经济从A点移动到B点,产量从 Y_1 减少为 Y_2,物价水平从 P_1 下降到 P_2。随着时间的推移,当预期物价水平调整时,短期总供给曲线从 AS_1 向右移动到 AS_2,经济达到C点,在这一点新的总需求曲线与长期总供给曲线相交。在长期中,物价水平下降到 P_3,产量恢复到其自然率水平 Y_1。

利用该图,我们可以完成第三个步骤:通过比较最初的均衡和新的均衡,我们可以说明总需求减少的影响。在短期中,经济沿着最初的短期总供给曲线 AS_1 从A点变动到B点。随着经济从A点移动到B点,产量从 Y_1 下降到 Y_2,而物价水平从 P_1 下降到 P_2。产量水平下降表明经济处于衰退中。虽然在该图中没有反映出来,但企业对低销售和低生产的反应是减少就业。因此,在某种程度上,引起总需求移动的悲观主义是自我实现的:对未来的悲观引起收入下降和失业增加。

现在进行第四步——从短期均衡向长期均衡的转变。由于总需求减少,物价水平从最初 P_1 下降到 P_2。因此,物价水平低于在总需求突然减少之前人们的预期水平(P_1)。尽管人们在短期中会感到吃惊,但他们不会一直这样。随着时间的推移,预期赶上了这种新的现实,预期物价水平也下降了。预期物价水平的下降改变了工资、价格和感觉,这又影响了短期总供给曲线的位置。例如,根据黏性工资理论,一旦工人和企业逐渐预期到物价水平下降,他们就开始接受较低名义工资的议价;劳动成本减少鼓励企业雇用更多的工人,并在任何既定的物价水平时扩大生产。因此,预期物价水平下降使短期总供给曲线从图23-8中的 AS_1 向右移动到 AS_2。这种移动使经济接近于C点,新的总需求曲线(AD_2)与长期总供给曲线在这一点相交。

在新的长期均衡C点时,产量回到了其自然水平。经济纠正了自己:即使决策者不采取任何行动,长期中产量的减少也会逆转。尽管悲观情绪已经减少了总需求,但物价水平大大下降(到 P_3)抵消了总需求曲线移动的影响,而且人们也会预期到这种新的低物价水平。因此,在长期中,总需求曲线的移动完全反映在物价水平上,而根本没有反映在产量水平上。换句话说,总需求移动的长期效应是一种名义变动(物价水平下降),而不是真实变动(产量相同)。

当面对总需求的突然减少时,决策者应该做点什么呢?在前面的分析中,我们假定他们什么也不做。另一种可能是,只要经济进入衰退(从A点变动到B点),决策者就可以采取行动增加总需求。正如我们以前讲到的,政府支出增加或者货币供给增加都会增加任何一种物价水平时的物品与服务需求量,从而使总需求曲线向右移动。如果决策者以足够快的速度采取足够准确的行动,他们就可以抵消总需求最初的移动,使总需求曲线回到 AD_1,并使经济回到 A 点。如果政策是成功的,低产量和低就业的痛苦时期的长度就会缩短,其严重性也会减轻。下一章我们会更详细地讨论货币政策和财政政策影响总需求的方法,以及在运用这些政策工具中存在的一些实际困难。

总而言之,关于总需求移动的情形有三个重要结论:
- 在短期中,总需求移动引起经济中物品与服务产量的波动。
- 在长期中,总需求移动影响物价总水平,但不影响产量。
- 影响总需求的决策者可以潜在地减缓经济波动的严重性。

参考资料
再度审视货币中性

根据古典经济学理论,货币是中性的。这就是说,货币量的变动影响物价水平这类名义变量,但不影响产量这类真实变量。在本章的前面,我们说道,大多数经济学家把这个结论作为在长期而不是短期中经济如何运行的描述。运用总需求与总供给模型我们可以说明这个结论,并更充分地解释它。

假设美联储减少了经济中的货币量。这种变动有什么影响呢?正如我们讨论过的,货币供给是总需求的一个决定因素,货币供给减少将使总需求曲线向左移动。

这一分析很像图 23-8 所示,尽管总需求曲线移动的原因不同,但我们会看到其对产量和物价水平产生了同样的影响。在短期中,产量和物价水平都下降了,经济经历了一次衰退。但随着时间的推移,预期的物价水平也下降了。例如,企业和工人对这种新预期的反应是同意降低名义工资。当他们这样做时,短期总供给曲线就将向右移动。最终,经济发现自己又回到长期总供给曲线上。

图 23-8 表明了货币何时对真实变量有影响,何时对真实变量没有影响。在长期中,货币是中性的,正如经济从 A 点移动到 C 点所表示的。但在短期中,货币供给的变动有真实影响,正如经济从 A 点移动到 B 点所表示的。一句老话可以概括这个分析:"货币是一层面纱,但是当面纱被揭开时,真相就露出来了。"

案例研究
总需求两次重大的移动:大萧条与第二次世界大战

在本章的开头,我们通过观察 1965 年以来的数据确定了有关经济波动的三个关键事实。现在我们考察美国经济史上更长的时期。图 23-9 显示了 1900 年以来每三个年份的真实 GDP 变动百分比的数据。在平均三年的一个时期中,真实 GDP 增长 10% 左右——每年略高于 3%。但是,经济周期引起了围绕这个平均数的波动。有两个事件由于特别重要而凸显出来——20 世纪 30 年代初真实 GDP 的大幅度下降与 40 年代初真实 GDP 的大幅度上升。这两个事件都可以归因于总需求的移动。

图 23-9 1900 年以来美国的真实 GDP 增长

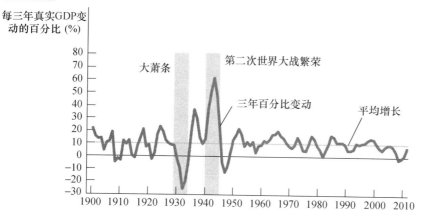

在美国经济史上，两次波动特别剧烈。在 20 世纪 30 年代初，经济经历了大萧条，当时物品与服务的生产严重萎缩。在 20 世纪 40 年代初，美国加入第二次世界大战，这使经济中的生产迅速增加。通常用总需求的大幅度移动来解释这两个事件。

资料来源：Louis D. Johnston and Samuel H. Williamson, "What was GDP Then?" http://www.measuringworth.com/usgdp/; Department of Commerce (Bureau of Economic Analysis).

20 世纪 30 年代初的经济灾难称为大萧条，而且它是美国历史上最大的经济下降。从 1929 年到 1933 年，真实 GDP 减少了 27%，失业从 3% 增加到 25%。同时，在这四年中物价水平下降了 22%。在这一时期，许多其他国家也经历了类似的产量与物价下降。

经济史学家一直在争论大萧条的起因，但大多数解释集中在总需求的大幅度减少上。是什么引起了总需求的紧缩呢？分歧就出现在这里。

许多经济学家主要抱怨货币供给的减少：从 1929 年到 1933 年，货币供给减少了 28%。回想一下我们关于货币制度的讨论，这种货币供给减少是由于银行体系中的问题。随着家庭从财务不稳定的银行提取它们的货币，以及银行家变得更为谨慎并开始持有更多的准备金，部分准备金银行制度之下的货币创造过程反方向发生作用。同时，美联储并没有用扩张性公开市场操作来抵消货币乘数的这种下降。结果，货币供给减少了。许多经济学家责怪美联储没有对大萧条的严重性采取什么行动。

总需求大幅度减少的结果。
图片来源：BETTMANN/CORBIS.

另一些经济学家提出了总需求崩溃的其他理由。例如，在这一时期股票价格下降了 90% 左右，这减少了家庭财富，从而也减少了消费者支出。此外，银行的问题也使一些企业无法为其新项目或企业扩张进行融资，这就抑制了投资支出。可能的情况是，在大萧条时期，所有这些因素共同发生作用紧缩了总需求。

图 23-9 中的第二个重大时期——20 世纪 40 年代初的经济繁荣——是容易解释的。这次事件显而易见的原因是第二次世界大战。随着美国在海外进行战争，联邦政府不得不把更多资源用于军事。从 1939 年到 1944 年，政府对物品与服务的购买几乎增加了 5 倍。总需求的巨大扩张几乎使经济中物品与服务的产量翻了一番，并使物价水平上升了 20%（尽管普遍的政府物价管制限制了价格上升）。失业从 1939 年的 17% 下降到 1944 年的 1%——美国历史上最低的失业水平。

案例研究
2008—2009 年的衰退

在 2008 年和 2009 年,美国经济经历了金融危机和经济活动的严重下降。在许多方面,这是半个多世纪中最坏的宏观经济事件。

这次衰退开始于几年前住房市场的繁荣。这种繁荣部分是由低利率引起的。在 2001 年的衰退后,美联储把利率降到历史上的最低水平。虽然低利率有助于经济复苏,但通过使抵押贷款和买房更便宜了,而引起了住房价格上升。

除了低利率之外,抵押贷款市场上的各种发展也使次级借款者——根据其收入和信贷历史这些借款者有高度的拖欠风险——更容易得到买房的贷款。一种发展是证券化,即金融机构(特别是抵押贷款的创办人)进行贷款,然后(通过投资银行帮助)将贷款捆绑为称为住房抵押贷款支持证券的金融工具的过程。然后证券被卖给了其他金融机构(诸如银行和保险公司),这些机构并没有充分评估这些证券的风险。一些经济学家指责对这些高风险贷款监管不充分。另一些经济学家指责政府政策的误导:一些政策鼓励这种高风险贷款,以实现低收入家庭可以更多拥有住房的目的。总之,这些力量共同推高住房需求及住房价格。1995 年到 2006 年间,美国的住房价格翻了一番。

但是,住房高价格并不能持续。从 2006 年到 2009 年,美国的住房价格下降了 30% 左右。这种价格波动不一定是市场经济的问题。毕竟,价格变动会使市场供求均衡。但是,在这种情况下,价格下降有两个引起总需求规模减小的相关后果。

第一个后果是抵押贷款拖欠以及住房被收回大幅度上升。在住房价格高涨时期,许多房东用可能借到的所有的钱并把支出降到最低来买房。当住房价格下降时,这些房东就成为水平线以下者(他们的抵押贷款高于其住房的价值)。许多房东不再偿还他们的贷款。为抵押贷款服务的银行通过收回抵押品程序收回住房并出售这些住房来应对这些拖欠。银行的目标是,用尽一切办法收回坏账。正如你根据所学的供给与需求可以预测到的,要销售的住房量的增加使住房价格螺旋式加速下降。随着住房价格下降,住房建设的支出也大幅减少了。

第二个后果是,各个拥有住房抵押贷款支持证券的金融机构蒙受了巨大亏损。实质上,这些公司通过大量借款来购买高风险的抵押贷款是赌房屋价格将会持续上升;结果赌错了,它们发现自己处于或接近破产的边缘。由于这些大量的亏损,许多金融机构没有资金用于贷款,而且金融体系把资源给予能最好使用资源的人的渠道能力也受到损害,甚至信誉好的客户也发现自己无法借款来为投资支出筹资。

由于这些事件,经济就经历了总需求的大幅度收缩。真实 GDP 和就业都大幅度下跌。在 2007 年第四季度到 2009 年第二季度间,真实 GDP 下降了 4.7%。失业率从 2007 年 5 月的 4.4% 上升到 2009 年 10 月的 10.0%。

随着危机的延伸,美国政府以各种方式做出反应。三项政策行为——日的在于部分把总需求恢复到以前的水平——是最值得注意的。第一,美联储将联邦基金利率的目标从 2007 年 9 月的 5.25% 降到 2008 年 12 月的接近于零。美联储还开始用公开市场操作购买住房抵押贷款支持证券和其他私人贷款。通过从银行体系购买这些金融工具,美联储向银行提供了额外的资金,希望银行能更容易发放贷款。

第二,一个更为不寻常的变动是 2008 年 10 月,国会批准给财政部 7 000 亿美元,用于拯救金融体系。目的是阻止华尔街的金融危机并使贷款容易获得。这些资金许多被用于注入银行作为股本。这就是说,财政部把资金投入银行体系,这就使银行可以用于发放贷款,通过交换这些资金,美国政府至少暂时成为这些银行的部分所有者。

第三,当巴拉克·奥巴马在2009年1月成为总统后,他的第一个重大倡议就是大幅度增加政府支出。在国会对立法形式的简单争论之后,总统在2009年2月17日签署了7870亿美元的刺激法案。

官方认为这次衰落的复苏始于2009年6月。但根据历史标准,这仅仅是一次微弱的复苏。从2010年到2012年,真实GDP平均每年增长2.1%,低于3%左右的平均增长率。失业从其顶峰降下来了,但仍然相当高:在2013年4月,失业率为7.5%,高于衰退开始前3个百分点。

如果有的话,在这许多政策中哪一项对终结衰退最重要?而且,其他哪些政策能促进强劲的复苏呢?这些的确是宏观经济史学家在随后几年要争论的问题。

新闻摘录
我们学到了什么

自从2008—2009年的金融危机和经济大衰退以来,经济学家们一直在问自己,这一幕将怎样改变宏观经济学领域。

Olivier Blanchard 从金融危机中得出的给经济学家的五个教训

David Wessel

75年中最糟糕的金融危机和最严重的经济衰退告诉了那些眼睁睁地看着这一切发生的学院派经济学家和决策者们什么?在最近伦敦政治经济学院为纪念英格兰银行行长 Mervyn King 的论坛上,Olivier Blanchard 提供了一些答案。

Blanchard 先生今年64岁,很适合做这样的陈述。2008年9月,就在雷曼兄弟公司破产之前,他开始担任国际货币基金组织(IMF)的首席经济学家。在此前的25年里,他任教于麻省理工学院。

以下就是 Blanchard 先生原文所讲述的五个教训,《华尔街日报》的 David Wessel 稍稍编辑了一下:

1. 谦恭是王道

经济大缓和时期(1987—2007年的经济平静时期)使得我们太多人以为大规模的经济危机——金融危机、银行危机——是过去的事情。它再也不会发生,除非是在新兴市场。历史在前进。

我这一代人在第二次世界大战后出生,一直生活在一切正变得越来越好这样的信条里。我们知道如何更好地做事,这不仅是在经济学领域,在其他领域也都一样。现在我们知道了不是这么回事。历史会反复。我们应该知道这一点。

2. 金融体系非常重要

这不是我们第一次面临 Donald Rumsfeld 先生(美国前国防部长)所说的"我们所不知道的那些未知"。我们从未想过的事情发生了。宏观经济上还有另一个例子:

Olivier Blanchard
图片来源:AP Photo/IMF/Eugene Salazar.

20 世纪 70 年代石油冲击发生的时候我们还是学生，从没想到会发生那样的事情。经济学家们花了几年，甚至更长时间才明白那是怎么回事。一些年以后，我们发现我们可以把石油冲击当作一场宏观经济学冲击。我们不需要了解网络体系，也不需要了解石油市场的细节。只要能源或者物资价格上涨，我们就可以把它整合进宏观经济模型里——能够显示能源价格对通货膨胀及其他的影响。

但这次不同了。我们从金融体系中了解到的是这次问题出现在网络体系上，我们必须了解网络体系才行。在我来到国际货币基金组织之前，我以为金融体系就是一系列的套利方程式。基本上就是美联储选定某个利率水平，然后预期假说给出有风险溢价的各种利率，这种风险溢价会有变动，但差别并不大。这实际上不难。我认为华尔街的人们会替我基本做好这件事，因此我根本不用费劲去想。

我们了解到的是，事情并不是这样。在金融体系中，有无数扭曲和小震动相互叠加。当小震动和扭曲足够多时，事情就会变得非常糟糕。这对宏观经济学有基础性意义。我们进行宏观研究的假设是，我们可以观察到某些总体变量，然后让它们在一个简单的模型里互动。我依然认为应该是这样的，但这种方法有局限性。当我们要考察金融体系时，研究网络的细节就至关重要。

3. 相互关联性至关重要

这次经济危机始于美国，在几周内就席卷了全世界。每一次危机，即使发生在几个小岛上，都对世界各地有潜在的影响。借贷双方所告诉我们的关于跨国复杂性的有些东西是我们许多人从未完全认识到的：在由追逐风险带来的跨国界运动中，哪个国家是安全天堂，什么时候以及为什么是呢？理解这一点是极其重要的。世界一角发生的事情不能被世界另一角所忽视。有个很好的例子，就是这几天我们都花了许多时间来思考塞浦路斯的局势。

贸易方面也是如此。我们过去认为，如果某国经济状况不好，则向那一国出口就不会好，因此出口产品的国家经济也就不会好。在我们的模型里，这种影响相对比较小。这次危机所带来的一个绝对有力的冲击就是 2009 年的贸易下滑。生产减少，贸易下滑，那些自认为不会遭受贸易冲击的国家结果非常悲惨。

4. 我们不知道审慎的宏观工具是否有用

显然传统的货币和财政工具在处理金融体系的特殊问题时不够有效。这导致了审慎的宏观工具的发展，它有可能成为宏观经济政策的第三条腿。

（审慎的宏观工具允许央行放松某些部门的借贷，而不必提高整个经济的利率水平，比如央行可以提高获得住房抵押贷款的最低首付比例，这会降低贷款—价值比率。）原则上，这些宏观工具是可以处理金融部门的某些特殊问题的。如果有问题，可以使用针对某个问题的工具，而不至于用政策性的利率，利率基本上就像个没有精确度的原子弹。

现在的问题是：这些宏观工具有多可靠？我们能用多少？答案——这些答案来自此次金融危机之前的一些贷款—价值比率的经验，以及危机期间周期性银行资本率、贷款—价值比率或者资本控制的变动，正如巴西的情况——是：它们在起作用，但并没有起多大作用。专家和机构围绕这些工具寻找方法。在这个过程中，这里减少一些问题，那里就会引起些其他扭曲。

5. 央行的独立性无助于人们要求央行所能发挥的作用

货币政策和审慎的宏观工具之间是双向互动的关系。当本·伯南克实施扩张性货币政策，量化宽松，许多资产的利率接近于零时，许多参与者倾向于冒风险去获得更高的回报率。这些风险有些确实是我们想让参与者去冒的，有些我们并不想让大家去冒。这是货币政策对金融体系的互动影响。

也可以从相反的角度来看。比如说,如果你用审慎的宏观工具来降低房屋的建筑量,你就会影响总需求,进而减少产量。

问题是:你如何组织使用这些工具?当然应该在统一指令之下。在实践中这就意味着要在央行的指挥之下。但如果是这样,就会有新问题,而且不仅是两种功能的协调问题,还有央行独立性的问题。

过去20年里很重要的成就之一就是央行可以独立于政府之外。因为授权和工具十分清晰,央行获得了独立性。授权主要是针对通货膨胀,通货膨胀随时可以被监控;工具是央行可以应用的一些短期利率,以便实现通货膨胀目标。这样,因为目标是被完美界定的,所以你可以赋予这个机构某些独立性来确保这个目标的实现,我们每个人只需要旁观央行多么漂亮地去达到目标。

你如果认为现在的央行有这么重大的一系列责任,同时还有一大套工具可用,那么央行独立性的话题就变得相当复杂了。你是不是真的希望央行有不需要政治过程监督的独立性来决定贷款—价值比率?央行有如此大的权力是不是有玷污民主之嫌?我坚信还是有解决办法的。也许在(传统意义上的)货币政策维度内,央行应该具有独立性;而在其他维度上,应该有些监管或者与政治过程的互动。

资料来源:Reprinted with permission of *The Wall Street Journal*, Copyright © 2013 Dow Jones & Company, Inc. All Rights Reserved Worldwide.

23.5.2 总供给移动的影响

再设想一个经济处于长期均衡。现在假设一些企业的生产成本突然增加了。例如,农业州的坏天气可能摧毁了一些农作物,这将使生产食品的成本上升;或者,中东的一场战争可能会中断原油运输,这将使生产石油产品的成本上升。

为了分析这种生产成本增加的宏观经济影响,我们遵循同样的四个步骤。第一步,哪一条曲线受影响?由于生产成本影响供给物品与服务的企业,所以生产成本的变动改变总供给曲线的位置。第二步,曲线向哪个方向移动?由于高生产成本使销售物品与服务变得不太有利可图,所以企业现在在任何一种既定的物价水平时都要减少供给量。因此,如图23-10所示,短期总供给曲线从 AS_1 向左移动到 AS_2。(根据这个事件,长期总供给曲线可能也会移动。但为了使事情简单,我们假设长期总供给曲线不会移动。)

利用该图我们可以进行第三步——比较最初的均衡与新的均衡。在短期中,经济沿着现在的总需求曲线从 A 点移动到 B 点。经济中的产量从 Y_1 减少为 Y_2,而物价水平从 P_1 上升为 P_2。由于经济既经历了停滞(产量下降)又经历了通货膨胀(物价上升),所以这种情况有时被称为**滞胀**(stagflation)。

现在考虑第四步——从短期均衡转向长期均衡。根据黏性工资理论,关键问题在于滞胀如何影响名义工资。企业和工人最初对高物价水平的反应是提高对物价水平的预期,并确定更高的名义工资。在这种情况下,企业的成本还会再上升,而且短期总供给曲线将进一步向左移动,这将使滞胀问题加剧。高物价引起高工资,高工资又引起更高的物价,这一现象有时被称为工资—物价螺旋式上升。

图 23-10 总供给的不利移动

当某个事件增加了企业的成本时,短期总供给曲线从 AS_1 向左移动到 AS_2。经济从 A 点移动到 B 点。结果出现了滞胀:产量从 Y_1 减少为 Y_2,而物价水平从 P_1 上升为 P_2。

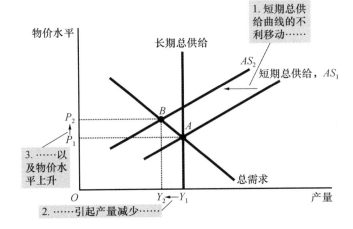

在某一点时,这种工资和物价的螺旋式上升会放慢。低产量与低就业水平将压低工人的工资,因为当失业率较高时工人的议价能力就小了。当名义工资下降时,生产物品与服务变得更有利可图了,短期总供给曲线将向右移动。当短期总供给曲线移动回 AS_1 时,物价水平下降了,而且产量也接近于其自然水平。在长期中,经济又回到了 A 点,总需求曲线与长期总供给曲线在这一点相交。

然而,这种回到最初均衡的转变假设,在整个过程中总需求不变。在现实世界中,不可能是这种情况。那些控制货币政策与财政政策的决策者会力图通过移动总需求曲线来抵消短期总供给曲线移动的一些影响。图 23-11 说明了这种可能性。在这种情况下,政策变动使总需求曲线从 AD_1 向右移动到 AD_2——正好足以阻止总供给移动对产量的影响。经济直接从 A 点移动到 C 点,产量仍然为其自然水平,而物价水平则从 P_1 上升为 P_3。在这种情况下,可以说决策者抵消了总供给的移动。抵消性政策为维持较高的产量和就业水平而接受了持久的高物价水平。

图 23-11 抵消总供给的不利移动

面对总供给从 AS_1 到 AS_2 的不利移动,可以影响总需求的决策者会努力使总需求曲线从 AD_1 向右移动到 AD_2。经济会从 A 点移动到 C 点。这种政策在短期内会阻止供给移动带来的产量减少,但物价水平将永久地从 P_1 上升到 P_3。

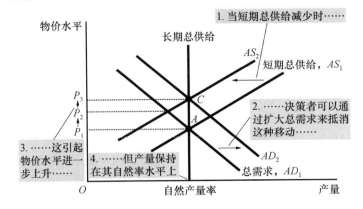

总之,关于总供给移动的情形有两个重要结论:
- 总供给移动会引起滞胀——衰退(产量减少)与通货膨胀(物价上升)的结合。
- 那些能影响总需求的决策者可以潜在地减缓对产量的不利影响,但是只能以加剧通货膨胀问题为代价。

案例研究
石油与经济

1970年以来,美国经济中一些最大的经济波动起源于中东的产油地区。原油是生产许多物品与服务的关键要素,而且世界大部分石油来自沙特阿拉伯、科威特和其他中东国家。当某个事件(通常起源于政治)减少了来自这个地区的原油供给时,世界石油价格就会上升。美国生产汽油、轮胎和许多其他产品的企业的成本就会增加,而且这些企业发现在任何一种既定的价格水平时供给它们的物品与服务利润更少了。结果总供给曲线向左移动,这又会引起滞胀。

第一起这种事件发生在20世纪70年代中期。石油储藏丰富的国家作为石油输出国组织成员走到了一起。OPEC是一个卡特尔——一个企图阻止竞争并减少生产以提高价格的卖者集团。而且,石油价格的确大幅度上升了。从1973年到1975年,石油价格几乎翻了一番。世界石油进口国都同时经历了通货膨胀和衰退。在美国,按CPI衡量的通货膨胀率几十年来第一次超过了10%,失业率也从1973年的4.9%上升到1975年的8.5%。

几乎完全相同的事件在几年后又发生了。在20世纪70年代末期,OPEC国家再一次限制石油的供给以提高价格。从1978年到1981年,石油价格翻了一番还多,结果又是滞胀。第一次OPEC事件引起的通货膨胀本已渐渐平息,但每年的通货膨胀率又一次上升到10%以上。由于美联储不愿意采取措施来抵消这种通货膨胀的大幅度上升,所以经济很快又进入了衰退。失业从1978年和1979年的6%左右上升到几年后的10%左右。

世界石油市场也是总供给有利移动的来源。1986年OPEC成员之间爆发了争执,成员国违背了限制石油生产的协议。在世界原油市场上,价格几乎下降了一半。石油价格的下降减少了美国企业的成本,企业现在发现在任何一种既定的物价水平时供给物品和服务都是更加有利可图的。结果,总供给曲线向右移动。美国经济经历了滞胀的反面:产量迅速增长,失业减少,而且通货膨胀率达到了多年来的最低水平。

中东石油生产量的变化是美国经济波动的影响因素之一。
图片来源:YASSER AL-ZAYYAT/AFP/Getty Images.

近年来,世界石油市场并没有成为经济波动的重要来源。部分原因是,节油的努力、技术变革和替代能源的可获得性降低了经济对石油的依赖程度。生产一单位真实GDP所需的石油量自从20世纪70年代的OPEC冲击以来已下降了40%左右。结果,今天石油价格的任何变动对经济的影响都比过去要小。

参考资料
总需求与总供给模型的来源

既然我们已经初步了解了总需求与总供给模型,现在回顾一下这个模型的历史。这个短期波动模型是如何形成的呢?答案是,这个模型在很大程度上是20世纪30年代大萧条的副产品。当时的经济学家和决策者对是什么引起这场灾难感到困惑,而且对如何应对这场灾难感到没把握。

约翰·梅纳德·凯恩斯

图片来源：KEYSTONE/HULTON AR-CHIVE/GETTY IMAGES.

1936年，经济学家约翰·梅纳德·凯恩斯出版了一本名为《就业、利息和货币通论》（简称《通论》）的书，这本书试图解释一般意义上的短期经济波动和特殊意义上的大萧条。凯恩斯的主要观点是，衰退和萧条之所以会发生，是因为对物品与服务的总需求不足。

凯恩斯长期以来一直是古典经济理论——我们在本书前面所考察的理论——的一个批评者，因为古典经济理论只能解释政策的长期效应。在出版《通论》前几年，凯恩斯针对古典经济学写了下面一段话："长期是对当前事情的一个误导。在长期中，我们都会死。如果在暴风雨季节，经济学家只能告诉我们，暴风雨在长期中会过去，海洋必将平静，那么他们给自己的任务就太容易且无用了。"

凯恩斯的这段话是针对决策者和经济学家的。当世界经济饱受高失业之苦时，凯恩斯提出了增加总需求的政策，包括增加政府的公共支出。

在下一章中，我们要详细考察决策者如何运用货币政策与财政政策工具来影响总需求。下一章和这一章的分析有许多是约翰·梅纳德·凯恩斯留下来的遗产。

即问即答 假设受欢迎的总统候选人当选突然增加了人们对未来的信心，用总需求与总供给模型分析其对经济的影响。

23.6 结论

本章实现了两个目标：第一，讨论了经济活动中短期波动的一些重要事实；第二，介绍了用于解释这些波动的基本模型，即所谓的总需求与总供给模型。在下一章中，要继续研究这个模型，以便更深入地理解是什么引起经济中的波动以及决策者如何对这些波动做出反应。

内容提要

◎ 所有社会都经历过围绕长期趋势的短期经济波动。这些波动是无规律的，而且大体上是不可预测的。当衰退真的发生时，真实GDP以及有关收入、支出与生产的其他衡量指标都下降，而失业增加。

◎ 古典经济理论建立在货币供给和物价水平这类名义变量并不影响产量和就业这类真实变量这一假设的基础之上。许多经济学家认为，这个假设在长期中是正确的，但在短期中并不正确。经济学家用总需求与总供给模型分析短期经济波动。根据这个模型，物品与服务的产量和物价总水平的调整使总需求与总供给平衡。

◎ 总需求曲线由于三个原因向右下方倾斜。第一是财富效应：较低的物价水平增加了家庭持有的货币的真实价值，这刺激了消费支出。第二是利率效应：较低的价格减少了家庭需要的货币量，随着家庭试图把货币转变为有利息的资产,利率下降了,这刺激了投资支出。第三是汇率效应:当较低的物价水平降低了利率时,外汇市场上美元贬值,这刺激了净出口。

◎ 在物价水平既定时任何一种增加消费、投资、政府购买或净出口的事件或政策都会增加总需求。在物价水平既定时任何一种减少消费、投资、政府购买或净出口的事件或政策都会减少总需求。

◎ 长期总供给曲线是垂直的。在长期中,物品与服务的供给量取决于经济中的劳动、资本、自然资源和技术,但不取决于物价总水平。

◎ 本章提出了三种理论用以解释短期总供给曲线向右上方倾斜。根据黏性工资理论,未预期的物价水平下降暂时增加了真实工资,这使企业减少就业和生产。根据黏性价格理论,未预期的物价水平下降使一些企业的价格暂时升高,这就降低了它们的销售量,并使它们削减生产。根据错觉理论,未预期的物价水平下降使供给者错误地相信,它们的相对价格下降了,这就使它们减少生产。所有这三种理论都意味着,当实际物价水平与人们预期的物价水平背离时,产量就会与自然水平背离。

◎ 改变经济生产能力的事件,例如劳动、资本、自然资源或技术的变动,都会使短期总供给曲线移动(而且也会使长期总供给曲线移动)。此外,短期总供给曲线的位置还取决于预期的物价水平。

◎ 经济波动的一个可能原因是总需求的移动。例如,当总需求曲线向左移动时,短期中产量和物价就会下降。随着时间的推移,当预期物价水平的变动引起工资、物价和感觉进行调整时,短期总供给曲线就会向右移动,并使经济在一个新的、较低的物价水平时回到其自然产出水平。

◎ 经济波动的第二个可能原因是总供给的移动。当短期总供给曲线向左移动时,效应是产量减少和物价上升——这种结合被称为滞胀。随着时间的推移,当工资、物价和感觉进行了调整时,短期总供给曲线向右移动,使物价水平和产量回到其原来的水平。

关键概念

衰退　　　　　　　　总需求曲线　　　　　　　自然产出水平
萧条　　　　　　　　总供给曲线　　　　　　　滞胀
总需求与总供给模型

复习题

1. 写出当经济进入衰退时下降的两个宏观经济变量。写出当经济进入衰退时上升的一个宏观经济变量。
2. 画出一个有总需求、短期总供给和长期总供给的图,仔细并正确地标出坐标轴。
3. 列出并解释总需求曲线向右下方倾斜的三个原因。
4. 解释为什么长期总供给曲线是垂直的。
5. 列出并解释短期总供给曲线向右上方倾斜的三种理论。
6. 是什么因素可能引起总需求曲线向左移动?用总需求与总供给模型来探讨这种移动对产量和物价水平的短期影响和长期影响。
7. 是什么因素引起总供给曲线向左移动?用总需求与总供给模型来探讨这种移动对产量和物价水平的短期影响和长期影响。

快速单选

1. 当经济进入衰退时，真实 GDP _____，而失业_____。
   a. 上升，上升
   b. 上升，下降
   c. 下降，上升
   d. 下降，下降

2. 股市的突然崩溃会_____。
   a. 使总需求曲线移动
   b. 使短期总供给曲线移动，但长期总供给曲线不会移动
   c. 使长期总供给曲线移动，但短期总供给曲线不会移动
   d. 使短期和长期总供给曲线都移动

3. 预期物价水平的变动会_____。
   a. 使总需求曲线移动
   b. 使短期总供给曲线移动，但长期总供给曲线不会移动
   c. 使长期总供给曲线移动，但短期总供给曲线不会移动
   d. 使短期和长期总供给曲线都移动

4. 物品与服务总需求的增加在_____对产量有较大影响，在_____对物价水平有较大影响。
   a. 短期，长期
   b. 长期，短期
   c. 短期，短期
   d. 长期，长期

5. 引起滞胀的是_____。
   a. 总需求曲线向左移动
   b. 总需求曲线向右移动
   c. 总供给曲线向左移动
   d. 总供给曲线向右移动

6. 对物品与服务的总需求不足引起经济衰退的思想来自_____的著作。
   a. 亚当·斯密
   b. 大卫·休谟
   c. 大卫·李嘉图
   d. 约翰·梅纳德·凯恩斯

问题与应用

1. 假设经济处于长期均衡。
   a. 用图形说明经济的状态。务必标出总需求、短期总供给和长期总供给。
   b. 现在假设股市崩溃导致总需求减少。用你的图形说明短期中产量和物价水平会发生什么变动。失业率会发生什么变动？
   c. 用总供给的黏性工资理论解释长期中产量和物价水平将发生什么变动（假设政策不变）。在这种调整中，预期物价水平起了什么作用？用图形确切地说明你的分析。

2. 解释下面每一个事件将使长期总供给增加、减少，还是没有影响。
   a. 美国经历了移民潮。
   b. 国会把最低工资提高到每小时 10 美元。
   c. 英特尔公司投资于新的、更功能强大的电脑芯片。
   d. 严重的暴风雨危及东海岸的工厂。

3. 假设经济处于长期均衡。
   a. 用总需求与总供给模型说明最初的均衡（称为 A 点）。务必包括短期总供给与长期总供给。
   b. 中央银行增加了 5% 的货币供给。用你的图形说明随着经济从最初的均衡转向新的短期均衡（称为 B 点），产量和物价水平会发生什么变动。
   c. 指出新的长期均衡（称为 C 点）。是什么引起经济从 B 点移动到 C 点？
   d. 根据总供给的黏性工资理论，如何比较 A 点的名义工资与 B 点的名义工资？如何比较 A 点的名义工资与 C 点的名义工资？
   e. 根据总供给的黏性工资理论，如何比较 A 点的真实工资与 B 点的真实工资？如何比较 A 点的真实工资与 C 点的真实工资？
   f. 根据货币供给对名义工资与真实工资的影响判断，这种分析与货币在短期中有真

实影响而在长期中是中性的观点一致吗?
4. 在1939年,因为美国经济没有完全从大萧条中复苏,所以罗斯福总统宣布感恩节将比通常提前一周来临,以便使圣诞节前的购物期得以延长。用总需求与总供给模型解释罗斯福总统可能试图达到什么目的。
5. 解释为什么以下说法是错误的。
   a. "总需求曲线向右下方倾斜,因为它是单个物品需求曲线的水平相加。"
   b. "长期总供给曲线是垂直的,因为经济力量并不影响长期总供给。"
   c. "如果企业每天调整自己的价格,那么短期总供给曲线就是水平的。"
   d. "只要经济进入衰退,它的长期总供给曲线就向左移动。"
6. 用解释短期总供给曲线向右上方倾斜的三种理论中的一种,认真解释以下情况。
   a. 在没有任何政策干预时,经济如何从衰退中复苏,并回到其长期均衡。
   b. 什么因素决定复苏的速度。
7. 经济开始时处于长期均衡。然后某一天,总统任命了一位新的美联储主席。这个新主席以其"通货膨胀不是经济的主要问题"的观点而闻名。
   a. 这条新闻会如何影响人们预期的物价水平?
   b. 预期物价水平的这种变动如何影响工人和企业协商新劳动合同中的名义工资?
   c. 名义工资的这种变动如何影响在任何一种既定的物价水平时生产物品与服务的盈利性?
   d. 盈利性的这种变动如何影响短期总供给曲线?
   e. 如果总需求曲线不变,总供给曲线的这种移动如何影响物价水平和产量?
   f. 你认为对这个美联储主席的任命英明吗?
8. 解释下列每个事件是使短期总供给曲线移动、总需求曲线移动、两者都移动,还是两者都不移动。对于使曲线移动的每一个事件,用图形说明其对经济的影响。
   a. 家庭决定把大部分收入储蓄起来。
   b. 佛罗里达的橙园长期受零度以下气温的打击。
   c. 国外工作机会增加使许多人离开本国。
9. 根据下列每一个事件,假设决策者不采取行动,解释其对产量和物价水平的短期与长期影响。
   a. 股市急剧下跌,减少了消费者的财富。
   b. 联邦政府增加了国防支出。
   c. 技术进步提高了生产率。
   d. 国外经济衰退引起外国人购买的美国物品少了。
10. 假设企业对未来的经济状况极为乐观,并大量投资于新资本设备。
    a. 画出总需求与总供给图并说明这种乐观主义对经济的短期影响。标出新的物价水平与真实产量。用文字解释为什么总供给量会发生变动。
    b. 现在用a中的图说明经济新的长期均衡。(现在假设长期总供给曲线没有发生变动。)用文字解释为什么总需求量在短期与长期之间会发生变动。
    c. 投资高涨会如何影响长期总供给曲线?解释原因。

第 24 章
货币政策和财政政策对总需求的影响

设想你是联邦储备中确定货币政策的联邦公开市场委员会的一名成员。你注意到总统和国会都同意增加税收。美联储对财政政策的这种变动应该做出什么反应呢？它是应该扩大货币供给、紧缩货币供给，还是使货币供给保持不变呢？

为了回答这个问题，你需要考虑货币政策和财政政策对经济的影响。在上一章中，我们用总需求与总供给模型来解释短期经济波动。我们看到，总需求曲线或总供给曲线的移动会引起经济中物品与服务的总产量及物价总水平的波动。正如我们在上一章中所提到的，货币政策与财政政策都可以影响总需求。因此，这些政策中有一种发生变动就会引起产量和物价的短期波动。决策者想预期这种影响，或许还想相应地调整其他政策。

在本章中，我们将更详细地考察政府的政策工具如何影响总需求曲线的位置。这些政策工具包括货币政策（中央银行确定的货币供给）和财政政策（总统和国会确定的政府支出与税收水平）。我们以前讨论了这些政策的长期效应。在第 17 章和第 18 章中，我们说明了财政政策如何影响储蓄、投资和长期经济增长。在第 21 章和第 22 章中，我们说明了货币政策如何影响长期中的物价水平。现在我们要说明的是，这些政策工具如何使总需求曲线移动，以及如何影响短期中的宏观经济变量。

正如我们已经学过的，除了货币政策和财政政策以外，还有许多因素影响总需求。特别是，家庭和企业的合意支出决定了对物品与服务的总需求。当合意支出变动时，总需求就变动了。如果决策者不对此做出反应，总需求的这种变动就会引起产量与就业的短期波动。因此，货币政策与财政政策决策者有时用他们控制的政策工具来试图抵消总需求的这些变动，从而稳定经济。在这里，我们将讨论这些政策行为背后的理论，以及在现实中运用这种理论时出现的一些困难。

24.1 货币政策如何影响总需求

总需求曲线表示在任何一种物价水平时物品与服务的总需求量。前一章讨论了总需求曲线向右下方倾斜的三个原因：

- **财富效应**：较低的物价水平提高了家庭持有的货币的真实价值。货币是他们财富的一部分，更多的真实财富刺激了消费支出，从而增加了物品与服务的需求量。

- **利率效应**：较低的物价水平减少了人们想要持有的货币量。由于人们试图把他们持有的超额货币贷出去，所以利率下降了。低利率刺激了投资支出，从而增加了物品与服务的需求量。
- **汇率效应**：当较低的物价水平降低了利率时，投资者就把他们的部分资金转移到国外，以寻求更高的回报。资金的这种流动引起外汇市场上国内通货的真实价值下降。相对于外国物品，国内物品变得便宜了。真实汇率的这种变动刺激了对净出口的支出，从而增加了物品与服务的需求量。

这三种效应同时发生作用，在物价水平下降时增加了物品与服务的需求量，在物价水平上升时减少了物品与服务的需求量。

虽然在解释总需求曲线向右下方倾斜时这三种效应同时发生作用，但它们的重要性并不相同。由于货币持有量只是家庭财富的一小部分，所以在这三种效应中财富效应是最不重要的。此外，由于出口和进口在美国 GDP 中只占一个很小的比例，所以对美国经济而言汇率效应也不大。（这种效应对一些小国更重要，因为在正常情况下，小国的出口与进口在其 GDP 中占的比例较高。）对美国经济来说，总需求曲线向右下方倾斜的最重要原因是利率效应。

为了更好地理解总需求，我们现在更详细地研究短期利率的决定。在这里，我们提出**流动性偏好理论**（theory of liquidity preference）。这种利率决定理论将有助于解释为什么总需求曲线向右下方倾斜，以及货币政策和财政政策如何使这条曲线移动。通过对总需求曲线的新解释，流动性偏好理论扩展了我们对是什么引起短期经济波动以及决策者对此可能做些什么的理解。

24.1.1 流动性偏好理论

凯恩斯在其经典著作《就业、利息和货币通论》中提出了流动性偏好理论，用来解释决定经济中利率的因素。这种理论在本质上只是供给与需求的应用。根据凯恩斯的观点，利率的调整使货币供给与货币需求平衡。

你会记得，经济学家区分了两种利率：名义利率是通常所报告的利率；而真实利率是根据通货膨胀影响校正过的利率。在没有通货膨胀时，这两种利率是相同的。但当债务人和债权人预期在贷款期间物价会上升时，他们会一致同意名义利率应大于真实利率，且两者差额应为预期的通货膨胀率。更高的名义利率补偿了他们预期在贷款偿还时美元价值下降这一事实。

我们现在要用流动性偏好理论解释哪一种利率呢？答案是两种都解释。在以后的分析中，我们假设预期的通货膨胀率不变。这个假设对于研究短期经济来说是合理的，因为预期的通货膨胀在短期内一般是稳定的。在这种情况下，名义利率与真实利率的差距是不变的。当名义利率上升或下降时，人们预期赚到的真实利率也上升或下降。在本章的以下部分，当我们提到利率变动时，你应该设想真实利率与名义利率同方向变动。

现在我们通过考虑货币的供求及其各自如何取决于利率来提出流动性偏好理论。

货币供给 流动性偏好理论的第一部分是货币供给。正如我们在第 21 章中所讨论的，美国经济中的货币供给由美联储控制。美联储主要通过在公开市场操作中买卖政府债券的方式改变银行体系的准备金数量，从而改变货币供给。当美联储购买政府债券时，它为债券而支付的美元通常被存入银行，并且这些美元增加了银行的准备金。当美联储出售政府债券时，它从这些债券中所得到的美元是从银行体系中提取出来的，从而减少了银行的准备金。

银行准备金的这些变动又引起银行发放贷款和创造货币的能力的变化。因此,美联储通过在公开市场操作中买卖债券来改变经济中的货币量。

除了公开市场操作以外,美联储还可以运用其他各种工具来影响货币供给。美联储的一种选择是改变它贷给银行多少钱。例如,降低贴现率(银行从美联储借准备金的利率)鼓励银行更多地借款,这就增加了银行准备金,从而增加了货币供给。相反,贴现率提高就抑制了银行借款,从而减少了银行准备金和货币供给。美联储还可以通过改变法定准备金(银行根据其存款必须持有的准备金量)和改变它支付给银行持有的准备金的利率来改变货币供给。

这些货币控制的细节对美联储政策的实施尽管很重要,但在本章中却并不是至关重要的。我们这里的目的是考察货币供给的变动如何影响物品与服务的总需求。出于这一目的,我们可以忽略美联储如何实施政策的细节,而只是假设美联储直接控制了货币供给。换句话说,经济中的货币供给量固定在美联储所设定的水平上。

由于货币供给量由美联储的政策所固定,所以它不取决于其他经济变量,特别是它不取决于利率。一旦美联储做出了决策,无论现行的利率是多少,货币供给量都是相同的。我们用一条垂直的供给曲线表示固定的货币供给,如图24-1所示。

图 24-1　货币市场的均衡

根据流动性偏好理论,利率的调整使货币供给量与货币需求量平衡。如果利率高于均衡水平(例如在 r_1),人们想持有的货币量(M_1^d)就小于美联储创造的货币量,而且这种超额货币供给会给利率一种下降的压力。相反,如果利率低于均衡水平(例如在 r_2),人们想要持有的货币量(M_2^d)就大于美联储创造的货币量,而且这种超额货币需求会给利率一种上升的压力。因此,货币市场上供求的力量使利率趋向于均衡利率。在均衡利率时,人们乐于持有美联储所创造的货币量。

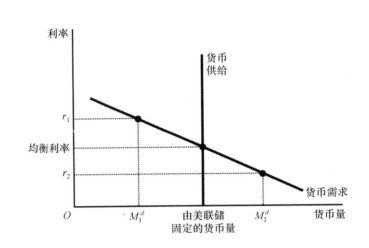

货币需求　流动性偏好理论的第二部分是货币需求。作为理解货币需求的出发点,我们回忆一下,任何一种资产的流动性是指该资产可以转换为经济中的交换媒介的难易程度。由于货币是经济中的交换媒介,因此根据定义,货币是可以得到的最具流动性的资产。货币的流动性解释了货币需求:人们选择持有货币而不持有其他可以提供较高收益率的资产,是因为货币可以用于购买物品与服务。

虽然许多因素决定货币需求量,但流动性偏好理论强调的一个因素是利率,理由是利率是持有货币的机会成本。这就是说,当你以钱包中的现金,而不是以有利息的债券来持有财富时,你就失去了你本来可以赚到的利息。利率上升增加了持有货币的成本,因此货币需求量就减少了。利率下降减少了持有货币的成本,并增加了货币需求量。这样,如图24-1所示,货币需求曲线向右下方倾斜。

货币市场的均衡　根据流动性偏好理论,利率的调整使货币的供求平衡。存在一种利率,即所谓的均衡利率,在这一利率时,货币的需求量正好与货币的供给量平衡。如果利率处于其他水平上,人们就要调整自己的资产组合,从而使利率趋向于均衡利率。

例如,假设利率高于均衡水平,如图 24-1 中的 r_1 时。在这种情况下,人们想持有的货币量 M_1^d 小于美联储供给的货币量。那些超额货币的持有者将试图通过购买有利息的债券或将货币存入有利息的银行账户来抛出这些货币。由于债券发行者和银行更愿意支付低利率,所以它们对这种超额货币供给的反应就是降低它们所支付的利率。随着利率的下降,人们变得更愿意持有货币,直至利率降至均衡利率。此时,人们乐于持有的货币量正好等于美联储供给的货币量。

相反,在利率低于均衡水平,例如在图 24-1 中的 r_2 时,人们想要持有的货币量 M_2^d 大于美联储所供给的货币量。因此,人们试图通过减少他们持有的债券和其他有利息的资产来增加货币持有量。随着人们减少自己持有的债券量,债券发行者发现,为了吸引购买者他们不得不提供较高的利率。这样,利率就会上升并趋向于均衡水平。

参考资料
长期利率与短期利率

在以前的一个章节中,我们说明了,利率调整使可贷资金的供给(国民储蓄)和可贷资金的需求(合意的投资)达到均衡。在这里我们则说明了,利率调整使货币的供求平衡。我们能使这两种理论一致吗?

为了回答这个问题,我们需要关注三个宏观经济变量:经济中的物品与服务产量、利率和物价水平。根据我们在本书前面提出的古典宏观经济理论,这些变量是这样决定的:

(1)产量由资本和劳动的供给以及把资本和劳动转变为产出的可得到的生产技术决定(我们称之为自然产出水平)。

(2)在产量水平既定时,利率的调整使可贷资金的供求平衡。

(3)当产量与利率既定时,物价水平的调整使货币的供求平衡。货币供给的变动引起物价水平同比例变动。

这是古典经济理论的三个基本观点。大多数经济学家认为,这些观点对经济在长期中是如何运行的是一个很好的描述。

但这些观点在短期中并不成立。正如我们在前一章中所讨论的,许多价格对货币供给变动的调整是缓慢的,这一事实反映在短期总供给曲线是向右上方倾斜而不是垂直上。结果,在短期中,物价总水平本身并不能使货币供求平衡。物价水平的这种黏性要求利率变动,以使货币市场均衡。利率的这些变动又影响物品与服务的总需求。当总需求波动时,经济中物品与服务的产量就背离了要素供给和技术所决定的产量水平。

为了考虑短期中(逐日、逐周、逐月、逐季)的经济状况,最好记住以下逻辑:

(1)物价水平固定在某个水平上(基于以前形成的预期),在短期中它对经济状况的变动反应较小。

(2)对于任何一个既定的物价水平,利率的调整使货币的供求平衡。

(3)使货币市场均衡的利率影响物品与服务的需求量,从而影响产量水平。

要注意的是,这正好是把用于研究长期中的经济的分析顺序颠倒了过来。

因此,这两个不同的利率理论是用于不同的目的。当考虑利率的长期决定因素时,最好记住可贷资金理论,该理论强调了经济中储蓄倾向和投资机会的重要性。与此相反,当考虑利率的短期决定因素时,最好记住流动性偏好理论,该理论强调了货币政策的重要性。

24.1.2 总需求曲线向右下方倾斜

在说明了流动性偏好理论如何解释经济中的均衡利率之后,现在我们可以考虑这一理论对物品与服务总需求的含义了。作为一种准备性练习,我们从用这种理论重新解释我们已经了解的主题——利率效应和总需求曲线向右下方倾斜——开始。特别是,假设经济中物价总水平上升。这会导致使货币供求平衡的利率发生什么变动呢,这种变动又如何影响物品与服务的需求量呢?

正如我们在第 22 章中所讨论的,物价水平是货币需求量的一个决定因素。在物价较高时,每次要用较多的货币交换一种物品或服务,结果人们将选择持有较多的货币。这就是说,较高的物价水平增加了利率既定时的货币需求量。因此,如图 24-2(a) 幅所示,物价水平从 P_1 上升到 P_2,使货币需求曲线从 MD_1 向右移动到 MD_2。

图 24-2 货币市场与总需求曲线的斜率

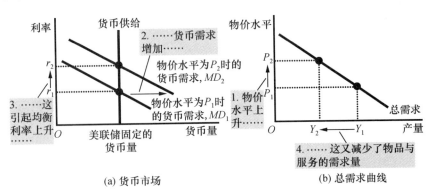

如(a)幅所示,物价水平从 P_1 上升为 P_2,使货币需求曲线向右移动。这种货币需求的增加使利率从 r_1 上升为 r_2。由于利率是借款的成本,利率上升使物品与服务的需求量从 Y_1 减少为 Y_2。如(b)幅所示,向右下方倾斜的总需求曲线表示了物价水平和需求量之间的这种负相关关系。

(a) 货币市场   (b) 总需求曲线

要注意的是,货币需求的这种变动如何影响货币市场的均衡。对于一定的货币供给来说,为了使货币供给与货币需求平衡,利率必然上升。因为较高的物价水平增加了人们想要持有的货币量,并使货币需求曲线向右移动。但货币供给量并没有改变,因此利率必然从 r_1 上升为 r_2,以抑制额外的货币需求。

如图 24-2(b) 幅所示,利率的这种上升不仅对货币市场有影响,而且对物品与服务的需求量也有影响。在利率较高时,借款的成本与储蓄的收益都增加了。选择借款买新房子的家庭少了,而且买房子的家庭购买的也是较小的房子,因此住房投资需求就减少了。选择借款建立新工厂和购买新设备的企业少了,因此企业投资减少了。这样,当物价水平从 P_1 上升到 P_2 时,货币需求从 MD_1 增加到 MD_2,而利率从 r_1 上升到 r_2,物品与服务的需求量则从 Y_1 减少为 Y_2。

可以把对利率效应的这种分析概括为三个步骤:(1) 较高的物价水平增加了货币需求;(2) 较高的货币需求引起了较高的利率;(3) 较高的利率减少了物品与服务的需求量。当然,同样的逻辑也在反方向发生作用:较低的物价水平减少了货币需求,这引起利率下降,而利率下降又增加了物品与服务的需求量。这种分析的结论是,正如向右下方倾斜的总需求曲线所说明的那样,物价水平和物品与服务的需求量之间存在负相关关系。

24.1.3 货币供给的变动

到目前为止,我们已经用流动性偏好理论更为充分地解释了经济中物品与服务的总需求量如何随着物价水平的变动而变动。这就是说,我们已经考察了沿着向右下方倾斜的总需求曲线的运动。但是,这个理论还说明了改变物品与服务需求量的一些其他事件。只要在一个既定的物价水平时物品与服务的需求量变动,总需求曲线就移动。

使总需求曲线移动的一个重要变量是货币政策。为了说明货币政策在短期中如何影响经济,我们假设美联储通过在公开市场操作中购买政府债券来增加货币供给。(在我们了解了这种变动的影响之后,美联储为什么会这样做就显而易见了。)现在我们考虑这种货币注入如何影响既定物价水平时的均衡利率,这将告诉我们货币注入对总需求曲线位置的影响。

如图24-3(a)幅所示,货币供给的增加使货币供给曲线从 MS_1 向右移动到 MS_2。由于货币需求曲线没有变,为了使货币供给与货币需求平衡,利率从 r_1 下降为 r_2。这就是说,为了使人们持有美联储创造的额外货币,利率必然要下降,以恢复货币市场上的均衡。

图24-3 货币注入

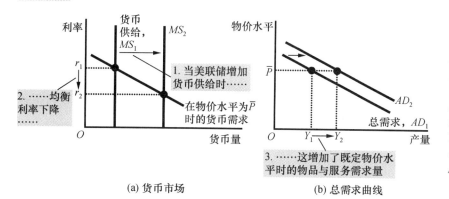

(a) 货币市场　　(b) 总需求曲线

在(a)幅中,货币供给从 MS_1 增加到 MS_2,使均衡利率从 r_1 下降为 r_2。由于利率是借款的成本,利率下降使物价水平既定时的物品与服务需求量从 Y_1 增加到 Y_2。因此,在(b)幅中,总需求曲线从 AD_1 向右移动到 AD_2。

如图24-3(b)幅所示,利率又影响了物品与服务的需求量。较低的利率减少了借款的成本和储蓄的收益。家庭会花费更多来购买新房子,这刺激了住房投资需求。企业对新工厂和新设备的支出增加,这刺激了企业投资。结果,在既定的物价水平 $\overline{P}$ 时,物品与服务的需求量从 Y_1 增加到 Y_2。当然,$\overline{P}$ 也没有什么特别的:货币注入增加了每一种物价水平时的物品与服务需求量。因此,整个总需求曲线向右移动。

总之,当美联储增加货币供给时,它降低了利率,增加了既定物价水平时的物品与服务需求量,使总需求曲线向右移动。相反,当美联储紧缩货币供给时,它提高了利率,减少了既定物价水平时的物品与服务需求量,使总需求曲线向左移动。

24.1.4 美联储政策中利率目标的作用

联邦储备如何影响经济呢?我们这里以及本书前面的讨论一直把货币政策作为美联储的政策工具。当美联储在公开市场操作中购买政府债券时,它增加了货币供给并扩大了总需求。当美联储在公开市场操作中出售政府债券时,它减少了货币供给并减少了总需求。

有关美联储政策的讨论往往把利率而不是货币供给作为美联储的政策工具。实际上,近年来联邦储备一直通过为联邦基金利率——银行相互之间对短期贷款收取的利率——设定一个目标来运用政策。在联邦公开市场委员会的会议上,这个目标每六周被重新评价一次。联邦公开市场委员会现在选择为联邦基金利率设定目标,而不是像过去那样不时地为货币供给设定目标。

美联储把联邦基金利率作为目标的决策有几个相关的理由:一是难以非常准确地衡量货币供给;二是货币需求一直在波动。在任何一种既定的货币供给时,货币需求的波动会引起利率、总需求和产量波动。与此相反,当美联储宣布把联邦基金利率作为目标时,它基本就通过调整相应的货币供给调整了每天的货币需求变动。

美联储将利率作为目标的决策并没有从根本上改变我们对货币政策的分析。流动性偏好理论说明了一个重要的原理:既可以根据货币供给,也可以根据利率来描述货币政策。当联邦公开市场委员会为联邦基金利率设定一个目标,比如说6%时,就是在告诉美联储的债券交易者:"进行必要的公开市场操作,以确保均衡利率等于6%。"换句话说,当美联储把利率作为目标时,它就承诺自己会调整货币供给,以便在货币市场均衡时达到那个目标。

因此,既可以根据利率目标的变动,也可以根据货币供给的变动来说明货币政策的变动。当你在报纸上看到"美联储已经把联邦基金利率从6%降为5%"时,你就应该知道,这种情况的发生只是由于美联储的债券交易商正在做使这种情况发生的事情。为了降低联邦基金利率,美联储的债券交易商会购买政府债券,而这种购买增加了货币供给并降低了均衡利率(正如图24-3所示)。同样,当联邦公开市场委员会提高联邦基金利率目标时,债券交易商就出售政府债券,这种出售减少了货币供给并提高了均衡利率。

从这种分析中得出的结论是极为简单的:旨在扩大总需求的货币政策变动既可以被描述为货币供给增加,也可以被描述为利率降低;旨在紧缩总需求的货币政策变动既可以被描述为货币供给减少,又可以被描述为利率提高。

参考资料
利率降至零

正如我们刚刚说明的,货币政策通过利率发生作用。这个结论提出了一个问题:如果美联储的目标利率已经降得很低了,它还能做什么?在2008年和2009年的衰退中,联邦基金利率降到接近于零。如果有什么办法的话,为了刺激经济,货币政策还可以做什么呢?

一些经济学家把这种情况称为流动性陷阱。根据流动性偏好理论,扩张性货币政策通过降低利率和刺激投资支出发生作用。但是,如果利率已经下降到接近于零,那么货币政策也许就不再有效。名义利率不会降到零以下:人们宁可持有现金也不会以负利率发放贷款。在这种情况下,扩张性货币政策增加了货币供给,并使公众的资产组合更有流动性,但由于利率不能再下降,额外的流动性不会再有任何效果。总需求、生产和就业会"陷于"低水平。

另一些经济学家怀疑流动性陷阱的适用性,而且相信,即使中央银行的利率目标已使利率降至零底线,它也会有扩张经济的工具。一种可能性是,中央银行通过承诺未来的货币扩张来提高通货膨胀预期。即使名义利率不能再下降,较高的预期通货膨胀也可以使真实利率降为负数,这就能刺激投资支出。

第二种可能性是,中央银行可以运用多于正常使用的多种金融工具来进行扩张性公开市场操作。例如,它可以购买抵押贷款和公司债券,从而降低这些类型贷款的利率。在 2008 年和 2009 年的衰退期间,美联储积极地推进这种操作。这种非常规的货币政策有时被称为**量化宽松**,因为它增加了银行准备金的数量。

一些经济学家提出,使利率降为零底线的可能性已被证明就是确定目标通货膨胀率高于零。在零通货膨胀之下,真实利率与名义利率一样绝不会降到零以下。但是,如果名义通货膨胀率比如说 4%,那么中央银行就可以通过将名义利率降为近似于零从而轻而易举地把真实利率降为 -4%。因此,适度的通货膨胀就给了货币决策者在需要刺激经济时更大的空间,这就降低了把利率降为零和经济陷入流动性陷阱的风险。

案例研究
为什么美联储注视着股市(而且股市也注视着美联储)

"股市预测了过去五次衰退中的九次。"著名经济学家(以及教科书作者)保罗·萨缪尔森(Paul Samuelson)曾这样嘲讽。萨缪尔森是正确的,股市的波动极大,而且对经济可能会给出错误的信号。但是,股票价格的波动往往是更广泛的经济发展状况的信号。例如,20 世纪 90 年代的经济繁荣看起来不仅表现在 GDP 的高速增长和失业减少,而且也表现为股票价格上升,股价在这十年内上升了约 4 倍。同样,2008 年和 2009 年的严重衰退也反映在股票价格的下降上:从 2007 年 11 月到 2009 年 3 月,股市损失了一半左右的价值。

美联储应该如何对股市波动做出反应?美联储本身没有理由关心股票价格,但它的工作是监测整个经济的发展并对此做出反应,而且股市又是一个令人困惑的地方。当股市高涨时,家庭变得富有,增加的财富又刺激了消费支出。此外,股票价格上涨使企业发售新股更有吸引力,这又刺激了投资支出。由于这两个原因,高涨的股市扩大了物品与服务的总需求。

正如我们在本章后面要更充分地讨论的,美联储的目标之一是稳定总需求,因为总需求越稳定意味着产量和物价水平越稳定。为了促进稳定,美联储对股市高涨的反应是使货币供给低于而利率高于股市不高涨时的水平。高利率的紧缩效应抵消了高股票价格的扩张效应。实际上,这种分析确实描述了美联储的行为:在 20 世纪 90 年代末的股市高涨时期,按历史标准看,真实利率是较高的。

当股市下跌时会出现相反的情况。用于消费和投资的支出会减少,这抑制了总需求,使经济趋向衰退。为了稳定总需求,美联储将会增加货币供给和降低利率。实际上,这也是美联储的通常做法。例如,1987 年 10 月 19 日,股市下降了 22.6%——历史上最大日跌幅之一。美联储对股市崩溃的反应是增加货币供给和降低利率。联邦基金利率从 10 月初的 7.7% 下降到 10 月底的 6.6%。部分由于美联储的迅速行动,经济才避免了一次衰退。同样,正如我们在上一章案例研究中讨论的,在 2008 年和 2009 年经济衰退和股市下跌期间,美联储也降低了利率,但是这次货币政策没有足以扭转严重的衰退。

当美联储在注视着股市时,股市参与者也在注视着美联储。由于美联储可以影响利率和经济活动,所以它也可以改变股票的价值。例如,当美联储通过减少货币供给来提高利率时,它就由于两个原因而使拥有股票的吸引力减弱:第一,较高的利率意味着股票的替代品——债券——赚到的收益高了;第二,美联储的紧缩货币政策降低了对物品与服务的需求,进而减少了利润。因此,当美联储提高利率时,股票价格通常下降。

即问即答 用流动性偏好理论解释货币供给减少如何影响均衡利率。这种货币政策变动如何影响总需求曲线?

24.2 财政政策如何影响总需求

政府不仅可以用货币政策影响经济行为,还可以用财政政策影响经济行为。**财政政策**(fisical policy)指政府对政府购买和税收总水平的选择。在本书的前面,我们考察了财政政策如何影响长期中的储蓄、投资和经济增长。但是,在短期中财政政策主要影响物品与服务的总需求。

24.2.1 政府购买的变动

当决策者改变货币供给或税收水平时,它就通过影响企业或家庭的支出决策间接地使总需求曲线移动。与此相比,当政府改变其物品与服务的购买时,它就直接使总需求曲线移动。例如,假设美国国防部向主要飞机制造商波音公司订购了价值200亿美元的新式战斗机。这笔订单就增加了对波音公司生产的产品的需求,这种需求的增加又使该公司雇用更多工人并增加生产。由于波音公司是经济的一部分,所以对波音公司飞机需求的增加就意味着,在每一种物价水平时物品与服务的总需求增加了,结果总需求曲线向右移动。

政府200亿美元的订货会使总需求曲线移动多少呢?乍一看,人们会猜想,总需求曲线向右的移动正好为200亿美元。但是,情况并不是这样。有两种宏观经济效应使得总需求移动的幅度不同于政府购买的变动:第一种为乘数效应,表明总需求的移动会大于200亿美元;第二种为挤出效应,表明总需求的移动会小于200亿美元。现在我们分别讨论每一种效应。

24.2.2 乘数效应

当政府向波音公司购买200亿美元的物品时,这种购买会产生一系列影响。政府需求增加的直接影响是增加了波音公司的就业和利润。当工人收入增加、企业所有者利润增加时,他们对这种收入增加的反应是增加对消费品的支出。结果,政府向波音公司的购买还增加了经济中许多其他企业产品的需求。由于政府支出的每一美元可以增加的物品与服务的总需求大于一美元,所以说政府购买对总需求有一种**乘数效应**(multiplier effect)。

在第一轮之后,这种乘数效应仍然在继续。当消费支出增加时,生产这些消费品的企业会雇用更多工人,并获得更高的利润。更高的收入和利润又刺激了消费支出,如此循环往复。因此,当较高需求引起较高收入时,存在一种正的反馈,这种正的反馈又引起了更高的需求。一旦把所有这些效应加在一起,对物品与服务需求量的总影响就远远大于最初来自更多政府支出的刺激。

图24-4说明了乘数效应。政府购买增加200亿美元最初使总需求曲线从AD_1向右移动到AD_2,正好为200亿美元。但当消费者的反应是增加自己的支出时,总需求曲线就进一步向右移动到AD_3。

图 24-4 乘数效应

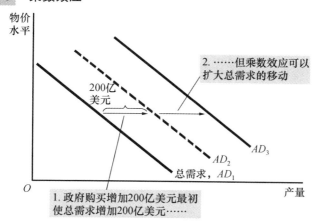

政府购买增加 200 亿美元可以使总需求曲线向右的移动大于 200 亿美元。这种乘数效应的产生是因为总收入的增加刺激了消费者的额外支出。

1. 政府购买增加 200 亿美元最初使总需求增加 200 亿美元……
2. ……但乘数效应可以扩大总需求的移动

这种产生于消费支出反应的乘数效应由于投资对更高水平的需求的反应而得到加强。例如,波音公司对飞机需求量增多的反应可能是决定购买更多设备或再建立一个工厂。在这种情况下,较高的政府需求刺激了较高的投资品需求。这种来自投资需求的正的反馈有时被称为投资加速数。

24.2.3 支出乘数的公式

我们可以用一个简单的运算推导出计算乘数效应(当政府支出增加引起消费支出增加时产生的)大小的公式。在这个公式中,一个重要的数字是边际消费倾向(MPC)——家庭额外收入中用于消费而不用于储蓄的比例。例如,假设边际消费倾向是 3/4。这就意味着,家庭每赚到 1 美元额外收入,则支出 75 美分(1 美元的 3/4),储蓄 25 美分。在 MPC 为 3/4 的情况下,当波音公司的工人和所有者从与政府签订的合同中赚到 200 亿美元时,他们增加的消费支出为 3/4×200 亿美元,即 150 亿美元。

为了确定政府购买变动对总需求的影响,我们逐步地观察这种效应。当政府支出 200 亿美元时这个过程开始,这意味着国民收入(工资和利润)也增加了这么多。这种收入增加又增加了消费支出 $MPC \times 200$ 亿美元,这又增加了生产消费品的企业的工人和所有者的收入。这第二轮收入的增加又增加了消费支出,这一次的增加量为 $MPC \times (MPC \times 200$ 亿美元$)$。这种反馈效应会持续下去。

为了得出对物品与服务需求的总影响,我们把所有这些效应相加:

政府购买变动	=	200 亿美元
第一轮消费变动	=	$MPC \times 200$ 亿美元
第二轮消费变动	=	$MPC^2 \times 200$ 亿美元
第三轮消费变动	=	$MPC^3 \times 200$ 亿美元
⋮		⋮
需求总变动	=	$(1 + MPC + MPC^2 + MPC^3 + \cdots) \times 200$ 亿美元

在这里,"…"代表一个类似项的无穷数量。因此,我们可以把乘数写为:

$$乘数 = 1 + MPC + MPC^2 + MPC^3 + \cdots$$

这个乘数告诉我们,每 1 美元政府购买所产生的对物品与服务的需求。

为了简化这个乘数方程式,我们记得数学课上这个式子是一个无穷几何级数。令 x 在

-1 与 +1 之间,则:

$$1 + x + x^2 + x^3 + \cdots = 1/(1-x)$$

在我们的例子中,$x = MPC$。因此,

$$乘数 = 1/(1 - MPC)$$

例如,如果 MPC 是 3/4,乘数就是 $1/(1 - 3/4)$,即 4。在这个例子中,政府支出 200 亿美元将产生 800 亿美元的对物品与服务的需求。

这个乘数公式说明了一个重要结论:乘数的大小取决于边际消费倾向。当 MPC 为 3/4 时,乘数为 4;当 MPC 为 1/2 时,乘数仅为 2。因此,MPC 越大,意味着乘数越大。为了说明这种情况为什么正确,回想一下乘数的产生是因为更高的收入引起更大的消费支出。MPC 越大,消费对收入变动的反应越大,因此乘数也越大。

24.2.4 乘数效应的其他应用

由于乘数效应,政府购买的 1 美元产生的总需求大于 1 美元。但是,乘数效应的逻辑并不限于政府购买的变动,它适用于改变 GDP 任何一个组成部分——消费、投资、政府购买或净出口——支出的任何一个事件。

例如,假设国外的经济衰退使其对美国净出口的需求减少了 100 亿美元。这种对美国物品与服务支出的减少降低了美国的国民收入,这又减少了美国消费者的支出。如果边际消费倾向是 3/4,乘数是 4,那么净出口减少 100 亿美元就意味着总需求减少了 400 亿美元。

再举一个例子,假设股市高涨增加了家庭的财富,并刺激了他们支出 200 亿美元用于物品与服务的购买。这种额外的消费支出增加了国民收入,国民收入增加又引起了更多的消费支出。如果边际消费倾向是 3/4,乘数是 4,那么最初 200 亿美元消费支出的刺激就会转变为总需求 800 亿美元的增加。

在宏观经济学中,乘数是一个重要的概念,因为它说明了经济可以把支出变动的影响扩大多少。消费、投资、政府购买或净出口最初一个较小的变动最终会对总需求产生较大的影响,从而对经济中物品与服务的生产产生较大的影响。

24.2.5 挤出效应

乘数效应似乎表明,当政府从波音公司购买价值 200 亿美元的飞机时,所引起的总需求扩大必定大于 200 亿美元。然而还有一种效应在相反的方向发生作用。当政府购买增加刺激了物品与服务的总需求时,它也会使利率上升,这往往会减少投资支出,阻止总需求增加。当财政扩张使利率上升时其所引起的总需求减少被称为**挤出效应**(crowding-out effect)。

为了说明为什么会发生挤出效应,我们来考虑当政府向波音公司购买飞机时货币市场上出现的情况。正如我们所讨论的,这种需求增加会引起这家企业的工人和所有者收入的增加(由于乘数效应,其他企业的工人和所有者收入也增加)。随着收入增加,家庭计划购买更多的物品与服务,因此,就选择以流动性形式持有更多的财富。这就是说,财政扩张引起的收入增加提高了货币需求。

货币需求增加的效应如图 24-5(a)幅所示。由于美联储并没有改变货币供给,所以垂直的供给曲线保持不变。当收入水平提高使货币需求曲线从 MD_1 向右移动到 MD_2 时,为了保持货币供求平衡,利率必然从 r_1 上升为 r_2。

图 24-5 挤出效应

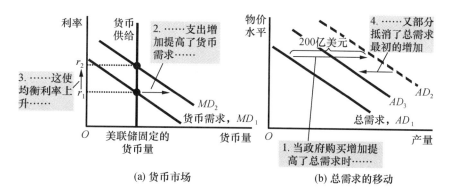

(a) 货币市场　　　　　　　　(b) 总需求的移动

(a) 幅表示货币市场。当政府增加物品与服务的购买时,所引起的收入增加使货币需求从 MD_1 增加到 MD_2,这又会引起均衡利率从 r_1 上升为 r_2。(b) 幅表示对总需求的影响。政府购买增加的最初影响是使总需求曲线从 AD_1 移动到 AD_2。然而,由于利率是借款的成本,利率上升往往减少物品与服务的需求量,特别是对投资品的需求量。这种投资的挤出部分抵消了财政扩张对总需求的影响。最后,总需求曲线只移动到 AD_3。

利率上升反过来又减少了物品与服务的需求量。特别是,由于借款更昂贵了,所以对住房和企业投资品的需求减少了。这就是说,当政府购买增加提高了对物品与服务的需求时,它也会挤出投资。这种挤出效应部分抵消了政府购买对总需求的影响,如图 24-5(b) 幅所示。政府购买增加最初的影响是使总需求曲线从 AD_1 移动到 AD_2,但一旦挤出效应发生作用,总需求曲线又回到 AD_3。

总之,当政府增加 200 亿美元的购买时,物品与服务总需求的增加可以大于或小于 200 亿美元,这取决于乘数效应与挤出效应的大小。乘数效应本身引起的总需求移动会大于 200 亿美元。挤出效应使总需求曲线向相反的方向移动,而且如果足够大,可以导致总需求的移动小于 200 亿美元。

24.2.6 税收变动

除了政府购买水平之外,财政政策的另一种重要工具是税收水平。例如,当政府削减个人所得税时,就增加了家庭可以拿回家的工资。家庭将会把一部分额外的收入储蓄起来,但也会把一部分用于消费支出。由于减税增加了消费支出,就会使总需求曲线向右移动。同样,增税抑制了消费支出,使总需求曲线向左移动。

税收变动引起的总需求变动的幅度也要受乘数效应和挤出效应的影响。当政府减税并刺激消费支出时,收入和利润增加,这又进一步刺激了消费支出。这就是乘数效应。同时,较高的收入引起较高的货币需求,这又倾向于提高利率,而较高的利率使借款成本更高,这就减少了投资支出。这是挤出效应。根据乘数效应与挤出效应的大小,总需求曲线的移动可以大于或小于引起它的税收变动。

除了乘数效应与挤出效应之外,还有一个重要因素决定税收变动所引起的总需求变动的幅度:家庭对税收变动是持久变动还是暂时变动的感觉。例如,假设政府宣布每个家庭减税 1 000 美元。在决定从这 1 000 美元中支出多少时,家庭必须自问,这种额外的收入会持续多长时间。如果家庭预期减税是持久的,他们就会认为减税会大大增强他们的经济实力,从而大量增加他们的支出。在这种情况下,减税将对总需求产生重大影响。与此相反,如果家庭预期税收变动是暂时的,他们就会认为这不会增加他们多少收入,因而只增加少量支出。在这种情况下,减税对总需求只有很小的影响。

暂时减税政策的一个极端例子是1992年宣布的减税。在这一年,乔治·H. W. 布什总统面临着仍在持续的衰退和即将来临的连任竞选。他对这种状况的反应是宣布减少联邦政府从工人工资支票中扣除的所得税数量。但是,由于法定的所得税税率并没有改变,所以1992年每少扣除1美元就意味着到1993年4月15日要多交1美元税,这时必须补足1992年的应缴所得税。* 因此,布什的"减税"实际上仅仅是一种来自政府的短期贷款。毫不奇怪,这种政策对消费支出和总需求的影响是较小的。

参考资料
财政政策如何影响总供给

到目前为止,我们关于财政政策的讨论强调了政府购买和税收的变动如何影响物品与服务的需求量。大多数经济学家认为,财政政策的短期宏观经济效应主要是通过总需求发生作用的,然而财政政策也会潜在地影响物品与服务的供给量。

例如,考虑税收变动对总供给的影响。第1章中的经济学十大原理之一是,人们会对激励做出反应。当政府决策者降低税率时,工人从他们赚到的每一美元中得到的更多了,因此,他们就有工作和生产物品与服务的更大激励。如果他们对这种激励做出反应,在每一物价水平时物品与服务的供给量就会增多,而且总供给曲线将向右移动。

供给学派的一些经济学家认为,减税对总供给的影响是很大的。根据一些供给学派经济学家的观点,减税的影响如此之大,以至于降低税率将刺激生产和收入的增加,从而实际上将增加税收收入。这在理论上确实是可能的,但大多数经济学家并不认为这是正常情况。尽管税收的供给效应是重要的,但是当税率下降时它通常并不会大到足以引起税收收入增加。

与税收的变动一样,政府购买的变动也会潜在地影响总供给。例如,假设政府以提供公路这类资本形式增加了支出。私人企业就可以使用公路来向顾客运送货物。公路数量的增加提高了企业的生产率。因此,当政府对公路的支出更多时,它就增加了在物价水平既定时物品与服务的供给量,从而使总供给曲线向右移动。但是,这种对总供给的影响也许在长期中比在短期中更重要,因为政府修建新公路并使之投入使用需要一段时间。

即问即答 假设政府减少高速公路建设支出100亿美元。总需求曲线会如何移动?解释为什么这种移动会大于或小于100亿美元。

24.3 运用政策来稳定经济

我们已经说明了货币政策与财政政策会如何影响经济中物品与服务的总需求。这些理论观点提出了一些重要的政策问题:决策者是否应该用这些政策工具来控制总需求并稳定经

---

* 美国的报税季大多开始于每年1月中下旬,在4月15日之前,美国居民需要向国税局申报自己在前一年度的收支情况,按要求补缴所得税或获得政府退税。——编者注

济?如果是的话,应该在什么时候运用这些政策工具?如果不是的话,为什么?

24.3.1 支持积极稳定政策论

现在我们回到本章开始时的问题:当总统和国会提高税收时,美联储应该如何做出反应?如前所述,税收水平是总需求曲线位置的一个决定因素。当政府提高税收时,总需求将减少,这就会在短期内抑制生产和就业。如果美联储想阻止财政政策的这种不利影响,它可以通过增加货币供给来扩大总需求。货币扩张会降低利率,刺激投资支出,从而扩大总需求。如果货币政策反应适当,货币政策与财政政策的共同变动可以使对物品与服务的总需求不受影响。

联邦公开市场委员会成员遵循的正是这种思路。他们知道货币政策是总需求的重要决定因素;也知道还有一些其他重要的决定因素,包括由总统和国会确定的财政政策。因此,联邦公开市场委员会以敏锐的目光关注着有关财政政策的争论。

货币政策对财政政策变动的这种反应是更为一般的现象的例子:用政策工具稳定总需求,因此稳定生产和就业。自从1946年的《就业法案》颁布以来,经济稳定一直是美国政策的一个明确目标。该法案宣称,"促进充分就业和生产……是联邦政府一贯的政策和责任"。实际上,政府已经确定其对短期宏观经济表现负有责任。

《就业法案》有两种含义。第一种较为温和的含义是,政府应该避免成为经济波动的原因。因此,大多数经济学家反对货币政策和财政政策有大且突然的变动,因为这种变动很可能会引起总需求的波动。而且,重要的是,当发生大的变动时,货币政策与财政政策的决策者要意识到这种变动,并对彼此的行动做出反应。

第二种较有雄心的含义是,政府应该对私人经济中的变动做出反应以便稳定总需求。这个法案是在凯恩斯的《就业、利息和货币通论》出版后不久通过的,这本书一直是最有影响的经济学著作之一。在这本书中,凯恩斯强调了总需求在解释短期经济波动中的关键作用。凯恩斯宣称,当总需求看来不足以维持充分就业水平的生产时,政府应该积极地刺激总需求。

凯恩斯(及其许多追随者)认为,总需求的波动主要是因为非理性的悲观主义与乐观主义情绪。他用动物本能这个词来指代态度的任意变动。当悲观主义盛行时,家庭减少消费支出,企业减少投资支出。结果是总需求减少,生产减少,失业增加。相反,当乐观主义盛行时,家庭和企业都增加支出。结果是总需求增加,生产增加,并有通货膨胀的压力。要注意的是,这些态度的变化在某种程度上是自我实现的。

从原则上说,政府可以调整货币政策与财政政策以对这些乐观主义和悲观主义情绪做出反应,从而稳定经济。例如,当人们过分悲观时,美联储可以扩大货币供给、降低利率并扩大总需求。当人们过分乐观时,美联储可以紧缩货币供给、提高利率并抑制总需求。曾任美联储主席的威廉·麦克切斯尼·马丁(William McChesney Martin)非常简单地描述了这种货币政策观点:"美联储的工作就是在宴会开始时把酒杯拿走。"

▎案例研究
白宫的凯恩斯主义者

1961年,当一个记者问约翰·F.肯尼迪总统为什么主张减税时,肯尼迪答道:"为了刺激经济。难道你不记得你上的经济学101*了吗?"肯尼迪的政策实际上依据的是我们在这一章中提出的财政政策分析。他的目标是实行减税,从而增加消费支出,扩大总需求,增加经济中的生产和就业。

在选择这种政策时,肯尼迪依靠了他的经济顾问小组。这个小组包括极为著名的经济学家詹姆斯·托宾(James Tobin)和罗伯特·索洛(Robert Solow),他们后来都由于对经济学的贡献而获得了诺贝尔奖。在20世纪40年代作为学生时,这些经济学家都深入地研究过当时刚出版几年的凯恩斯的《就业、利息和货币通论》。当肯尼迪的顾问提出减税时,他们就是在把凯恩斯的思想付诸实践。

虽然税收变动对总需求有潜在的影响,但也有其他影响。特别是,通过改变人们面临的激励,税收还会改变物品与服务的供给。肯尼迪建议的一部分是投资税收减免,它给投资于新资本的企业减税。高投资不仅直接刺激了总需求,而且也增加了经济中长期的生产能力。因此,通过较高的总需求增加生产的短期目标与通过较高的总供给增加生产的长期目标是连在一起的。实际上,当肯尼迪提出的减税最终在1964年实施时,它促成了一个经济高速增长的时期。

自从1964年减税以来,决策者不时地主张把财政政策作为控制总需求的工具。例如,巴拉克·奥巴马总统在2009年进入椭圆形办公室时,他正面临着进入衰退的美国经济。他的第一个政策建议就是一个包括大幅度增加政府支出的刺激提案。随后的"新闻摘录"讨论了对这个政策建议的一些争论。

新闻摘录
财政政策的乘数有多大

在2008年和2009年的全球经济下滑中,各国政府都运用财政政策刺激总需求。这种做法引发了关于乘数大小的争论,乘数有多大仍然是一个有待探讨的话题。

关于乘数的啰里啰唆

现在是历史上和平时期最大的财政扩张。全球各国都在通过减税和增加政府支出来抗击衰退。20国集团经济体各国领导人本周在匹兹堡开会,他们采取的刺激计划所涉及的金额平均已经占了今年GDP的2%及2010年GDP的1.6%。这么大规模、这么协调一致的行动应该说明大家对财政刺激的效果达成了共识。但是事实上,经济学家们对刺激是否有用以及有多大用的看法有许多分歧。

争论的关键是"财政乘数"的大小。这个衡量指标是在1931年由凯恩斯的学生Richard Kahn首次提出的,它能够说明减税或增加政府支出对产量的刺激效果有多大。1倍乘数意味着若政府支出增加10亿美元,GDP将增加10亿美元。

乘数的大小因经济状况而异。在其能力被充分利用的经济体,财政乘数应该是0。由于没有闲置的资源,政府需求的增加只能替代其他支出。但是,在经历衰退的经济体,当工人赋闲在家和工厂闲置不用时,财政刺激就能增加总需求。如果最初的刺激能够接连引起消费者和企业增加支出,乘数就会远远大于1。

乘数还会随财政措施的类型而不同。如果消费者把减税带来的意外之财存起来一部分,

---

* 一般美国大学把一年级的经济学基础课程称为经济学101。——译者注

那么政府用于建造桥梁的支出就比减税带来的乘数更大。针对相对贫穷人群的减税的乘数效应要大于针对富裕人群的减税的乘数效应,因为穷人的收入中用于支出的比例更高。

财政乘数的大小关键还取决于人们对政府增加借款的反应。如果政府的措施支撑起民众的信心并唤起了动物本能,乘数就会随着需求增加和私人投资的"挤入"而上升。但如果随着政府借款增加,利率上升,那么本来有可能会产生的某些私人投资就会被"挤出"。而且,如果消费者预期未来的税率会提高以满足政府新增借款所需,那么现在就会少花钱。所有这些都会降低财政乘数,甚至有可能降为负数。

由于有关政府借款增加对利率和私人支出的影响到底有多大的种种假设不同,因此对现在的支出刺激带来的乘数有多大的预期,差异也非常明显。奥巴马政府的经济顾问们假定联邦基金利率在四年内保持不变,他们预计美国财政刺激措施中的增加政府购买的乘数是1.6,减税的乘数是1.0。John Cogan、Tobias Cwik、John Taylor 和 Volker Wieland 并不这样认为,他们用了另外一个模型,假定公共借款增加带来的利率和税收增加的反应要快得多。他们计算出的乘数要小得多。他们认为美国的财政刺激措施能够给 GDP 增长带来的贡献只有奥巴马团队预期的六分之一。

预测模型的差别这么大,不如我们来仔细分析一下过去财政刺激的效果,也许会有所帮助。但不幸的是,要把财政政策的影响单列出来是极为困难的。有一个办法是,用微观经济学的案例研究方法去监测消费者在特定的税收返还和减免时行为的变化。这些主要基于美国税收变化的研究发现,永久性减税对消费者支出的影响比暂时性减税更大,而且那些不容易借到钱的消费者,比如常把信用卡余额用完的人,往往把减税得来的意外之财花得更多。但是,这些案例研究无法衡量减税或增加支出对产量的整体影响。

还有一个方法是找出政府支出变化或者减税对 GDP 统计的影响。这种方法的困难之处在于,经济衰退自然会伴生社会保障支出增加和税收减少,而财政刺激措施所带来的效应很难与它们区分开来。这种经验方法已经把某些领域的预期范围缩小了。它也带来了不同国家的有趣对比:封闭经济的乘数比开放经济的大(因为通过进口流到国外的刺激漏出会更少),富裕国家的乘数比新兴国家的大(因为新兴国家的投资者反应更快,这会推动利率上升)。不过总体说,经济学家发现他们在经验中得到的乘数估值范围和从理论模型中得到的几乎一样。

还有更添乱的,统计分析的数据来源在第二次世界大战后和现在是很不同的。当时对政府支出乘数的很大一部分贡献来自军费,而今天的刺激计划更侧重于基础设施建设。许多富国的利率现在几乎都接近于零,这可能会加大财政刺激的作用,也会增加对财政刺激的需求。由于金融危机的影响,会有更多的人面临借款限制,这也会增加减税的效果。与此同时,负债累累的消费者倾向于减少他们的借款,这样就会降低乘数。今天的投资者更有必要担心富国而不是那些新兴市场国家的财政状况。

把所有这些因素加在一起,结论就是经济学家们在"盲飞"。他们能够自信地做出一点相关的判断。比如,暂时性减税比永久性减税的效果要差;负债多的国家的财政乘数可能比负债少的国家要低。但是,决策者们想要找到精确的乘数估值只能是自欺欺人了。

资料来源:*The Economist*,September 24,2009.

24.3.2 反对积极稳定政策论

一些经济学家认为,政府应该避免积极地利用货币政策和财政政策来努力稳定经济。他们声称,这些政策工具应该被用以实现长期目标,例如快速的经济增长和低通货膨胀,并且应该让经济靠自己的力量去克服短期波动。虽然这些经济学家也承认,货币政策与财政政策在理论上可以稳定经济,但他们怀疑其在实践中是否具有可行性。

反对积极的货币政策与财政政策的主要论点是,这些政策对经济的影响有相当长的时滞。正如我们所说明的,货币政策通过改变利率,从而影响投资支出而发挥作用。但是,许多企业会提前做出投资计划。因此,大多数经济学家认为,货币政策变动对产量和就业产生大的影响至少需要6个月。而且,一旦这些影响发生,就会持续几年。稳定政策的批评者认为,由于存在这种时滞,美联储不应该试图对经济进行微调。他们声称,美联储通常对变动的经济状况反应太迟,结果是引起了经济波动,而不是抑制了经济波动。这些批评者支持消极的货币政策,例如低且稳定的货币供给增长。

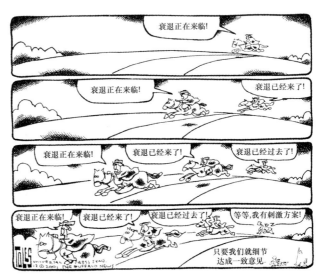

图片来源:TOLES ⓒ 2001 The Washington Post. Reprinted with permission of UNIVERSAL PRESS SYNDICATE. All Rights Reserved.

财政政策发生作用也有时滞,但与货币政策的时滞不同,财政政策的时滞主要是由于政治过程。在美国,大多数政府支出与税收的变动必须经过参众两院的国会委员会这两个立法机构通过并由总统签字。完成这个过程可能需要几个月,在有些情况下则需要几年。到财政政策的变动得到通过并准备实施时,经济状况可能已经改变了。

货币政策与财政政策的这些时滞之所以成为一个问题,部分是因为经济预测极不准确。如果预测者可以提前一年准确地预测经济状况,那么货币政策和财政政策决策者在做出决策时就可以带有前瞻性。在这种情况下,决策者尽管面临着时滞,也可以稳定经济。但是,衰退和萧条实际上是在没有任何预兆的情况下来临的。决策者最多也只能在衰退和萧条发生时对经济变动做出反应。

24.3.3 自动稳定器

所有经济学家——无论是稳定政策的支持者还是批评者——都一致认为,政策实施的时滞使政策作为短期稳定工具的作用不大。因此,如果决策者可以找到一种避免某些时滞的方法,经济就会较为稳定。事实上他们找到了这种方法。**自动稳定器**(automatic stabilizers)是在经济进入衰退时,决策者不必采取任何有意的行动就可以刺激总需求的财政政策变动。

最重要的自动稳定器是税制。当经济进入衰退时,政府所征收的税收量就会自动地减少,这是因为几乎所有税收都与经济活动密切相关。个人所得税取决于家庭收入,工薪税取决于工人的工资,而公司所得税取决于企业利润。由于收入、工资和利润在衰退时都会减少,所以政府的税收收入也会随之降低。这种自动的减税刺激了总需求,从而降低了经济波动的程度。

政府支出也作为自动稳定器发挥作用。特别是,当经济进入衰退且工人被解雇时,更多的人申请失业保险补助、福利补助和其他形式的收入补助。这种政府支出的自动增加正好在总需求不足以维持充分就业时刺激了总需求。实际上,当20世纪30年代最早建立失业保险制度时,经济学家们支持这种政策的部分原因就是它作为一种自动稳定器的力量。

美国经济中的自动稳定器还没有强大到足以完全防止衰退。但是,如果没有这些自动稳定器,产量和就业的波动将会比现在大。由于这个原因,许多经济学家反对一些政治家提出的要求联邦政府总是实现平衡预算的宪法修正案。当经济进入衰退时,税收减少,政府支出增加,政府预算向赤字发展。如果政府面临严格的平衡预算规则,政府就会被迫在衰退中寻求增加税收或削减支出的方法。换句话说,严格的平衡预算规则会消除我们现在的税收与政府支出制度中固有的自动稳定器。

即问即答 假设不利的"动物本能"弥漫在经济中,而且人们对未来变得悲观。总需求会发生什么变动?如果美联储想稳定总需求,它应该如何改变货币供给?如果它这样做,利率会发生什么变动?为什么美联储不会选择以这种方法做出反应?

24.4 结论

在决策者做出任何政策变动之前,他们需要考虑他们决策的所有影响。在本书前面,我们考察了经济的古典模型,它描述了货币政策与财政政策的长期效应。那里,我们说明了财政政策如何影响储蓄、投资和长期经济增长,以及货币政策如何影响物价水平和通货膨胀率。

在本章中,我们考察了货币政策与财政政策的短期效应。我们说明了这些政策工具可以如何改变物品与服务的总需求,以及短期中经济的生产和就业。当国会减少政府支出以平衡预算时,它既要考虑对储蓄和经济增长的长期效应,又要考虑对总需求和就业的短期效应。当美联储降低货币供给增长率时,它必须既考虑到对通货膨胀的长期效应,又考虑到对生产的短期效应。在政府的各个部门,决策者都要记住长期目标和短期目标。

内容提要

◎ 在建立短期经济波动理论时,凯恩斯提出了流动性偏好理论来解释利率的决定因素。根据这种理论,利率的调整使货币的供求平衡。

◎ 物价水平上升增加了货币需求,提高了使货币市场均衡的利率。由于利率代表借款的成本,所以较高的利率减少了投资,从而减少了物品与服务的需求量。向右下方倾斜的总需求曲线表明了物价水平与需求量之间的这种负相关关系。

◎ 决策者可以用货币政策影响总需求。货币供给的增加降低了物价水平既定时的均衡利率。因为较低的利率刺激了投资支出,所以总需求曲线向右移动。相反,货币供给减少提高了物价水平既定时的均衡利率,使总需求曲线向左移动。

◎ 决策者还可以用财政政策影响总需求。政府购买增加或减税可以使总需求曲线向右移动。政府购买减少或增税可以使总需求曲线向左移动。

◎ 当政府改变支出或税收时，所引起的总需求变动可能大于或小于财政变动。乘数效应往往扩大财政政策对总需求的影响。挤出效应往往减少财政政策对总需求的影响。

◎ 由于货币政策和财政政策可以影响总需求，所以政府有时用这些政策工具来试图稳定经济。经济学家对政府应该如何积极地进行这种努力的看法并不一致。根据积极稳定政策支持者的看法，家庭和企业态度的改变使总需求变动，如果政府不对此做出反应，结果就是产量与就业的不合意及不必要的波动。根据积极稳定政策批评者的看法，货币政策与财政政策发生作用都有相当长的时滞，以至于稳定经济的努力往往以不稳定告终。

关键概念

流动性偏好理论　　　　乘数效应　　　　自动稳定器
财政政策　　　　　　　挤出效应

复习题

1. 什么是流动性偏好理论？这种理论如何有助于解释总需求曲线向右下方倾斜？
2. 用流动性偏好理论解释货币供给减少如何影响总需求曲线。
3. 政府花费 30 亿美元用于购买警车。解释为什么总需求的增加会大于或小于 30 亿美元。
4. 假设对消费者信心的调查表明，悲观情绪蔓延全国。如果决策者无所作为，总需求会发生什么变动？如果美联储想稳定总需求，它应该怎么做？如果美联储无所作为，国会为了稳定总需求应该做什么？
5. 举出一个起到自动稳定器作用的政府政策的例子。解释为什么这一政策有这种效应。

快速单选

1. 如果中央银行想要扩大总需求，那么，它应该_____货币供给，这就会使利率_____。
   a. 增加, 上升　　　b. 增加, 下降
   c. 减少, 上升　　　d. 减少, 下降

2. 如果政府想要紧缩总需求，那么，它应该_____政府购买或_____税收。
   a. 增加, 增加　　　b. 增加, 减少
   c. 减少, 增加　　　d. 减少, 减少

3. 美联储把联邦基金利率作为目标利率。该利率_____。
   a. 是中央银行一种额外的政策工具，补充并独立于货币供给
   b. 使美联储承诺确定某种货币供给，以便盯住所宣布的利率
   c. 是一个很少达到的目标，因为美联储只能决定货币供给
   d. 是银行向联邦基金借贷的关键，但并不影响总需求

4. 一个经济由于总需求不足陷入衰退。政府增加 1 200 美元购买支出。假设中央银行调整货币供给，以使利率不变，投资支出是固定的，而且边际消费倾向是 2/3。总需求会增加多少？
   a. 400 美元　　　b. 800 美元
   c. 1 800 美元　　d. 3 600 美元

5. 在上一题中,如果中央银行保持货币供给不变,并允许利率调整,则政府购买增加引起的总需求变动会_____。
   a. 更大
   b. 相同
   c. 较小但仍然为正
   d. 为负

6. 以下哪一个是自动稳定器的例子?当经济陷入衰退时,_____。
   a. 更多人有资格领取失业保险补助
   b. 股票价格下跌,尤其是周期性行业企业的股票
   c. 国会听取可能的一揽子刺激方案
   d. 美联储改变其联邦基金利率的目标

问题与应用

1. 解释下面每一种发展会如何影响货币供给、货币需求和利率。用图形说明你的答案。
   a. 美联储的债券交易商在公开市场操作中购买债券。
   b. 信用卡可获得性的提高减少了人们持有的现金。
   c. 联邦储备降低了银行的法定准备金。
   d. 家庭决定把更多钱用于节日购物。
   e. 乐观情绪刺激了企业投资,扩大了总需求。

2. 联邦储备扩大了5%的货币供给。
   a. 用流动性偏好理论以图形说明这种政策对利率的影响。
   b. 用总需求与总供给模型说明利率的这种变动对短期中产量和物价水平的影响。
   c. 当经济从其短期均衡转向长期均衡时,物价水平会发生什么变动?
   d. 物价水平的这种变动如何影响货币需求和均衡利率?
   e. 这种分析与货币在短期中有真实影响,但在长期中是中性的这种观点一致吗?

3. 假设计算机病毒使全国的自动提款机系统瘫痪,使从银行账户提款更不方便。结果人们想持有的货币更多,这增加了货币需求。
   a. 假设美联储并没有改变货币供给。根据流动性偏好理论,利率会发生什么变化?总需求会发生什么变动?
   b. 如果美联储想稳定总需求,它应该如何改变货币供给?
   c. 如果美联储想运用公开市场操作来完成货币供给的这种改变,它应该如何做?

4. 考虑两种政策——仅持续一年的减税和预期为永久的减税。哪一种政策将刺激消费者更多的支出?哪一种政策对总需求的影响更大?解释原因。

5. 经济处于高失业和低产量的衰退中。
   a. 用总需求与总供给图形说明当前经济状况。务必包括总需求曲线、短期总供给曲线和长期总供给曲线。
   b. 确定能使经济恢复到自然水平的公开市场操作。
   c. 用货币市场图形说明这种公开市场操作的影响,并说明其引起的利率变动。
   d. 用类似于a中的图形说明公开市场操作对产量和物价水平的影响。用文字解释为什么政策具有你在图中说明的影响。

6. 在20世纪80年代初,新立法允许银行对支票存款支付利息,而以前不允许这样做。
   a. 如果我们把货币定义为包括支票存款,这一立法对货币需求有什么影响?解释原因。
   b. 如果美联储面临这种变动时仍保持货币供给不变,利率会发生什么变动?总需求和总产量会发生什么变动?
   c. 如果美联储面临这种变动时想要保持市场利率(非货币资产的利率)不变,货币供给必然会发生什么变动?总需求和总产量会发生什么变动?

7. 假设经济学家观察到,政府支出增加100亿美元使物品与服务的总需求增加了300亿美元。
   a. 如果这些经济学家不考虑挤出效应,他们估算的边际消费倾向是多少?
   b. 现在假设经济学家考虑挤出效应。对边际消费倾向的新的估算是大于还是小于原来的估算?

8. 假设政府减税200亿美元,没有挤出效应,边际消费倾向是3/4。
   a. 减税对总需求的最初影响是多少?
   b. 这种最初影响之后额外的影响是多少?减税对总需求的总影响是多少?
   c. 与政府支出增加200亿美元的总影响相比,减税200亿美元的总影响有什么不同?为什么?
   d. 根据你对c的回答,你能想出一种政府可以增加总需求而又不改变政府预算赤字的方法吗?
9. 一个经济在产出低于其自然水平4 000亿美元的水平上运行,而且财政政策决策者想弥补这种衰退的差额。中央银行同意调整货币供给以保持利率不变,因此不存在挤出效应。边际消费倾向是4/5,物价水平在短期中不变。为了弥补衰退差额,政府支出需要向哪个方向改变?改变多少?解释你的想法。
10. 假设政府支出增加。这种增加对总需求的影响是在美联储保持货币供给不变,还是在美联储承诺保持利率不变时大?解释原因。
11. 在下列哪一种情况下,扩张性财政政策更可能引起投资的短期增加?解释原因。
    a. 当投资加速数大时,还是小时?
    b. 当投资的利率敏感性大时,还是小时?

术 语 表

绝对优势(absolute advantage) 用比另一个生产者更少的投入生产某种物品的能力。

会计利润(accounting profit) 总收益减总显性成本。

总需求曲线(aggregate-demand curve) 表示在每一种物价水平时,家庭、企业、政府和外国顾客想要购买的物品与服务数量的曲线。

总供给曲线(aggregate-supply curve) 表示在每一种物价水平时,企业选择生产并销售的物品与服务数量的曲线。

自动稳定器(automatic stabilizers) 当经济进入衰退时,决策者不必采取任何有意的行动就可以刺激总需求的财政政策变动。

平均固定成本(average fixed cost) 固定成本除以产量。

平均收益(average revenue) 总收益除以销售量。

平均总成本(average total cost) 总成本除以产量。

平均可变成本(average variable cost) 可变成本除以产量。

银行资本(bank capital) 银行所有者投入机构的资源。

债券(bond) 一种债务证明书。

预算赤字(budget deficit) 政府支出引起的税收收入短缺。

预算盈余(budget surplus) 政府收入大于政府支出。

经济周期(business cycle) 就业和生产等经济活动的波动。

资本需要量(capital requirement) 政府规定的最低银行资本量。

追赶效应(catch-up effect) 开始时贫穷的国家倾向于比开始时富裕的国家增长更快的特征。

中央银行(central bank) 为了监管银行体系和调节经济中的货币量而设计的机构。

循环流量图(circular-flow diagram) 一个说明货币如何通过市场在家庭与企业之间流动的直观经济模型。

古典二分法(classical dichotomy) 名义变量和真实变量的理论区分。

俱乐部物品(club goods) 有排他性但无竞争性的物品。

科斯定理(Coase theorem) 认为如果私人各方可以无成本地就资源配置进行协商,那么,他们就可以自己解决外部性问题的一个命题。

集体谈判(collective bargaining) 工会和企业就就业条件达成一致的过程。

商品货币(commodity money) 以有内在价值的商品为形式的货币。

公共资源(common resources) 有竞争性但无排他性的物品。

比较优势(comparative advantage) 一个生产者以低于另一个生产者的机会成本生产一种物品的行为。

竞争市场(competitive market) 有许多买者与卖者,以至于每个人对市场价格的影响都微乎其微的市场。

互补品(complements) 一种物品价格上升引起另一种物品需求量减少的两种物品。

复利(compounding) 货币量的累积,比如说银行账户上货币量的累积,即赚得的利息仍留在账户上以赚取未来更多的利息。

规模收益不变(constant returns to scale) 长期平均总成本在产量变动时保持不变的特性。

消费物价指数(consumer price index, CPI) 普通消费者所购买的物品与服务的总费用的衡量指标。

消费者剩余(consumer surplus) 买者愿意为一种物品支付的量减去其为此实际支付的量。

消费(consumption) 家庭除购买新住房之

外用于物品与服务的支出。

矫正税（corrective tax） 旨在引导私人决策者考虑负外部性引起的社会成本的税收。

成本（cost） 卖者为了生产一种物品而必须放弃的每种东西的价值。

成本—收益分析（cost-benefit analysis） 比较提供一种公共物品的社会成本与社会收益的研究。

需求的交叉价格弹性（cross-price elasticity of demand） 衡量一种物品需求量对另一种物品价格变动的反应程度的指标，用第一种物品需求量变动百分比除以第二种物品价格变动百分比来计算。

挤出（crowding out） 政府借款所引起的投资减少。

挤出效应（crowding-out effect） 当扩张性财政政策引起利率上升，从而减少了投资支出时所引起的总需求减少。

通货（currency） 公众手中持有的纸币钞票和铸币。

周期性失业（cyclical unemployment） 失业率对自然失业率的背离。

无谓损失（deadweight loss） 市场扭曲（例如税收）引起的总剩余减少。

需求曲线（demand curve） 表示一种物品的价格与需求量之间关系的图形。

活期存款（demand deposits） 储户可以通过开支票而随时支取的银行账户余额。

需求表（demand schedule） 表示一种物品的价格与需求量之间关系的表格。

萧条（depression） 严重的衰退。

边际产量递减（diminishing marginal product） 一种投入的边际产量随着投入量增加而减少的特征。

收益递减（diminishing returns） 随着投入量的增加，每一单位额外投入得到的收益减少的特性。

贴现率（discount rate） 美联储向银行发放贷款的利率。

丧失信心的工人（discouraged workers） 想工作但已放弃寻找工作的人。

规模不经济（diseconomies of scale） 长期平均总成本随产量增加而增加的特性。

多元化（diversification） 通过用大量不相关的小风险代替一种风险来降低风险。

经济利润（economic profit） 总收益减总成本，包括显性成本与隐性成本。

经济学（economics） 研究社会如何管理自己的稀缺资源。

规模经济（economies of scale） 长期平均总成本随产量增加而减少的特性。

效率（efficiency） 社会能从其稀缺资源中得到最大利益的特性。

效率工资（efficiency wages） 企业为了提高工人的生产率而支付的高于均衡水平的工资。

有效市场假说（efficient market hypothesis） 认为资产价格反映了关于一种资产价值的所有公开的、可获得的信息的理论。

有效规模（efficient scale） 使平均总成本最小的产量。

弹性（elasticity） 衡量需求量或供给量对其某种决定因素的反应程度的指标。

平等（equality） 经济成果在社会成员中公平分配的特性。

均衡（equilibrium） 市场价格达到使供给量与需求量相等的水平时的状态。

均衡价格（equilibrium price） 使供给与需求平衡的价格。

均衡数量（equilibrium quantity） 均衡价格下的供给量与需求量。

排他性（excludability） 一种物品具有的可以阻止一个人使用该物品的特性。

显性成本（explicit costs） 需要企业支出货币的投入成本。

出口（exports） 在国内生产而在国外销售的物品。

外部性（externality） 一个人的行为对旁观者福利的影响。

联邦基金利率（federal funds rate） 银行向另一家银行进行隔夜贷款时的利率。

联邦储备（Federal Reserve, Fed） 美国的中央银行。

法定货币（fiat money） 没有内在价值、由政府法令确定作为通货使用的货币。

金融学（finance） 研究人们如何在某一时期内做出关于配置资源和应对风险的学科。

金融中介机构（financial intermediaries） 储蓄者可以借以间接地向借款者提供资金的金

融机构。

金融市场（financial markets） 储蓄者可以借以直接向借款者提供资金的金融机构。

金融体系（financial system） 经济中促使一个人的储蓄与另一个人的投资相匹配的一组机构。

企业特有风险（firm-specific risk） 只影响一个公司的风险。

财政政策（fisical policy） 政府决策者对政府支出和税收水平的确定。

费雪效应（Fisher effect） 名义利率对通货膨胀率所进行的一对一的调整。

固定成本（fixed costs） 不随着产量变动而变动的成本。

部分准备金银行（fractional-reserve banking） 只把部分存款作为准备金的银行制度。

搭便车者（free rider） 得到一种物品的利益但避开为此付费的人。

摩擦性失业（frictional unemployment） 由于工人寻找最适合自己爱好和技能的工作需要时间而引起的失业。

基本面分析（fundamental analysis） 为决定一家公司的价值而对其会计报表和未来前景进行的研究。

未来值（future value） 在现行利率既定时，现在货币量将带来的未来货币量。

GDP平减指数（GDP deflator） 用名义GDP与真实GDP的比率乘以100计算的物价水平衡量指标。

政府购买（government purchases） 地方、州和联邦政府用于物品与服务的支出。

国内生产总值（gross domestic product, GDP） 在某一既定时期一个国家内生产的所有最终物品与服务的市场价值。

人力资本（human capital） 工人通过教育、培训和经验而获得的知识与技能。

隐性成本（implicit costs） 不需要企业支出货币的投入成本。

进口（imports） 在国外生产而在国内销售的物品。

激励（incentive） 引起一个人做出某种行为的某种东西。

需求收入弹性（income elasticity of demand） 衡量一种物品需求量对消费者收入变动反应程度的指标，用需求量变动百分比除以收入变动百分比来计算。

指数化（indexation） 根据法律或合同对通货膨胀的影响进行货币数量的自动调整。

低档物品（inferior good） 收入增加引起需求量减少的物品。

通货膨胀（inflation） 经济中物价总水平的上升。

通货膨胀率（inflation rate） 前一个时期以来物价指数变动的百分比。

通货膨胀税（inflation tax） 政府通过创造货币而筹集的收入。

信息有效（informational efficiency） 以理性方式反映所有可获得的信息的有关资产价格的描述。

外部性内在化（internalizing the externality） 改变激励，以使人们考虑到自己行为的外部效应。

投资（investment） 用于资本设备、存货和建筑物的支出，包括家庭用于购买新住房的支出。

寻找工作（job search） 在工人的爱好与技能既定时工人寻找适当工作的过程。

劳动力（labor force） 既包括就业者又包括失业者的工人总数。

劳动力参工率（labor-force participation rate） 劳动力占成年人口的百分比。

需求定理（law of demand） 认为在其他条件不变时，一种物品价格上升，对该物品的需求量减少的观点。

供给定理（law of supply） 认为在其他条件不变时，一种物品价格上升，该物品供给量增加的观点。

供求定理（law of supply and demand） 任何一种物品的价格都会自发调整，使该物品的供给和需求达到平衡。

杠杆（leverage） 将借到的货币追加到用于投资的现有资金上。

杠杆率（leverage ratio） 资产与银行资本的比率。

流动性（liquidity） 一种资产兑换为经济中交换媒介的容易程度。

宏观经济学（macroeconomics） 研究整体经济现象，包括通货膨胀、失业和经济增长。

边际变动(marginal change) 对行动计划的微小增量调整。

边际成本(marginal cost) 额外一单位产量所引起的总成本的增加。

边际产量(marginal product) 增加一单位投入所引起的产量增加。

边际收益(marginal revenue) 增加一单位销售量引起的总收益变动。

市场(market) 由某种物品或服务的买者与卖者组成的一个群体。

市场经济(market economy) 当许多企业和家庭在物品与服务市场上相互交易时,通过它们的分散决策配置资源的经济。

市场失灵(market failure) 市场本身不能有效配置资源的情况。

可贷资金市场(market for loanable funds) 想储蓄的人借以提供资金、想借钱投资的人借以借贷资金的市场。

市场力量(market power) 单个经济活动者(或经济活动者的一个小集团)对市场价格有显著影响的能力。

市场风险(market risk) 影响股市上所有公司的风险。

交换媒介(medium of exchange) 买者在购买物品与服务时给予卖者的东西。

菜单成本(menu costs) 改变价格的成本。

微观经济学(microeconomics) 研究家庭和企业如何做出决策,以及它们如何在市场上相互交易。

总需求与总供给模型(model of aggregate demand and aggregate supply) 大多数经济学家用来解释经济活动围绕其长期趋势的短期波动的模型。

货币中性(monetary neutrality) 认为货币供给变动并不影响真实变量的观点。

货币政策(monetary policy) 中央银行的决策者对货币供给的安排。

货币(money) 经济中人们经常用于向其他人购买物品与服务的一组资产。

货币乘数(money multiplier) 银行体系用1美元准备金所产生的货币量。

货币供给(money supply) 经济中可得到的货币量。

垄断企业(monopoly) 作为一种没有相近替代品的产品的唯一卖者的企业。

乘数效应(multiplier effect) 当扩张性财政政策增加了收入,从而增加了消费支出时引起的总需求的额外变动。

共同基金(mutual fund) 向公众出售股份,并用收入来购买股票与债券资产组合的机构。

国民储蓄(储蓄)(national saving) 在用于消费和政府购买后剩下的一个经济中的总收入。

自然产量率(natural level of output) 一个经济在长期中当失业处于其正常率时达到的物品与服务的生产。

自然垄断(natural monopoly) 由于一个企业能以低于两个或更多企业的成本向整个市场供给一种物品或服务而产生的垄断。

自然失业率(natural rate of unemployment) 失业率围绕它而波动的正常失业率。

自然资源(natural resources) 由自然界提供的用于生产物品与服务的投入,如土地、河流和矿藏。

净出口(net exports) 外国人对国内生产的物品的支出(出口)减国内居民对外国物品的支出(进口)。

名义GDP(nominal GDP) 按现期价格评价的物品与服务的生产。

名义利率(nominal interest rate) 通常公布的,未根据通货膨胀的影响校正的利率。

名义变量(nominal variables) 按货币单位衡量的变量。

正常物品(normal good) 收入增加引起需求量增加的物品。

规范表述(normative statements) 企图描述世界应该是什么的观点。

公开市场操作(open-market operations) 美联储买卖美国政府债券。

机会成本(opportunity cost) 为了得到某种东西所必须放弃的东西。

物质资本(physical capital) 用于生产物品与服务的设备和建筑物存量。

实证表述(positive statements) 企图描述世界是什么的观点。

现值(present value) 用现行利率产生一定量未来货币所需要的现在货币量。

价格上限(price ceiling) 出售一种物品的

法定最高价格。

价格歧视（price discrimination） 以不同价格向不同顾客出售同一种物品的经营做法。

需求价格弹性（price elasticity of demand） 衡量一种物品需求量对其价格变动反应程度的指标，用需求量变动百分比除以价格变动百分比来计算。

供给价格弹性（price elasticity of supply） 衡量一种物品供给量对其价格变动反应程度的指标，用供给量变动百分比除以价格变动百分比来计算。

价格下限（price floor） 出售一种物品的法定最低价格。

私人物品（private goods） 既有排他性又有竞争性的物品。

私人储蓄（private saving） 家庭在支付了税收和消费之后剩下来的收入。

生产物价指数（producer price index, PPI） 企业购买的一篮子物品与服务的费用的衡量指标。

生产者剩余（producer surplus） 卖者出售一种物品得到的量减去其生产成本。

生产函数（production function） 用于生产一种物品的投入量与该物品产量之间的关系。

生产可能性边界（production possibilities frontier） 表示在可得到的生产要素与生产技术既定时，一个经济所能生产的产量的各种组合的图形。

生产率（productivity） 每单位劳动投入所生产的物品与服务数量。

利润（profit） 总收益减去总成本。

产权（property rights） 个人拥有并控制稀缺资源的能力。

公共物品（public goods） 既无排他性又无竞争性的物品。

公共储蓄（public saving） 政府在支付其支出后剩下的税收收入。

需求量（quantity demanded） 买者愿意并且能够购买的一种物品的数量。

数量方程式（quantity equation） 方程式 $M \times V = P \times Y$ 把货币量、货币流通速度和经济中物品与服务产出的美元价值联系在一起。

供给量（quantity supplied） 卖者愿意并且能够出售的一种物品的数量。

货币数量论（quantity theory of money） 一种认为可得到的货币量决定物价水平，可得到的货币量的增长率决定通货膨胀率的理论。

随机行走（random walk） 一种变量变动的路径是不可预期的。

理性人（rational people） 系统而有目的地尽最大努力实现其目标的人。

真实 GDP（real GDP） 按不变价格评价的物品与服务的生产。

真实利率（real interest rate） 根据通货膨胀的影响校正过的利率。

真实变量（real variables） 按实物单位衡量的变量。

衰退（recession） 真实收入下降和失业增加的时期。

准备金率（reserve ratio） 银行作为准备金持有的存款比例。

法定准备金（reserve requirements） 关于银行必须根据其存款持有的最低准备金量的规定。

准备金（reserves） 银行得到但没有贷出去的存款。

风险厌恶（risk aversion） 不喜欢不确定性。

消费中的竞争性（rivalry in consumption） 一个人使用一种物品将减少其他人对该物品的使用的特性。

稀缺性（scarcity） 社会资源的有限性。

皮鞋成本（shoe-leather cost） 当通货膨胀鼓励人们减少货币持有量时所浪费的资源。

短缺（shortage） 需求量大于供给量的状态。

滞胀（stagflation） 产量减少而物价上升的时期。

股票（stock） 企业部分所有权的索取权。

价值储藏（store of value） 人们可以用来把现在的购买力转变为未来的购买力的东西。

罢工（strike） 工会组织工人从企业撤出劳动。

结构性失业（structural unemployment） 由于某些劳动市场上可提供的工作岗位数量不足以为每个想工作的人提供工作而引起的失业。

替代品（substitutes） 一种物品价格上升引起另一种物品需求量增加的两种物品。

沉没成本(sunk cost) 已经发生而且无法收回的成本。

供给曲线(supply curve) 表示一种物品的价格与供给量之间关系的图形。

供给表(supply schedule) 表示一种物品的价格与供给量之间关系的表格。

过剩(surplus) 供给量大于需求量的状态。

关税(tariff) 对在国外生产而在国内销售的物品征收的一种税。

税收归宿(tax incidence) 税收负担在市场参与者之间进行分配的方式。

技术知识(technological knowledge) 社会对生产物品与服务的最好方法的了解。

流动性偏好理论(theory of liquidity preference) 凯恩斯的理论,认为利率的调整使货币供给与货币需求平衡。

总成本(total cost) 企业用于生产的投入的市场价值。

(企业)总收益[total revenue (for a firm)] 企业出售其产品所得到的货币量。

(市场)总收益[total revenue (in a market)] 一种物品买者支付从而卖者得到的量,用该物品的价格乘以销售量来计算。

公地悲剧(Tragedy of the Commons) 一个寓言,说明从整个社会的角度看,为什么公有资源的使用大于合意的水平。

交易成本(transaction costs) 各方在达成协议与遵守协议过程中所发生的成本。

失业保险(unemployment insurance) 当工人失业时为他们提供部分收入保障的政府计划。

失业率(unemployment rate) 劳动力中失业者所占的百分比。

工会(union) 与雇主谈判工资和工作条件的工人协会。

计价单位(unit of account) 人们用来表示价格和记录债务的标准。

可变成本(variable costs) 随着产量变动而变动的成本。

货币流通速度(velocity of money) 货币易手的速度。

福利经济学(welfare economics) 研究资源配置如何影响经济福利的一门学问。

支付意愿(willingness to pay) 买者愿意为某种物品支付的最高量。

世界价格(world price) 一种物品在世界市场上所通行的价格。

教学支持服务

圣智学习出版集团（Cengage Learning）作为为终身教育提供全方位信息服务的全球知名教育出版集团，为秉承其在全球对教材产品的一贯教学支持服务，将为采用其教材图书的每位老师提供教学辅助资料。任何一位通过Cengage Learning北京代表处注册的老师都可直接下载所有在线提供的、全球最为丰富的教学辅助资料，包括教师用书、PPT、习题库等。

鉴于部分资源仅适用于老师教学使用，烦请索取的老师配合填写如下情况说明表。

教学辅助资料索取证明

兹证明_____大学_____系/院_____学年（学期）开设的_____名学生 □主修 □选修的_____课程，采用如下教材作为 □主要教材 或 □参考教材：

书名：_____
作者：_____ □英文影印版 □中文翻译版
出版社：_____
学生类型：□本科1/2年级 □本科3/4年级 □研究生 □MBA □EMBA □在职培训
任课教师姓名：_____
职称/职务：_____
电话：_____
E-mail：_____
通信地址：_____
邮编：_____
对本教材的建议：_____

系/院主任：_____（签字）
（系/院办公室章）
_____年_____月_____日

---

*相关教辅资源事宜敬请联络圣智学习出版集团北京代表处。

北京大学出版社
PEKING UNIVERSITY PRESS

经济与管理图书事业部
北京市海淀区成府路205号 100871
联系人：徐 冰 张 燕
电　话：010-62767312 / 62767348
传　真：010-62556201
电子邮件：em@pup.cn em_pup@126.com
Q　Q：552063295
新浪微博：@北京大学出版社经管图书
网　址：http://www.pup.cn

CENGAGE Learning

Cengage Learning Beijing Office
圣智学习出版集团北京代表处
北京市海淀区科学院南路2号融科资讯中心C座南楼1201室
Tel: (8610) 8286 2095 / 96 / 97 Fax: (8610) 8286 2089
E-mail: asia.infochina@cengage.com
www.cengageasia.com